高等学校航海与海事类系列教材

海上货物运输

主　编　杨　星
副主编　周春辉
主　审　张　兢

武汉理工大学出版社
·武汉·

图书在版编目(CIP)数据

海上货物运输 / 杨星主编. -- 武汉 : 武汉理工大学出版社, 2024.11. -- ISBN 978-7-5629-7140-5

Ⅰ. U695.2

中国国家版本馆 CIP 数据核字第 2024HQ3535 号

项目负责:陈军东	责任编辑:黄　鑫
责任校对:余士龙	版式设计:冯　睿

出版发行:武汉理工大学出版社
　　　　　武汉市洪山区珞狮路122号　邮编:430070
　　　　　http://www.wutp.com.cn　理工图书网
　　　　　E-mail:chenjd@whut.edu.cn
经　销　者:各地新华书店
印　刷　者:武汉市洪林印务有限公司
开　　　本:787×1092　1/16
印　　　张:28.5
字　　　数:680 千字
版　　　次:2024 年 11 月第 1 版
印　　　次:2024 年 11 月第 1 次印刷
定　　　价:62.00 元

凡购本书,如有缺页、倒页、脱页等印装质量问题,请向出版社发行部调换。
本社购书热线电话:027-87384729　027-87391631　027-87165708(传真)

前　言

　　海上货物运输是以海上航行的船舶作为载运工具的一种货物运输方式,相对于其他运输方式,其具有单位运量成本低、单位运载工具载量大的明显优势,是各海洋国家国际贸易运输的主要方式。全球国际贸易总运量中的 2/3 以上以及我国进出口货运总量的 90% 以上都是通过海上运输实现的。根据联合国贸易与发展会议(UNCTAD)的统计资料,截至 2024 年 1 月 1 日,全球 100 总吨及以上海上贸易运输船舶共约 109000 艘。按载重吨计,船队总规模达到 23.5 亿载重吨,其中油轮、散货船和集装箱船占总载重吨运力的 85%。

　　我国是一个海洋大国,也是航运和造船大国。我国大陆和岛屿海岸线总长度超过 32600 km,拥有长江、珠江、黑龙江和京杭大运河等内河航道。航运是我国内、外贸易运输和岛间交通运输的重要方式。2008 年,国务院发布《全国海洋经济发展规划纲要》(成文于 2003 年),指出海洋交通运输业、海洋船舶工业是重点发展的八大海洋产业的重要组成,并提出要"建立结构合理、位居世界前列的海运船队,逐步建设海运强国""由造船大国向造船强国稳步发展"。2019 年 9 月和 2021 年 2 月,中共中央、国务院先后印发《交通强国建设纲要》《国家综合立体交通网规划纲要》,为加快建设交通强国明确了顶层设计。党的二十大报告提出"发展海洋经济,保护海洋生态环境,加快建设海洋强国""加快建设制造强国、质量强国、航天强国、交通强国、网络强国、数字中国"。可见,航运业是我国海洋强国和交通强国战略的重要建设内容。2023 年 4 月,交通运输部联合相关部门发布《加快建设交通强国五年行动计划(2023—2027 年)》,明确了未来五年加快建设交通强国的目标和任务。

　　近年来,我国海上交通运输和海洋制造业发展取得了巨大成就,正由航运大国、造船大国迈向航运强国和造船强国。全球货物吞吐量和集装箱吞吐量最大的十大港口中我国分别占据了 8 个和 7 个。其中宁波舟山港 2023 年货物吞吐量完成 13.24 亿吨,连续 15 年位居全球第一,集装箱吞吐量完成 3530 万 TEU,位居全球第三;上海港 2023 年集装箱吞吐量突破 4900 万 TEU,连续 14 年位居全球第一。2023 年,我国船东所持有的船队规模已经达到 2.492 亿总吨,市场份额占比为 15.9%,超过希腊成为世界最大船东国。截至 2023 年底,我国的注册船员总数 198 万余人,其中海船船员 94 万余人,2023 年外派船员规模达到 14.36 万人次。2023 年我国造船完工量、新接订单量和手持订单量三大指标以载重吨计分别占全球总量的 50.2%、66.6%和 550%;全年交付全球最大 24000 箱超大集装箱船 20 艘,液化天然气(LNG)船 6 艘。散货船、油船、集装箱船和汽车运输船新接订单量分别占全球总量的 79.6%、72.1%、47.8%和 82.7%。

培养满足我国海洋强国、交通强国战略发展要求的创新型航海人才是航海教育的历史使命。"海上货物运输"(又名"船舶货运")是航海技术专业的核心专业课程之一,其目标是培养学生初步具备有关的船舶性能和各类货物海上运输技术和运输管理的工程应用能力。本书内容包含了船舶货运基础理论和各类典型货运的海上运输技术与管理,涵盖《海船船员考试大纲》(2022 版)"船舶结构与货运"中货运部分要求的内容。编写过程中采纳了收集到的国际、国内最新版公约、规则、规范、标准和规定,反映了相关领域最新发展,同时也注重结合实践应用。本书附有电子附录、课件、题库、作业及答案,读者可扫取封底二维码查看。

全书共分十一章,第一章船舶和货物的基础知识,第二章充分利用船舶载货能力,第三章保证船舶适度的稳性,第四章保证船舶适当的吃水差,第五章保证满足船舶强度要求,第六章包装危险货物运输,第七章普通杂货与特殊杂货运输,第八章集装箱货物海上运输,第九章散装谷物运输,第十章固体散装货物运输和第十一章散装液体货物运输。

本书可作为航海技术专业和相关专业本科教学和高等职业教学的教材,也可作为船员和相关管理人员的参考书。在使用本书时,可结合教学对象的实际情况对基础理论部分的内容进行适当取舍。

本书由杨星主编,周春辉任副主编,张兢任主审。其中第一章由吴晓烈编写,第二章由黄卫国(集美大学)编写,第三章和第六章由杨星编写,第四章由郑元洲编写,第五章和第七章由李胜为编写,第八章由周春辉编写,第九章和第十一章由焦战立编写,第十章由杜磊编写。全书由杨星修改并统稿。

由于编者水平有限,书中不妥之处在所难免,恳望读者批评指正。

编者
2024 年 9 月

目 录

第一章 船舶和货物的基础知识 ··· 1
　第一节　船舶的重量性能和容积性能 ··· 1
　第二节　船舶静水力参数资料及其使用 ·· 5
　第三节　船舶吃水及平均吃水的计算 ··· 9
　第四节　船舶排水量测定和水尺计重 ··· 17
　第五节　载重线标志及载重线海图应用 ·· 25
　第六节　货物的分类和性质 ··· 30
　第七节　货物的运输包装和标志 ·· 33
　第八节　货物的重量、体积和件数 ··· 37
　第九节　货物的亏舱率、积载因数 ··· 41

第二章 充分利用船舶载货能力 ··· 44
　第一节　船舶载货能力概述 ··· 44
　第二节　航次净载重量计算 ··· 47
　第三节　充分利用船舶载货能力的途径 ·· 52

第三章 保证船舶适度的稳性 ·· 56
　第一节　船舶静稳性力矩和力臂 ·· 56
　第二节　初稳性的核算 ··· 57
　第三节　大倾角静稳性 ··· 74
　第四节　船舶动稳性 ·· 84
　第五节　船舶稳性的衡准要求 ·· 90
　第六节　船舶稳性的检验与调整 ·· 104
　第七节　船舶稳性资料及稳性校核过程 ·· 113

第八节　船舶残存能力和破损控制资料 …………………………………… 117
第四章　保证船舶适当的吃水差 ………………………………………………… 128
　　第一节　营运船舶对吃水差及吃水的要求 …………………………………… 128
　　第二节　船舶吃水差及首、尾吃水的计算 …………………………………… 131
　　第三节　载荷纵移、重量增减对纵向浮态的影响 …………………………… 134
　　第四节　少量加减载首、尾吃水改变量计算图表 …………………………… 141
　　第五节　船舶吃水差调整 ……………………………………………………… 143
第五章　保证满足船舶强度要求 ………………………………………………… 147
　　第一节　船舶总纵强度 ………………………………………………………… 147
　　第二节　船舶扭转强度 ………………………………………………………… 158
　　第三节　船舶局部强度 ………………………………………………………… 159
　　第四节　船舶应力监测系统 …………………………………………………… 162
第六章　包装危险货物运输 ………………………………………………………… 165
　　第一节　《国际危规》和相关管理法规简介 ………………………………… 165
　　第二节　危险货物的分类及特性 ……………………………………………… 178
　　第三节　危险货物的包装及标志 ……………………………………………… 190
　　第四节　危险货物的积载和隔离 ……………………………………………… 202
　　第五节　危险货物运输全过程的注意事项 …………………………………… 215
第七章　普通杂货与特殊杂货运输 ……………………………………………… 219
　　第一节　普通杂货的分类和配装要求 ………………………………………… 219
　　第二节　杂货船配积载图的编制 ……………………………………………… 229
　　第三节　杂货的安全装运 ……………………………………………………… 235
　　第四节　货物单元积载与系固 ………………………………………………… 243
　　第五节　重大件货物运输 ……………………………………………………… 260
　　第六节　木材货物运输 ………………………………………………………… 263
　　第七节　冷藏货物运输 ………………………………………………………… 272
　　第八节　滚装货物运输 ………………………………………………………… 274
第八章　集装箱货物海上运输 …………………………………………………… 281
　　第一节　集装箱的分类、标记 ………………………………………………… 281
　　第二节　集装箱船的结构与装运特点 ………………………………………… 296
　　第三节　集装箱船配积载文件的编制 ………………………………………… 302
　　第四节　集装箱安全装运要求 ………………………………………………… 324

第九章　散装谷物运输 ··· 328
第一节　散装谷物及其装运概述 ·· 328
第二节　散装谷物船舶的稳性要求及核算 ····································· 335
第三节　改善散装谷物船稳性的方法及措施 ································· 349

第十章　固体散装货物运输 ·· 353
第一节　固体散货的分类及特性 ··· 353
第二节　固体散货的装配 ··· 364
第三节　固体散货的运输要求 ·· 380

第十一章　散装液体货物运输 ··· 388
第一节　石油及其产品的特性 ·· 388
第二节　油船主要结构及设备特点 ··· 393
第三节　货油配装 ··· 397
第四节　石油安全装运 ·· 401
第五节　油量计算 ··· 411
第六节　散装液体化学品装运 ·· 421
第七节　散装液化气体装运 ··· 435

参考文献 ·· 446

第一章　船舶和货物的基础知识

以船舶作为载运工具进行海上货物运输,需要掌握船舶和货物相关知识和资料的使用方法。就本章内容而言,船舶基础知识主要介绍了船舶的重量性能、容积性能,船舶静水力资料的应用,船舶吃水和载重线标志的应用等;货物基础知识主要介绍了货物的分类及特性,货物的包装和标志,货物的亏舱、积载因数、自然损耗和货物计量等。

第一节　船舶的重量性能和容积性能

2023年,我国造船业国际市场份额已连续14年位居世界第一,造船完工量、新接订单量、持有订单量以载重吨计分别占世界总量的50.2%、66.6%和55.0%;以修正总吨计分别占世界总量的47.6%、60.2%和47.6%。24000TEU集装箱船、27.1万立方米大型LNG船等一批新船型获船级社原则性认可。这些数据中的"载重吨""总吨""TEU"和"立方米"等量词均属于船舶重量性能和容积性能的具体指标。

一、船舶的重量性能

船舶的重量性能包括排水量和载重量两方面的内容。

1. 排水量

排水量(displacement)指船舶在静水中处于自由漂浮状态时所排开水的重量。它等于船舶在相应装载状态下的总重量。按照船舶装载状态的不同,排水量可分为空船排水量、满载排水量和装载排水量。

1)空船排水量 Δ_L

空船排水量(light ship displacement)是指船舶装备齐全但未装载任何载荷时的排水量,即船舶的空船重量。它是船体、机器、设备,以及锅炉中的燃料和淡水、冷凝器中的淡水等重量的总和。新船出厂时的空船排水量可以从船舶资料中查得。某76000DWT散货船(以下以"A轮"代称)的空船排水量及相关参数见表1-1。

表1-1　A轮空船排水量及相关参数

空船	重量/t	重心垂向坐标/m	垂向力矩/(t·m)	重心纵向坐标/m	纵向力矩/(t·m)
	13017.3	12.289	159969.6	98.474	1281863

2)满载排水量 Δ_S

满载排水量(full loaded displacement)是指船舶吃水达到某一满载水线时的排水量。满载排水量等于船舶满载状态下的总重量,即货物、燃润料、淡水、压载水、船员及行李、粮食和供应品、船用备品和船舶常数等各类载荷重量以及空船重量的总和。不同载重线所对应的满载排水量不同,其数据可在船舶资料中查得。当未具体指明载重线时,通常是指船舶吃水达到夏季载重线时的排水量,即夏季满载排水量(Δ_S)。

3)装载排水量 Δ

装载排水量(loaded displacement)指船舶在空载吃水与满载吃水之间的任一实际吃水所对应的排水量,即船舶某一实际装载状态下的排水量。

2. 载重量

船舶所装载各种载荷的重量称为载重量,通常分为总载重量和净载重量。

1)总载重量(dead weight, DW)

总载重量指船舶在任一装载吃水时船上所装载全部载荷的总重量。其值等于船舶在该装载吃水条件下装载排水量 Δ 与空船排水量 Δ_L 的差值。即:

$$DW = \Delta - \Delta_L \tag{1-1}$$

总载重量的大小随船舶的排水量(或吃水)的不同而变化,是船舶实际装载状态下船上所有载荷的总重量。船舶资料中一般提供了对应于不同载重线的船舶总载重量,其含义是表示船舶使用某一载重线时所允许的最大总载重量,反映的是船舶的载重能力大小。表1-2所示为A轮不同载重线所对应的排水量 Δ 和总载重量 DW,同时还列出了对应的干舷 F、型吃水 d_m、量自龙骨板下沿的实际吃水 d_e 等。其夏季载重线和冬季载重线所对应的总载重量分别为 $DW_S=76202$ t 和 $DW_D=74151$ t。当式(1-1)中的排水量使用某载重线对应的满载排水量时,可求得相应载重线对应的最大总载重量,例如,当使用夏季载重线时,其总载量(DW_S)等于夏季满载排水量 Δ_S 与空船排水量 Δ_L 的差值。即:

$$DW_S = \Delta_S - \Delta_L \tag{1-2}$$

表 1-2 A 轮不同载重线所对应的排水量和总载重量

载重线		F/m	d_m/m	d_e/m	Δ/t	DW/t
热带淡水	TF	4.800	14.820	14.841	90517.0	77499.80
淡水	F	5.096	14.524	14.545	88538.4	75521.16
热带	T	5.124	14.496	14.517	90560.2	77542.94
夏季	S	5.420	14.200	14.221	88535.9	75518.62
冬季	W	5.716	13.904	13.925	86515.3	73498.00

船舶不同吃水线所对应的总载重量可由船上各种载荷的重量累加得到,也可根据船舶的实际装载水线处的吃水(一般用型吃水)从船舶静水力资料中查取。

满载或最大允许吃水下的总载重量(DW_m)可用作反映船舶载重能力的指标,还可用于计算船舶航次净载重量(NDW)、设计航线配船等。夏季满载状态下的总载重量(DW_S)常用于表征船舶大小和作为统计船队规模的参数之一,也可作为签订租船合同的参考数据。

2)净载重量(net dead weight, NDW)

货船的航次净载重量是指船舶在具体航次中所能装载货物的最大重量。净载重量值等于由具体航次所确定的最大总载重量(DW_m)与航次储备量($\sum G$)、船舶常数(C)和压载水(ballast water, BW)等非货物载荷的差值。即:

$$NDW = DW_m - \sum G - C - BW \tag{1-3}$$

净载重量是反映船舶具体航次载货重量能力大小的指标,是以重量作为货物计量单位的船舶宣载的重要依据,它不是船舶实际装载货物的重量。同一艘船舶在不同航次中由于使用的载重线、航程或油水等的储备量、航线水深对吃水限制等条件的不同,其净载重量值也不同,有些船舶载货状态下往往还需要压载,其压载方案也会影响到净载重量的大小,需要经过计算才能确定(计算方法详见第二章)。

3)航次储备量(stores,$\sum G$)

航次储备量指船舶在具体航次中为维持生产和船上人员生活需要而需储备的所有载荷的总重量,如燃料、淡水、食品、备品等的重量。船员及行李和部分备品的重量根据船舶资料的处理方式不同,可归入航次储备量或船舶常数。

4)船舶常数(constant,C)

船舶常数指船舶营运一段时间后的实际空船排水量 Δ_L'(已包含船舶常数 C)与船舶资料中提供的新出厂时空船排水量 Δ_L(不包含船舶常数 C)的差值。船舶营运一段时间后的实际空船排水量 Δ_L' 和船舶常数 C 可以通过水尺计重的方法测定求得。

$$C = \Delta_L' - \Delta_L \tag{1-4}$$

新出厂的船舶往往在船舶资料中列出了船舶营运过程中基本不变的部分载荷的重量,并将其作为船舶常数。以列表形式提供了船舶常数各项目的重量 W,重心的纵向坐标 LCG、横向坐标 TCG 和垂向坐标 VCG。船舶经过一段时间营运后,产生了一些难以确切计量的载荷重量,这些载荷无法计入船舶储备品,也不包含在船舶资料提供的空船排水量内,应计入船舶常数。船舶常数通常由以下几部分组成:

(1)未计入船舶储备品的船上相对固定载荷重量(例如船员及行李、部分设备、物料的重量,其所包含的内容和数值可从船舶资料中查取);

(2)船体、机械等修理和局部改装而导致的空船重量的变化量,但船舶资料未对该变化进行更新;

(3)船上库存的破旧机件、器材和各种废旧物料的重量;

(4)货舱内的残留物、垫舱物料及垃圾的重量;

(5)油、水舱柜及污水井内残留的污油、污水及沉淀物的重量;

(6)船体外附着物如海藻、贝壳等的重量。

船舶常数的大小随以上各项重量的变化而变化,因此不是一个固定值。为了准确地掌握船舶常数的大小,一般在船舶修理后对其重新测定,也可在实际营运过程中利用适当时机通过水尺计重方法测定。

通过船舶水尺计重方法计量货物重量时,一般将在航次中(特别是装、卸货期间)基本不变的部分,如船员、行李和除油水以外的其他储备品等重量计入船舶常数。

二、船舶的容积性能

船舶所具有容纳各种载荷体积的能力称为船舶容积性能,表示船舶容积性能的指标有舱室(柜)容积、甲板货位、舱容系数和登记吨位。有关船舶登记吨位的内容见《船舶结构与设备》教材。

1. 舱室(柜)容积(compartment capacity)

船舶《装载手册》中提供了船舶营运环节经常用到的货舱、液舱的舱容以及舱容中心位置等资料。

1)散装舱容(grain capacity)

散装舱容是量自货舱内舷侧板和舱壁板内面(包括舱口围板内空间)、内底板或舱底板上缘至甲板下缘所围空间的体积,并扣除舱内骨架、支柱、货舱护条、通风设备、舱内管线等所占的体积。船舶装载无包装的小块状、颗粒状、粉末状、球团状等固体散装货物时使用散装舱容。

2)包装舱容(bale capacity)

包装舱容是量自舱内骨架内缘至纵骨下缘所围空间体积,并扣除支柱、通风管、管线等所占体积。船舶装载具有一定尺度的成件包装或裸装货物时应使用包装舱容。

部分杂货船和通用型散货船的资料可能同时提供了货舱散装舱容和包装舱容两种数据,装载散货时使用前者,装载杂货时使用后者。由于散货可装进货舱内肋骨之间、横梁之间等的狭小空间,另外,舱内的支柱、管系等对装散货的影响比装包装货小,可利用的空间大小不同,所以同一货舱的包装舱容一般小于散装舱容,一般包装舱容约为散装舱容的90%~95%。

3)液货舱容积(capacity of liquid cargo)

液体散货船液货舱内装载特定液体散货时可以利用的最大容积称为液货舱容积。其体积大小为货舱内壁范围内扣除舱内骨架、管系、设施设备后的体积大小。

4)液舱柜容积(tank capacity)

船舶装载燃料、淡水、压载水等液体载荷的专用舱柜容积称为液舱柜容积。

船舶资料中均包含总布置图、货舱容积表和液舱柜容积表等,可查取各货舱、液体舱柜的位置、形状、尺寸、不同深度对应的舱容以及容积中心位置等数据。

5)箱位容量

集装箱船舶的箱位容量,包括集装箱换算箱容量(标准容量,TEU)、20英尺箱容量(TEU)、40英尺箱容量(FEU)、特殊箱容量和巴拿马运河箱容量等,是集装箱船舶载货空间的容积性能指标。

6)车道或车位容量

滚装船往往用结合车辆重量和尺度限制的车辆甲板车道长度和车位数量表示其容量能力。汽车专用滚装船(pure car carrier,PCC)的容量能力以换算车位数(car equivalent unit,CEU)表示。

2. 甲板货位(deck cargo space)

某些类型的船舶允许或适合于在甲板装载一定数量的货物,例如集装箱船、木材船和杂货船等。甲板货位受到船舶稳性、甲板强度、瞭望盲区大小、货物系固方法等方面的限制。现代大型集装箱船甲板货位可能超过舱内货位空间,例如某10036TEU集装箱船,甲板箱位容量为5263TEU,舱内箱位容量为4773TEU。木材船可用甲板货位占舱内货位空间的

50%以上,例如某 8500DWT 木材船,按照其典型装载状态,甲板木材的体积分别约占舱内木材和总装载量的 53.5% 和 35%。

3. 舱容系数(coefficient of load)

舱容系数指船舶的货舱总容积与航次净载重量的比值,即船舶为装载每一净载重吨货物所能提供的货舱容积大小。舱容系数 μ 可用下式表示:

$$\mu = \frac{\sum V_{ch}}{NDW} \tag{1-5}$$

式中:$\sum V_{ch}$——船舶的货舱总容积(m^3);

NDW——船舶航次净载重量(t)。

舱容系数表明了船舶载货容量能力与载货重量能力之间的关系,可作为判断船舶适宜装载轻货或重货的指标。舱容系数大的船舶适宜装载轻货,反之适宜装载重货。

船舶不同航次的净载重量数值是变化的,因此舱容系数 μ 并非常量。

【思考与应用 1-1】

1. 船舶重量性能包含哪些指标?试解释其含义。
2. 什么是船舶常数?它通常包含哪些内容?试查阅 A 轮船舶资料中提供的船舶常数数据及其包含的内容。
3. 船舶容积性能包含哪些指标?试解释其含义。

第二节 船舶静水力参数资料及其使用

在船舶管理和货物运输环节计算或调整船舶的吃水、吃水差和稳性等时,需要使用相关静水力参数(hydrostatic data),常用的静水力参数包括浮性要素(例如型排水体积 V_m、排水量 Δ、总载重量 DW、浮心纵向坐标 x_b、浮心距基线高度 KB、漂心纵向坐标 x_f、每厘米吃水吨数 TPC 等)、稳性要素(例如横稳心距基线高度 KM、纵稳心距基线高度 KM_L、每厘米纵倾力矩 MTC 等)和船型系数(例如方形系数 C_b、水线面系数 C_w、菱形系数 C_p、中横剖面系数 C_m 等)。这些参数可以根据船舶平均吃水(或同时考虑吃水差)在静水力参数资料中查取。

船舶静水力参数资料一般包括静水力曲线图、载重表尺和静水力参数表三种形式。这些资料由船舶设计部门根据船体的几何型线计算绘制而成,并作为船舶《装载手册》的组成部分,由相关船舶检验机构核准,是船舶管理人员经常使用的重要的船舶资料。

一、静水力曲线图

静水力曲线(hydrostatic curves)图是表示在静止正浮状态下,船舶各静水力参数值随船舶平均吃水(一般为型吃水)变化的一组曲线。不同船舶静水力曲线图所提供的参数的详尽程度不尽相同。图 1-1 所示为 A 轮的静水力曲线图(图中 total frame area 同 midship section area)。

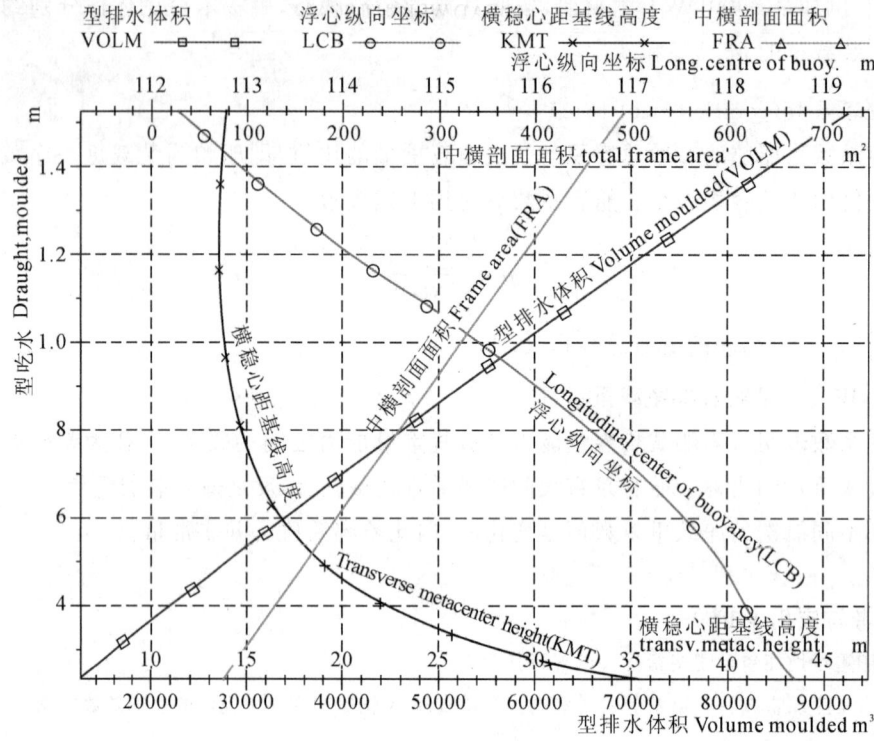

图 1-1　A 轮的静水力曲线图

船舶的静水力曲线可以直观地反映各静水力参数的变化趋势。利用静水力曲线读取相关参数时不可避免地存在一定误差,现代船舶一般提供了较为详细的静水力参数表,因此船舶提供的静水力曲线图可能仅反映部分静水力参数。

二、载重表尺

载重表尺(deadweight scale)以刻度标尺的形式反映船舶的实际平均吃水值与排水量、总载重量、每厘米吃水吨数、每厘米纵倾力矩、横稳心距基线高度等常用静水力参数之间的关系。图 1-2 所示是 A 轮的载重表尺,其左侧标尺为型吃水,右侧标尺为以平板龙骨下沿为基准的实际吃水。

使用载重表尺时,可根据船舶在某装载状态时的平均吃水在吃水标尺上找到其位置点,经该点作一条水平直线,从该直线与各参数标尺的交点就可直接读出各参数的数值。同样,也可以根据船舶排水量查取平均吃水及其他各参数值。

载重表尺上还常标示出不同吃水和不同水密度时的排水量及总载重量标尺。使用该资料比较简便,但其精度较低。

三、静水力参数表

静水力参数表(hydrostatic data table or tabular hydrostatic curves)是以数值表格的形式给出船舶在静止正浮或不同纵倾条件下其平均吃水与各静水力性能参数之间的关系。因

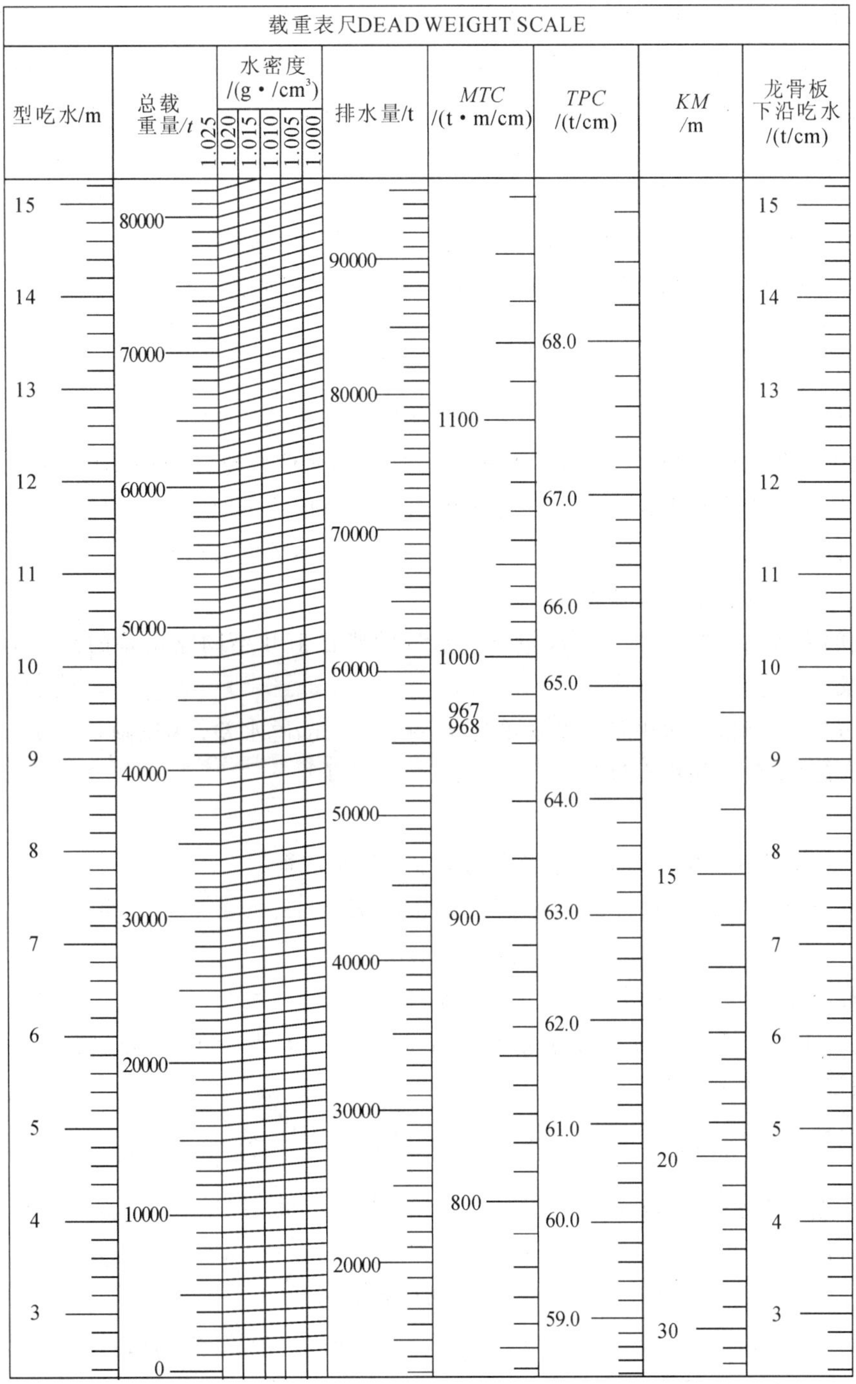

图 1-2 A 轮的载重表尺

此,若已知船舶平均吃水和吃水差,则可作为查表引数在表中查取有关参数值。静水力参数表不能提供连续的吃水数值,不同船舶的静水力参数表相邻表栏吃水间隔有 0.01 m、0.02 m、0.05 m、0.10 m 和 0.20 m 等多种,当查表所用的吃水和吃水差数值为非表列数据时,可按照邻近数据进行线性比例内插求取相应静水力参数。

静水力参数表中所列的吃水可能为平均型吃水(molded mean draft),部分船舶还同时列出了对应于龙骨板下沿的平均实际吃水(extreme mean draft or mean draft below keel),两者差值为平板龙骨厚度。需要注意的是,依据吃水标志处读取的吃水数值,需要经过以下步骤计算处理后才能用于静水力参数的查取:

(1)进行吃水的垂线位置修正,将首、尾吃水标志和船中吃水标志处读取的吃水分别修正到首、尾垂线和船长中点处的吃水。具体修正方法见本章第三节。

(2)如果静水力参数表仅列出型吃水值,应将经上述纵倾修正后的吃水减去平板龙骨厚度,换算为型吃水。

(3)计算平均吃水,具体方法见本章第三节。

在三种形式的静水力资料中,静水力曲线图的优点是其为连续性曲线,能够更为直观地反映静水力参数的变化趋势。载重表尺的优点是使用简便快捷,但两者均存在精度较低的缺点。由于静水力参数表直接提供了数值表,并且还可反映不同吃水差的变化,与静水力曲线图和载重表尺相比,利用静水力参数表求取的静水力参数更为精确,因此是船舶货运环节更为重要和常用的静水力资料形式。

A轮的静水力参数表以及吃水差对排水量的修正值和不同吃水差的静水力参数(摘录)如附录1.3所示。

例1-1: A轮标准海水中平均型吃水为 $d_m=13.90$ m,吃水差 t 为尾倾0.30 m,试利用该轮静水力资料求取船舶排水量。

解:

1)法1:利用不同吃水和吃水差对应的排水量修正值资料

(1)查A轮平吃水静水力参数表(附录1.3-1),$d_m=13.90$ m时排水量

$$\Delta_0=86488.0 \text{ t}$$

(2)查A轮吃水差对排水量修正量 $\delta\Delta$ 表(附录1.3-2),可知:

表列吃水 $d_m=13.50$ m,当吃水差 $t=0$ m时,$\delta\Delta=0$ t;当 $t=0.50$ m,$\delta\Delta=36.08$ t

内插得 $t=0.30$ m时,

$$\delta\Delta_1=0+\frac{(36.08-0)\times(0.30-0)}{0.5-0}=21.65 \text{ t}$$

表列吃水 $d_m=14.00$ m,当 $t=0.5$ m,$\delta\Delta=37.50$ t;当 $t=0$ m,$\delta\Delta=0$ t

内插得 $t=0.30$ m时,

$$\delta\Delta_2=22.50 \text{ t}$$

按照 $d_m=13.50$ m 和 $d_m=14.00$ m 对 $d_m=13.90$ m 进行二次内插,得 $\delta\Delta=22.33$ t

则 $d_m=13.90$ m时排水量为

$$\Delta=\Delta_0+\delta\Delta=86488.0 \text{ t}+22.33 \text{ t}=86510.33 \text{ t}$$

2)法2:利用不同吃水和吃水差对应的静水力参数值资料

利用A轮不同纵倾条件下的静水力参数表(附录1.3-3),分别按照 $t=0$ m、$t=0.5$ m 和 $d_m=13.50$ m、$d_m=14.00$ m 进行二次内插,得 $d_m=13.90$ m、$t=0.30$ m 时的排水量为 86511.29 t。内插计算表见表1-3。

对比上述两种方法,求得的排水量数据相差 0.96 t。

表 1-3　A 轮不同吃水和吃水差对应排水量数值内插计算表

$t=0$ m		$t=0.50$ m		$t=0.30$ m	
d_m/m	Δ/t	d_m/m	Δ/t	d_m/m	Δ/t
13.50	83764	13.50	83800.1	13.50	83785.66
14.00	87170.2	14.00	87207.7	14.00	87192.7
13.90	86488.96	13.90	86526.18	13.90	86511.29

【思考与应用 1-2】

1. 已知某轮船长 $L_\mathrm{BP}=145.00$ m,型宽 $B=22.00$ m,平均型吃水 $d_\mathrm{m}=8.50$ m,方形系数 $C_\mathrm{b}=0.76$,船壳系数 $K=1.02$,海水密度 $\rho=1.025$ g/cm³,求船舶的排水量 Δ。

2. 利用 A 轮的静水力资料查取相关数据:

(1) A 轮平均型吃水为 14.18 m,吃水差为 0,舷外水密度为 1.025 g/cm³,试利用该轮的静水力资料查取船舶的排水量、浮心纵向坐标、浮心垂向坐标、漂心纵向坐标、每厘米吃水吨数、每厘米纵倾力矩、纵稳心距基线高、横稳心距基线高、船体水线以下浸水面积、水线面面积、方形系数、中横剖面系数、菱形系数、水线面系数等数据。

(2) 如果平均型吃水为 14.19 m,试查取和计算该吃水对应的船舶排水量。

(3) A 轮平均型吃水为 14.18 m,吃水差为尾倾 0.30 m,试利用该轮静水力资料求取船舶排水量。

第三节　船舶吃水及平均吃水的计算

船舶吃水(draft or draught)表示船体浸没在水面以下的深度。根据量取方法的不同,船舶吃水可以分为实际吃水(exreme draft or draft below keel)和型吃水(moulded draft)两种。实际吃水是指水线面至船底平板龙骨下缘的垂直距离,型吃水是指水线面至船底平板龙骨上缘的垂直距离,两者相差船底平板龙骨的厚度。从船舶水尺标志上读取的数值为船舶实际吃水,需减去平板龙骨厚度换算为型吃水。

一、吃水的垂线位置修正

吃水的垂线位置修正又称吃水的纵倾修正。在进行船舶性能和浮态计算时,为了与船长等船型尺度对应,首、中、尾吃水应该分别以首垂线、船长中点和尾垂线处的吃水值作为标准值。由于船体线型的原因,首、尾吃水标志在一定吃水区间内难以标在首、尾垂线处,船中因需要勘划载重线标志,吃水标志也可能偏于船长中点的一侧。当船舶平吃水时,相应垂线处的吃水值与吃水标志处的数值一致,但当船舶存在纵倾时,两者之间存在偏差(图 1-3),需要将吃水标志处读取的吃水值修正为相应垂线处的吃水值。修正计算式如下:

$$\left.\begin{array}{l}d_{F1}=d'_F+C_F=d'_F+\dfrac{t'\cdot l_F}{L_{MK}}\\[4pt]d_{A1}=d'_A+C_A=d'_A+\dfrac{t'\cdot l_A}{L_{MK}}\\[4pt]d_{M1}=d'_M+C_M=d'_M+\dfrac{t'\cdot l_M}{L_{MK}}\end{array}\right\} \tag{1-6}$$

式中：d_{F1}、d_{A1}、d_{M1}——首垂线、尾垂线和船长中点处的吃水(m)；

d'_F、d'_A、d'_M——船首、船尾和船中部吃水标志处的左右舷吃水平均值(m)；

C_F、C_A、C_M——船首、船尾和船中部吃水的修正值(m)；

t'——首、尾吃水标志处对应的吃水差(m)，$t'=d'_F-d'_A$；

L_{MK}——船首、尾吃水标志间距离(m)，$L_{MK}=L_{BP}-l_F+l_A$；

l_F、l_A——首、尾吃水标志分别距首、尾垂线的距离(m)，吃水标志位于相应垂线的船尾一侧时取"＋"，反之取"－"；

l_M——船中吃水标志距船长中点的距离(m)，吃水标志位于船长中点的船尾一侧时取"＋"，反之取"－"。

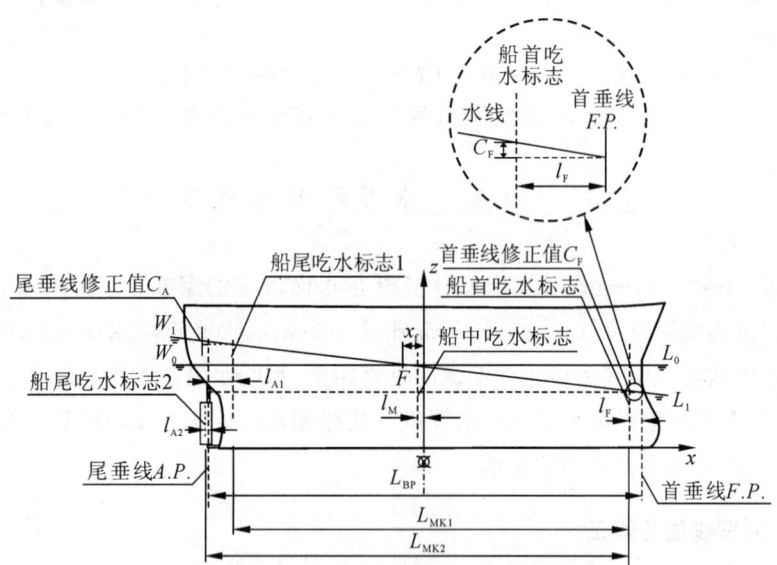

图 1-3　船舶吃水的垂线位置修正

在实际计算时需要注意各量的正负号正确取法，总体上应把握：修正量C_F、C_A、C_M的分母为首、尾吃水标志之间的距离，分子中的吃水差应与分母对应，即为相应首尾吃水标志处的首尾吃水差。修正量C_F、C_A、C_M正负号的判断方法为：水尺标志在相应垂线前，首倾时取"－"，尾倾时取"＋"；水尺标志在相应垂线后，首倾时取"＋"，尾倾时取"－"。必要时可画图比对，以免出错。一般计算中要求船舶吃水值精确到厘米或毫米（以米为单位保留 2～3 位小数）。

如果船舶资料提供了船首、中、尾水尺纵倾校正表，可直接查表校正。

二、平均吃水及其计算

1. 平均吃水的概念

当船舶存在倾斜和拱垂变形时,船舶各部位吃水不同,不同吃水标志处读取的吃水数值也不相等。平均吃水指船舶在浮态和拱垂状态下相应于同排水量和水密度下船舶正浮和无拱垂变形(纵向弯曲变形)时的吃水。当排水量和舷外水密度不变时,可以认为船舶微小横倾、纵倾和拱垂变形并未改变其排水体积和平均吃水,因此平均吃水又可称为等容吃水。

如果船舶不是处于正浮状态或存在拱垂变形时,船舶各部位吃水不同,可利用六面吃水值计算出其对应的平均吃水和吃水差。

2. 平均吃水的计算

1) 求吃水标志处首、中、尾左右舷吃水平均值及首尾吃水差

求平均吃水时,首先根据船舶的吃水标志处六面吃水分别计算其首、中、尾的左右舷平均吃水和吃水标志处首尾吃水差:

$$\left. \begin{array}{l} d'_F = \dfrac{d_{fp} + d_{fs}}{2} \\ d'_M = \dfrac{d_{mp} + d_{ms}}{2} \\ d'_A = \dfrac{d_{ap} + d_{as}}{2} \\ t' = d'_F - d'_A \end{array} \right\} \qquad (1-7)$$

式中:d_{fp}、d_{fs}——船首左舷和右舷吃水标志处的吃水(m);

d_{mp}、d_{ms}——船中左舷和右舷吃水标志处的吃水(m);

d_{ap}、d_{as}——船尾左舷和右舷吃水标志处的吃水(m);

d'_F、d'_A、d'_M——船首、船尾和船中部吃水标志处的左右舷吃水平均值(m);

t'——船首、船尾吃水标志处的吃水差(m)。

2) 对吃水标志处的吃水进行垂线位置修正

计算出 d'_F、d'_A、d'_M 后,按照式(1-6)进行垂线位置修正得到首垂线、尾垂线和船长中点处的实际吃水值 d_{F1}、d_{A1} 和 d_{M1}。

3) 将实际吃水转换为型吃水

在静水力资料中使用型吃水时,将 d_{F1}、d_{A1} 和 d_{M1} 分别减去平板龙骨厚度,即得到首、尾和船中处的型吃水 d_F、d_A 和 d_M。如果直接使用船舶的实际吃水,则不需要转换为型吃水。A 轮的平板龙骨厚度为 0.021 m。

4) 求首尾吃水平均值 d_{m1}、首中尾吃水平均值 d_{m2}

(1) 首尾吃水平均值 d_{m1}

$$d_{m1} = \dfrac{d_F + d_A}{2} \qquad (1-8)$$

(2) 首中尾吃水平均值 d_{m2}

$$d_{m2} = \dfrac{d_{m1} + d_M}{2} = \dfrac{d_F + 2d_M + d_A}{4} \qquad (1-9)$$

5)拱垂值及拱垂变形时平均吃水的计算

(1)拱垂值 δ 计算

当船舶存在拱垂变形(或称"拱陷变形")时,船舶拱垂值 δ 为船舶船中吃水与首尾吃水平均值的差值。可按下式求取:

$$\delta = d_M - \frac{d_F + d_A}{2} \quad (1\text{-}10)$$

(2)拱垂变形时平均吃水的计算

考虑拱垂变形影响时,经拱垂修正的平均吃水可按下式计算:

$$d_{m3} = \frac{d_{m2} + d_M}{2} = d_{m1} + \delta d_\delta = d_{m1} + \frac{3}{4}\delta = \frac{d_F + 6d_M + d_A}{8} \quad (1\text{-}11)$$

可见经拱垂修正的平均吃水相对于首尾吃水平均值的修正值为 $\delta d_\delta = \frac{3}{4}\delta$。对于提供了随平均型吃水变化的拱垂修正系数 C 或静水力资料中有 C 值计算数据的船舶,平均吃水的拱垂修正值为:

$$\delta d_\delta = C \cdot \delta \quad (1\text{-}12)$$

C 值按首尾吃水平均值 d_{m1} 查取或按下式计算:

$$C = 1 - \frac{4KM_L \cdot V_M}{A_w \cdot L_{BP}^2} \quad (1\text{-}13)$$

式中:KM_L——纵稳心距基线高度(m);

V_M——型排水体积(m^3);

A_w——水线面面积(m^2);

L_{BP}——船长(m)。

6)船舶倾斜状态时的平均吃水计算

由式(1-8)得到的首尾吃水平均值 d_{m1} 是船长 L_{BP} 中点处的吃水值,当船舶存在微纵倾时,其倾斜轴通过初始水线面的漂心 F,如果船舶无拱垂变形,此时漂心处的吃水值等于船舶平均吃水。船舶平均吃水的漂心位置修正(或平均吃水的纵倾修正)δd_{MF} 为:

$$\delta d_{MF} = \frac{t \cdot x_f}{L_{BP}} \quad (1\text{-}14)$$

经漂心位置修正的船舶平均吃水 d_{m4} 可按下式计算:

$$d_{m4} = d_{m1} + \delta d_{MF} = \frac{d_F + d_A}{2} + \frac{t \cdot x_f}{L_{BP}} \quad (1\text{-}15)$$

式中:d_F——船首垂线处的吃水,即首吃水(m);

d_A——船尾垂线处的吃水,即尾吃水(m);

L_{BP}——船舶垂线间长(m);

x_f——船舶漂心距船中距离(m),或记为"LCF",如果船舶采用船尾坐标系,则 $x_f = LCA - \frac{1}{2}L_{BP}$,此处 LCA 为漂心 F 距尾垂线距离;

t——船舶吃水差(m),此处 $t = d_F - d_A$。

式(1-14)和式(1-15)中,当吃水差 $t=0$ 或漂心距船中距离 $x_f=0$ 时,船舶平均吃水的漂心位置修正量 $\delta d_{MF}=0$。因船舶资料中吃水差常以尾倾为正,需要注意修正项 δd_{MF} 的正负取值。判断方法为:当船舶漂心在船中后且处于尾倾状态(或船舶漂心在船中前且处于首倾状态)时,$\delta d_{MF}>0$,此时船舶平均吃水大于船首尾吃水的平均值。反之,当船舶漂心在船中后且处于首倾状态(或船舶漂心在船中前且处于尾倾状态)时,$\delta d_{MF}<0$,则船舶平均吃水小于船首尾吃水的平均值。当船舶同时存在纵倾和横倾时,经上述第 1)、2)、3)步的计算处理后,仍然可以使用式(1-11)计算平均吃水。

7)同时考虑拱垂变形和纵倾的平均吃水计算

当同时考虑拱垂变形和纵倾影响时,船舶平均吃水可按下式求取:

$$d_{m5}=\frac{d_F+6d_M+d_A}{8}+\frac{t \cdot x_f}{L_{BP}} \tag{1-16}$$

3. 船舶倾斜对平均吃水的影响

因船体线型变化,船舶发生倾斜时其水线面的形状和面积均可能发生变化,船舶的漂心也可能随之发生变化。同时,船舶倾斜后船舶排水体积的形状和分布发生变化,在排水体积大小不变的条件下,船舶平均吃水也会变化。因此船舶倾斜状态下的平均吃水计算与拱垂条件下的平均吃水计算一样,均是近似计算,只是在微倾条件下可忽略其误差。

当船舶倾斜幅度较大时,其误差较为可观。船舶倾斜时平均吃水的变化趋势取决于水线面面积的变化,如果水线面面积变大,则吃水会减少,反之则吃水会增加。1974 年《国际海上人命安全公约》(简称 SOLAS 74 公约)和《2008 年国际完整稳性规则》均规定,稳性资料应包含所有营运吃水和纵倾范围的影响。因此,船舶一般提供了不同吃水和吃水差条件下的静水力参数或排水量修正值。

三、舷外水密度变化对平均吃水的影响

1. 海水密度变化时平均吃水变化计算

受水温、盐分浓度等影响,不同水域的水密度存在差异。当利用吃水计算船舶排水量、装卸货物重量以及船舶通过吃水受水深限制的浅水区域时,需要考虑水密度变化对船舶吃水的影响。因船舶排水量 $\Delta=\rho V$,当 Δ 一定时,当舷外水密度由 ρ_1 变化为 ρ_2 时,会导致排水体积由 V_1 变化为 V_2,因此船舶平均吃水也会相应地由 d_1 变化为 d_2,忽略水线面面积 A_w 的变化,平均吃水变化量 δd_ρ 可按下式计算:

$$\delta d_\rho = \frac{\Delta}{100 TPC_S}\left(\frac{\rho_S}{\rho_2}-\frac{\rho_S}{\rho_1}\right) \tag{1-17}$$

式中:TPC_S——排水量 Δ 对应标准海水的每厘米吃水吨数(t/cm),$TPC_S=0.01\rho_S A_w$;

ρ_S——标准海水密度,取 1.025 t/m³。

新的海水密度 ρ_2 对应的船舶吃水 $d_2=d_1+\delta d_\rho$。如忽略排水体积 V_1 和 V_2 对应的方形系数 C_b 的变化,则有 $\Delta=\rho_1 C_b L B d_1=\rho_2 C_b L B d_2$,化简得:

$$d_2=\frac{\rho_1}{\rho_2} \cdot d_1 \tag{1-18}$$

该近似计算方法较为简便,常被用于粗略估算航线水密度变化对船舶吃水的影响。

2. 淡水超额量

淡水超额量(fresh water allowance,FWA)是指船舶排水量不变时其舷外水密度由标准海水密度改变为标准淡水密度时船舶平均吃水的增加量。

令 $\rho_1=1.025\text{g/cm}^3$，$\rho_2=1.000\text{ g/cm}^3$，代入式(1-19)，则

$$FWA=\frac{\Delta}{4000TPC} \tag{1-19}$$

显然式(1-19)是式(1-17)的特例，其值随船舶排水量的变化而变化。在勘划载重线并已知夏季满载排水量时，夏季淡水干舷和热带淡水干舷与标准海水的相应干舷间相差夏季满载排水量 Δ_S 所对应的淡水超量。

3. 一定吃水条件下海水密度与排水量的关系

对于某一确定的平均吃水 d_m 或排水体积 V，船舶所在水域的水密度 ρ 不同时，所对应的排水量也不同，即：

$$\Delta=\frac{\rho\Delta_1}{\rho_1} \tag{1-20}$$

例如船舶在水密度 ρ 水域，根据平均吃水查静水力资料所得到的排水量是标准海水（$\rho_1=1.025\text{ g/cm}^3$）中的排水量 Δ_1，则需要按照式(1-20)修正到实际水密度 ρ 对应的排水量 Δ。

例 1-2： A轮到达Z港装货后从首、中、尾吃水标志处读出首吃水 $d_{fp}=13.89\text{ m}$，$d_{fs}=13.91\text{ m}$，船中吃水 $d_{mp}=14.16\text{ m}$，$d_{ms}=14.20\text{ m}$，尾吃水 $d_{ap}=14.19\text{ m}$，$d_{as}=14.21\text{ m}$（读自 FR1 处，位于尾垂线 A.P. 的船首一侧 0.75 m 处），测得舷外水密度为 $\rho=1.024\text{ g/cm}^3$。已知船长 $L_{BP}=217.00\text{ m}$，船底平板龙骨厚度为 21.0 mm。试根据A轮资料求：

(1) 吃水标志处首、中、尾左右舷吃水平均值和首尾吃水差 t'；
(2) 修正至首垂线、尾垂线和船长中点处的型吃水值 d_F、d_A 和 d_M；
(3) 船舶首尾吃水平均值 d_{m1}，并查取 d_{m1} 对应平吃水的排水量 Δ_{01}；
(4) 船舶首尾垂线处吃水差 t；
(5) 拱垂值 δ，并计算船舶经拱垂修正后的平均吃水 d_{m3}；
(6) 漂心纵向坐标 LCA，每厘米吃水吨数 TPC 和平均吃水 d_{m3} 对应的排水量 Δ_{03}；
(7) 平均吃水 d_{m3} 的纵倾修正值 δd_t 及该修正值对应的排水量变化值 $\delta\Delta_t$；
(8) 拱垂变形对平均吃水的修正值 δd_δ 和对应的排水量的修正值 $\delta\Delta_\delta$；
(9) 平均吃水 d_{m1} 对应的排水量 Δ_{01} 经纵倾和拱垂修正后的排水量 Δ_1；
(10) 平均吃水 d_{m3} 对应的排水量 Δ_{03} 经纵倾修正后的排水量 Δ_3；
(11) 同时考虑拱垂变形和纵倾修正的平均吃水 d_{m5}，并查取平均吃水 d_{m5} 对应的排水量 Δ_5；
(12) Δ_1、Δ_3 和 Δ_5 经实际密度 $\rho=1.024\text{ g/cm}^3$ 修正的排水量 $\Delta_{1\rho}$、$\Delta_{3\rho}$ 和 $\Delta_{5\rho}$。

解：(1) 求吃水标志处首、中、尾吃水和吃水差

① 吃水标志处首、中、尾吃水左右舷平均值

$$d'_F=\frac{d_{fp}+d_{fs}}{2}=\frac{13.89\text{ m}+13.91\text{ m}}{2}=13.90\text{ m}$$

$$d'_M=\frac{d_{mp}+d_{ms}}{2}=\frac{14.16\text{ m}+14.20\text{ m}}{2}=14.18\text{ m}$$

$$d'_A=\frac{d_{ap}+d_{as}}{2}=\frac{14.19\text{ m}+14.21\text{ m}}{2}=14.20\text{ m}$$

② 吃水标志处首尾吃水差

$$t' = d'_F - d'_A = 13.90 \text{ m} - 14.20 \text{ m} = -0.30 \text{ m}$$

(2) 求各垂线处吃水

① 对首、中、尾吃水进行垂线位置修正

$$d_{F1} = d'_F + C_F = d'_F + \frac{t' \cdot l_F}{L_{MK}} = 13.90 \text{ m} + \frac{(-0.30 \text{ m}) \times 0.82 \text{ m}}{217 \text{ m} - 0.82 \text{ m} - 0.75 \text{ m}} = 13.899 \text{ m}$$

$$d_{A1} = d'_A + C_A = d'_A + \frac{t' \cdot l_A}{L_{MK}} = 14.20 \text{ m} + \frac{(-0.30 \text{ m}) \times (-0.75 \text{ m})}{217 \text{ m} - 0.82 \text{ m} - 0.75 \text{ m}} = 14.201 \text{ m}$$

$$d_{M1} = d'_M + C_M = d'_M + \frac{t' \cdot l_M}{L_{MK}} = 14.180 \text{ m}$$

② 换算为型吃水

将上述吃水分别减去平板龙骨厚度，得型吃水值：

$$d_F = d_{F1} - 0.021 \text{ m} = 13.878 \text{ m}$$
$$d_M = d_{M1} - 0.021 \text{ m} = 14.159 \text{ m}$$
$$d_A = d_{A1} - 0.021 \text{ m} = 14.180 \text{ m}$$

(3) 计算船舶首尾吃水平均值 d_{m1} 并查取 d_{m1} 对应排水量 Δ_{01}

① 船舶首尾吃水平均值

$$d_{m1} = \frac{d_F + d_A}{2} = \frac{13.878 \text{ m} + 14.180 \text{ m}}{2} = 14.029 \text{ m}$$

② 根据 d_{m1} 查静水力参数表得到吃水为 14.02 m 的排水量和 TPC 分别为 87306.7 t 和 68.2 t/cm，则 d_{m1} 对应的排水量为

$$\Delta_{01} = 87306.7 \text{ t} + 0.009 \times 100 \times 68.2 \text{ t} = 87368.1 \text{ t}$$

(4) 求船舶首尾垂线处吃水差 t

$$t = d_F - d_A = 13.878 \text{ m} - 14.180 \text{ m} = -0.302 \text{ m}$$

(5) 求拱垂值 δ，并计算船舶经拱垂修正后的平均吃水 d_{m3}

$$\delta = d_M - d_{m1} = 14.159 \text{ m} - 14.029 \text{ m} = 0.13 \text{ m}$$

$$d_{m3} = d_{m1} + \frac{3}{4}\delta = 14.029 \text{ m} + \frac{3}{4} \times 0.13 \text{ m} = 14.26 \text{ m}$$

(6) 根据 d_{m3} 查取船舶 LCA，TPC 和 d_{m3} 对应的排水量 Δ_{03}

查静水力参数表并内插得：经拱垂修正的平均吃水 d_{m3} 对应的船舶漂心纵向坐标值 $LCA = 106.2$ m；每厘米吃水吨数 $TPC = 68.30$ t/cm；平均吃水 d_{m3} 对应的排水量 $\Delta_{03} = 88030.4$ t。

(7) 求平均吃水 d_{m3} 的纵倾修正值 δd_{mf} 及该修正值对应的排水量变化 $\delta \Delta_t$

$$\delta d_{mf} = \frac{t \cdot x_f}{L_{BP}} = \left(\frac{LCA}{L_{BP}} - 0.5\right)t = \left(\frac{106.2 \text{ m}}{217.00 \text{ m}} - 0.5\right) \times (-0.302 \text{ m}) = 0.003 \text{ m}$$

$$\delta \Delta_t = 100 TPC \cdot \delta d_{mf} = 100 \times 68.30 \times 0.003 \text{ t} = 20.5 \text{ t}$$

(8) 求拱垂变形对平均吃水的修正值 δd_δ 和对应的排水量的修正值 $\delta \Delta_\delta$

① 拱垂变形对平均吃水的修正值

$$\delta d_\delta = \frac{3}{4}\delta = 0.0975 \text{ m}$$

② 拱垂变形对排水量的修正值

$$\delta\Delta_\delta = 100TPC \cdot \frac{3}{4}\delta = 665.93 \text{ t}$$

(9) 求平均吃水 d_{m1} 对应的排水量 Δ_{01} 经纵倾和拱垂修正后的排水量 Δ_1

$$\Delta_1 = \Delta_{01} + \delta\Delta_t + \delta\Delta_\delta = 87368.1 \text{ t} + 20.5 + 665.93 \text{ t} = 88054.5 \text{ t}$$

(10) 求平均吃水 d_{m3} 对应的排水量 Δ_{03} 经纵倾修正后的排水量 Δ_3

$$\Delta_3 = \Delta_{03} + \delta\Delta_t = 88030.4 \text{ t} + 20.5 \text{ t} = 88050.9 \text{ t}$$

(11) 求同时考虑拱垂变形和纵倾修正的平均吃水 d_{m5}，并查取 d_{m5} 对应的排水量 Δ_5

$$d_{m5} = \frac{d_F + 6d_M + d_A}{8} + \frac{t \cdot x_f}{L_{BP}} = d_{m3} + \delta d_m = 14.130 \text{ m}$$

查静水力资料得：d_{m5} 对应的排水量 $\Delta_5 = 88057.7$ t。

(12) 求 Δ_1、Δ_3 和 Δ_5 经实际密度 $\rho = 1.024 \text{ g/cm}^3$ 修正后的排水量 $\Delta_{1\rho}$、$\Delta_{3\rho}$ 和 $\Delta_{5\rho}$

$$\Delta_{1\rho} = \frac{\rho\Delta_1}{\rho_s} = \frac{1.024 \times 88054.5}{1.025} \text{t} = 87968.6 \text{ t}$$

同理得：$\Delta_{3\rho} = 87965.0$ t；$\Delta_{5\rho} = 81971.8$ t。

本例小结：比较经密度修正前的标准海水中排水量 Δ_1、Δ_3 和 Δ_5 的值，并分析通过吃水求排水量的方法和过程。三种方法均进行了拱垂修正和纵倾修正。区别在于 Δ_1 是通过首尾吃水平均值 d_{m1} 查出排水量后对排水量进行拱垂和纵倾修正；Δ_3 是按照求出经拱垂修正后的平均 d_{m3} 查出排水量后再对排水量进行纵倾修正；Δ_5 则是求出经拱垂和纵倾修正后的平均吃水 d_{m5} 后再查取排水量。水尺计重求排水量的方法和过程见本章第四节，需要特别注意的是，水尺计重中一般是用经拱垂修正的平均吃水 d_{m3} 直接查出排水量，然后再对排水量进行纵倾修正，而不是对吃水进行纵倾修正再查取排水量，并且当吃水差较大（一般认为超过 0.30 m）时，尚需对排水量进行二次纵倾修正。水尺计重时一般应尽量控制吃水差小于 0.30 m。

【思考与应用 1-3】

1. A 轮压载状态无横倾，从首、中、尾吃水标志处读出首吃水 $d_F = 5.322$m，船中吃水 $d_M = 6.151$m，尾吃水 $d_A = 6.909$（读自 FR.Ⅱ-500 处），平板龙骨厚度为 0.021 m，舷外水密度为 1.020 g/cm³。如船舶出海，进入标准海水水域时共消耗油水 100 t，试根据该船资料计算：

(1) 修正至首垂线、船长中点和尾垂线处的型吃水值；
(2) 船舶拱垂值 δ，并求取吃水差 t；
(3) 经拱垂修正的平均吃水；
(4) 经拱垂和漂心位置修正的平均吃水（先查取船舶漂心纵向坐标 LCA）；
(5) 船舶排水量和每厘米吃水吨数 TPC（根据平均吃水查取）；
(6) 船舶进入标准海水水域的平均吃水。

2. 为什么船舶倾斜会影响船舶平均吃水？为减小平均吃水计算误差，船舶日常营运中应注意什么？

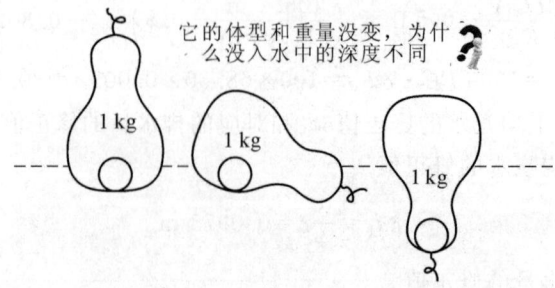

第四节 船舶排水量测定和水尺计重

空船排水量检验、测定船舶常数、倾斜试验以及日常管理中需要掌握船舶排水量时，均需要通过船舶观测吃水求取船舶在相应装载状态下的排水量。通过水尺计重(draught survey)计算船舶装(卸)货重量时也需要先计算出装(卸)货前后船舶的排水量。在具体实践中可结合船舶的《装载手册》所说明的具体方法和步骤求取船舶排水量。

一、通过观测吃水求取排水量和船舶常数

1. 测定有关原始数据

在通过船舶吃水求取排水量过程中，需要从吃水标志处观测船舶的六面吃水，测定船舶舷外水密度，并测量液舱内液体载荷储量。精确确定有关原始数据，关系到排水量测量精度和后续水尺计重结果的精确程度。在观测船舶吃水和测量液舱的液体载荷储量的过程中，应停止压载水打排作业和其他一切可能影响观测精度的作业(例如操作船上起重设备和绞缆机等)。

1) 观测船舶的六面吃水

观测首、中、尾吃水标志处的吃水，包括船首左、右舷吃水(d_{fp}、d_{fs})，船中左、右舷吃水(d_{mp}、d_{ms})及船尾左、右舷吃水(d_{ap}、d_{as})。

2) 测定舷外水密度

测定舷外水密度应与观测吃水同时进行。海水取样时应避开船舶排水管口和码头下水管道口，通常在船舶外档中部吃水的一半处提取水样。舷外水密度一般通过海水密度计进行测量。在水尺计重中使用的密度计需要经过专业机构认证。

3) 测量液舱内液体载荷储量

仅求取船舶排水量时不需要执行该步骤，但进行水尺计重、测定实际空船重量、测定船舶常数和开展倾斜试验时还需要测量液舱内液体载荷的储量 $\sum G_L$，包括各油舱、淡水舱、压载水舱内的油水存量。营运船舶一般由甲板部人员负责测量并记录各压载舱、淡水舱、船上污水井(沟)和隔离舱内液位的重量。对液舱的液位数据(各液舱内液体的体积和重量)，通过舱容表查取。如果船舶有纵倾和(或)横倾且测孔不在舱的中心时，还应对舱内液位进行纵、横倾的修正，其方法和油舱空当高度的纵、横倾修正相同，但正负号相反。如果压载水的密度为非舱容表中的默认值，尚应测量压载水的实际密度，并根据实际密度计算压载水重量。船上燃油储量一般由轮机人员负责测量和提供。进行水尺计重时鉴定人员也常参与测量和记录。

需要注意的是有些船舶《装载手册》中，其压载舱的舱容表中水位为零时，表中显示存在一定量的压载水，这种情况在卸货港可能被水尺计重的鉴定人员视为"呆存量(指水舱或燃油舱中无法完全排空的部分剩余物的体积或重量)"，给船方造成被动，必要时船舶可在卸货港靠泊后和水尺计重作业前往这类压载舱中先实际注入一定量的压载水，以便能够测出实际压载水存量。同时，散货船在装货港装货时，压载舱宜尽量排空，否则可能导致卸货港货物重量短少。

4)其他非货物及可测液体载荷的变动

如果在装(卸)货物前后的两次水尺计重(原始数据测量)之间,船上其他储备品和垫舱物料等非货物和油水舱载荷的重量发生了不可忽略的变化,也应计及其重量变化(记为δG)。例如船舶在装(卸)货期间加载了数量可观的物料,加装重量不可忽略的设备或其他载荷(可测量的液体载荷除外)等。

2. 计算并修正船舶吃水

1)求首垂线、船中和尾垂线对应的首、中、尾型吃水

具体方法见本章第三节。

经上述修正计算后的首、中、尾型吃水分别记为d_F、d_M和d_A。同时,求出吃水差t。

2)求经船舶拱垂修正的平均吃水

经拱垂修正的船舶平均吃水d_{m3}可按照式(1-11)的方法求取。

3. 求取标准海水中的船舶排水量

1)查取平均吃水d_{m3}对应标准海水排水量Δ_0

根据上述经拱垂修正后的船舶平均吃水d_{m3}从静水力参数表中查取对应标准海水的船舶排水量。查值时,因静水力参数表中数据不连续,如果表中没有直接列出d_{m3}对应的静水力参数,可以先查出与d_{m3}邻近的表列吃水值对应的排水量基数,再将差额吃水乘以相应的每厘米吃水吨数,得出差额吨数,以排水量基数加、减差额吨数,即得d_{m3}对应的标准海水排水量Δ_0。

2)求经纵倾修正的排水量Δ_1

上述d_{m3}为仅考虑了拱垂变形影响的平均吃水,未考虑船舶纵倾的影响,即船舶正浮时的平均吃水。如果船舶静水力资料提供了不同吃水差t对应的静水力参数,可根据d_{m3}和t直接查取相应吃水纵倾状态下对应标准海水的排水量Δ_1。

如果应用正浮时的静水力参数资料查得的排水量为Δ_0,当船舶存在纵倾时,须对排水量Δ_0进行纵倾修正。《进出口商品重量鉴定规程 第2部分:水尺计重》(SN/T 3023.2—2021)规定:具备排水量纵倾校正表,经查核后,可据以校正;无排水量纵倾校正表且首尾吃水差大于0.3 m时可采用根本氏公式或叶氏公式进行排水量纵倾修正计算。

(1)根本氏公式法

根本氏公式法由日本造船工程师根本广太郎于20世纪60年代提出,已在国际上被广泛采用,排水量纵倾修正值$\delta\Delta_t$的根本氏公式如下:

$$\delta\Delta_t = \frac{t \cdot x_f}{L_{BP}} \cdot 100 TPC + \frac{50 t^2}{L_{BP}} \cdot \frac{d_M}{d_Z} \tag{1-21}$$

式中:t——首尾垂线处吃水差(m);

$\frac{d_M}{d_Z}$——平均吃水d_{m3}处的每厘米纵倾力矩(MTC)的变化率,即在吃水为d_{m3}时,$d_{m3}+0.5$ m和$d_{m3}-0.5$ m所对应的每厘米纵倾力矩的差值;

TPC——平均吃水d_{m3}处标准海水中船舶每厘米吃水吨数(t/cm)。

根本氏公式第一项修正为船舶平均吃水的漂心位置修正量$\frac{t \cdot x_f}{L_{BP}}$引起的排水量变化。为减小误差,实际测定船舶排水量或进行水尺计重时,应尽量减小船舶吃水差。

(2)叶氏公式法

叶氏公式法是深圳出入境检验检疫局叶炎辉于 21 世纪初提出的,该公式在推导过程中考虑了船舶漂心随吃水差变化,排水量纵倾修正值 $\delta\Delta_t$ 的叶氏公式如下:

$$\delta\Delta_t = \frac{t \cdot x_f}{L_{BP}} \cdot 100 TPC + \frac{50\,t^2}{L_{BP}} \cdot \frac{TPC}{3} \tag{1-22}$$

与根本氏公式相比,叶氏公式第二项修正中用 $\frac{TPC}{3}$ 代替了 $\frac{d_M}{d_Z}$。实际计算存在争议时,以根本氏公式为准。

3)求经纵倾修正后的船舶排水量

$$\Delta_1 = \Delta_0 + \delta\Delta_t \tag{1-23}$$

式中:Δ_0——经拱垂修正后的平均吃水 d_{m3} 对应的标准海水中的排水量(t)。

4. 对排水量进行海水密度修正

由于平均吃水 d_{m3} 是船舶在实测密度为 ρ 水域中的吃水,而静水力参数表中的各参数值一般为船舶在标准海水中的数值,故排水量 Δ_1 是 d_{m3} 对应的标准海水中的排水量,需对上述排水量进行舷外水密度的修正。修正公式为:

$$\Delta = \frac{\rho \cdot \Delta_1}{1.025} \tag{1-24}$$

式中:Δ——测定时的船舶排水量(t);

ρ——实测舷外水密度(g/cm³)。

5. 求实际空船排水量和船舶常数

进行空船重量检验或船舶营运中需要测量船舶实际空船重量与船舶常数时,可通过观测水尺确定船舶空船排水量。一般应选择船舶空载或压载状态进行观测和测量,计算出船舶排水量 Δ,从船舶《装载手册》中查取空船排水量(新船出厂时的排水量,不包含船舶常数) Δ_L,假定测量得到当时船上油水等液体载荷的总重量为 $\sum G_L$、已确定其他备品重量 $\sum G_O$,则观测时空船排水量为

$$\Delta'_L = \Delta - \sum G_L - \sum G_O \tag{1-25}$$

观测时的船舶常数为

$$C = \Delta_L - \Delta'_L \tag{1-26}$$

6. 求排水量的其他方法

在利用观测吃水和船舶资料求排水量时,可参考船舶资料说明。实际中也常采用下述方法:

1)对首、尾吃水平均值 d_{m1} 对应的排水量 Δ'_0 进行修正

该方法是在求出首、尾吃水平均值 d_{m1} 后,按 d_{m1} 在静水力资料中查取对应的排水量 Δ'_0,再对 Δ'_0 进行纵倾、拱垂和水密度等修正。

(1)利用式(1-21)的方法求排水量纵倾修正 $\delta\Delta_t$。

(2)按式(1-10)求拱垂值 δ,按式(1-12)求 δ 对平均吃水的修正值 δd_δ,并按下述方法求排水量拱垂修正 $\delta\Delta_\delta$。

$$\delta\Delta_\delta = \delta d_\delta \cdot 100 TPC \tag{1-27}$$

或

$$\delta\Delta_\delta = 100\left(TPC - \frac{4MTC}{L_{BP}}\right) \cdot \delta \tag{1-28}$$

(3)舷外水密度修正 $\delta\Delta_\rho$

$$\delta\Delta_\rho = (\Delta_0' + \delta\Delta_t + \delta\Delta_\delta) \times \left(\frac{\rho - 1.025}{1.025}\right) \tag{1-29}$$

(4)实测排水量 Δ

$$\Delta = \Delta_0' + \delta\Delta_t + \delta\Delta_\delta + \delta\Delta_\rho \tag{1-30}$$

2)利用排水量纵倾校正资料

船舶如果提供了不同吃水差条件下的静水力参数,利用该资料求取排水量时,可省略上述纵倾修正计算,或者直接查取静水力资料中提供的排水量纵倾修正量。当实际数值为非表列数值时,需要进行内插计算,以得到相对准确数值。例如 A 轮《装载手册》中提供的求取排水量方法,求出首尾吃水平均值 d_{m1} 后,按 d_{m1} 查取相应纵倾状态的排水量 Δ_0',然后对排水量 Δ_0' 进行拱垂和水密度等修正。

二、船舶水尺计重

1. 水尺计重的适用范围

水尺计重又称为水尺检量,是依据"阿基米德定律"对船舶装载或卸载前、后的吃水进行观测,并依据船舶的相关图表进行必要的校正,查算船舶排水量,结合船舶压载水、淡水、燃油、船用物料及非货物的重量测算,以确定装载或卸载货物重量的一种计重方法。水尺计重适用于船舶载运煤炭、生铁、废钢、矿石、硫磺、盐、化肥等大宗散货的计重。对进出口货物的鉴定、计重及监督管理工作,我国目前由海关部门负责;国外一般由公证鉴定机构承担,计重工作结束后出具货物计量证明,该证明在国际贸易中可作为货物重量的交接凭证。

2. 水尺计重的基本原理和方法

水尺计重是利用船舶吃水与排水量的关系,通过观测船舶在装货(卸)港装(卸)货前和装(卸)货后的船舶吃水和船上油水储量,经过计算得到装(卸)货前后相应的排水量,这两者之差并扣除装货前后油水等重量的变化,即得所装(卸)货物的重量。

对于单一的直达运输货物,一个航次完整的水尺计重包括:在装货港装货前、后各一次水尺计重,得到船舶在装货港装货重量;在卸货港卸货前、后各一次水尺计重,得到船舶在卸载港卸载货物的重量。

通过上述装(卸)货港总共四次水尺计重,船方据以确定航次货物交接的数量。由于存在测量误差,通过水尺计重所得到的装货港货物重量和卸货港货物重量数据不一定相同,两者的差值应在运输合同规定的范围内,否则承运人需对超出规定的部分承担赔偿责任。我国海关总署发布的《进出口商品重量鉴定规程 第 2 部分:水尺计重》(SN/T 3023.2—2021)规定了水尺计重的要求、程序和方法。如果船舶制表的相对误差在 0.1% 之内,水尺计重的相对误差不超过 0.5%。

1)装货港装货重量

设装货前的排水量为 Δ_{b1},测量的全船油水舱内燃油、淡水、压载水等液体载荷重量为

$\sum G_{bl}$，装货后的船舶排水量为Δ_{al}，全船油水储备总量为$\sum G_{al}$，装货前后两次水尺计重原始数据观测时机之间非液体载荷的变动量为δG_l。船舶空船排水量Δ_L可从船舶资料中查取，实际水尺计重工作中往往引入船舶常数的概念，船舶在装货港装货前通过水尺计重计算的船舶常数为：

$$C_l = \Delta_{bl} - \Delta_L - \sum G_{bl} \tag{1-31}$$

船舶装货后通过水尺计重计算的船舶装货重量为：

$$Q_l = \Delta_{al} - \Delta_L - \sum G_{al} - C_l - \delta G_l \tag{1-32}$$

将式(1-31)代入式(1-32)，则货物装载量Q_l也可由下式求出：

$$Q_l = (\Delta_{al} - \Delta_{bl}) - (\sum G_{al} - \sum G_{bl}) - \delta G_l \tag{1-33}$$

非液体载荷的变动量δG_l一般在装货前尚未发生，即装货前实测的船舶常数数据不包含δG_l，但装货后的排水量数据中包含该内容，需要船方根据实际情况掌握，并向水尺计重人员阐明和提供相关证据。

2) 卸货港卸货重量

设卸货前的排水量为Δ_{bd}，全船燃油、淡水、压载水等液体载荷重量为$\sum G_{bd}$，卸货后的船舶排水量为Δ_{ad}，全船储备总量为$\sum G_{ad}$，卸货前后两次水尺计重原始数据观测时机之间非液体载荷的变动量为δG_d，船舶在卸货港卸货后，可根据水尺计重数据计算卸货时的船舶常数：

$$C_d = \Delta - \Delta_L - \sum G_{bd} + \delta G_d \tag{1-34}$$

船舶卸货后通过水尺计重可计算出船舶卸货重量为：

$$Q_d = \Delta_{bd} - \Delta_L - \sum G_{bd} - C_d \tag{1-35}$$

将式(1-34)代入式(1-35)，则货物卸载量也可由下式求出：

$$Q_d = (\Delta_{bd} - \Delta_{ad}) - (\sum G_{bd} - \sum G_{ad}) - \delta G_d \tag{1-36}$$

水尺计重中所用的船舶常数包括了船员及其行李、粮食和其他非油水舱内备品载荷的重量。装货港和卸货港通过水尺计重计算的船舶常数不一定相同，但应基本一致。对比式(1-31)和式(1-34)可知，为避免在卸货港出现货物短少，水尺计重实践中一般应尽量避免出现卸货港测定的船舶常数C_d大于装货港测定的船舶常数C_l的情况。

3. 水尺计重的步骤

水尺计重的关键是求取装(卸)货前、后的排水量和油水储量。因此其方法和步骤与本节所述的求排水量方法步骤相同。基本步骤归纳如下：

(1) 测量原始数据。水尺计重需根据船舶观测吃水求得当时装载状态下的排水量和装(卸)货重量，因此需要测量的原始数据包括测定船舶的六面吃水、测定舷外水密度、测量液舱内液体载荷储量（压载水尚需测量其密度）和确定非货物重量变化等。

(2) 由观测吃水通过修正和计算求出首尾平均吃水d_{m1}或拱垂修正后的平均吃水d_{m3}。

(3) 由平均吃水查船静水力资料得到该吃水对应的标准海水中的排水量Δ_0。

(4)对排水量 Δ_0 进行以下方法之一的修正得到修正的标准海水中的排水量 Δ_1：

①对于由首尾平均吃水 d_{m1} 查取的排水量，需进行拱垂修正和纵倾修正；

②对于由经拱垂修正的平均吃水 d_{m3} 查取的排水量，需进行纵倾修正；

③对于应用包含纵倾数据的静水力参数，平均吃水 d_{m3} 查取的相应纵倾条件下的排水量(必要时进行内插)，或船舶资料中的排水量纵倾修正值进行纵倾修正。

(5)对排水量 Δ_1 进行海水密度修正，得到实际海水密度对应的排水量 Δ。

4.水尺计重的注意事项

(1)船舶基本状况良好并处于完全自由漂浮状态。

(2)船舶的水尺标记与甲板线、载重线标记应清晰、规范。

(3)船舶纵倾不应超过压水舱图表中纵倾修正值的最大范围。压载船舶应调整船舶压载水至船首入水，以便直接观测首吃水。

(4)实施水尺计重时，船舶横倾角应不大于 0.5°。不具备有关纵倾校正图表的船舶，船舶的吃水差应调整至不大于 0.3 m。

(5)观测船舶吃水和测量水、油重量时，应确认船舶已停止调舱、平舱、泵水或加油；船舶缆绳不应系得过紧，也不应使用和移动船舶吊杆。

(6)压载水舱、淡水舱及燃油舱等应保证具备测量条件。

(7)水尺计重时，如船舶货舱不具备测量、修正等条件，则不应装入压载水，已装入的应提前排空。

(8)观测船舶吃水时，船舶吃水处浪高应不大于 0.5 m。必要时可对观测吃水时的风浪情况进行录像并留存电子记录，每段视频的时长应不低于 1 min。

例 1-3：A 轮以压载状态到达 Z 港装货，已知船舶资料中的船舶空船排水量 $\Delta_L = 13017.3$ t，船舶在 Z 港装货前测量的油水舱内油水总重量 $\sum G_{bl} = 22128.9$ t(其中柴油重量 31.4 t，淡水重量 44.6 t，燃料油重量 305.1 t，滑油重量 90.5 t，压载水重量 21657.3 t)。船舶无横倾，从首、中、尾吃水标志处读出首吃水 $d_F = 5.348$ m，船中吃水 $d_M = 6.181$ m，尾吃水 $d_A = 6.943$ m(读自 FRⅡ-500 处)，舷外水密度为 1.024 g/cm³，A 轮其他资料查附录 1。试求：船舶排水量和船舶常数。

解：A 轮到达 Z 港装货前排水量和船舶常数计算过程见表 1-4。

表 1-4　A 轮到达 Z 港装货前排水量和船舶常数计算表

项目	数据、符号或公式		数值	
观测吃水	左舷	右舷	平均	符号
船首标志处吃水/m	5.322	5.322	5.322	d'_F
船中标志处吃水/m	6.151	6.151	6.151	d'_M
船尾标志处吃水/m	6.909	6.909	6.909	d'_A
海水平均密度/(g/cm³)	ρ		1.024	
液体载荷重量/t	$\sum G_{bl}$		22128.9	
空船排水量/t	Δ_L		13017.3	

续表 1-4

项目	数据、符号或公式	数值		
船舶垂线间长/m	L_{BP}	217.0		
平板龙骨厚度/m	k	0.021		
首吃水标志至首垂线距离/m	$l_F (L_{MF})$	0.820		
船中吃水标志至船长中点距离/m	$l_M (L_{MM})$	0.000		
尾吃水标志至尾垂线距离/m	$l_A (L_{MA})$	-7.700		
首尾吃水标志间长度/m	$L_{MK} = L_{BP} - l_F + l_A$	208.48		
首尾吃水标志处吃水差/m	$t' = d'_F - d'_A$	-1.587		
首吃水修正值/m	$C_F = t' \cdot l_F / L_{MK}$	-0.006		
船中吃水修正值/m	$C_M = t' \cdot l_M / L_{MK}$	0.000		
尾吃水修正值/m	$C_A = t' \cdot l_A / L_{MK}$	0.059		
首吃水(首垂线 F.P. 处吃水)/m	$d_{F1} = d'_F + C_F$	5.316	$d_F = d_{F1} - k$	5.295
船中吃水/m	$d_{M1} = d'_M + C_M$	6.151	$d_M = d_{M1} - k$	6.130
尾吃水(尾垂线 A.P. 处吃水)/m	$d_{A1} = d'_A + C_A$	6.966	$d_A = d_{A1} - k$	6.947
首尾吃水平均值/m	$d_{m1} = \frac{1}{2}(d_F + d_A)$	6.121		
吃水差/m	$t = d_F - d_A$	-1.652		
拱垂值/m	$\delta = d_M - \frac{1}{2}(d_F + d_A)$	0.010		
首中尾吃水平均值/m	$d_{m2} = \frac{d_{m1} + d_M}{2} = \frac{d_F + 2d_M + d_A}{4}$	6.125		
经拱垂修正的平均吃水/m	$d_{m3} = \frac{1}{8}(d_F + 6d_M + d_A)$ 或 $d_{m3} = \frac{d_{m2} + d_M}{2} = d_{m1} + \frac{3}{4}\delta$	6.128		
漂心距尾垂线 A.P. 距离/m	LCA	115.2		
漂心距船中距离/m	$x_f = LCA - 0.5 L_{BP}$	6.7		
d_{m3} 处的每厘米吃水吨数/(t/cm)	TPC	62.0		
平均吃水的漂心位置修正/m	$\delta d_{mf} = t \cdot x_f / L_{BP}$	-0.051		
d_{m3} 处的每厘米纵倾力矩/(t·m/cm)	$MTC(d_{m3} = 6.128 \text{ m})$	861.54		
$d_{m3} + 0.5$ 对应的 MTC/(t·m/cm)	$MTC1(d_1 = 6.628 \text{ m})$	878.34		
$d_{m3} - 0.5$ 对应的 MTC/(t·m/cm)	$MTC2(d_2 = 5.628 \text{ m})$	845.48		
d_{m3} 处单位吃水 MTC 变化率 d_M/d_Z	$\frac{d_M}{d_Z} = MTC1 - MTC2$	32.86		

续表 1-4

项目	数据、符号或公式	数值
排水量纵倾修正第一项/t	$\delta\Delta_1 = 100 PTC \cdot \delta d_{mf}$	−316.212
排水量纵倾修正第二项/t	$\delta\Delta_{12} = \dfrac{50\,t^2}{L_{BP}} \cdot \dfrac{d_M}{d_Z}$	20.66
d_{m3} 对应的标准海水排水量/t	Δ_0	35743.10
d_{m3} 对应的经纵倾修正的标准海水排水量/t	$\Delta_1 = \Delta_0 + \delta\Delta_1 + \delta\Delta_{12}$	35447.55
经水密度 ρ 修正的排水量/t	$\Delta_{bl} = \rho\Delta_1/1.025$	**35412.96**
实测空船排水量/t	$\Delta'_L = \Delta_{bl} - \sum G_{bl}$	13284.06
船舶常数/t	$C_l = \Delta'_L - \Delta_L$	266.76

根据上表计算结果,船舶在 Z 港装货前实际排水量 Δ_{bls}=35412.96 t,所测定的空船排水量 Δ'_L=13284.06 t,船舶常数 C_l=266.76 t。需要注意这里的实测空船排水量 Δ'_L 和船舶常数 C_l 包含了除油水舱内可测液体载荷之外的其他备品重量。

例 1-4:A 轮在 Z 港装货后测观测吃水时量得船舶油水舱内油水总重量 $\sum G_{al}$ = 490.6 t (其中柴油重量 45.0 t,淡水重量 50.0 t,燃料油重量 305.1 t,滑油重量 90.5 t,压载舱内无压载水)。在装货期间另补充船舶物料和其他非液体备品共 3.0 t,其他数据同例 1-2。拟装货后再另行安排在锚地补充油水。试求船舶在 Z 港装货后的排水量。

解:(1)直接应用例 1-2 中的计算结果:
① 经拱垂修正的平均吃水 d_{m3}=14.126 m;
② d_{m3} 对应的排水量 Δ_{03}=88030.4 t;
③ d_{m3} 对应的漂心纵向坐标 LCA=106.2 m,每厘米吃水吨数 TPC=68.30 t/cm;
④ 平均吃水计算过程见例 1-2。

(2)由表 1-5 中计算可知,船舶在 Z 港装货后排水量 Δ_{al}=87966.76 t。

表 1-5 A 轮到达 Z 港装货后排水量

项目	符号或公式	数值
经拱垂修正的平均吃水/m	$d_{m3} = \dfrac{1}{8}(d_F + 6d_M + d_A)$	14.126
漂心距尾垂线 A.P. 距离/m	LCA	106.2
x_f/m	$x_f = LCA - 0.5 L_{BP}$	−2.30
d_{m3} 对应的每厘米吃水吨数/(t/cm)	TPC	68.300
d_{m3} 对应的每厘米纵倾力矩/(t·m/cm)	d_{m3}=14.126 m	1133.700
d_{m3}+0.5 对应的 MTC/(t·m/cm)	$MTC1(d_1=14.626\ m)$	1143.000
d_{m3}−0.5 对应的 MTC/(t·m/cm)	$MTC2(d_2=13.626\ m)$	1123.400
d_M/d_Z	$d_M/d_Z = MTC1 - MTC2$	19.600
排水量纵倾修正第一项/t	$\delta\Delta_1 = 100 TPC \cdot \delta d_{mf}$	21.876
排水量纵倾修正第二项/t	$\delta\Delta_{12} = \dfrac{50\,t^2}{L_{BP}} \cdot \dfrac{d_M}{d_Z}$	0.412

续表 1-5

项目	符号或公式	数值
d_{m3} 对应的标准海水排水量 /t	Δ_0	88030.38
d_{m3} 对应的经纵倾修正的标准海水排水量 /t	$\Delta_1 = \Delta_0 + \delta\Delta_1 + \delta\Delta_{12}$	88052.67
海水密度 /(g/cm³)	ρ	1.024
实际排水量/t	$\Delta_{al} = \rho\Delta_1/1.025$	**87966.76**

例 1-5：利用例 1-3 和例 1-4 的数据求 A 轮在 Z 港装货的重量。

解：A 轮在 Z 港装货的重量计算见表 1-6，可知，船舶在 Z 港装货重量为 74189.1 t。

表 1-6　A 轮在 Z 港装货重量计算

时间	项目	符号或公式	数值
装货前	空船排水量/m	Δ_L	13017.3
	海水密度/(g/cm³)	ρ	1.024
	实际排水量/t	Δ_{bl}	35412.96
	空船排水量实测值/t	Δ'_L	13284.06
	船舶常数/t	$C_l = \Delta'_L - \Delta_L$	266.76
	液舱内液体载荷重量/t	$\sum G_{bl}$	22128.9
装货后	实际排水量/t	Δ_{al}	87966.76
	液舱内液体载荷重量/t	$\sum G_{al}$	490.6
	装货期间非液体载荷重量变化/t	δG	3.0
	海水密度/(g/cm³)	ρ	1.024
	装货重量/t	$Q_l = \Delta_{al} - \Delta_L - \sum G_{al} - C_l - \delta G$ 或 $Q_l = (\Delta_{al} - \Delta_{bl}) - (\sum G_{al} - \sum G_{bl}) - \delta G$	74189.1

【思考与应用 1-4】

1. 试比较例 1-2、例 1-3 和例 1-4，分析根据观测吃水求取船舶排水量的不同方法。
2. 如何提高求取排水量的精度？

第五节　载重线标志及载重线海图应用

为保证船舶的营运安全，需要保证船体结构完整性和限制船舶的最大允许装载吃水。为此，需要核定船舶的最小干舷，并勘划相应的载重线标志。载重线标志标识了船舶在不同海区航行时的满载水线位置(相应载重线的上缘)。IMO《经 1988 年议定书修订的 1966 年国际载重线公约》(以下简称《载重线公约》)规定了载重线的最小干舷核定、标志勘划、检验和使用等方面的具体要求。各船旗国政府也制定有相应的规则，例如我国的《国际航行海船法定检验技术规则》(《国际法定规则》)、《国内航行海船法定检验技术规则》(简称《国内法定规则》)和《内河船舶法定检验技术规则》(简称《内河法定规则》)均对载重线作出了相应规定。

一、最小干舷的核定

船舶干舷的大小对保证船舶安全航行性能至关重要,但增大船舶干舷也增加了船舶自重,并且减少了船舶的载重能力,对营运经济性不利。因此需要由船检机构根据相关规定核定船舶必须满足的最小干舷,并通过载重线限定船舶营运中的最高水线位置,以保证船舶实际干舷不小于核定的最小干舷,同时也为船舶充分发挥载重能力提供参考依据。

船舶最小干舷总体上应满足船舶储备浮力、船体强度、完整稳性、破舱稳性、露天甲板上作业人员的安全、防止甲板上浪、防止船舱浸水的关闭设备、船型和布置等方面的要求,应取同时满足这些要求的最大值。在此基础上,最小干舷值的大小由船舶类型、船长、型深、方形系数、上层建筑、舷弧以及船舶航行区域的风浪条件(航行区域、季节期)等确定。

《载重线公约》将船舶分为A型和B型,A型船舶是指设计载运液体货物的船舶,货舱口小,以钢质或相当材料的水密填料盖封闭,露天甲板有较高的完整性,载货时货舱具有低渗透率。不符合A型船舶特点的其他船舶为B型船(例如固体散货船),B型船与A型船相比需要更大的干舷。船长大于100 m的B型船舶,当满足相关要求时可以减小相应干舷,B-60型船舶即相对B型船干舷可以减小B型船和A型船表列干舷值之差的60%。

核定船舶最小干舷时根据船长查取相应类型船舶的表列干舷值,再经过方形系数、型深、上层建筑、舷弧、船首高度和甲板线位置等一系列修正,从而得到所要求的最小夏季干舷,再根据其他各载重线干舷与夏季干舷之间的关系得到其他各载重线的干舷值。

不同海区风浪的大小、频率和水密度不同,船舶需要保证的最小干舷也不同,相应的也就需要选用不同的载重线。

二、船舶的载重线标志

在确定了各载重线的最小干舷后,就可以确定相应载重线的位置,在船中左右两舷按规定勘划载重线标志。船舶在营运中,根据不同的航行区域和季节期选用不同的载重线,以便保证船舶在不同情况下既能安全航行,又能最大限度地利用其载重能力。

1. 国际航行船舶载重线标志

国际航行船舶载重线标志如图1-4所示。

各载重线的名称及位置说明如下:

1)夏季载重线以标有字母"S"(summer)的水平线段表示,该水平线段与水平横线相平。夏季干舷等于夏季载重线上边缘至甲板线上边缘的垂直距离。

2)热带载重线以标有字母"T"(tropical)的水平线段表示。热带干舷等于夏季干舷减去夏季吃水的1/48。

3)冬季载重线以标有字母"W"(winter)的水平线段表示。冬季干舷等于夏季干舷加上夏季吃水的1/48。

4)北大西洋冬季载重线以标有字母"WNA"(winter north atlantic)的水平线段表示。北大西洋冬季干舷等于冬季干舷加50 mm。对于船长超过100 m的船舶,不勘划此载重线,船舶航行于北大西洋冬季季节期海区时仍使用冬季载重线。

以上各载重线勘划于垂直线的船首一侧。

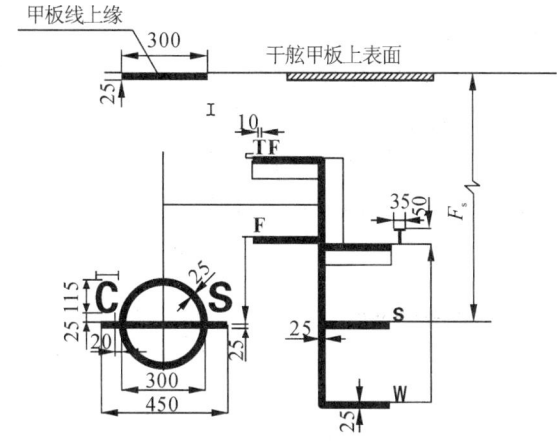

图 1-4 国际航行船舶载重线标志(右舷)(单位:mm)

5)夏季淡水载重线以标有字母"F"(fresh)的水平线段表示。夏季淡水干舷等于夏季(海水)干舷减去夏季满载排水量对应的淡水超量 $\Delta_S/40TPC(cm)$,如果当勘划载重线时夏季满载排水量尚未确定,可取夏季吃水的 1/48,此处的 Δ_S 或 TPC 均为夏季满载吃水时在标准海水中的排水量和每厘米吃水吨数。

6)热带淡水载重线以标有字母"TF"(tropical fresh)的水平线段表示。热带淡水干舷等于热带(海水)干舷减去 $\Delta_S/40TPC(cm)$ 或夏季吃水的 1/48。

以上淡水载重线均勘划于垂直线的船尾一侧。

2.国际航行甲板上载运木材船舶载重线

对于在干舷甲板或上层建筑甲板的露天部分装载木材货物,且船舶的结构、设备、装载满足规则要求的装载木材甲板货的船舶,可以勘划和使用木材载重线标志。

木材载重线(timber load line)加绘在载重线圈及横线的船尾一侧,在各载重线的原字母前加标字母"L"。其具体规定如下:热带木材干舷等于夏季木材干舷减去夏季木材吃水的 1/48;冬季木材干舷等于夏季木材干舷加上夏季木材吃水的 1/36;冬季北大西洋木材干舷与冬季北大西洋干舷相同。装载木材货物船舶的干舷比一般货船小,但北大西洋冬季木材载重线与北大西洋冬季载重线同高。木材船载重线标志如图 1-5 所示。船舶在露天甲板上按规定载运木材时,可使用相应木材载重线。

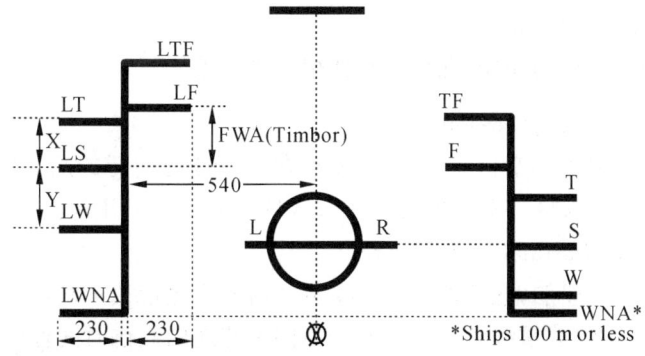

图 1-5 国际航行木材船载重线标志(右舷)(单位:mm)

3. 国内航行海船载重线标志

我国沿海航行船舶应符合《国内法定规则》的要求，由于沿岸海域的风浪较小，对稳性、强度、抗沉性等的要求可低于国际航行船舶，其干舷也相对较小。国内航行海船的载重线标志如图 1-6 所示。载重线圈的下半部与标志同色，其两侧字母"Z"和"C"，表示勘划机关为中国船检部门，入级中国船级社并由其勘划载重线的船舶，标以字母"C"和"S"。

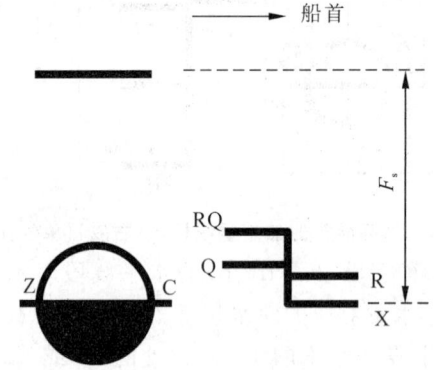

图 1-6 国内航行海船载重线标志（右舷）

所勘划的载重线有热带载重线 R、夏季载重线 X、热带淡水载重线 RQ 和夏季淡水载重线 Q。因我国规定沿海海区为季节热带区域，没有冬季载重线。

三、载重线海图

船舶不同载重线的选用是根据船舶航行的海区和季节期来确定的。根据长期观测和积累的全球各海区在不同季节期内风浪大小及其频率，对世界海区进行划分并绘制成《商船用区带、区域和季节期海图》（简称《载重线海图》）。

1. 区带（zones）

指一年各季风浪大小变化不大，因而允许船舶终年使用同一载重线的海区。区带又分为热带区带和夏季区带。

1) 热带区带（tropical zones）

在热带区带海区航行的船舶，允许终年使用热带载重线。

2) 夏季区带（summer zones）

在夏季区带海区航行的船舶，允许终年使用夏季载重线。

2. 季节区带或季节区域（seasonal zones or seasonal areas）

指一年各季中风浪大小变化较大，因而要求在该海区内航行的船舶需根据不同的季节期使用不同的载重线的海区。季节区带或季节区域又分为以下几种：

1) 季节热带区域（seasonal tropical area）

在该海区内航行的船舶，在风浪较小的季节期内使用热带载重线，在风浪较大的季节期内使用夏季载重线。在《载重线海图》上，两个不同季节期的起讫时间标注在该海区内。

2) 冬季季节区带或区域（winter seasonal zones or areas）

在该海区航行的船舶，在风浪较小的夏季季节期内使用夏季载重线，在风浪较大的冬季季节期内使用冬季载重线。在《载重线海图》上,两个不同季节期的起讫时间标注在该海区内。

3) 北大西洋冬季季节区带(north Atlantic winter seasonal zone)

船长小于或等于 100 m 的船舶航行于北大西洋冬季季节区带 Ⅰ 的全部和 Ⅱ 中位于 15°W 和 50°W 子午线之间部分海区时,在冬季季节期内使用北大西洋冬季载重线,而在夏季季节期使用夏季载重线。对于船长大于 100 m 的船舶,不勘绘北大西洋冬季载重线,在冬季季节期内使用冬季载重线。

四、我国沿海海区的划分

《载重线公约》对我国沿海及附近海域的划分以香港至苏阿尔恒向线为界,以北的我国东部沿海(包括台湾海峡、东海、黄海和渤海)为夏季区带,南部沿海为热带季节区域。我国政府在加入《载重线公约》时,声明不受该公约对中国沿海海区划分规定的约束。我国政府规定,我国沿海海区划分为南北两个热带季节区域,即将我国东部沿海的夏季区带改为热带季节区域,并将南部沿海热带季节区域的热带季节期时间延长,适用于中国籍国际航行船舶。我国《国际法定规则》对中国海部分的区域和季节期划分与《载重线公约》一致,但另外规定了中国沿海的海区划分(南北两个热带季节区域)。

1. 中国海国际航行海船载重线海区划分

1) 中国海

《载重线公约》和我国《国际法定规则》对中国海海域的划分规定如下:

(1) 区域范围

西面和北面,以自北纬 10°至香港的越南与中国的海岸为界;东面,自香港沿恒向线至吕宋岛的苏阿尔港再沿吕宋岛、萨马岛与莱特岛的西海岸至北纬 10°;南面,以北纬 10°线为界;香港和苏阿尔港被认为处于季节热带区域和夏季地带的分界线上。

(2) 季节热带区域的季节期

热带:自 1 月 21 日至 4 月 30 日;夏季:自 5 月 1 日至 1 月 20 日(次年)。

2) 中国沿海

我国《国际法定规则》对中国沿海海域的划分规定如下:

(1) 区域范围 1:自北纬 10°以北邻近中国的海域。

季节期:热带自 1 月 21 日至 9 月 30 日;夏季自 10 月 1 日至 1 月 20 日。

(2) 区域范围 2:西面及北面,以自香港沿中国海岸至鸭绿江口;东面,自中国海岸鸭绿江口沿恒向线,至北纬 26°东经 124°40′一点,从此沿恒向线至北纬 22°东经 122°一点,然后再沿恒向线至北纬 19°线与自香港至苏阿尔港(PortSual)的恒向线的交点;南面,以自香港至苏阿尔港的恒向线为界。

季节期:热带自 4 月 16 日至 9 月 30 日;夏季自 10 月 1 日至 4 月 15 日。

香港和苏阿尔港被认为处于区域的分界线上。

2. 我国国内航行船舶的海区与季节期划分

《国内航行海船法定检验技术规则》对国内航行海船的航行区域与季节划分如下:

1) 汕头以北中国沿海:热带自 4 月 16 日至 10 月 31 日;夏季自 11 月 1 日至 4 月 15 日。

汕头以南中国沿海：热带自2月16日至10月31日；夏季自11月1日至2月15日。

五、载重线标志的使用注意事项

(1)接受主管机关或其授权的机构检验和检查,保持载重线证书有效。

(2)保持载重线标志清晰可见,船舶所勘绘的载重线位置与证书所载相符合。

(3)保证船体和上层建筑、有关装置和设备无实质性变动。

(4)船舶水密门应按规定处于关闭状态(除允许打开的情况外),封闭的上层建筑所有出入口关闭设备应能够保持风雨密。

(5)船舶载重量应受到限制,以保证除下述第(6)和第(7)两项所述的情况外,无论在船舶出港时、航行中,还是到港时,船舶两舷相应于船舶所在区带或区域、季节期的载重线不被水线淹没。

(6)当船舶处于密度为 1.000 g/cm^3 的淡水中,应根据水域位置及季节期使用淡水或热带淡水载重线。若密度大于 1.000 g/cm^3 时,此宽限量应以 1.025 g/cm^3 和实际密度的差值按比例确定。

(7)船舶从江河或内陆水域的港口驶出时,准许超载量至多相当于从出发港至海口间所需油水及其他物料的重量。

(8)当船舶处于载重线海图区带或区域的分界线港口装货,驶向较高载重线海区时用较高载重线,反之用较低载重线。

(9)对于船舶由于气候恶劣或其他不可抗力的原因而发生绕航或延滞情况,可背离公约中的有关规定。

【思考与应用 1-5】
1. 船舶各载重线之间的位置关系是怎样的？
2. 影响船舶核定干舷的因素有哪些？
3. 中国籍的国际航行海船航行于香港至苏阿尔恒向线以北时,使用何载重线？
4. 中国籍的国际航行海船某年 5 月 15 日自香港开航,经中国海驶往新加坡,应使用什么载重线？
5. 船舶营运期间使用载重线的注意事项有哪些？

第六节 货物的分类和性质

为保证货物运输安全与质量,需了解所运货物的分类和性质。

一、货物分类

海上运输货物的品种繁多,根据不同的分类方法,可以分为不同的种类。从货物运输角度可按以下方式进行分类：

1. *按货物形态和装运方式分*

1)杂货(general cargo)

杂货是指用各种包装、捆扎、裸装、货物单元或无包装的非大宗货物。裸装货物指卷、盘、捆、张、件等形式的无包装货物,如盘圆、筒纸、钢棒、型钢等。在杂货船上非整船运输的散装货物(如矿石、煤炭、盐、生铁块等)也属于杂货。杂货种类繁多、性质各异,对运输的要求比较高。

2) 固体散装货物(solid bulk cargo)

固体散装货物指直接装入船舱而不需包装和标志的大批量固体类货物,如化肥、矿石、粮谷、煤炭、水泥等。其性状通常为块、粒、粉末等。固体散装货物一般用固体散货船运输。

3) 液体散装货物(liquid bulk cargo)

液体散装货物指直接装船而不需包装和标志的大批量液体货物,如散装石油及其产品、散装液体化学品和液化气体等。液体散装货物一般用专用液体散货船运输,包括油船、化学品船和液化气船等。

4) 成组货物(unitised cargo or unit loads)

成组货物又称集装货物,是指用托盘、网络、集装袋和集装箱等将件货或散货组成一个大单元进行运输的货物。大批量的集装货物一般由专门的船舶运输,如集装箱船、滚装船、载驳船等。

2. 按货物特性和运输要求划分

就杂货而言,按货物特性和运输要求可大致划分为以下几类:

1) 危险货物(dangerous goods)

危险货物有包装危险货物、固体散装危险货物和液体散装危险货物三种形式,应按照相应的国际、国内规则或适用的法规谨慎装运,防止事故的发生。

2) 特殊货物(special cargo)

特殊货物指除危险货物外,性质特殊、在运输过程中易影响其他货物、易被其他货物及环境所影响或需要采取特殊保管和装运措施的货物,如气味货、扬尘污染货、冷藏货、吸湿散湿货、贵重货、重大件货物等。

3) 一般货物(normal cargo)

一般货物或称普通货物,指其性质对运输无特殊要求的货物。

需要注意,特殊货物和一般货物的划分并无明确界限,在某些条件下为特殊货物,而在某些条件转化后则应视为一般货物。

3. 按货物运抵方式分

1) 直达货物(direct cargo):从起运港不经第三国港口而直接运达的货物。
2) 转运货物(transit cargo):途经第三国港口卸货并通过第三国陆运出境的货物。
3) 转船货物(transhipment cargo):途经第三国港口换装他船运输出境的货物。
4) 通运货物(through cargo):途经第三国港口并原船运输出境的货物。
5) 选港货物(optional cargo):装船时由托运人提供两个或两个以上可供选择的卸货港,在到达第一卸货港前一定时间根据货主指示而确定卸货港的货物。
6) 联运货物(combined transport cargo):中途换装其他运输工具而继续运输的货物。

二、货物的性质

货物的性质是指货物在运输、储存过程中所表现的某些特性,与货物运输有关的性质通常包括:物理性质、化学性质、生物性质和机械性质。

1. 货物的物理性质

货物的物理性质是指货物受外界因素作用或由其本身性质决定而发生物理变化的性质。与海上运输有关的货物物理性质有吸湿散湿性、挥发性、冻结性、熔化性、胀缩性、扬尘性、散发及吸收(沾染)气味性、静电性、物理爆炸性及放射性等。

在装运货物时应根据货物的物理性质,采取适当配积载、装卸和保管措施。

2. 货物的化学性质

货物的化学性质是指货物的化学成分受环境因素、其他货物或物质的影响而发生化学变化的性质。与海上运输有关的货物化学性质主要有锈蚀性、自热性与自燃性、燃烧与化学爆炸性、腐蚀性、自反应性(例如聚合、分解反应)、酸性、碱性、氧化性等。

某些货物在运输过程中发生缓慢的氧化反应会释放出热量导致货物内部温度升高的性质称为自热性。货物的自热导致温度升高,当温度达到其自燃点时,便会不用引火而自行燃烧,这种特性称为自燃性。

常运危险货物有相当一部分属于易燃危险货物,但需要注意的是常运货物中即使未被列入易燃危险货物也可能具有可燃性,在明火或热源作用下能够发生燃烧,从而导致火灾事故发生。

货物的反应性包括货物与货物之间的反应、货物与船体金属或包装等材料的反应、货物与空气(一般与空气中的氧)、货物与水(包括空气中的水蒸气)反应和货物自身反应等。例如货物中的酸性物质与碱性物质之间会发生中和反应,具有强氧化性的物质与金属和其他具有还原性的物质之间的氧化还原反应等,运输中这些彼此之间接触能够引起危险化学反应的货物称为"不相容货物",这些货物之间应隔离装载;货物与空气反应的应采取措施隔绝空气;货物与水发生反应的,一方面应隔绝空气,还应与水(包括舷外水)之间有一个空间隔离。

货物自反应性是指没有其他物质参与的条件下货物自身发生化学变化,常见的如聚合或分解反应。例如小分子的苯乙烯单体物质发生聚合变为大分子的聚苯乙烯,一般需要添加抑制剂和在运输中防止货物的温度升高。

3. 货物的生物性质

货物的生物性质系指货物的有机成分受微生物的作用发生腐败或霉变的性质。

鱼、肉、蛋、奶及其制品内部含有大量的水分、脂肪、蛋白质等营养成分。水果、蔬菜类货物含有大量水分、糖分和纤维素。这些货物若在常温下运输,会引起内部微生物大量繁殖,营养成分分解而腐败变质。

谷物、纸张、丝棉织品、食品类、烟叶、橡胶等货物因内部淀粉、糖分、纤维素及少量的蛋白质等,受霉菌的作用会发生霉变。

防止霉变的措施有:控制货物的含水量,保持货舱低温干燥,正确进行货舱通风等。对于包装货物,还可选用防霉包装。

4. 货物的机械性质

货物的机械性质是指货物及其包装所具有的抵抗外界的压力和机械冲击,避免使其发生变形或结构破坏的能力。

货物的机械性质可用耐压强度(单位为 kPa)和允许冲击加速度(单位为 g,即重力加速度的倍数)来表示。

各种不同的货物各具特性,有些货物兼有多种特性,因此在货物配载、装卸、堆码、隔离和运输过程中需要根据货物的性质正确处置。为防止货损,保证货运质量,做到船货人员安全,应熟悉掌握了解所运货物的特性。

【思考与应用 1-6】
1. 与货物运输有关的货物性质有哪些?
2. 从货物性质考虑,为保证货物运输质量,在运输和装卸期间应注意哪些问题?

第七节 货物的运输包装和标志

件杂货运输需要具有合格的包装和标志,以便于其装运、堆垛、储藏和交接,保证货物运输的数量和质量。本节介绍一般货物的包装和标志,关于危险货物的包装和标志见第六章。

一、货物的运输包装

包装(packaging)是在流通过程中保护产品,方便储运,促进销售,按一定技术方法(例如包裹和捆扎等)而采用的容器、材料及辅助物等的总称。也可指为了达到上述目的而采用容器、材料和辅助物的过程中施加一定方法等的操作活动。产品经过包装后所形成的总体称为包装件(package)。

按照包装的作用总体上可分为运输包装(transport packaging)和销售包装(selling packaging or consumer packaging)。货物的运输包装是以运输贮存为主要目的的包装,又常称为外包装或大包装。它具有保障产品的安全,方便储运装卸,加速交接、点验等作用。

1. 海运货物包装的总体要求
(1)应牢固耐久、经济、安全、规整,便于搬运、装卸、积载、系固和点验等作业。
(2)根据货物性质、形状、重量、体积、价值等因素选用适当的包装形式。其强度、性能、尺寸、重量、标志等满足海上运输环境和防护要求,符合包装的技术规定及进口国的特殊要求。
(3)包装材料应与内装物性质相容,并能对内装物起到防护作用。
(4)危险货物的包装,遵守国际和国内有关规则的特别规定。

2. 货物运输包装的作用
(1)防止货物水湿、破损、污染、锈蚀、霉变、机械损伤等,保证货物运输质量;
(2)防止货物撒漏、脱落、丢失、短缺、失窃等,保持货物数量完整;
(3)防止货物本身的危害及危险性的扩散,保证人身、财产及环境安全;
(4)便于货物搬运、堆垛、装卸及理货。

3. 货物运输包装的类型
1)按照包装的形态层次分
货物运输包装按照包装的形态层次又可分为单件(运输)包装和集合(运输)包装。
单件包装(packaging)是指在运输过程中作为一个计件单位的包装。按包装的外形有包、箱、桶、袋、篓、管、卷、捆、罐等；按包装的结构方式有软性、半硬性、硬性包装；按包装材料有纸制、金属制、木制、塑料、棉麻、陶瓷、玻璃制品等包装。

集合包装(assembly packaging)即成组化运输包装，将若干单件运输包装组合成一件大包装，如集装箱、集装包、集装袋、托盘等。有利于提高装卸速度、减轻装卸搬运劳动强度、便利运输、保证货物数(质)量，并促进包装标准化，节省运杂费用。集合包装又称组合包装(combination packaging)，包括外包装和内包装。

外包装具有保障产品的安全，防止货物受外界机械力量的冲撞、挤压或跌落等造成破损或残缺、防止货物散落、撒漏，方便储运装卸，加速交接、点验等作用或功能。

内包装的作用主要是防止货物受外部环境变化而受损、污染、变质，具有防潮、防水、防震、防霉、防异味感染、防气味散失和促进销售等作用。商品包装一般作为内包装还起到促进销售的作用。另外，缓冲填塞材料也是内包装的重要组成部分。

我国制定了有关货物运输包装的一系列国家标准，其中《一般货物运输包装通用技术条件》(GB/T 9174—2008)规定了对一般货物运输包装的总要求、类型、技术要求和鉴定检查的性能试验，适用于铁路、公路、水运、航空所承运的一般货物运输包装。

2) 按照包装的结构分

按照结构层次运输包装可分为单一材料包装和复合材料包装。单一材料包装如纸箱、木箱、钢质桶、塑料桶等，一般成本低、便于回收利用。

根据货物性质需要，有些包装的结构采用内外两层或两层以上材料通过一定的工艺形成整体的复合材料包装(consolidated packaging)。例如外层为金属材料，内层为塑料，既满足了运输中包装强度的要求，又能避免货物直接与金属接触而导致包装腐蚀或发生其他相互反应。

3) 按照所装货物危险性分

按照能否盛装危险货物包装可分为普通货物运输包装和危险货物包装。危险货物包装按照其使用范围又可分为通用包装和专用包装。

4) 按照包装的形式分

按照包装的形式分包装有箱类、桶类、袋类、裹包类、夹板及轴盘类、框类及篓类、坛类和局部包装及捆绑类等。件杂货货物包装类型和形式缩写见附录2-1。

二、货物包装标志

货物包装标志(mark)是指在货物包装件外部用文字、图形、数字等制作的特定记号和说明事项。货物包装标志应反映内装货物性质和对货物储运的特殊要求。按照国际和国家标准规定图形、文字在明显的部位显示。标志应正确、清晰、齐全、牢固和耐久，内装货物与标志一致。标志一般应印刷或标打，也允许拴挂或粘贴，标志在整个流通过程中应不褪色、不脱落。旧标志应抹除。标志位于货物或包装的两面或两端部位明显处，尺寸大小适当。

货物包装标志按照作用可分为运输标志、包装储运指示标志、危险货物标志(见本书第六章)等。

1. 运输标志

运输标志(shipping mark)又称收发货标志，主要供收(发)货人识别运输包件。运输标志的内容一般由买卖双方根据商品特点和具体要求商定。

1)传统的运输标志

传统上货物运输标志可分为主标志(main mark)和副标志(counter mark)两部分。主标志又称"唛头",是货物运输标志的主体,主要标示收(发)货人的名称信息、贸易合同编号和信用证编号等,为便于识别有时配以三角形、菱形或方形等几何图形。副标志是运输标志的辅助信息,表明货物的名称、重量(毛重)、包件尺码、批号及件号、目的地和原产国等。

我国《运输包装收发货标志》(GB 6388—1986)规定了铁路、公路、水路和空运的货物外包装上的分类标志及其他标志和文字说明的事项及排列的格式。

除了在货物外包装上须标明运输标志外,国际贸易中的主要单据(如提单、保险单)上也需显示运输标志的内容。单证上的标识方法参考 GB/T 14392 系列标准。

2)标准化运输标志

鉴于各个国家和各种运输方式之间运输标志的内容差异较大,内容过于繁杂,不适应运输方式变革和电子计算机在运输与单据流转方面应用的需要。为此,联合国欧经会贸易简化与电子业务委员会(UN/CEFACT)组织制定了"简化的运输标志"标准。该标准规定了国际贸易中包装物和相关单证上标准化运输标志和制作方法。该标准适用于国际贸易中的各种运输方式,也适用于各种相关单证的缮制及电子数据交换。

(1)国际贸易程序简化工作组向有关各方做如下推荐:

①推荐采用由收货人名称缩写、参考号、目的地和包装件号组成的标准运输标志;

②应中止对包装物上附加信息(如原产地国、进口许可证编号、跟单信用证编号)的要求,尤其是官方要求,当确实需要此类信息时,应与包装物上的运输标志明确区分,并不得作为运输标志的一部分而抄录到单证上;

③提倡以千克为单位在包装物上标注毛重,不要用其他计量单位;

④货物搬运规程采用 ISO 标准,并对危险警示采用联合国标准;

⑤采用本标准规定的物理标记方法、惯例和规则。

为了与国际接轨,我国制定了相应国家标准《国际贸易用标准化运输标志》(GB/T 18131—2010)。

(2)标准化运输标志的组成

标准化运输标志由标准运输标志和信息标志共同组成。

①标准运输标志

标准运输标志由收货人名称、参考号、目的地、包装件号 4 个元素按下面示例中给出的顺序组成,每个元素占一行,每行不超过 17 个字符,并且这些运输标志都应在包装物和相关单证上标出。凡认为对于装运货物没有必要的四个元素中的任何一个都可予以省略。海运运输标志示例如图 1-7 所示。

图 1-7 中标准运输标志内容及其说明如下:

ABC——收货人名称的首字母缩写或简称;

1234——参考号;

BOMBAY——目的地;

1/25——包装件号。

a. 收货人名称的首字母缩写或简称

出口商和进口商通常可以商定一套首字母缩写或简称,用于彼此之间所有的货物装运。

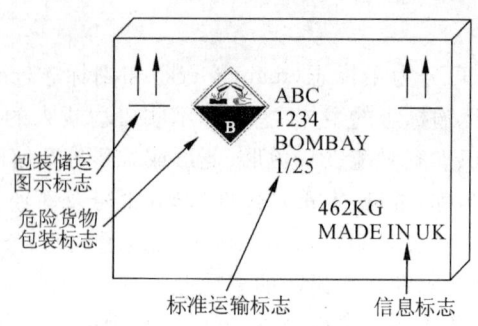

图 1-7 海运运输标志示例

b. 参考号

如运单号、订单号或发票号,应避免在编号后跟随日期信息。参考号应简单明了,以免转抄错误。应仅使用所有参考号中最重要的那一个,如:在买方和卖方间商定的合同号或发票号。应避免出现像"Order No.(订单号)"这样的信息,及其所附年份和日期这样的信息数字。

c. 目的地

标明货物最终抵达的港口或地点(卸货港、交货地点、续运承运人交货地点)的名称。在转运的情况下,可在"VIA(经由)"之后指明货物中转的港口或地点的名称。例如,"NEW DELHI VIA MUMBAI",表示货物经由孟买到达新德里。在多式联运情况下,只需标明货物的最终抵达地点,允许运输经营人选择最理想的运输路线,并避免在转运地中断运输。

d. 包装件号

标明包装物连续编号及已知的总件数,例如"1/25""2/25"…"25/25"。在单证上"1/25"表示包装物编号从 1 到 25。不要使用像"P/NO(件号/总件数)"的字样进行标注。

② 信息标志

信息标志对于目的地交货不是必备的,因此不应将其作为运输标志的组成部分而转录到单证上。但是,信息标志对于货物的标识、安全和装卸常常是重要的,可以将其标注在包装物上,但应明显地与标准运输标志加以区分。

信息标志举例如下:

a. 产品名称

用于那些不容易通过视觉来鉴别的产品,以防止出错。

b. 毛重

为便于安全装卸(如空运)或正确堆装,应以千克(KG)标出包装物的毛重。毛重应直接标在标准运输标志的下方并与其明显分开,例如,"462KG"不需要有"GROSS/BRUTTO WEIGHT(毛重)"之类的信息表示。

c. 原产地国或进口许可证号

像原产地国或进口许可证号码这类信息应视为官方规定。为方便清关,还可包含买方为便于分拣和重分配所要求的信息。但是包装物上显示发货人的详细名称或地址,可能使偷盗的风险增加。所有这些信息都应与标准运输标志进行适当区分。这些信息应尽可能简短,例如:用"IL GG22455 170672"代替"IMPORT LICENCE NUMBER. G/G22455-17067-2"。

d. 净重和尺寸

通常不必在包装物上标示净重和尺寸(尽管像桶装化工品或件货物之类仍有此惯例)。一般情况下,国内和国际的有关规则都应尽量不要强制标注此类信息。需要标示时,应对它们进行缩略,例如:"N401KG 105×90×62CM"。

图 1-7 中信息标志内容如下:

462KG——毛重 462KG

MADE IN UK—英国制造(原产地国)

需要注意的是,标准运输标志或信息标志中不允许使用几何图形或其他图案(如:菱形、三角形、正方形等)。在某些运输方式中,标准运输标志可进一步简化。但是货物装卸标志,尤其是危险品标志不能简化。

2. 包装储运图示标志

包装储运图示标志又称为包装储运指示标志(indicative mark)或注意标志,以图形符号(国内运输配以文字和外框标志)表明货物包件在运输、搬运和储存过程中需要注意的事项。《ISO 780 包装-货物搬运的图形标志》(ISO 780 Packaging-Distribution packaging-Graphical symbols for handling and storage of package)和我国国家标准《包装储运图示标志》(GB/T 191—2008)规定了一般运输包件的储运标志。《危险货物包装标志》(GB 190—2009)规定了包装危险货物的运输标志。

一般包装货物包装储运图示标志见附录 2-2。标志颜色一般为黑色,可采用直接印刷、粘贴、拴挂、钉附及喷涂等方法。印制标志时,国内运输货物包件须印制完整的标志,即外框线及标志名称都要印上,出口货物可省略中文标志名称和外框线,只印制图形符号;喷涂时,外框线及标志名称可以省略。

【思考与应用 1-7】

1. 什么是货物的运输包装?货物运输包装如何分类?
2. 对海运货物包装的总体要求有哪些?
3. 货物运输包装的作用有哪些?
4. 什么是标准化运输标志?标准化运输标志由哪几部分组成?
5. 什么是包装储运图示标志?国内运输货物包件和出口货物包件的包装储运图示标志有何区别?

第八节 货物的重量、体积和件数

船舶载运货物,将货物从一个港口运往另一港口,在装货港装货时需要确认装货(接收货物)的数量,在卸货港也需要确认卸货(交货)的数量。因此,在船舶的装卸环节均需要对货物进行计量,作为交接货物数量和核定运费的依据。

通常货物计量可分为计件、计重和计体积。不同类型的货物的计量方法不同,液体散货和固体散货一般以货物的重量(t)作为货物数量的计量单位;集装箱运输中的整箱货物一般以集装箱作为货物计量单位;木材货物一般按照货物的体积(m^3)作为计量单位;杂货则根据货物的性状可按照货物的件数、重量或体积作为计量单位。

一、货物的重量

1. 货物的重量的概念

1）包件货物的重量

对于件杂货物、集装货物及特殊货物,货物重量可分为总重(gross weight,又称"毛重")、净重(net weight)、皮重(tare weight)。在海上运输中,货物的重量一般是指货物总重量。

2）散装货物的重量

固体散装货物和液体散装货物的重量可分成装船重量(loaded weight)和卸船重量(discharged weight),二者一般并不相等,其原因一是在装船和卸船时货物衡重存在的误差,二是货物运输环节存在自然损耗。

货物重量单位常用公吨(metric ton,t,M/T)和千克(kg),但某些国家仍沿用英制单位长吨(long ton,L/T)和短吨(short ton,S/T)等。

2. 货物的计重方法

根据我国海关总署发布的《进出口商品数量重量检验鉴定管理办法》,收发货人在办理进出口商品数量、重量检验报检手续时,应当根据实际情况并结合国际通行做法向海关申请下列检验项目:

1）衡器鉴重

衡器鉴重的方式包括全部衡重、抽样衡重、监督衡重和抽查复衡。

固体散装物料或者不定重包装且不逐件标明重量的进出口商品可以采用全部衡重的检验方式;对裸装件或者不定重包装且逐件标明重量的包装件应当逐件衡重并核对报检人提交的原发货重量明细单。

对定重包装件可以全部衡重或按照有关的检验鉴定技术规范、标准,抽取一定数量的包装件衡重后以每件平均净重结合数量检验结果推算全批净重。

2）水尺计重

水尺计重一般适用于船运大宗固体散货,见本章第四节。

3）容器计重

容器计重分船舱计重、岸罐计重、槽罐计重三种方式,适用于船运液体散货的计重。

船舱计重是通过测量液舱内液面以上空当高度或液位深度利用舱容表查算舱内液体的体积,测定液货的温度和密度,经换算出在标准温度下的密度和体积后计算货物的重量。

4）流量计重

流量计重主要采用容积式流量计。

5）其他相关的检验项目

例如相关计量仪器的检验,上述计重方法中涉及的货物温度、密度检验、舷外水和压载水密度检验等。

3. 货物的自然损耗和自然损耗率

1）货物的自然损耗(natural decrease)

按重量交接的货物,在运输装卸过程中因其本身的性质、自然条件和运输装卸条件等因

素的影响而造成货物重量不可避免的减少量称为自然损耗,也称自然减量。造成自然损耗的原因有:

(1)干耗和挥发

含有水分多的货物(如水果、蔬菜等)或液体货物(如石油),因其中的水分或液体自然蒸发而使货物重量减少。

(2)渗漏和沾染

液体货物因包装(如木桶)不严密而发生非人为的渗漏,或沾染在装运容器(油舱或杂货船的深舱)内的残液而造成货物重量的减少。

(3)飞扬与散失

粉状、颗粒状的货物(如矿粉、面粉)在装卸运输途中的飞扬或通过包装空隙和装卸运输工具的空隙散漏而造成货物重量的减少。

2)货物的自然损耗率

货物重量的自然减量占运输货物原来总重量的百分比称为货物的自然损耗率。

自然损耗率的大小与货物的品种、包装形式、装卸方式、装卸次数、气候条件和运输时间长短等因素有关,一般在贸易合同中规定损耗限度。在运输过程中货物的自然损耗率若在贸易合同规定的损耗限度以内,并且尽到了货物管理的责任,承运人不负任何赔偿责任。

二、货物体积

件杂货物、固体散装货物及特殊货物的体积是指其所占空间的大小,在货物运输环节常采用满尺丈量法求得。其丈量方法是取若干件或若干数量的货物,堆积成规则形状,丈量其体积,并求取单件或单位重量货物的平均体积,从而计算出整票货物的总体积,利用这种方法求得的货物体积称为货物的量尺体积。

液体散装货物可利用液舱内液面以上空当高度或液位深度通过舱容表查算舱内液体的体积。因液体的体积与温度有关,因此液体货物一般还是通过体积、密度数据计算出重量(质量),以重量数据进行计量。

货物的体积单位常用 m^3,但一些国家仍沿用英制单位 ft^3(或 cft)。

三、货物的件数

货物可以单独计数的一个运输包装或裸装单元称为一件。件杂货一般按货物的件数作为货物交接的计量单位。

四、货物数量的交接

货物数量涉及运费、赔偿及船舶装运等诸多方面,因此,货物数量正确合理交接在船舶营运中尤为重要。

1.托运人对货物数量的责任

《中华人民共和国海商法》规定,托运人托运货物,应当妥善包装,并向承运人保证,货物装船时所提供的货物的品名、标志、包数或者件数、重量或者体积的正确性;由于包装不良或者上述资料不正确,对承运人造成损失的,托运人应当负赔偿责任。

如果托运人提供的货物资料不正确,货物的数量、重量与实际不符,或货物的名称、标志

不正确,实际中可能造成以下后果:

(1)计费差错;

(2)清关困难;

(3)承运人按托运人所提供的错误数据配舱装船,导致舱容短缺或溢余,致使船方和港方临时修改装载计划,造成装卸延时、作业混乱、杂货退关、增加额外费用等后果;

(4)船舶载重量、稳性、强度等核算不准确,造成影响船舶安全的严重后果;

(5)承运人可能未能按照货物的装运要求进行正确的装卸、积载、隔离、航行途中保管和作业人员防护,导致发生货运事故甚至严重影响船舶、人员的安全(特别是危险货物瞒报可能导致严重的事故);

(6)错装错卸,发生货差事故;

(7)收货人拒收货物,引起商业纠纷。

船方发现应有的货物资料不全或不正确、包装不良或破损、标志不清或缺失应有的标志,可予以拒收,或必要时在货物单证上批注。

2. 承运人对货物数量的责任

在装货港或卸货港,如果船舶对托运人申报的货物数量有怀疑时,可要求进行检查。经核查属实,承运人将向货方收取一定数量的违约赔偿金。货方应对所申报的货物名称、数量或内容等与实际装载不符而导致的船舶或货物灭失、损坏负赔偿责任。

《中华人民共和国海商法》规定,承运人或者代其签发提单的人,知道或者有合理的根据怀疑提单记载的货物的品名、标志、包数或者件数、重量或者体积与实际接收的货物不符,在签发已装船提单的情况下怀疑与已装船的货物不符,或者没有适当的方法核对提单记载的,可以在提单上批注,说明不符之处、怀疑的根据或者说明无法核对。

承运人在责任期间因货物包装不良或者标志欠缺、不清,或因货物的自然特性或者固有缺陷,造成货物发生的灭失或者损坏的,可不负赔偿责任。

船舶应对不能免除赔偿责任的货物数量短缺负赔偿责任。船舶对货物数量的责任一般限为重量、体积或件数之一,根据不同货种确定。对包装件杂货,船舶只对件数负责;对于固体散货,船舶只对重量负责;对木材等货物,船舶只对体积负责。

五、货物运费的计费依据

按航运业务惯例,除贵重或高价货物、特殊货物(如车辆、活动物等)以外,其他一般货物均按其总重或体积计收运费,即把货物分成计重货物(weight cargo)和容积货物(measurement cargo)两类。

1. 计重货物

计重货物指按货物的毛重计算运费的货物。计量单位为重量吨,如公吨(metric tons)、短吨(short ton)、长吨(long ton)等。按国际航运惯例,常以 1.1328 m^3(40 ft^3)为单位计费容积吨或尺码吨(measurement tons,我国常按 1 m^3)。每吨的货物的体积(积载因素)小于单位容积吨时,称计重货物。

2. 容积货物

容积货物指按货物的尺码或体积计算运费的货物。计量单位为容积吨(尺码吨)。每吨货物体积大于单位容积吨时,称容积货物。容积吨只在计算容积货物运费时使用,而重量吨被普遍用于货物的装运、交接及运费计算等方面。

计重货物在海上货物运价表中用"W"标记,容积货物在运价表中用"M"标记。如果按照货物的毛重和体积选择其中运费较高者收取运费,则用"W/M"标记。

对货物按货物装运港船上交货价(free on board,FOB)价格的一定百分比计算运费,称从价运费,用 Ad. Val 表示。

【思考与应用 1-8】
1. 货物的计量方式有哪些?
2. 托运人和承运人对货物数量的责任有哪些?
3. 如何理解货物运费计费中的计重货物和容积货物?

第九节　货物的亏舱率、积载因数

一、货物的亏舱及亏舱率

1. 货物的亏舱(broken space)

货物在船舱中所占的货舱容积总是比货物的体积要大。货物所占的货舱容积与货物量尺体积之差称为亏舱,即:

$$\delta V = V_{ch} - V_c \tag{1-37}$$

式中:δV——亏舱舱容(m^3);

V_{ch}——货物所占舱容(m^3);

V_c——货物的量尺体积(m^3)。

2. 造成亏舱的原因

(1)货物的包装形式与货舱的形状不相适应而造成亏舱;

(2)货舱在某一方向上的尺度不等于货件在相应堆码方向上尺度的整倍数而造成亏舱;

(3)某些货物装于舱内需系固,因而造成亏舱;

(4)有些装于舱内的货物需留出通风道,因而造成亏舱;

(5)舱内货物堆装不紧密而造成亏舱。

3. 亏舱率(ratio of broken space)

各类货物亏舱的程度大小通常以亏舱率(又称亏舱系数),即亏舱舱容与货物所占舱容的百分比来表示。亏舱率可用下式表示:

$$C_{bs} = \delta V/V_{ch} \times 100\% = (V_{ch} - V_c)/V_{ch} \times 100\% \tag{1-38}$$

亏舱率 C_{bs} 的大小随货物的种类、包装形式、包装的尺寸、堆码质量、堆码位置、货舱的结构形状及装载的其他要求而变化。不同包装形式的货物亏舱率不同,相同包装的货物装于不同的货舱亏舱率也可能不同。

二、货物的积载因数

每吨货物所占的舱容或具有的量尺体积称为货物的积载因数(stowage factor)。积载因数分为包括亏舱的积载因数和不包括亏舱的积载因数两种。

1. 包括亏舱的积载因数

包括亏舱的积载因数是指每吨货物所占的货舱容积,或货物所占舱容与货物重量的比值,即:

$$SF = V_{ch}/Q \tag{1-39}$$

式中:Q——货物的重量(t)。

2. 不包括亏舱的积载因数

不包括亏舱的积载因数是指每吨货物所具有的量尺体积;或货物的量尺体积与其重量的比值。

$$SF_0 = V_c/Q \tag{1-40}$$

不包括亏舱的积载因数通常可由托运人提供,或根据托运人提供的货物重量与货物体积求得。根据货物的种类、包装形式、包装大小、装载舱室等情况凭经验估算出亏舱率,然后将不包括亏舱的积载因数换算成包括亏舱的积载因数,才能计算货物所占的舱容。

3. 包括亏舱的积载因数与不包括亏舱的积载因数的换算

根据亏舱率的定义,可得下式:

$$SF = SF_0/(1-C_{bs}) \tag{1-41}$$

4. 积载因数的应用

1)判断货物的轻重

对于散货,积载因数是货物密度的倒数。对于具体船舶,货物的积载因数小于船舶的舱容系数时为重货,船舶满载该种货物时货舱达不到满舱状态;反之则为轻货,货舱全部装满时重量上达不到满载状态。货物配积载时一般要求重货不能压轻货,两种货物之间可根据货物的积载因数大小比较其轻重,相对而言,积载因数大的货物较轻。

2)计算货物所占舱容

货物配舱时,可根据其重量和积载因数资料确定其装舱后所占舱容大小。

例 1-6:某轮配装一票箱装货物,重量为 500 t,不包括亏舱的积载因数为 1.70 m³/t,亏舱率为 12%,求该票货物装舱后所占的货舱容积。

解:(1)求该票货物包括亏舱的积载因数 SF:

$$SF = SF_0/(1-C_{bs}) = 1.70 \text{ m}^3/\text{t}/(1-12\%)$$
$$= 1.93 \text{ m}^3/\text{t}$$

(2)该票货物装舱后所占的货舱容积 V_{ch}:

$$V_{ch} = P \cdot SF = 500 \text{ t} \times 1.93 \text{ m}^3/\text{t}$$
$$= 965 \text{ m}^3$$

【思考与应用 1-9】

1. 什么是货物自然损耗和自然损耗率?产生自然损耗的原因有哪些?
2. 什么是亏舱和亏舱率?产生亏舱的原因有哪些?
3. A 轮 No.1 货舱装载积载因数 $SF=1.20 \text{ m}^3/\text{t}$ 的货物,该舱货物平均装舱深度 $H=17 \text{ m}$,试用该舱的舱容表查取该舱装载货物的体积,货物体积重心纵向、横向和垂向坐标,并计算装于该舱的货物重量。

4.某船舱内装载1000 t杂货,已知货物量尺体积为1500 m³,货物所占舱容为1700 m³,试求:
(1)该货物不包括亏舱的积载因数;
(2)该货包括亏舱的积载因数;
(3)该货物的亏舱;
(4)该货物亏舱率。

5.某船2#舱舱容为6000 m³,现准备装积载因数为1.50 m³/t的杂货,已知亏舱率为12%,试求:
(1)该种杂货包括亏舱的积载因数;
(2)如果将该舱装满,该货舱能够装载该种杂货的最大重量;
(3)该货物装载后的亏舱。

第二章　充分利用船舶载货能力

第一节　船舶载货能力概述

近年,我国沿海各港口建成或在建的超大型船舶泊位显著增加。每天有数量众多的 40 万载重吨矿石船、30 万吨级油船、Q-max 型 LNG 船(货舱总舱容 266000 m^3)、20 万吨级集装箱船(载重吨 175001~225000 DWT 和箱位容量 15501~22000 TEU)乃至目前最大集装箱船(箱位容量 24000 TEU)等各类超大型船舶穿梭于我国与世界各主要港口之间,为我国经济快速发展发挥了巨大作用。同时,这些表征船舶大小的数据也直接或间接地反映了船舶的载货能力大小。

海上货物运输的显著优势之一就是船舶的巨大的载货能力。本章重点介绍船舶载货能力的概念、船舶载货重量能力(即航次净载重量 NDW)的核算方法,以及充分利用船舶重量能力、容量能力和特殊载货能力的方法和措施。

一、船舶载货能力的概念

船舶的载货能力是指在具体航次中船舶所能装运货物的种类和数量的最大限值或满足货物特殊运输要求的能力。货物数量指货物的重量、体积或件数。船舶的载货能力主要包括载货重量能力、载货容量能力和特殊载货能力。

船舶载货能力是确定船舶具体航次装载货物的种类、数量的依据,也是船舶按租船合同要求宣载的依据。

1. 载货重量能力

船舶载货重量能力指在具体航次中船舶能够装运货物重量的最大限值,即船舶的航次净载重量。影响船舶载货重量能力的因素主要包括船舶航经的载重线海区和季节期、航线途经水域的水深对船舶吃水限制、航行期间油水消耗量、油水及其他储备品的装载及补给计划、压载量、船舶结构强度、稳性、船舶常数和货舱内残留物(例如油船液舱内油脚和垫水等)等。对于船龄较长、船体腐蚀较严重的船舶,载货重量能力还需考虑船体强度因素合理减载。

2. 载货容量能力

船舶载货容量能力指具体航次中船舶装载货物所允许使用的载货处所容积或尺寸大小。不同种类的船舶或同一船舶载货处所装载不同货物时,其载货容量能力有所不同。实船《装载手册》均提供有相应船舶的载货容量能力信息,例如散货船的舱容表资料,包括船舶货舱的位置、容积、舱容中心坐标等信息。

1) 杂货船

对于杂货船,其船舶资料可能提供有包装舱容和散装舱容。在装载件杂货时载货容量能力一般是指船舶货舱的包装容积。当在货舱内装载散货时,可根据装载情况使用其散装舱容。在某些情况下杂货船允许部分货物装于上甲板,此时载货容量能力尚需计及可以利用的上甲板载货空间。

2) 固体散装货船

对于固体散装货船,由于通常运载固体散装货物,因此,其载货容量能力一般是指船舶货舱的散装容积。多用途散货船有时可能装载件杂货,则可使用船舶的包装容积(若提供)或根据货舱内骨架之间的净尺度配、积载货物。

3) 液体散装货船

液体散装货船的载货容量能力通常为适当扣减膨胀余量后的液货舱容积。

4) 木材甲板货运输船

木材甲板货运输船除在舱内装载木材外,还需在甲板上装运数量较大的木材甲板货。在满足船舶性能要求的前提下,木材甲板货运输船的载货容量能力应包括货舱容积和所能装载甲板木材的上甲板空间。

5) 集装箱船

对于集装箱船,由于在舱内和甲板上均设置有装箱位置,不同位置设计的装载箱位尺度不同,可装载 20 ft 和(或)40 ft 集装箱。集装箱船的甲板货位还应遵守 IMO 和运河主管当局(如巴拿马运河)关于瞭望盲区的限制。因此,集装箱船的载货容量能力表现为载箱数量能力指标。

6) 滚装运输船

对于滚装运输船,其载货容量能力一般用滚装甲板的设计车道长度、宽度、高度、甲板面积等参数表示。汽车专用船的容量一般用车位数(car equivalent unit, CEU)来表示。

3. 特殊载货能力

特殊载货能力是指船舶结构和设备所具有的适应装载某些特殊货物的能力或满足货物运输的特殊要求的能力。例如,货物的各种忌装要求,危险货物的装载和隔离要求,重大件货物的装卸、积载和系固要求等。

特殊载货能力涉及的内容较复杂,需要结合货物和船舶实际情况进行有针对性的具体分析。船舶货舱结构、舱口结构和类型及甲板强度、起重设备的安全工作负荷、系固设备等可以表征船舶承运重大件货物的能力;船舶货舱的电器及电缆设备、通风、照明装置及消防设备是否合理、污水井处于良好状态,是确定船舶能否运载需要通风或控制湿度的货物的关键因素;集装箱船所设置的外接电源和插座位置决定了船舶载运冷藏集装箱的能力;冷藏船的冷藏舱容量及制冷压缩机性能,表征了该船适合装载不同冷藏货物的能力。运输含水量超标的固体散货船需要有特殊设计的货舱结构或专用设施,并经过主管当局检验、批准。船舶运输易发热、自燃的货物及其他危险货物时,货舱的结构设备、通风设施、消防设施等须满足危险品货物运输的装载、隔离、通风、温度限制等要求。

二、船舶载货能力的核算

合理利用船舶载货能力是在保证船舶营运安全的前提下充分利用船舶的载货能力,取得良好营运效益。在拟定货物装载计划时,首先要对船舶载货能力予以确定。

1. 核算目的

载货能力核算目的是比较航次货运任务与船舶载货能力是否相适应,以便判明船舶能否接受该航次装货清单中所列的货物品种和数量,如出现船舶的载货重量能力和容量能力均未得到充分利用,即亏载、亏舱过多,应及时联系货主,尽量争取追加货载,以免造成运力浪费;若货物数量过多,在重量、体积、件数及特殊要求等方面有一项或数项超出船舶相应能力,应及早处理,以免影响货主备货、货物报关及船舶装载和开航。

2. 核算方法

不同种类的船舶,其载货能力的核算方法也不尽相同。核算时根据代理或托运人提供的具体航次拟装货物的资料,详细了解货物的重量、体积、包装种类和数量、货物特性和特殊运输保管要求,结合船舶的实际情况,确定航次载货能力是否满足要求,及时将情况反馈给代理或船东以及承租人等。

1) 确定本航次的载货重量能力

根据本航次的具体情况,如港口、航道水深情况、船舶航经的载重线海区和所处的季节期、航程长短及所装载货物的积载因数等因素,计算确定航次最大允许货物重量,即航次净载重量。

2) 确定船舶的载货容量能力

按预计所装货物种类确定船舶允许使用的载货空间容积。对于无甲板货装载情况,则船舶载货容量仅限于货舱容积;对于甲板上装载情况,应考虑货物在甲板上可用位置,以及该位置上装载时可堆高度和可装位置受到船舶结构和设备、船舶稳性和操纵性、相关法规或主管当局规定等限制。

具体某航次计划所运载的货物,在载重和容量能力方面应满足:

$$\left.\begin{array}{l}\sum Q \leqslant NDW \\ \sum V'_c \leqslant \sum V_{ch} + \sum V_d\end{array}\right\} \quad (2\text{-}1)$$

式中:$\sum Q$——航次货运重量(t);

NDW——航次净载重量(t);

$\sum V'_c$——航次包括亏舱的货物体积(m^3);

$\sum V_{ch}$——货舱总容积(m^3);

$\sum V_d$——甲板及其他可用载货空间容积(m^3)。

3) 确认船舶特殊载货能力

针对某航次装货清单中有特殊装运要求的货物品种,详细查阅船舶资料及装卸货港的装卸条件等有关资料,确认船舶是否具备装载条件。

【思考与应用 2-1】

1. 什么是船舶载货能力?它包含哪些内容?
2. 什么是船舶载货重量能力?影响船舶载货重量能力的因素有哪些?
3. 什么是船舶载货容量能力?不同类型船舶的载货容量能力有何特点?

4.什么是船舶特殊载货能力？船舶承运重大件货物、危险货物、冷藏货物、需要通风或控制湿度的货物等时，分别应注意船舶哪些特殊要求？

5.如何核算和确定船舶载货能力？

第二节　航次净载重量计算

船舶的载货重量能力大小以航次净载重量（NDW）表征。对于具体航次，由于航线上的若干条件不同，相应的航次净载重量也不会相同，因此，为确定船舶在具体航次中的载货重量能力，每一个航次均应计算航次净载重量。

综合考虑各方面的影响，船舶航次净载重量一般应按下式计算：

$$NDW = DW_{\max} - \sum G - C - BW \tag{2-2}$$

式中：NDW——航次净载重量(t)；

$DW_{\max}$——航次最大允许总载重量(t)；

$\sum G$——总储备重量(t)；

C——船舶常数(t)；

BW——船舶为保证航行性能需装载的压载水重量(t)。

特殊情况下，如油轮装货前货舱内可能存在底油（on board quantity，OBQ），船舶（如集装箱船）为保证安全性能所需的压载水（ballast）重量和液化气船舱内的气体重量等都会影响到船舶的航次净载重量。但是，它们又不属于式（2-2）中的储备品和船舶常数，需要把它们扣除，才能得出船舶的航次净载重量。

一、船舶总载重量的确定

船舶具体航次所允许使用的最大总载重量（或排水量）受到三个方面的限制，即航次经过水域中航道或港口泊位水深的限制、相关载重线对船舶吃水的限制及船舶性能的限制。

1.吃水受限下的总载重量

当船舶航经的港口及水道水深受限时，应在考虑航线上浅水域位置、水深、水密度等因素影响后，合理确定所允许使用的最大总载重量或排水量。

1)确定航线最浅水深处的船舶限制吃水

最浅水深处船舶限制吃水为：

$$d_L = D_d + H_w - UKC - \delta d_t \tag{2-3}$$

式中：d_L——航线最浅水深处的船舶限制平均吃水(m)；

D_d——航线最浅水深处的基准水深(m)；

H_w——过浅时可利用的潮高(m)；

UKC——航线最浅点水深处船底富余水深(m)；

δd_t——过浅时船舶吃水差引起的相对于平均吃水的吃水增量(m)。

航线最浅处船底富余水深与船舶吨位、航速、航道底质、船载货物性质等因素有关。当船舶吨位较大、航速较高、航道底质坚实、船舶装运具有某种危险特性的货物，则富余水深应大些，否则可适当小些。有些港口对船舶富余水深有具体规定，应严格遵守。根据经验，一般船舶在港内水域富余水深取其吃水的10%左右，港外航道取吃水的12%～15%。外海航道则需要根据环境条件取更大的富余水深。

如果船舶到浅水区时还存在吃水差，还应考虑吃水差的影响。为保证安全和尽量多装货，船舶应尽量以平吃水过浅。

2）计算过浅点时船舶所允许吃水所对应的排水量

首先根据过浅点时的船舶限制吃水 d_L 查取静水力资料，可得相应的标准海水排水量 Δ_1。若过浅水域水密度为 ρ，则按式(1-24)求经密度修正后的排水量 Δ_0。

3）计算由始发港至航线最浅水深处的油水消耗量

设船舶由始发港航至水深受限处所需时间为 t_s（按天计），航行每天消耗油水为 g_s(t/d)，则油水消耗量 δG 为

$$\delta G = t_s \cdot g_s \tag{2-4}$$

4）计算船舶在始发港所允许的最大排水量或总载重量

$$\left.\begin{array}{l}\Delta_{\max}=\Delta_0+\delta G\\ DW_{\max}=\Delta_{\max}-\Delta_L\end{array}\right\} \tag{2-5}$$

式中：$\Delta_{\max}$——装货港允许的最大排水量(t)；

$DW_{\max}$——装货港允许的最大总载重量(t)；

Δ_L——空船排水量(t)。

2. 船舶载重线限制下的总载重量

当吃水不受航线水深限制时，应根据本航次船舶航经的海区及所处的季节期，从载重线海图中确定该船应使用的载重线，据此求得装货港允许的排水量和总载重量。大体上可分为以下几种情况：

1）船舶整个航次在使用同一载重线的海区航行

船舶整个航次在同一区带航行，或跨越区带和季节区域航行，但所处季节期与区带相同，则应按照所经区带或季节期使用同一载重线。此时，按相应的载重线确定满载排水量或对应的总载重量。例如如果船舶航经海域的区带或区域全部使用夏季载重线，则按夏季载重线确定船舶该航次的排水量或总载重量。

2）船舶由使用较低载重线海区航行至使用较高载重线海区

船舶由使用较低载重线海区驶入使用较高载重线海区，为满足船舶在始发港载重线要求，则只能允许使用较低载重线。此种情况下，按较低载重线确定满载排水量或总载重量。例如，船舶由使用夏季载重线海区驶入使用热带载重线海区，则应按夏季载重线确定排水量或总载重量。

3）船舶由使用较高载重线海区航行至使用较低载重线海区

船舶由使用高载重线海区驶入使用低载重线海区，应视其高载重线海区航段的油水消耗量情况来确定船舶总载重量。设船舶自使用高载重线的 A 港装货后开航，途经使用高低载重线分界点 B，到达港为使用较低载重线的 C 港。如果船舶在使用较高载重线的 A-B 航段油水消耗量为 δG_H，高载重线对应总载重量 DW_H 与低载重线对应总载重量 DW_L 之差为 δDW，则可按照以下原则确定船舶在装货港允许的装载排水量或载重量。

$$A\xrightarrow{\dfrac{\text{高载重线}}{\text{航程(海里)}}}B\xrightarrow{\dfrac{\text{低载重线}}{\text{航程(海里)}}}C$$

(1) 当船舶在使用高载重线海区航行中油水等储备品消耗量 δG_H 大于等于 δDW，则在装货港允许使用的总载重量 DW_{max} 为高载重线对应的总载重量 DW_H。即：

$$当 \delta G_H \geqslant \delta DW 时, DW_{max} = DW_H$$

(2) 当船舶在使用高载重线海区航行中油水等储备品消耗量 δG_H 小于 δDW，则在装货港允许使用的总载重量 DW_{max} 为低载重线对应的总载重量 DW_L 与高载重线航段油水等储备品消耗量 δG_H 之和，即高低载重线之间的某一水线。即：

$$当 \delta G_H < \delta DW 时, DW_{max} = DW_L + \delta G_H$$

4) 船舶在多次改变载重线海区航行

船舶在多次改变载重线海区航行时，应保证船舶在任意航段均不超载，并按照各航段允许载重线所确定的不同装货港允许总载重量的最小值作为装货港允许的最大总载重量。

另外，对于老旧船，应根据船况适当限制总载重量，以留有一定的安全余量，减小船舶所受的剪力、弯矩和局部受力。

二、船舶航次储备量的计算

船舶航次储备量 $\sum G$ 由固定储备量 G_1 和可变储备量 G_2 构成，即

$$\sum G = G_1 + G_2 \tag{2-6}$$

1. 固定储备量 G_1

固定储备量 G_1 包括船员、行李、粮食和供应品及船舶备品等。由于构成的各部分在航次储备中所占比例很小且变化不大，因此，在计算航次净载重量时，可将 G_1 视为定值，其大小可按船舶资料中提供的数值计算。

2. 可变储备量 G_2

可变储备量 G_2 包括轻重燃油、润滑油料、淡水等。其大小按航行时间、补给方案及航次储备天数确定。

1) 在始发港装满油水

由于航线较长、始发港油价较低且所运货物运费较低及途中无挂靠港口等原因，船舶所有人或租船人要求船舶在始发港加满油水舱柜。此时，G_2 可认为是一定值，可从船舶资料中查取。

2) 按航次需要及补给方案确定

按航次需要及补给方案可由下式确定可变储备量：

$$G_2 = (t_s + t_r) \cdot g_s + t_b \cdot g_b = \left(\frac{S}{24 V_s} + t_r\right) \cdot g_s + t_b \cdot g_b \tag{2-7}$$

式中：t_s——船舶航行天数(d)；

　　　S——航程(n mile)，取自装货港至下次补给油水港口的航程；

　　　V_s——平均航速(kn)；

　　　t_r——船舶航行储备天数(d)，根据航程长短及航行期间的海流影响、季节、预期海况、船况、船舶吨位、油水补给方案等因素确定；

　　　t_b——预计航次补给油水前的船舶停泊天数(d)；

　　　g_s——航行中每天油水消耗量(t/d)，在确定淡水消耗量时，对具有制淡设备的船

舶,仅需考虑制淡不足部分和船员生活用水消耗量;

g_b——停泊时每天油水消耗量(t/d),若停泊期间进行货物装卸,还需考虑是否使用船上装卸设备。

3. 船舶必须配备足量的航次储备品

配备足量的航次储备品是船舶适航的必要条件之一,是船东保证船舶适航时应尽的责任,油水等储备量不足时船长应负不适航的责任。配备足量航次储备品应遵循如下原则。

(1)一般情况下,装载的航次储备品按正常消耗应有 20% 的富余量,有些租船人或公司对此有规定。

(2)船舶航经海区风浪大、可能受恶劣天气影响、航线长、船舶主机状况不佳、船舶吨位大,航次储备天数应适当增加。一般沿海及近洋航线可取 3 d,远洋航线取 5~7 d。具体来说,在没有可预见其他风险的情况下,我国至东南亚各国间航线取航次储备天数 3 d,至印度洋和澳洲航线上取航次储备天数 5 d,至非洲、欧洲及美洲航线取航次储备天数 7 d。

(3)在有可预见风险情况下,如冬季、台风季节或其他恶劣天气易发生季节,航次储备天数可取上述数据的两倍或更大。

(4)远洋航线船舶估算航速时可在静水海上营运速度基础上适当考虑洋流和季风等影响。

(5)油水补给港口的选择按习惯性、便利性、经济性等来确定。

(6)考虑到船舶所有人或承租人的利益,船舶不得装载过多的航次储备品。但配备足量航次储备品的责任在船长,无论该费用是否由船舶所有人支付。

三、船舶常数的测定

营运中船舶的船舶常数总是不断变化的,因此需对其大小予以测定。一般船舶在进行年度修理后都要重新测定船舶常数。船舶常数的测定应在船舶空载时,选择平静的水面进行。通过观测吃水求取船舶常数的方法见第一章第四节。

例 2-1:某轮夏季满载排水量 $\Delta_S=19710$ t,热带满载排水量 $\Delta_T=20205$ t,冬季满载排水量 $\Delta_W=19215$ t,空船排水量 $\Delta_L=5565$ t。该轮计划 3 月 1 日自宁波舟山港开往新加坡,3 月 7 日到达新加坡港,航程 2150 n mile,其中宁波舟山港至香港段航程 710 n mile,香港至新加坡航段 1440 n mile,航速 13 kn,燃料及淡水每天消耗 30 t,固定储备量 25 t,船舶常数 200 t,航行储备天数取 3 d,计划到港时在锚地添加油水,不考虑停泊时间。全航程水深对船舶吃水无限制。试依据《1966 年国际船舶载重线公约》关于载重线海区和季节期划分方案求:

1)船舶自宁波舟山港开航时的航次净载重量 NDW_1;

2)返程(船舶计划于 3 月 10 日自新加坡返航,3 月 17 日到达宁波舟山港)的航次净载重量 NDW_2。

解:1)宁波舟山港至新加坡 NDW_1 计算

(1)根据所经海区和时间查载重线海图,选取载重线:根据《1966 年国际船舶载重线公约》,香港至苏阿尔恒向线以北的中国沿海为夏季区带(如果按照中国政府的规定,该区域为季节热带区域)。船舶在始发港应使用夏季载重线,驶过香港至苏阿尔恒向线后可使用热带载重线,即由低载重线 S 至高载重线 T,船舶本航次应使用夏季载重线。夏季满载排水量 $\Delta_S = 19710$ t。

(2)船舶航行所需油水重量:$\sum G = G_1 + G_2 = 25$ t $+ [2150/(13 \times 24) + 3] \times 30$ t $= 321.7$ t。

(3)宁波舟山港开航时的航次净载重量:$NDW_1 = \Delta_S - \Delta_L - \sum G - C = 19710$ t $- 5565$ t $- 321.7$ t $- 200$ t $= 13623.3$ t。

2)新加坡至宁波舟山港 NDW_2 计算

(1)载重线判断:根据载重线海图,新加坡港可选用的热带载重线,驶过香港至苏阿尔恒向线后应使用夏季载重线,即由低载重线(S)至高载重线(T)。需要根据新加坡至香港航段的消耗量确定新加坡开航时的排水量和载重量。

(2)新加坡至香港航段的消耗量:$\sum G_{AB} = 1440/(13 \times 24) \times 30$ t $= 138.5$ t。

(3)高低载重线排水量差:$\delta\Delta = \Delta_T - \Delta_S = 20205$ t $- 19710$ t $= 495$ t。

(4)因 $\sum G_{AB} < \delta\Delta$,则新加坡允许排水量:$\Delta_m = \Delta_S + \sum G_{AB} = 19710$ t $+ 138.5$ t $= 19848.5$ t。

(5)船舶自新加坡返航时的航次净载重量:$NDW_2 = \Delta_m - \Delta_L - \sum G - C = 19848.5$ t $- 5565$ t $- 321.7$ t $- 200$ t $= 13761.8$ t。

四、船舶压载水重量控制

一些船舶为保证船舶稳性、强度和其他航海性能,在装载货物后需要一定量的压载,例如集装箱船、滚装船、木材船和其他一些在甲板上运输特种装备的船舶等,其压载水重量应在计算航次净载重量时予以扣除。压载量的要求与船舶的性能特点和货物的配载方案密切相关,船舶在接近满载时,应尽量通过优化配载方案,在满足安全营运要求的前提下适当控制压载量。

另外液体散货船装货前舱内可能还存在不能处理的底油(OBQ),也应在计算航次净载重量时扣除。

【思考与应用 2-2】

1. 如何确定船舶的航次净载重量?
2. 简述测定船舶常数的步骤。
3. 如何根据载重线海图确定船舶装载吃水、总载重量和排水量?
4. A 轮不同载重线所对应的排水量和总载重量见表 1-2。该轮 2023 年 4 月 15 日自新加坡开往上海港外高桥,船舶航速 15 kn,航行中每天消耗油水 $g_s = 60$ t,总航程 $S = 2330$ n mile,已知自航港至香港航段航程 $S_1 = 1530$ n mile,香港至上海港航段航程 $S_2 = 800$ n mile,船舶在装货港油水舱共有油水 500 t,船舶常数和其他非油水备品总重 280 t。船舶应满足国际载重线公约要求,已知船舶在装货港至香港航段使用热带载重线,香港至上海航段应使用夏季载重线。长江口北槽航道水深 12.5 m,船舶进港时可利用潮高 3.5 m,预留富余水深不小于 1.5 m。试求:

(1)根据表 1-2 中的信息,求该船的空船排水量 Δ_L。

(2)船舶在新加坡装货时允许的总载重量 DW_m 和排水量 Δ_m。

(3) 求船舶的航次净载重量 NDW。

(4) 装货港为标准海水,如已知船舶在满载吃水对应的每厘米吃水吨数 $TPC=68.3$ t/cm,求装货港的平均吃水 d_m。

(5) 若不考虑航行储备天数,求船舶到达上海港消耗的油水重量 G_1。

(6) 若船舶到达上海港水域的海水密度为 $\rho=1.020$ g/cm³,考虑航行途中消耗和水密度变化,试求船舶到上海港时的平均吃水 d_{m1}。

5. X 轮在 A 港装载后经 B、C 港到 D 港卸货,其载重线适用及航行距离如下:

$$A\frac{热带载重线}{2080\ 海里}B\frac{夏季载重线}{3600\ 海里}C\frac{冬季载重线}{1155\ 海里}D$$

已知该轮空船重量 5330 t,热带满载吃水 $d_T=9.55$ m,热带满载排水量 $\Delta_T=21440$ t,夏季满载吃水 $d_S=9.35$ m,夏季满载排水量 $\Delta_S=20920$ t,冬季满载吃水 $d_W=9.15$ m,冬季满载排水量 $\Delta_W=20400$ t,船舶航速 $V_s=15$ kn,航行储备时间为 5 d,装卸及等待补给时间为 3 d,粮食备品和船员行李等为 32 t,航行每天耗油水 33 t,停泊每天耗油水为 13 t,船舶常数 $C=215$ t。该航次所用油水在 A 港装足,且所载货物不满舱。求:

(1) 离 A 港时的最大装货量。

(2) 若离开时 A 港港水密度 $\rho=1.017$ g/m³,平均吃水为 $d_m=9.20$ m,求装完货后该船的排水量。

6. L 轮从 A 港装货经 B 港、C 港至 D 港卸货,该轮 A 港开航时存油水 300 t,计划在 B 港加补油水。航次情况如下:

$$A\frac{热带载重线}{2100\ 海里}B\frac{夏季载重线}{5200\ 海里}C\frac{冬季载重线}{1100\ 海里}D$$

已知该轮空船重量 8850 t,热带满载吃水 $d_T=10.77$ m,$\Delta_T=50388$ t,夏季满载吃水 $d_S=10.55$ m,$\Delta_S=49350$ t,航速 14 kn,航行储备 5 d,装卸及等待时间共 4 d,粮食备品和船员行李等共 28 t。消耗定额:航行消耗 55 t/d,停泊时消耗 12 t/d,船舶常数 $C=234$ t。本航次船舶所载货物不满舱。求:

(1) 在 B 港应加油水重量。

(2) 该轮航次最大装货重量。

第三节 充分利用船舶载货能力的途径

充分利用船舶载货能力是提高船舶营运效益的重要措施之一。当货源充足时,根据航次货载特点,合理使用和挖掘船舶载货能力,尽可能多地装载拟运货物,以取得更好的经济效益。

1. 提高船舶的载货重量能力

当货源充足且航次货载以重货为主时,充分利用船舶载货能力的关键在于能否提高船舶的载货重量能力,即能否在保证安全的前提下充分发挥船舶的最大总载重量,同时尽可能减少航次储备量和船舶常数,具体可采取以下几项措施来提高船舶的载货重量能力:

(1) 根据航线上的限制水深或航次所应使用的载重线正确确定船舶的最大总载重量或装载吃水。

(2) 根据航线具体情况(如气候、油价等)合理确定燃料、淡水补给方案,尽可能地减少不必要的航次储备量。

(3) 清除船上的垃圾、废料和杂物,定时进坞清除舷外船体附着的海生物,以减少船舶常数。

(4)载货状态下需要压载的船舶,应合理编制配载计划(配载图),在保证安全的条件下尽量减少为调整船舶浮态、船舶稳性、船体受力而打入的压载水。

(5)固体散货船和其他载货状态下不需要压载的船舶,在装货时应尽可能排净压载舱内压载水。

(6)散装液货船装货前在满足防污染要求的前提下,应尽量清除舱内的底脚和垫水。

(7)吃水受限时,各舱货物的重量分配和油水使用计划应保证过浅时平吃水且无初始横倾角。

2. 充分利用船舶的载货容量能力

当货源充足但航次装载主要是轻货时,船舶的载货能力主要取决于其容量能力。此时,可从以下几个方面出发,充分挖掘船舶容量能力的潜力。

(1)确保货舱及其他载货处所结构及设备完好,保证货舱适货,使所有载货处所处于可用状态。

(2)减少杂货船亏舱。应对不同包装的件杂货选择合适的舱位。大包装、硬包装的货物配置在舱容较大、形状规则的中部舱室,小包装、软包装的货物配置在舱容狭小、形状不够规则的首尾舱室,同时留出一些小件货物来填充其他货物无法装载利用的空位;还应督促装卸工人提高装货质量,做到紧密堆码。

(3)固体散装货物装载时应做好平舱工作,最大限度地提高舱容利用率。

(4)对于集装箱船,应着重提高配载计划的编制水平,使船舶的箱位能够充分利用,注意轻、重箱合理搭配,并统筹安排 20 ft 箱、40 ft 箱和特殊箱的箱位,使计划装载的所有集装箱都得到合适的装舱位置,稳性不足时,应保证重箱在下、轻箱在上,并适当采取压载措施。

(5)装载轻质液体货物的液体散装货船,根据航线温度变化大小合理确定膨胀余量。

(6)冷藏船装货,货物堆码紧密牢固,根据货物及包装情况留出合适的通风道或空间,并选择合适的通风方式。

3. 充分利用船舶的特殊载货能力

当航次货载中的特殊货物或忌装货物较多时,船舶的特殊载货能力就可能出现不足现象。为了能尽可能多地承运特殊货物或忌装货物,可以从以下几个方面加以考虑。

(1)承运特殊货物有关的船舶结构和设备应处于完好技术状态。如与危险货物装载有关的舱室防火防液、隔离结构等保持与货物装载要求相适应的技术状况,与冷藏货物装载有关的制冷设备性能和冷藏舱舱容满足冷藏货物的运输要求,与重大件货物装载有关的船舶重型吊杆位置、技术状况和船体局部结构等满足相关要求,船舶的通风排气设备满足货物的通风换气要求,船舶货舱的排水设备满足易散湿货物的排水要求等。

(2)对于忌装货物或相互具有隔离要求的危险品集装箱,除了保证舱室有关结构和设备完好外,通过合理配积载,使不同的忌装货物或危险货物集装箱能够配装于同一船上。

(3)对于散装固体货物,有些是含水量超标的易流态化货物,需要有特殊结构和设备的船舶才能承运;有些具有化学危险的货物,需要船舶货舱具有相应的监测系统和固定专用消防系统才能承运;不同的货物还需要相应的隔离设备才能装运。运输粮食等货物,还需要对全船及货舱进行专门的熏蒸和除鼠等消杀工作,保证货舱的卫生条件。

(4)无论是散装固体货物还是液体货物,都应分舱装载,不能混装,这限定了船舶装载货物的种类和数量。另外,装货前需要对货舱上个航次残余的货物或空气进行清除或置换,需要专门的设备、工具或人员进行操作,如果船舶或港口不具备,会限制船舶对货物的选择和装载。船舶需要根据实际情况确定其特殊装货能力大小。

4. 轻重货物合理搭配

对于杂货船,如果货源充足且航次货载有较大的选择余地,轻重货物的运费计费方式不同时,可考虑船舶的载重能力与容量能力能同时得到充分利用,例如达到船舶满舱满载状态。

1) 船舶整体满舱满载

在为船舶分配航次货载时,应注意轻重货物合理搭配,尽量使船舶满舱满载,即航次货运量等于航次的净载重量,航次货载的总体积等于船舶的总舱容。配载时,可先确定若干种货物的品种与数量,预留两种积载因数悬殊较大,且货源充足的待配货物进行轻、重搭配,通过求解以下方程组求得待配重货重量 P_H 和轻货重量 P_L。

$$\left. \begin{array}{l} P_H + P_L = NDW - \sum P \\ P_L \cdot SF_L + P_H \cdot SF_H = \sum V_{ch} - \sum V_c \end{array} \right\} \quad (2\text{-}8)$$

式中:$\sum P$——已确定货物的总重量(t);

$\sum V_c$——已确定货物所占舱容(m^3);

P_H——船舶待配重货重量(t);

P_L——船舶待配轻货重量(t);

SF_H——船舶待配重货的积载因数(m^3/t);

SF_L——船舶待配轻货的积载因数(m^3/t)。

2) 单一货舱轻重搭配

编制航次配载计划时,为了满足吃水差及纵向强度的要求,各货舱拟装货物重量往往已经确定,此时,同样需要按轻重搭配的原则,在满足各舱装货重量要求的同时,使各个货舱都达到满舱。通过求解以下方程组,可得到各货舱所选定的重货重量 P_H 和轻货重量 P_L。

$$\left. \begin{array}{l} P_H + P_L = P - \sum P' \\ P_H SF_H + P_L SF_L = V_{ch} - \sum V'_c \end{array} \right\} \quad (2\text{-}9)$$

式中:P——单一货舱拟装货物总重量(t);

V_{ch}——单一货舱的容积(m^3);

$\sum P'$——单一货舱内已确定货物的总重量(t);

$\sum V'_c$——单一货舱内已确定货物所占舱容(m^3);

P_H——单一货舱内待配重货的重量(t);

P_L——单一货舱内待配重货的重量(t);

SF_H——待配重货的积载因数(m^3/t);

SF_L——待配轻货的积载因数(m^3/t)。

例 2-2:某轮满载排水量 14500 t,空船排水量 3200 t,航次储备量及船舶常数 1500 t,船舶舱容 12000 m^3。本航次计划配装食品($SF=0.8\ m^3/t$)1500 t,丝织品($SF=4.8\ m^3/t$)1000 t,

还准备配装日用杂货($SF=3.5$ m³/t)及金属制品($SF=0.55$ m³/t),试计算:为了达到满舱满载,日用杂货和金属制品各应装配多少吨?(上述货物的积载因数均未考虑亏舱,其亏舱率 C_{bs} 均为 12%)。

解:船舱内可装载货物的量尺体积:

$$\sum V_c = \sum V_{ch}(1-C_{bs}) = 12000 \text{ m}^3 \times (1-0.12) = 10560 \text{ m}^3$$

配装食品和丝织品所占的量尺体积:

$$V_c' = 1500 \text{ t} \times 0.8 \text{ m}^3/\text{t} + 1000 \text{ t} \times 4.8 \text{ m}^3/\text{t} = 6000 \text{ m}^3$$

还可配装日用杂货和金属制品的量尺体积:

$$V_c = \sum V_c - V_c' = 10560 \text{ m}^3 - 6000 \text{ m}^3 = 4560 \text{ m}^3$$

船舶航次净载重量:

$$NDW = \Delta - \Delta_L - \sum G - C = 14500 \text{ t} - 3200 \text{ t} - 1500 \text{ t} = 9800 \text{ t}$$

已配装食品和丝织品的重量:

$$P' = 1500 \text{ t} + 1000 \text{ t} = 2500 \text{ t}$$

可配装日用杂货和金属制品的重量:

$$P = NDW - P' = 9800 \text{ t} - 2500 \text{ t} = 7300 \text{ t}$$

又 $P_L + P_H = P = 7300$ t

$P_L SF_L + P_H SF_H = V_c = 4560$ m³

则日用杂货配重 $P_L = 184.7$ t;金属制品配重 $P_H = 7115.3$ t。

【思考与应用 2-3】

1. 简述提高船舶载重能力的措施。
2. 简述充分利用船舶容量能力的途径。
3. M 轮在 A 港装载后经 B 港到 C 港卸货,其载重线及航程情况如下:

$$A \xrightarrow[\text{2450 海里}]{\text{夏季载重线}} B \xrightarrow[\text{2150 海里}]{\text{热带载重线}} C$$

已知该轮空船重量 $\Delta_L = 5860$ t,各载重线及排水量情况如下:热带满载吃水 $d_T = 9.55$ m,热带满载排水量 $\Delta_T = 21440$ t;夏季满载吃水 $d_S = 9.35$ m,夏季满载排水量 $\Delta_S = 20920$ t。船舶航速 $V_s = 13$ kn,航行储备时间 6 d,装卸及等待补给时间 3 d,粮食备品和船员行李等共 25 t,航行每天耗油水 35 t,停泊每天耗油水 15 t,船舶常数 $C = 226$ t。该航次所用油水在 A 港装足。已知航次所载货物装舱积载因数 $SF = 1.45$ m³/t,货舱舱容 20000 m³。试求船舶离开 A 港时的最大装货重量。

4. 某轮满载排水量 15000 t,空船排水量 3500 t,航次储备量及船舶常数 1300 t,船舶舱容 $V_{ch} = 13000$ m³。本航次计划配装食品($SF_1 = 0.90$ m³/t)1500 t,丝织品($SF_2 = 4.5$ m³/t)1000 t,还准备配装日用杂货($SF_3 = 3.0$ m³/t)及金属制品($SF_4 = 0.60$ m³/t),为了达到满舱满载,日用杂货和金属制品各应装配多少吨。(上述货物的积载因素均未考虑亏舱,其亏舱率均为 15%)。

5. D 轮满载排水量 15565 t,空船排水量 4025 t,航次储备量及船舶常数 1300 t,船舶总舱容 12000 m³,本航次计划配装罐头($SF_1 = 0.9$ m³/t,$C_{bs1} = 11\%$)1600 t,棉纺织品($SF_2 = 4.2$ m³/t,$C_{bs2} = 13\%$)1200 t,还配装日用工业品($SF_3 = 3.8$ m³/t,$C_{bs3} = 14\%$)及五金($SF_4 = 0.6$ m³/t,$C_{bs4} = 12\%$)。为了达到满舱满载,日用工业品和五金应各配多少吨?(所有货物的积载因数为不包括亏舱的积载因数)

第三章 保证船舶适度的稳性

排水型船舶(displacement ship)漂浮于水上,在风、浪、船舶载荷等作用下会发生倾斜或摇摆运动。船舶自身应具备将倾斜或摇摆幅度控制在一定的限度而不致发生倾覆的能力,也就是必须具有足够的稳性。

稳性是船舶的重要性能之一,适度的稳性是船舶安全营运的基本前提。船舶不论是在海上航行,还是停泊在港口水域,均应保持足够的稳性。

第一节 船舶静稳性力矩和力臂

船舶漂浮于水上,假定初始状态为正浮状态(upright condition),如图 3-1(a)所示,此时如果船上载荷左右对称,不产生横倾力矩,船舶重力和浮力的作用处于平衡状态(水线位置为 W_0L_0)。若此时受到风、流或其他倾侧外力所产生的倾侧力矩(又称"横倾力矩"或"外力矩")作用,船舶会发生倾斜,若不考虑倾斜过程中船上载荷的移动,则可认为重心 G_0 的位置不变。由于倾斜一侧船体入水而排水体积增加 v_1,另一侧出水而排水体积减小 v_0,因倾斜前后总的排水体积不变,即 $v_0 = v_1$,但排水体积的分布发生了变化,如图 3-1(b)所示,船舶浮心因水下排水形状变化而由 B_0 向倾斜一侧移动至 B_1,导致重力 W 和浮力 Δ 不在同一垂线上,二者产生力矩,此力矩的方向与外力矩方向相反,称为静稳性力矩或复原力矩(righting moment)。当静稳性力矩与外力矩大小相等时,在倾斜状态下达到静态平衡(水线位置为 W_1L_1),即所谓静平衡,此时船舶产生横倾角 θ 即为船舶在相应条件下的静横倾角。

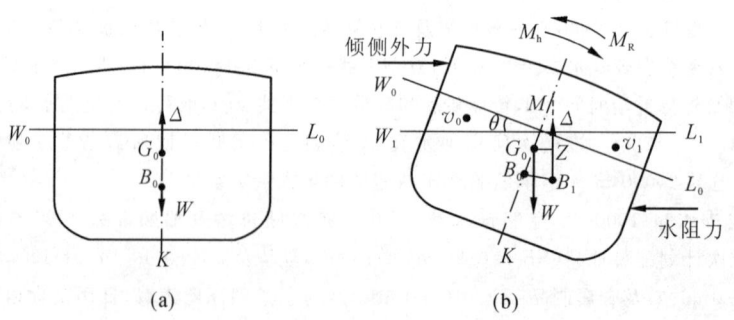

图 3-1 船舶倾侧力矩和稳性力矩
(a)正浮状态;(b)横倾状态

可见,船舶之所以具有稳性,是因为船舶发生倾斜后会产生静稳性力矩。

过重心 G_0 作倾斜后浮力作用线的垂线,垂足为 Z,则浮力 Δ 与重力 W 之间的距离 G_0Z 即为力臂,称为静稳性力臂或复原力臂(righting arm or righting lever)。船舶静稳性力矩 M_R 的大小可表示为船舶排水量(即浮力大小)和静稳性力臂的乘积:

$$M_R = 9.81\Delta \cdot G_0Z \tag{3-1}$$

式中：Δ——船舶排水量(t)；

G_0Z——静稳性力臂，即重力作用线与浮力作用线之间的垂直距离(m)。

【思考与应用 3-1】
1. 简述船舶稳性的概念，并说明按照不同的分类方法稳性可分为哪几种。
2. 船舶静稳性力矩和静稳性力臂是如何产生的？两者有何关系？
3. 解释船舶的三种平衡状态。

第二节　初稳性的核算

作为船舶稳性的特例，初稳性是指船舶处于小角度倾斜(small inclinations)状态时表现的稳性。一般横倾角小于 10°或 15°时的船舶稳性可看成初稳性。

一、初稳性的表示方法

当装载方案确定后，排水量 Δ 也已确定，如果船舶在微倾过程中不考虑船上载荷的移动，船舶合重心 G 为定点。在初稳性条件下，如图 3-2 所示，在重心 G_0、横稳心 M 和垂足 Z 三点构成的直角三角形中，重心 G_0 至稳心 M 之间距离 G_0M 的大小也是确定的，G_0M 被称为初稳性高度(metacentric height)。

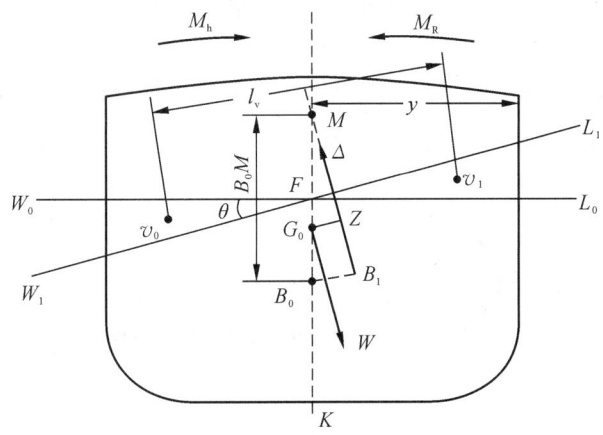

图 3-2　船舶初稳性的表征

在初稳性条件下，静稳性力臂 G_0Z 可表示为：

$$G_0Z = G_0M \cdot \sin\theta \tag{3-2}$$

则式(3-1)中的船舶静稳性力矩 M_R 可进一步表示为：

$$M_R = 9.81\Delta \cdot G_0M \cdot \sin\theta \tag{3-3}$$

可见，在一定横倾角 θ 下，船舶静稳性力矩 M_R 和静稳性力臂 G_0Z 均与初稳性高度 G_0M 成正比，初稳性高度的大小决定了船舶在小倾角横倾后所产生的静稳性力矩的大小。因此，可用初稳性高度 G_0M 表征船舶的初稳性大小。引入初稳性的概念可以利用初稳性的特征简化稳性的核算和表征方法。

当重心 G_0 位于稳心 M 之下时，船舶处于稳定平衡状态，此时 G_0M 为正值；反之，船舶处于不稳定平衡状态,G_0M 则为负值;当处于随遇平衡状态时,G_0M 为零。船舶安全营运必须维持正稳性,并且满足稳性衡准要求。

二、初稳性高度的计算

在图 3-2 中,以基线 K(平板龙骨上表面与中线面的交线)的位置为基准,暂不考虑船上自由液面的影响,则船舶未经自由液面修正的初稳性高度 G_0M 可按下式计算：

$$G_0M = KM - KG_0 \tag{3-4}$$

式中：KM——横稳心距基线高度(m);

KG_0——船舶合重心距基线高度(m)。

1. 横稳心距基线高度 KM 的确定

船舶静水力资料中一般提供了随船舶吃水或排水量变化的 KM 数据。因此,KM 的数值可以方便地根据船舶吃水或排水量从船舶资料中查取。

如果船舶的静水力参数表还同时提供了不同吃水差条件下的数值,KM 可结合吃水差进行查取,必要时进行内插。

又根据图 3-2 的几何关系可知：

$$KM = KB_0 + B_0M \tag{3-5}$$

式中：KB_0——正浮时浮心距基线的高度(m);

B_0M——横稳心半径(m)。

B_0M 是浮心 B 随船舶微倾变化而向一侧移动轨迹的曲率半径。当船舶的静水力资料提供了该数值时,可根据平均吃水在船舶静水力资料中查取。

图 3-2 中,船舶入水体积 v_1 和出水体积 v_0 中心的距离为 l_v,且有 $v_1 = v_0 = v$,横倾角 θ 很小且一定时,设水线面的横向半宽度为 y,则 $l_v = \frac{4}{3}y/\cos\frac{\theta}{2} \approx \frac{4}{3}y$,船舶浮心移动距离为：

$$B_0B_1 = \frac{v \cdot l_v}{V_M} = \frac{v}{V_M} \cdot \frac{4}{3}y$$

排水体积偏移产生的体积矩为

$$M_v = v \cdot l_v = \int \frac{1}{2} y \cdot y \cdot \tan\theta \cdot \frac{4}{3} y \mathrm{d}x = \tan\theta \cdot \int \frac{2}{3} y^3 \mathrm{d}x$$

令 $I_x = \int \frac{2}{3} y^3 \mathrm{d}x$,则

$$M_v = v \cdot l_v = \tan\theta \cdot I_x = V_M \cdot B_0B_1 = V_M \cdot B_0M \cdot \tan\theta$$

则有：

$$B_0M = \frac{I_x}{V_M}$$

对于一般船舶,横稳心半径 B_0M 可根据下式计算：

$$B_0M = \frac{I_x}{V_M} = \frac{KLB^3}{V_M} \tag{3-6}$$

式中：V_M——船舶型排水体积(m³);

I_x——水线面对通过漂心的横倾轴的面积惯性矩(m⁴);

L——水线面的长度(m);

B——水线面的宽度(m);

K——系数,一般取 $0.045\sim0.066$,水线面系数较大的船舶取大值。

式(3-6)表明船舶横稳心半径 B_0M 与水线面的宽度 B 的立方成正比,因而船宽较大的船舶一般初稳性高度较大。

2. 船舶合重心距基线高度 KG_0 的计算

船舶合重心 G_0 的位置与船体(包括设备)和载荷的重量分布有关,需要通过计算确定。根据力矩合成原理,船舶的重心高度 KG_0 可按下式计算:

$$KG_0 = \frac{\sum P_i \cdot Z_i}{\Delta} \tag{3-7}$$

式中:P_i——组成船舶总重的第 i 分项的重量(t);

Z_i——P_i 的重心距基线的高度(m)。

上式中,$\sum P_i \cdot Z_i$ 称为船舶垂向重量力矩($\times 9.81$ kN·m)。在船舶总重量(排水量)的所有组成中,空船重量及其重心高度由船舶资料提供;船用备品、船舶常数及船员、行李等重量及其重心高度可参考船舶资料中数据,或经测定和根据经验确定;各液货舱和液体舱柜的载荷重量可根据具体航次的装载计划或实际装载情况确定,其重心位置可取舱容中心或根据液位由舱容表查取,并进行纵倾和横倾修正计算。

船舶干货舱一般以各舱室为单元确定重量和重心位置,舱室内货物整体的重心高度 Z_i 的确定通常有以下几种方法:

1)计算舱内货物合重心法

当一个舱室内装载多票杂货时,可根据舱内载荷的分布求取其重心位置。计算时先确定舱内各票货物的重量 p_j 及其重心距基线高度 z_j,再按照式(3-8)计算该舱室货物的合重心距基线高度 Z_i。如果票数较多,可先将同一货舱内货位相邻、积载因素相近的货物归并成一个整体(组)进行计算。这一方法较为烦琐,实践中较少被采用。

$$Z_i = \frac{\sum p_j \cdot z_j}{\sum p_j} \tag{3-8}$$

2)取舱容中心法

取货舱的舱容中心高度作为舱内载荷重心高度。货舱的舱容中心高度可以利用舱容资料查取(例如附录1.4-1 所示的船舶舱容概览表)。采用这种方法最为方便,但在舱内载荷未满舱或舱内载荷密度不均时存在较大的误差。这种方法计算得到的船舶初稳性高度一般比实际值小,总体偏于安全。

3)取舱内货物的体积中心法

在船舶特定货舱或液舱内若载荷表面基本平整,则载荷所占的舱容及其体积中心距基线高度与载荷表面距基线的高度的关系是确定的。当货舱或液舱内装载表面基本平整的杂货、干散货或液体载荷时,利用舱容曲线图或舱容数据表可方便地根据货物所占舱容或表面高度查取载荷体积中心距基线的高度。

实践中一般根据货载情况结合船舶资料合理选择上述2)和3)两种确定舱内货物重心高度的方法。对于满舱或接近满舱的货舱可取舱容中心,部分装载舱可取舱内货物的体积中心高度。对于散装谷物的货舱,则应按规定选取。

▶ 船舶舱容资料实例及应用

附录 1.4-1 为 A 轮舱室容积概览表(summary of capacity),反映了船舶各舱室名称、用途、型容积(volume moulded,$VOLM$)、净容积(volume net,$VNET$)、舱容中心位置(CGX、CGY、CGZ)、对横倾轴的最大惯性矩(I_{ymax})等。该船 2# 货舱的舱容中心位置的垂向坐标 $CGZ=10.86$ m。实际使用时一般应使用净容积。

附录 1.4-2 至附录 1.4-5 分别为 A 轮 1#、2#、3# 货舱和 2# 压载舱(左)舱容表示例,可以查取舱内载荷的体积和体积中心位置等信息。例如,当该轮 2# 货舱货堆表面距舱底高(H)为 17.0m 时,货堆表面距基线高度(T)为 18.78 m,此时该舱的装载率为92.836%,净容积($VNET$)为 12597.6 m³。舱内货物重心的位置:纵向坐标(CGX)为171.464 m(距尾垂线),横向坐标(CGY)为 0 m,垂向坐标(CGZ)为 10.139 m(距基线高度),对横倾轴的惯性矩(TMY)为 10476.43m⁴。

三、自由液面对船舶稳性的修正

1. 自由液面对船舶稳性的影响

1)自由液面力矩

式(3-4)中初稳性高度的计算未考虑船舶横倾过程中船上载荷的移动。实际上,除了固体载荷之外,船上还存在燃油、淡水、压载水或者液货舱内液货(液货船)等液体载荷。当液舱内存在未装满的液体载荷[例如图 3-3(a)所示的中央液货舱和边舱],即存在自由液面影响时,由于液体载荷具有流动性,在船舶受倾侧力矩作用而发生横倾的过程中,液体载荷及其重心也会自动向倾斜的一侧流动。设舱内液体载荷移动前、后的液面分别为 $a\text{-}a'$ 和 $b\text{-}b'$,移动载荷的体积为 v,其体积中心(或重心)由 v_0 移动到 v_1,移动距离为 l_v,该移动相对于船舶包括横向移动 y_v 和垂向移动 z_v(重心提高)两个分量[图 3-3(b)]。同时,在舱内液体载荷移动时,也会导致该舱内液体的合重心自 g_0 移动至 g_1,$g_0\text{-}g_1$ 连线与 $v_0\text{-}v_1$ 连线平行。

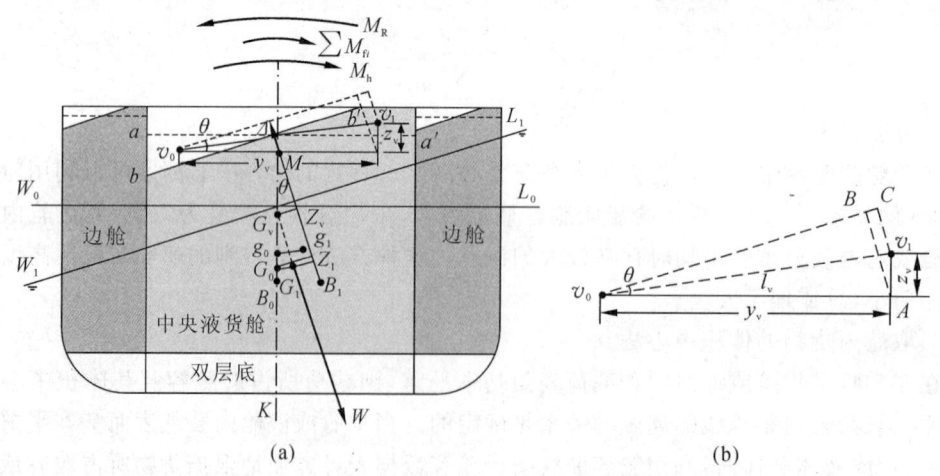

图 3-3 自由液面对船舶稳性的影响

可见,船舶倾斜时,舱内液体载荷的移动形成了额外的倾侧力矩,称为自由液面力矩(free surface moment),该力矩部分抵消了船舶的复原力矩,削弱了船舶抵抗其他外力矩的能力,并进一步加剧船舶倾斜,因此自由液面总是减小船舶的稳性。当船上多个液舱同时存在自由液面时,可对船舶的稳性产生显著的不利影响,船舶设计和营运中应尽量减少自由液面的影响。

船上第 i 舱液体载荷移动产生的倾侧力矩为

$$M_{fi}=\rho_i \cdot M_{vi}=\rho_i \cdot v_i(y_{vi}\cos\theta+z_{vi}\sin\theta) \tag{3-9}$$

式中:ρ_i——第 i 液舱内液体密度(g/cm^3);

M_{vi}——第 i 液舱移动的液体所形成的体积矩(m^4);

v_i——第 i 液舱内移动载荷的体积(m^3);

y_{vi}——第 i 液舱移动液体载荷体积中心的横移分量(m);

z_{vi}——第 i 液舱移动液体载荷体积中心的垂移分量(m);

θ——船舶横倾角(°)。

当船上存在多个自由液面影响时,自由液面力矩应为各舱自由液面力矩的代数和,即:

$$\sum M_{fi}=\sum \rho_i \cdot M_{vi}=\sum \rho_i V_i(y_{vi}\cos\theta+z_{vi}\sin\theta) \tag{3-10}$$

2)自由液面对复原力臂和初稳性高度的影响

(1)对复原力臂的影响

如图 3-3(a)和图 3-4 所示,船上所有舱液体载荷重心的移动会导致船舶合重心的位置自 G_0 移动至 G_1,该移动包括横向移动 y 和垂向移动 z 两个分量。此时,船舶的复原力臂由 G_0Z 减小为 G_1Z_1(G_0Z 为未经自由液面修正的复原力臂)。倾斜后重力作用线与正浮时重力作用线的交点为 G_v,通过点 G_v 作倾斜后浮力作用线的垂线,垂足为 Z_v,则有:$G_vZ_v=G_1Z_1$。可见自由液面的影响相当于将船舶合重心位置由 G_0 提高到 G_v。此时船舶实际合重心位置为 G_1,而 G_v 可以视为船舶的虚重心(virtual center of gravity)位置,两者在同一铅垂线上。

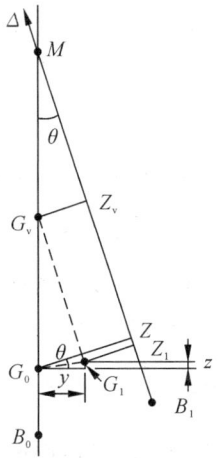

图 3-4 自由液面对船舶合重心和复原力臂的影响

船舶静稳性力臂的自由液面修正量为

$$\delta GZ_f=G_0Z-G_1Z_1=y\cos\theta+z\sin\theta=G_0G_v\sin\theta\approx G_0G_1 \cdot \cos\theta \tag{3-11}$$

经修正的船舶静稳性力臂为

$$GZ=G_1Z_1=G_0Z-\delta GZ_f=G_0Z-G_0G_v\sin\theta \tag{3-12}$$

(2)对初稳性高度的影响

在初稳性条件下,因微倾时稳心 M 位置不变,若未经自由液面修正的初稳性高度为

G_0M,有 $G_0Z=G_0M\sin\theta$,则考虑自由液面影响后船舶的静稳性力臂 GZ 可表示为

$$GZ=(G_0M-G_0G_v)\sin\theta=G_vM\cdot\sin\theta \tag{3-13}$$

可见,在自由液面影响下船舶初稳性高度减小了 G_0G_v,即:

$$GM=G_vM=G_0M-G_0G_v \tag{3-14}$$

2. 自由液面对初稳性高度修正量的计算

如图 3-5 所示,将液舱横截面上移动部分的液体截面按三角形看待,设第 i 液舱内该部分液体移动前、后的体积中心 v_{0i} 和 v_{1i} 的距离为 l_{vi},液舱的横向半宽度为 y_i,$l_{vi}=\dfrac{4}{3}y_i/\cos\dfrac{\theta}{2}\approx\dfrac{4}{3}y_i$,该舱移动液体的体积 $v_i=\int\dfrac{1}{2}y_i\cdot y_i\tan\theta\mathrm{d}x=\tan\theta\cdot\int\dfrac{1}{2}y_i^2\mathrm{d}x$。

则第 i 液舱移动部分的液体的体积矩 M_{vi} 为

$$M_{vi}=v_i\cdot l_{vi}=\tan\theta\cdot\int\dfrac{1}{2}y_i^2\cdot\dfrac{4}{3}y_i\mathrm{d}x=\tan\theta\cdot\int\dfrac{2}{3}y_i^3\mathrm{d}x \tag{3-15}$$

令第 i 液舱自由液面对横倾轴的惯性矩(矩形舱):

$$i_{xi}=\int\dfrac{2}{3}y_i^3\mathrm{d}x \tag{3-16}$$

则

$$M_{vi}=v_i\cdot l_{vi}=\tan\theta\cdot i_{xi} \tag{3-17}$$

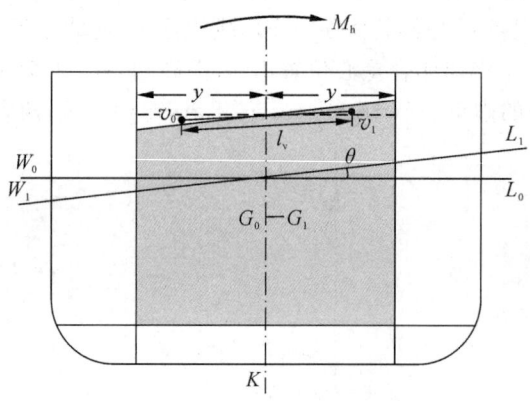

图 3-5 自由液面对初稳性的影响

设舱内液体密度为 ρ_i,则自由液面导致船舶重心偏移量 G_0G_1 为

$$G_0G_1=\dfrac{\sum\rho_iM_{vi}}{\Delta}=\dfrac{\sum\rho_i\cdot\tan\theta\cdot i_{xi}}{\Delta} \tag{3-18}$$

自由液面对复原力臂的修正量 δGZ_f 和经自由液面修正的复原力臂 GZ 分别为

$$\left.\begin{array}{l}\delta GZ_f=G_0G_1\cdot\cos\theta=\dfrac{\sum\rho_i\cdot\tan\theta\cdot i_{xi}}{\Delta}\cdot\cos\theta=\dfrac{\sum\rho_i\cdot i_{xi}}{\Delta}\cdot\sin\theta\\[2mm] GZ=G_0Z-\delta GZ_f=G_0Z-\dfrac{\sum\rho_i\cdot i_{xi}}{\Delta}\cdot\sin\theta\end{array}\right\} \tag{3-19}$$

初稳性条件下,将 $G_0Z=G_0M\sin\theta$ 代入式(3-19),得

$$GZ=\left(G_0M-\dfrac{\sum\rho_i\cdot i_{xi}}{\Delta}\right)\cdot\sin\theta \tag{3-20}$$

对照式(3-13)、式(3-14)和式(3-20),可见,经自由液面修正的初稳性高度为

$$GM = G_vM = G_0M - G_0G_v = G_0M - \frac{\sum \rho_i \cdot i_{xi}}{\Delta} \tag{3-21}$$

自由液面对初稳性高度的修正量 δGM_f 为

$$\delta GM_f = G_0G_v = \frac{\sum \rho_i \cdot i_{xi}}{\Delta} \tag{3-22}$$

式中:i_{xi}——第 i 液舱自由液面对横倾轴的惯性矩(m^4);

ρ_i——第 i 液舱内液体的密度(g/cm^3);

Δ——船舶装载排水量(t);

$\sum \rho_i \cdot i_{xi}$——各舱自由液面倾侧力矩的代数和。

经修正后的初稳性高度 GM 求取公式为

$$GM = KM - KG - \delta GM_f \tag{3-23}$$

令 $KG_f = KG + \delta GM_f$,有:

$$GM = KM - KG_f \tag{3-24}$$

式中:KG_f——经自由液面修正的船舶合重心距基线高度(m)。

3. 液舱自由液面惯性矩的确定

式(3-16)所表示的自由液面惯性矩 i_x 是以移动液体横截面为三角形作为条件建立的,适用于矩形舱横倾角为0°或微倾时的情况。显然液舱自由液面惯性矩还受液舱形状、液位和横倾角影响。对于一般情况,设船舶横倾时液舱内移动载荷任意液面形状的液面面积为 A,以纵轴 x 为倾斜轴,液面内任意处微面积为 dA,与倾斜轴 x 的距离为 y,则舱内液面对 x 轴的惯性矩为遍及整个液面面积 A 的积分,即:

$$i_x = \int_A y^2 \cdot dA \tag{3-25}$$

可按以下方法确定液舱自由液面惯性矩 i_x:

1)直接查船舶资料

船舶《装载手册》一般均提供了各液舱自由液面惯性矩和(或)自由液面倾侧力矩数据。在进行船舶自由液面对船舶初稳性影响修正计算时,可直接查用。例如对于 A 轮,可使用附录1.4-1 所列舱容概览表中"对横倾轴的最大惯性矩"数据。在掌握液舱装舱深度时,可使用各舱不同深度对应的自由液面惯性矩资料,例如附录1.4-5 所列 A 轮 2#压载舱(左)舱容表中的"TMY"栏对应数据。

2)根据典型形状的液舱的自由液面惯性矩公式计算

(1)矩形液面(图3-6)

$$i_x = \int_A y^2 \cdot dA = \int_0^{\frac{b}{2}} l \cdot y^2 dy = \frac{1}{12} l \cdot b^3 \tag{3-26}$$

式中:l——液面长度(m),即船舶首尾线方向尺度;

b——液面宽度(m)。

(2)等腰三角形液面

$$i_x = \frac{1}{48} l \cdot b^3 \tag{3-27}$$

(3)直角三角形液面

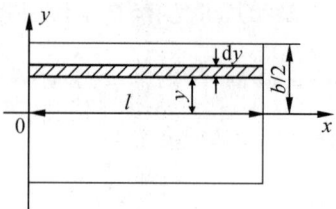

图 3-6 矩形液舱自由液面惯性矩

$$i_x = \frac{1}{36} l \cdot b^3 \tag{3-28}$$

(4)等腰梯形液面

$$i_x = \frac{1}{48} l \cdot (b_1 + b_2)(b_1^2 + b_2^2) \tag{3-29}$$

式中:b_1、b_2——液面前后两端宽度(m)。

(5)直角梯形液面

$$i_x = \frac{1}{36} l \cdot (b_1 + b_2)(b_1^2 + b_2^2) \tag{3-30}$$

(6)椭圆形液面

$$i_x = \frac{\pi}{64} a \cdot b^3 \tag{3-31}$$

式中:a、b——液面的长轴(纵向)、短轴(横向)尺度(m)。

各种形状液舱液面形状及度量方法如图3-7所示。需要注意的是,上述各种形状的液面长宽尺度如果按液舱的平面尺度取值,所计算的数值为横倾角为0°时的液舱自由液面惯性矩值。

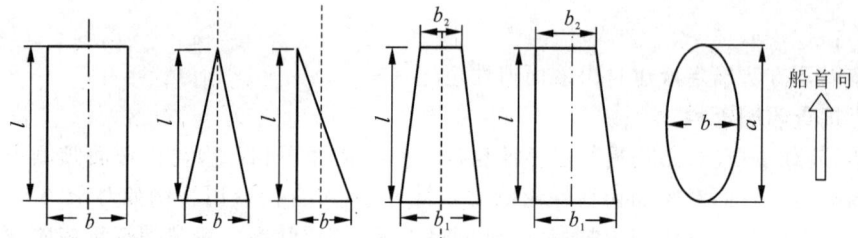

图 3-7 各种形状液舱液面形状及度量方法

不难证明,若将矩形液舱横向 n 等分,自由液面惯性矩将减少到原来的 $1/n^2$,而设置横舱壁将不会对自由液面惯性矩产生影响。例如一个液舱内设置两道纵舱壁将液舱宽度三等分时(图3-8),该舱自由液面惯性矩将减小到原来的1/9。因此,在船舶设计和建造时,可通过设置纵舱壁的方式减小自由液面的影响。

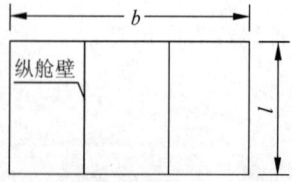

图 3-8 设置纵舱壁对自由液面惯性矩的影响

4. 自由液面修正要求

(1) 在进行船舶初稳性高度和复原力臂计算时,应修正自由液面的影响。

(2) 当液舱中的液位低于满液位的 98% 时,应考虑自由液面效应。当液舱名义上已满,即液位高于满液位的 98% 时,无需考虑自由液面效应。对于小型舱,如果满足该舱自由液面力矩 M_{fs} 与最小营运吃水对应排水量 Δ_{min} 之比小于 0.01 m 时,可忽略自由液面效应。

(3) 名义上满舱的液货舱应在 98% 的液位下进行自由液面影响修正,其初稳性高度应基于倾斜角 5°时液面的惯性矩进行修正;而对于复原力臂的校正建议基于液体货物的实际移动力矩。

(4) 在进行自由液面修正时液舱可分为两类:对于液位固定不变的液舱(例如液体货物、压载水),按照每个液舱的实际液位进行自由液面校正;对于液位变化的液舱(例如航行期间消耗性液体,如燃油、柴油和淡水,以及液液货和压载水转驳作业),应修正每个液舱不同液位自由液面影响的最大值,并符合操作说明。

(5) 对初稳性高度进行自由液面修正时,液舱自由液面对横倾轴的惯性矩值按 0°横倾角计算。

(6) 在计算含有消耗性液体的液舱内的自由液面影响时,应假设对于每种类型的液体,至少有一对横向液舱或单个中心线位置的液舱具有自由液面,且考虑的液舱或液舱组合应为自由液面影响最大的液舱。

(7) 如果压载舱(包括防减摇舱和防倾舱)将在航行过程中填充或排放,应按照此类操作中自由液面影响的最大的阶段计算自由水面影响。

(8) 如果空液舱内正常残余液体的总量不构成明显影响,无需考虑自由液面修正。

5. 减小自由液面影响的措施

在设计建造和日常营运管理中,应尽量减小自由液面的影响,具体措施包括:

1) 减小液舱(柜)宽度

船舶在设计和建造时,对于宽度较大的液舱,通常在舱内设置一道或两道纵向舱壁,以减小单个液舱的宽度,从而减小自由液面的影响。

2) 营运期间合理安排各液舱(柜)的装载和油水使用

(1) 船舶液舱(柜)、压载舱应尽可能装满或空舱,减少存在自由液面的舱室数量。

(2) 对于液体散货船,各液体货舱在考虑适当的膨胀余量后应尽量装满,若舱容有剩余,则可保留若干空舱。

(3) 安排压载舱位,注入或排放压载水,燃油和淡水消耗等应注意左右舱对称并逐舱进行,以在减小自由液面影响的同时又避免船舶出现横倾。

(4) 注意注入或排出液体过程中自由液面的影响。船舶稳性不足,如果通过调整压载改善稳性,应选择舱宽小,位置低于船舶合重心的液舱注入压载水;而排出压载水则应选择舱宽小,位置高于船舶合重心的液舱。

3) 保持甲板排水孔畅通

船舶开航前和航行期间应认真检查上甲板两舷排水孔是否畅通,并防止其在航行过程中堵塞,以确保甲板上浪后能迅速排出,减少因上浪而在上甲板形成自由液面的作用时间。例如装运甲板木材货时,树皮脱落极易堵塞甲板排水孔,更应及时疏通。

4) 注意纵向水密分隔是否有漏水连通现象及是否有不必要的积水

液体舱(柜)内纵向隔壁因锈蚀、不适当受力或建造缺陷,致使漏水连通而形成自由液面或液体移向一舷。另外,船舶在营运中各污水舱内会积聚一定污水,应及时测量并排出。

此外,船舶发生火灾用水灭火时,应注意及时排水,防止大量水聚集在甲板或其他处所,形成自由液面。在船舶排水量较小时,更应重视液舱内自由液面对稳性的不利影响。

例 3-1:A 轮在某航次到港时的装载状态如表 3-1 所示,船舶载重包括表中(1)~(7)项内容,除第(6)项饮食供应品(provisions)和第(7)项船舶常数(constant)外,均列出了各舱的载荷质量(mass)、装载率(fill)、载荷体积中心位置(X_i、Y_i、Z_i)和自由液面力矩(FRSM)的最大或实际值。试分析表中数据,并:

(1) 以货物为例,说明 CH1~CH7 舱货物合重心 Z_1 的求取方法;
(2) 说明船舶排水量 Δ、船舶合重心 KG 的数值及其求取过程;
(3) 利用该船静水力参数表查取船舶横稳心距基线高度 KM 值;
(4) 求取该船的平均吃水;
(5) 计算经自由液面修正的初稳性高度。

表 3-1 A 轮在某航次到港时装载状态一览表

舱名	装载内容	重量/t	装载率(%)	X_i/m	Y_i/m	Z_i/m	P_iX_i/(t·m)	P_iY_i/(t·m)	P_iZ_i/(t·m)	FRSM/(t·m)	
(1)内容:谷物(相对密度或比重 RHO=0.854)*											
CH1	Grain	9224.2	100	195.43	0.00	11.51	1802685.4	0.0	106170.5	0.00	
CH2	Grain	8711.6	75.2	171.46	0.00	8.61	1493690.9	0.0	75006.9	0.00	
CH3	Grain	11009.6	100	145.75	0.00	10.68	1604649.2	0.0	117582.5	0.00	
CH4	Grain	10967.7	100	119.93	0.00	10.63	1315356.3	0.0	116586.7	0.00	
CH5	Grain	11007.5	100	94.04	0.00	10.65	1035145.3	0.0	117229.9	0.00	
CH6	Grain	10995.4	100	68.23	0.00	10.65	750216.1	0.0	117101.0	0.00	
CH7	Grain	10506.6	100	42.52	0.00	11.00	446740.6	0.0	115572.6	0.00	
小计	Grain	72422.6		116.66	0.00	10.57	8448483.9	0.0	765250.1	0.00	
(2)内容:柴油(相对密度或比重 RHO=0.9)											
DOSERVIT	DO	13.6	98	25.05	−11.31	16.56	340.7	−153.8	225.2	0	Real
DOTP	DO	6.8	10	25.74	−12.61	16.56	340.7	−85.7	112.6	24.58	Real
LSDOT	DO	1.4	10	23.45	−11.31	14.71	175.0	−15.8	20.6	1.51	Real
LSDOSTP	DO	9.5	10	25.10	−11.48	10.76	32.8	−109.1	102.2	12.7	Max
SUBTOTAL	DO	31.3		26.65	−12.28	15.93	889.2	−364.5	1455.9	42.07	

续表 3-1

舱名	装载内容	重量/t	装载率(%)	X_i/m	Y_i/m	Z_i/m	P_iX_i/(t·m)	P_iY_i/(t·m)	P_iZ_i/(t·m)	FRSM/(t·m)	
(3)内容:淡水(相对密度或比重 RHO=1)											
CWT	FW	9.8	100.0	7.51	0.00	3.66	73.6	0.0	35.9	0.00	Real
FWTP	FW	80.0	46.0	5.65	−8.61	14.79	452.0	−688.8	1183.2	99.67	Real
FWTS	FW	10.6	10.0	6.79	8.66	14.78	72.0	91.8	156.7	70.48	Max
DWT	FW	7.0	10.0	4.15	8.23	14.79	29.1	57.6	103.5	35.00	Max
小计	FW	107.4		5.83	−5.02	13.77	205.15		626.6	−539.4	
(4)内容:重燃料油 相对密度或比重 RHO=0.98											
HFOT1P	HFO	50.9	10.0	67.75	−13.62	15.99	3448.5	−693.3	813.9	806.57	Max
HFOT1S	HFO	50.9	10.0	67.75	13.62	15.99	3448.5	693.3	813.9	806.57	Max
HFOT2P	HFO	100.0	20.0	41.95	−13.62	15.99	4195.0	−1362.0	1599.0	118.92	Real
HFOT2S	HFO	100.0	20.0	41.95	13.62	15.99	4195.0	1362.0	1599.0	118.92	Real
HFOSTS	HFO	10.5	10.0	25.10	11.48	10.76	263.6	120.5	1107.2	13.83	Real
HFOS-ETTLT	HFO	23.0	98.0	26.65	12.26	16.89	613.0	282.0	388.5	0.00	Real
HFOS-ERVIT	HFO	22.8	98.0	25.05	12.24	16.89	571.1	279.1	385.1	0.00	Real
LSHFO-SETTLT	HFO	22.4	98.0	21.85	12.20	16.89	489.4	273.3	378.3	0.00	Real
LSHFO-SERVIT	HFO	22.6	98.0	23.45	12.22	16.89	530.0	276.2	381.7	0.00	Real
小计	HFO	403.1		44.0	3.05	16.06	17754.0	1231.0	6472.4	1864.81	
(5)内容:滑油(相对密度或比重 RHO=0.9)											
CYLOT1	LO	14.8	80.0	21.85	−11.70	16.18	323.4	−173.2	239.5	3.57	Max
CYLOT2	LO	5.2	80.0	22.25	−6.63	16.08	115.7	−34.5	83.6	0.75	Max
GELOPT	LO	4.3	98.0	22.65	8.19	16.44	97.4	35.2	70.7	0.00	Real
GELO-SET	LO	4.3	98.0	22.65	7.41	16.44	97.4	31.9	70.7	0.00	Real
GELO-STT	LO	8.5	98.0	21.05	7.80	16.44	178.9	66.3	139.7	0.45	Max
LOSET	LO	19.2	98.0	23.85	−6.63	16.44	457.9	−127.3	315.6	0.00	Real
LOSTT	LO	19.2	98.0	26.25	−6.63	16.44	504.0	−127.3	315.6	2.26	Max
SUMP	LO	15.1	98.0	18.65	0.00	1.24	281.6	0.0	18.7	0.00	Real
小计	LO	90.5		22.72	−3.63	13.86	2056.3	−328.8	1254.2	7.03	

续表 3-1

舱名	装载内容	重量/t	装载率(%)	X_i/m	Y_i/m	Z_i/m	P_iX_i/(t·m)	P_iY_i/(t·m)	P_iZ_i/(t·m)	FRSM/(t·m)
(6)内容:供应品										
供应品		5.0	0	19.00	0.00	21.00	95.0	0.0	105.0	0.00
(7)内容:船舶常数										
船舶常数		255.0	0	18.19	0	8.45	4638.5	0.0	2154.8	0
总计		73314.9		115.59	0.00	10.60	8474543.5	−1.7	777176.3	2115.78
(8)装载状态总览										
空船重量		13017.3		98.47	0.00	12.29	1281813.5	0.0	159982.6	0
总载重量		73314.9		115.59	0.00	10.60	8474543.5	−1.7	777176.3	2115.78
总重量(排水量)		86332.2		113.01	0.00	10.86	9756357.0	−1.7	937159.0	2115.78
平均吃水	根据 Δ=86332.2 t 查静水力参数表								13.877	m
(9)初稳性高度计算结果										
KM	根据 Δ=86332.2 t 查静水力参数表								13.60	m
KG	$KG=\dfrac{M_Z}{\Delta}$								10.86	m
δGM_f	$\delta GM_f = \dfrac{\sum \rho_i \, i_{xi}}{\Delta}$								0.025	m
GM	$KM-KG-\delta GM_f$								2.72	m

*注:表中 RHO(相对密度或比重)也可记为 S.G.(specific gravity)。

表中计算结果的求取过程如下:

(1)以货舱内货物的合重心 Z_1 为例,其求取方法为:

$$Z_1 = \frac{\sum P_i Z_i}{\sum P_i} = \frac{765250.1 \text{ t·m}}{72422.6 \text{ t}} = 10.57 \text{ m}$$

(2)船舶的排水量 $\Delta=86332.2$ t,合重心 $KG=10.86$ m,其求取过程如下:

① 空船的垂向重量力矩

$$\Delta_L \cdot Z_L = 13017.3 \text{ t} \times 12.29 \text{ m} = 159982.6 \text{ t·m}$$

② 船舶总的垂向重量力矩

$$M_Z = \sum P_i Z_i + \Delta_L \cdot Z_L = 777176.3 \text{ t·m} + 159982.6 \text{ t·m} = 937159.0 \text{ t·m}$$

③ 船舶的合重心

$$KG = \frac{M_Z}{\Delta} = \frac{937159.0 \text{ t·m}}{86332.2 \text{ t}} = 10.86 \text{ m}$$

(3)以排水量为引数查静水力参数表,得:$KM=13.60$ m。

(4)以排水量做引数查静水力参数表,排水量 86351.6 t 对应吃水为 13.88 m,

$TPC = 68.2$ t/cm；$\delta\Delta = 86332.2$ t $- 86351.6$ t $= -19.4$ t。则排水量 86332.2 t 对应船舶在标准海水中的平均吃水为

$$d_m = 13.88 \text{ m} + (-19.4 \text{ t}) \div (100 \times 68.2 \text{ t/m}) = 13.877 \text{ m}$$

（5）经自由液面修正的初稳性高度求取过程如下：

① 总的自由液面修正力矩

$$\sum \rho_i i_{xi} = 2115.78 \text{ t} \cdot \text{m}$$

② 自由液面对初稳性高度的修正值

$$\delta GM_f = \frac{\sum \rho_i i_{xi}}{\Delta} = 2115.78 \text{ t} \cdot \text{m} \div 86332.2 \text{ t} = 0.025 \text{ m}$$

③ 经自由液面修正的初稳性高度

$$GM = KM - KG - \delta GM_f = 13.60 \text{ m} - 10.86 \text{ m} - 0.025 \text{ m} = 2.72 \text{ m}$$

实践中多采用如表 3-1 所示列表的方式呈现计算结果。

四、载荷移动对初稳性高度的影响

1. 载荷垂向移动

如图 3-9 所示，假定重量为 P 的载荷重心初始垂向坐标为 z_1，垂向移动后垂向坐标为 z_2，则垂向移动距离 $Z = z_2 - z_1$。

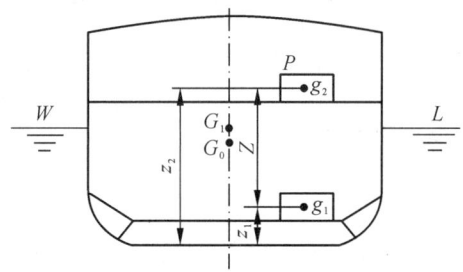

图 3-9 船上载荷垂向移动

船舶合重心距基线高度改变量：

$$\delta KG = G_0 G_1 = \frac{P(z_2 - z_1)}{\Delta} = \frac{PZ}{\Delta} \tag{3-32}$$

船上载荷垂向移动时，船舶排水量 Δ 和横稳心距基线高 KM 未发生变化。导致初稳性高度变化 δGM 的因素为船舶合重心的位置变化，即有：

$$\delta GM = -\delta KG = -\frac{PZ}{\Delta} \tag{3-33}$$

式（3-33）中的"—"号表示载荷向上移动（$z_2 > z_1$）时，$\delta GM < 0$，即船舶初稳性高度减小。载荷垂向移动后的初稳性高度为：

$$G_1 M = G_0 M - \frac{PZ}{\Delta} \tag{3-34}$$

2. 载荷横向移动

船舶航行期间舱内货物发生横向移位，或者船舶进行倾斜试验时按照试验方案横向移

动重物,均属于船上载荷横向移动的情况。

假设排水量为 Δ 的船舶在装载状态下的初稳性高度为 G_0M,船舶初始水线为 W_0L_0 时船舶重心为 G_0,浮心为 B_0,船舶重力和浮力作用于同一垂线上并处于初始平衡状态。若将船上重量为 P 的载荷自初始横坐标 y_1 处的 A_0 点沿船舶 y 轴方向横移至横坐标 y_2 处的 A_1 点,移动距离为 Y,由于船上载荷横向移动时船舶的合重心位置也会由 G_0 横向移动至 G_1。G_0G_1 与 A_0A_1 平行,根据力的平移原理,有:

$$G_0G_1 = \frac{PY}{\Delta} = \frac{P(y_2-y_1)}{\Delta} \tag{3-35}$$

此时,由于浮力和重力不再作用于同一垂线上而形成一对力偶,该力偶矩将迫使船舶向载荷移动的一侧发生横倾。在船舶横倾过程中,船舶浮心也向同一侧移动,当浮心移动至图 3-10 所示的 B_1 时,浮力作用线通过新的重心 G_1,船舶处于新的平衡状态,即建立了新的静平衡,此时的平衡水线为 W_1L_1,该水线与初始水线 W_0L_0 的夹角 θ 即为船舶的横倾角(或称静倾角)。

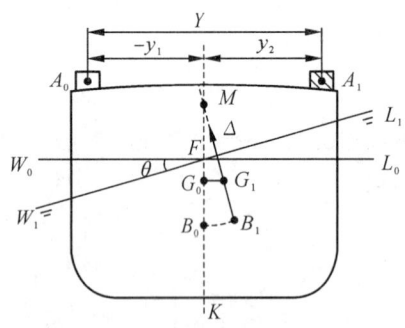

图 3-10 船舶横向移动载荷影响示意

在直角三角形 G_0G_1M 中,有:

$$\tan\theta = \frac{G_0G_1}{G_0M} = \frac{PY}{\Delta \cdot G_0M} = \frac{P(y_2-y_1)}{\Delta \cdot G_0M} \tag{3-36}$$

$$\theta = \arctan\frac{PY}{\Delta \cdot G_0M} \approx 57.3° \times \frac{P(y_2-y_1)}{\Delta \cdot G_0M} \tag{3-37}$$

五、悬挂载荷对初稳性高度的影响

1. 悬挂载荷

如图 3-11(a)所示,若船上载有一重量为 P 的载荷,在原装载位置时的重心位于 g_0 点,用船舶起重设备将载荷吊起至 g_0',悬挂点位于吊臂顶部点 b(初始位置 b_0),此时,载荷的重力就作用于悬挂点 b,相当于将载荷的重心自原装载位置移到了 b 点。受此影响,船舶的合重心由 G_0 移动至 G_1,此时悬挂点 b 可以理解为重物的虚重心位置,可见悬挂重物相当于重物的垂向移动。若载荷的初始重心 g_0 点至悬挂点 b 的垂直距离为 l_z,则相当于重物重心的垂向移动距离为 l_z。船舶初稳性高度改变量为

$$\delta GM = -\frac{Pl_z}{\Delta} = \frac{P(Z_b - Z_p)}{\Delta} \tag{3-38}$$

式中:Δ——船舶排水量(t);

P——被悬挂载荷的重量(t);

Z_b——吊臂顶部载荷悬挂点 b 实际位置距离基线的高度(m);

Z_p——载荷被悬挂前装载位置的重心距基线高度(m);

l_z——载荷悬挂点 b 与载荷被悬挂前初始重心位置 g_0 间的垂直距离(m),$l_z = Z_b - Z_p$,如果吊臂有变幅和回转运动,Z_b 应分别按运动前 b_0 和运动后 b 点的实际位置取值。

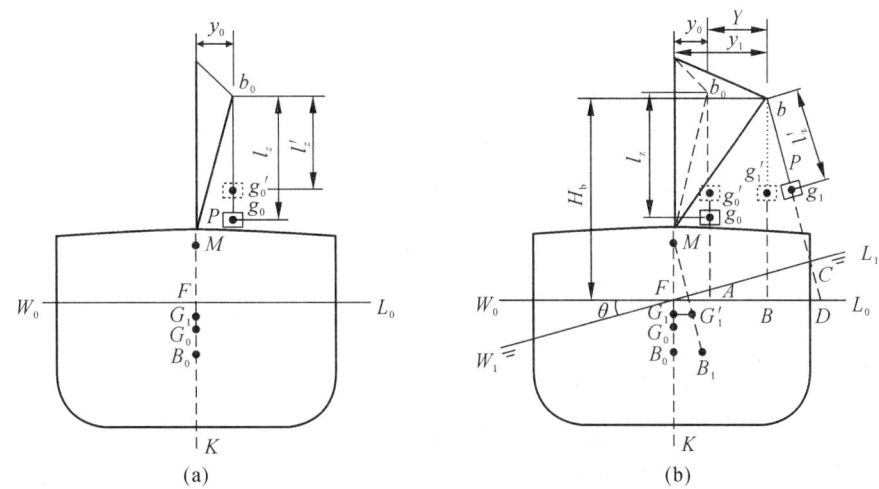

图 3-11 悬挂载荷对船舶稳性的影响

考虑重物悬挂影响后的初稳性高度为

$$G_1M = G_0M - \frac{Pl_z}{\Delta} = G_0M - \frac{P(Z_b - Z_p)}{\Delta} \tag{3-39}$$

式中：G_0M——船舶吊起载荷前的初稳性高度(m)。

2. 船上载荷被吊起后移动

如图 3-11(b)所示，若船舶起重设备吊臂吊着载荷做变幅和水平偏移，吊臂顶点自其初始位置 b_0 点移动至实时位置 b 点，其横坐标由 y_0 横移至 y_1，距基线高度为 Z_b，则船舶因载荷移动形成倾侧力矩并产生横倾角，船舶合重心也移动至 G'_1，由于载荷处于悬垂状态，载荷 P 的实际重心位置位于船舶倾斜后通过 b 点的铅垂线上。在微倾条件下，船舶横倾轴通过初始水线的漂心 F，被悬挂载荷作用力臂 $FC = [(Z_b - d)\tan\theta + y_1]\cos\theta$，则因吊臂偏移和载荷横向移动产生的倾侧力矩变化为

$$\begin{aligned} M_h &= P[(Z_b - d)\tan\theta + y_1]\cos\theta - Py_0\cos\theta + P_bY_b\cos\theta \\ &= P(Z_b - d)\sin\theta + [P(y_1 - y_0) + P_bY_b]\cos\theta \\ &= PH_b\sin\theta + (PY + P_bY_b)\cos\theta \end{aligned} \tag{3-40}$$

式中：d——船舶吃水(m)；

y_0——原吊起位置时载荷重心横向坐标(m)；

y_1——吊臂偏转至核算位置时载荷重心横向坐标(m)；

Y——吊臂顶部载荷悬挂点 b 横移距离(m)，$Y = y_1 - y_0$；

H_b——载荷悬挂点 b 至载荷被悬挂前初始水线 W_0L_0 的垂直距离(m)，$H_b = Z_b - d$；

P_b——起重设备吊臂自重(t)；

Y_b——起重设备吊臂重心横移距离(m)，可取 $Y_b = Y/2$。

上述倾侧力矩 M_h 与船舶稳性力矩 M_{R1} 平衡，则有

$$M_{R1} = M_h$$

即

$$\Delta \cdot G_1M\sin\theta = P(Z_b - d)\sin\theta + (PY + P_bY_b)\cos\theta$$

变换得

$$\tan\theta = \frac{PY + P_b Y_b}{\Delta \cdot G_1 M - P(Z_b - d)} = \frac{PY + P_b Y_b}{\Delta \cdot G_1 M - P H_b} \tag{3-41}$$

代入式(3-39)并化简,得

$$\tan\theta = \frac{PY + P_b Y_b}{\Delta \cdot G_0 M - P(Z_b - Z_p) - P(Z_b - d)}$$

$$= \frac{PY + P_b Y_b}{\Delta \cdot G_0 M - P(l_z + H_b)} \tag{3-42}$$

如果吊起的载荷重量 P 远小于船舶排水量 Δ,式(3-41)和式(3-42)可近似写为

$$\tan\theta \approx \frac{PY + P_b Y_b}{\Delta \cdot G_1 M} = \frac{PY + P_b Y_b}{\Delta \cdot G_0 M - P(Z_b - Z_p)} \tag{3-43}$$

由上述分析可知,船上起重设备吊起船上载荷并发生偏转时,对初稳性高度和横倾角的影响,与载荷的重量 P、载荷悬挂点 b 横移距离 Y、载荷悬挂点 b 至载荷被悬挂前初始重心 g_0 点的垂直距离 l_z 和载荷悬挂点 b 至载荷被悬挂前初始水线 $W_0 L_0$ 的垂直距离 H_b 等有关,而与吊起载荷的实际吊索长度 l_z' 和实际重心位置无关。

六、载荷重量增减对初稳性高度的影响

船舶营运期间,在港口装载或卸载货物,航行期间消耗或补充燃油和淡水,打入或排放压载水,船舱进水,甲板货物吸水,船体结冰等均可视为船上载荷重量增减。

设船舶载荷重量增减前初始装载排水量为 Δ,载荷重量增减量为 $\sum P_i$,一般认为当 $\sum P_i < 10\% \Delta$ 时,可视为载荷重量少量增减,否则应视为载荷重量大量增减。

1. 载荷重量大量增减

设船舶载重量增减量为 $\sum P_i$,第 i 项载荷重量为 P_i,对应的重心高度为 Z_i,载荷重量变动前的排水量为 Δ,重心距基线高度为 KG_0。载荷重量增减不仅导致 KG 发生变化,还会导致船舶的横稳心距基线高度 KM 的变化,这种变化不可忽略。这种情况下,应根据船上载荷重量增减情况求取新的重心距基线高度 KG,并根据新的排水量查取新的横稳心距基线高度 KM 值。另外,船舶排水量变化和船上液体载荷变动均可导致船舶自由液面影响发生变化,还应按照变动后的自由液面修正量 δGM_f 修正船舶的初稳性高度。载荷重量大量增减后的船舶合重心距基线高度 KG 和初稳性高度 GM 可按照下列公式求取:

$$KG = \frac{\Delta \cdot KG_0 + \sum P_i Z_i}{\Delta + \sum P_i} \tag{3-44}$$

$$GM = KM - KG - \delta GM_f \tag{3-45}$$

2. 载荷重量少量增减

横稳心距基线高度 KM 随排水量变化相对较缓,在载荷重量少量增减情况下,可以近似认为 KM 不变。在此情况下,载荷重量增减所引起的初稳性高度变化可认为是由船舶重心高度变化 δKG 所引起的,即 $\delta GM = -\delta KG$。

设增减载荷重量为 P,其重心垂向坐标为 Z_P,则载荷重量少量增减导致船舶合重心距基线高度改变量 δKG 为:

$$\delta KG = \frac{\Delta \cdot KG_0 + P \cdot Z_P}{\Delta + P} - KG_0 = \frac{P(Z_P - KG_0)}{\Delta + P}$$

即

$$\delta GM = \frac{P(KG_0 - Z_P)}{\Delta + P} \tag{3-46}$$

当船上存在多项载荷重量增减,其重量增减的总量满足载荷重量少量增减时:

$$\delta GM = \frac{\sum P_i(KG_0 - Z_{Pi})}{\Delta + \sum P_i} \tag{3-47}$$

加载载荷时重量 P 或 P_i 取正值,反之取负值。船上存在液体载荷变动导致自由液面影响发生变化时,应按照新的自由液面修正量 δGM_f 修正初稳性高度,载荷重量增减后新的初稳性高度为:

$$GM = G_0M + \delta GM - \delta GM_f \tag{3-48}$$

例 3-2:某轮在港口利用船上起重设备吊卸一载荷,已知船舶排水量 $\Delta = 25000$ t,船舶吃水 $d = 9.00$ m,载荷重量 $P = 90$ t,原装载位置距基线高度 $Z_P = 12.0$ m,载荷位于中纵剖面上,吊卸前根据载荷分布情况计算的船舶总的垂向重量力矩 $M_z = 187500$ ($\times 9.81$ kN·m),自由液面修正力矩 $\sum \rho_i i_{xi} = 1200$ ($\times 9.81$ kN·m),根据排水量查得船舶横稳心距基线高度 $KM = 10.20$ m。此时船舶吊起载荷,吊臂顶部悬挂点位置距基线高度 $Z_{b0} = 23.0$ m,若载荷被吊起后同时做偏转和变幅运动,横向偏移距离 $Y = 15.0$ m,吊臂自重 $P_b = 5.0$ t,此时吊臂顶部悬挂点位置距基线高度 $Z_{b1} = 21.0$ m。试求:

(1) 船舶吊起载荷前的初稳性高度 G_0M;
(2) 船舶吊起载荷后吊臂变幅和偏转前的初稳性高度 G_1M;
(3) 船舶吊起载荷并变幅和偏转后的初稳性高度 G_2M 和横倾角 θ;
(4) 载荷卸载至码头后船舶的初稳性高度 G_3M。

解:(1) 船舶吊起载荷前的初稳性高度

① 船舶重心距基线高度

$$KG_0 = \frac{M_z}{\Delta} = 187500 \text{ t·m} \div 25000 \text{ t} = 7.50 \text{ m}$$

② 自由液面对初稳性高度修正量

$$\delta GM_f = \frac{\sum \rho_i i_{xi}}{\Delta} = 1200 \text{ t·m} \div 25000 \text{ t} = 0.048 \text{ m}$$

③ 初稳性高度

$G_0M = KM - KG_0 - \delta GM_f = 10.20 \text{ m} - 7.50 \text{ m} - 0.048 \text{ m} = 2.652 \text{ m}$

(2) 船舶吊起载荷后,变幅和偏转前的初稳性高度

$$G_1M = G_0M - \frac{P(Z_{b0} - Z_P)}{\Delta}$$
$$= 2.652 \text{ m} - 90 \text{ t} \times (23.0 \text{ m} - 12.0 \text{ m}) \div 25000 \text{ t}$$
$$= 2.612 \text{ m}$$

(3) 船舶吊起载荷并变幅和偏转后的初稳性高度和横倾角

① 吊臂变幅和偏转后的初稳性高度

$$G_2M = G_0M - \frac{P(Z_{b1} - Z_P)}{\Delta}$$
$$= 2.652 \text{ m} - 90 \text{ t} \times (21.0 \text{ m} - 12.0 \text{ m}) \div 25000 \text{ t}$$
$$= 2.620 \text{ m}$$

② 船舶吊起载荷并变幅和偏转后的横倾角 θ

法一:根据式(3-41),有:

$$\tan\theta = \frac{PY + P_b Y_b}{\Delta \cdot G_2M - P(Z_b - d)}$$
$$= (90 \text{ t} \times 15.0 \text{ m} + 5 \text{ t} \times 15.0 \text{ m} \times 0.5) \div [25000 \text{ t} \times 2.620 \text{ m} - 90 \text{ t} \times (21.0 \text{ m} - 9.00 \text{ m})]$$
$$= 0.0215$$

横倾角 $\theta \approx 0.0215 \times 57.3° \approx 1.23° \approx 1.2°$

上述结果也可利用式(3-42)等效计算。

法二:根据式(3-43),有

$$\tan\theta \approx \frac{PY + P_b Y_b}{\Delta \cdot G_2M}$$
$$= (90 \text{ t} \times 15.0 \text{ m} + 5 \text{ t} \times 15.0 \text{ m} \times 0.5) \div (25000 \text{ t} \times 2.620 \text{ m})$$
$$= 0.0212$$

横倾角 $\theta \approx 0.0212 \times 57.3° \approx 1.21° \approx 1.2°$

上述法二为近似计算,其计算精度均可满足实际要求。

(4)载荷卸载至码头后船舶的初稳性高度

载荷卸载至码头后属于载荷重量少量增减问题,则卸载后初稳性高度改变量:

$$\delta GM = \frac{P(KG_0 - Z_p)}{\Delta + P}$$
$$= -90 \text{ t} \times (7.50 \text{ m} - 12.0 \text{ m}) \div (25000 \text{ t} - 90 \text{ t})$$
$$= 0.016 \text{ m}$$

卸载后初稳性高度:

$$G_3M = G_0M_0 + \delta GM = 2.652 \text{ m} + 0.016 \text{ m} = 2.668 \text{ m}$$

【思考与应用 3-2】

1. 若将矩形液舱横向 n 等分,试证明自由液面惯性矩 i_x 将减少到原来的 $1/n^2$。
2. 减小船舶自由液面对稳性影响的主要措施有哪些?
3. 仔细分析例 3-1 和表 3-1 中的数据,思考:
(1)如何求船舶实际装载状态下的合重心距基线高度 KG?
(2)如何求船舶合重心的纵向坐标和横向坐标?
(3)如何利用 Excel 表计算船舶合重心距基线高度和经自由液面修正的初稳性高度?
4. 例 3-2 中,船舶吊起载荷后吊臂变幅并偏转前的初稳性高度 G_1M 和船舶吊起载荷并变幅、偏转后的初稳性高度 G_2M、载荷卸载至码头后船舶的初稳性高度 G_3M 三者为何不同?

第三节 大倾角静稳性

当船舶横倾角较大时,船舶水线面的大小和形状、排水体积的形状均明显变化,导致船

舶横稳心点 M 发生明显移动(图 3-12),这时初稳性建立的条件明显不成立,需要按照大倾角稳性进行分析。

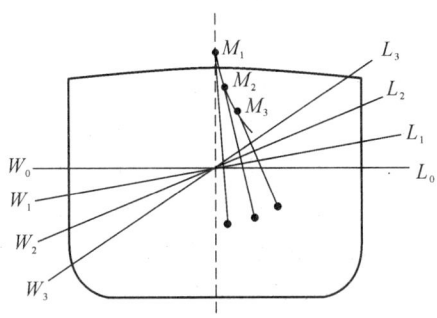

图 3-12　船舶大角度横倾条件下稳心 M 点的移动趋势

一、大倾角稳性的特点和表示方法

1. 大倾角稳性的特点

如图 3-13 所示,船舶发生大倾角横倾,或干舷甲板入水,或船舶舭部出水时,由于船体的出水体积 v_0 和入水体积 v_1 的形状差异较大,船舶静水力性能发生明显改变,导致船舶初稳性的假设条件明显不能成立,稳心 M 点不能再视作定点,稳心半径 BM 也不能再假设为固定值。因此,不能再利用式(3-2)和式(3-3)表示船舶静稳性力臂和力矩,也就是说船舶的大倾角稳性不能用初稳性高度 GM 表示。

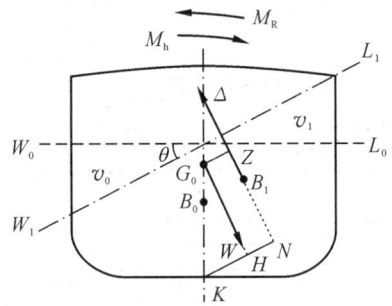

图 3-13　船舶大倾角稳性和基点法静稳性力臂

判断是否属于大倾角应看稳心 M 点是否发生明显移动,一般认为大倾角指横倾角在 $10°\sim15°$,但有时横倾角在 $5°$ 以上也应视作大倾角(例如甲板入水角很小时)。

2. 大倾角稳性的表示方法

不论是初稳性还是大倾角稳性,船舶横倾后重力和浮力均构成静稳性力矩 M_R,即大倾角条件下的静稳性力矩仍可按式(3-1)求取。

在排水量一定的条件下,船舶的静稳性力矩 M_R 的大小取决于静稳性力臂 GZ 的大小并与之成正比,因此,可将静稳性力臂 GZ 作为衡量大倾角静稳性的基本标志。

二、静稳性力臂求取方法

与在微倾条件下计算初稳性高度 GM 时无需考虑横倾角的变化不同,因静稳性力臂 GZ 随横倾角的变化而变化,在求取 GZ 时需要考虑具体的横倾角。根据船舶资料中提供的稳性交叉曲线(或称稳性横交曲线)的形式不同,求取静稳性力臂 GZ 的方法有基点法、假定重心法和初稳心点法三种,这里仅介绍常用的前两种。

1. 基点法

如图 3-13 所示,选定基点 K 作为量取力臂的参考点,过基点 K 作重力作用线和浮力作用线的垂线,垂足分别为 H 和 N,则静稳性力臂可表示为

$$G_0Z = KN - KH = KN - KG_0 \cdot \sin\theta \tag{3-49}$$

式中:G_0Z——静稳性力臂(m),此处尚未考虑自由液面影响;

KN——形状稳性力臂(m),即从基点 K 量到倾斜后的浮力作用线的垂直距离;

KH——重量稳性力臂(m),即从基点 K 量到倾斜后的重力作用线的垂直距离,$KH = KG_0 \cdot \sin\theta$;

KG_0——船舶实际重心距基线高度(m),按式(3-7)求取;

θ——船舶横倾角(°)。

对于特定船舶,形状稳性力臂 KN 与排水量 Δ 和横倾角 θ 有关,其关系曲线称为稳性交叉曲线(stability cross curve),如图 3-14 所示。目前船舶一般提供稳性交叉数据表(cross table for intact stability),A 轮稳性交叉数据表(节选)见表 3-2。

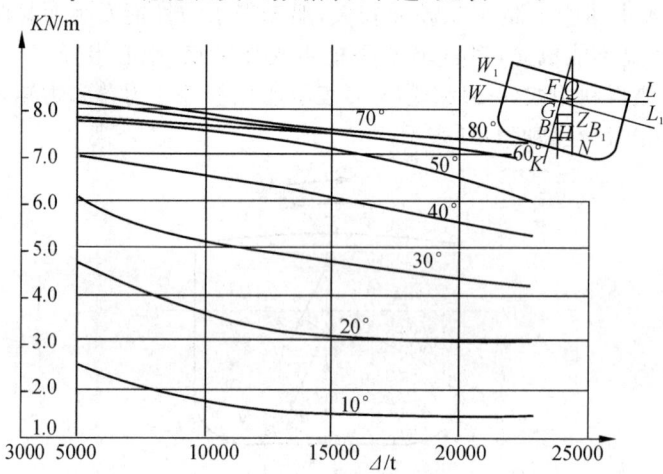

图 3-14 某船基点法的稳性交叉曲线

表 3-2 A 轮稳性交叉数据表(节选)

排水量 Δ	KN $\theta=5°$	KN $\theta=10°$	KN $\theta=12°$	KN $\theta=20°$	KN $\theta=30°$	KN $\theta=40°$	KN $\theta=50°$	KN $\theta=60°$	KN $\theta=70°$
……	……	……	……	……	……	……	……	……	……
34600	1.497	3.006	3.615	6.071	8.635	10.458	11.817	12.391	12.272
34800	1.493	2.996	3.603	6.053	8.624	10.454	11.816	12.389	12.27
35000	1.488	2.987	3.592	6.036	8.612	10.45	11.815	12.386	12.268
35200	1.483	2.978	3.581	6.019	8.601	10.446	11.814	12.384	12.265
35400	1.479	2.968	3.57	6.002	8.589	10.442	11.813	12.381	12.263

续表 3-2

排水量 Δ	KN $\theta=5°$	KN $\theta=10°$	KN $\theta=12°$	KN $\theta=20°$	KN $\theta=30°$	KN $\theta=40°$	KN $\theta=50°$	KN $\theta=60°$	KN $\theta=70°$
35600	1.474	2.959	3.559	5.985	8.578	10.437	11.811	12.379	12.261
35800	1.47	2.951	3.548	5.968	8.567	10.433	11.81	12.376	12.258
36000	1.466	2.942	3.538	5.952	8.555	10.43	11.808	12.373	12.256
……	……	……	……	……	……	……	……	……	……
86600	1.19	2.381	2.859	4.787	6.921	8.602	9.878	10.662	10.997
86800	1.19	2.382	2.86	4.787	6.915	8.593	9.868	10.654	10.992
87000	1.19	2.382	2.86	4.788	6.91	8.583	9.857	10.645	10.986
87200	1.191	2.383	2.861	4.788	6.904	8.573	9.847	10.637	10.981
87400	1.191	2.383	2.861	4.788	6.899	8.564	9.837	10.629	10.975
87600	1.191	2.384	2.862	4.789	6.893	8.554	9.827	10.621	10.969
87800	1.191	2.384	2.862	4.789	6.888	8.545	9.817	10.613	10.963
88000	1.192	2.385	2.863	4.789	6.882	8.535	9.806	10.604	10.958
88200	1.192	2.385	2.864	4.789	6.877	8.526	9.796	10.596	10.952
88400	1.192	2.386	2.864	4.789	6.871	8.516	9.786	10.588	10.946
88600	1.192	2.386	2.865	4.789	6.865	8.507	9.776	10.579	10.941
88800	1.193	2.387	2.865	4.789	6.86	8.497	9.765	10.571	10.935

2. 假定重心法

以假定的船舶重心点 G_A 作为量取力臂的参考点，如图 3-15 所示，静稳性力臂可由下式表示：

$$G_0 Z = G_A Z_A + G_0 G_A \sin\theta = G_A Z_A + (KG_A - KG_0)\sin\theta \tag{3-50}$$

式中：KG_A——假定重心高度(m)，由船舶资料提供；

$G_A Z_A$——假定重心高度形状稳性力臂(m)，查假定重心高度的稳性交叉曲线；

$G_0 G_A$——船舶实际重心 G_0 与假定重心 G_A 之间的距离(m)；

KG_0——船舶实际重心 G_0 距基线高度；

$G_0 G_A \sin\theta$——假定重心的重量稳性力臂(m)。

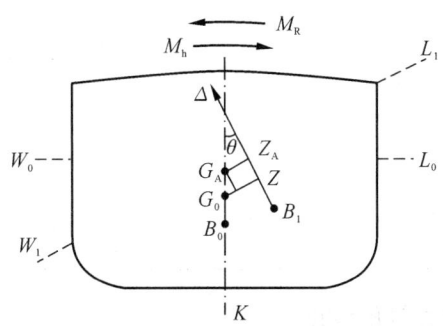

图 3-15 假定重心的静稳性力臂求取

由于 G_A 为定点,因此重量稳性力臂值仅与船舶合重心位置 G_0 和横倾角 θ 有关。

图 3-16 所示为某船基于假定重心的稳性交叉曲线,该船假定重心距基线高度 $KG_A = 8.0$ m,利用该图,可查取该船不同排水量和横倾角条件下的假定重心高度形状稳性力臂 $G_A Z_A$。某 1800TEU 集装箱船假定重心高度的稳性交叉数据表(节选)如表 3-3 所示,该轮假定重心距基线高度 $KG_A = 0.0$ m。

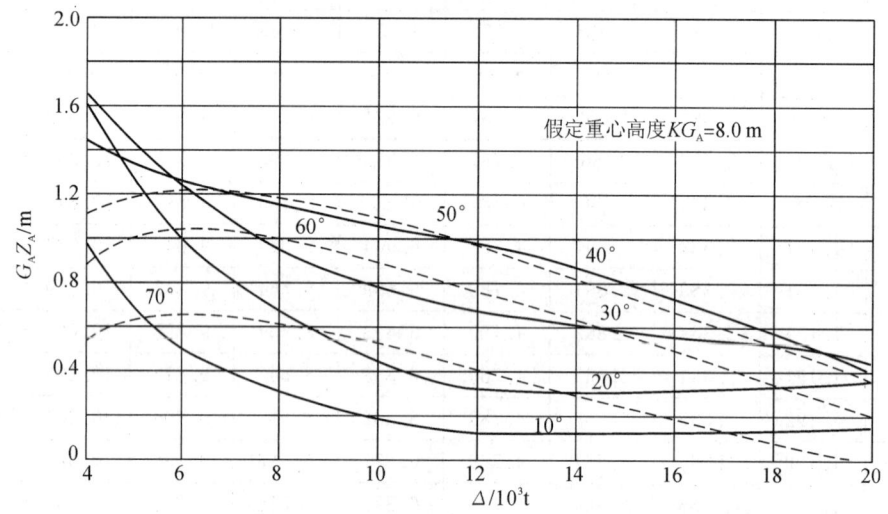

图 3-16 某船基于假定重心的稳性交叉曲线

表 3-3 某 1800TEU 集装箱船假定重心高度的稳性交叉数据表(节选)

排水量/t	横倾角 θ							
	10°	20°	30°	40°	50°	60°	70°	80°
	$\sin\theta$							
	0.174	0.342	0.500	0.643	0.766	0.866	0.940	0.985
	假定重心的形状稳性力臂 $G_A Z_A$/m(假定重心高度 $KG_A = 0$m)							
11500.0	2.751	5.330	7.374	9.023	10.109	10.526	10.418	9.838
……	……	……	……	……	……	……	……	……
12800.0	2.644	5.174	7.276	8.975	10.023	10.463	10.371	9.808
12850.0	2.640	5.168	7.272	8.973	10.020	10.460	10.369	9.806
12900.0	2.636	5.162	7.268	8.971	10.017	10.458	10.367	9.805
……	……	……	……	……	……	……	……	……
13000.0	2.628	5.150	7.261	8.968	10.010	10.453	10.363	9.803
13050.0	2.624	5.144	7.257	8.966	10.007	10.451	10.361	9.802
13100.0	2.620	5.139	7.253	8.964	10.003	10.448	10.359	9.800

三、自由液面对大倾角稳性的修正

与初稳性的自由液面修正不同,船舶大角度倾斜后液舱内液体的形状、液面的形状和尺度均发生了明显变化,自由液面倾侧力矩随横倾角的变化不可忽略,因此在大倾角稳性条件下,需要考虑横倾角对自由液面修正值的影响。并且自由液面修正的对象不是初稳性高度 GM,而是静稳性力臂 GZ。上述式(3-49)和式(3-50)尚需按下述方法修正自由液面。

1. 查取"液舱自由液面倾侧力矩表"

对于提供了各舱自由液面随横倾角变化的修正力矩资料的船舶,可查取不同横倾角对应的自由液面修正力矩数据直接对 GZ 进行修正。

$$GZ = G_0Z - \frac{\sum M_{fi}}{\Delta} \quad (3-51)$$

式中:GZ——经自由液面修正的复原力臂(m);

$\sum M_{fi}$——各液舱自由液面倾侧力矩代数和($\times 9.81$ kN·m);

G_0Z——未经自由液面修正的复原力臂(m)。

2. 通过对重心距基线高度 KG 的修正间接修正 G_0Z

通过本章第二节中自由液面影响分析可知,舱内液体载荷移动引起船舶合重心位置变化(图3-4),从而也导致船舶复原力臂 GZ 变化(考虑自由液面影响后的复原力臂 GZ 等于图 3-4 所示的 G_1Z_1),由式(3-19)可知:

$$\delta GZ_f = \delta GM_f \sin\theta = \frac{\sum \rho_i \cdot i_{xi}}{\Delta} \cdot \sin\theta$$

$$GZ = G_0Z - \delta GZ_f = G_0Z - \delta GM_f \cdot \sin\theta$$

又 $G_0Z = (KN - KG_0 \cdot \sin\theta)$,则经自由液面修正的复原力臂为

$$\begin{aligned} GZ &= (KN - KG_0 \cdot \sin\theta) - \delta GM_f \sin\theta \\ &= KN - (KG_0 + \delta GM_f) \cdot \sin\theta \quad (3-52) \\ &= KN - KG_f \cdot \sin\theta \end{aligned}$$

式中:GZ——经自由液面修正的复原力臂(m);

G_0Z——未经自由液面修正的复原力臂(m);

δGZ_f——自由液面对复原力臂的修正(m);

KN——形状稳性力臂(m);

KG——船舶重心距基线高度(m);

δGM_f——自由液面对初稳性高度的修正(m),$\delta GM_f = \frac{\sum \rho_i \cdot i_{xi}}{\Delta}$;

KG_f——经自由液面修正的船舶重心距基线高度(m),$KG_f = KG_0 + \delta GM_f$。

相应地,静稳性力矩为

$$M_R = \Delta \cdot GZ = \Delta \cdot (KN - KG_f \cdot \sin\theta) \quad (3-53)$$

通过上述方法将自由液面对大倾角稳性的修正简化为对船舶重心距基线高度 KG_0 的修正。实际上是将自由液面对大倾角稳性的影响看成是船舶重心的提高。

如果是假定重心法,同样可用 KG_f 替代式(3-50)中的 KG_0 进行自由液面修正;如果是初稳心点法,则直接用 GM_f 替代 G_0M 进行修正。

四、静稳性曲线(curve of Intact Statical Stability)

由式(3-52)及式(3-53)可知,船舶装载状态一定时,静稳性力臂 GZ 和静稳性力矩 M_R

都是横倾角 θ 的函数。反映这一函数关系的曲线称为静稳性曲线,其中反映静稳性力矩 M_R 和静稳性力臂 GZ 随横倾角 θ 变化的曲线分别称静稳性力矩曲线和静稳性力臂曲线。

1. 静稳性曲线的绘制

绘制静稳性曲线图之前,需计算好船舶的排水量 Δ、合重心距基线高 KG_0、自由液面对初稳性高度的修正值 δGM_f 等,并通过稳性交叉曲线(表)查取不同横倾角 θ 对应的形状稳性力臂。

以例 3-1 的装载状态为例,船舶排水量 $\Delta=86332.2$ t,船舶的合重心距基线高度 $KG_0=10.86$ m,自由液面对初稳性高度的修正值 $\delta GM_f=0.025$ m,则经自由液面修正的船舶合重心距基线高度 $KG_f=KG_0+\delta GM_f=10.86$ m+0.025 m=10.885 m。应用式(3-52)和式(3-53),计算船舶在相应装载状态下的静稳性力臂 GZ 和静稳性力矩 M_R,结果见表 3-4。

表 3-4 例 3-1 装载状态下的静稳性力臂和静稳性力矩计算结果

$\theta/(°)$	$\sin\theta$	KN/m	KG_f/m	$KG_f \cdot \sin\theta/\text{m}$	GZ/m	$M_R/(\times 9.81 \text{ kN} \cdot \text{m})$
0	0.000	0.000	10.885	0.000	0.000	0.0
5	0.087	1.190	10.885	0.949	0.241	20870.8
10	0.174	2.381	10.885	1.890	0.491	42452.6
12	0.208	2.859	10.885	2.263	0.596	51537.6
20	0.342	4.786	10.885	3.723	1.063	91948.1
30	0.500	6.924	10.885	5.443	1.482	128134.5
40	0.643	8.608	10.885	6.997	1.611	139357.1
50	0.766	9.884	10.885	8.338	1.546	133679.0
60	0.866	10.666	10.885	9.427	1.239	107187.9
70	0.940	11.000	10.885	10.229	0.771	66722.1
80	0.985	10.938	10.885	10.720	0.218	18886.6

以船舶横倾角 θ 为横坐标,以静稳性力臂 GZ 为纵坐标,由表 3-4 数据便可绘制静稳性力臂曲线。图 3-17(a)显示了例 3-1 所列装载状态下船舶向一舷侧倾斜时的 GZ 曲线;利用 $M_R=\Delta \cdot GZ$ 可求得不同横倾角 θ 对应的静稳性力矩 M_R,也可绘制 M_R 曲线,如图 3-17(b)所示。当船舶向另一舷侧倾斜时,静稳性曲线原点对称。因 GZ 曲线相对简单,并且 IMO 船舶稳性衡准要求的各指标数据要求在 GZ 曲线上求取,因此 GZ 曲线更为常用。

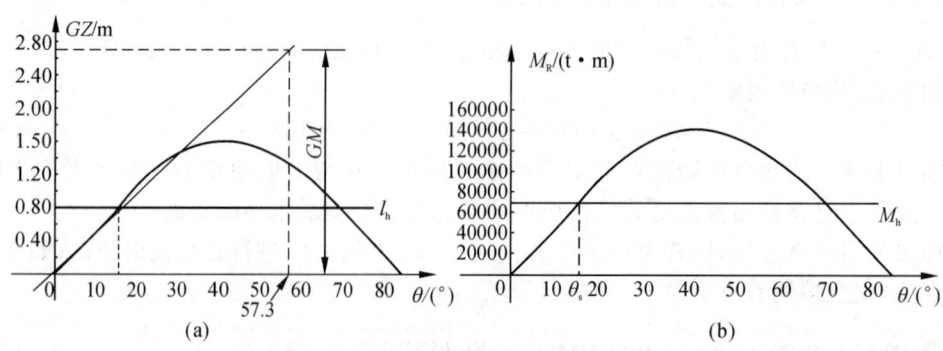

图 3-17 例 3-1 所列装载状态的静稳性曲线

(a) GZ 曲线;(b) M_R 曲线

2. 静稳性曲线的特征参数

利用静稳性力臂（矩）曲线，不仅可以掌握静稳性力臂（矩）随船舶横倾角变化的全貌，而且可以求得曲线上的某些特征参数。

1）曲线在原点处的斜率等于初稳性高度 GM

由图 3-18 可以看出，在小横倾角范围内，GZ 曲线与 $GM \cdot \sin\theta$ 曲线基本重合，但当横倾角增大至一定角度（图中约 $10°$）时，两曲线逐渐分开。可见在初稳性条件下，$GZ = GM \cdot \sin\theta$ 成立。曲线原点处的导数为 $GZ'|_{\theta=0°} = GM \cdot \cos 0° = GM$，说明静稳性曲线过原点处切线的斜率等于初稳性高度 GM。为此，可在静稳性力臂曲线的原点处作切线，在横坐标 $57.3°$（即 1 弧度）处量取切线对应的纵坐标值，该数值即等于初稳性高度 GM。

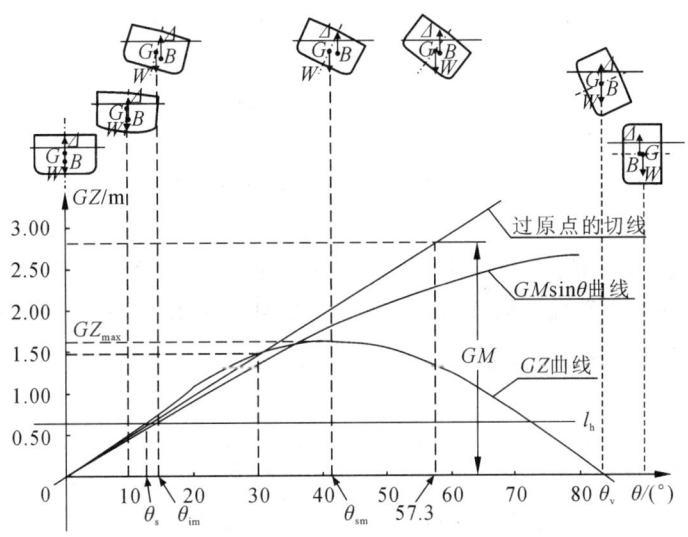

图 3-18 船舶静稳性曲线的特征

2）特定倾侧力臂（矩）下的船舶静倾角 θ_s

假设船舶受到一个倾侧力矩 M_h 的作用，则该力矩的力臂 l_h 称为倾侧力臂（又称"横倾力臂"，$l_h = M_h/\Delta$），在 l_h 曲线与 GZ 曲线的第一个交点处有：$l_h = GZ$，即 $M_h = M_R$。此时船舶在倾侧力矩作用下处于平衡状态，称之为静平衡，该点所对应的横倾角 θ_s 称为静倾角。

3）最大静稳性力臂（矩）GZ_{max}（M_{Rmax}）

GZ 曲线和 M_R 曲线的最高点所对应的纵坐标分别称为最大静稳性力臂 GZ_{max} 和最大静稳性力矩 M_{Rmax}，分别表示船舶在相应装载状态下可产生的最大静稳性力臂和力矩。

4）极限静倾角 θ_{sm}

最大静稳性力臂 GZ_{max} 或最大静稳性力矩 M_{Rmax} 所对应的横倾角 θ_{sm} 称为极限静倾角。它表示船舶受静态倾侧力矩作用时船舶可出现的最大静态稳定平衡角。

5）稳性消失角 θ_v

静稳性力臂（矩）曲线与横坐标轴的第二个交点所对应的横倾角 θ_v 称为稳性消失角。当船舶横倾角超出 θ_v 时船舶静稳性力臂（矩）将从正值变为负值。横倾角 $0° \sim \theta_v$ 称为稳性范围或称稳距。

6）甲板浸水角 θ_{im}

当船舶横倾达到一定程度,干舷甲板边缘将开始入水。此时船舶的横倾角 θ_{im} 称为甲板浸水角或甲板入水角。从甲板浸水角开始,水线面以下船体的形状将发生一个突变,静稳性力臂(矩)增大的趋势将减缓。反映在静稳性力臂(矩)曲线上,甲板浸水角处的曲线将出现一个反曲点(拐点),此处 GZ 曲线的斜率最大。

3. 影响静稳性曲线的因素

影响船舶静稳性曲线的因素包括船舶尺度和装载状态两个方面,前者是就不同船舶而言,后者则对同一船舶而论。

1) 船宽的影响

船舶发生倾斜时,在同样的横倾角 θ 下,宽度较大的船舶浮心向倾斜方向移动的距离相对较大,即形状稳性力臂 KN 值较大,则静稳性力臂 GZ 值也较大,最大静稳性力臂 GZ_m 较大。但宽度较大的船舶甲板浸水角 θ_{im}、极限静倾角 θ_{sm} 和稳性消失角 θ_v 等均相应减小。

2) 干舷的影响

不同干舷高度的船舶,在船宽、吃水和重心高度相同条件下,当横倾角 θ 小于船舶的甲板浸水角 θ_{im} 时,各船舶静稳性曲线重合,但船舶干舷较大时甲板浸水角 θ_{im}、极限静倾角 θ_{sm} 和稳性消失角 θ_v 等均增大。主要对船舶大倾角稳性产生影响,而对船舶初稳性没有影响。

对于同一船舶,干舷越大,对应的吃水或排水量越小,一般横稳心距基线高度 KM 和形状稳性力臂 KN 均随干舷增大而增大,在重心高度相同的条件下,具有较大的初稳性高度 GM 和静稳性力臂 GZ 值。

4) 船舶重心高度的影响

由 $GZ=KN-KG\sin\theta$ 可知,当船舶重心高度 KG 增大时,不同横倾角对应的 GZ 值均减小,且减小幅度随横倾角的增大而增大。图 3-19 反映了 $KG_1>KG$ 时 GZ 变化,同排水量条件下,KG 增大,最大静稳性力臂 GZ_m 和稳性消失角 θ_v 均减小。

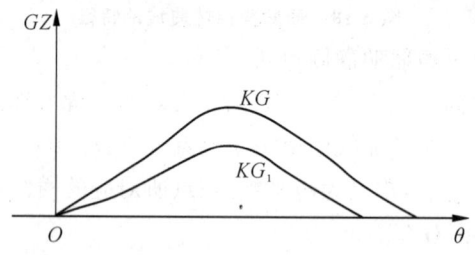

图 3-19 不同重心高度时船舶的静稳性曲线

5) 自由液面的影响

液舱内存在自由液面时对船舶稳性的影响相当于增大船舶重心高度,因而,自由液面的存在使静稳性曲线下降,GZ_m 和 θ_v 减小。

6) 船舶初始静横倾角的影响

船舶出现初始静横倾角的原因有船上载荷左右不对称或船舶初稳性不足(见本章第六节)。

如果船舶载荷左右装载不均,导致实际重心 G_1 偏于中纵剖面一侧时,重心横坐标为 GG_1,如图 3-20(a)所示,此时船舶存在一静倾侧力臂 $GG_1\cos\theta$,出现初始静横倾角 θ_s,船舶实际静稳性力臂 G_1Z_1 与船舶重心位于中纵剖面时的静稳性力臂 GZ 的关系为 $G_1Z_1=GZ-GG_1\cos\theta$,即静稳性力臂减小了 $GG_1\cos\theta$。

如图 3-25(b)反映了静横倾角 θ_s 影响下实际静稳性力臂 G_1Z_1 随横倾角 θ 变化的变化情况,当船舶存在初始横倾角 θ_s 时,仅 $\theta > \theta_s$ 时,船舶的稳性才能发挥作用,而有效的静稳性力臂 G_1Z_1 为图 3-20(c)中的阴影部分,稳性范围为 $\theta_s \sim \theta_f$,可见 GZ_m 和稳性范围均减小,初始静横倾角对船舶的稳性影响是显著的。船舶开航前均应采取措施消除初始横倾角。船舶航行中也应注意防止货物移位或左右舷载荷重量不对称变化(例如谷物移动、固体散货流态化后移动、甲板木材一舷侧吸水或积冰较多、船舱不对称压载、油水消耗或进水等)而产生横倾角。

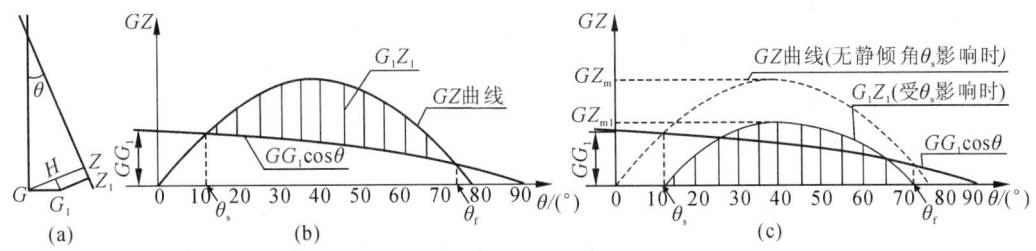

图 3-20 初始静横倾对船舶稳性的影响

7)船舶进水角的影响

船舶进水角 θ_f(down flooding angle)系指在船体、上层建筑或甲板室上不能关闭成风雨密的开口浸没时的横倾角。对不可能发生连续进水的小型开口不必作开口考虑。

船舶通过开口进水即认为船舶完全丧失稳性,静稳性曲线在相应的进水角 θ_f 处被切断。可见,进水角影响船舶静稳性曲线的有效范围。船舶稳性资料中应提供船舶进水点位置和进水角的资料。例如 A 轮《装载手册》中明确船舶无保护的进水点位置为: $X=23.45$ m; $Y=10.14$ m; $Z=26.35$ m(甲板室 B 甲板最外门的下边缘)。该轮进水角曲线如图 3-21 所示。

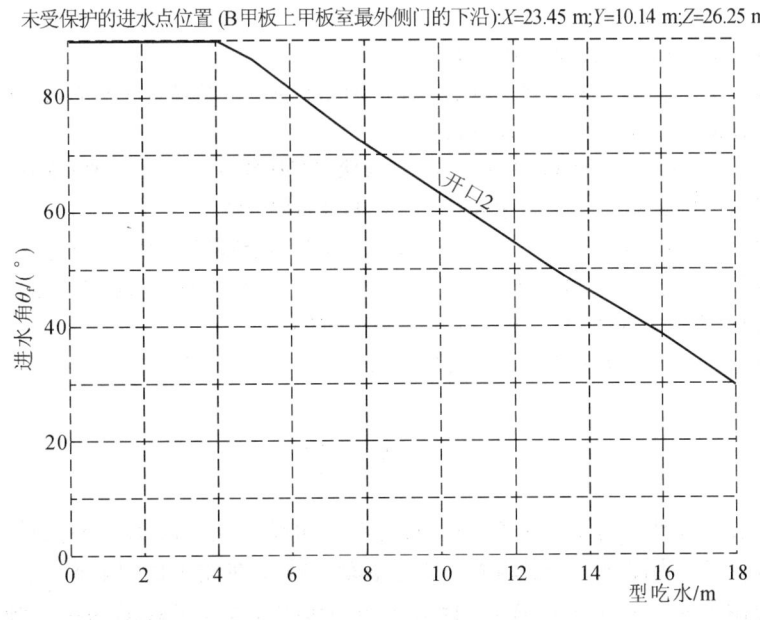

图 3-21 A 轮进水角 θ_f 曲线

例 3-1 中，船舶排水量 86332.2 t 对应的平均型吃水为 13.877 m，从图 3-21 中可查得进水角约为 47°，则该轮在相应装载状态下横倾角 θ_f 为 47°及以上时被认为稳性丧失，在图 3-22 所示静稳性曲线中 $\theta > \theta_f$ 的虚线部分是无效的。

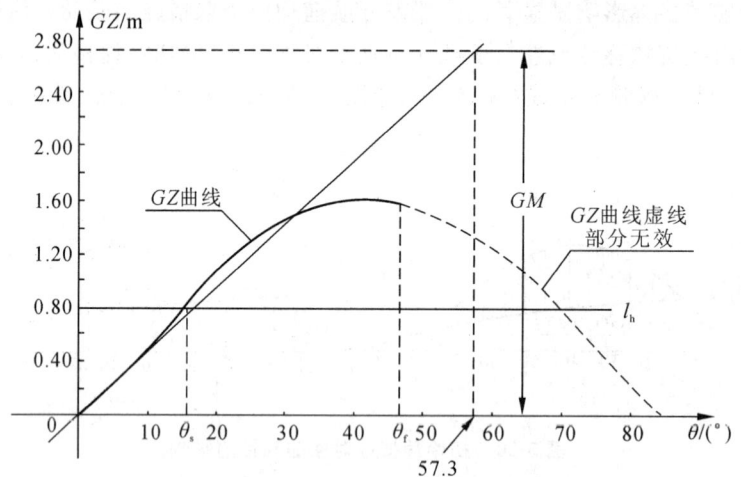

图 3-22　船舶进水角 θ_f 对稳性的影响

【思考与应用 3-3】

1. 大倾角稳性与初稳性有何区别？为何要引入初稳性的概念？
2. 什么是船舶静平衡？
3. 船舶在港内装货，为什么在完货时或开航前一定要消除船舶的静横倾角？
4. 假定 A 轮某航次装载排水量 $\Delta = 86100.0$ t，根据船上载荷分布计算得船舶合重心距基线高度 $KG = 10.50$ m，自由液面对初稳性高度修正量 $\delta GM_f = 0.02$ m，当时船舶平吃水，试利用 A 轮资料求：

1) 船舶经自由液面修正的合重心距基线高度 KG_f；
2) 船舶经自由液面修正的初稳性高度 GM_f；
3) 参照表 3-4，应用基点法计算船舶 0°、5°、10°、12°、20°、30°……80°等横倾角所对应的复原力臂 GZ 值，并绘制船舶当时装载状态下的复原力臂 GZ 曲线。
4) 在所绘制的 GZ 曲线上标注或求取船舶当时装载状态下横倾角 30°所对应的 GZ 值、最大复原力臂 GZ_m、极限静倾角 θ_{sm}、甲板入水角 θ_{im}、稳性消失角 θ_v、初稳性高度 GM_f。
5) 查取船舶相应排水量条件下的进水角 θ_f，并说明当横倾角达到该角度时意味着什么。
6) 如果船舶受到一倾侧力矩 M_h 作用，已知 $M_h = 51660.0 \times 9.81$ kN·m，试求相应的倾侧力臂 l_h 的值，在所绘制的 GZ 曲线上画出倾侧力臂 l_h 并求出相对应的静横倾角 θ_s。
7) 在所绘制的 GZ 曲线上求未考虑初始横摇角和进水角的最小倾侧力臂。

第四节　船舶动稳性

船舶在海上航行时受到海上风浪的影响而发生摇摆运动。海上的风浪是动态变化的，船舶受阵风或波浪作用而产生的倾侧力矩也是动态作用在船上的，因而是动态的外力矩。船舶在动态倾侧力矩作用下发生横摇，因存在横摇惯性，要考虑船舶横摇的惯性矩和角加速度。

一、船舶在动态倾侧力矩作用下的运动和动平衡

假设船舶初始状态横倾角为 $0°$,此时突然受动态倾侧力矩 M_h 的作用开始发生倾斜,在图 3-23 所示的静稳性曲线上,横倾的初始阶段,动态倾侧力矩大于静稳性力矩,即 $M_h > M_R$,或 $\Delta \cdot l_h > \Delta \cdot GZ$,在 GZ 曲线上也表现为外力臂 $l_h >$ 静稳性力臂 GZ,船舶在倾侧力矩作用下存在向倾斜侧的横摇角加速度。

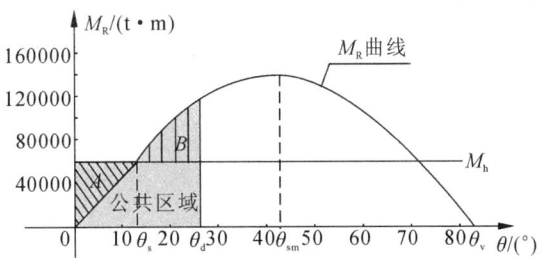

图 3-23 船舶的动平衡与动倾角

当船舶横摇角达到静倾角 θ_s 时,$M_h = M_R$(或 $l_h = GZ$),合力矩 $M_h - M_R = 0$,横摇角加速度为零,但此时横摇角速度达到最大,船舶具有最大的横摇动能,在惯性的作用下将继续倾斜。

当横倾角超过 θ_s 后,$M_h < M_R$(或 $l_h < GZ$),合力矩和角加速度的方向均与倾斜方向相反,船舶倾斜减速。船体在力矩作用下绕倾斜轴转动而发生角位移时,称力矩对船体做功。当船舶横倾至转动动能被反向合力矩所做的功抵消时横倾角 θ 达到最大值,横摇角速度等于零,船舶横摇时的最大横倾角 θ_d,称为动倾角。此时,船舶与倾斜方向相反的合力矩和角加速度达到最大,船舶在反向合力矩的作用下又开始回摇,并越过 θ_s 角继续回到合力矩与倾斜方向相同的区间,开始了下一轮的运动。

在动态倾侧力矩的作用下,船舶无法在静倾角 θ_s 处处于静平衡状态。在忽略水和空气阻尼的前提下,船舶横倾角达到 θ_d 时,从 0 至 θ_d 范围内,合力矩所做的功等于零,即静稳性力矩所做的功 A_R 与倾侧力矩所做的功 A_h 相等,此时的状态可称为动平衡。因此,船舶动平衡状态可表示为

$$A_R = A_h \tag{3-54}$$

船舶从正浮位置开始倾斜时,静稳性力矩所做的功 A_R 可表示为

$$A_R = \int_0^\theta M_R \mathrm{d}\theta = \Delta \cdot \int_0^\theta GZ \mathrm{d}\theta \tag{3-55}$$

相应地,倾侧力矩 M_h 所做的功 A_h 可表示为

$$A_h = \int_0^\theta M_h \mathrm{d}\theta = \Delta \cdot \int_0^\theta l_h \mathrm{d}\theta \tag{3-56}$$

如果船舶横倾过程中倾侧力矩 M_h 或倾侧力臂 l_h 恒定,有:

$$A_h = \int_0^\theta M_h \mathrm{d}\theta = M_h \cdot \theta = \Delta \cdot l_h \cdot \theta \tag{3-57}$$

动平衡时,有:

$$\int_0^{\theta_d} M_R \mathrm{d}\theta = M_h \cdot \theta_d \text{ 或 } \int_0^{\theta_d} GZ \mathrm{d}\theta = l_h \cdot \theta_d \tag{3-58}$$

动平衡时,在图 3-23 所示的 M_R 曲线的坐标系内,表现为 $0\sim\theta_d$ 范围内 M_R 曲线和 M_h 曲线所围面积相等,考虑图中两者公共区域后,有面积 A 等于面积 B。

二、动稳性的表示方法

由上述分析可知,船舶的动稳性的作用表现为静稳性力矩所做的功 A_R,在特定的倾侧力矩作用下,船舶的动倾角能否保持在一定范围内,使船舶不致因非水密开口进水而沉没,取决于正浮位置到该特定横倾角之间静稳性力矩所做的功的大小。

船舶横倾角 θ 变化的过程中静稳性力矩所做的功 A_R 称为动稳性力矩。动稳性力矩与船舶排水量的比值称为动稳性力臂,用 l_d 表示,即:

$$l_d = \frac{A_d(\theta)}{\Delta} = \int_0^\theta \frac{M_R(\theta)}{\Delta}\mathrm{d}\theta$$
$$= \int_0^\theta GZ(\theta)\mathrm{d}\theta \qquad (3\text{-}59)$$

动稳性力矩 A_d 和动稳性力臂 l_d 之间的关系为

$$A_d = \Delta \cdot l_d \qquad (3\text{-}60)$$

动稳性力臂在数值上等于静稳性力臂 GZ 曲线所围面积。排水量一定的条件下,稳性力矩做的功(动稳性力矩 A_d)取决于动稳性力臂 l_d,并与之成正比。因此,动稳性力臂 l_d 可作为动稳性大小的基本标志。

三、动稳性曲线

动稳性力矩(臂)是静稳性力矩(臂)的积分函数。因此,横倾角 θ 所对应的动稳性力矩(臂)值,在静稳性力矩(臂)曲线图上对应于曲线下 $0\sim\theta$ 范围内所围的面积。根据这一关系,可以绘制以动稳性力矩(臂)为纵坐标的动稳性力矩(臂)曲线。

绘制动稳性曲线需求取相应横倾角范围 $0\sim\theta$ 区间(分别取 $\theta=0°、5°、10°\cdots\cdots$)内静稳性力矩 M_R(或力臂 GZ)曲线所围的面积值,即为动稳性力矩 A_d(或力臂 l_d)值,然后以横倾角 θ 为横坐标,以动稳性力矩 A_d(或动稳性力臂 l_d)值为纵坐标,绘制相应曲线,即为动稳性曲线,如图 3-24 所示。

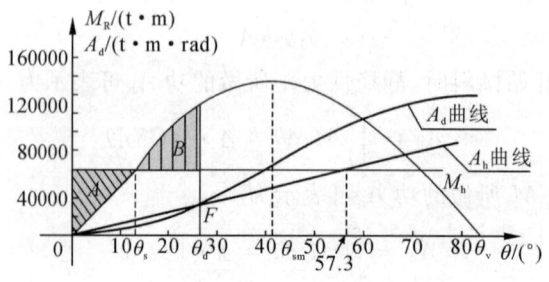

图 3-24 动稳性曲线及其与静稳性曲线的关系

四、动稳性参数

1. 动稳性曲线与静稳性曲线的关系

由动稳性力矩(臂)曲线的定义可知,动稳性曲线是静稳性曲线的积分曲线。因此,从图

3-24中,可以发现动稳性曲线与静稳性曲线之间存在如下关系:

1)当横倾角$\theta=0°$时,静稳性力臂GZ和动稳性力臂l_d均为0。

2)当横倾角$\theta=\theta_{sm}$时,在静稳性力臂出现曲线上的最高点,而在动稳性力臂曲线上则出现反曲点。

3)当横倾角$\theta=\theta_v$时,静稳性力臂等于零,而在动稳性力臂曲线上则出现最大值。

2. 动稳性参数的求取

1)根据倾侧力臂(或力矩)求动倾角θ_d

在图3-24所示的力矩M_R曲线坐标系内,一定横倾角范围内倾侧力矩M_h曲线所围面积A_h静稳性力矩M_R曲线所围面积A_d相等时达到动平衡,此时对应的横倾角即动倾角θ_d,它反映了船舶在动态倾侧力矩作用下的摇摆幅度大小。

在动稳性力矩A_d曲线坐标系内,对于恒定的倾侧力矩M_h,利用其所做的功$A_h=M_h\cdot\theta$这一关系,连接原点与坐标点$(57.3°,M_h)$绘制一直线,该直线与动稳性力矩A_d曲线相交于F点,表明此时倾侧力矩与静稳性力矩所做的功相等,F点所对应的横倾角即为动倾角θ_d。在动稳性力臂l_d曲线上,动倾角则为l_d曲线与l_{hd}曲线的交点F对应的横倾角。

2)求最小倾覆力矩(臂)和极限动倾角

在图3-24所示的静稳性力矩M_R曲线坐标系内增大M_h,并保持阴影部分面积A和B相等,此时阴影面积A和B均增加,动倾角θ_d也相应增加。如图3-25所示,当M_R曲线与M_h之间的面积B保持与A相等并达到B的全部可用面积时,M_h便不能再增加,否则不能建立动平衡,此时水平线的高度即为最小倾覆力矩M_{hmin},即船舶允许的最大动态倾侧力矩。任何大于M_{hmin}的动态倾侧力矩都将导致船舶倾覆。阴影区域的最右端所对应的横倾角即为极限动倾角θ_{dm},它反映了船舶在动态倾侧力矩作用下能够保持的最大动倾角。

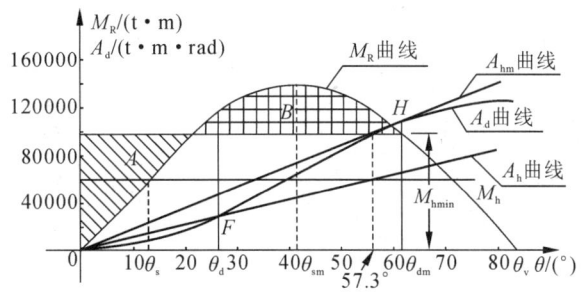

图3-25 动稳性曲线参数的求取

同样,在图3-24所示的动稳性力矩A_d曲线坐标系内,增大倾侧力矩M_h,则一定横倾角范围内M_h所做的功A_h也相应增大,直线A_h的斜率增加,直线A_h与动稳性A_d曲线的交点F所对应的角度,即动倾角θ_d也相应增加。当直线A_h的斜率增加至该线与动稳性A_d曲线相切时,其斜率便不能继续增加,即倾侧力矩M_h不能继续增加,否则不能建立动平衡。A_h与A_d曲线相切于H点。此时,A_h与A_d曲线的切点H所对应的横倾角即为极限动倾角θ_{dm}。切线A_h的斜率,即$\theta=57.3°$处A_h线的纵坐标,即为最小倾覆力矩M_{hmin}。

需要注意的是,本节是在船舶初始横倾角为0°的基础上分析的,也未考虑进水角θ_f的影响。在实际求取最小倾覆力矩M_{hmin}时,尚应考虑横摇角和进水角的修正,修正方法见本章第五节。

五、波浪对船舶稳性的影响

1. 波浪对船舶静稳性的影响

船舶初稳性和大倾角静稳性均指船舶在静水中的稳性表现,尚未考虑波浪的影响。船舶在波浪中航行,尤其是船舶在规则波中航行时,当波长与船长相同,船舶摇摆周期与波浪遭遇周期(period of encounter)相同或是后者的 2 倍时,伴随着横摇、纵摇和垂荡等运动,会引起船舶复原力矩(臂)的变化,可能会严重影响船舶稳性。

与图 3-26(a)所示的船舶在静水中受外力作用倾斜不同,船舶如果横浪航行,波浪引起船舶左右两舷水线高低不同,相对于正浮水线 W_0L_0,船舶左右舷产生了 v_0+v_1 的排水体积差异,船舶的浮力 Δ 和重力 W 构成的力矩 M_h 使船舶发生倾斜,如图 3-26(b)、(c)所示,其力臂 G_0H 表现为负稳性。当船舶倾斜至波面相对于 W_0L_0 的位置为图 3-26(d)所示时,浮力 Δ 和重力 W 构成复原力矩 M_R,此时复原力臂为 G_0Z,但可以看出,此时船舶的复原力臂明显小于静水中船舶横倾同样横倾角时的复原力臂。

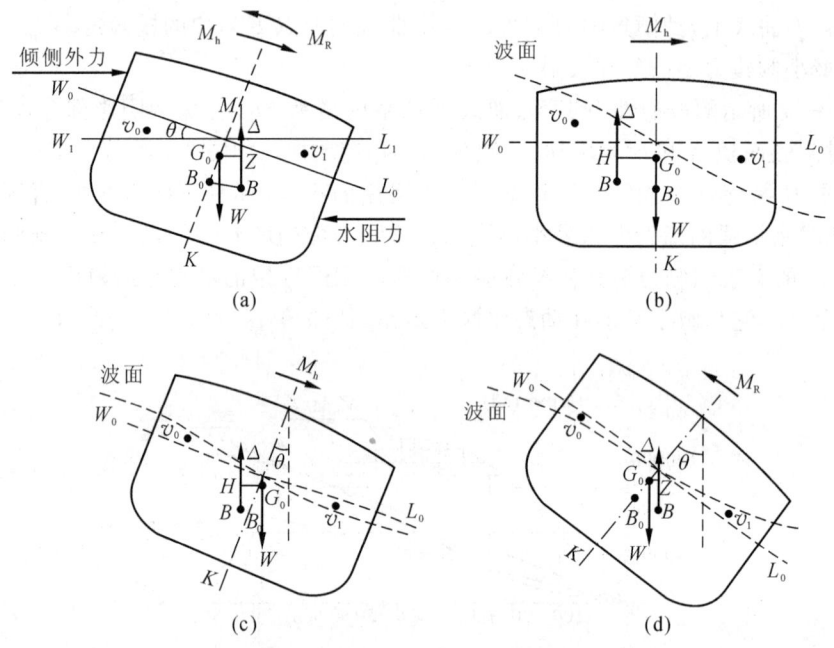

图 3-26 横浪对船舶静稳性的影响
(a)船舶在静水中受外力作用倾斜;(b)船舶在波浪中正浮位置时;
(c)船舶在波浪中倾斜位置1;(d)船舶在波浪中倾斜位置2

如图 3-27 所示,船舶顺浪或迎浪航行时,如果船长与波长相同,由于船舶线型变化,吃水线附近中部上下宽度变化不大,但首尾部向下水线面宽度明显变窄,向上变宽,当波峰位于船中波谷位于首尾时,总体上水线面相对于静水变窄变短,水线面面积 A_w 也变小,由式(3-6)可知,船舶横稳心半径与水线面宽度的立方和水线面的长度成正比,因此当船中位于波峰时船舶稳性(包括 GM 和 GZ)小于静水中的稳性。在考虑船舶在顺浪或迎浪航行时的纵摇和垂荡运动时,这两种运动使船舶吃水不断变化,进而使船舶的排水体积 V 和水线面的面积 A_w 也不断变化,例如垂荡上升运动使船舶排水体积和水线面面积减小,由 $M_R =$

由 $\Delta \cdot GZ = \rho \cdot V \cdot GZ$ 可知，V 和 GZ 减小均使得船舶的复原力矩减小。

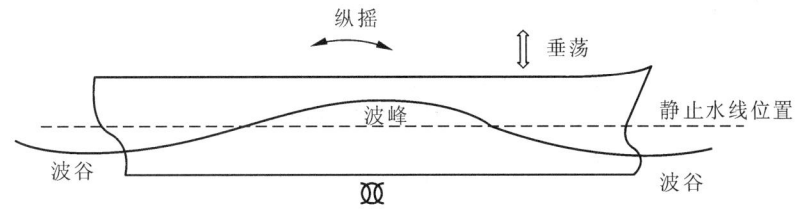

图 3-27 顺浪或迎浪对船舶静稳性的影响

图 3-28 显示了船舶随浪航行时，船舶与波浪不同相对位置对稳性的影响情况，其中图 3-28(a)为船与波浪的相对位置，图 3-28(b)中实线和虚线分别代表船舶在波浪和静水中的 GZ 曲线。相对位置 1 时，波浪的波长与波高都较小，船舶的 GZ 值比静水中有所减少，但不明显。相对位置 2 时，船舶在大的纵波中航行且船中处于波峰位置，此时船舶的复原力臂 GZ 相比静水中减少明显，在小角度范围内甚至出现负稳性，如果波速略大于船速，船舶复原力臂损失的状态将持续较长时间，船舶因此面临稳性丧失的危险，可能发生倾斜甚至倾覆。

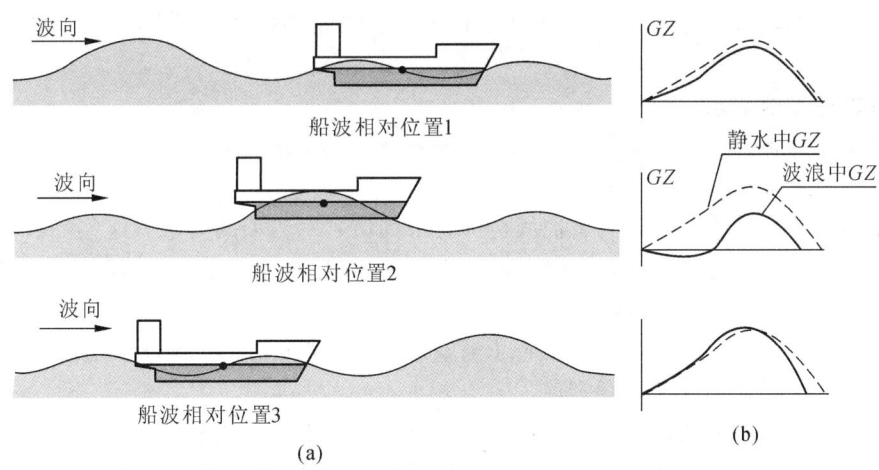

图 3-28 船舶顺浪航行时纯稳性丧失
(a)船波相对位置；(b)GZ 曲线

2. 波浪对动稳性的影响

动稳性是用静稳性曲线所围的面积表示的，对于受波浪影响的船舶来说，波浪作用是动态的外力，因此波浪的作用也会直接影响到船舶的动稳性。但本节前述动稳性的基础理论忽略了随机风浪的作用以及波浪中船舶运动的多自由度的耦合效应等影响，因此船舶在波浪中的稳性表现存在较为复杂的现象。

IMO 在《2008 年国际完整稳性规则》的基础上，针对船舶在波浪中的稳性失效模式进一步制定了《第二代完整稳性衡准暂行指南》。

【思考与应用 3-4】
1. 简述动平衡、动稳性力矩和动稳性力臂的概念。
2. 动稳性用什么表示？

3. 绘制动稳性曲线,利用本章第三节"思考与应用"中第4题的数据完成以下内容:
1) 计算 GZ 曲线对应横倾角范围 $0°\sim\theta(\theta=0°、5°、10°、12°、20°\cdots\cdots80°)$ 下的面积;
2) 绘制相应动稳性曲线,并说明它与 GZ 曲线有何关系;
3) 利用所计算的倾覆力臂数据在所绘制的动稳性曲线上求取动平衡角 θ_d;
4) 在动稳性曲线上求未考虑初始横摇角和进水角的最小倾覆力臂。
4. 简述波浪对船舶稳性的影响。

第五节　船舶稳性的衡准要求

IMO《2008 年国际完整稳性规则》(IS 规则)提出了船舶完整稳性要求。我国《国际法定规则》的稳性要求与 IS 规则保持一致。对于国内航行海船和内河船舶,则分别适用《国内法定规则》和《内河法定规则》。

一、我国国内航行海船稳性衡准

1. 国内航行海船稳性的基本衡准要求

国内航行海船各装载状态下经自由液面修正后的完整稳性各项指标须同时满足以下要求:

1) 稳性衡准数要求

稳性衡准数 $K \geqslant 1$。

2) 初稳性高度与复原力臂曲线要求

船舶的初稳性高度与复原力臂曲线应满足下列(1)~(5)项的要求。这些要求不适用于起重船、挖泥船、非自航海驳、双体客船、港内作业的拖船、作业状态下的消防船及半潜船。

(1) 初稳性高度 GM 不小于 0.15 m。

(2) 横倾角等于或大于 30°处的复原力臂应不小于 0.2 m,如船体进水角小于 30°,则进水角处的复原力臂应不小于该规定值。

(3) 船舶最大复原力臂所对应的横倾角 θ_{sm} 应不小于 25°,如进水角 θ_f 小于最大复原力臂所对应的横倾角 θ_{sm},则进水角 θ_f 即为最大复原力臂所对应的横倾角。

(4) 当船舶的船宽与型深比 B/D 大于 2 时,最大复原力臂所对应的横倾角 θ_{sm} 较要求(3)规定值减小按下式计算所得的 $\delta\theta$ 值:

$$\delta\theta = 20\left(\frac{B}{D}-2\right)(K-1) \tag{3-61}$$

式中:B——船舶型宽(m),当 $B/D > 2.5$ 时取 $B=2.5D$;
　　　D——船舶的型深(m);
　　　K——船舶稳性衡准数,当 $K > 1.5$ 时取 1.5。

(5) 对遮蔽航区船舶,以下要求可作为上述(2)、(3)、(4)的等效要求:

① 最大复原力臂对应的横倾角应不小于 15°;

② 最大复原力臂 GZ_m 应不小于 $0.2+0.022(30°-\theta_{sm})$;

③ 如进水角小于最大复原力臂所对应的横倾角,则进水角即为最大复原力臂所对应的横倾角,进水角处的复原力臂即为最大复原力臂。

3) 结冰计算要求

冬季(12月、1月、2月)航行于青岛(北纬36°04′)以北的船舶,应按稳性最差的基本装载情况计算结冰稳性。结冰区域和重量增加量按规则的要求取值。

2. 稳性衡准数 K 值计算

稳性衡准数 K 值按下式计算:

$$K = \frac{M_{hmin}}{M_w} = \frac{\Delta \cdot l_{hmin}}{\Delta \cdot l_w} = \frac{l_{hmin}}{l_w} \tag{3-62}$$

式中: M_{hmin} ——最小倾覆力矩(kN·m);

l_{hmin} ——最小倾覆力臂(m);

Δ ——船舶排水量(t);

M_w ——风压倾侧力矩(kN·m);

l_w ——风压倾侧力臂(m),可以从船舶资料中查取,也可按下述1)方法求取。

1) 风压倾侧力矩 M_w 和风压倾侧力臂 l_w 计算

$$M_w = P_w \cdot A_w \cdot Z_w \tag{3-63}$$

$$l_w = \frac{M_w}{9810\Delta} \tag{3-64}$$

式中: A_w ——船舶正浮时水线以上船体及甲板货的侧投影面积(m²),A轮的 A_w 数据见附录1.8;

Z_w —— A_w 的面积中心至水线面的垂直距离(m);

P_w ——单位计算风压(Pa),根据船舶的限定航区和 Z_w 从《国内航行海船法定检验技术规则》提供的相应资料(表3-5)中查取。

表3-5 单位计算风压 P_w 单位:Pa

航区	计算风力作用力臂 Z_w/m						
	1.0	1.5	2.0	2.5	3.0	3.5	4.0
远海航区	829	905	976	1040	1099	1145	1185
近海航区(南沙-西沙航区)	635	694	749	798	843	878	909
近海航区(南沙-西沙航区之外)	448	493	536	574	603	628	647
沿海、遮蔽航区	228	248	268	284	301	314	326
航区	计算风力作用力臂 Z_w/m						
	4.5	5.0	5.5	6.0	6.5	≥7.0	
远海航区	1219	1249	1276	1302	1324	1347	
近海航区(南沙-西沙航区)	935	958	978	999	1016	1033	
近海航区(南沙-西沙航区之外)	667	683	698	711	724	736	
沿海、遮蔽航区	336	343	350	357	363	368	

2) 计及初始横摇角和进水角的最小倾覆力矩(臂)求取

本章第四节介绍了船舶初始横倾角为0°且未考虑进水角 θ_f 影响时最小倾覆力矩 M_{hmin} 或最小倾覆力臂 l_{hmin} 的求取方法,但船舶在海上往往表现为左右两舷摇摆,只不过向下风浪一舷摇摆的幅度(θ_d)会比向上风一舷更大些。另外在本章第三节中已说明船舶横摇至进水角 θ_f 时稳性将丧失,这对动稳性也是适用的。因此在实际求取最小倾覆力矩(臂)时,应计及横摇角 θ_1 及进水角 θ_f 修正。

(1) 初始横摇影响下的最小倾覆力矩(臂)

假定船舶在周期性的横浪作用下发生摆幅为 θ_1 的谐振横摇,当船舶摇至一舷的最大摆幅 θ_1 时,船舶突然受到来自同舷侧正横方向的风压力矩 M_w 的作用。此时,船舶的稳性力矩 M_R 达到最大且与风压力矩 M_w 的方向相同,均为横倾角 θ_1 的反一舷侧。因此船舶 $\theta_1 \sim 0°$ 区间内稳性力矩作用方向与倾侧力矩一致,该横倾角区间内 M_R 和 M_w 对应的面积均应计算在面积 A 内,为保持动平衡,必须满足面积 A 等于面积 B,相应减小了最小倾覆力臂 l_{hmin} (图 3-29)。

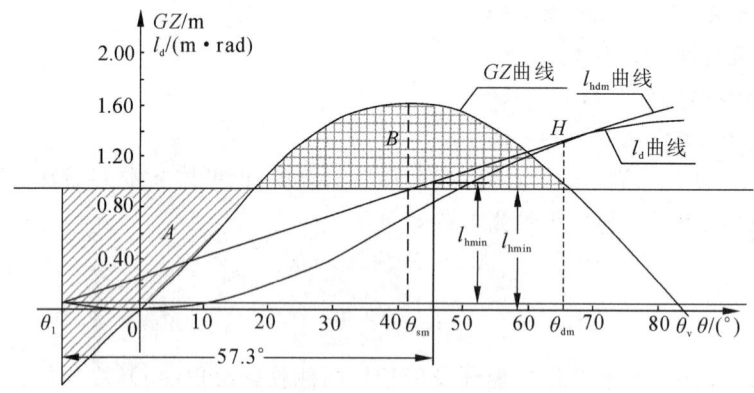

图 3-29 计及横摇角 θ_1 的 l_{hmin} 求取

横摇角 θ_1 应按照规定模型计算。对圆舭形船舶,横摇角 θ_1 按下式计算:

$$\theta_1 = 15.28 \, C_1 C_4 \sqrt{\frac{C_2}{C_3}} \tag{3-65}$$

式(3-65)中各系数按下述方法求取:

① 系数 C_1 应按横摇自摇周期及航区由图 3-30 查取。对遮蔽航区船舶,C_1 按沿海航区数值乘以 0.8 取值;当 $T_R > 20$ s 时,取 $C_1 = 0.19$。

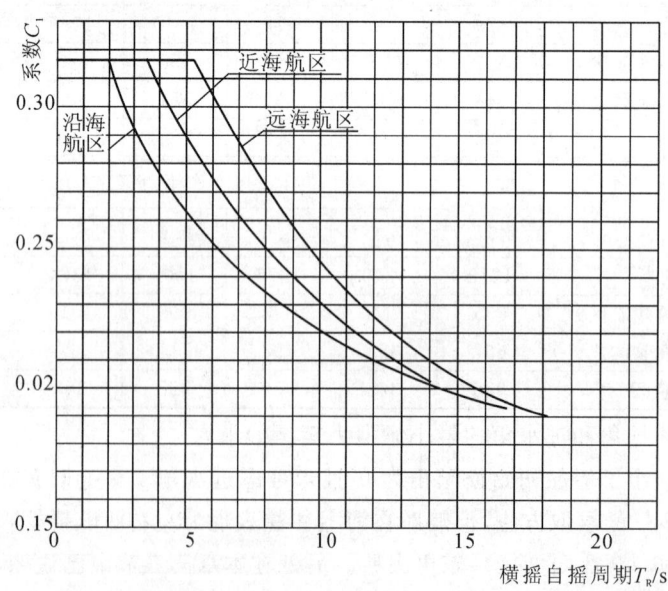

图 3-30 系数 C_1

其中横摇自摇周期 T_R 按下式计算:

$$T_R = 0.58f\sqrt{\frac{B^2+4KG^2}{GM_0}} \tag{3-66}$$

式中:f——按船舶的 B/d 值由表 3-6 插值查得的系数;

B——不包括船壳板的最大船宽(m);

d——所核算装载情况下的型吃水(m);

KG——所核算装载情况下船舶重心至基线的垂向高度(m);

GM_0——所核算装载情况下船舶未计及自由液面修正的初稳性高度(m)。

表 3-6 系数 f

B/d	≤2.5	3	3.5	4	4.5	5	5.5	6	6.5	≥7.0
f	1	1.03	1.07	1.1	1 14	1.17	1.21	1.24	1.27	1.3

②系数 C_2 按下式计算:

$$C_2 = 0.13 + 0.6\frac{KG}{d} \tag{3-67}$$

当 $C_2>1$ 时,取 $C_2=1.0$;当 $C_2<0.68$ 时,取 $C_2=0.68$。

③系数 C_3 应按船舶的 B/d 值由表 3-7 插值查得:

表 3-7 系数 C_3

B/d	≤2.5	3	3.5	4	4.5	5	5.5	6	6.5	≥7.0
C_3	0.011	0.013	0.015	0.017	0.018	0.019	0.02	0.021	0.022	0.023

④系数 C_4 应按船舶类型及舭龙骨尺寸由表 3-8 插值查得:

表 3-8 系数 C_4

$\frac{A_b}{L \cdot B}(\%)$	0	0.5	1.0	1.5	2.0	2.5	3.0	3.5	≥4.0
干货船、油船、集装箱船、海驳船	1.000	0.754	0.685	0.654	0.615	0.577	0.523	0.523	0.523
客船、拖船	1.000	0.885	0.823	0.769	0.708	0.654	0.577	0.546	0.523

注:A_b 为舭龙骨总面积(m²),对有方龙骨的船舶,可将其侧面积计入舭龙骨总面积 A_b 之内;L 为垂线间长(m)。

(2)计及船舶进水角 θ_f 修正

本章第三节已经说明当船舶横倾至进水角时,船舶将丧失稳性,船舶静稳性曲线和动稳性曲线均在该处终止。因此,船舶进水角对静稳性曲线或动稳性曲线的修正方法是将曲线在 θ_f 处截断。由于这一修正,减小了稳性力矩的做功范围,降低了船舶抵御倾侧力矩的能力,最小倾覆力矩将进一步减小(图 3-31)。

二、IMO IS 规则对船舶完整稳性的要求

2008 年 12 月 4 日,IMO 以 MSC.267(85)决议通过了《2008 年国际完整稳性规则》(简称 IS 规则),该规则适用于长度为 24 m 及以上的货船、运输木材甲板货物的货船、客船、渔船、特种用途船舶、近海供应船、移动式近海钻井装置、平底船和集装箱船。

IS 规则包括"引言""A 部分 强制性衡准""B 部分 对某些类型船舶的建议和附加指南"

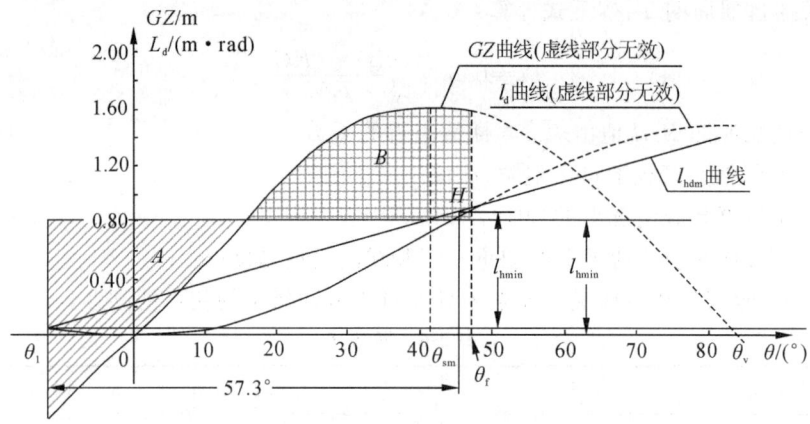

图 3-31 计及船舶进水角 θ_f 修正的 l_{hmin} 求取

等内容。其中引言和 A 部分为强制性规则,B 部分为建议性要求;A 部分包括:第 1 章 总则、第 2 章 总体衡准、第 3 章 适用于某些类型船舶的特殊衡准。

1. 波浪中的动态稳性现象

2008 年 IS 规则 A 部分第 1.2 节提出:某些船舶在风浪中更容易遇到严重稳性状况的危险。为解决此现象的严重后果,在设计中可能需要采取必要的防护措施。该规则确定的在航行中可能引起大的横摇角和/或加速度的现象包括:

1)复原力臂的变化

任何在波谷和波峰状态时复原力臂变化大的船舶都可能会出现参数横摇或单纯失去稳性或者出现两种情况的组合。

2)"瘫船"状态下的共振横摇

失去推进和操舵能力的船舶在自由漂浮时可能会出现共振横摇的危险。

3)横转侧面受风和其他与操纵有关的现象

船舶在顺浪或尾浪中航行时可能无法保持稳定的航向,尽管使用最大操舵,仍可能会导致出现最大横倾角。

IMO 认识到有必要对上述经确定的现象制定和实施以性能为导向的衡准,以确保统一的国际安全水平。

2. 总体衡准

1)一般要求

(1)所有装载工况应计及自由液面影响。

(2)当船上设置防摇装置,该装置工作时总体衡准仍能保持且供电系统的失效或装置的故障不会导致船舶无法满足本规则的有关要求。

(3)应在必要的范围内考虑一些不利于稳性的影响,诸如结冰、甲板上浪等。

(4)考虑由于吸水和结冰(有关结冰细则列于 B 部分)引起的重量增加,以及由于燃料和备品的消耗引起的重量损失的因素,航程所有阶段应满足稳性安全界限。

(5)每船均应备有一份由主管机关批准的稳性手册。如果稳性仪作为稳性手册的补充用于计算稳性衡准,应经主管机关认可。

(6)如果最小营运初稳性高度 GM、最大重心 VCG 曲线或表格用于确保符合相关完整稳性衡准,这些限制曲线应延伸至整个营运纵倾范围,除非纵倾的影响不大。

2)复原力臂曲线特性的衡准

(1)初稳性高度不小于 0.15 m;

(2)静稳性力臂 GZ 曲线在 0°~30°之间所围面积应不小于 0.055 m·rad;

(3)静稳性力臂 GZ 曲线在 0°~40°或 0°~进水角 θ_f(当 $\theta_f<40°$时)之间所围面积应不小于 0.090 m·rad;

(4)静稳性力臂 GZ 曲线在 30°~40°或 30°~进水角 θ_f($\theta_f<40°$)之间所围面积应不小于 0.030 m·rad;

(5)横倾角 30°处的静稳性力臂 GZ 应不小于 0.20 m;

(6)最大静稳性力臂对应角(即极限静倾角)应不小于 25°。

如不可行,应经主管机关批准后,适用基于等效安全水平的替代衡准。

3)强风和横摇衡准(气象衡准)

(1)气象衡准反映船舶抵抗横风和横摇联合作用的能力。船舶经自由液面修正的 GZ 曲线上(图 3-32),按下述方法确定的面积 b 不小于面积 a,即:面积 $b \geqslant$ 面积 a。

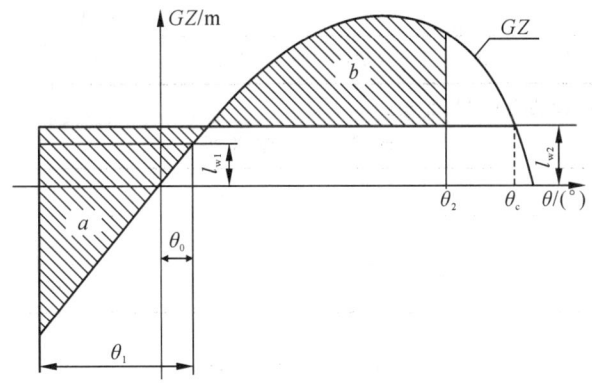

图 3-32 IMO 气象衡准要求示意

①假设船舶受到来自正横方向的一个稳定风压,其稳定风倾侧力臂为 l_{w1},所产生的船舶静倾角为 θ_0,θ_0 不应超过 16°或甲板边缘入水角的 80%,取小者;

②假定由于波浪的作用,船舶自 θ_0 向上风向横摇,其横摇角位移为 θ_1;

③船舶受到阵风作用,其阵风风压力臂为 l_{w2},并规定:

$$l_{w2}=1.5l_{w1} \qquad (3-68)$$

④取 θ_2 等于船舶进水角 θ_f、50°和 l_{w2} 与静稳性力臂曲线第二个交点的对应角 θ_c 三者中的最小值。

(2)稳定风倾侧力臂 l_{w1} 按下式计算:

$$l_{w1}=\frac{P_w \cdot A_w \cdot Z_w}{1000 \cdot g \cdot \Delta} \qquad (3-69)$$

式中:P_w——单位计算风压(Pa),取 504 Pa,限定航区的船舶若经主管机关批准后,P_w 可以减小;

A_w——水线以上的船体、上层建筑和甲板货的侧投影面积(m²),A 轮的 A_w 数据见附录 1.8；

Z_w——A_w面积中心至水下船体侧投影面积中心或吃水一半处的垂直距离(m)；

g——重力加速度,取 9.81 m/s²。

(3)横摇角 θ_1 应按下式计算：

$$\theta_1 = 109k\, X_1 X_2 \sqrt{rs} \tag{3-70}$$

式中：X_1——系数,按表 3-9 取值。

X_2——系数,按表 3-10 取值。

k——系数,对于无舭龙骨或立龙骨的圆舭形船舶, $k=1.0$；对于尖舭型船舶, $k=0.7$；对于有舭龙骨、立龙骨或两者皆有的船舶, k 按表 3-11 取值。

r——系数, $r=0.73+0.6\times\dfrac{OG}{d}$, $OG=KG-d$, d 为船舶平均型吃水(m)。

s——系数,按表 3-12 取值。

表 3-9 系数 X_1 值

B/d	X_1	B/d	X_1	B/d	X_1	B/d	X_1
≤2.4	1.0	2.7	0.95	3.0	0.90	3.3	0.84
2.5	0.98	2.8	0.93	3.1	0.88	3.4	0.82
2.6	0.96	2.9	0.91	3.2	0.86	≥3.5	0.80

注：B 为船舶的型宽(m)；d 为船舶平均型吃水(m)。

表 3-10 系数 X_2 值

C_B	X_2	C_B	X_2	C_B	X_2
≤0.45	0.75	0.55	0.89	0.65	0.97
0.50	0.82	0.60	0.95	≥0.70	1.00

注：C_B 为方形系数。

表 3-11 系数 k 值

$\dfrac{A_k \times 100}{L_{WL} \times B}$	k	$\dfrac{A_k \times 100}{L_{WL} \times B}$	k	$\dfrac{A_k \times 100}{L_{WL} \times B}$	k	$\dfrac{A_k \times 100}{L_{WL} \times B}$	k
0	1.0	1.5	0.95	2.5	0.79	3.5	0.72
1.0	0.98	2.0	0.88	3.0	0.74	≥4.0	0.70

注：A_k 为舭龙骨的总面积或方龙骨的侧投影面积或这些面积的和(m²)；L_{WL} 为船舶的水线长度(m)。

表 3-12 系数 s 值

T_R	s	T_R	s	T_R	s	T_R	s
≤6	0.100	8	0.093	14	0.053	18	0.038
7	0.098	12	0.065	16	0.044	≥20	0.035

注：T_R 为船舶横摇周期(s),在缺少足够资料时,可使用式(3-72)所示的横摇自摇周期(ship's natural period of roll)公式近似求取。

(4)横摇周期 T_R 按下式近似求取：

$$T_R = \dfrac{2CB}{\sqrt{GM}} \tag{3-71}$$

式中：C——系数，$C=0.373+0.023\times\dfrac{B}{d}-0.043\times\dfrac{L_{WL}}{100}$；

GM——经自由液面修正后的初稳性高度(m)。

横摇角 θ_1 计算所涉表格和公式基于具有下列特征船舶的数据：B/d 小于 3.5，$KG/d-1$ 在 $-0.3\sim0.5$ 之间和 T_R 小于 20 s。对于参数在此限制之外的船舶，横倾角 θ_1 可通过对相应船舶的模型试验应用 MSC.1/Circ.1200 号通函中所述的程序来确定。

3. 适用于某些类型船舶的特殊衡准

1）客船（略）

2）5000 载重吨及以上的油船

油船的特殊稳性衡准应符合《经1978年议定书修订的1973年国际防止船舶造成污染公约》附则Ⅰ第 27 条的规定。

3）散装运输谷物的货船

从事谷物运输的船舶的完整稳性应符合《国际散装谷物安全运输规则》的要求。

4）高速船

高速船应符合所适用的《高速船安全规则》的稳性要求。

4. IS 规则 B 部分

2008 年 IS 规则"B 部分 对某些类型船舶的建议和附加指南"共包括 8 章和 2 个附录。对未列入 A 部分的某些类型船舶和其他海上运输工具提出建议的稳性衡准，包括渔船、方驳、船长大于 100 m 的集装箱船、近海供应船、特种用途船、海上移动式钻井平台（MODU）等。同时还包括为稳性资料、防止船舶倾覆的操作规定、结冰计算、水密完整性的考虑以及空船参数的确定、实施倾斜试验等提供的指南。

三、最小许用初稳性高度和最大许用重心高度

按照 IMO《2008年国际完整稳性规则》或我国《国际航行海船法定检验技术规则》的要求，船舶在每一航次的所有装载状态，都必须保证各项衡准要求全部得到满足。如果按照各项衡准指标逐项计算并校核稳性，将是一项非常烦琐的工作。因此，船舶设计单位往往提供在船舶稳性资料中最小许用初稳性高度或许用重心高度资料，以简化稳性的衡准计算。

1. 最大许用重心高度 KG_c

最大许用重心高度 KG_c（maximum centre of gravity or allowable maximum KG）又称极限重心高度（limiting KG）。船舶各项稳性衡准指标的取值，都是由排水量 Δ（或吃水 d）和经自由液面修正的船舶重心高度 KG 两者决定的。特定船舶在排水量不变的情况下，上述规则所指的所有稳性衡准指标都是随 KG 的增加而减小的单调下降函数。所以，若能求得特定排水量下上述规则规定的某一稳性衡准指标的临界值所对应的重心高度，并保证船舶实际合重心高度不超过该数值，则该稳性指标满足规则的规定。进而，若能求得所有各项稳性衡准指标所对应的重心高度中的最小值，并保证实际船舶重心高度不超过该最小值，则所有完整的稳性衡准要求都能得到满足。上述最小值，就是特定排水量下船舶的最大许用重心高度 KG_c。

显然，特定船舶的许用重心高度 KG_c 随排水量变化而变化。应用 KG_c 资料校核完整稳性时，应根据 KG_c 资料查取对应排水量 Δ（或吃水 d）的 KG_c 值，并计算船舶在当时装载状态

下的合重心距基线高度 KG,然后对 KG 进行自由液面修正,要求满足:
$$KG_f = KG + \delta GM_f \leqslant KG_c \tag{3-72}$$
式中:KG_f——经自由液面修正的重心高度(m);

KG——船舶合重心距基线高度(m);

δGM_f——自由液面对初稳性高度的修正量(m);

KG_c——最大许用重心高度(m)。

2. 最小许用初稳性高度 GM_c

当排水量一定时,船舶的横稳心距基线高度 KM 是确定的。按 $GM_c = KM - KG_c$ 计算得到的初稳性高度称为最小许用初稳性高度 GM_c(minimum operational metacentric height),也就是恰能同时满足完整稳性的全部衡准要求时,经自由液面修正后的船舶初稳性高度的最小值。同样,特定船舶的最小许用初稳性高度 GM_c 随排水量变化而变化。

应用 GM_c 资料校核完整稳性时,同样应根据 GM_c 资料查取对应排水量 Δ(或吃水 d)的 GM_c 值,并计算船舶在当时装载状态下经自由液面修正的初稳性高度 GM_f。要求满足:
$$GM_f \geqslant GM_c \tag{3-73}$$

船舶资料中可能提供有按照 IMO《2008 年国际稳性规则》或船旗国管理部门制定的相关稳性衡准要求计算求出的许用重心高度或最小许用初稳性高度的曲线图或数据表。两种形式的资料是等效的,当船舶资料中有这些资料或其中之一时,可以利用相关资料校核船舶完整稳性。

图 3-33 所示为 A 轮的最大许用重心高度 KG_c 曲线,该轮最大许用重心高度数据表见附录 1.11-2。曲线的横坐标为平均型吃水,纵坐标为经自由液面修正的最大许用重心高度 KG_c。经计算的 KG_f 与相应装载状态下型吃水所对应的位置如果位于曲线的下侧,则满足稳性衡准要求,否则应视为不满足稳性衡准要求。要求满足:
$$KG_f \leqslant KG_c \tag{3-74}$$

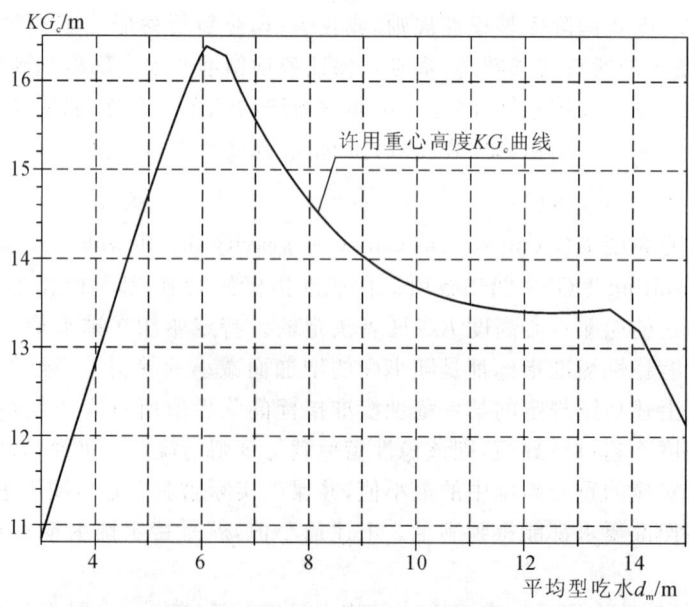

图 3-33 A 轮的最大许用重心高度曲线

四、IMO《第二代完整稳性衡准暂行指南》

1. IMO《第二代完整稳性衡准暂行指南》简介

本章第四节分析了波浪对船舶稳性的影响,已知波浪会导致复原力臂减小,但船舶动稳性力矩 A_d 和动稳性力臂 l_d 分别定义为静水中的静稳性力矩 M_R 和静稳性力臂 GZ 曲线所围面积,并未考虑波浪中稳的损失。虽然 IMO 2008 年 IS 规则为船舶提供了重要安全保障,但它根据的是 20 世纪中期收集的船舶营运统计和气象衡准,主要基于船舶静力学理论,以船舶在静水中静止时在横风、横浪作用下的复原力臂曲线的参数来描述。在制定强制性完整稳性衡准时,主要基于经验背景,未体现船舶类型及其操作环境条件的多样化,未体现现代船舶水动力学研究的新成果,所得到的经验公式对于新型专业化和超大型化船舶的适用性可能大大降低。IS 规则 A 部分第 1.2 节列出了船舶在波浪中动稳性的三个方面的现象,但这些现象描述还不够具体,也没有涉及对稳性失效的评估。IMO 也意识到 IS 规则还不足以防止波浪中动态稳性现象导致的船舶倾覆的发生,需要进一步完善,并在规则 A 部分第 1.2 节中提出"有必要对本节所列的经确定的现象制定和实施以性能为导向的衡准,以确保统一的国际安全水平"。

经过 IMO 和业界研究人员多年的努力,逐步建立了基于性能的第二代稳性衡准方法。IMO 海上安全委员会第 102 届会议(MSC 102)于 2020 年 11 月批准了 MSC.1/Circ.1627 通函《第二代完整稳性衡准暂行指南》(Interim guidelines on the second generation intact stability criteria,以下简称《二代稳性指南》),IMO 鼓励各方在新船设计时试用该指南,同时也鼓励营运船舶试用该指南,与实际操作经验进行比较,并向 IMO 反馈试用情况。该指南提供了评估在波浪中 5 种动稳性失效模式的基于性能的衡准,即瘫船状态、过度加速度、纯稳性丧失、参数横摇和骑浪/横甩。每种稳性失效模式都由第一层薄弱性衡准(level 1 vulnerability criteria)、第二层薄弱性衡准(level 2 vulnerability criteria)以及稳性直接评估(direct stability assessment,DSA)组成,从而形成了由 5 种动稳性失效模式、3 层评估方法以及操作措施(operational measures)构成的第二代完整稳性衡准构架体系。3 层评估方法的计算复杂性依次递增,评估的准确性也依次提高,但安全余量依次减小。只有在第一层薄弱性衡准没有通过的情况下,才需进行第二层薄弱性衡准的评估;在第二层薄弱性衡准没有通过时,再进行第三层稳性直接评估。在三层衡准评估都无法通过时,必须对船型进行重新设计或制定航行操作指导(operational guidance)或操作限制(operational limitations),以避免稳性失效的发生。当一艘船舶无法通过一、二层薄弱性衡准,就认为这艘船舶属于完整稳性意义上的"非常规"船型。

《二代稳性指南》包括 4 章内容,分别是"第 1 章 总则""第 2 章 薄弱性衡准指南""第 3 章 直接稳性失效评估指南"和"第 4 章 操作措施指南"。其作为 2008 年 IS 规则 A 部分强制性要求的补充,提供了以性能表现为导向的动稳性衡准。该指南适用于受 2008 年 IS 规则约束的船舶,但不代替 2008 年 IS 规则中包含的强制性完整稳性衡准。

2022 年 4 月 IMO 海上安全委员会第 105 届会议批准了 MSC.1/Circ.1652 通函《关于第二代完整稳性衡准暂行指南的解释性说明》(MSC.1/Circ.1652 Explanatory notes to the Interim guidelines on second generation intact stability criteria),对衡准应用的技术细节和失效模式物理机理给出了解释,提供了衡准应用的详细示例。

2.动稳性失效模式

动稳性失效模式依据其危害程度可分为两类：完全稳性失效和部分稳性失效。完全稳性失效模式是指有可能引起船舶倾覆的失效模式；部分失效模式是指出现诸如非常大的横摇角或加速度现象，该现象虽然不会导致船舶损失，但仍然会危及人员和货物安全。

1）瘫船（dead ship condition）

瘫船指船舶由于推进系统或操舵系统问题，处于无法推进或操舵的状态，此时船舶可能在自由漂移时受波浪作用发生共振横摇甚至倾覆。

2）纯稳性丧失（pure loss of stability）

当船舶以较高航速在大的随浪或尾斜浪中航行时，波浪以接近船速超越船体，波峰在船中保持足够的时间，因水线面减小而发生完整稳性损失，导致船体倾斜或倾覆。准确评估船中位于波峰时的复原力臂是预报纯稳性丧失的关键。当波长在 $0.6L$ 至 $2.3L$ 范围内时，这种影响可能变得更为显著，并且稳性受损的程度随波高的增加而增加。2013 年一艘日本的客滚船在尾斜浪中航行时出现了 40°横倾角，最终导致船舶倾覆。该船稳性满足 IS 规则要求，分析认为该船倾覆是由纯稳性丧失造成的。

IMO 第二代稳性衡准的纯稳性丧失失效模式薄弱性评估适用于营运航速的弗汝德数 F_n 超过 0.24 的所有船舶。

3）参数横摇（parametric rolling）

参数横摇运动是阻尼较小的船，遭遇到一定频率的波浪时，船舶复原力矩周期性变化引起的非线性显著横摇现象。参数横摇运动是一种共振现象，是由于船舶位置在波峰和波谷之间变化时的稳性变化造成的，船舶纵浪或斜浪航行，常伴随着显著的纵摇和垂荡运动，使复原力矩发生显著的变化，与船舶摇荡运动发生耦合，在很短的时间内达到很大的横摇角度，可能造成货物损失甚至船舶倾覆。参数横摇可能发生于以下两种情况：

（1）波浪遭遇周期 T_E 与船舶自摇周期 T_R 相同（遭遇比 1∶1），船舶稳性在每一个横摇运动周期内减小一次，并出现不对称的横摇摆幅，当波峰在船中时出现更大的横摇幅度，且恢复缓慢。这种参数横摇可能发生在较宽的波浪遭遇周期范围。

（2）波浪遭遇周期为船舶自摇周期的一半（遭遇比 1∶0.5），船舶稳性在每一个横摇运动周期内减小两次。当船舶随浪或尾斜浪航行，波浪遭遇周期大于波浪周期时，发生稳性小而横摇周期很大的情况，伴随着波峰中稳性减小，出现大幅度的对称横摇。

除了随浪和尾斜浪航行波浪影响稳性外，遭遇比 1∶0.5 的参数横摇也可能发生于迎浪航行。船舶迎浪航行的垂荡和纵摇运动也会导致船舶稳性的显著变化，导致严重的参数谐摇，特别是具有明显首尾部外飘线型的现代船舶。

触发船舶在波浪中参数横摇共振的条件包括：(1)船舶自摇周期与波浪遭遇周期一致或是后者的 2 倍；(2)波长约等于船长；(3)波浪高度大于船舶相关阈值；(4)船的横摇阻尼很低。

1998 年 10 月，集装箱船 APL CHINA 轮在北太平洋海域受台风产生的涌浪影响，迎浪航行时发生大幅横摇，造成 406 个集装箱落海，约 1000 个集装箱损坏，该船稳性满足 2008 年 IS 规则要求，分析表明造成该事故的原因为参数横摇。2020 年 11 月，14000 箱位集装箱船 ONE Apus 轮从中国盐田港驶往美国西海岸长滩港，在夏威夷西北约 1600 海里处遭遇大浪。剧烈横摇造成约 1816 个集装箱落水，其中 64 个集装箱载有危险货物，近 1000 个集装箱受损,导致事故的原因是参数横摇。

4)骑浪/横甩(surf-riding/broaching-to)

骑浪是船舶在随浪或尾斜浪中高速航行时,被波浪捕获并以波速前进的现象。通常船舶在波浪的下坡段发生骑浪。处于骑浪状态下的船舶,船舶突然失去航向的保持能力而发生的急转向现象,称为横甩。骑浪是发生横甩的前提条件,横甩时尽管使用最大舵角仍然不能维持航向,并伴随着大角度的横倾,直接威胁船舶的航行安全。

骑浪主要发生于波浪遭遇角度 α 为 $135°\sim225°$,船速大于 $1.8\sqrt{L}/\cos(180-\alpha)$ kn 的情况下。可通过改变航向、航速避开危险区间。

5)过度加速度(excessive acceleration)

过度加速度是指船舶在波浪作用下产生摇荡运动导致横向加速度过大,引起人员伤害和货物损坏的现象。过度加速度与其他稳性失效模式不同的是,通常 GM 比较大,一般不会导致船舶的倾覆。主要表现为集装箱船在航行中因过度加速度引起的甩箱现象。

IMO 第二代完整稳性衡准的过度加速度失效模式的薄弱性评估适用于任何装载工况下,从水线至沿船舶长度乘客或船员可能在场的最高位置的距离超过船舶宽度的 70% 的船舶,以及初稳性高度超过船舶宽度 8% 的船舶。

3. 船舶稳性失效模式的薄弱性评估

《二代稳性指南》第 2 章列出了 5 种动稳性失效模式的薄弱性评估方法,这里以瘫船状态为例,对其进行简要说明。

1)瘫船状态的第一层薄弱性衡准

对于每一装载工况:如船舶满足 2008 年 IS 规则气象衡准,则视为满足瘫船状态的第一层薄弱性衡准,即不具备瘫船状态失效模式的薄弱性。第二代完整稳性衡准中,将 2008 年 IS 规则 IMO 气象衡准中计算横摇角 θ_1 时所用波陡系数 s(表 3-12)用 IMO《气象衡准替代评估暂行指南》(MSC.1/Circ.1200)中表 4.5.1 的值替代,如表 3-13 所示。

表 3-13 波陡系数 s 值

T_R/s	s	T_R/s	s	T_R/s	s	T_R/s	s	T_R/s	s
$\leqslant 6$	0.1	12	0.065	18	0.038	24	0.025	$\geqslant 30$	0.02
7	0.098	14	0.053	20	0.032	26	0.023		
8	0.093	16	0.044	22	0.028	28	0.021		

2)瘫船状态的第二层薄弱性衡准

如船舶不满足 IMO 气象衡准,应使用瘫船状态失效模式薄弱性评估衡准进行更详细的薄弱性评估。如满足下述要求,则船舶视为不存在瘫船状态失效模式的薄弱性。

$$C = \sum_{i=1}^{N} W_i C_{s,i} \leqslant R_{DS0} \tag{3-75}$$

式中:C——短期环境条件发生概率衡量瘫船状态稳性失效的船舶薄弱性的长期概率指数;

R_{DS0}——评估值,取 0.06;

W_i——规定的短期环境条件的加权系数;

$C_{s,i}$——所考虑短期环境条件的短期瘫船稳性失效指数;

N——规定的短期环境条件总数量。

所考虑短期环境条件的短期瘫船稳性失效指数$C_{s,i}$,用来衡量船舶在所考虑的暴露时间内至少一次超出规定横倾角的概率,并考虑船舶和波浪之间的有效相对角。《二代稳性指南》列出了其计算方法,限于篇幅,这里不再赘述。

4. 直接稳性失效评估

作为薄弱性衡准的替代,对于每一装载工况,船舶可按《二代稳性指南》第3章直接稳性失效评估指南进行5种失效模式的直接稳性失效评估;或按第4章操作措施指南制定的与营运区域或航线和季节相关的操作限制进行约束。《二代稳性指南》推荐的衡准、程序确保与每船每年不超过2.6×10^{-3}的平均稳性失效率相对应的安全水平。

1) 稳性失效阈值

失效事件系指:(1)横摇角过量即横倾40°,静水中的稳性消失角或静水中未保护开口的进水角,取较小者;或(2)在沿整个船舶长度方向上可能有乘客或船员的最高位置,横向加速度超过9.81 m/s^2。

2) 直接稳性评估程序

直接稳性评估程序由两个主要部分组成:

(1) 充分复制船舶在波浪中运动的方法

船舶在波浪中的运动可通过数值模拟或模型试验预测。包括波浪的数学模型、横摇阻尼建模、力和力矩的数学建模等。《二代稳性指南》提出了对特定稳性失效模式的船舶运动模拟要求(表3-14)。

表3-14 对特定稳性失效模式的船舶运动模拟要求

稳性失效模式	船舶运动模拟	自由度数量
瘫船状态	横荡、垂荡、横摇和纵摇	4
过度加速度	垂荡、纵摇和横摇	3
纯稳性丧失	纵荡、横荡、横摇和首摇	4
参数横摇	垂荡、横摇和纵摇	3
骑浪/横甩	纵荡、横荡、横摇和首摇	4

(2) 识别获得评估的输入值,如何处理输出和评估过程的规定

直接稳性评估程序旨在预测不规则波浪环境中稳性失效的可能性,并且因为稳性失效可能罕见,直接稳性评估程序可能要求罕见问题的解决方案。《二代稳性指南》提供了规避罕见问题的两种一般方法,即设计状况的评估和使用确定性衡准进行评估。每一稳性失效模式的设计状况见表3-15。

表3-15 每一稳性失效模式的设计状况

稳性失效模式	波浪方向	前进速度	波浪周期
瘫船状态	横风和横浪	零	T_z/T_r从0.7至1.3
过度加速度	横向	零	T_z/T_r从0.7至1.3
纯稳性丧失	随浪	最大名义航行速度	T_p对应于与船长相当的波长
参数横摇	顶浪和随浪	零	在波浪散布表中的所有波浪周期
骑浪/横甩	随浪	最大名义航行速度	T_p对应于$1.0L$至$1.5L$范围内的波长

注:T_z为平均跨零波浪周期(s);T_r为自然横摇周期(s);T_p为所考虑短期环境条件的谱峰对应的波浪周期(s)。

5. 操作措施指南

操作措施指南是针对特定船舶在稳性直接评估的结果和稳性失效的分析基础上制定的具体的船舶操作指南,以帮助脆弱船舶安全营运。

1)"操作限制"规定了船舶在考虑的装载工况中的操作限制:

(1)与水域或航线和季节相关的操作限制,允许在特定操作水域和在特定季节的操作。

(2)与最大有义波高相关的操作限制,操作所允许的最大有义波高条件。

2)"操作指导"规定了在每个相关海况中避免的与波浪方向相关的船舶速度和航向的组合(危险的航向航速区间)。

6. IMO 现有操作指南的操作建议

2006 年 11 月,IMO 海上安全委员会第 82 次会议上通过了《经修订的船长在不良天气和海况下避免危险的指南》,并以 MSC.1/Circ.1228 通函发布,作为避免在相应条件下出现的危险现象的通用指导。该指南也是 IMO 制定第二代完整稳性衡准的基础之一。

该指南给出了波长 $\lambda(m)$ 和波浪周期 $T_W(s)$ 的关系:$\lambda = 1.56T_W^2$ 或 $T_W = 0.8\sqrt{\lambda}$。波浪遭遇周期 T_E 的模型如下:

$$T_E = \frac{3T_W^2}{3T_W + V\cos\alpha} \tag{3-76}$$

式中:V——船速(kn);

α——船首尾线与波浪的夹角(°),船首浪为 0°。

波长 λ 可通过观察并与船长比较或通过雷达回波确定,波浪周期 T_W 可通过秒表测量破碎波浪产生泡沫到其在通过波谷后再次出现之间的时间跨度确定。

该指南针对几种危险现象(如骑浪和横甩、船中在波峰的稳性减少、谐摇运动、参数谐摇运动等)给出了以下几种操作指导:

1)船舶状态

船舶稳性应满足 IMO 稳性衡准要求。

2)避免危险状态的方法

(1)骑浪和横甩

为避免骑浪和横甩,船舶航速和航向应避开图 3-34(a)所示的危险区间。

(2)持续的巨浪袭击

当平均波长大于 $0.8L$,有义波高大于 $0.04L$,同时可以清楚地察觉到船舶的某些危险现象时,船长应注意降低船舶速度或改变航向,以避免进入图 3-34(b)所示的危险区,从而防止巨浪的连续袭击,减小对船舶完整稳性影响和谐摇运动、参数谐摇运动及各种现象的组合影响。

图 3-34(b)中所示的危险区对应于波浪遭遇周期 T_E 约等于波浪周期 T_W 的两倍的条件。

(3)谐摇和参数谐摇

谐摇是指当船舶的自摇周期与波浪遭遇周期一致时,可能会激发大幅度的横摇运动。在随浪和尾斜浪航行的情况下,当船舶的横稳性很低,自摇周期变长时,可能会发生这种情况。船长应防止谐摇运动出现。

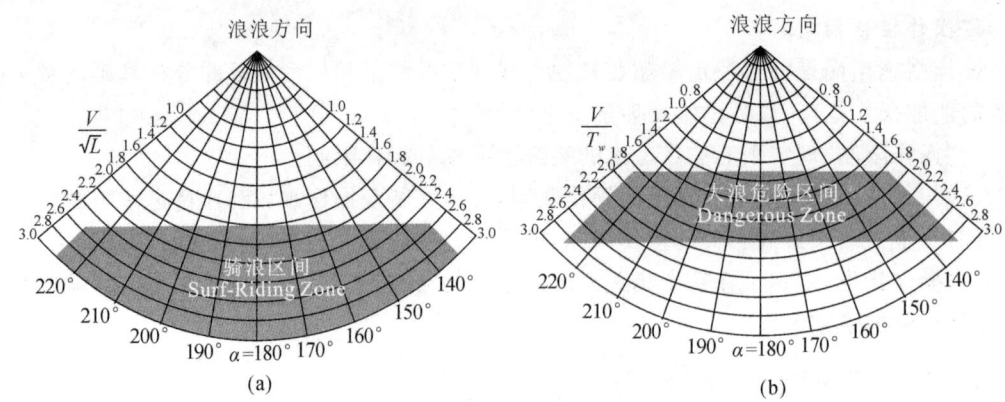

V—船速(kn);L—船舶型长(m);T_W—波浪周期(s)

图 3-34　船舶骑浪/横甩危险区间和大浪危险区间

为避免随浪、尾斜浪、顶浪、迎浪或横浪中出现参数谐摇,船长应选择合适的航速和航向,避免波浪遭遇周期 T_E 接近船舶自摇周期 T_R($T_E \approx T_R$)或波浪遭遇周期 T_E 约为船舶自摇周期 T_R 的一半($T_E \approx 0.5T_R$)。

【思考与应用 3-5】
1. 简述我国《国内航行海船法定检验技术规则》对船舶稳性的衡准要求。
2. 简述 IMO 2008 年 IS 规则对船舶稳性的衡准要求。
3. IMO 2008 年 IS 规则 A 部分第 1.2 节列出的波浪中的船舶动态稳性现象有哪些?
4. IMO《第二代完整稳性衡准暂行指南》提出的动稳性失效模式有哪些?
5. 简述 IMO《第二代完整稳性衡准暂行指南》的应用逻辑。
6. 简述最小许用初稳性高度和最大许用重心高度的含义。
7. 利用第三节"思考与应用"第 4 题中绘制的 GZ 曲线求经初始横摇角和进水角修正的最小倾覆力臂。
8. 利用第四节"思考与应用"第 3 题绘制的动稳性力臂 l_d 曲线求经初始横摇角和进水角修正的最小倾覆力臂。

第六节　船舶稳性的检验与调整

为保证船舶营运安全,船舶应保证满足稳性衡准要求。在编制配载计划和实际装载后,必须对具体航次的各典型装载状态,特别是稳性最不利状态的稳性进行计算,并判断其是否满足稳性衡准要求和处于适度稳性范围。一般来说,船舶在掩护条件较好的港内停泊或作业时应保证满足初稳性和大倾角稳性的衡准要求(至少满足初稳性的要求),船舶在外海水域(包括航行和锚泊)时,应全面满足包括气象衡准在内的各项稳性衡准要求。

如果稳性不足或过大,必须对配载计划或实际装载方案进行调整,使船舶的稳性既符合衡准的要求,又不至于过大(船舶横摇周期过小)。

一、船舶适度的稳性范围

1. 船舶最低稳性要求的确定

船舶稳性如果过小可能导致严重后果,一是船舶抵御风浪的能力不足,受较小的外力影响时就会产生明显横倾,可能导致货物移位甚至船舶倾覆;二是影响船舶正常操纵,稳性过小的船舶在操舵后舵力和船舶回转运动产生倾侧力矩会导致船舶出现明显横倾;三是船舶横摇周期增大,维持在倾斜状态的时间增长,对主、辅机工况带来不利影响。

船舶稳性必须满足 2008 年 IS 规则或相关法定规则所规定的最低衡准要求。按照稳性衡准,船舶满足 $GM_f \geqslant GM_c$(或 $KG_f \leqslant KG_c$)即可认为满足稳性衡准要求。但是,现行规则中船舶稳性衡准要求是船舶稳性的最低要求,是以一定的假设条件为前提的。为了保证船舶的安全,航海实践中船舶稳性一般应在满足最低要求的基础上保留一定的安全余量。由此,船舶经自由液面修正后的初稳性高度 GM_f,或者经自由液面修正后的船舶重心高度 KG_f 应分别满足:

$$GM_f \geqslant GM_c + C_h \tag{3-77}$$

$$KG_f \leqslant KG_c - C_h \tag{3-78}$$

式中:C_h——最小许用初稳性高度或许用重心高度的安全余量(m),可根据船舶种类、排水量、所处的海况及所载货物的移动可能性等因素确定,常取 0.20～0.30 m。

2. 对船舶初稳性高度上限的要求

按照我国《国际航行海船法定检验技术规则》和 IMO IS 规则,船舶的横摇周期(自摇周期)T_R 与船舶初稳性高度 GM 之间的关系可以分别用式(3-66)和式(3-71)表示。

船舶的横摇周期 T_R 随初稳性高度的增大而减小。如果船舶稳性过大,即 T_R 过小,意味着船舶横摇剧烈。因此,初稳性高度也不宜过大,需要保持适度的稳性。

一般认为船舶的横摇周期宜不小于 9 s,较适宜的横摇周期在 15 s 左右。但不同类型船舶正常营运状态的横摇周期往往存在一定差异,例如某些岛间车渡船,其正常营运状态下的横摇周期为 7 s 左右。因此应注意掌握具体船舶的稳性特点,合理配积载,以获得相对较好的安全和航行性能。一般万吨级船舶满载时 GM 值为 $(4\% \sim 5\%)B$ 较为合适。

二、检验船舶稳性的经验方法

船舶稳性的衡准计算依赖于对船舶装载状态全面和准确的掌握。然而在实际工作中,船员对装载状态掌握的及时性和准确性往往受到限制。例如:装货清单或航次订舱单所声明的货物的重量或体积与实际不符;船舶在航行中,甲板货吸水或结冰重量无法准确判断;货舱进水等。在此情况下,船舶驾驶员应该运用自己的经验,根据船舶的某些运动特征,及时地检验和掌握船舶的稳性状况。其方法如下:

1. 测定横摇周期,推算初稳性高度

船舶在风浪中航行时,由于舷外水和空气的阻尼力矩的作用,凡是周期与船舶横摇周期不同的横摇将很快衰减;而周期与船舶横摇周期相同的横摇,则因发生谐振而得到维持。因此,船舶所表现的横摇周期与在静水中无阻尼的自由横摇周期(即自摇周期)非常接近。船舶的稳性资料一般也提供了横摇周期 T_R 与 GM_0 的关系曲线图或数据表。例如"例 3-1"装载状态下 A 轮的平均吃水为 13.90 m,计算得到初稳性高度为 2.72 m,则利用附录 1.9 的横摇周期与初稳性高度关系查得横摇周期为 13 s。

应当注意的是,船舶在波长与周期比较规则的涌浪的横向冲击下所表现出的横摇,其周期受涌浪的周期影响显著。因此,应避免根据在周期性的横浪冲击下测得的横摇周期计算初稳性高度。

2. 横向移动船上载荷检验船舶稳性

船舶在停泊时,可以采用沿横向移动船上载荷的方法人为地使船舶产生横倾角 θ,然后根据测量得到的横倾角来推算船舶的初稳性高度。设船舶的排水量为 Δ,处于无纵倾状态时,将船上重量为 P 的载荷沿横向移动距离 Y,由此产生静倾角 θ。根据所产生的倾侧力矩与静稳性力矩平衡的原理,可求得初稳性高度 GM。

$$P \cdot Y \cdot \cos\theta = \Delta \cdot GM \cdot \sin\theta \tag{3-79}$$

$$GM = \frac{P \cdot Y}{\Delta \cdot \tan\theta} \tag{3-80}$$

3. 船舶稳性不足的征兆及措施

船舶稳性不足的征兆是船舶在较小倾侧力矩作用下会发生明显的横倾,并且恢复缓慢。船舶如果出现以下一些现象,则表明稳性不足:

(1)船舶打入或排出压载水或在港内装卸货等左右稍有不均时,发生明显横倾。

(2)在一舷侧的舱柜中使用油水时,船体很快倾向另一侧。

(3)船舶出港时因左右装载不均重心偏离中线而存在横倾角,或航行中因一舷侧上浪导致甲板货吸水或结冰较多,或因货物移位,产生横倾,则船舶的稳性会受此影响而不足。

(4)拖轮在一侧顶推、拖带时,船体明显倾侧。

(5)船舶受较小横风时会发生较大角度的倾侧,横摇周期长,恢复缓慢。

(6)船舶快速航行中操大舵角转向时船体发生明显倾侧。

(7)甲板上浪海水流向一侧时出现明显横倾。

一旦判断稳性可能不足,应根据当时情况采取适当的稳性改善或补救措施。例如:

(1)港口作业时,暂停上层舱的装货和底舱的卸货,并放下船上吊杆,并放松千斤索。使用岸上装卸设备将上层舱货物移至底舱或卸除上层舱货物。

(2)船舶出港前严格按要求消除横倾角。航行中船舶出现横倾时应查明原因,采取合适消除横倾角、保持船舶平衡的措施。

(3)将低位存在自由液面的液舱注满或将高位的压载舱排空。或选择在位置低自由液面影响小的压载舱注入压载水。调整压载时应注意左右对称,防止产生横倾。

(4)调整航向、航速,改变波浪遭遇周期,或按照防止动稳性失效指南采取相应措施。

(5)可行和必要时抛弃较低一舷侧的甲板货,但应注意不能使用船吊。

(6)稳性不足时避免操急舵,因高速满舵引起的横倾不能用急回舵或反舵消除其横倾。

(7)选择就近的港口进行改善船舶稳性的港口作业。

三、保证船舶适度稳性的经验和措施

驾驶人员应对船舶的装载手册或稳性资料进行认真分析和研究,了解船舶装载或压载的能力、重量分布以及典型装载状态的稳性情况;熟悉本航线所经海区的气象、海况等自然条件及其季节变化特点,了解航次货载情况,分析船舶的历史数据、经验和配积载特点,制定合理的配载方案,保证船舶具有适度的稳性。

为使船舶具有满足要求且适度的稳性,驾驶人员一般还应注意以下几方面的要求:

1. 保证货物、货舱满足特定货物的装载要求

装载易流态化货物时,应确认货物的含水量满足承运要求。检查货舱舱盖、舱内管系等处于良好状态,防止航行期间货物出现流态化而危及船舶稳性。

装载重大件、车辆等货物前,应确认货物有符合要求的系固点,选择合适的积载位置,并制定良好的积载、衬垫和系固方案。

2. 根据船舶舱室布置和经验合理编制配载计划

在编制配载计划时,驾驶人员应当注意不断总结经验,不同类型船舶的稳性和配积载特点存在显著差异,对于杂货船、集装箱船和滚装船等,应注意根据船舶特点、结合稳性资料、经验、货物情况等合理确定货物的垂向分布。根据经验,一般万吨级杂货船满载时,底舱和二层舱装载量所占全部载货量的比例一般为65%、35%;对于具有3层甲板的船舶,底舱、下二层舱、上二层舱的配货比例一般为55%、25%、20%。加装甲板货时,杂货船甲板货的重量一般不超过货物总重的10%,同时应注意其与上层舱室货物总重量的控制,甲板货的堆高一般不得超过船宽的1/6~1/5。应注意受风面积增大引起风压倾侧力矩增大,致使稳性衡准数减小。

散货船应根据货物密度(或积载因数)、设计装载工况等确定采取均衡装货还是隔舱装货的方案,以合理控制重心高度,并合理平舱。船舶装载散装谷物时,应尽量避免或减少部分装载舱,选择合适的舱作为部分装载舱,并注意合理平舱或必要时采取止移措施。

总之,在编制配载计划的过程中就应考虑有效地控制船舶重心高度,尽量避免在编制船舶初配方案后稳性校核又发现不满足衡准要求或稳性大小不合适的情况。

3. 必要时合理调整船舶稳性

如果根据船舶初配方案核算发现稳性不满足要求,应对配载方案进行调整。实际装载后发现稳性不合适时也应采取调整措施。在采取加(排)压载水方法时,应注意自由液面的影响,以及因排水量的变化导致许用重心高度或最小许用初稳性高度改变。

4. 保持良好的积载和系固,防止大风浪航行中货物移位

装载集装箱、车辆和其他需要系固的货物单元时,应根据装载手册和货物系固手册制定货物的积载和系固方案,并进行系固强度校核。在货物装载过程中,应加强值班监装,确保舱内货物堆垛紧凑,以防止船舶在大风浪中航行时造成货物移位,严重影响船舶稳性。

船舶开航前、开行后应检查货物系固情况,在航行期间也应经常检查货物情况,滚装船应按规定对滚装处所进行定时巡视,一旦发现问题及时采取措施。在大风浪到来之前,应对可能产生移动的货物予以加固,检查货舱的水密情况及甲板货堆装情况。

5. 合理平舱

对于件杂货而言,各舱装载后应保持货物表面基本平整;对于固体散货,根据装货数量和货舱形状确定是否采取分段平舱,无论如何,散货装载完毕时应进行平舱以保证货物表面平整并左右均衡,对于满载舱应尽量将货物充满整个货舱空间,以减少或防止货物移动。

6. 减少自由液面的影响

船舶在稳性较小的情况下,应尽量减小液体自由液面对稳性的不利影响。

7. 消除船舶初始横倾

船舶存在初始横倾会显著降低静稳性力矩（臂），从而对船舶的大倾角静稳性、动稳性都产生不利影响。因此，船舶在整个航次中，即无论是在装卸还是在航行中，都应避免出现初始横倾角。装货结束时和航行期间如果存在初始横倾，应查明原因，并及时予以调整。

8. 船舶装货和交换压载水过程中的稳性控制

集装箱船、滚装船、木材船等，为保证船舶稳性，往往在装货状态时需要压载。船舶驾驶人员不仅应注意核算最终装载状态的稳性，还应注意防止船舶装货过程中因压载不足而丧失稳性，确保整个营运过程中各环节的稳性满足要求。

船舶在海上交换压载水时，应注意交换方法和步骤对稳性的影响，如果采用排空注入法，应防止排出压载水过程中导致稳性不足。如果交换压载水或其他作业会影响船舶稳性，应对最不利情况的稳性进行校核，必要时调整作业方案。

9. 注意波浪对船舶稳性的影响

本章第四节分析了波浪对稳性的影响。IMO 2008 年 IS 规则 A 部分第 1.2 节列出了船舶在波浪中动稳性三个方面的现象。IMO 第二代完整稳性衡准提出了船舶在波浪中的五种动稳性失效模式，并且针对每种失效模式提出了三层评估方法和操作措施指导。

船舶在横风和横浪作用下容易造成船舶在海上大幅度横摇甚至发生倾覆的危险状态。IMO 2008 年 IS 规则的气象衡准实际上就是基于横风和横浪作用状态提出的。

当船舶随浪航行，如果波长近似等于船长且航速较慢时，波浪将自船尾至船首通过船舶，当波速接近船速时，船舶与波浪的相对位置将保持较长时间不变。若波峰居于船中，船舶的稳性将小于静水中稳性；若波谷居于船中，船舶的稳性将大于静水中稳性，总体上船舶随浪航行将引起稳性损失。

船舶纵浪或斜浪航行，当船舶横摇固有周期与波浪遭遇周期接近或约为后者的 2 倍时，船舶横摇运动与纵摇和垂荡发生耦合，即使海况不是非常恶劣，船舶也有可能在很短时间内发生较大幅度的横摇，即产生参数横摇现象。在实际航行过程中，若遇长波高幅的连续规则涌浪，则需要调整航速，避开倍频区间，以保持在横向干扰小的纵浪下航行，避免大幅横摇。

上述危险状态涉及船舶与波浪相对位置，因此船舶在航行中可根据具体船舶的性能特点，通过改向或变速等措施来改变船舶与波浪的相对状态，以脱离相应的危险境遇。

IMO 2008 年 IS 稳性规则特别指出，鉴于船舶形式和大小以及航行环境的复杂性，防止船舶发生稳性事故的安全问题仍未完全解决。因此，尽管船舶稳性符合规则要求，但并不能保证船舶不会倾覆或解除船长责任。船长应当清楚，稳性满足了有关规则的规定只是满足了最低的要求。为了顾及船舶其他航行性能和经济性能，衡准要求不可能孤立地要求船舶在任何风浪及操纵情况下不致倾覆。稳性基本衡准虽已考虑了横风横浪的联合作用，但船舶实际航行环境可能出现远比规则规定的横风和横浪联合作用更恶劣的状况。因此，船舶在航行中船长应注意其装载、气象和海况等情况，运用良好船艺谨慎驾驶。

四、初稳性高度的调整

在决定稳性调整计划之前，必须通过计算切实掌握调整前经自由液面修正后的初稳性高度 GM_0。同时，在所要求的初稳性高度的上、下限之间选取一个适当的数值作为调整后

初稳性高度的要求值 GM_1。这样,初稳性高度的调整值为
$$\delta GM = GM_1 - GM_0 \tag{3-81}$$
调整初稳性高度的方法通常有两种,以适应船舶不同的装载情况。

1. 垂向移动载荷

垂向移动载荷对初稳性的影响已在本章第二节中阐述。作为船舶稳性调整的方法之一,该方法更适合在编制配载计划时经核算发现稳性不满足要求而对配载计划进行调整。另外,当调整前船舶已处于满载状态,不能再加载任何重量时,只能采取垂向移动载荷的方法调整初稳性高度。

通常,可根据需要调整的初稳性高度 δGM,预先确定移动载荷的初始位置和目标位置。确定载荷重心移动的垂向距离 Z,即可计算出需要移动的载荷重量 P。根据重量移动原理可得:
$$P = -\Delta \cdot \delta GM / Z \tag{3-82}$$

如果当时的装载舱容紧张,拟定货物移动的目标位置无足够的舱容容纳更多的货物时,可采用在高度不同的舱位间轻、重货物等体积互换的方法达到同样的目的。设需要移动的重货重量 P_H 和轻货重量 P_L,则相当于垂向移动载荷的重量 $P=P_H-P_L$,两者可根据以下方程组求得:
$$\delta GM = (P_L - P_H) \cdot Z / \Delta \tag{3-83}$$
$$P_H \cdot SF_H = P_L \cdot SF_L$$

例 3-3:某杂货船某航次根据船舶初配方案计算得排水量 $\Delta = 18600$ t,初稳性高度 $GM_0 = 0.50$ m,所有液舱均为满舱状态,且所有货舱均已满舱。应用最小许用初稳性高度曲线图查得,该排水量下船舶的最小许用初稳性高度值 $GM_c = 0.60$ m,安全余量 C_h 取 0.20 m,从舱容资料中查得,No.2 底舱舱容中心距基线高 5.50 m,No.2 二层舱舱容中心距基线高 11.50 m,现拟采取轻重货物上下等体积互换方式调整初稳性高度,应如何调整装于 No.2 二层舱的钢材($SF_H = 0.50$ m³/t)和装于 No.2 底舱的花生果($SF_L = 3.5$ m³/t),才能使船舶稳性符合衡准的要求?

解:1)调整后的船舶初稳性高度要求值 $GM_1 = GM_c + 0.2$ m $= 0.60$ m $+ 0.80$ m,因此,初稳性高度的调整值为
$$\delta GM = GM_1 - GM_0 = 0.80 \text{ m} - 0.50 \text{ m} = 0.30 \text{ m}$$

2)初稳性改变量为正值,应重货下移轻货上移,载荷垂向移动的距离为
$$Z = 11.50 \text{ m} - 5.50 \text{ m} = 6.00 \text{ m}$$

3)根据式(3-83)列方程组:
$$0.3 = (P_H - P_L) \times 6.00 \div 18600$$
$$P_H \times 0.50 = P_L \times 3.50$$

解出需要移动钢材重量 P_H 和花生果重量 P_L:
$$P_H = 1085.0 \text{ t}$$
$$P_L = 155.0 \text{ t}$$

2. 选择合适的舱位增、减少量载荷

当船舶未达到满载且存在空余舱位,或者有进一步调整压载的余地,如果需要调整船舶

稳性,可通过载荷重量少量增减的方法调整船舶初稳性高度。以调整压载水为例,若船舶稳性不足,应向船舶底部的压载水舱内打入压载水;若稳性过大,则可以从船舶底部的压载水舱向外排放压载水。增减载荷的重量 P(其重心距基线高度设为 Z_P)可根据式(3-46)经变换计算需增减的载荷重量 P,即:

$$P=\frac{\delta GM(\Delta+P)}{KG_0-Z_P} \tag{3-84}$$

若所计算的载荷重量 P 为正值,则说明需要向该位置加载载荷;若重量 P 为负值,则说明应在该位置减载载荷。

五、船舶横倾角的调整

当船舶的合重心偏离中纵剖面时,会出现初始静横倾角,使船舶稳性力矩减小,船舶稳性降低,影响船舶营运安全。船舶静水中的左(右)静横倾角一般应不超过 $1°$。因此,船舶开航前应消除船舶横倾角,保持横向正浮。船舶航行期间出现不明原因的永倾角,应检查原因并及时采取针对性的措施。

1. 船舶产生静横倾角的主要原因

(1)船舶货物左右装载不均衡,致使船舶合重心偏于中纵剖面一侧。其原因可能是编制配载计划时货物分配左右不均衡,按照积载计划装货后产生横倾。也可能是实际装载操作未严格按照配载计划,致使左右装载不均。这种情况须在开航前采取消除横倾角的措施。

(2)液舱内液体载荷左右不均衡。因左右压载舱压载不均衡,或航行期间油水左右消耗不均产生横倾角,应注意左右均衡压载和油水的左右均衡使用。

(3)航行期间货物发生移位,包括货物单元系固失效发生移位,舱内谷物或其他自然倾角小的货物发生移动,或固体散货因流态化而发生移动等。

(4)甲板上浪或积冰,特别是装运类似甲板木材这类货物因经常上浪的一舷侧木材吸水或积冰较多,而使船舶发生倾斜。

(5)船舶左、右舱室发生不对称进水。

(6)船舶初稳性不足使船舶产生横倾。如图 3-35 所示,由于船舶水线面面积惯性矩变小或自由液面影响过大(如半潜船舶下潜作业或船舶大舱破损进水)等因素的影响造成初稳性高度 GM 值为负时,船舶在正浮位置可能处于不稳定平衡,初稳性为负,在外界干扰下,船舶会横倾至 θ_0 的静平衡位置。

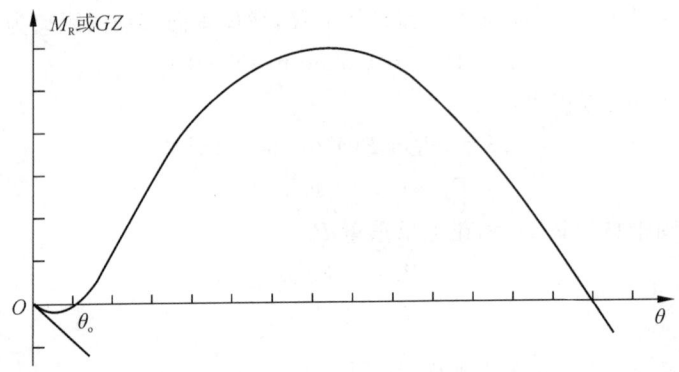

图 3-35 初稳性不足产生横倾角示意

这种初稳性不足虽然不至于使船舶在静水中倾覆,但会使船舶产生初始横倾角,大倾角稳性也变差。消除初始横倾的有效手段是增加船舶的初稳性高度 GM 值,但这种横倾不是由于初始状态的重心偏于中纵剖面一侧造成的,应严禁通过单独在一舷侧调整船舶压载水、油水等手段调整船舶重心的横向位置。

2. 消除船舶横倾角的方法

船舶航行途中如果出现横倾角,应查明原因,并采取适当措施予以消除。调整船舶横倾角的方法有以下两种。

(1) 横移载荷消除横倾角

横移载荷消除船舶横倾的方法适用于配载图编制或装港完货平舱时货物横移或装卸货后压载水、淡水的调拨。设船舶初始横倾角为 θ,通过横移载荷将横倾角调至 θ_1。横移载荷重量为 P,横移距离为 y。如果船舶横移载荷前后的重心位置横向坐标分别为 G_0G 和 G_0G_1,根据静平衡,船舶静平衡时复原力矩与倾侧力矩相等。载荷横移前,船舶倾侧力矩 $M_h = M_R$,即 $\Delta \cdot G_0G\cos\theta = \Delta \cdot GM \cdot \sin\theta$,或 $\Delta \cdot G_0G = \Delta \cdot GM \cdot \tan\theta$。载荷横移调整后横倾角 θ_1,同理有横向力矩 $\Delta \cdot G_0G_1 = \Delta \cdot GM \cdot \tan\theta_1$。则因载荷横向移动产生的力矩,即船舶横向力矩的改变量(减小量)为 $Py = \Delta(G_0G - G_0G_1)$,则:

$$Py = \Delta \cdot GM(\tan\theta - \tan\theta_1) \tag{3-85}$$

即:

$$P = \frac{\Delta \cdot GM(\tan\theta - \tan\theta_1)}{y} \tag{3-86}$$

若将横倾角安全消除,即 $\theta_1 = 0$,代入式(3-86),得:

$$P = \frac{\Delta \cdot GM \cdot \tan\theta}{y} \tag{3-87}$$

例 3-4 某船装载后 $\Delta = 16000$ t,$GM = 1.30$ m,船舶由于装载原因右倾 3°,现拟调拨左右压载舱的压载水将船调至横向正浮,已知左右两压载舱的容积中心横向间距为 12.0 m,求需要调拨的压载水重量 P。

解: 根据题意,可直接利用式(3-87)求得需要调拨的压载水重量:

$$P = \frac{\Delta \cdot GM \cdot \tan\theta}{y} = \frac{16000 \text{ t} \times 1.30 \text{ m} \times \tan 3°}{12.0 \text{ m}} = 90.8 \text{ t}$$

(2) 增减载荷消除横倾角

用载荷横向不均衡增减方法调整船舶横倾包括:在某一舷的压载舱注入或排出压载水、在某些情况下一舷侧加载部分货物(例如装货港完货时为调平船舶而将最后部分货载装于舷侧部位)、海上抛弃一舷侧的货物、油水横向不对称装载或使用等。船舶在海上最常用的方法一般是通过选择自由液面影响小的压载舱注排压载水,以消除或减小初始静横倾角。

设船舶初始排水量为 Δ,初稳性高度为 GM,初始横倾角 θ,与前述横向移动载荷类似,此时存在横向力矩 $\Delta \cdot G_0G = \Delta \cdot GM \cdot \tan\theta$。拟将重量为 P 的载荷加载于距中纵剖面的横向距离为 y_P 处,使船舶横倾角降至 θ_1,此时,船舶重心横坐标为 G_0G_1,因装载载荷船舶总的横倾力矩减小量为 $P \cdot y_P$,装载载荷 P 后的船舶横倾力矩减小至 $\Delta \cdot G_0G_1 = (\Delta + P) \cdot GM_1 \cdot \tan\theta_1$,则有:

$$P \cdot y_P = \Delta \cdot GM \cdot \tan\theta - (\Delta + P) \cdot GM_1 \cdot \tan\theta_1 \tag{3-88}$$

若将横倾角完全消除，即 $\theta_1 = 0°$，则有：

$$P \cdot y_P = \Delta \cdot GM \cdot \tan\theta \tag{3-89}$$

或

$$P = \frac{\Delta \cdot GM \cdot \tan\theta}{y_P} \tag{3-90}$$

例 3-5 某轮装货至排水量 $\Delta = 7500$ t 时，查得横稳心距基线高 $KM = 7.12$ m，经计算船舶合重心距基线高 $KG = 6.20$ m，右倾横倾角 $\theta = 4°$，此时尚有 500 t 货物未装，拟装位置为：距基线高度 $Z_P = 7.0$ m，左舷距中线面距离 $y_{PP} = 8$ m，右舷距中线面 $y_{PS} = 5$ m。船上有一个矩形燃油舱存在自由液面，该液舱长 20 m，宽 8 m，燃油密度 0.96 t/m³，试问：1)若装货后要求船舶横向正浮，则左、右舷应各装多少吨？2)假设装载 500 t 货后横稳心距基线高不变，新的初稳性高度是多少？

解：1)设左右舷装货重量分别为 P_P 和 P_S。
(1) 自由液面面积惯矩 $i_x = lb^3/12 = 20 \text{ m} \times (8 \text{ m})^3/12 = 853.33 \text{ m}^4$
(2) 自由液面对初稳性高度修正量 $\delta GM_f = \frac{\rho \cdot i_x}{\Delta} = \frac{0.96 \text{ t/m}^3 \times 853.33 \text{ m}^4}{7500 \text{ t}} = 0.109$ m
(3) 装载载荷前经自由液面修正的初稳性高度
$$GM = KM - KG - \delta GM_f = 7.12 \text{ m} - 6.20 \text{ m} - 0.109 \text{ m} = 0.811 \text{ m}$$
(4) 根据式(3-85)有：
$$y_{PP} \cdot P_P - y_{PS} \cdot P_S = \Delta \cdot GM \cdot \tan\theta = 7500 \times 0.811 \times \tan 4° = 425.3$$
即：
$$8P_P - 5P_S = 425.3$$
$$P_P + P_S = 500$$
解方程组得：$P_P = 225.0$ t；$P_S = 275.0$ t

2)本例可作为载荷重量少量增减看待，则：
(1) 装载 500 t 货后初稳性高度改变量：
$$\delta GM_P = \frac{P(KG - Z_P)}{\Delta + P} = \frac{500 \text{ t} \times (6.20 \text{ m} - 7.0 \text{ m})}{7500 \text{ t} + 500 \text{ t}} = -0.05 \text{ m}$$
(2) 新排水量下的自由液面修正量：
$$\delta GM_f = \frac{\rho \cdot i_x}{\Delta_1} = \frac{\rho \cdot i_x}{\Delta + P} = \frac{0.96 \text{ t/m}^3 \times 853.33 \text{ m}^4}{7500 + 500} \text{ m} = 0.102 \text{ m}$$
(3) 装载 500 t 货后初稳性高度：
$$GM_1 = KM - KG + \delta GM_P - \delta GM_f = 7.12 \text{ m} - 6.20 \text{ m} - 0.05 \text{ m} - 0.102 \text{ m} = 0.768 \text{ m}$$
也可忽略装载 500 t 货对自由液面修正量的影响，则：
$$GM_1 = GM - \delta GM_P = 0.811 \text{ m} - 0.05 \text{ m} = 0.761 \text{ m}$$

【思考与应用 3-6】
1. 如何确定船舶适度的稳性范围？
2. 实践中如何检验船舶的稳性是否适度？
3. 船舶稳性不足的征兆通常有哪些？发现稳性不足可采取哪些措施？
4. 保证船舶适度稳性的经验和措施有哪些？

5. 船舶产生静横倾的主要原因通常有哪些?

6. 某轮装货,空船排水量为1600 t,空船重心距基线高为6.5 m,当时装载状态下的总载重量为6900 t,根据载荷分布计算得船上所有载荷的垂向重量力矩为 45200×9.81 kN·m,根据当时装载排水量查得横稳心距基线高为7.60 m,当时右倾3°,此时尚有400 t货未装,拟装货位重心高度为6.0 m,右舷距中线面4.0 m,左舷距中线面7.0 m,装货后要求船舶横向正浮,忽略自由液面影响,试求:

(1)船舶装载400 t货前的初稳性高度。
(2)船舶装载400 t货后的初稳性高度。
(3)装货后要求船舶横向正浮,应在左右舷各装多少吨货?

第七节 船舶稳性资料及稳性校核过程

一、船舶稳性资料的要求

船舶稳性资料是为使驾驶人员了解和掌握船舶稳性的整体状况、核算船舶实际装载状态下的稳性的必要资料。1974年SOLAS公约、2008年IS规则和我国的《国际航行海船法定检验技术规则》均对船舶的稳性资料提出了要求。船舶设计或建造部门应向船舶提供经船舶检验机构核准的船舶稳性报告书(stability report)或船舶装载手册(loading manual)或符合要求的类似形式资料。船舶驾驶人员应熟悉船舶稳性资料的内容,掌握熟练使用船舶稳性资料的方法。

1. SOLAS 74公约要求向船舶提供的稳性资料

1)SOLAS 74公约第Ⅱ-1章"B-1部分 稳性"要求"应将主管机关同意的必要资料提供给船长,以便他能用迅速而简便的方法获得有关各种营运状态下船舶稳性的正确指导。应将一份稳性资料的副本提供给主管机关"。这些资料包括:

(1)确证符合完整及破损稳性要求的最小营运初稳性高度(GM_c)和最大许用纵倾对吃水的曲线图或表格(如适用),也可选择相应的最大许用重心垂向位置(KG_c)和最大许用纵倾对吃水的曲线图或表格,或与这些曲线图或表格等效的其他资料;

(2)有关横贯进水装置的操作说明(横贯进水装置是当船舶一侧舱室进水时能将水引入另一侧舱室以保持船舶左右平衡的装置);

(3)维持要求的完整稳性和破损稳性所必需的所有其他数据和辅助措施。

2)完整和破损稳性资料应作为整体数据一起提供,并应包含所有营运吃水和纵倾范围。

3)对须满足"B-1部分 稳性"要求的船舶,上述资料按下列分舱指数的计算来确定:d_s、d_p和d_l三种吃水(见表3-17的说明)的最小要求GM_c(或最大许用垂直重心KG_c)等于计算残存因数s_i所用相应装载情况的GM(或KG)。还应考虑完整稳性衡准,即按衡准为每个吃水保留最小要求GM值中的最大者,或最大许用KG_c值中的最小者。

2. 船舶装载手册的一般内容

船舶稳性资料一般以《装载手册》的形式提供。不同船舶的资料的结构、内容、形式和编排顺序存在一定的差异,船舶驾驶人员应注意熟悉所在船舶《装载手册》的内容和使用方法。结合2008年IS规则的要求,船舶《装载手册》一般包括下列资料:

1)船舶概况(general particulars)

其内容通常包括:船名、船籍港、入级符号、建造时间、船舶主尺度(总长L_{OA}、垂线间长

L_{BP}、型宽 B、型深 D 和设计吃水 d)等信息。

2)手册的使用说明(master's instruction)

其内容通常包括:一般说明;船舶坐标系的建立;相关符号含义说明;单位及换算;使用注意事项;稳性衡准要求;空船排水量及其重量分布(lightship weight distribution)和重心坐标;各载重线对应的排水量、干舷和载重量数据;船舶常数及其构成;吃水标志的位置及其垂线位置修正方法;吃水、吃水差、排水量计算方法(displacement calculation from draught reading);稳性校核方法等。

3)装载状态计算用数据资料(data for loading calculation)

其内容通常包括:静水力参数表(hydrostatics table);稳性交叉曲线(cross curve);受风面积曲线(wind profile curve);进水点位置(flood points)和进水角曲线(down flooding angle curve);许用静水弯矩和静水切力资料(allowable still water bending moment and shearing force);许用甲板载荷;散货船各货舱内货物质量限制曲线(cargo mass curve);符合适用的稳性衡准的最大 KG 或最小 GM 曲线或表;船舶横摇周期;舱容表(tank capacity table),舱容表一般包含各舱的总舱容及其中心坐标、自由液面力矩(或惯性矩)以及各舱不同装舱深度对应的体积、体积中心坐标和自由液面力矩(或惯性矩)等资料。

4)典型装载状态(loading conditions)计算

其内容通常包括:船舶满载出港、满载到港、压载出港、压载到港和其他典型装载状态下船舶排水量;载重量及其在各舱分布和重心位置;吃水、吃水差计算;船舶强度、稳性校核过程及结果数据等。

5)典型装载状态计算汇总表(loading condition summary table)

船舶还应编制典型装载状态计算结果汇总表,其内容包括工况编号、排水量、总载重量、货物重量、稳性校核结果、平均吃水、首吃水、尾吃水、吃水差、最大剪力值、最大弯矩值等,以便船舶驾驶人员查用。

6)倾斜试验报告或空船重量测定报告

船厂人员在完成船舶倾斜试验(inclining test report)或空船重量测定(report of lightweight measurement)后,应根据试验结果校核稳性资料,并出具相应试验报告以备查用。

二、船舶稳性的校核过程

1.了解和掌握船舶稳性的整体状况

驾驶人员通过对《装载手册》的认真研读,可了解和掌握船舶稳性的整体状况,如所适用的稳性要求,基本装载情况下的稳性各项特征值大小,各舱重量的配装、压载状况下的压载水配置、油水重量及其分布、船舶横摇周期大小等。对于接班驾驶人员,应从报告书或手册以及船舶营运实际经验中尽快、准确了解本船稳性情况,积载特点,以便有针对性地采取有效措施保证船舶安全。

2.核算船舶实际装载状态下的稳性

稳性核算应包括船舶出港前装载状态、到港时的装载状态、航行中稳性最不利装载状态、装卸期间因特殊原因致使船舶重心过高而对船舶稳性有任何怀疑时、认为有必要的其他情况等。船舶的稳性无论在开航时、航行中,还是到港前都应该满足衡准中各项要求。港内状态的船舶,由于遮蔽条件较好,可视其停泊期间的气象、海况条件,酌情降低其对稳性的要求,但一般应满足对船舶初稳性和大倾角稳性的最低要求,至少应满足初稳性的最低要求。

若经核算船舶稳性不符合规则要求,或认为稳性状态不理想,可对其做适当调整。当采用载荷重量增减方法(如加载、排出载水)调整时,应注意载荷重量增减后对许用重心高度或最小许用初稳性高度的影响。

船舶稳性校核,根据船舶航区、航线和营运情况大体可分为以下两种情况:

1) 利用《装载手册》中的典型装载状态的稳性校核结果

船舶《装载手册》中所列各种典型装载情况,是船舶设计时拟定的基本装载工况,经核查其稳性满足衡准中各项要求。若船舶营运中的装载状况与船舶稳性资料中所列某一基本装载情况大致相同且稳性稍好于该基本装载情况时,可认为船舶实际营运条件下的稳性与船舶稳性资料中的核算结果相同,而不再对其重复计算。

2) 利用《装载手册》中的许用最大 KG 或最小 GM 资料

若船舶稳性资料中给出最大许用重心高度 KG_c 曲线或最小许用初稳性高度 GM_c 曲线,则由装载排水量 Δ 查得相应的 KG_c 或 GM_c 值,当实际装载状态下经自由液面修正的 GM_f 或 KG_f 满足式(3-77)或式(3-78)时,则认为符合完整稳性衡准中的各项要求。

3) 对稳性衡准所要求的各项指标进行核算

根据船舶所适用的稳性衡准规则,对初稳性、大倾角稳性、动稳性和气象衡准等各项指标进行逐项核算,要求所有指标均应满足相关要求。在此种情况下,通常利用计算表格进行逐项计算,这里以 2008 年 IS 规则的一般要求为例,说明稳性校核的一般步骤:

(1) 根据载荷重量及其分布计算相应装载状态下的排水量 Δ、全船垂向重量力矩代数和 $\sum P_i Z_i$、重心距基线高度 KG 和各液舱自由液面力矩代数和 $\sum \rho_i i_{xi}$ 等数据。

(2) 根据排水量查取静水力资料,求得平均吃水 d_m、横稳心距基线高度 KM、进水角 θ_f、甲板浸水角 θ_{im}、受风面积 A_w 等数据。

(3) 计算自由液面对初稳性高度的修正量 δGM_f,并求出经自由液面的初稳性高度 GM_f 和重心距基线高度 KG_f。要求 $GM_f \geq 0.15$ m。

(4) 计算并绘制出复原力臂 GZ 曲线图。确定横倾角 30°所对应的 $GZ_{\theta=30°} \geq 0.20$ m。

(5) 分别求复原力臂 GZ 曲线在不同横倾角范围内所围面积,并确认满足:$A_{0°\sim30°} \geq 0.055$ m·rad、$A_{0°\sim\min(40°,\theta_f)} \geq 0.090$ m·rad、$A_{30°\sim\min(40°,\theta_f)} \geq 0.030$ m·rad 等。

(6) IS 规则气象衡准校核

①按 IS 规则计算稳定风压力臂 l_{w1} 和突风力臂 l_{w2} ($l_{w2} = 1.5 l_{w1}$),并在 GZ 曲线上求 l_{w1} 作用下的静倾角 θ_0 和 l_{w2} 与 GZ 曲线的第二个交点对应角度 θ_c。要求:$\theta_0 \leq \min(16°, 0.8 \theta_{im})$。

②按 IS 规则的规定模型求波浪作用下的横摇角 θ_1。面积 a 的左边边界为上风侧横倾角 $\theta_1 - \theta_0$,同时求面积 b 的右边边界线对应横倾角 θ_2,其中 $\theta_2 = \min(\theta_f, \theta_c, 50°)$,从而在 GZ 曲线图中得到 IS 规则气象衡准规定的面积 a 和面积 b,要求:面积 $a \leq$ 面积 b。

船舶如果配备有经船舶检验机构核准的船舶装载计算机,在输入船舶装载状态的各类载荷数据和相关参数后,可计算得到船舶的浮态(吃水、吃水差、横倾角等)、稳性和强度数据及其校核结果。

三、船舶装载计算机

随着船舶专业化、大型化的发展,装载计算机在提高工作效率、保证船舶安全方面正发挥越来越重要的作用。SOLAS 74 公约规定 150 m 及以上的散货船均应配备装载仪,并考虑 1997 年 SOLAS 公约缔约国大会通过的决议 5《关于装载仪的建议案》。

现代船舶的装载仪一般为装载计算机(loading computer),它由装载计算软件和运行该软件的电子计算机组成。它能确定特定船舶或其他浮动装置在特定装载条件下的相关性能。其功能主要用于计算任一装载状态下船舶的实时稳性、强度、吃水、吃水差等指标,进行系固强度校核,并判断其是否满足相应的要求,以保证船舶安全营运。装载仪必须获得检验机构认可文件后方可使用。

国际船级协会(IACS)统一要求(UR)中,代号 L 和 S 分别代表载重线和船舶强度,其中 L5、S1 分别对船舶稳性计算软件和强度校核装载仪提出了要求。

1. IACS UR L5 稳性计算软件要求

IACS UR L5"用于船上稳性计算的计算机软件"适用于符合《1966 年国际船舶载重线公约》或者《1966 年国际船舶载重线公约的 1988 年议定书及其修正案》、2008 IS 规则的船上或者平台上安装的对实际装载工况进行稳性计算的软件。

稳性计算软件的范围应与船旗国主管机关批准的稳性资料相一致,并应至少包括确保满足适用稳性要求必需的所有资料和完成所有的计算或校核。

计算机软件是船舶专用的,其计算结果仅适用于认可所针对的船舶。该软件不能替代批准的稳性资料。

UR L5 规定了主动和被动系统。被动系统要求手工输入数据;主动系统采用传感器读取以及输入液舱内的货物容量等数据取代手工输入。UR L5 仅包含被动系统和离线操作模式的主动系统。稳性软件可进行 4 种类型的计算。

(1)类型 1:软件仅计算完整稳性(适用不要求符合破损稳性衡准的船舶)。

(2)类型 2:软件基于极限曲线(例如适用于 SOLAS 74 公约 B-1 部分破损稳性计算等的船舶)计算完整稳性并校核破损稳性,或者基于极限曲线校核所有稳性要求(含完整和破损稳性)。

(3)类型 3:软件直接为各装载工况(适用某些油船等)计算完整稳性和破损稳性,其中破损稳性为基于相应的公约或者规则预编的破损工况。

(4)类型 4:软件直接应用用户定义的破损,计算某个实际装载工况和实际进水情况下的破损稳性,从而为安全返港(SRtP)提供操作信息。

类型 3 和类型 4 稳性软件的破损稳性,应基于船体型线模型,即直接根据完整的三维几何模型进行计算。

此外,UR L5 还对各类稳性软件的一般功能提出了要求。

2. IACS UR S1 对装载仪要求

IACS UR S1"装载工况、装载手册和装载仪"将船舶分为下述两类:

第Ⅰ类船舶:甲板大开口船舶;可能非均匀分布装载货物和/或压载的船舶;化学品船和气体运输船。

第Ⅱ类船舶:第Ⅰ类中除外的船舶;其布置使得货物和压载分布的变化可能性很小的船舶,以及在定期航线和以固定贸易方式营运的船舶。

IACSUR S1 要求,除船长小于 90 m 且载重量不超过夏季载重线吃水对应的排水量的 30%的第Ⅱ类船舶无需配备装载手册外,其他的所有船舶均应备有经船级社批准的装载手册，其中船长 100 m 及以上的所有第Ⅰ类船舶应配备经认可的装载仪；URS1A"散装运输船、矿石运输船和兼用船的装载条件、装载手册和装载仪的附加要求"要求船长150 m及以上的散货船、矿砂船和兼用船应按要求配备经认可的装载手册和装载仪。

3. 中国船级社相关要求

CCS 对稳性计算机软件和装载仪的要求与 IACS 一致。CCS 对于配备认可的装载仪的船舶，授予后缀一个或多个 S、I、G 和 D 入级附加标志，其含义如下：

S——该装载仪可用于各种装载工况下船体强度的计算及校核。

I——该装载仪可用于完整稳性的计算及校核。

G——该装载仪可用于散装谷物稳性的计算及校核。

D——该装载仪可用于破舱稳性的计算及校核。

另外，对于绑扎计算程序（船上计算机安装的软件程序）的集装箱船，授予 CLC 附加标志。

【思考与应用 3-7】

1. 查看实船资料，了解船舶装载手册的结构和内容。

2. 利用例 3-1 中的 A 轮装载状态，根据 2008 年 IS 规则所要求的完整稳性衡准各项指标，对船舶相应装载状态下的稳性进行逐项校核。

第八节　船舶残存能力和破损控制资料

船舶因碰撞、触礁等海损事故导致船舱破损进水时，将导致船舶下沉和倾斜，使船舶的浮态和稳性发生变化，甚至丧失储备浮力而沉没或因丧失稳性而倾覆。因此，船舶进水后的浮态和剩余稳性反应了船舶的残存能力。SOLAS 公约、载重线公约及我国《船舶与海上设施法定检验规则》对船舶提出了分舱、破损浮态和稳性要求。MARPOL 公约附则Ⅰ、IBC 规则和 IGC 规则也分别对油船、化学品船和液化气船的残存能力作出了规定。

在船舶设计时，应结合分舱和破损稳性的要求对船体进行不同程度的水密分隔。同时，对于船舶外板、水密舱壁和甲板上的开口，其数量、位置、类型、形式、使用和监控等也应符合要求，以使船舶在破损进水时，可以限制进水范围和进水量，保持船舶具备进水中间过程和最终平衡时的稳性和浮态，从而达到所要求的残存能力。

一、船舶进水舱分类及渗透率

1. 船舱进水类型

根据船舱进水情况及其影响，可将进水分为下列三种类型：

第一类进水：舱的顶部位于水线以下，海水充满整个舱室，舱顶未破损，如双层底底部破损。其特点是进水量是固定的，没有自由液面，相当于在该舱装满海水如图 3-36(a)所示。

第二类进水：舱内与舷外水不相通，舱内水未充满，存在自由液面。液舱内存在部分液体载荷，或船体破损处已经堵塞但水未被抽干的舱室都属于此类，如图 3-36(b)所示。

第三类进水：舱顶在水线以上，破损位置在水线以下，舱内水与舷外水相通，舱内液位随船体下沉和倾斜而增加，如图 3-36(c)所示。其最终水线位置可通过逐次逼近进行近似计算。

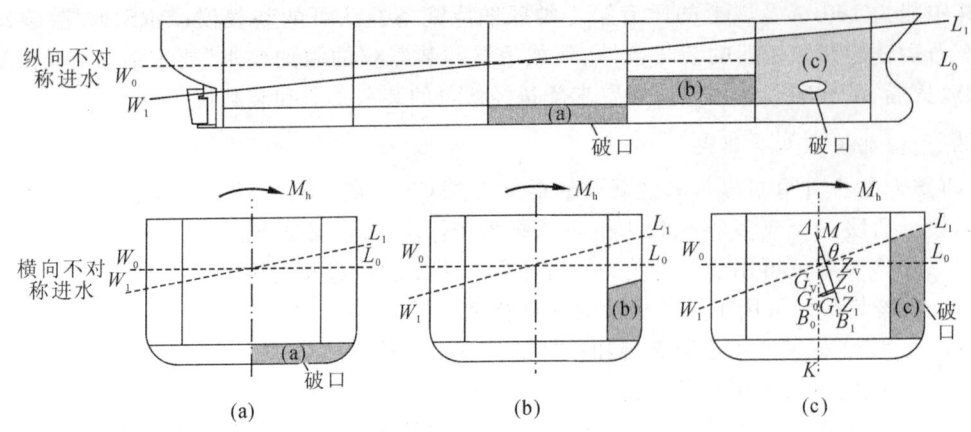

图 3-36 三种进水类型
(a)第一类;(b)第二类;(c)第三类

船舶进水后的浮态和稳性,对于第一类和第二类进水,通常进水量较小,可利用重量增加法(method of added weight)将进水量看成载荷重量少量增加来计算。对于第三类进水,船舶设计人员常采用固定排水量法(或称浮力损失法,method of lost buoyancy),将进水看成船舶损失相应的浮力进行计算;而船舶驾驶人员常采用迭代逼近的重量增加法进行计算。

2. 渗透率

渗透率(permeability)μ_V 是船舶进水舱室实际被水侵占的容积 V_1 与该舱室浸水部分总容积 V 的比值,又称为体积渗透率。

$$\mu_V = \frac{V_1}{V} \tag{3-91}$$

船舱内各种结构构件、机械、设备和货物等占据一定的空间。因此,船舱内实际浸水体积 V_1 比理论浸水体积 V 小。渗透率大小视舱室用途及实际装载情况而定。现行 SOLAS 公约对分舱和破损稳性计算时的渗透率取值规定分别见表 3-16 和表 3-17。

表 3-16 分舱和破损稳性计算时的渗透率取值(部分)

处所	渗透率	处所	渗透率
贮物处所	0.60	空舱处所	0.95
起居处所	0.95	液体处所	0 或 0.95(取结果导致要求更严格者)
机器处所	0.85		

表 3-17 分舱和破损稳性计算时的渗透率取值(部分)

处所	不同吃水时的渗透率		
	最深分舱吃水 d_s	轻载航行吃水 d_l	部分分舱吃水 d_p
干货处所	0.70	0.80	0.95
集装箱处所	0.70	0.80	0.95
滚装货物处所	0.90	0.90	0.95
液货处所	0.70	0.80	0.95

注:最深分舱吃水 d_s 系指船舶夏季载重线吃水;轻载航行吃水 d_l 系指相应于最轻预计装载量和相关液舱容量的航

行吃水,但应计入稳性和/或浸水所可能需要的压载;部分分舱吃水 d_p 系指轻载航行吃水加上轻载航行吃水与最深分舱吃水之差的 60%。

营运中船舶货舱的实际渗透率可结合货舱的载况确定,若实际渗透率小于规定的渗透率值时,则船舱进水相比计算状态偏于安全。

二、船舶分舱与破损稳性衡准

1. 分舱与破损稳性衡准方法简介

1) 破损稳性的确定性评估方法

因 1912 年泰坦尼克号沉没而最早于 1914 年制定的 SOLAS 公约提出了基于确定性方法(deterministic method)的客船分舱要求。通过可浸长度(floodable length) l 和分舱因数(factor of subdivision) F 来确定单舱最大长度,并要求船舶设置分舱和在一定的区域设置双层底。1914 年 5 月爱尔兰皇后号远洋客轮的倾覆沉没使业界认识到船体内纵向舱壁对不对称进水的影响和破损稳性的重要性。此后的 1929 年、1948 年、1960 年 SOLAS 公约,以及 MSC.12(56) 决议(1990 年 4 月 29 日生效)修正的 1974 年 SOLAS 公约 1988 年 10 月修正案,均进一步完善了对客船基于确定性方法的分舱、假定破损范围和破损稳性的要求。对于 2009 年 1 月 1 日前建造的客船,可适用基于确定性的分舱和破损稳性衡准。

确定性方法确定客船水密分舱的基本方法是根据船舶的长度和船舶预定的用途(服务衡准)按照规定方法确定要求的分舱因数 F。在此基础上,按照船舶假定破损范围进水及渗透率条件下船舶下沉和倾斜后的最终平衡水线不淹没客船限界限(即客船舱壁甲板上表面的边线以下 76 mm 处,见图 3-37)的要求确定船舶沿船长方向各点为中心的最大允许浸水长度(即可浸长度),要求在所有营运状态下,船舶应具有足够的稳性,以能支持其任一不超过可浸长度的主舱浸水至最后阶段。

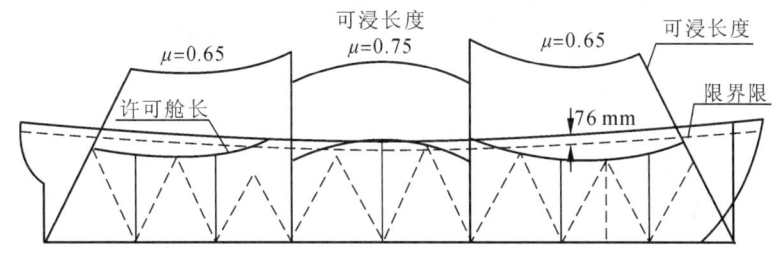

图 3-37 可浸长度和许用舱长曲线

确定了可浸长度和分舱因素后,可进一步确定沿船长某处为中心的舱的最大允许长度(许可舱长,permissible length)。许可舱长=可浸长度(l)×分舱因数(F)。对于一舱制船舶,$1.0 \geqslant F > 0.5$;对于二舱制船舶,$0.5 \geqslant F > 0.33$;对于三舱制船舶,$0.33 \geqslant F > 0.25$。

客船在破损后和经采取平衡措施后(若有平衡装置),最终状态的稳性应满足:

(1) 剩余复原力臂曲线在平衡角以外应有一个最少 15°的正值范围;

(2) 从平衡角量到下列角度中较小者之间的复原力臂曲线下的面积应至少为 0.015 m·rad:

① 发生累进浸水的角度;

② 在一舱浸水时为 22°(从正浮状态量起),或在两舱或两舱以上相邻舱室同时浸水时为 27°(从正浮状态量起)。

(3) 任何情况下剩余复原力臂均不应小于 0.1 m。计算正稳性范围内的剩余复原力臂时,应考虑全部乘客集中一舷横倾力矩中的最大值、在一舷满载降放所有的吊架降落式救生艇筏和规定的风压作用。

(4)在浸水中间阶段,最大复原力臂至少应为 0.05 m,且正复原力臂的范围至少为 7°。

2)破损稳性的概率评估方法

1960 年德国学者首次提出船舶破损稳性的概率方法(probabilistic methods)。该方法基于船舶破损事故统计,考虑了破损的不确定性。随着计算机技术发展和研究的深入,概率方法开始取代确定性方法用来计算破损稳性。IMO 于 1973 年通过了 1960 年 SOLAS 第 A.265(Ⅷ)决议,首次尝试用概率性破损稳性作为客船分舱与稳性的等效和替代规则。

1990 年通过的 MSC19(58)号决议将基于概率计算方法的"货舱分舱和破损稳性规则"纳入 1974 年 SOLAS 公约第 B-l 分章,该修正案于 1992 年 2 月 1 日起生效。

2005 年以来,IMO 对 SOLAS 第Ⅱ-1 章进行了多次修订,特别是 2005 年 5 月和 2006 年 12 月通过的 MSC.194(80)决议和 MSC.216(82)决议,对 SOLAS 74 第Ⅱ-1 章的第 A、B、B-1 部分进行了全面修订,将客船基于确定性的方法与干货船基于概率的方法协调为统一的概率破损稳性要求(2009 年 1 月 1 日生效)。2017 年 6 月通过的 MSC.421(98)决议又进一步提高了 SOLAS 公约对客船的概率破损稳性要求(2020 年 1 月 1 日生效)。

基于概率的破损稳性用破损进水后的残存概率来度量破损工况下的船舶安全。该概率在规则中称为"达到的分舱指数 A",可视为船舶安全的客观度量,且理论上不必用确定性的要求补充该指数。概率概念的原理为两艘不同船舶达到的指数相等,则其安全性相同。

现行 SOLAS 公约对船舶破损稳性要求适用于船长在 80 m 及以上的货船和所有客船(不论其船长),但符合 MARPOL 73/78 公约附则Ⅰ的货船(B 型干舷的 OBO 兼装船不予免除)、符合 IBC 规则的化学品船、符合 IGC 规则的液化气船和符合《经 1988 年议定书修正的 1966 年国际船舶载重线公约》附则Ⅰ第 27 条破损稳性要求的货船(拟载运甲板货的船舶不予免除)等可以免除 SOLAS B-1 部分的要求,这些船舶仍可适用相应规则中规定的基于确定性的分舱和破损稳性衡准。

2. 概率破损稳性衡准

基于概率性的方法规定了船舶要求的分舱指数 R 和达到的分舱指数 A 的计算方法,并要求达到的分舱指数 A 不小于要求的分舱指数 R,即:

$$A \geqslant R \tag{3-92}$$

1)要求的分舱指数(required subdivision index)R

(1)船舶分舱长度大于 100 m 的货船

$$R = 1 - \frac{128}{L_s + 152} \tag{3-93}$$

式中:L_s——船舶分舱长度(m),系指船舶处于最深分舱吃水时,船舶在一层或数层限定垂向浸水范围的甲板处或其以下部分的最大投影型长。

(2)80 m $< L_s \leqslant$ 100m 的货船

$$R = 1 - \left[1 / \left(1 + \frac{L_s}{100} \times \frac{R_0}{1 - R_0} \right) \right] \tag{3-94}$$

式中:R_0——取式(3-93)计算的 R 值。

(3)客船

根据 MSC.421(98)决议,对于 2020 年 1 月 1 日或以后签订建造合同,或者 2020 年 7 月 1 日或以后建造的船舶,要求的分舱指数 R 按表 3-18 计算。

表 3-18 客船要求的分舱指数

船上总人数(N)	要求的分舱指数(R)
$N<400$	$R=0.722$
$400 \leqslant N \leqslant 1350$	$R=N/7580+0.66923$
$1350<N \leqslant 6000$	$R=0.0369 \times \ln(N+89.048)+0.579$
$N>6000$	$R=1-(852.5+0.03875 \times N)/(N+5000)$

可见,要求的分舱指数 R 取决于船舶尺度、乘客数量或立法者可能认为重要的其他因素。具体来说,货船要求的分舱指数 R 与船舶分舱长度 L_s 和船舶是否处于最深分舱吃水有关。客船要求的分舱指数 R 与船上总人数 N 有关。对于符合 MSC.216(82)决议的船舶,其 R 按与分舱长度、船上人员数和救生艇容量有关的公式计算。

2)达到的分舱指数(attained subdivision index)A

达到的分舱指数 A 由根据表 3-17 定义的吃水 d_s、d_p 和 d_l 计算的部分指数 A_s、A_p 和 A_l 按式(3-95)加权的总和求得:

$$A=0.4A_s+0.4A_p+0.2A_l \qquad (3-95)$$

每个部分指数均为所考虑的全部破损情况所起作用的总和,即:

$$A=\sum P_i S_i \qquad (3-96)$$

式中:i——船舶水密分舱内所考虑的破损区域或舱组,分舱从纵向看,自最后的区域或舱开始;

P_i——所考虑的舱或舱组可能浸水的概率,不考虑任何水平分隔,考虑到横向分舱区域内的纵向分舱会导致额外的进水情况,每种情况具有其自身的发生概率;

S_i——所考虑的舱或舱组浸水后生存概率,并包括任何水平分隔的影响。

根据概率理论,船舶的残存概率为船舶在每一单个舱室及每一两个、三个等相邻舱室组合进水后的残存概率分别与造成相应舱室或舱室组合进水的破损发生概率的乘积之总和。如果按经验(即破损统计)已知某些处所发生破损的概率,就能确定给定处所进水的概率;然后结合载货船舶在各种最可能的装载工况下经受每一破损的残存概率,就能确定达到的分舱指数 A 来度量船舶承受碰撞破损的能力。

船舶在给定的纵向位置随机碰撞后保持浮态而不下沉或倾覆的概率可分解为:

(1)破损的纵向中心正好出现在所考虑船舶区域的概率;

(2)破损的纵向范围仅包括该区域中的横向水密舱壁之间处所的概率;

(3)破损的垂向范围仅在给定的水平边界(例如水密甲板)之下处所浸水的概率;

(4)破损的横向穿透不大于至给定的纵向边界的距离的概率;

(5)贯穿进水过程的水密完整性和稳性足以避免倾覆或下沉的概率。

其中,前三项仅取决于船舶的水密布置,而最后两项取决于船舶形状。因素(5)还取决于实际装载工况。

船舶破损的位置及其范围是随机的。船舶由于营运期间的载货种类、数量、渗透率和吃水范围不同,相似程度的破损也会导致不同结果。船舶撞击时的排水量和速度也是随机变量,船体强度也会对穿透程度造成影响,这些因素都会对给定船舶的破损和进水后果产生影响。因此,船舶纵向、垂向和横向位置及范围的三维破损对具有给定水密分舱船舶的影响取决于船舶破损时进水的特定处所或相邻处所组合,船舶吃水、纵倾和完整稳性,受影响处所的渗透率,海况和其他因素(例如重量分布不对称可能引起的横倾力矩)。

由于相关因素和数学方法的复杂性,以及统计数据不足的局限性,用现有的破损统计数据不可能非常精确地确定其概率分布,准确或直接评定各种因素对特定船舶经受随机破损(如发生)的残存概率的影响是不切实际的。因此概率性方法也融入一些可接受的近似或定性的判断,并进行了很大程度的简化。

现行 SOLAS 公约规定了 P_i 和 S_i 的计算方法,规定应至少对最深分舱吃水 d_s 和部分分舱吃水 d_p 采用水平纵倾来计算 A;可将估算的营运纵倾用于轻载航行吃水 d_l。如果纵倾的变化大于 $0.5\%L$,应增加一个或多个 A 的计算。其计算过程较为繁琐,通常借用计算机软件实现。

3. 液货船破损稳性和残存能力的基本要求

MARPOL73/78 公约附则 I、IBC 规则和 IGC 规则分别对油船、液体散装化学品船和液化气体船的破损稳性衡准做出了规定。

1)假定最大破损范围

液货船假定最大破损范围见表 3-19。

表 3-19 液货船假定最大破损范围

舷侧破损	纵向范围	$L^{2/3}/3$ 或 14.5 m,取小者	
	横向范围	$B/5$ 或 11.5 m,取小者,在夏季载重水线平面上从舷侧沿垂直于船体中心线的方向向船内量取	
	垂向范围	向上没有限制(从中心线的船底外板型线量起)	
船底破损	—	距船舶首垂线 $0.3L$ 范围内	船舶的其他部位
	纵向范围	$L^{2/3}/3$ 或 14.5 m,取小者	$L^{2/3}/3$ 或 5 m,取小者
	横向范围	$B/6$ 或 10 m,取小者	$B/6$ 或 5 m,取小者
	垂向范围	油船、化学品船:$B/15$ 或 6 m,取小者;液化气船:$B/15$ 或 2 m,取小者;从中心线的船底外板型线量起	油船、化学品船:$B/15$ 或 6 m,取小者;液化气船:$B/15$ 或 2 m,取小者;从中心线的船底外板型线量起

2)破损标准

化学品船和液化气船分别按照各自的船型设定不同的破损标准。这里以化学品船为例,船舶应能在规定的浸水率情况下经受上述最大破损。其假定浸水的范围根据不同船型(见第十一章第六节)符合下列标准:

(1)1 型船舶,应假定在其长度范围内的任何部位经受破损。

(2)船长超过 150 m 的 2 型船舶,应假定在其长度范围内的任何部位经受破损。

(3)船长为 150 m 或以下的 2 型船舶,应假定在其长度范围内除尾机型机舱边界舱壁之外的任何部位经受破损。

(4)船长超过 225 m 的 3 型船舶,应假定在其长度范围内的任何部位经受破损;船长为

125 m 或以上但不超过 225 m 的 3 型船舶,应假定在其长度范围内除尾机型机舱边界舱壁之外的任何部位经受破损;船长小于 125 m 的 3 型船舶,应假定在其长度范围内除尾机型机舱之外的任何部位经受破损,但对机舱浸水后的船舶残存能力应满足主管机关规定。

3) 残存能力要求

液货船按规定的破损标准,经受假定的破损范围,在稳定平衡条件下残存能力应能满足下列衡准。

(1) 在浸水任何阶段

① 考虑下沉、横倾和纵倾后的水线应低于可能发生连续浸水或向下浸水的任何开口的下缘。此类开口应包括空气管和以风雨密门或舱口盖用作关闭装置的开口,但可以不包括用水密人孔盖和水密平舱口盖、能保持甲板高度完整性的小型水密液货舱舱口盖、遥控操纵的水密滑动门以及非开启式舷窗作为关闭设施的开口。

② 由于不对称浸水引起的最大横倾角不应超过 25°,若不出现甲板浸没,此角度可增加到 30°。

③ 浸水中间阶段的剩余稳性不应比下述"在浸水后的最终平衡阶段"所要求的值小。

(2) 在浸水后的最终平衡阶段

① 复原力臂曲线在平衡位置应有 20°的最小横倾范围,在 20°横倾范围内最大剩余复原力臂至少应有 0.1 m;在此范围内,该曲线下的面积应不小于 0.0175 m·rad。在上述横倾范围内,未被保护的开口不应被浸没,除非相关处所已被假定浸水。

② 应急电源应能操作(IBC 规则和 IGC 规则均有此要求)。

4. 剩余稳性和最终浮态计算

这里说明营运船舶发生船舱进水后,船员对船舶进水量、浮态和剩余稳性的估算方法。

1) 船舱破损进水量的估算

若进水舱的舱容 V、渗透率 μ、原存有液体重量 W(如有)和海水密度 ρ、舱内进水量 P 按下式计算:

$$P = \rho\mu V - W \tag{3-97}$$

可同时利用舱容表查取舱内进水的体积中心坐标 x_p、y_p 和 z_p,以用于稳性和浮态的计算。

2) 第一类、第二类进水稳性和浮态的估算

可根据进水量 P 的大小利用少量或大量载荷增加的方法,计算进水后的剩余稳性、吃水、吃水差和横倾角,判断最终水线位置。对于第二类进水,还应修正自由液面影响。

3) 第三类进水的浮态估算

第三类进水,因舱内水与舱外相通,并最终保持同一水平面,进水量随船舶浮态的变化而变化,船员一般用重量增加法进行逐步迭代逼近计算。即以进水前初始线位置作为舱内液位通过舱容表确定第一次进水计算的进水量 P_0 及其体积中心坐标 x_{p0}、y_{p0} 和 z_{p0},利用该数据和吃水、吃水差的计算公式求取船舶进水 P_0 后的平均吃水 d_1、吃水差改变量 δt_1、首尾吃水 d_{F1} 和 d_{A1}、吃水差 t_1,如果不对称进水,还可求出横倾角,进而确定新的水线位置 W_1L_1。第二次计算假定进水舱再增加水线 W_0L_0 与 W_1L_1 间的进水量 P_1,应用同样的方法计算船舶进水 P_1 后的平均吃水 d_2、吃水差改变量 δt_2、首尾吃水 d_{F2} 和 d_{A2}、吃水差 t_2,进而

确定新的水线位置 W_2L_2。依此类推,一般经过三次迭代逼近计算,其水线位置已十分接近实际最终水线位置。如果水线位置在客船限界限或货船进水点以下,则说明船舶经受住相应破损,否则船舶将会沉没。

上述计算过程较为繁琐,实际条件下并不具有可操作性。为减少计算工作量,可采用过量进水法求取相应的进水后水线,即针对第三类进水,直接假定水充满整个进水舱室,以整个舱室容积 V 按式(3-97)计算进水量 P。按进水量 P 求取的船舶平衡水线位置,如果在限界限或进水点以下,则船舶可经受住相应破损。显然这种方法快捷且偏于安全。

船舶实际发生破损进水时,应使用破损稳性资料对破损的后果进行评估。配备有装载计算机的船,可借助计算机软件计算和评估破损的后果。

4)破损后的剩余初稳性

按前述方法确定最终平衡水线对应的进水量 P,其重心坐标为 x_p、y_p 和 z_p,进水后的排水量为 $\Delta=\Delta_0+P$,通过静水力参数表查取 d_m、x_f、KM、TPC 和 MTC。最终平衡位置的船舶合重心距基线高度为:

$$KG=\frac{\Delta_0 KG_0 + P z_p}{\Delta} \tag{3-98}$$

进水后的剩余初稳性高度为:

$$GM = KM - KG - \frac{\sum \rho i_x}{\Delta} \tag{3-99}$$

式中:$\sum \rho i_x$ ——船舶进水条件下自由液面修正力矩(t·m),其中对于进水舱室,ρi_x 值应考虑面积渗透率的修正。

5)船舶横向不对称进水时的横倾角

(1)船舶进水后的重心横向坐标:

$$Y_G = \frac{P y_p}{\Delta} \tag{3-100}$$

(2)经自由液面修正的船舶重心距基线高度:

$$KG_f = KG + \frac{\sum \rho i_x}{\Delta} \tag{3-101}$$

(3)进水状态下的复原力臂:

$$GZ = KN - KG_f \cdot \sin\theta \tag{3-102}$$

根据排水量查取不同横倾角对应的形状稳性力臂 KN 值,按式(3-102)计算不同横倾角对应的 GZ 值,在 $GZ(\theta)$ 坐标系内绘制 GZ 曲线,如图 3-38 所示。

(4)船舶不对称进水所形成的横倾力臂(复原力臂减小值):

$$\delta GZ = Y_G \cdot \cos\theta \tag{3-103}$$

船舶的剩余复原力臂 GZ' 为:

$$GZ' = GZ - \delta GZ \tag{3-104}$$

(5)在 $GZ(\theta)$ 坐标系内画出 δGZ 曲线并求取静横倾角 θ_s:

计算出不同倾角 θ 时的 δGZ 值并在 GZ 曲线所在坐标系中绘制 δGZ 曲线。δGZ 曲线与 GZ 曲线的交点对应角度 θ_s 即为不对称进水引起的横倾角。

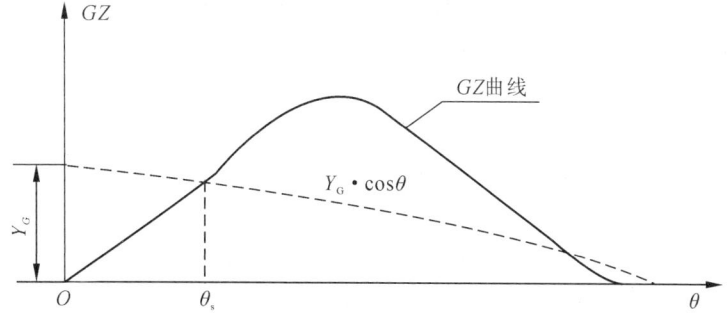

图 3-38 船舱进水状态下 GZ 曲线和不对称进水引起的横倾角 θ

（6）少量不对称进水条件下的简便计算

少量不对称进水条件下，引起的横倾角较小，可按基于初稳性静平衡的式(3-105)求取横倾角。

$$\tan\theta = \frac{P y_p}{\Delta \cdot GM} \tag{3-105}$$

三、船舶破损控制资料

1. SOLAS 公约对船舶破损控制资料的要求

SOLAS 公约第Ⅱ-1/19 条对船舶破损控制资料提出以下要求：

1) 驾驶室应设有永久展示或随时可用的控制图（即破损控制图，damage control plans），用于指导船上负责的高级船员，图上应清晰显示每层甲板及货舱的水密舱室限界面，上面的开口及其关闭装置和任何控制位置，以及扶正由于进水产生的横倾的装置。此外，还应给船上高级船员提供包含上述资料的小册子（即破损控制手册，damage control booklets）。

2) 客船上允许在航行中保持开启的水密门应清晰记载于船舶的稳性资料内。

3) 破损稳性资料应收入一般预防措施，包括主管机关认为在船舶正常营运时为保持水密完整性所需的设备、条件和操作程序清单。

4) 破损稳性资料应收入特殊预防措施，包括主管机关认为对船舶、乘客和船员的生存至关重要的各种事项（即关闭装置、货物系固和听觉报警等）。

5) 对适用 B-1 部分破损稳性要求的船舶，破损稳性资料应为船长提供一种简单易懂的方式评估船舶在涉及一个或一组舱室的所有破损情况下的残存能力。

2. 船舶破损控制图和破损控制手册

IMO 海上安全委员会于 2007 年 10 月通过了经修订的《向船长提供破损控制图和资料指南》（MSC.1/Circ.1245 通函，以下简称《破损控制图指南》），旨在为编制破损控制图和破损控制手册提供建议，并为经修订的 SOLAS 公约第Ⅱ-1/19 条所适用的客船和货船上提供破损稳性信息列出最低要求。

破损控制图和破损控制手册旨在向船舶高级船员提供关于船舶水密分舱以及与维护分舱边界和有效性有关的设备的明确信息，以便在船舶破损导致进水的情况下，可以采取适当的预防措施来防止开口逐渐进水，并且可以迅速采取有效行动来减轻并在可能的情况下恢复船舶的稳性损失。

破损控制图和破损控制手册应清晰易懂。它不应包括与破损控制不直接相关的信息，并且应以船舶的工作语言提供。如果破损控制图和破损控制手册使用的语言不是 SOLAS 公约的正式语言之一,则应包含翻译成正式语言的译文。

1) 破损控制图

破损控制图的尺寸比例应足以清楚地显示要求的内容,包括船内轮廓、每层甲板俯视图以及显示必要内容的区域横剖面图。显示内容如下:

①船舶的水密分隔;

②横贯进水装置(cross-flooding device)、泄放塞和纠正由于进水造成的横倾的机械装置的位置和布置,以及所有阀和遥控装置的位置(如有);

③所有内部水密关闭装置的位置,包括滚装船上防撞舱壁延伸区域的内部船首斜坡或吊门和它们的控制装置,以及就地控制和遥控装置,开启/关闭指示器和警报装置的位置(根据 SOLAS 公约的要求,在航行过程中不允许开启和允许开启的水密关闭装置的位置,都应清楚地标明);

④船壳内所有门的位置,包括其开启/关闭位置指示器、渗漏检测和监视装置的位置;

⑤货船上所有外部水密关闭装置的位置、开启/关闭位置指示器及警报器的位置;

⑥舱壁甲板以上和最低露天甲板上的局部分舱舱壁的所有风雨密关闭装置的位置,以及控制和开启/关闭指示器的位置(如有);

⑦所有舱底水泵及压载泵的位置、控制装置及其相关阀的位置。

2) 破损控制手册

(1)破损控制图中的所有内容应在破损控制手册中重复列出。

(2)破损控制手册应包括控制破损结果的一般指导,例如:

①立即关闭所有水密和风雨密关闭装置;

②确定船上人员的位置和安全性,对液舱和舱室进行测深以确定破损的范围,并对进水舱室重复测量以确定进水的速率;

③对导致横倾和为减少横倾或纵倾采取液体调拨,以及因此产生的附加自由液面和为控制进水启动泵浦进行排放操作的后果,提出警戒性的建议。

(3)针对破损控制图中的信息,破损控制手册应包含更详细的内容,如所有不高于露天甲板的进水探测系统、测深仪、液舱通风管和溢流管的位置,泵的排量,管系分布图,横贯进水装置的操作指南,根据破损控制部件从舱壁甲板以下的水密舱室通过和撤离所采取的方式,提示船舶管理部门和其他组织应遵守规定并在需要时随时提供援助。

(4)如适用,应指出可能引起进一步进水的无自动关闭装置的非水密开口的位置,以及对非结构性舱壁和门或其他阻隔进入海水的流动而造成至少暂时性不对称进水状态的可能性做出指导。

(5)如果破损控制手册中包括分舱和破损稳性的分析结果,则应提供另外的指南,以确保参考这些信息的船上高级船员意识到这些分析结果仅为评估船舶相关的残余稳性时提供帮助。

(6)指南应采用与分舱和破损稳性分析相同的标准,并明确指出分舱和破损稳性分析中假定的船舶装载的初始状态、破损的范围和位置、渗透率等可能与船舶的实际的破损情况没有关系。

3) 可视化指南、船上展示位置和计算机的使用

(1) 可视化指南,如破损后果图,可用于为船长提供快速评估船舶破损后果的方法。

(2) 对于客船,破损控制图应永久展示或随时可在驾驶台、船舶控制站、安全中心或同等场所获得;对于货船,破损控制图应永久展示或随时可在驾驶台上获得。此外,破损控制图应在货物控制室、所有船舶办公室或其他适当位置永久展示或随时可用。

(3) 损害控制计划和损害控制小册子应采用印刷形式。使用船上计算机以及为特定船舶开发的破损稳性软件,可为受过培训的高级船员快速提供进行有效破损控制的补充信息。

4) 岸基应急响应系统

岸基应急响应系统可用于补充破损控制手册。应随时提供使用岸基设施的联系信息以及进行破损稳性评估所需的信息清单。

5) 使用注意事项

(1) 所有的高级船员都要熟悉本船破损控制图和控制手册的内容和控制要求,掌握有关预防进水的信息、破损控制计划及相关的资料,熟悉破损控制图和控制手册存放位置。

(2) 船舶所有人员平时应做好预防工作,熟悉破损控制图的内容。相关船员应明确职责,熟悉各水密关闭设备的位置和操作。船舶营运期间经常检查并保持各水密关闭设备处于所要求的位置。能及时应用自己的专业技能对船舶的实际状况做出正确的判断,采取切实可行的自救自控措施。

(3) 破损控制图和破损控制手册应经主管机关或主管机关指定的船级社审批并盖章、原件由船长负责保管。

(4) 应经常检查确认在驾驶室和货物控制室固定或存放的破损控制图完好和随时可用。

(5) 当船舶的设备水密关闭装置等需要换新时,应保持与经批准的破损控制图和破损控制手册的一致性,尤其是水密关闭装置的方向不能轻易更改。

【思考与应用 3-8】

1. 三类进水各有何特点?通常哪种进水对船舶安全的危害最大?

2. 何谓渗透率?其大小与什么因素有关?

3. 查取 A 轮的舱容表资料,假定该船重载状态下 2♯货舱进水,试根据表 3-17 所示的渗透率求该舱的最大可能进水体积。

4. 船舶破损稳性的确定性评估方法和概率性方法各有何特点?

5. 简述概率破损稳性衡准的基本要求。

6. 简述液货船破损稳性和残存能力的基本要求。

7. 船舶舱室各类进水的进水量如何估算?

8. 简述船舶发生第三类进水后,求最终平衡水线的方法和过程。

9. 如何在静稳性曲线图上求不对称进水引起的横倾角?

10. 什么是剩余复原力臂?试在图 3-38 所示的静稳性曲线图上标出不同横倾角所对应的剩余复原力臂值 GZ'。

11. 简述 SOLAS 公约对船舶破损控制资料的要求。

12. 简述船舶破损控制图和破损控制手册的作用和主要内容。

13. 使用和保管船舶破损控制图和破损控制手册需要注意哪些事项?

第四章 保证船舶适当的吃水差

本章主要介绍船舶营运吃水差的要求,船舶吃水差和首、尾吃水的计算,以及载荷移动、重量增减对船舶吃水差和首、尾吃水的影响。

第一节 营运船舶对吃水差及吃水的要求

一、船舶吃水差及其产生原因

1. 船舶吃水差

船舶吃水差(trim)是指静水中的首吃水与尾吃水的差值,用符号 t 表示。根据使用习惯和船舶资料的不同,可分别定义为

$$t = d_F - d_A \tag{4-1}$$

或

$$t = d_A - d_F \tag{4-2}$$

式中:d_F——船舶首垂线处的吃水值(m);
　　　d_A——船舶尾垂线处的吃水值(m)。

当船舶首吃水大于尾吃水时,称为首倾(trim by head),俗称拱头;反之为尾倾(trim by stem);当船舶首尾吃水相等时,吃水差为零,称作平吃水(even keel)。

由于船舶正常营运状态下一般处于尾倾状态,当按式(4-1)定义吃水差时,会出现吃水差为负值。目前很多船舶资料中按式(4-2)定义吃水差。实际计算时应注意吃水差的正负取值;在表述时可在吃水差数值前冠以"尾倾"或"首倾"以示区别,例如"尾倾吃水差 0.3 m"。

2. 产生吃水差的原因

产生吃水差的原因是船舶正浮时重心纵向坐标与浮心纵向坐标不相等。如果船舶正浮时,船舶重心纵向坐标 x_g 等于浮心纵向坐标 x_b,即 $x_g = x_b$,则船舶合重力 W 与浮力 Δ 在纵向处于同一垂线上,不构成纵倾力矩,船舶维持平吃水状态。

如果船舶正浮时的重心纵向坐标 x_g 不等于浮心纵向坐标 x_b,即 $x_g \neq x_b$,则船舶就会在合重力 W 和浮力 Δ 构成的纵倾力矩作用下发生纵倾,产生吃水差。倾斜过程中,浮力作用线向重力作用线靠拢,直至两者重合,维持其纵倾状态。如果重心在浮心的前面,船舶首倾,反之则尾倾。

二、船舶吃水差及吃水对航海性能的影响

船舶吃水差及吃水对船舶的浮性、稳性、抗沉性、操纵性、快速性、耐波性(适航性)等都

会产生一定的影响。当船舶首倾航行时,航向稳定性变差,且轻载时螺旋桨和舵叶的沉深减小,船舶的推进效率和舵效变差,首部甲板容易上浪,船舶在风浪中纵摇和垂荡时,螺旋桨和舵叶易露出水面,造成飞车;但当船舶尾倾过大时,船舶旋回性变差,螺旋桨推力水平分量变小,快速性降低,船舶纵摇时船首部底板易受波浪拍击(拍底)而造成结构损坏,并且空载时船首瞭望盲区增大。船舶根据不同的装载状态一般保持适度的尾倾可获得较好的航行性能。

船舶空载航行时,因吃水小,排水量小,受风面积增大,螺旋桨的沉深和舵叶的入水深度减小,使船舶航行时的航行性能变差、结构强度损失,不利于船舶安全航行。因此船舶空船航行时一般均须压载,并满足对船舶吃水和吃水差的要求。

船舶在航行中保持适当的吃水和吃水差,使螺旋桨、舵叶及船首底部在水线下具有足够深度,有利于减小阻力和提高推进效率,同时也改善了舵效,减少甲板上浪,避免发生拍底,提高船舶的抗风浪能力。

三、营运船舶对吃水差的要求

船舶航行时,对船舶吃水差的要求应综合考虑装载状态、航线过浅要求、船舶快速性要求和航行期间油水消耗的影响等。为保证船舶的航海性能,应使船舶适度尾倾。船舶开航前,吃水差适宜值与船舶大小、装载状况、航速等因素有关。实践经验表明,万吨级货船静态时适度吃水差为:满载时尾倾 $0.3 \sim 0.5$ m;半载时尾倾 $0.6 \sim 0.8$ m;轻载时尾倾 $0.9 \sim 1.9$ m。各船具体情况不同,驾驶人员应根据本船实际状况确定适当吃水差值。实际中应根据具体情况,一般保持船舶适当的尾倾或平吃水状态。船舶过浅时保持平吃水状态并适当控制船速有利于提高载重量。船舶航行时的下沉量随着船速的增加而增加,且船首的下沉量一般大于船尾,从而使航行中船舶的尾倾减小甚至变为首倾。

四、空载航行船舶对吃水及吃水差的要求

船舶在空载时,船舶过小吃水及不适当的吃水差会给船舶安全航行带来不利影响,因此应通过压载使船舶的吃水和吃水差满足一定的要求。

1. MARPOL73/78 公约对油船专用压载舱压载能力的要求

根据 MARPOL73/78 公约,1982 年 7 月 1 日以后交付的 20000 载重吨及以上每艘原油船和 30000 载重吨及以上的每艘成品油船应设专用压载舱(segregated ballast tank),要求在任何情况下其容量应至少确保船舶的吃水和吃水差能够满足以下要求:

1)船中处的型吃水 d_m(不考虑任何船舶变形)不小于 2.0 m$+0.02L$,其中 L 为船长(m),取最小型深 85% 处水线总长的 96%,或沿该水线首柱前缘至舵杆中心的长度,取大者。

2)船舶首、尾垂线处的吃水应与上述船中吃水相当,连同尾倾吃水差不大于 $0.015L$;

3)尾垂线处的吃水不得小于使螺旋桨全部浸没所需吃水。

2. 海船纵向浮态的建议

我国上海船舶运输科学研究所在分析 IMO 相关要求的基础上,建议海上航行船舶的纵向浮态满足以下要求:

对船长 $L_{BP} \leqslant 150$ m 的船舶:

$$d_{Fmin} \geq 0.025 L_{BP}$$
$$d_{Mmin} \geq 0.02 L_{BP} + 2.0$$
(4-3)

式中：d_{Fmin}——船舶压载后首垂线处吃水最小值(m)；

d_{Mmin}——船舶压载后船中吃水的最小值(m)。

对船长 $L_{BP} > 150$ m 的船舶：

$$d_{Fmin} \geq 0.012 L_{BP} + 2.0$$
$$d_{Mmin} \geq 0.02 L_{BP} + 2.0$$
(4-4)

3. 船舶压载吃水和吃水差的一般要求

1）对空船压载后吃水的一般要求

一般船舶空船压载后的平均吃水，至少应达到夏季满载吃水的 50%，冬季航行时因风浪较大，应使其达到夏季满载吃水的 55% 以上。

不同船舶的压载能力和要求存在一定差异，船长应注意所在船舶的压载能力和营运特点。一般液体散货船、固体散货船、集装箱船和滚装船等专用船舶，其压载能力可满足上述要求。

船舶资料中也可能明确了对船舶恶劣天气条件下的最小吃水要求和冰区航行时吃水限制，例如某 76000 DWT 散货船，要求恶劣天气时首垂线处的吃水不小于 4.895 m。某 250000 DWT 散货船，恶劣天气时首垂线处的吃水不小于 9.4 m；冰区航行时，首吃水应介于 9.4 m 和 19.12 m 之间。部分船舶设计允许利用货舱压载，必要时可按照装载手册说明在设计指定的货舱压载以满足船舶吃水和吃水差要求。船舶受波浪影响严重时，还可能需要考虑采取其他适当措施，如改变速度、航向或进一步增加吃水。

2）对船尾吃水的要求

对于船舶尾吃水，应使螺旋桨具有足够的沉深 h（螺旋桨轴中心线至水面的垂距）。实践表明，当螺旋桨沉深比（螺旋桨沉深 h 与螺旋桨盘面直径 D 的比值）<0.5 时，将显著影响螺旋桨的推力；当沉深比 >0.65（或 0.75）可改善其快速性；当沉深比 >0.8（或 0.9）时，其快速性可达到较满意的效果。在恶劣气候条件下严重纵摇时，螺旋桨应具有较大的沉深。

3）对船舶吃水差的一般要求

船舶一般应避免首倾，尾倾吃水差应小于 $0.025L_{BP}$，即纵倾角小于 1.5°。对于有特殊要求的船舶，应满足相应要求。

【思考与应用 4-1】

1. 简述船舶吃水差与船舶快速性和操纵性的关系。
2. 一般万吨级船舶吃水差的经验值是多少？
3. 对压载船舶平均吃水、首吃水、船中吃水和尾吃水有何要求？
4. 某 VLCC 船长 330 m，螺旋桨直径 10.60 m，螺旋桨轴心距基线高 5.60 m，按照 MARPOL73/78 公约对其专用压载舱压载能力的要求，其压载状态船中、船尾吃水和吃水差可以达到多少？

第二节 船舶吃水差及首、尾吃水的计算

一、吃水差计算

如图 4-1 所示,船舶微纵倾时浮心 B 的移动轨迹是以纵稳心点 M_L 为圆心,以纵稳心半径 BM_L 为半径的圆弧。船舶的纵稳性力矩为:

$$M_{RL} = \Delta \cdot GM_L \sin\varphi \tag{4-5}$$

式中:Δ——船舶排水量(t);

GM_L——船舶纵稳性高度(m);

φ——船舶纵倾角(°)。

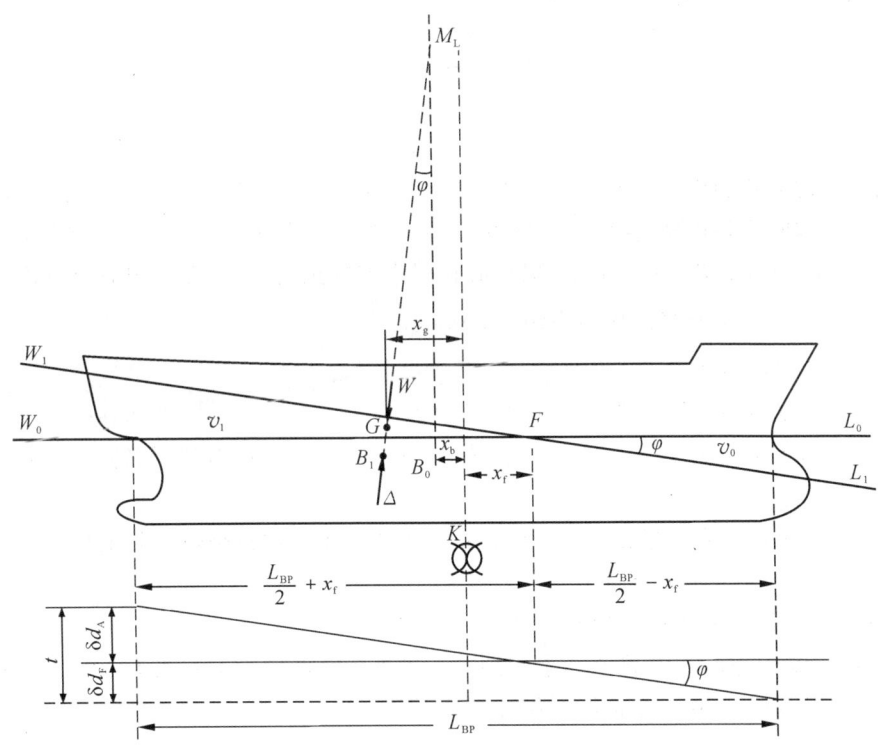

δd_F—船舶纵倾引起的首吃水变化(m);δd_A—船舶纵倾引起的尾吃水变化(m)

图 4-1 船舶吃水差、首尾吃水计算原理

若船舶正浮(水线位置 W_0L_0)时重心 G 的纵向坐标 x_g 与浮心 B_0 的纵向坐标 x_b 不相等,即 $x_g \neq x_b$,则重力 W 和浮力 Δ 构成的纵倾力矩 M_{HL} 可以表示为

$$M_{HL} = \Delta \cdot (x_g - x_b)$$

在力矩 M_{HL} 作用下船舶发生纵倾,浮心 B 自 B_0 向 B_1 移动,当浮力 Δ 与重力 W 在同一垂线时,船舶在新的水线 W_1L_1 位置处于平衡状态,则实际装载状态下的吃水差 t 可以按下式计算:

$$t = \frac{\Delta \cdot (x_g - x_b)}{100 MTC} \tag{4-6}$$

式中:x_g——船舶重心纵向坐标,即船舶重心距船中距离(m);

x_b——船舶浮心纵向坐标,即正浮时船舶浮心距船中距离(m);

MTC——每厘米纵倾力矩(t·m/cm),根据排水量或吃水查静水力参数表。

如果使用船尾坐标系,则:

$$t = \frac{\Delta \cdot (LCG - LCB)}{100 MTC} \tag{4-7}$$

式中:LCG——船舶合重心 G 距尾垂线距离(m);

LCB——船舶浮心 B 距尾垂线距离(m)。

由上述吃水差计算公式可知,计算吃水差首先需要知道或求出船舶实际装载状态下的排水量 Δ,然后根据排水量 Δ 从静水力参数表中查出每厘米纵倾力矩 MTC 和浮心纵向坐标 x_b。而重心纵向坐标则需要根据空船重心和各项载荷重心的纵向分布求取。

1) 计算船舶排水量和重心纵坐标

$$\left. \begin{array}{l} \Delta = \sum P_i \\ x_g = \dfrac{\sum P_i x_i}{\Delta} \end{array} \right\} \tag{4-8}$$

式中:P_i——构成船舶排水量的第 i 项目的重量(t),包括空船排水量 Δ_L、船舶常数 C 和各货舱所装货物、各项航次储备等重量,各货舱货物重量由配载图确定;

x_i——P_i 的重心纵坐标(m),一般重心在船中前取正值,重心在船中后取负值;

$\sum P_i x_i$——全船纵向重量力矩(t·m)。

其中,x_i 的求取步骤为:

(1) 查取船舶资料获得空船重心距船中距离 x_L。

(2) 求油水等重心纵坐标 x_i,无论是否装满,均可按舱容中心对待,舱容中心纵坐标可查液舱柜容积表。

(3) 求各舱货物重心纵坐标 x_i,一般来说,各舱货物重心可近似取为货舱容积中心,相应舱容中心纵坐标可由货舱容积表查取。

2) 由装载排水量查静水力资料,获取有关计算参数

根据装载排水量 Δ,可从静水力参数图(表)中查得船舶的平均吃水 d_m、浮心距船中距离 x_b、漂心距船中距离 x_f 和每厘米纵倾力矩 MTC 等数据。

二、计算船舶首、尾吃水

在已知船舶吃水差 t 时,可按下式计算船舶的首吃水 d_F 和尾吃水 d_A:

$$\left. \begin{array}{l} d_F = d_m + \left(\dfrac{1}{2} - \dfrac{x_f}{L_{BP}}\right) \cdot t \\ d_A = d_m - \left(\dfrac{1}{2} + \dfrac{x_f}{L_{BP}}\right) \cdot t \end{array} \right\} \tag{4-9}$$

式中:L_{BP}——船长(m);

d_m——船舶平均吃水(m)。

如果使用船尾坐标系,$x_f = LCA - \dfrac{1}{2} L_{BP}$,代入式(4-9)得:

$$\left.\begin{array}{l}d_{\mathrm{F}}=d_{\mathrm{m}}+\left(1-\dfrac{LCA}{L_{\mathrm{BP}}}\right)\cdot t\\ d_{\mathrm{A}}=d_{\mathrm{m}}-\dfrac{LCA}{L_{\mathrm{BP}}}\cdot t\end{array}\right\} \quad (4\text{-}10)$$

式中：LCA——船舶漂心距尾垂线距离(m)。

需要注意的是，实际计算中，一些因素可能对吃水差的计算精度存在影响。一方面，各舱载荷取舱容中心时，可能与载荷的实际重心位置存在偏差，例如货舱内前后货物重量不一致；当存在吃水差时，压载舱和油水舱的液体载荷更多地分布在较低的一端，导致船舶重心纵向坐标的计算存在一定误差。另一方面，船舶静水力参数是随着船舶吃水差的变化而变化的，目前船舶资料中均提供了不同纵倾值时的静水力参数表。一般情况下，可直接根据船舶排水量查取船舶正浮状态时的静水力参数计算船舶吃水差。如果计算的吃水差 t_0 较大（大于表列吃水差间隔的一半），可利用排水量和与 t_0 邻近的表列吃水差再次查取相关静水力参数带入吃水差计算公式进行第二次计算（必要时进行第三次逼近），可得到相对精确的吃水差值。

鉴于上述原因，吃水和吃水差计算主要在编制配载计划和调整吃水差时作为核算和参考用，船舶实际吃水和吃水差应以观测为准，并且在编制配载计划时，应留有作为调整吃水差用的机动货载。

例 4-1 某轮实际装载排水量 $\Delta=22000$ t，根据船舶及载荷分布求得船中前纵向重量力矩为 260000 t·m，船中后纵向重量力矩为 210000 t·m，船舶平均吃水 $d_{\mathrm{m}}=9$ m，每厘米纵倾力矩 $MTC=220$ t·m/cm，浮心纵向坐标 $x_{\mathrm{b}}=2.7$ m，漂心纵向坐标 $x_{\mathrm{f}}=-2.0$ m，船长 $L_{\mathrm{BP}}=150$ m。试求船舶的首、尾吃水及吃水差。

解：(1) 求船舶合重心纵向坐标 x_{g}：

$$x_{\mathrm{g}}=\dfrac{\sum P_i x_i}{\Delta}=\dfrac{260000\text{ t·m}-210000\text{ t·m}}{22000\text{ t}}=2.27\text{ m}$$

(2) 求船舶吃水差 t：

$$t=\dfrac{\Delta(x_{\mathrm{g}}-x_{\mathrm{b}})}{100MTC}=\dfrac{22000\text{ t}\times(2.27\text{ m}-2.7\text{ m})}{100\times 220\text{ t·m/m}}=-0.43\text{ m}$$

(3) 求船舶首吃水 d_{F} 和尾吃水 d_{A}：

$$d_{\mathrm{F}}=d_{\mathrm{m}}+\left(\dfrac{1}{2}-\dfrac{x_{\mathrm{f}}}{L_{\mathrm{BP}}}\right)\cdot t=9\text{ m}+\left(\dfrac{1}{2}-\dfrac{-2.0\text{ m}}{150\text{ m}}\right)\times(-0.43\text{ m})=8.78\text{ m}$$

$$d_{\mathrm{A}}=d_{\mathrm{m}}-\left(\dfrac{1}{2}+\dfrac{x_{\mathrm{f}}}{L_{\mathrm{BP}}}\right)\cdot t=9\text{ m}-\left(\dfrac{1}{2}+\dfrac{-2.0\text{ m}}{150\text{ m}}\right)\times(-0.43\text{ m})=9.21\text{ m}$$

例 4-2 A 轮某航次装载状态如例 3-1 中表 3-1 所示。试应用该轮的资料结合表 3-1 的数据求船舶相应装载状态下在标准海水中的吃水差和首、尾吃水。

解：(1) 求船舶合重心纵向坐标 x_{g}：

根据表 3-1 中数据，船舶装载排水量 $\Delta=86332.2$ t，表中计算得船舶总的纵向重量力矩 $\sum P_i x_i=9756357.0$ t·m；则船舶合重心距尾垂线距离 LCG 为

$$LCG=\dfrac{\sum P_i x_i}{\Delta}=\dfrac{9756357.0\text{ t·m}}{86332.2\text{ t}}=113.0\text{ m}$$

(2) 求船舶吃水差 t、首吃水 d_{F} 和尾吃水 d_{A}：

根据排水量 $\Delta=86332.2$ t 查静水力参数表,得:船舶平均吃水 $d_m=13.877$ m;每厘米纵倾力矩 $MTC=1128.1$ t·m/cm;浮心距尾垂线距离 $LCB=112.9$ m;漂心距尾垂线距离 $LCA=106.2$ m。已知 A 轮 $L_{BP}=217$ m,则标准海水中的吃水差 t、首吃水 d_F 和尾吃水 d_A 分别为

$$t=\frac{\Delta \cdot (LCG-LCB)}{100MTC}=\frac{86332.2 \text{ t} \times (113.0 \text{ m}-112.9 \text{ m})}{100 \times 1128.1 \text{ t·m/m}}=0.08 \text{ m}$$

$$d_F=d_m+\left(1-\frac{LCA}{L_{BP}}\right) \cdot t=13.877 \text{ m}+\left(1-\frac{106.2 \text{ m}}{217 \text{ m}}\right) \times 0.08 \text{ m}=13.918 \text{ m}$$

$$d_A=d_m-\frac{LCA}{L_{BP}} \cdot t=13.877 \text{ m}-\frac{106.2 \text{ m}}{217 \text{ m}} \times 0.08 \text{ m}=13.838 \text{ m}$$

【思考与应用 4-2】

某固体散货船船长为 184 m,空船及某航次的装载情况如表 4-1 所示,装载后平均吃水 $d_m=11.26$ m,$x_b=3.15$ m,$x_f=-2.5$ m,$MTC=220$ t·m/cm。试求:

表 4-1 空船及某航次的装载情况

序号	项目	重量/t	重心距船中距离/m
1	空船	10000	−11.0
2	No.1 货舱	5000	72.0
3	No.2 货舱	5500	52.0
4	No.3 货舱	5300	32.0
5	No.4 货舱	5000	12.0
6	No.5 货舱	5200	−8.0
7	No.6 货舱	5000	−28.0
8	No.7 货舱	5500	−50.0
9	燃油舱	2000.0	−60.0
10	淡水舱	400.0	−90.0
11	杂项	100	−70.0
	合计		

(1)船舶排水量和纵向重量力矩;
(2)船舶装载后的吃水差;
(3)船舶装载后的首、尾吃水。

第三节 载荷纵移、重量增减对纵向浮态的影响

一、载荷纵向移动

载荷纵向移动包括配载图编制时不同货舱货物数量的调整及压载水、淡水或燃油的调拨等情况。船上载荷纵移后会产生纵倾力矩,导致船舶纵向浮态发生变化,从而引起吃水差

改变。

1. 载荷纵移后吃水差改变量的计算

设船舶装载排水量为 Δ，载荷移动前首、尾吃水为 d_{F0}、d_{A0}，吃水差为 t_0。船上重量为 P 的载荷沿纵向移动距离为 x，载荷初始位置和移动后位置的重心纵向坐标分别为 x_{P0} 和 x_P，则 $x = x_P - x_{P0}$，产生的纵倾力矩 $\delta M_L = P \cdot x = P(x_P - x_{P0})$，则载荷移动引起的吃水差改变量为

$$\delta t = \frac{P \cdot x}{100 MTC} = \frac{P(x_P - x_{P0})}{100 MTC} \tag{4-11}$$

2. 载荷纵移后吃水差和首尾吃水的计算

1）载荷纵向移动后因吃水差变化引起的首尾吃水改变量为

$$\left.\begin{aligned} \delta d_F &= \left(\frac{1}{2} - \frac{x_f}{L_{BP}}\right) \cdot \delta t \\ \delta d_A &= -\left(\frac{1}{2} + \frac{x_f}{L_{BP}}\right) \cdot \delta t \end{aligned}\right\} \tag{4-12}$$

使用船尾坐标系时，有

$$\left.\begin{aligned} \delta d_F &= \left(1 - \frac{LCF}{L_{BP}}\right) \cdot \delta t \\ \delta d_A &= -\frac{LCF}{L_{BP}} \cdot \delta t \end{aligned}\right\} \tag{4-13}$$

2）载荷移动后首吃水 d_F、尾吃水 d_A 和吃水差 t 为

$$\left.\begin{aligned} d_F &= d_{F0} + \left(\frac{1}{2} - \frac{x_f}{L_{BP}}\right) \cdot \delta t \\ d_A &= d_{A0} - \left(\frac{1}{2} + \frac{x_f}{L_{BP}}\right) \cdot \delta t \\ t &= d_F - d_A = t_0 + \delta t \end{aligned}\right\} \tag{4-14}$$

式中：x_f——漂心距船中距离（m）；

t_0——载荷移动前的吃水差（m）；

δt——载荷移动引起的吃水差改变量（m）。

使用船尾坐标系时：

$$\left.\begin{aligned} d_F &= d_{F0} + \left(1 - \frac{LCF}{L_{BP}}\right) \cdot \delta t \\ d_A &= d_{A0} - \frac{LCF}{L_{BP}} \cdot \delta t \end{aligned}\right\} \tag{4-15}$$

例 4-3 在例 4-1 中，若要求吃水差为尾倾 0.30 m，已知 1♯舱舱容中心在船中前 50 m，5♯舱舱容中心在船中后 30 m，问需要在 1♯舱和 5♯舱之间如何调整货物位置？应移多少吨？

解：(1) 要求将吃水差由 $t_0 = -0.43$ m 调整为 $t = -0.30$ m，吃水差改变量 δt 为

$$\delta t = t - t_0 = -0.30 \text{ m} - (-0.43 \text{ m}) = 0.13 \text{ m}$$

要求尾倾减小 0.13 m，应从 5♯舱向 1♯舱移动货载。

(2) 根据式 (4-11) 有：

$$P = \frac{100 MTC \cdot \delta t}{x_P - x_{P0}} = \frac{100 \times 220 \text{ t} \cdot \text{m/m} \times 0.13 \text{ m}}{50 \text{ m} - (-30 \text{ m})} = 35.75 \text{ t}$$

即应从 5♯舱向 1♯舱移动货载 35.75 t。

二、载荷重量增减

由于装卸载荷、加排压载水、油水消耗和补给、破舱进水等船舶本身重量的增减会引起船舶排水量及重心发生变化，从而使船舶的纵向浮态也产生变化。根据重量增减的大小，可分为大量增减和少量增减两种情况。

1. 载荷重量少量增减

在船上任意位置增减载荷，船舶吃水和吃水差均会发生变化，当载荷重量少量增减时可近似认为漂心纵向坐标 x_f、每厘米纵倾力矩 MTC 和每厘米吃水吨数 TPC 等静水力参数不变。为此，可以将船上任意位置增减少量载荷对吃水和吃水差的影响分为两步进行分析：

第一步：假定将载荷装载于水线面漂心 F 的垂直线上［图 4-2(a)］。由于船舶倾斜轴通过漂心，可认为船舶平行沉浮，只改变平均吃水，而无纵倾变化。平均吃水改变量为

$$\delta d_m = \frac{P}{100 TPC} \tag{4-16}$$

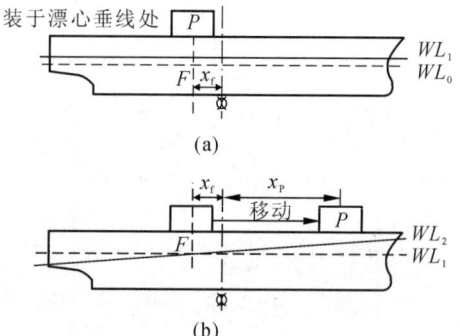

图 4-2　载荷重量少量增减对吃水和吃水差的影响

第二步：将载荷自漂心垂线位置（纵向坐标为 x_f）纵移至实际装载位置（纵向坐标为 x_P）［图 4-2(b)］，移动距离 $x = x_P - x_f$，该步骤可认为只改变吃水差，平均吃水未变。吃水差改变量为

$$\delta t = \frac{P(x_P - x_f)}{100 MTC} \tag{4-17}$$

因吃水差变化 δt 引起的首、尾吃水改变量为

$$\left. \begin{array}{l} \delta d_{Ft} = \left(\dfrac{1}{2} - \dfrac{x_f}{L_{BP}} \right) \cdot \delta t \\ \delta d_{At} = -\left(\dfrac{1}{2} + \dfrac{x_f}{L_{BP}} \right) \cdot \delta t \end{array} \right\} \tag{4-18}$$

上述两个步骤的结果等效于直接将载荷装载于纵向坐标为 x_P 的实际装载位置。如果载荷增减前的平均吃水、吃水差、首吃水和尾吃水分别为 d_{m0}、t_0、d_{F0} 和 d_{A0}，则载荷增减后的吃水差改变量 δt 按式(4-17)求取，平均吃水 d_m、吃水差 t、首吃水 d_F、尾吃水 d_A 分别为：

$$d_{\mathrm{m}} = d_{\mathrm{m}0} + \delta d_{\mathrm{m}} = d_{\mathrm{m}0} + \frac{P}{100TPC} \tag{4-19}$$

$$t = t_0 + \delta t \tag{4-20}$$

$$\left.\begin{array}{l} d_{\mathrm{F}} = d_{\mathrm{F}0} + \delta d_{\mathrm{m}} + \delta d_{\mathrm{Ft}} \\ d_{\mathrm{A}} = d_{\mathrm{A}0} + \delta d_{\mathrm{m}} + \delta d_{\mathrm{At}} \end{array}\right\} \tag{4-21}$$

2. 载荷重量大量增减

当船舶发生载荷重量大量(超过排水量的10%)增减时,漂心 F 的位置和其他相关静水力参数的变化不可忽略。因此不能按照上述载荷重量少量增减的方法求新的吃水差和吃水,应按照吃水差和首、尾吃水的基本计算方法求新的吃水差和吃水。计算过程如下:

1) 载荷增减后的排水量 Δ 和船舶合重心纵向坐标 x_{g}

设船舶载荷增减前排水量为 Δ_0,重心纵向坐标为 $x_{\mathrm{g}0}$,增减载荷总重量为 $\sum P_i$,增减载荷的纵向重量力矩为 $\sum P_i x_i$,则载荷增减后的排水量 Δ 和合重心纵向坐标 x_{g} 为:

$$\left.\begin{array}{l} \Delta = \Delta_0 + \sum P_i \\ x_{\mathrm{g}} = \dfrac{\Delta \cdot x_{\mathrm{g}0} + \sum P_i x_i}{\Delta} \end{array}\right\} \tag{4-22}$$

2) 按载荷增减后的排水量 Δ 查取相关静水力参数

载荷增减后的平均吃水 d_{m}、每厘米纵倾力矩 MTC、浮心纵向坐标 x_{b}、漂心纵向坐标 x_{f} 等静水力参数应按照新的排水量 Δ 查静水力资料求得。

3) 计算载荷增减后的吃水差和首、尾吃水

根据式(4-6)或式(4-7)、式(4-9)或式(4-10)求新的吃水差 t 和首吃水 d_{F}、尾吃水 d_{A}。

如果吃水差计算值较大,可在计算首、尾吃水前,根据排水量和计算得到的吃水差再次查静水力参数表,查得纵倾条件下的浮心纵向坐标和每厘米纵倾力矩等参数,再进行一次吃水差逼近计算,然后再计算首、尾吃水。

例 4-4 根据例3-1所示的A轮到港装载状态,求在1♯、3♯、5♯和7♯舱各卸下3000 t 货后船舶的平均吃水、吃水差和首、尾吃水(使用船尾坐标系,假定其他载荷数量不变)。

解: 1) 卸载部分货物后的排水量

$$\sum P_i = -3000 \text{ t} \times 4 = -12000 \text{ t}$$

$$\Delta = \Delta_0 + \sum P_i = 86332.2 \text{ t} - 12000 \text{ t} = 74332.2 \text{ t}$$

2) 卸载部分货物后的船舶纵向重量力矩

(1) 卸载前船舶总的纵向重量力矩:

$$P_i x_i = 9756357 \text{ t} \cdot \text{m}$$

(2) 卸载12000 t 货后船舶纵向重量力矩改变量:

$$\sum P_i x_i = -3000 \text{ t} \times (195.43 \text{ m} + 145.75 \text{ m} + 94.04 \text{ m} + 42.52 \text{ m}) = -1433220 \text{ t} \cdot \text{m}$$

(3) 卸载12000 t 货后船舶纵向重量力矩:

$$M_{\mathrm{L}} = P_i x_i + \sum P_i x_i = 9756357 \text{ t} \cdot \text{m} - 1433220 \text{ t} \cdot \text{m} = 8323137 \text{ t} \cdot \text{m}$$

3) 卸载部分货物后的船舶重心距尾垂线距离

$$LCG = \frac{M_L}{\Delta} = \frac{8323137 \text{ t} \cdot \text{m}}{74332.2 \text{ t}} = 111.97 \text{ m}$$

4)查取卸载部分货物后的相关静水力参数

根据排水量 $\Delta = 74332.2$ t 查静水力参数表,得:浮心距尾垂线距离 $LCB = 114.0$ m,漂心距尾垂线距离 $LCA = 106.8$ m,每厘米总倾力矩 $MTC = 1084.4$ t·m/cm,每厘米吃水吨数 $TPC = 67.2$ t/cm。

5)卸载部分货物后的平均吃水 d_m、吃水差 t 和首、尾吃水 d_F 和 d_A

(1)根据 A 轮静水力参数表表列数据,内插得平均吃水:
$$d_m = 12.10 \text{ m} + (74567.5 \text{ t} - 74332.2 \text{ t}) \div (100 \times 67.2 \text{ t/m}) = 12.105 \text{ m}$$

(2)吃水差 t:
$$t = \frac{\Delta \cdot (LCG - LCB)}{100 \, MTC} = \frac{74332.2 \text{ t} \times (111.97 \text{ m} - 114.0 \text{ m})}{100 \times 1084.4 \text{ t}} = -1.39 \text{ m}$$

(3)首、尾吃水:
$$d_F = d_m + \left(1 - \frac{LCA}{L_{BP}}\right) \cdot t = 12.105 \text{ m} + (1 - 106.8 \text{ m} \div 217.0 \text{ m}) \times (-1.39 \text{ m})$$
$$= 11.40 \text{ m}$$
$$d_A = d_m - \frac{LCA}{L_{BP}} \cdot t = 12.105 \text{ m} - 106.8 \text{ m} \div 217.0 \text{ m} \times (-1.39 \text{ m}) = 12.79 \text{ m}$$

三、舷外水密度变化对吃水差的影响

如图 4-3 所示,排水量为 Δ 的船舶,其初始水线为 WL_0,此时重力通过重心 G,浮力通过浮心 B,二者构成平衡力系。若船舶由水密度 ρ_0 水域进入水密度 ρ_1 水域,其平均吃水改变量 δd_ρ 可由式(1-17)求得。

假定船舶按照平行沉浮,其对应水线为 WL_1,则 WL_0 和 WL_1 之间的排水量 $\delta \Delta$ 为
$$\delta \Delta = 100 \delta d_\rho \times TPC \tag{4-23}$$

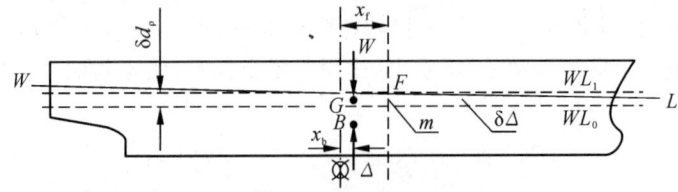

图 4-3 海水密度对船舶吃水差的影响

$\delta \Delta$ 的几何中心为 m。由于 $\delta \Delta$ 通常较小,m 的纵坐标近似取为 x_f。此时原水线 WL_0 下的排水量变为 $(\Delta - \delta \Delta)$,其浮心位置仍在 B 处。这就相当于原排水量 Δ 内 $\delta \Delta$ 的浮心由 B 点移至 m 点,其纵移距离为 $x_b - x_f$,使船舶产生大小为 $\delta \Delta \cdot (x_b - x_f)$ 的纵倾力矩。该力矩作用下船舶发生纵倾变化,实际水线为 WL,则船舶舷外水密度变化时吃水差改变量 δt 为
$$\delta t = \frac{\delta \Delta \cdot (x_b - x_f)}{100 MTC} \tag{4-24}$$

将式(1-17)和式(4-23)代入式(4-24)得:
$$\delta t = \frac{TPC \cdot (x_b - x_f)}{MTC} \cdot \delta d_\rho \tag{4-25}$$

首、尾吃水改变量则可按式(4-18)计算的 δd_{Ft} 和 δd_{At} 分别加由式(1-17)计算的 δd_ρ。

例 4-5 A 轮到港装载状态如例 3-1 中的表 3-1 所示,如船舶到港时舷外水密度为 1.010 g/cm^3,试在例 4-2 计算结果的基础上计算船舶在实际舷外水密度下的吃水差和首、尾吃水。

解: 已知船舶装载排水量 $\Delta = 86332.2$ t,标准海水中平均吃水 $d_m = 13.877$ m,首吃水 $d_F = 13.918$ m,尾吃水 $d_A = 13.838$ m,吃水差 $t = 0.08$ m,$MTC = 1128.1$ t·m/cm,浮心距尾垂线距离 $LCB = 112.9$ m,漂心距尾垂线距离 $LCA = 106.2$ m,每厘米吃水吨数 $TPC = 68.2$ t/cm。

(1) 船舶舷外水密度由 1.0250 g/cm^3 变为 1.010 g/cm^3 时平均吃水改变量:

$$\delta d_\rho = \frac{\Delta}{100 TPC}\left(\frac{\rho_s}{\rho_1} - \frac{\rho_s}{\rho_0}\right) = \frac{86332.2 \text{ t}}{100 \times 68.2 \text{ t/m}} \times \left(\frac{1.025}{1.010} - \frac{1.025}{1.025}\right) = 0.188 \text{ m}$$

(2) 船舶舷外水密度由 1.0250 g/cm^3 变为 1.010 g/cm^3 时吃水差改变量:

$$\delta t = \frac{TPC \cdot (LCB - LCA)}{MTC} \cdot \delta d_\rho$$

$$= \frac{68.2 \text{ t/cm} \times (112.9 \text{ m} - 106.2 \text{ m})}{1128.1 \text{ t} \cdot \text{m/cm}} \times 0.188 \text{ m} = 0.076 \text{ m}$$

(3) 吃水差改变量 δt 引起的首、尾吃水该变量为

$$\delta d_F = \left(1 - \frac{LCA}{L_{BP}}\right) \cdot \delta t = \left(1 - \frac{106.2}{217.0}\right) \times 0.076 \text{ m} = 0.039 \text{ m}$$

$$\delta d_A = -\frac{LCA}{L_{BP}} \cdot \delta t = -\frac{106.2}{217} \times 0.076 \text{ m} = -0.037 \text{ m}$$

(4) 实际舷外水密度下的平均吃水 d_{m1}、吃水差 t_1 和首吃水 d_{F1}、尾吃水 d_{A1}:

$$d_{m1} = d_m + \delta d_\rho = 13.877 \text{ m} + 0.188 \text{ m} = 14.065 \text{ m}$$

$$t_1 = t_0 + \delta t = 0.08 \text{ m} + 0.076 \text{ m} = 0.156 \text{ m}$$

$$d_{F1} = d_F + \delta d_\rho + \delta d_F = 13.918 \text{ m} + 0.188 \text{ m} + 0.039 \text{ m} = 14.145 \text{ m}$$

$$d_{A1} = d_A + \delta d_\rho + \delta d_A = 13.838 \text{ m} + 0.188 \text{ m} - 0.037 \text{ m} = 13.989 \text{ m}$$

四、保证船舶适当吃水差的经验方法

在编制货物配载文件、航行和装卸货期间,应注意根据本船的特点,结合一般经验,合理安排货物和其他载荷(油水等储备品、压载水等)的纵向分布,以满足船舶适当吃水差的要求。保证船舶适当吃水差的一般经验包括:

1) 按经验得出的各舱配货重量的合适比例配货

一般来说,各舱可按照舱容的比例分配货物重量。这种方法是保证船舶总纵强度的经验方法,同时一般也可兼顾船舶适当吃水差的要求。

2) 预留一定的机动货载以在装货结束前调整吃水差

由于各舱货物和其他载荷的实际重心位置与计算时的取值可能存在一定差异,货物实际装载也可能与配载计划存在一定的差异,因此装货完毕时,实际吃水差可能与配载计划中的核算值存在差异,一般在编制配载文件时,在首、尾舱位(也可包含中部漂心附近舱位)留出一定量的机动货载,供装货结束前调整吃水差之用。所留机动货载的数量一般可取夏季满载排水量的 1%~2%,同时还应注意调整吃水差时应兼顾总纵强度要求,并且所选机动

货载应与预留舱位内其他货物性质相容。

3) 考虑航行途中油水消耗引起的吃水差变化

航程较远时，油水消耗引起的吃水差变化不可忽略，一般船舶燃油、淡水多分布在船舶中、后部，船舶航行消耗一般会导致尾倾减小或首倾变化，应注意合理安排油水使用计划，并对到港（必要时包括航行途中）状态的吃水差进行核算，必要和可行时也可在航行途中适当调整压载，以免船舶首倾。

【思考与应用 4-3】

1. 某轮船长 120 m，空船排水量和载荷的纵向分布见表 4-2，装载后平均吃水 $d_m = 6.0$ m，浮心距船中距离 $x_b = -0.4$ m，漂心距船中距离 $x_f = -2.0$ m，$TPC = 20$ t/cm，$MTC = 120$ t·m/cm。

(1) 在表 4-2 中填入船舶装载排水量和纵向重量力矩计算数值；

(2) 求船舶的吃水差 t_0；

(3) 求船舶的首、尾吃水 d_{F0} 和 d_{A0}；

(4) 现向 3# 舱中部装 200 t 货（假设装载后 x_f、TPC、MTC 等不变），求新的首、尾吃水（d_{F1} 和 d_{A1}）和吃水差 t_1。

(5) 如果要求装载上述 200 t 货后船舶吃水差为尾倾 0.3 m，上述货物应装载至何处？位于哪个舱？

(6) 如果要求装载上述 200 t 货后船舶吃水差为尾倾 0.3 m，分别装于 1# 舱和 3# 舱的中部附近，试求 1# 舱和 3# 舱各装多少吨货？

表 4-2 纵向重量力矩计算表

舱别	重量/t	重心距船中距离/m	纵向重量力矩 M_x/(t·m)
No.1 舱	1000	35.0	
No.2 舱	1500	5.0	
No.3 舱	1200	−25.0	
淡水舱	100	−50.0	
燃油	200	−15.0	
其他备品	30	−40.0	
空船排水量	1800	−5.0	
合计			
说明：淡水、燃油和其他备品为合重心位置			

2. 某轮船长 $L_{BP} = 120$ m，出港时的装载情况见表 4-3，查得船舶稳心距基线高 $KM = 8.00$ m。油水舱全部装满，无自由液面，装载后平均吃水 $d_m = 9.0$ m，$x_b = 1.5$ m，$x_f = -2.0$ m，$MTC = 180$ t·m/cm，$TPC = 18$ t/cm，船舶航行途中消耗燃油 300 t（$\rho = 0.880$ g/cm³），淡水 100 t，所耗燃油的油舱为边长 20 m 的矩形，等间距设两道纵舱壁，淡水舱为边长 10 m 的等边三角形。

(1) 完成表 4-3，求船舶排水量、载重量和稳性：

① 船舶到港时的总载重量和排水量；

② 船舶离港时的初稳性高度；

③ 船舶到港时的初稳性高度。

(2) 求船舶吃水差、平均吃水和首、尾吃水：

① 船舶开航时的吃水差和首、尾吃水；

② 假定船舶到港时每厘米纵倾力矩和漂心距船中距离不变,求到港时的船舶吃水差;
③ 求船舶到港时的首、尾吃水;
④ 求船舶到港时的平均吃水。

表 4-3 垂向重量力矩和纵向重量力矩计算表

项目	重量/t	重心距基线高/m	重心距船中距离/m	垂向重量力矩/(t·m)	纵向重量力矩/(t·m)
空船排水量	3500	6.0	−3.0		
No.1 货舱	2000	8.0	40.0		
No.2 货舱	3000	7.0	20.0		
No.3 货舱	3000	7.0	0.0		
No.4 货舱	3000	8.0	−20.0		
燃油舱	1000	2.0	−40.0		
淡水舱	300	4.0	−50.0		
船员及备品	20	10.0	−40.0		
常数	100	6.0	10.0		
合计					

第四节 少量加减载首、尾吃水改变量计算图表

目前船舶《装载手册》一般均提供了少量载荷增减条件下吃水差和首、尾吃水变化的计算图表,以供船舶调整首、尾吃水或计算首、尾吃水改变量用。常见的数据形式有每加载 100 吨吃水差和首、尾吃水改变量数据表。

一、图表的制作原理

少量加减载时首、尾吃水改变量计算图表是利用少量载荷增减时吃水差和首、尾吃水改变量计算原理绘制的。已知船舶平均吃水为 d_m(或排水量为 Δ),在纵向坐标 x_P 处装载重量为 P 的载荷,则吃水差改变量 δt、首吃水改变量 δd_F 和尾吃水改变量 δd_A 分别为

$$\delta t = \frac{P(x_P - x_f)}{100 MTC} = f(P, d_m, x_f) \tag{4-26}$$

$$\delta d_F = \frac{P}{100 TPC} + \left(\frac{1}{2} - \frac{x_f}{L_{BP}}\right) \cdot \delta t = \frac{P}{100 TPC} + \left(\frac{1}{2} - \frac{x_f}{L_{BP}}\right) \cdot \frac{P(x_P - x_f)}{100 MTC} = f(P, d_m, x_P) \tag{4-27}$$

$$\delta d_A = \frac{P}{100 TPC} - \left(\frac{1}{2} + \frac{x_f}{L_{BP}}\right) \cdot \delta t = \frac{P}{100 TPC} - \left(\frac{1}{2} + \frac{x_f}{L_{BP}}\right) \cdot \frac{P(x_P - x_f)}{100 MTC} = f(P, d_m, x_P) \tag{4-28}$$

可见,少量加载时吃水差改变量与首、尾吃水改变量均和装载前船舶平均吃水 d_m、加载载荷重量 P 及其纵向位置 x_P 有关。在这 3 个变量中,令载荷重量 $P=100$ t,则变量减少为 d_m 和 x_P 2 个,于是可绘制在不同平均吃水 d_m 条件下于不同位置 x_P 处每加载 100 t 载荷时船

舱的首、尾吃水改变量的数据表或二维曲线图。

二、加载100 t首、尾吃水改变量数值表

A轮加载100 t首、尾吃水改变量数据表(draft change table for 100 tonnes)如表4-4所示(表中仅列出了平均吃水11.6~14.2 m区间的数值,省略了其他吃水区间的数值)。例如:船舶平均吃水12.0 m时,如果在7♯货舱加载100 t载荷,查表可得首吃水改变量$\delta d_F = -18.2$ mm,尾吃水改变量$\delta d_A = 48.0$ mm;吃水差改变量$\delta t = -18.2$ mm-48.0 mm$= -66.2$ mm(即发生尾倾变化)。如果在该货舱卸载100 t,则正负号相反。

如果少量增减任意重量P,首、尾吃水改变量为表列数据乘以$P/100$。例如:船舶平均吃水为12.0 m时,在7♯货舱减载150 t载荷,则首吃水改变量$\delta d_F = 18.2$ mm$\times 150$ t$\div 100$ t$= 27.3$ mm,尾吃水改变量$\delta d_A = -48.0$ mm$\times 150$ t$\div 100$ t$= -72.0$ mm;吃水差改变量$\delta t = 27.3$ mm$-(-72.0$ mm$) = 99.3$ mm。

由于少量加载吃水差计算是以漂心纵向坐标x_f和MTC等静水力参数不变为前提的,因此是近似结果,载荷增减量较小时,精度也相对较高。

表4-4 A轮每加载100 t首、尾吃水改变量数据表(单位:mm)

舱室	吃水/m	11.6	11.8	12.0	12.2	12.4	12.6	12.8	13.0	13.2	13.4	13.6	13.8	14.0	14.2
CH1	Aft	−23.0	−22.9	−22.7	−22.6	−22.5	−22.4	−22.3	−22.2	−22.1	−22.0	−22.0	−21.9	−21.8	−21.8
	Fwd	52.9	52.7	52.5	52.4	52.2	52.0	51.9	51.7	51.6	51.5	51.4	51.2	51.1	51.0
CH2	Aft	−11.8	−11.7	−11.6	−11.6	−11.5	−11.5	−11.4	−11.4	−11.4	−11.3	−11.3	−11.3	−11.2	−11.2
	Fwd	41.7	41.6	41.4	41.3	41.2	41.1	41.0	40.9	40.8	40.8	40.7	40.6	40.5	40.5
CH3	Aft	0.3	0.3	0.2	0.2	0.2	0.2	0.2	0.2	0.2	0.2	0.2	0.1	0.1	0.1
	Fwd	29.7	29.6	29.6	29.5	29.5	29.4	29.4	29.3	29.3	29.3	29.2	29.2	29.2	29.2
CH4	Aft	12.3	12.3	12.2	12.1	12.0	12.0	11.8	11.8	11.8	11.7	11.6	11.6	11.5	11.5
	Fwd	17.6	17.6	17.6	17.6	17.6	17.6	17.7	17.7	17.7	17.7	17.7	17.8	17.8	17.8
CH5	Aft	24.5	24.3	24.2	24.0	23.9	23.8	23.6	23.5	23.4	23.3	23.2	23.1	23.0	22.9
	Fwd	5.5	5.6	5.6	5.7	5.8	5.9	5.9	6.0	6.1	6.1	6.2	6.3	6.3	6.4
CH6	Aft	36.5	36.3	36.1	35.9	35.7	35.5	35.3	35.2	35.0	34.8	34.7	34.5	34.4	34.3
	Fwd	−6.6	−6.4	−6.3	−6.1	−6.0	−5.9	−5.7	−5.6	−5.5	−5.4	−5.2	−5.2	−5.1	−5.0
CH7	Aft	48.6	48.3	48.0	47.7	47.5	47.2	47.0	46.7	46.5	46.3	46.1	45.9	45.8	45.6
	Fwd	−18.6	−18.4	−18.2	−18.0	−17.8	−17.6	−17.4	−17.2	−17.1	−16.9	−16.7	−16.6	−16.4	−16.3
FWTP	Aft	65.8	65.4	65.0	64.7	64.3	64.0	63.7	63.4	63.1	62.8	62.5	62.3	62.0	61.8
	Fwd	−35.9	−35.5	−35.2	−34.9	−34.6	−34.3	−34.1	−33.8	−33.6	−33.4	−33.1	−32.9	−32.7	−32.5
FWTS	Aft	65.3	64.9	64.5	64.2	63.8	63.5	63.2	62.9	62.6	62.3	62.0	61.8	61.5	61.3
	Fwd	−35.4	−35.0	−34.7	−34.4	−34.1	−33.8	−33.6	−33.3	−33.1	−32.9	−32.6	−32.4	−32.2	−32.1

续表 4-4

舱室	吃水/m	11.6	11.8	12.0	12.2	12.4	12.6	12.8	13.0	13.2	13.4	13.6	13.8	14.0
HFOT1S	Aft	36.8	36.5	36.3	36.1	35.9	35.7	35.5	35.4	35.2	35.0	34.9	34.7	34.6
	Fwd	−6.8	−6.7	−6.5	−6.4	−6.2	−6.1	−6.0	−5.8	−5.7	−5.6	−5.5	−5.4	−5.3
HFOT2S	Aft	48.8	48.5	48.2	48.0	47.7	47.5	47.2	47.0	46.8	46.6	46.4	46.2	46.0
	Fwd	−18.9	−18.7	−18.4	−18.2	−18.0	−17.8	−17.7	−17.5	−17.3	−17.1	−17.0	−16.8	−16.7
HFOT3S	Aft	56.7	56.4	56.0	55.7	55.4	55.1	54.9	54.6	54.4	54.1	53.9	53.7	53.5
	Fwd	−26.8	−26.5	−26.2	−26.0	−25.7	−25.5	−25.3	−25.1	−24.9	−24.7	−24.5	−24.3	−24.1
APT	Aft	66.9	66.5	66.1	65.7	65.4	65.0	64.7	64.4	64.1	63.8	63.5	63.3	63.0
	Fwd	−36.9	−36.6	−36.3	−36.0	−35.7	−35.4	−35.1	−34.9	−34.6	−34.4	−34.2	−33.9	−33.7
FPT	Aft	−30.9	−30.7	−30.5	−30.3	−30.2	−30.1	−29.9	−29.8	−29.7	−29.6	−29.5	−29.4	−29.3
	Fwd	60.8	60.5	60.3	60.1	59.9	59.7	59.5	59.3	59.2	59.0	58.8	58.7	58.6
WBT1S	Aft	−23.0	−22.9	−22.8	−22.6	−22.5	−22.4	−22.3	−22.2	−22.1	−22.0	−21.9	−21.9	−21.9
	Fwd	53.0	52.8	52.6	52.4	52.2	52.1	51.9	51.8	51.6	51.5	51.4	51.3	51.2
WBT2S	Aft	−5.5	−5.4	−5.4	−5.4	−5.4	−5.3	−5.3	−5.3	−5.3	−5.3	−5.3	−5.3	−5.3
	Fwd	35.4	35.3	35.2	35.1	35.0	35.0	34.9	34.8	34.8	34.7	34.7	34.6	34.6
WBT3S	Aft	18.6	18.5	18.4	18.3	18.2	18.1	18.0	17.9	17.8	17.7	17.7	17.6	17.5
	Fwd	11.3	11.3	11.4	11.4	11.5	11.5	11.6	11.6	11.7	11.7	11.7	11.8	11.8
WBT4S	Aft	42.1	41.8	41.6	41.4	41.1	40.9	40.7	40.5	40.3	40.1	40.0	39.8	39.6
	Fwd	−12.2	−12.0	−11.8	−11.6	−11.5	−11.3	−11.1	−11.0	−10.8	−10.7	−10.6	−10.5	−10.3

【思考与应用 4-4】

已知 A 轮到港时装载排水量 $\Delta=86332.2\ t$,船舶到港时舷外水密度为 $1.010\ g/cm^3$,结合例 4-5 中求得的相应密度下首、尾吃水和吃水差,试利用该轮每加载 100 t 首、尾吃水改变量数据求在该轮 1# 货舱卸载 200 t 货物时的首、尾吃水和吃水差。

第五节 船舶吃水差调整

在编制船舶配载计划和装卸货期间,吃水差不当时需要调整,船舶航行中也需要掌握油水消耗导致的吃水差变化,必要时也需要调整。调整吃水差的方法包括载荷纵移和重量增减两种。

一、纵向移动载荷调整吃水差

1.适用于纵移载荷调整吃水差的一般情况

1)编制船舶配载计划时,如果根据初配方案核算结果发现吃水差不合适,可通过纵向调整货物配载位置将吃水差调整至合适范围。

2)船舶在装卸后或在航行中,可通过调拨液舱内的压载水、淡水及燃料来达到调整吃水差的目的。

2. 纵向移动载荷吃水差调整计算

如果船舶尾倾过大,应向船首方向移动载荷以减小尾倾,反之,当船舶首倾时,应向船尾方向移动载荷,使船舶尾倾变化。设纵移载荷前船舶吃水差为 t_0,欲将吃水差调至 t_1,吃水差调整值 $\delta t = t_1 - t_0$。拟将载荷由纵向坐标 x_{P0} 处纵移至 x_{P1} 处,载荷纵移距离 $x = x_{P1} - x_{P0}$,根据式(4-11)可得移动载荷重量 P:

$$P = \frac{100 MTC}{x} \cdot \delta t \tag{4-29}$$

同理,如果移动的载荷重量已经确定,则可求出载荷纵向移动的距离 x:

$$x = \frac{100 MTC}{P} \cdot \delta t \tag{4-30}$$

当需要移至的舱室处于满舱状态而无法实现时,可采用前后舱室轻重货等体积互换的方法达到调整吃水差的目的。设轻货重量为 P_L,积载因数为 SF_L,重货重量为 P_H,积载因数为 SF_H,应调整的吃水差改变量为 δt,轻货与重货之间纵向调整的距离为 x,则可根据下式求出所移轻货和重货数量:

$$\left. \begin{array}{l} P_H - P_L = P = \dfrac{100 \delta t \cdot MTC}{x} \\ P_H \cdot SF_H = P_L \cdot SF_L \end{array} \right\} \tag{4-31}$$

二、载荷增减调整吃水差

载荷增减不仅改变船舶吃水,也会同时改变船舶吃水差。少量载荷增减条件下,载荷装载于船舶漂心之前时会发生首倾变化,装载于漂心之后时会发生尾倾变化;卸载载荷时则相反。

1. 适用于增减载荷调整吃水差的一般情况

1)加(排)压载水调整

集装箱船、滚装船、载运木材甲板货船和特种装备运输船等船舶在载货状态时往往需要压载,在货物配积载时除了纵向合理分配货物和油水外,必要时也可通过调整压载方案调整吃水差;货物装卸期间,为避免出现过大吃水差,除通过合理安排装(卸)舱顺序外,也可用加(排)压载水方法对当前吃水差作适当的调整;船舶在航行中,因油水消耗引起吃水差不恰当改变,可加(排)压载水予以调整,这也是常用方法之一。

2)航行中油水消耗

合理安排油水消耗的舱室顺序,可在一定程度上改善船舶航行时的吃水差。

3)装载结束前利用所预留的机动货载调整吃水差

货物装载结束前,通常在首、尾部货舱留出部分机动货载,视当时吃水差的具体情况确定装舱位置,机动货量大小应根据预计装载最后阶段可能出现的最大吃水差结合经验确定。

4)锚地驳卸货物时兼顾吃水差调整

当船舶进港受港口水深受限时,可在锚地驳卸部分货物,此时除需要考虑平均吃水变化外,还需同时兼顾卸载后的吃水差变化,尽量使船舶平吃水通过浅水区。

2. 增减载荷重量的计算

1)利用少量载荷增减吃水差改变量公式求载荷重量

设增减载荷前船舶吃水差为 t_0,欲将吃水差调至 t_1,现拟将载荷装载于纵向坐标x_P处,装载前船舶漂心纵向坐标为 x_f,每厘米纵倾力矩为 MTC,则根据式(4-17)变换得需调整载荷的重量为

$$P = \frac{100MTC}{x_P - x_f} \cdot \delta t \tag{4-32}$$

同理,如果已确定调整吃水差的载荷重量,则可求得载荷增减位置x_P为

$$x_P = x_f + \frac{100\delta t \cdot MTC}{P} \tag{4-33}$$

2)利用少量加载首、尾吃水改变量计算图表求取增减载荷重量

在已知吃水差调整量 $\delta t = t_1 - t_0$ 的情况下,根据加(减)载荷前船舶平均吃水 d_m、拟增减载荷的位置 x_P 查少量加载首、尾吃水改变量计算图表得到加载 100 t 时首、尾吃水改变量 $\delta d'_F$、$\delta d'_A$,相应地加载 100 t 吃水差改变量 $\delta t_T = \delta d'_F - \delta d'_A$,则调整吃水差 δt 所需增减载荷重量为:

$$P = 100 \times \frac{\delta t}{\delta t_T} \tag{4-34}$$

例 4-6 已知 A 轮到港时装载排水量 $\Delta = 86332.2$ t,船舶到港时舷外水密度为 1.010 g/cm³,船舶进港时限制最大吃水为 13.70 m,拟在锚地驳卸 3♯货舱和 6♯货舱的货物,使船舶吃水按照平吃水 13.70 m 进浅。试结合例 4-5 中求得的该密度下平均吃水、吃水差和首、尾吃水等数据,求需要分别在 3♯货舱和 6♯货舱卸载的货物重量。

解:(1)舷外水密度为 1.010 g/cm³ 条件下平均吃水 $d_{m1} = 14.065$ m,要求调整至 $d_{m2} = 13.70$ m,平均吃水改变量为

$$\delta d_m = d_{m2} - d_{m1} = 13.70 \text{ m} - 14.065 \text{ m} = -0.365 \text{ m}$$

(2)查静水力参数表得吃水 13.70 m 至 14.65 m 之间标准海水中平均 TPC 为 68.2 t/cm,则水密度为 1.010 g/cm³ 时对应 $TPC_1 = 68.2$ t/cm × 1.010 g/cm³ ÷ 1.025 g/cm³ = 67.2 t/cm。吃水 d_{m1} 对应漂心纵向坐标 $LCA = 112.8$ m,相应密度下每厘米纵倾力矩为

$$MTC_1 = 1132.6 \text{ t·m/cm} \times 1.010 \text{ g/cm}^3 \div 1.025 \text{ g/cm}^3 = 1116.0 \text{ t·m/cm}$$

(3)卸载至吃水 d_{m2} 时需卸载货物总重量:

$$P = 100 TPC_1 \cdot |\delta d_m| = 100 \times 67.2 \text{ t/m} \times 0.365 \text{ m} = 2452.8 \text{ t}$$

(4)吃水差改变量:

$$\delta t = t_2 - t_1 = 0 - 0.156 \text{ m} = -0.156 \text{ m}$$

(5)查 A 轮舱容表得 3♯货舱和 6♯货舱的舱容中心纵向坐标分别为 $CGX_3 = 145.75$ m,$CGX_6 = 68.23$ m;设 3♯货舱卸载重量为 P_3,改变吃水差为 δt_3,6♯货舱卸载重量为 P_6,改变吃水差为 δt,则:

$$\delta t = \frac{P_3(CGX_3 - LCA)}{100MTC} + \frac{P_6(CGX_6 - LCA)}{100MTC}$$

$$= \frac{P_3(145.75 - 112.8)}{100 \times 1116.0} + \frac{P_6(68.32 - 112.8)}{100 \times 1116.0} = -0.156 \text{ m}$$

即：$32.95 P_3 - 44.48 P_6 = 17409.6$ t

又 $P = P_3 + P_6 = 2452.8$ t

解方程组得：$P_3 = 1633.9$ t；$P_6 = 818.9$ t。

【思考与应用 4-5】

1. 某船排水量 $\Delta = 20000$ t，船舶首、中、尾吃水标志处的吃水分别为 8.40 m、8.52 m 和 8.60 m，已知首吃水标志位于首垂线后 2.0 m，尾吃水标志位于尾垂线前 5.0 m，船中吃水标志位于船长中点，船长 $L_{BP} = 146$ m，漂心距船中距离 $x_f = -2.5$ m，每厘米吃水吨数 $TPC = 25$ t/cm，每厘米纵倾力矩 $MTC = 230$ t·m/cm，现拟再向船上装 150 t 货，设上述静水力参数值在装载后不变，试问：

(1) 装载 150 t 货前船舶首、尾垂线处的吃水 d_F、d_A 和平均吃水 d_m 是多少？

(2) 如果货物装载在船中前 30 m 处，装载后的平均吃水 d_{m1} 和首、尾吃水 d_{F1}、d_{A1} 是多少？

(3) 为使尾吃水 d_A 保持不变，该货应装载的位置如何改变？

2. 根据例 4-5 计算结果，为避免船舶到港时出现首倾现象，并要求 A 轮到港时吃水差为尾倾 0.2 m，拟在航行途中在尾尖舱压载，试求需要在尾尖舱注入压载水的重量。

第五章　保证满足船舶强度要求

船舶强度(strength of ship)是指船体结构具有抵抗在各种外力作用下发生过度变形和损坏的能力。船舶受重力、浮力、波浪冲击力、摇荡运动时的惯性力等作用,船体不可避免地会产生弹性变形,因此船体需要满足强度要求,以防止发生永久或过度变形和破坏。

按照外力的分布和船体结构变形的范围,船舶强度可分为总强度和局部强度。总强度是整个船体结构抵抗纵向弯曲、剪力、横向作用和扭转作用的能力,又可分为总纵强度、扭转强度和横向强度。

船体总纵强度(longitudinal strength)是指船体结构所具有的抵御因重力和浮力沿纵向分布不一致而造成的过度变形或损坏的能力。将船体视为空心变截面的薄壁梁(船体梁),则总纵强度是抵御因重力和浮力沿纵向分布不一致而产生的剪力和弯矩的能力。扭转强度(torsional strength)是指船体抵抗扭转变形或破坏的能力。横向强度(transverse strength)是船体结构抵抗横向过度变形或破坏的能力。局部强度(local strength)是指船体构件或结构抵抗局部变形或破坏的能力。

船舶配积载时主要应考虑总纵强度和局部强度,但是对于集装箱船和其他具有大甲板开口的船舶,除了总纵强度和局部强度外,还应校核扭转强度。

第一节　船舶总纵强度

根据中国船级社《钢质海船入级规范》(2023版),对于船长大于等于65 m的船舶应按规范要求校核其总纵强度。对于具有甲板大开口的船舶,还应按规范要求校核弯扭组合的总纵强度。

一、船体沿纵向的受力

排水型船舶静止漂浮于平静水面时,受到重力和浮力作用。重力其纵向分布与船体结构、设备和船上各种载荷的纵向分布位置有关;而浮力的纵向分布与船体线型和浮态有关。由于重力和浮力沿纵向的分布并不一致,由此便产生了通过船体结构传递的内力,如果船体受力超过总纵强度允许范围,将导致船体纵向强力构件(如甲板、龙骨等)发生永久变形或损坏。

船体总纵强度还应考虑波浪沿船体纵向不同部位的作用力。当船舶在波浪中航行时,浮力沿船长的分布随波浪的变化而变化。

在进行船舶总纵强度校核时,一般假定船舶在海上可能遇到的最不利波浪的影响,按照规范规定的模型计算确定,实际需要考虑的主要变量仍然是静水中的重力和浮力分布。船舶货载、油水和其他载荷沿船长方向的分布变化将影响重力和浮力纵向分布的变化。因此,分析静水中船舶重力和浮力沿纵向的分布是校核船体总纵强度的基础。

1. 船体受力及其沿纵向的分布

1)重力沿纵向的分布

在纵向坐标为 x 的位置处单位长度船体的重量总和 $w(x)$ 为重力分布密度函数,相应的曲线称为重力分布曲线。因船体重量沿纵向分布的不连续性,重力分布密度函数及其曲线也是不连续的,为简化分析,可将船体分成若干分段(例如图 5-1 将船体分成 20 个分段),在每一分段内重力近似看成均匀分布,这样形成了直方图形式的重力曲线,如图 5-1 所示。

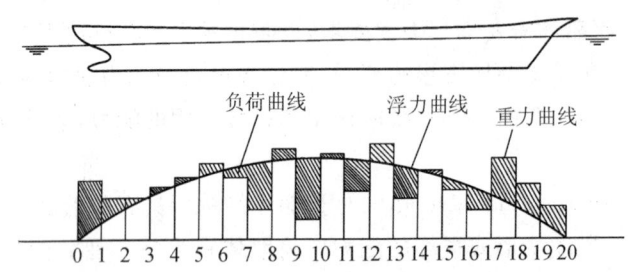

图 5-1 重力、浮力和负荷的分布曲线

2)浮力沿纵向的分布

在纵向坐标为 x 的位置处单位长度船体所受的浮力为 $b(x)$,称为浮力分布密度函数,相应的曲线称为浮力分布曲线。由于船体表面基本光滑连续,所以浮力分布曲线是一条光滑连续的曲线,见图 5-1。

3)负荷沿纵向的分布

纵向坐标为 x 的单位长度的船体所受的重力和浮力的差值,称为该段船体的负荷(或称为载荷)。负荷分布密度函数用 q(x) 表示,相应的曲线用图 5-1 中的阴影部分表示。

$$q(x) = w(x) - b(x) \tag{5-1}$$

2. 横剖面上的剪力和弯矩

船体上负荷的存在决定了其在各横剖面上将受到剪力(shear force,SF)和弯矩(bending moment,BM)的作用。

1)剪力及其分布曲线

如果船体纵向坐标为 x 的横剖面一侧船体所受的总的重力和总的浮力不相等,即该横剖面一侧负荷分布曲线下的面积不等于零,则在该剖面就存在剪切作用。例如图 5-1 中 6♯剖面,由于 0♯-6♯ 剖面之间船体总的重力大于总的浮力,则 6♯ 剖面处的船尾一侧对船首一侧产生向下的作用,这样就在该剖面上产生具有剪切作用的内力。这种通过剖面上的船体传递的内力称为剪力(又称"切力"),它是作用于船体某一剖面一侧的所有外力的代数和。剪力随纵向位置 x 变化用分布函数 $F(x)$ 表示,相应的曲线就是剪力分布曲线,如图 5-2 所示。

船体任意剖面的剪力等于该剖面船尾一侧负荷的积分(即负荷曲线下的面积),即:

$$F(x) = \int_0^x q(x)\mathrm{d}x = \int_0^x [w(x) - b(x)]\mathrm{d}x \tag{5-2}$$

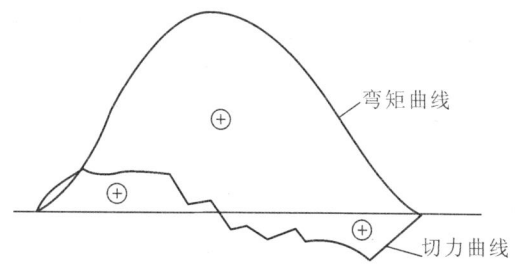

图 5-2 剪力及弯矩的分布曲线

某横剖面上所受的剪力值等于该剖面一侧的船体所受的重力与浮力的差值。当剖面船尾一侧的重力大于浮力时,剖面上的剪力为正;反之为负。中小型船舶各种装载状态下剪力的峰值一般出现在距船首尾 1/4 船长附近。

2) 弯矩及其分布曲线

如果纵坐标为 x 的剖面一侧负荷曲线下的面积(即该剖面处的剪力)对该剖面所取的面积静矩的代数和(即剪力曲线下的面积)不等于零,则剖面一侧的重力对剖面的力矩不等于该侧浮力对剖面的力矩。这就产生了船体在该剖面所受的弯矩。弯矩随纵向位置 x 变化的关系用分布函数 $M(x)$ 表示,相应的分布曲线如图 5-2 所示。

船体任意剖面的弯矩等于该剖面船尾一侧剪力的积分(即剪力曲线下的面积),即:

$$M(x) = \int_0^x F(x) \mathrm{d}x = \int_0^x \int_0^x [w(x) - b(x)] \mathrm{d}x \tag{5-3}$$

剖面上所受的弯矩等于该剖面一侧的重力与浮力的差值对该剖面力矩的代数和。当剖面船尾一侧的重力矩大于浮力矩时,剖面上的弯矩为正;反之为负。通常中小型船舶各种装载状态下弯矩峰值出现在船中附近,该处的剪力为零。

3. 剪切变形与弯曲变形

剪力与弯矩作用于船体,将使船体出现剪切变形和弯曲变形。

1) 剪切变形

取单位长度的船体,且忽略该段船体的负荷,其前后两端受到大小相等、方向相反的剪力的作用,则该段船体会出现如图 5-3(a)所示的剪切变形。其结果是使横剖面上的各纵向构件相对于相邻剖面的对应构件发生垂向位移,并使船舶的舷侧板、纵舱壁等承受剪切应力。

2) 弯曲变形

取单位长度的船体,且忽略该段船体的剪力,其前后两端所受的弯矩大小相等,方向相反,则该段船体将发生如图 5-3(b)所示的弯曲变形。其结果是使船舶纵向构件出现弯曲,并使构件的横剖面上出现不同程度的正应力(即弯曲应力)。

从船体整体考虑,船体发生的总纵弯曲变形称为拱垂变形(或拱陷变形)。当船舶首尾部重力大于浮力而中部浮力大于重力(受正弯矩作用)时,所出现的弯曲变形称中拱变形。中拱变形将使上甲板受拉应力,船底受压应力。从吃水上看,中拱变形时船中吃水小于首尾吃水的平均值。反之为中垂变形,将使上甲板受压应力,船底受拉应力。中垂变形时船中吃水大于首尾吃水的平均值。

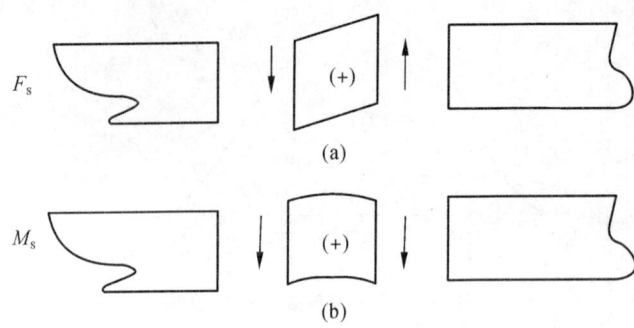

图 5-3 剪切变形与弯曲变形

4. 波浪弯矩与波浪剪力

船舶在波浪中航行时,波谷处的船体露出水面,而波峰处的船体没入水中,使浮力沿船舶纵向的分布相对于静水发生变化,船舶各横剖面上的剪力和弯矩较静水中增大。船舶波浪中各剖面所受的剪力与同样装载状态下在静水中的剪力的差值,称为波浪剪力 F_w。同样,波浪中各剖面所受的弯矩与静水中的弯矩的差值,称为波浪弯矩 M_w。

船舶顺浪航行时,如果波长与船长相等,波速与船速相当,船舶长时间相对静止于波峰或波谷,不仅影响船舶稳性,还显著影响船体的受力。如图 5-4(a)和(b)分别为船舶静水为中拱弯矩时遭遇波峰在船中和静水为中垂弯矩遭遇波谷在船中形成叠加的情形。

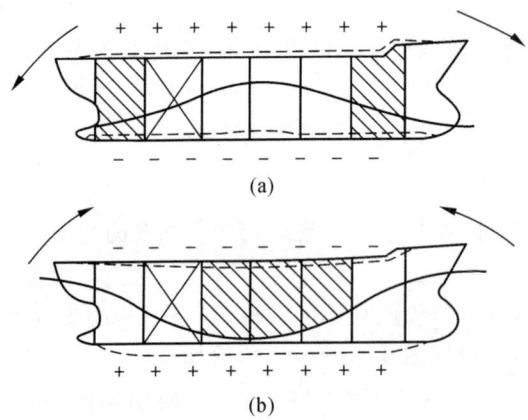

图 5-4 波浪对船体变形的影响

由于实际的波浪弯矩和波浪剪力与波浪参数和船舶与波浪的相对运动有关,在进行强度校核时,波浪弯矩和波浪剪力均按规范中规定的模型计算。中国船级社《钢质海船入级规范》(以下简称《规范》)规定,船体梁各横剖面的中拱波浪弯矩 $M_w(+)$ 和中垂波浪弯矩 $M_w(-)$ 应按下列公式计算:

$$\left.\begin{array}{l}M_w(+)=+190MCL^2BC_b\times10^{-3}\\M_w(-)=-110MCL^2B(C_b-0.7)\times10^{-3}\end{array}\right\} \quad (5-4)$$

式中:M——弯矩分布系数,按图 5-5 求取;

L——船长(m);

B——船宽(m);

C_b——方形系数,但计算取值不应小于 0.60;

C——系数,按《规范》取值。

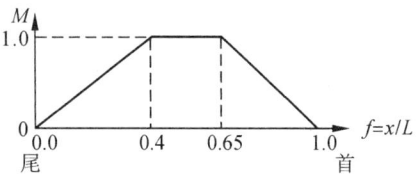

图 5-5 弯矩分布系数 M

船体梁各横剖面的中拱波浪剪力 $F_w(+)$ 和中垂波浪剪力 $F_w(-)$ 应按下列各式计算:

$$\left. \begin{array}{l} F_w(+)=+30F_1CLB(C_b+0.7)\times 10^{-2} \\ F_w(-)=-30F_2CLB(C_b+0.7)\times 10^{-2} \end{array} \right\} \quad (5\text{-}5)$$

式中:F_1、F_2——剪力分布系数,见图 5-6。

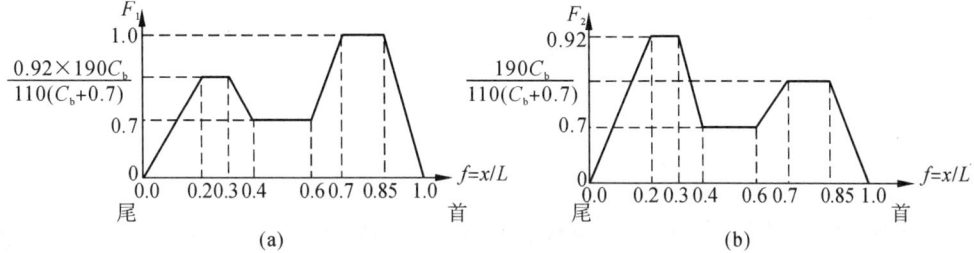

图 5-6 剪力分布系数 F_1 和 F_2

二、船体剖面模数和应力

1. 船体剖面模数(section modulus)

船体剖面模数是船体结构抵抗弯曲变形能力的特征参数和衡量船体总纵强度的一个重要标准。计算点处的船体剖面模数 W 可表示为:

$$W=\frac{I}{Z} \quad (5\text{-}6)$$

式中:I——计算剖面面积对中和轴的面积惯性矩(m^4);

Z——计算剖面某计算点至中和轴的距离(m)。

中和轴是指船体梁在弯曲过程中各个剖面转动的轴线。该轴线一般位于船舶型深一半偏于船底一侧的位置(图 5-7)。如果甲板边线和船底平板龙骨上表面距离中和轴的垂向距离分别为 Z_d 和 Z_b,强力甲板剖面模数 W_d 和船底龙骨剖面模数 W_b 如下:

$$W_d=\frac{I}{Z_d},\quad W_b=\frac{I}{Z_b} \quad (5\text{-}7)$$

一般中和轴的位置更接近船底,$Z_d>Z_b$,有 $W_d<W_b$。因此,一般应以较小者 W_b 作为剖面模数的代表值。《规范》规定,在甲板处和龙骨处的船中最小剖面模数 W_0 和船中剖面对水平中和轴的惯性矩 I 应分别不小于按式(5-8)和式(5-9)计算之值。

$$W_0=CL^2B(C_b+0.7)K \quad (5\text{-}8)$$

$$I=3W_0L/K \quad (5\text{-}9)$$

式中:K——材料系数,按《规范》取值。

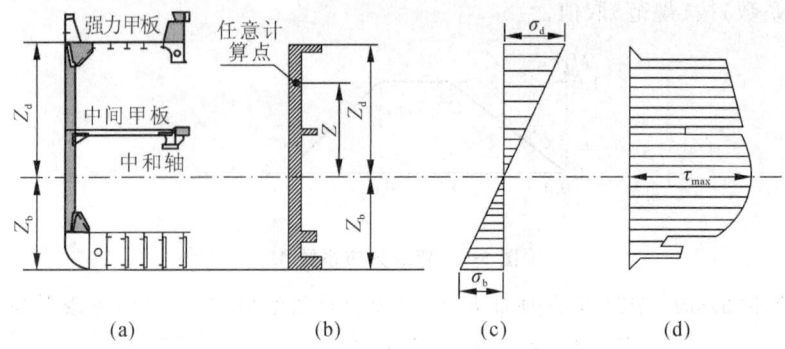

图 5-7　船体剖面及船体梁应力分布
(a)中横剖面；(b)等值梁；(c)弯曲应力；(d)剪切应力

2. 弯曲应力(bending stress)

船体受弯矩 M 作用时，船体梁在中和轴一侧受拉应力，另一侧受压应力。其横截面内的法向内力(弯曲应力)$\sigma=\dfrac{M}{W}=\dfrac{MZ}{I}$，则上甲板和船底的纵弯曲应力分别为

$$\sigma_d=\frac{MZ_d}{I},\sigma_b=\frac{MZ_b}{I} \tag{5-10}$$

一般船中区域弯矩较大，而且上甲板和船底距中和轴较远，因此船中 $0.4L$ 区域、上甲板和船底等处的应力较大，这些部位的结构需要加强，也是总纵强度校核的重点部位。

3. 剪切应力(shear stress)

船体发生剪切变形时，船体纵向构件的剖面，单位面积上所受到的切向力称为剪切应力，用 τ 表示。如图 5-7(d)所示，从横剖面上看，靠近中和轴处的船体受到的剪切应力最大。因此船舶受剪切应力影响时船舶中和轴附近的船壳板和结构容易发生损坏。

4. IACS 共同结构规范的净尺寸方法

国际船级协会(IACS)《散货船和油船共同结构规范》(CSR BC & OT)提出了"净尺寸方法(net scanting approach)"，规定了不同部位板材、主要支撑构件、加强筋或肘板的净厚度(net thickness)的取值方法，并要求净厚度必须从船舶新建阶段开始一直到整个船舶设计寿命(25 年)中都得以保持，以满足结构强度的要求。船舶应至少用净要求厚度(t_{req}，由计算的净厚度 t 按 0.5 舍入取值)加上腐蚀增量(t_c)得到的总要求厚度(t_{gr_req})来建造，船东自愿增加厚度(t_{vol_add})和设计余度(t_{dm})应作为建造厚度(t_{as_built})的额外附加。腐蚀增量 t_c 包括构件两侧的腐蚀增量 t_{c1} 和 t_{c1} 及腐蚀储备量 t_{res}，即 $t_c=t_{c1}+t_{c1}+t_{res}$ 其中 $t_{c1}+t_{c1}$ 按 0.5 舍入取值，t_{res} 取 0.5 mm)，CSR 以列表形式规定了不同构件两侧的每一侧的腐蚀增量取值要求，并要求除加强筋的腹板和面板或干燥空间的内部构件(不小于 1.5 mm)外，总腐蚀增量 t_c 不得小于 2 mm。

三、船体总纵强度的校核

1. 许用弯矩和许用剪力的确定

《规范》要求设计者应提供：船体梁沿船长各剖面的许用中拱静水弯矩 M_s(＋)和许用中

垂静水弯矩 $M_s(-)$；船体梁沿船长各剖面的许用静水剪力 $F_s(+)$ 和 $F_s(-)$。

1）许用静水弯矩（permissible still water bending moment）

（1）船体梁许用中拱和中垂静水弯矩 M_s

船体梁许用中拱和中垂静水弯矩 M_s 应不大于按下列公式计算所得之值：

$$\left.\begin{array}{l}\overline{M}_s(+)_{max}=\overline{M}-M_w(+)\\ \overline{M}_s(-)_{min}=-\overline{M}-M_w(-)\end{array}\right\} \quad (5\text{-}11)$$

式中：$\overline{M}$——许用合成弯矩（kN·m），按甲板处的剖面模数 W_d 和船底龙骨处的剖面模数 W_b 的较小者计算，即：

$$\overline{M}=\min(F_d W_d[\sigma]\times 10^{-3}; F_b W_b[\sigma]\times 10^{-3}) \quad (5\text{-}12)$$

其中：F_d、F_b 为折减系数；$[\sigma]$ 为船体梁的许用弯曲应力。

（2）船体梁的许用弯曲应力 $[\sigma]$

船体梁的许用弯曲应力 $[\sigma]$ 按下述要求确定：

① 船中 $0.4L$ 区域：$[\sigma]=175/K(\text{N/mm}^2)$，其中 K 为材料系数；

② 船端 $0.1L$ 区域：$[\sigma]=125/K(\text{N/mm}^2)$；

③ 其余区域用线性内插法求得，按《规范》规定取值。

（3）总纵弯曲应力计算

总纵弯曲应力 $\sigma(\text{N/mm}^2)$ 应按下式计算：

$$\sigma=\frac{|\overline{M}_s+M_w|}{W_c}\times 10^3 \quad (5\text{-}13)$$

式中：$\overline{M}_s$——许用静水弯矩（kN·m）；

M_w——波浪弯矩（kN·m）；

W_c——计算点处的船体梁剖面模数（cm³）。

2）许用静水剪力（permissible still water shear force）

船体梁许用正、负静水剪力 $\overline{F}_s$（kN）应不大于按下式计算所得之值：

$$\left.\begin{array}{l}\overline{F}_s(+)_{max}=[\tau]\dfrac{I\cdot\delta}{S}\times 10^{-2}-F_w(+)\\ \overline{F}_s(-)_{min}=[\tau]\dfrac{I\cdot\delta}{S}\times 10^{-2}-F_w(-)\end{array}\right\} \quad (5\text{-}14)$$

式中：F_w——波浪剪力（kN）；

I——计算横剖面对水平中和轴的惯性矩（cm⁴）；

S——计算横剖面上，水平中和轴以上有效纵向构件对水平中和轴的静矩（cm³）；

$[\tau]$——许用剪切应力（N/mm²），$[\tau]=110/K$，其中 K 为材料系数；

δ——与计算剖面上水平中和轴处舷侧外板和纵舱壁板的厚度、船体横剖面结构类型有关的系数，按《规范》取值。

波浪弯矩 M_w 按式(5-4)计算，波浪剪力 F_w 按式(5-5)计算。在校核船舶实际装载状态的各计算剖面的弯矩和剪力时，只需要计算相应剖面实际的静水弯矩和静水剪力，并分别与许用静水弯矩和许用静水剪力比较，要求实际值不超过允许值。

3) 校核部位及要求

除了按式(5-8)和式(5-9)要求校核船中最小剖面模数 W_0 和船中剖面对水平中和轴的惯性矩 I 外,计入船中最小剖面模数 W_0 的纵向连续构件尺寸应在船中 $0.4L$ 区域内保持不变。对于船中 $0.4L$ 区域外的船体梁弯曲强度,应至少校核机舱前端、最前货舱的前端、任何船体横剖面有重大改变和骨架形式变化等剖面位置的船体梁弯曲强度。

对于具有甲板大开口的集装箱船,应校核船体弯扭组合的总纵强度。在货舱区域内至少应计算 7 个横剖面处的应力。包括:机舱前端、开口的前端、在开口长度内应有 5 个剖面,其中至少应有 3 个剖面位于船中 $0.4L$ 范围内。

4) 船舶静水许用剪力和许用静水弯矩资料

设计部门根据各个剖面上构件的实际尺度、布局和材料,按照《规范》推算出船舶各个剖面正、负两个方向上最大允许静水剪力和静水弯矩,作为该剖面的许用静水剪力和许用静水弯矩,供船舶校核强度时用。A 轮的许用静水剪力和许用静水弯矩资料见附录 1.6。

2.实际静水剪力和静水弯矩

1) 重力和重力矩计算

重力项包括空船、货物、油水、压载水和船舶常数等,按各项沿船长方向具体分布情况计算相应的重力和重力矩。其中,空船重量沿船长的分布可查船舶资料获得,通常以数据表或曲线图形式给出,图5-8 所示为 A 轮的空船重量分布曲线。重力和重力矩的计算应是自船尾起向首计至某计算剖面的重量和重力矩(对计算剖面的力矩)的累加值。

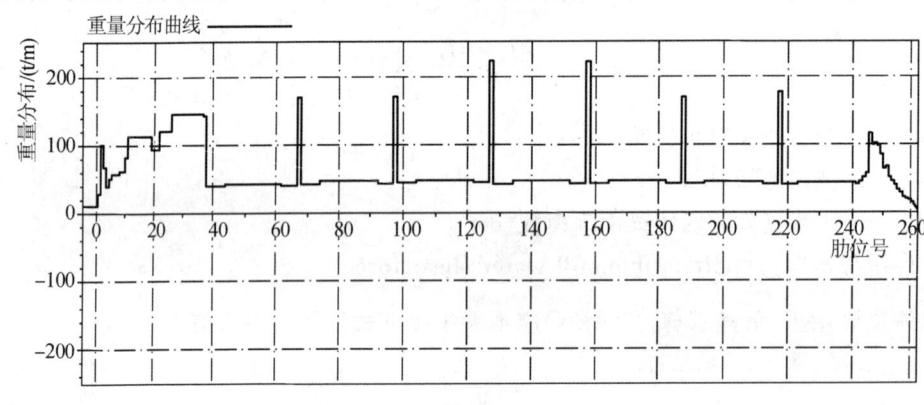

图 5-8 A 轮空船重量分布曲线

2) 静水浮力和浮力矩计算

静水中的浮力主要取决于船体水下部分的形状,根据静水平衡计算时求得的船舶首尾吃水,利用船舶的邦金曲线(bonjean curves)图表资料,可求得任意分段内的浮力分布。浮力和浮力矩的计算应是自船尾起向船首计至某计算剖面的浮力和浮力矩(对计算剖面的力矩)的累加值。

3) 剖面实际静水剪力和弯矩计算

某计算剖面 i 处的剪力 F'_{si} 等于自船尾起向船首计至该剖面处船体所受重力 W_i 和浮力 B_i 的差值。

$$F'_{si}=W_i-B_i \tag{5-15}$$

某计算剖面的弯矩 M'_{si} 等于自船尾起向船首计至该剖面处船体所受重力矩 M_{wi} 和浮力

矩 M_{Bi} 的差值。

$$M'_{si} = M_{Wi} - M_{Bi} \tag{5-16}$$

3. 船舶总纵强度的校核

1) 船舶静水剪力和弯矩的衡准要求

船舶营运期间，船舶的装载方案、油水使用和压载调整方案应使得船舶在整个航程期间，船体梁的实际静水弯矩和静水剪力不应超过海上工况许用静水弯矩和许用静水剪力；船舶在港内的整个装卸过程中，船体梁的实际静水弯矩和静水剪力不应超过港内工况许用静水弯矩和许用静水剪力。

（1）船舶静水剪力衡准要求

在各种装载情况下，沿船体梁各横剖面 i 处的静水剪力应满足下述条件：

$$\left.\begin{array}{l} F_{si}(+) \leqslant \bar{F}_{si}(+) \\ |F_{si}(-)| \leqslant |\bar{F}_{si}(-)| \end{array}\right\} \tag{5-17}$$

式中：F_{si}——第 i 剖面处计算工况下的静水剪力（kN）；

$\bar{F}_{si}$——第 i 剖面处许用静水剪力（kN）。

（2）船舶静水弯矩衡准要求

在各种装载情况下，沿船体梁各横剖面 i 处的静水弯矩应满足下述条件：

$$\left.\begin{array}{l} M_{si}(+) \leqslant \bar{M}_{si}(+) \\ |M_{si}(-)| \leqslant |\bar{M}_{si}(-)| \end{array}\right\} \tag{5-18}$$

式中：M_{si}——第 i 剖面处计算工况下的静水剪力（kN）；

$\bar{M}_{si}$——第 i 剖面处许用静水剪力（kN）。

在船舶设计和检验时，尚需进行弯曲应力 σ 和剪切应力 τ 的校核。要求：计算剪切应力 $\tau \leqslant$ 许用剪切应力 $[\tau]$；计算弯曲应力 $\sigma \leqslant$ 许用弯曲应力 $[\sigma]$。

3) 应用船用装载仪校核总纵强度

由于船舶静水剪力和弯矩的计算过程较为繁琐，船舶在实际营运中通过人工进行各种装载状态下的受力计算是不现实的，因此一般借助装载计算机完成各校核部位的静水弯矩及静水剪力的计算和校核。配载软件一般采用实际剪力、弯矩值达到其允许值的百分比显示海上和港内工况的强度校核结果，只要其最大值不超过 100%，即满足式(5-19)要求，则说明总纵强度满足要求。图 5-9 所示为 A 轮配载软件计算的某一装载状态下的强度校核结果。

$$\left.\begin{array}{l} \dfrac{|F_{si}|}{|\bar{F}_{si}|} \leqslant 100\% \\ \dfrac{|M_{si}|}{|\bar{M}_{si}|} \leqslant 100\% \end{array}\right\} \tag{5-19}$$

4. 通过拱垂值判断船舶的总纵弯曲变形程度

观测并比较船舶装载或压载后船首、船中、船尾三处的左右平均吃水 $d_F、d_M$ 和 d_A，并计算拱垂值 δ，可以判断船体拱垂变形的程度。船舶拱垂值 δ 可按式(5-20)计算。

$$\delta = d_M - (d_F + d_A)/2 \tag{5-20}$$

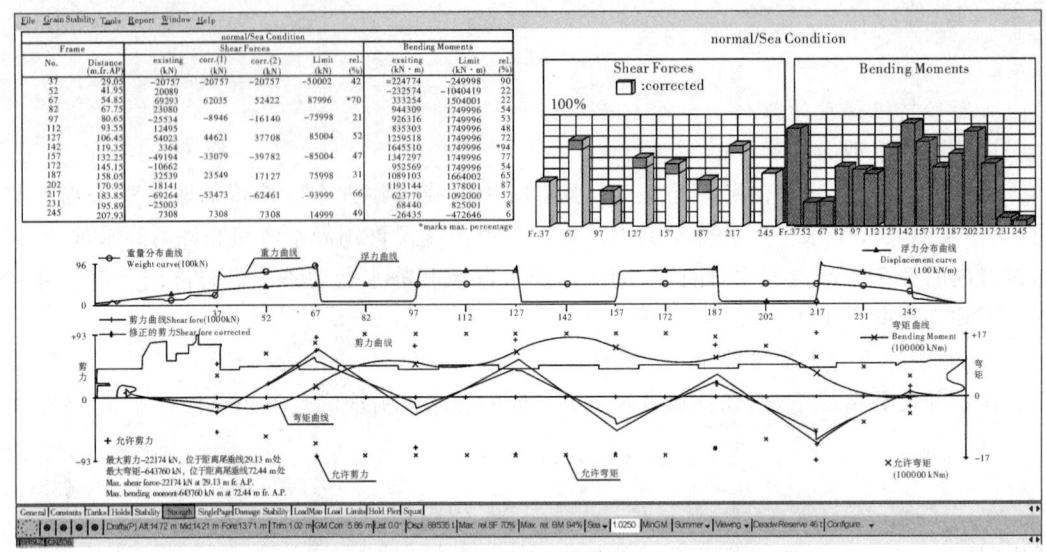

图 5-10　A 轮某装载状态(隔舱装货)的剪力和弯矩校核结果

如果拱垂值 $\delta>0$，说明船舶处于中垂变形状态；反之则处于中拱变形状态。

同时，取拱垂值 δ 的绝对值 $|\delta|$，参照下列经验数据可以判断船舶拱垂变形的程度大小。

正常拱垂值为 $L_{BP}/1200\ m$，极限拱垂值为 $L_{BP}/800\ m$，危险拱垂值为 $L_{BP}/600\ m$。船舶营运状态船体拱垂变形一般应满足 $|\delta|\leqslant L_{BP}/1200\ m$；仅在短时间和良好海况下(例如港内和短途航行)允许处于极限范围 $L_{BP}/1200\ m<|\delta|\leqslant L_{BP}/800\ m$；危险的拱垂范围为 $L_{BP}/800\ m<|\delta|\leqslant L_{BP}/600\ m$，应进行调整使船舶脱离该范围。

利用拱垂变形判断船舶受力状态，其局限性在于无法预先判断配载方案和装卸计划的受力情况。尽管这样，这种检验方法对于防止装、卸货过程中和完成装卸货(包括压载)作业后船体受力处于危险范围是有重要意义的。

四、船舶总体布置对总纵弯曲变形的影响

根据机舱位置可分为中机型船、尾机型船和中后机型船三种。

中机型船的机舱位于中部。在该船满载时，因机舱的重量相对较轻而出现较大的中拱变形。而在空船压载航行时，则可能出现轻微的中垂或中拱变形。因此，中机型船应着重减缓满载状态的中拱变形。

尾机型船的机舱位于尾部。压载状态时，因首尾部重量相对较重而使船舶处于较大的中拱变形状态。而满载时大型尾机型船一般呈中垂变形，而普通规模的尾机型船则可能处于较轻的中垂或中拱变形状态。尾机型船应着重防止压载状态时过大的中拱变形。

中后机型船的机舱位于中部偏后，满载航行时，可能处于较小的中拱或中垂变形状态，具体结果依据机舱的位置、长度和重量而变。压载航行时一般处于中拱变形且大于满载状态。因此，中后机型船应着重注意减轻压载状态的中拱变形。

船舶营运中应结合船舶受力特点和受力状态合理安排装载、压载和油水使用计划。例如，为减轻中拱变形，中部货舱可按照重量上限配载，货物和油水在中部舱室先装，选择中部舱室压载，油水使用则先首尾后船中；而为减轻中垂变形则与之相反。

五、保证总纵强度的经验和措施

1. 按舱容比例分配纵向各舱货物重量

船体因所受的重力与浮力沿纵向分布不一致而产生负荷,而在负荷的作用下又产生了剪力和弯矩,从而使船体出现剪切变形和弯曲变形。如果能使船体所受的重力与浮力沿纵向的分布基本一致,就能减小船体所受的剪力和弯矩。经验配载方法便是建立在这一原理的基础上。船体所受的浮力沿纵向的分布是由水线下排水体积沿纵向的分布决定的,而排水体积沿纵向的分布又与船体内部容积沿纵向的分布基本一致。因此,配载图编制人员可以按照船舶纵向各货舱的舱容占全部货舱舱容的比例大小来分配各货舱的货物重量,并根据货载情况允许一定限度的上下调整值范围,这是编制配载计划时避免船体总纵弯曲变形过大的经验方法。

设全船货舱总容积为 $\sum V_{ch}$,航次货运量为 $\sum Q$,则舱容为 V_{chi} 的某货舱应分配的货物重量 P_i 为

$$P_i = \frac{V_{chi}}{\sum V_{ch}} \cdot \sum Q \pm 调整值 \tag{5-21}$$

在实际装载中允许对所确定的分配重量做适量调整,其上下浮动调整值一般可取该舱货物分配重量的 10%,即调整值等于 $10\% P_i$。

这种方法主要用于在编制配载计划时,指导如何沿纵向分配各舱货物重量,基本可以保证总纵强度不受损伤。同时,还可以兼顾吃水差的要求。但这并不是使船体受力最小的最优方法。对于未配备装载计算机的小型船舶和缺乏船舶强度资料的老旧船舶,使用这种方法可有效避免船舶强度受损。采用这种方法还应注意各类船舶的特点。例如中小型集装箱船在各种装载状态下多为中拱状态,中部区域可多分配一些较重的集装箱。对于散货船,还应注意不同吃水条件下各单舱和相邻两舱装货重量的限制。对于配有装载仪的船舶,则应根据装载仪计算结果尽量减小船舶各校核剖面的受力和力矩。

2. 根据船舶总体布置适当控制载荷的纵向分配

根据各机型船的受力特点,适当控制货物、油水的分配以及货物装卸、油水使用顺序。

3. 应考虑中途港装卸货物对总纵强度的影响

当船舶在中途港卸下或装上的货物数量较大时,该港货物不得过于集中配装在一个货舱或区域内,以免卸货或装货后产生过大剪力或弯矩而损伤船舶强度;也不应过于分散,否则会过多地移动或更换装卸工具。应视货物装或卸重量情况,适当分装于 2~3 个货舱内。

4. 合理安排装卸顺序,均衡各舱货物装卸进度

货物在装卸过程中,应尽量保持各舱货物装卸进度均衡,使沿船长各段上的重力和浮力保持一致。装卸货时,应争取多头装卸作业,及时更换作业舱室,单头作业时更应注意各货舱交替进行装卸,防止在作业过程中出现货物重量过于集中于某一货舱或区域。

对于干散货船、液体散货船等某些大型专用船,为防止装卸过程中出现过大剪力和弯矩,在制定配载计划的同时,还需制定一份货物装卸计划,以确定各舱装卸顺序及压载水注入或排放顺序。此类船舶尾机型偏多,因此,空载装货(或满载卸货)时应先在中部舱位装

（卸）一定数量的货物，然后首、中、尾均衡轮回装（卸），以减轻船舶的中拱（或中垂）弯矩并保持适当的吃水差。排出或注入压载水也应按类似原则确定其排注顺序。

5. 合理制定压载、油水装载方案和油水使用方案

根据前述船舶布置和受力特点，结合航次货载或压载情况，合理安排船舶压载水、燃油和淡水等的装载舱位分布方案；注入和排放压载水，以及船舶航行期间使用油水时，应注意合理安排使用顺序。

对某些设计允许并需使用中部某一货舱压载的船舶，应注意尽可能压满整个货舱，以减小自由液面及液体对舱壁的冲击效应；同时也应防止重量过分集中而在前后横舱壁处产生过大的剪力，此时可根据具体情况排空压载货舱区的顶边舱及双层底压载水。

6. 吃水差调整时兼顾船舶拱垂状态的改善

在配载图编制时，常留有一定的机动货载用于在装货结束前调整吃水差。装卸过程中有时也需要纵向调整货物或油水载荷的装卸位置以调整吃水差。由于首、尾货舱重量的变化对船体纵向弯曲变形的影响较大，调整吃水差的时候应综合考虑船舶拱垂变形的影响。

7. 克服波浪的不利影响

船舶在顺浪中航行时，若船长等于波长且船速接近波速，船体中部长时间处于波谷或波峰位置上，会加大船舶的中拱或中垂弯矩，且出现纯稳丧失和骑浪/横甩等现象，对船舶的强度和稳性极为不利。为此，一般应采取改变航向和（或）船速的方法，使船舶摆脱不利处境。

【思考与应用 5-1】
1. 如何理解船舶强度的概念？船舶强度如何分类？
2. 什么是船体总纵强度、扭转强度和横向强度？什么是局部强度？
3. 船舶配积载时应考虑哪几种船舶强度？
4. 根据 CCS《规范》，如何确定船舶许用弯矩和许用剪力？
5. 简述船舶静水剪力和弯矩的衡准要求。
6. 应用船用装载仪校核船舶总纵强度的显示特点有哪些？
7. 如何通过拱垂值判断船舶的总纵弯曲变形程度？
8. 满足总纵强度要求的经验和措施通常有哪些？
9. 某轮某航次拟共装载 21090 t 货物，全船货舱总舱容为 21090 m^3，已知其 No.1 货舱舱容为 3075 m^3。为保证船舶总纵强度不受损伤，试求该航次 No.1 货舱配装货物的合理重量范围。

第二节 船舶扭转强度

船舶扭转强度（torsional strength）是指整个船体抵抗扭转变形和破坏的能力。当船上载荷前后不同部位的左右舷重量分配不对称时，会使船体承受静水扭矩。当船体斜置在波浪上时，船体前后位置左右舷的浮力不对称，也会使船体承受波浪扭矩。对于甲板具有大开口的船舶，如集装箱、敞口驳船、矿砂船等，应校核其扭转强度。

1. 甲板大开口定义

符合任一条件的甲板开口为大开口：(1) $b/B_1 \geqslant 0.7$；(2) $l_H/l_{BH} \geqslant 0.89$ (3) $b/B_1 \geqslant 0.6$ 且

$l_H/l_{BH} \geqslant 0.7$。其中 b 为开口宽度,如几个舱口并列,则 b 为各开口宽度之和,见图 5-10。

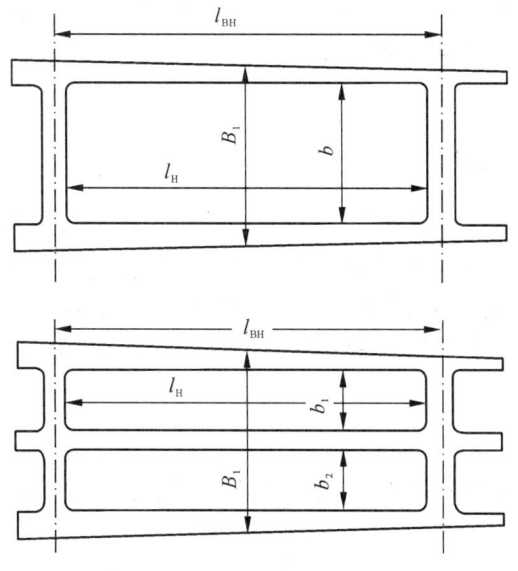

图 5-10 甲板大开口示意图

2.扭转强度校核

扭转强度校核的衡准要求是沿船长方向各剖面受到的实际静水扭矩不超过其许用静水扭矩。其中,许用静水扭矩由船舶资料提供(如《装载手册》),例如某 8530TEU 集装箱船,其沿船长方向任何位置,允许静水扭矩不超过 160000 kN·m。

航海实践中,扭转强度的校核一般利用装载仪完成。保证船舶的扭转强度不受损的经验方法是在货物、油水的装配时,沿船长方向同一部位(例如集装箱船的同一行位)或相邻部位(例如集装箱船的相邻行位)尽量保持左右舷重量对称分布。

【思考与应用 5-2】

1.什么是船舶扭转强度?什么是甲板大开口?
2.船舶扭转变形是如何产生的?如何避免船舶发生过大的扭转变形?
3.何种船舶需校核船舶扭转强度?扭转强度校核的衡准要求是什么?

第三节 船舶局部强度

一、船舶局部强度的概念

船体所承受的重力和浮力,除了能使各个横剖面上出现剪力和弯矩,从而使船体产生总纵弯曲变形和剪切变形外,还将在局部范围内对船体的结构(如甲板、平台、船底、舷侧等)产生压力,使这些结构产生局部变形。此外,还有波浪对船首底部的冲击力、冰块对船首的挤压力、机器的振动力,以及甲板承受重载荷而引起的局部外力等,局部受力虽属局部性质,但局部变形超过一定限度,同样会造成船体结构损坏。这种结构损坏虽然局限在一定范围内,但却能在该范围内使横剖面上抵抗剪力和弯矩的有效构件的数量减少,从而使船体的总纵强度要求得不到满足。为此,我们要求船体结构必须具有抵抗在局部外力作用下产生的局部极度变形或损坏的能力。这种能力就是船舶局部强度。对于营运中的船舶,需要校核载货部位的局部强度,使船体所受的局部受力处于局部强度的允许范围之内。对于航行冰区的船舶,应满足冰区航行的要求和限制。

二、局部强度的表示方法

船体的局部强度在船舶的设计与建造中得到保证。对船舶使用者而言,特别关注的是各个载货部位的局部强度,即这些部位所能承载货物重量的能力,并在船舶货运工作中确保所有部位所承载的货物及其他载荷的重量不超过局部强度允许的极限值。所以,与装载有关的局部强度就是指各载货部位(如各层甲板、舱口盖、平台、舱底等)的承载能力,具体可用以下指标表示:

1. 均布载荷

均布载荷是指船舶不同载货部位单位面积允许承受的最大重量,单位为 t/m^2 或 kPa。

2. 集中载荷

集中载荷是指某一特定面积上允许承受的最大重量,单位为 t 或 kN。这一特定面积是指向该区域下的承重构件(如甲板纵桁)施加集中压力的骨材(如甲板纵骨或横梁)之间的面积。

3. 车辆甲板载荷

车辆甲板载荷指在舱盖、甲板或舱内装载车辆或使用车辆装卸货物时,甲板、舱盖或内底板允许承受的以特定车轮数目为前提的车辆及所载货物的总重量,单位为 t 或 kN。

4. 堆积载荷

堆积载荷是指集装箱船的甲板、舱盖或舱底上不同的 20 ft 或 40 ft 集装箱底座所能承受的最大重量,单位为 t 或 kN。

三、局部强度资料

船舶资料中一般均提供了货舱舱底板和(或)甲板板的局部允许载荷资料。具体资料根据船舶类型和载荷性质、装载部位而有所不同。对于散货船,船舶《装载手册》一般还提供了不同吃水和装载工况条件下单舱或相邻两舱的最大和最少装货重量限制。例如 A 轮的装载手册提供了货舱舱底板的允许局部负荷资料,如表 5-1 所示;该轮货舱装货重量限制资料说明见本书第十章的相关内容。

表 5-1 A 轮各货舱舱底板允许局部负荷资料

货舱编号	7	6	5	4	3	2	1
最大允许局部载荷/(t/m^2)	27.0	21.5	27.0	21.5	27.0	21.5	27.0

注:本船不允许装载钢卷、甲板货物和舱口盖货物。

四、用经验方法确定各载货部位的允许载荷

如果船上没有上述资料,可参考以下经验公式或经验数据确定甲板或舱底的均布载荷。

1. 上甲板

对设计时不考虑在露天甲板装货的船舶,不允许在上甲板装货。可以装载货物的上甲板,甲板横梁间的单位面积允许载荷 P_a 可按下式计算:

$$P_a = H_c \cdot \gamma_c = H_c/SF \quad (t/m^2) \tag{5-22}$$

式中:H_c——甲板设计堆货高度(m),重结构船取 1.5 m,轻结构船取 1.2 m;

γ_c——船舶设计时取用的货物单位体积的重量(t/m³),即舱容系数的倒数;

SF——船舶设计的货物积载因数(m³/t),等于该船的设计舱容系数。

2. 中间甲板和舱底

中间甲板和舱底的单位面积允许载荷 P_a 可根据二层舱或底舱的高度 H_d 与货物单位体积的重量 γ_c 确定:

$$P_a = H_d \cdot \gamma_c (t/m^2) \tag{5-23}$$

当船上无设计的货物单位体积的重量 γ_c 的资料时,一般可取 $\gamma_c = 0.72 \text{ t/m}^3$。对满足《规范》规定的重货加强要求的船舶的底舱,可取 $\gamma_c = 1.2 \text{ t/m}^3$。

五、船舶局部强度的校核

根据具体的装载计划,计算确定单位面积的实际载荷量 P_d 和所有集中载荷限制的部位的拟装货物重量 $\sum P$。船舶局部强度应同时满足均布载荷和集中载荷的限制要求。

1. 均布载荷的校核

1)均布载荷可按下式计算:

$$P_d = \frac{\sum P_i}{A} = \sum \frac{h_i}{SF_i} \quad (t/m^2) \tag{5-24}$$

式中:h_i——自下而上第 i 层货物的货堆高度(m);

SF_i——第 i 层货物的积载因数(m³/t)。

2)比较 P_d 和 P_a。若 $P_d \leq P_a$,则该部位满足局部强度要求。否则,就应减少该部位的装货重量或采取在货物底部安装衬垫以扩大承载面积、降低单位面积实际载荷。

例 5-1 某轮 No.2 货舱二层舱拟装载钢板($SF=0.45 \text{ m}^3/\text{t}$),堆高 2.0 m,底舱先装一层钢管($SF=1.6 \text{ m}^3/\text{t}$),堆高 4.0 m,再装一层箱货($SF=0.9 \text{ m}^3/\text{t}$),堆高 2.5 m。已知二层舱高 3.5 m,底舱舱高 8.0 m。试按照经验方法校核该舱的局部强度。如果不满足局部强度要求,试提出限制措施。

解:1)按经验方法求许用负荷

底舱的许用负荷:$P_{d1} = 0.72 \times H_{d1} = 0.72 \text{ t/m}^3 \times 8.0 \text{ m} = 5.76 \text{ t/m}^2$

二层舱的许用负荷:$P_{d2} = 0.72 \times H_{d2} = 0.72 \text{ t/m}^3 \times 3.5 \text{ m} = 2.52 \text{ t/m}^2$

2)求实际负荷

底舱的实际负荷:$P_1 = H_{11}/SF_{11} + H_{12}/SF_{12} = 4.0 \text{ m} \div 1.6 \text{ m}^3/\text{t} + 2.5 \text{ m} \div 0.9 \text{ m}^3/\text{t} = 5.27 \text{ t/m}^2$

二层舱的实际负荷:$P_2 = H_2/SF_2 = 2.0 \text{ m} \div 0.45 \text{ m}^3/\text{t} = 4.41 \text{ t/m}^2$

3)局部强度校核

底舱：因为 $P_1 < P_{d1}$，满足局部强度要求。
二层舱：因为 $P_2 > P_{d2}$，不满足局部强度要求。
4）二层舱不满足，可采取减少该舱钢板装载量，即通过限制钢板的堆高的方法满足局部强度要求。二层舱内允许堆装钢板的高度为

$$H_{2m} = SF_2 \times P_{d2} = 0.45 \text{ m}^3/\text{t} \times 2.52 \text{ t/m}^2 = 1.13 \text{ m}$$

2．集中载荷的校核

如果载货部位有集中载荷的要求，则还应比较该部位实际载货重量 $\sum P$ 和该部位允许的集中载荷 P'_a，要求：$\sum P \leqslant P'_a$。对于集装箱船，应满足各载箱部位的堆积负荷的限制。

3．满足货舱装货重量的限制

散货船的配积载，应注意根据船舶《装载手册》的相关资料、装载工况和吃水，查取并满足单舱或相邻舱最大和最小装货重量的限制要求。

4．保证满足船舶局部强度要求的措施

在实际工作中，船上人员还应采取措施，以确保船体局部结构不受损伤。

1）在校核船舶局部强度时，必须考虑到某些船舶因船龄较大，船体强力构件因锈蚀而使强度有所降低的情况，在计算时对均布载荷、集中载荷和堆积载荷保留一定的安全量。

2）在堆装重大件时，应在货件下进行衬垫以扩大承载面积，降低单位面积的实际载荷和甲板或舱底下的骨材所分担的重量。衬垫应横跨相应骨材。若配装在二层舱或上甲板，应尽量选择在甲板下有支柱的位置。必要时还可临时补加支撑。

3）除集装箱船外，一般干货船的上甲板舱盖上不允许装重货，必要时只能装少量轻货，有的船舶设计不允许在舱口盖上装货，以防舱口盖受力过重而变形漏水。

4）舱内全部装载积载因数较小的重货或因堆装原因致使局部区域承载过重时，应对货舱舱底或甲板进行局部受力的校核。

【思考与应用5-3】

1．什么是局部强度？试说明校核船舶局部强度的重要性。
2．说明不同类型载荷的条件下船舶局部强度的表示方法。
3．船舶局部强度校核的内容有哪几方面？
4．保证满足船舶局部强度的措施有哪些？
5．某轮 No.3 舱二层舱高 3.15 m，计划在舱内装载一层高 1.0 m 的五金（$SF = 0.57 \text{ m}^3/\text{t}$），问要保证其局部强度不受损伤，还可以在五金上面堆装日用品（$SF = 2.88 \text{ m}^3/\text{t}$）多高？

第四节　船舶应力监测系统

一、船体应力监测系统及其组成

1．IMO 相关建议

20 世纪 90 年代初发生的多起大型干散货船的灭失事件被认为与船体结构失效有关。

为了保证干散货船的安全,IMO 海上安全委员会在 1994 年 6 月发布的 MSC/Circ.646 通函中建议:在 20000 DWT 及以上的散货船上安装船体应力监测系统(hull stress monitoring system,HSMS)。该通函并未形成有效的决议,因此,目前仅有少数大型散货船、油船、集装箱船等安装使用 HSMS。

船体应力监测系统是在船舶航行中和货物装卸期间为船长和驾驶员提供有关船舶运动和船体应力实时信息的监测系统。但是对船长而言该系统仅是一个安全辅助系统,因此不能代替其自身的职责和专业判断。

2. 应力监测系统的组成

根据 MSC/Circ.646 通函的建议,基本的船体应力监测系统包括传感器(sensors)、微处理器(microprocessors)、显示(visual display)和数据存储(data storage)等单元。其中传感器包括长基线应力仪(long-based gauges for strain measurements)和加速度计(accelerometer)。前者沿船长方向安装在主甲板上的不同位置,用于测定船舶在货物装卸、航行期间船体桁材的纵向应力变化;后者一套安装在船首,用于测量垂向加速度,两套沿船舶纵中线安装,用于测量船舶的横摇和横荡。

目前,应力监测系统传感器按类型主要分为电阻应变式传感器、光纤光栅传感器、振弦传感器和直线位移传感器等。其中电阻应变式传感器是利用外力作用导致电阻应变片变形的原理,将电阻变化转化为电信号输出,从而得到应力。它包括短基线(SG)测量仪和长基线应变仪(LBSG)。前者适合测量剪切应力,成本低,能够安装在受限位置;后者用于测量船上的船体梁总体应力(总纵弯曲应力)。

随着技术和船舶智能化发展,船体监测系统的技术方法、传感器设备类型以及应用的功能范围等也不断发展,发展趋势是作为船体综合监测系统,根据不同监测对象的需要,可能包括监测总体应力、局部应力、压力、冰载荷、运动和加速度、参数谐摇、结构完整性、疲劳监测、结构温度监测和海况监测等多种不同功能。可船舶一旦安装了这些系统,其设备的性能、功能、安装和使用必须符合相关标准,并经船舶检验机构认可。

二、CCS 船体监测系统附加标志

在中国船级社船舶入级检验的特殊设备和系统附加标志中,包含船体监测系统附加标志 HMS(×),在船舶的船体监测系统内,安装有相关监测船体应力、海面波浪和操作参数等传感器/组件的,可授予该附加标志。括号中"×"处标注选用的传感器/组件的代表字母,多个字母之间以逗号分隔。船体监测系统可选用的传感器/组件字母包括:

Gn——监测船体总体应力的传感器;

Dn——监测船体局部应力的传感器;

On——监测推进轴输出的传感器;

An——监测轴向加速度的传感器;

Mn——监测船体刚体运动(6 个自由度)的装置;

Pn——监测海水瞬时作用在船体压力(砰击)的传感器;

Sn——监测液舱内液体流动压力(晃荡)的传感器;

Tn——监测温度的传感器;

Bn——监测海面波浪的装置;

Wn——风力传感器;

Nn——外部导航信息传感器;

Cn——与装载仪在线连接,该装载仪应根据装载状态持续地更新。

其中,n 为传感器或装置数目。

监测数据的变化接近需要采取措施的值时,监测系统应发出警告。

【思考与应用 5-4】

1. 简述船舶应力监测系统的作用和系统组成。
2. 船舶应力监测系统常用传感器的类型有哪几种?
3. 船体综合监测系统的主要功能有哪些?
4. 试说明中国船级社(CCS)船体监测系统的附加标志。

第六章 包装危险货物运输

危险货物(dangerous goods)系指具有爆炸、易燃、毒害、腐蚀、放射性等危险特性,在运输、装卸和储存过程中,如处理不当,容易造成人身伤亡、财产毁损和/或环境危害而需要特别防护的货物。

海上危险货物运输具有运量大、品种多、涉及面广、性质复杂、安全和污染事故风险大、运输要求高等特点。目前国际危险货物海运量约占海运货物总量的50%。随着社会经济和技术的不断发展,危险货物的品种、数量会进一步增加,运输要求和运输技术也会不断改进。

从运输形态和方式上看,危险货物可分为包装危险货物、固体散装危险货物和液体散装危险货物。包装危险货物是指《国际海运危险货物规则》(International Maritime Dangerous Goods Code,IMDG Code,以下简称《国际危规》)第3部分危险货物一览表(dangerous goods list,DGL)中列明的包装危险货物,以及未列明但经评估具有安全危险的其他包装危险货物,除通常所指的带有符合要求的通用或专用包装的各类危险货物外,还包括载于集装箱、可移动罐柜、公路或铁路车辆等运输单元内的无包装固体或液体的危险货物。固体散装危险货物是指《国际海运固体散装货物规则》(International Maritime Solid Bulk Cargoes Code,IMSBC Code)附录1中B组固体散装货物,以及经评估具有化学危险的其他固体散装货物。液体散装危险货物包括散装油类、散装危险化学品和液化气,分别是指《国际防止船舶造成污染公约》(MARPOL公约)附则Ⅰ附录1中列明的散装油类,《国际散装运输危险化学品船舶构造和设备规则》(IBC Code)第17章中列明的散装液体化学品以及未列明但经评估具有安全危险的其他散装液体化学品,《国际散装运输液化气体船舶构造和设备规则》(IGC Code)第19章列明的散装液化气体以及未列明但经评估具有安全危险的其他散装液化气体。

本章介绍包装危险货物运输,固体散装危险货物和液体散装危险货物的运输将在后续章节中介绍。

第一节 《国际危规》和相关管理法规简介

一、《国际危规》简介

1.《国际危规》的制定

早在1929年国际海上人命安全(SOLAS)会议与会人员就认识到对海上运输危险货物有进行国际管理的必要,认为这方面的规则须有国际效力。1965年9月27日IMO以A.81(Ⅳ)决议通过了《国际危规》,它是IMO组织编写发行的国际海上危险品运输的指导性和强制性规约。包装危险货物托运人、承运人、港口经营人以及水路危险货物运输从业人员均应遵守该规则。我国政府已于1982年宣布承认该规则，它已成为我国及世界上多数国家海上运输危险货物必须遵守的法规。

《国际危规》是依据并为实施《1974年国际海上人命安全公约》和《1973/1978国际防止船舶造成污染公约》制定的。其内容以联合国《关于危险货物运输的建议书-规章范本》(UN Recommendations on the transport of dangerous goods-Model Regulations，TDG，简称《规章范本》，又称"橙皮书"）为基础，并结合了海上运输的特点。1996年IMO海上安全委员会(MSC)同意《国际危规》按照《规章范本》重新排版，在格式上与《规章范本》保持一致。

《规章范本》由联合国经济及社会理事会(ECOSOC)危险货物运输问题和全球化学品统一分类标签制度问题专家委员会(Committee of Experts on TDG and GHS)负责编写出版。其目的是统一危险货物的分类、包装、标志和运输管理要求，方便将《规章范本》直接纳入所有运输方式的国家和国际规章。《规章范本》每两年更新一次，适用于包括陆运、水运和空运的所有运输方式，但不适用于散装货船或油轮的散装危险货物运输。除了《规章范本》外，该委员会还每两年出版一次《全球化学品统一分类和标签制度》(GHS)，以便制定一种单一的、全球统一的制度来处理化学品的分类、标签和安全数据单。另外，该委员会还出版《试验和标准手册》，其所载的各项标准、试验方法和程序适用于根据《规章范本》的规定对危险货物进行分类，以及根据GHS对具有物理危险性的化学品进行分类。

考虑技术上的发展，并与联合国《规章范本》保持一致，IMO每两年通过新的《国际危规》修正案，并出版经修正的最新版本。新修订版一般在通过后于次年初自愿执行，并在第二年年初强制执行。例如，根据MSC.501(105)号决议，IMDG 41-22修订版于2023年1月1日起自愿实施，2024年1月1日起强制实施。相关人员在使用《国际危规》时应使用其最新或有效版本。

《国际危规》自2004年1月1日起成为SOLAS公约下指导海上危险货物运输的强制性规则，但有部分内容仍然是建议性的。在规则行文中用到的"须(Shall)"、"应(Should)"和"可(may)"分别表示其相关规定是"强制性的"、"建议性的"和"选择性的"。

我国交通运输部曾于1996年11月4日以交通部令1996年第10号发布了《水路危险货物运输规则(第一部分水路包装危险货物运输规则)》，交通运输部2018年第11号令公布的《船舶载运危险货物安全监督管理规定》废止了该规则，并规定船舶载运包装危险货物，应当符合《国际海运危险货物规则》的要求，因此，国内水路运输包装危险货物，也执行《国际危规》。

《国际危规》共分3册，即第一册、第二册和补充本。

第一册(volume 1)包括6个部分：第1部分 总则、定义和培训；第2部分 分类；第4部分 包装和罐柜的规定；第5部分 托运程序；第6部分 包装、中型散装容器、大宗包装、可移动罐柜、多单元气体容器和公路罐车的构造和试验；第7部分 运输作业的有关规定。

第二册(volume 2)主要包括：第3部分 危险货物一览表，特殊规定和限量免除；附录A 通用和N.O.S.正确运输名称列表；附录B 术语表和索引表(Index)。其中第3部分又分为5章内容，分别为：第3.1章 一般规定，第3.2章 危险货物一览表(DGL)，第3.3章 适用于特定物质、材料或物品的特殊规定(列出了DGL第6栏"特殊规定"中代号的含义)，第3.4章 限量包装的危险货物(在DGL第7a栏列出了适用于限量内包装危险货物的内包装限量)，第3.5章 可免除量包装的危险货物(在DGL第7b栏列出了适用于限量内包装危险货物的母数字编码)。

补充本(Supplement)包括:《船舶载运危险货物应急措施》(EmS Guide);《危险货物事故医疗急救指南》(MFAG);报告程序;船舶安全使用杀虫剂建议书;国际船舶安全载运包装辐射核燃料、钚和高强度放射性废弃物规则(INF Code)和涉及危险货物运输的决议和通函。

2. 禁运的危险货物

《国际危规》1.1.3 节规定,除另有说明外,禁运下列货物:任何交付运输的物质或物品,在正常运输条件下,易于爆炸,发生危险反应,产生火焰或有危险性的放热,或释放有危险性的有毒、腐蚀性或易燃气体或蒸气。在《国际危规》第 3.3 章中,特殊规定 349、350、351、352、353 和 900 列出了某些禁运物质清单。

3. 联合国编号和正确运输名称

《规章范本》和《国际危规》中均按照危险货物的危险性分类和成分对其指定了联合国编号(UN number)和正确运输名称(proper shipping name, PSN)。

联合国编号是由联合国危险货物运输专家分委会对危险货物所指定的以四位阿拉伯数字表示的编号,用以识别一种或一类特定物质,现已在国际的航空、水运、铁路和公路等运输方式中被公认。

危险货物的正确运输名称是《国际危规》第 3.2 章危险货物一览表(DGL)中列出的,最准确说明货物的那一部分条目。在英文版《国际危规》中以大写字母显示(加上构成名称一部分的数字、希腊字母等。紧跟正确运输名称后括号中的部分,例如"乙醇(乙基醇)",是可供选择的正确运输名称。小写部分可不作为正确运输名称的一部分,但可以使用。在中文版《国际危规》中,正确运输名称大写部分用大一字号显示,小写部分则用小一字号显示。

如果在一个联合国编号下列出了几个不同的正确运输名称,则运输单据和包装标记中只应显示其中最合适的名称。

如果某物质或物品按名称具体列出,必须以危险货物一览表中的正式运输名称作标识。未具体列出名称的危险货物,使用"通用"或"未另列明的"条目。危险货物一览表中的条目分为以下四种:

1)严格定义的物质或物品的单一条目

例如,UN 1090 丙酮;UN 1194 亚硝酸乙酯溶液。

2)严格定义的物质或物品类的通用条目

例如,UN 1133 胶合剂;UN 1266 香水产品;UN 2757 氨基甲酸酯农药,固体的,有毒的;UN 3101 有机过氧化物,B 型,液体的。

3)未另列明的特定条目,包括具有特定化学或技术属性的物质或物品

例如,UN 1477 硝酸盐,无机的,未另列明的;UN 1987 醇类,未另列明的。

4)未另列明的通用条目,包括符合一类或多类标准的物质或物品

例如,UN 1325 易燃固体,有机的,未另列明的;UN 1993 易燃液体,未另列明的。

在索引表(index)中则列出了正确运输名称或它的同义名、辅助名、原始名或缩写名等,以方便查询正确运输名称。

4."通用"或"未另列明的"(N.O.S)条目

由于新物质不断地出现,在危险货物一览表中针对每一种具有商业重要性的化学物质或物品按照其名称单独逐一列出一个条目是不现实的。因此,危险货物一览表还引用"通用(generic)"或"未另列明的(not otherwise specified, N.O.S)"条目(例如:提取物、挥发性、液体、UN 1197 或易燃液体、N.O.S、UN 1993)。"通用"条目和"未另列明的"条目可用于允许运输那些未以具体名称列入危险货物一览表的物质或物品。这种物质或物品只有在其危险性质确定后才可运输,托运人/发货人或指定的主管机关须按照分类定义、试验和标准对其进行分类,并使用最恰当的说明解释其名称。通过这种方式,《国际危规》可适用于所有包装危险货物的海上运输。

"通用"条目和"未另列明的"正确运输名称,须按照危险货物一览表第 6 栏的特殊规定 274 或 318 用技术名称或化学基团名称加以补充。对于第 1 类爆炸品,用附加的商业名称或军用名称加以说明。技术名称或化学基团名称紧跟在正确运输名称的括号内。例如"UN 1993 易燃液体、未另列明的(含有二甲苯和苯),3,PG Ⅱ"。

5.危险货物一览表

通常运输的危险货物列在《国际危规》第 3.2 章危险货物一览表(DGL)中。该清单包括特定化学物质和物品的条目,以及"通用"或"未另列明的"的条目。

货物固有的不稳定性可能产生不同的危险性,例如爆炸和聚合,放出高热或释放毒性气体。部分货物的不稳定性能够通过正确包装、稀释、稳定、添加抑制剂、冷冻或其他预防措施加以控制。在危险货物一览表中列出了一些危险货物的某种防护措施(例如:"稳定的""含水或减敏剂 $x\%$"),当未采取这些措施时将不能正常运输。用于抑制产品发生聚合或其他危险反应化学抑制剂或稳定剂,须保证使这些产品得到足够的抑制或稳定,否则禁止运输。

DGL 按照联合国编号的顺序编排,每行共有 18 栏,其中第 7 栏又分为 7a、7b 两栏,第 16 栏也分为 16a、16b 两栏。DGL 第一行的栏目标题最下面列出了相应栏目适用的《国际危规》的章节编号,以方便查阅。具体栏目如表 6-1 所示。

第 1 栏和第 18 栏 联合国编号(UN No.),每一联合国编号条目在 DGL 中占一行或多行。

第 2 栏 正确运输名称(PSN):本栏包含大写的正确运输名称,后面可能必须加上小写的额外描述性内容。正确运输名称在同一分类的异构体存在时可用复数表示。本栏涉及的闪点为闭环试验闪点。

第 3 栏 类别或小类(class or division):本栏包括类别或小类(如有),对于第 1 类,也包括根据第 2 部分第 2.1 章描述的分类系统对该物质或物品指定的配装类。

第 4 栏 副危险(subsidiary hazard(s)):本栏包括按第 2 部分叙述的分类系统确定的任一副危险性的类别号。海洋污染物(Marine pollutants),在本栏内以字母"P"标注。

第 5 栏 包装类(packing group):本栏包括指定物质或物品的包装类号(Ⅰ、Ⅱ、Ⅲ)。

第 6 栏 特殊规定(special provisions):本栏包含的编号系指在第 3.3 章中对该物质、材料或物品的特殊规定的代号。编号从 900 开始的特殊规定只适用于海运方式。

第 7a 栏 限量(limited quantities):本栏根据第 3.4 章的规定,提供了运输危险货物的每个内包装或物品的最大限量。

第7b栏　免除量(excepted quantities)：本栏提供了第3.5.1.2小节所述的字母数字编码，标明按照第3.5章作为免除数量运输的危险货物每个内包装和外包装的最大量。

第8栏　包装导则(packing instructions)：本栏包含的字母数字编码系指第4.1.4节有关的包装导则。包装导则指出了运输物质或物品可能使用的包装(包括大宗包装)。含有字母"P"代码系指第6.1、6.2或6.3章所述类型包装的包装导则。含有字母"LP"代码系指第6.6章所述的大宗包装的包装导则。未提供包含字母"P"或"LP"的代码时，该物质不允许使用该类型包装。

第9栏　特殊包装规定(special packing provisions)：本栏所包含的字母数字编码系指第4.1.4节中有特殊规定的包装(包括大宗包装)。在包装特殊规定中字母"PP"系指适用于第4.1.4.1小节中有关"P"代码使用包装的特殊规定。在特殊规定中字母"L"系指适用于第4.1.4.3小节中有关"LP"代码使用包装的特殊规定。

第10栏　IBC包装导则(IBC packing instructions)：本栏中包含的字母数字编码系指运输物质所使用中型散装容器的相关说明。字母"IBC"代码系指第6.5章使用IBCs的中型散装容器类型。当没有提供代码时表明该物质使用IBC包装没有被认可。

第11栏　IBC特殊规定(IBC special provisions)：本栏包含的字母数字编码，其中字母"B"系指适用于第4.1.4.2小节带有"IBC"代码所使用包装的特殊规定。

第12栏　(预留，reserved)。

第13栏　罐柜和散装容器导则(tank and bulk container instructions)：本栏含有的"T"代码(见规则4.2.5.2.6)适用于以可移动罐柜和公路罐车运输的危险货物。如果本栏中未提供T代码，则表示不允许使用储罐运输该危险货物。含有字母代码"BK"系指第4.3章和第6.9章中描述的用于运输散装货物的散装容器类型。

第14栏　罐柜特殊规定(tank special provisions)：本栏包含的TP代码注释(见4.2.5.3小节)适用于以可移动罐柜和公路罐车运输的危险货物。

第15栏　EmS：本栏系指《船舶载运危险货物应急反应措施》(EmS指南)中火灾(fire)和溢漏(spillage)的应急表号。第一个EmS代码以字母F开头，系指火灾应急表号(例如：火灾应急表字母"F-A"一般火灾应急表)。第二个EmS代码以字母S开头，系指溢漏应急表号(例如：泄漏应急表字母"S-A"毒性物质)。下划线EmS代码(特殊情况)表示一个物质、材料或物品在应急反应措施中给出附加指示。对于未另列明的或通用条目的危险货物，最适当的应急表可能由于危险成分的不同而不同。因此，托运人可根据自己的知识声明从本规则表示的不同表号中选择最恰当的。本栏目的规定不是强制性的。

第16a栏　积载和操作(stowage and handling)：本栏包含规则第7部分规定的积载类(stowage categories)、第7.1.5和7.1.6节中规定的积载代码(stowage codes)和操作代码(handling codes)。其中积载代码为数码前冠以"SW"的代码，共计28个，分别为SW1至SW28，代表了28种积载要求。例如：SW1为远离热源；SW2为远离生活区。操作代码为数码前冠以"H"的代码，分为4种，代表了4种操作要求。例如：H1——尽可能保持干燥；H2——尽量保持阴凉。

第16b栏　隔离(segregation)：本栏包含规则第7.2.5.2小节规定的隔离类代码(segregation groups codes)和第7.2.8节规定的隔离代码(segregation codes)。

第17栏　特性与注意事项(properties and observations)：本栏目包含危险货物的特性和注意事项。本栏目的规定不是强制性的。

表 6-1 危险货物一览表(英文版)

UN No. (1)	Proper shipping name(PSN) (2) 3.1.2	Class or division (3) 2.0	Subsidiary hazard(s) (4) 2.0	Packing group (5) 2.0,1.3	Special provisions (6) 3.3	Limited and excepted quantity provisions		Packing		IBC	
						Limited quantities (7a) 3.4	Excepted quantities (7b) 3.5	Instructions (8) 4.1.4	Provisions (9) 4.1.4	Instructions (10) 4.1.4	Provisions (11) 4.1.4
1302	VINYL ETHYL ETHER, STABILIZED	3	—	I	386	0	E3	P001	—	—	—
1303	VINYLIDENE CHLORIDE, STABILIZED	3	— P	I	386	0	E3	P001	—	—	—
1304	VINYL ISOBUTYL ETHER, STABILIZED	3	—	II	386	1 L	E2	P001	—	IBC02	—
1305	VINYLTRICHLOROSILANE	3	8	II	—	0	E0	P010	—	—	—
1306	WOOD PRESERVATIVES, LIQUID	3	—	II	—	5 L	E2	P001	—	IBC02	—
1306	WOOD PRESERVATIVES, LIQUID	3	—	III	223 955	5 L	E1	P001 LP01	—	IBC03	—
1307	XYLENES	3	—	II	—	1 L	E2	P001	—	IBC02	—
1307	XYLENES	3	—	III	223	5 L	E1	P001 LP01	—	IBC03	—
1308	ZIRCONIUM, SUSPENDED IN A FLAMMABLE LIQUID	3	—	I	—	0	E0	P001	PP33	—	—
1308	ZIRCONIUM, SUSPENDED IN A FLAMMABLE LIQUID	3	—	II	—	1 L	E2	P001	PP33	—	—
1308	ZIRCONIUM, SUSPENDED IN A FLAMMABLE LIQUID	3	—	III	223	5 L	E1	P001	—	—	—
1309	ALUMINIUM POWDER, COATED	4.1	—	II	—	1 kg	E2	P002	PP38 PP100	IBC08	B4 B21
1309	ALUMINIUM POWDER, COATED	4.1	—	III	223	5 kg	E1	P002 LP02	PP11 PP38 PP100 L3	IBC08	B4
1310	AMMONIUM PICRATE, WETTED with not less than 10% water, by mass	4.1	—	I	28	0	E0	P406	PP26 PP31	—	—
1312	BORNEOL	4.1	—	III	—	5 kg	E1	P002 LP02	—	IBC08	B3

续表 6-1

Portable tanks and bulk containers		EmS	Stowage and handling	Segregation	Properties and observations	UN No.
(12)	Tank instructions (13) 4.2.5 4.3	Provisions (14) 4.2.5	(15) 5.4.3.2 7.8	(16a) 7.1 7.3—7.7	(16b) 7.2—7.7	(17)	(18)
—	T11	TP2	F-E, S-D	Category D SW1	—	Colourless liquid. Flashpoint: below −18℃ c.c. Explosive limits: 1.7% to 28%. Boiling point: 33℃. Immiscible with water. Extremely reactive; may polymerize.	1302
—	T12	TP2 TP7	F-E, S-D	Category D SW1 SW2	SGG10	1303Colourless to straw-coloured, volatile liquid with a sweet odour. Flashpoint: −28℃ c.c. Explosive limits: 6.5% to 15.5%. Boiling point: 32℃. Immiscible with water.	1303
—	T4	TP1	F-E, S-D	Category C SW1	—	Colourless liquid. Flashpoint: −9℃ o.c. Immiscible with water.	1304
—	T10	TP2 TP7 TP13	F-E, S-D	Category B SW2	SGG1 SG36 SG49	Colourless, pale yellow or pink liquid with a pungent odour. Flashpoint: 119℃ c.c. Lower explosive limit: 3%. Readily hydrolysed by moisture, evolving hydrogen chloride, an iritating and corrosive gas apparent as white fumes. Immiscible with water. In the presence of moisture, corrosive to most metals.	1305
—	T4	TP1 TP8	F-E, S-D	Category B	—	Miscibility with water depends upon the composition. Harmful by inhalation.	1306
—	T2	TP1	F-E, S-D	Category A	—	See entry above.	1306
—	T4	TP1	F-E, S-D	Category B	—	Colourless liquids. Flashpoint: 17℃ to 23℃ c.c. Explosive limits: 1.1% to 7%. Immiscible with water.	1307
—	T2	TP1	F-E, S-D	Category A	—	See entry above. Flashpoint: 23℃ to 30℃ c.c.	
—	—	—	F-E, S-D	Category D	—	Finely divided zirconium metal in a flammable liquid. Immiscible with water. Spillage is liable to self-ignition.	1308
—	—	—	F-E, S-D	Category B	—	See entry above.	1308
—	—	—	F-E, S-D	Category B	—	See entry above.	1308
—	T3	TP33	F-E, S-D	Category A H1	SGG15 SG17 SG25 SG26 SG32 SG35 SG36 SG52	If uncoated, it possesses the property of evolving hydrogen gas when in contact with water, especially seawater; if treated with oil or wax, it does not at ordinary temperatures. Reacts readily with acids and caustic alkalis, evolving hydrogen, a flammable gas. Reacts readily with iron oxide, producing a thermite effect. May form explosive mixtures with oxidizing substances. In the event of breakage of receptacles, the scattered powder is readily ignited by sparks or open flame and may give rise to an explosive atmosphere.	1309
—	T1	TP33	F-E, S-D	Category A H1	SGG15 SG17 SG25 SG26 SG32 SG35 SG36 SG52	See entry above.	1309
—	—	—	F-B, S-J	Category D	SGG2 SG7 SG30	Desensitized explosive. Substance in pure form consists of yellow crystals. Explosive and sensitive to friction in the dry state. May form extremely sensitive compounds with heavy metals or their salts. Harmful if swallowed or by skin contact.	1310
—	T1	TP33	F-A, S-I	Category A	—	White, translucent lumps. Camphor-like odour. Insoluble in water. Harmful by ingestion.	1312

6. 限量和可免除量包装的危险货物

当某些危险性较低的危险货物采用很小的数量装于内包装后再装入符合要求外包装的组合包装(combination packaging),且限定每个容器所装危险货物数量以及外包装内危险货物总量时,则其包件在运输过程中的危险性远小于同种危险货物以较大数量包装的包件。基于此,《国际危规》对采用组合包装,符合"限量"(limited quantity,LQ)或"可免除量"(excepted quantity,EQ)规定的危险货物免除了部分积载、隔离要求,从而以相对宽松的方式运输,但对包装、标记、标志和单证等有特殊要求。"限量"与"可免除量"在豁免程度、包装要求、数量限制和标记等方面存在区别,后者对包装和限量更加严格,但免除了更多的限制要求。

1) 限量包装的危险货物(dangerous goods packed in limited quantities)

(1)在《国际危规》第3.2章危险货物一览表第7a栏列出了每种物质适用的内包装限量。当该栏中的数量为"0"时表明该项危险货物不允许按限量包装的危险货物的规定运输。

(2)《国际危规》第3.4章规定了限量包装的危险货物的免除范围、包装、积载、隔离、标记、标志及运输单证。符合《国际危规》第3.4章限量规定的包装危险货物,除规则3.4.1.2列明必须遵守的规定外,可免除规则的其他规定。

(3)危险货物须采用组合包装,包件总重不得超过30 kg。对于易碎或易破的内容器,应放在符合规定的中间容器中,每一包件的总重不得超过20 kg。

(4)限量包装的危险货物按积载类A积载(见本章第四节),可不适用危险货物一览表第16a栏的积载和第16b栏的隔离规定。

(5)限量内危险货物的包件须显示限量内危险货物标记或标牌。其运输需提供危险货物限量证明,在其运输单证上还应包括"限量"或"LTD QTY"字样以及装运说明。

2) 可免除量包装的危险货物(dangerous goods packed in excepted quantities)

(1)"可免除量"又称为"例外数量"。危险货物一览表第7b栏中所列的编码表明相应危险货物可免除量运输的限制要求,其编码的含义如表6-2所示。

表6-2 可免除量运输的危险货物的免除量编码及其内、外包装的免除量限制

编码	每个内包装最大净重(固体以g表示,液体和气体以ml表示)	每个外包装最大净重量(固体以g表示,液体和气体以ml表示,或对于混合包装以g和ml之和表示)
E0	不允许作为可免除量	
E1	30	1000
E2	30	500
E3	30	300
E4	1	500
E5	1	300

(2)《国际危规》第3.5章规定了可免除量包装的危险货物的运输要求,除应满足规则3.5.1.1列明的涉及培训、分类、包装和单证等相关章节的规定外,可免除规则的其他规定。

(3)不同编码的可免除量的危险货物被装在一起时,每个外包装的总量须按照最严格编码的量进行限制。任何货物运输组件含有的可免除量的危险货物包件的数目须不超过

1000件。货物运输组件(cargo transport unit)或称货物运输单元,系指公路货车、铁路货车、集装箱、公路罐车、铁路罐车、可移动罐柜或多元气体容器(MEGC)。

(4)指定的危险货物免除量代码 E1、E2、E4 和 E5 满足《国际危规》3.5.1.4 小节规定的条件时可不适用该规则。

(5)免除量的危险货物包装按积载类 A 积载,不受危险货物一览表第 16a 栏的积载和第 16b 栏的隔离规定的约束。

(6)可以使用集合包装(overpark),并且集合包装也可以包含危险货物或其他不受本规则约束的货物。

(7)含有可免除量危险货物的包件须经久清晰地标有可免除量标记。在危险货物申报单上还须包括"可免除量的危险货物"或"dangerous goods in excepted quantities"字样和包件的数目。

7. 有严重后果的危险货物(high consequence dangerous goods)

《国际危规》第1.4章保安规定,要求从事危险货物运输的公司、船舶和港口设施,须遵守 SOLAS 74 公约第Ⅺ-2 章和《国际船舶和港口设施保安(ISPS)规则》A 部分的相关规定。此外还建议性提出:从事危险货物运输的岸基公司人员、船基人员和港口设施人员,除了掌握 ISPS 规则的规定外,还应掌握对这些货物的保安要求及与其职责相应的保安要求;该章还明确了对后果严重危险货物的规定,包括定义、货物指示性清单和具体安全规定等。

有严重后果的危险货物系指有可能被滥用于制造恐怖主义事件,从而有可能造成严重后果的危险货物,如大规模伤亡或大规模破坏,特别是第 7 类货物,有可能造成大规模社会、经济破坏。

《国际危规》第 1.4.3.1.2 段列出了有严重后果的危险货物,涉及第 1~8 类中的部分物质和物品。例如第 1.1 类爆炸品、第 1.3 类配装组 C 爆炸物、第 4.1 类固体退敏爆炸品、第 6.1 类包装类Ⅰ的有毒物质等。

8. 船舶载运危险货物应急反应措施(EmS 指南)

EmS 指南主要是为涉及船上装运《国际危规》所列货物的火灾和溢漏事故应急提供指导。涉及危险货物的事故时,应根据该指南针对具体的危险货物、船型、危险货物包装的类型和数量、积载位置(舱面还是舱内)等的指导采取正确的行动。

该指南主要包括火灾应急和溢漏应急两大部分。消防的总体建议:避免接触到危险货物;远离火种、禁止吸烟、远离烟雾和有毒气体;拉响警报,启动消防程序;可能的话使驾驶台和居住处所保持在上风向;确认燃烧位置和冒烟货物的位置;确认货物;获取发生事故危险货物的 UN No. 和火灾应急措施;考虑哪些消防措施可行并依照执行;检查其他危险货物是否有潜在卷入火灾的可能,并确认相关的应急措施;穿着适宜的防护服和自给式呼吸器,使用《危险货物事故医疗急救指南(MFAG)》;与船公司或救助协调中心保持联系,以获取相关专家的意见。溢漏总体建议大体上与上述消防总体建议相同,但应使用全套防化服和自给式呼吸器。

使用 EmS 指南时,根据联合国编号查阅第二分册危险货物一览表第 15 栏中对应的 EmS 表号。然后查阅补充本中"EmS 指南——索引"对应 EmS 火灾的应急表号(火灾应急表共 10 个,用 F-A~F-J 表示)和 EmS 溢漏的应急表号(溢漏应急表号共有 26 个,用 S-A~

S-Z表示)的具体内容,阅读具体的应急反应措施。例如:UN 1560 三氯化砷(ARSENIC TRICHLORIDE),其 EmS 火灾的应急表号是 F-A,EmS 溢漏的应急表号是 S-A,具体内容如表 6-3 和表 6-4 所示。

表 6-3　F-A(一般火灾表)火灾应急措施总体建议

总体建议		在火灾中,暴露的货物可能爆炸或其包装可能破裂尽可能在远处有防护位置上灭火
舱面货物着火	包件	尽可能用多个水龙喷雾
	货物运输组件	
舱内货物着火		停止通风并关闭舱盖; 使用货物处所固定的灭火系统; 如不可能,则用大量的水喷雾
货物暴露在火中		如可行,清除或抛弃可能着火的包件,否则用水冷却
特殊情况:UN 1381、UN 2447		扑灭火后应按溢漏立即处理

表 6-4　S-A(有毒物质)溢漏应急措施

总体建议		穿戴合适的防护服和自给式呼吸器;即使穿着防护服也应避免接触;如可行,止住泄漏;受污染服装应用水洗净,然后脱下
舱面货物着火	包件(少量溢漏)	用大量的水冲洗到舷外;不要将水柱直接喷到溢漏物上;避开流出物;彻底清洁该区域
	货物运输组件(大量溢漏)	使驾驶台和生活区域处于上风向;用大量的水将以溢漏物冲洗到舷外,不要将水柱直接喷到溢漏物上;避开溢漏物;彻底清洗该区域
舱内溢漏	包件(少量溢漏)	进入舱内须戴自给式呼吸器;进入前检查空气(毒性和爆炸危险),如不能检查空气,不要进入;让蒸汽蒸发。不要接触液体,向舱内提供良好通风。限制液体流向封闭区域(例如在有条件时,用惰性材料或水泥阻挡)。对于固体,收集溢漏物,清除到舷外;否则,不要接触,用无线电征询专家意见
	货物运输组件(大量溢漏)	不要接触,用无线电征询专家意见;经专家对危险进行评估后,可进行处理;提供充足通风,进入舱内须戴自给式呼吸器;进入前检查空气(毒性和爆炸危险);如不能检查空气,不要进入;让蒸汽蒸发,不要接触;如使用通风系统,应特别注意防止有毒蒸汽或烟雾进入船上有人区域,如生活区域、机器处所、工作区域。对于液体,向舱内提供良好通风;冲洗至舱底,用泵排到舷外;对于固体,收集溢漏物,使漏出的固体保持干燥并用塑料布覆盖,清除到舷外;否则,关闭舱口,等到船舶进港再处理
特殊情况 海洋污染物标记		尽可能少地清除至舷外;用大量的水稀释;根据 MARPOL 公约中事故报告程序报告

二、《国际危规》的使用方法

使用《国际危规》时,要熟悉《国际危规》的篇章结构,各章节的主要内容。在具体查阅《国际危规》时,可由索引表(Index)和危险货物一览表(DGL)查取特定危险货物的联合国编号、分类、副危险、包装类、积载和隔离、关于限量或免除数量的规定、特性等,以获取其简要资料。再根据危险货物一览表的信息查阅相应栏目下对应章节的详细规定和有关附录,以获得其详细说明。《国际危规》查阅方法有以下两种:

1. 按货物的物质、材料或物品的名称信息查索引表

如表 6-5 和表 6-6 所示,《国际危规》第二分册中的索引表(Index)中列出了"物质、材料或物品(Substance,material or article)"、"海洋污染物(MP)"、"分类(Class)"和"联合国编号(UN No.)"等四个栏目的信息,其中"物质、材料或物品(Substance,material or article)"以大写英文字母列出的为危险货物的正确运输名称(PSN),当该栏的小写名称后有"sea"(英文版)或"见"(中文版)时,表示其为同义词,有关运输规定的详细信息,应参考危险货物一览表中与该同义词对应的联合国编号/正确运输名称相关的条目。

英文版《国际危规》索引表以物质、材料或物品的英文字母顺序排列,中文版《国际危规》索引表一般以"物质、材料或物品"汉字的汉语拼音字母顺序排列。如果知道危险货物的物质、材料或物品的名称信息,则可由索引表查得该货物是否为海洋污染物、该货物的分类和联合国编号等信息。

表 6-5 英文版《国际危规》索引表(Index)示例

Substance, material or article	MP	Class	UN No.
……	……	……	……
Alcohol C12-C16 poly(1-6)ethoxylate,see	P	9	3082
……	……	……	……
Arsenic chloride, see	—	6.1	1560
ARSENIC TRICHLORIDE	—	6.1	1560
Arsenious chloride, see	—	6.1	1560
……	……	……	……
Barium amalgams, solid, see	—	4.3	3402
BARIUM AZIDE, dry or wetted with less than 50% water, by mass		1.1A	0224
……	……	……	……

表 6-6 中文版《国际危规》索引表示例

物质、材料或物品	海洋污染物	类别	联合国编号
……	……	……	……
水合六氟丙酮,液体的	—	6.1	2552
……	……	……	……

续表 6-6

物质、材料或物品	海洋污染物	类别	联合国编号
氯化砷,见	—	6.1	1560
……	……	……	……
水凝胶炸药,见爆破炸药,E 型	—	—	—
水杨酸汞	P	6.1	1644
水杨酸亚汞,见	P	6.1	1644
水杨酸烟碱盐	—	6.1	1657
……	……	……	……

注:中、英版索引表中,物质、材料或物品(Substance, material or article)栏中名称后的"见"或"see"表示其为同义词,有关运输规定的详细信息,应参考危险货物一览表中与该同义词对应的联合国编号/正确运输名称相关的条目。

2.按货物的联合国编号查危险货物一览表

在已知危险货物的联合国编号(UN No.)时,可直接查阅危险货物一览表(DGL)得到相应条目危险货物运输要求的代码信息,再根据代码并结合相应栏对应的章节编号查阅详细规定。危险货物一览表的示例见表 6-1。

例如:已知某物质名称:1,1-Dichloroethylene, stabilized(1,1-二氯乙烯,稳定的),其查取过程如下:

利用英文版索引表可查得名称栏为:1,1-Dichloroethylene, stabilized, see,由词"see"和小写形式可知 1,1-Dichloroethylene, stabilized 为该物质正确运输名称的同义词,同时可查得其属于海洋污染物(P),为第 3 类(易燃液体),联合国编号为 UN 1303。

然后,根据联合国编号为 UN 1303 查危险货物一览表,可知其正确运输名称为 VINYLIDENE CHLORIDE, STABILIZED(亚乙烯基二氯,稳定的),同时可得该物质的其他信息:包装类Ⅰ,特殊规定代码 386(查规则 3.3.1 节中代码为 386 对应的特殊要求),不适用限量运输,可免除量代码为 E3(内、外包装最大净重分别为 30 mL 和 300 mL),包装导则代码为 P001(查规则 4.1.4 节包装导则一览表中代码 P001 项的具体包装要求),无特殊包装规定,不适用中型散装容器运输,可移动罐柜导则代码为 T12,可移动罐柜特殊规定代码为 TP2 和 TP7,EMS 表号为 F-E 和 S-D,积载类 D,积载代码为 SW1 和 SW2,隔离代码为 SGG10,特性与注意事项等信息。

最后,根据需要,结合相应栏目标注的适用章节编号进一步按照上述代码信息查取详细规定。以积载类 D、积载代码 SW1 和 SW2 为例:在第 16a 栏标明适用的章节编号为 7.1 和 7.3~7.7,其中,积载类对应 7.1.3 节,积载类 D 在货船上仅限在舱面积载;积载代码对应 7.1.5 节,从积载代码表中可查得代码 SW1 和 SW2 的积载要求分别为"免受热源影响"和"远离生活区"。在第 16b 栏中"SGG10"为隔离类代码,即隔离类为第 10 类(组),凡与 SGG10 有隔离要求的,也均适用于该物质。查 7.2.5 节可知该类为"liquid halogenated hydrocarbons"(液态卤代烃)。例如:隔离代码 SG32 的物质要求与隔离类 SGG10 的物质远离(away from)。

三、其他主要相关法规和标准

除了上述适用于各种运输形式的联合国《规章范本》和适用于水运的《国际危规》外,对于铁路、公路、航空等运输形式也制定有相应的规则。以下仅简要介绍部分适用于水运包装危险货物的相关法规、标准。

1. SOLAS 74 公约

SOLAS 74 公约"第Ⅶ章 危险货物的运输"共分 A、A-1、B、C 和 D 等部分,其中"A 部分 包装危险货物运"涉及包装危险货物运输要求的管束性条文。在第 1 条定义中明确危险货物系指 IMDG 规则中所述的物质、材料和物品。第 3 条危险货物运输要求中规定包装危险货物运输应符合 IMDG 规则的有关规定。通过这些条款,将 IMDG 规则纳入 SOLAS 74 公约的强制性规则,但部分内容仍然是建议性的。

2. MARPOL73/78 公约

MARPOL73/78 公约"附则Ⅲ 防止海运包装有害物质污染规则"规定了包装危险货物的包装、标志与标签、单证、积载、数量限制和例外等要求,其"附录包装形式有害物质的鉴别导则"列出了鉴别为有害物质的标准。该附则明确,"有害物质"系指《国际危规》中被确定为"海洋污染物"的物质。同时《国际危规》也定义"海洋污染物系指适用于经修正的 MARPOL73/78 公约附则Ⅲ规定的物质",也就是说,在 MARPOL73/78 公约附则Ⅲ中被鉴别为"有害物质",也就是《国际危规》中的"海洋污染物"。MARPOL73/78 公约附则Ⅲ的相关要求,是通过《国际危规》对海洋污染物的运输要求具体实施的。

3. 我国涉及包装危险货物运输的法律法规

我国针对危险货物水上运输出台了一系列法律法规。例如《中华人民共和国海上交通安全法》《中华人民共和国海洋环境保护法》《危险化学品安全管理条例》《中华人民共和国内河交通安全管理条例》《放射性物品运输安全管理条例》《烟花爆竹安全管理条例》《船舶载运危险货物安全监督管理规定》《港口危险货物安全管理规定》等。其中《船舶载运危险货物安全监督管理规定》规定了船舶在我国管辖水域载运危险货物的总体要求。

4. 我国适用于包装危险货物运输的相关标准

我国已制定了一系列适用于包装危险货物的国家标准,例如《危险货物包装标志》(GB 190—2009)、《危险货物分类和品名编号》(GB 6944—2012)、《危险货物品名表》(GB 12268—2012)、《危险货物运输包装通用技术条件》(GB 12463—2009)、《危险货物例外数量及包装要求》(GB 28644.1—2012)、《危险货物有限数量及包装要求》(GB 28644.2—2012)和《有机过氧化物分类及品名表》(GB 28644.3—2012)等。联合国《规章范本》中许多内容也在逐步转化为我国国家标准。这些标准覆盖范围广,涉及危险货物生产、运输、储存、经销等相关活动和各种运输方式。

【思考与应用 6-1】

1. 熟悉《国际危规》的结构与内容。
2. 如何理解限量包装的危险货物和可免除量包装的危险货物?
3. 已知两种危险货物的货物名称:(1) ARTICLES, PYROPHORIC;(2) Chlorine cyanide, stabilized。

分别查《国际危规》索引表和危险货物一览表各栏目信息,并进一步根据各栏目信息和相应栏目对应于《国际危规》章节编号查阅其具体要求。

第二节 危险货物的分类及特性

一、危险货物分类概况

1. 包装危险货物的分类

《国际危规》关于海运包装危险货物的分类与《规章范本》保持一致。对符合规则规定的物质(包括混合物和溶液)和物品,根据货物的理化性质及对人身的伤害情况将危险货物分成9个类别(class),按照它们所呈现的危险性或最主要的危险性,被划分到1~9类中的一个。部分类别又细分若干小类(division)。各类别、小类的排列序号不代表其危险程度的顺序。危险货物的分类如下:

第1类:爆炸品(explosives)。又细分为第1.1类~第1.6类6个小类。

第2类:气体(gases)。又细分为第1.1类、第2.2类和第2.3类3个小类。

第3类:易燃液体(flammable liquids)。

第4类:易燃固体、易自燃物质和遇水放出易燃气体的物质(flammable solids; substances liable to spontaneous combustion; substances which, in contact with water, emit flammable gases)。又细分为第4.1类、第4.2类和第4.3类3个小类。

第5类:氧化物质和有机过氧化物(oxidizing substances and organic peroxides)。又细分为第5.1类和第5.2类2个小类。

第6类:有毒和感染性物质(toxic and infectious substances)。又细分为第6.1类和第6.2类2个小类。

第7类:放射性材料(radioactive material)。

第8类:腐蚀性物质(corrosive substances)。

第9类:杂类危险物质和物品(miscellaneous dangerous substances and articles)。

2. 海洋污染物的归类

按照MARPOL 73/78公约附则Ⅲ关于海洋污染物确定标准,上述第1到第9类的各类别中的许多危险物质同时也被认定为对海洋环境有害的物质(海洋污染物)。海洋污染物未单独作为一类,而是在危险货物一览表(DGL)的第4栏 副危险(Subsidiary hazard(s))一栏和索引表(Index)的MP一栏中以字母"P"表明该物质是海洋污染物。如果一种海洋污染物不属于第1类至第8类中的任何一类,则归为第9类。

3. 具有多种危险性的物质、混合物和溶液的分类(危险性优先顺序)

在《国际危规》中未明确列出名称的含有多种危险性的物质、混合物或溶液,其类别的确定采用表6-7所示的危险性优先顺序表。表中出现在横行和纵行交叉点处的类别是主要危险,其他类为副危险。

表 6-7 危险性优先顺序表

类别和包装类别	4.2	4.3	5.1I	5.1II	5.1III	6.1I皮肤	6.1I口服	6.1II	6.1III	8I液体	8I固体	8II液体	8II固体	8III液体	8III固体
3I*		4.3				3	3	3	3	3	—	3	—	3	—
3II*		4.3				3	3	3	3	8	—	3	—	3	—
3III*		4.3				6.1	6.1	6.1	3**	8	—	8	—	3	—
4.1II*	4.2	4.3	5.1	4.1	4.1	6.1	6.1	6.1	4.1	4.1	—	8	—	4.1	—
4.1III*	4.2	4.3	5.1	4.1	4.1	6.1	6.1	6.1	4.1			8			4.1
4.2II		4.3	5.1	4.2	4.2	6.1	6.1	6.1	4.2	8		4.2	4.2	4.2	4.2
4.2III		4.3	5.1	5.1	4.2	6.1	6.1	6.1	4.2	8	8	8	8	4.2	4.2
4.3I			5.1	4.3	4.3	6.1	4.3	4.3	4.3	4.3	4.3	4.3	4.3	4.3	4.3
4.3II			5.1	4.3	4.3	6.1	6.1	6.1	4.3	4.3	4.3	4.3	4.3	4.3	4.3
4.3III			5.1	5.1	4.3	6.1	6.1	6.1	4.3	8	8	8	8	4.3	4.3
5.1I						6.1	5.1	5.1	5.1	5.1	5.1	5.1	5.1	5.1	5.1
5.1II						6.1	5.1	5.1	5.1	5.1	5.1	5.1	5.1	5.1	5.1
5.1III						6.1	6.1	6.1	5.1	8	8	8	8	5.1	5.1
6.1I皮肤										8	6.1	6.1	6.1	6.1	6.1
6.1I口服										8	6.1	6.1	6.1	6.1	6.1
6.1II吸入										8	6.1	8	6.1	6.1	6.1
6.1II皮肤										8	6.1	8	6.1	6.1	6.1
6.1II口服										8	8	8	6.1	6.1	6.1
6.1III										8	8	8	8	8	8

注：* 指除自反应物质和固体低敏感性爆炸品以外的第4.1类物质和除低敏感性液体爆炸品以外的第3类物质。

** 指农药。—指不可能的组合。

对于在危险性优先顺序表中没有列明危险性优先顺序的物质、材料和物品的，这些主要危险优先：第1类物质和物品；第2类气体；第3类液体退敏爆炸品；第4.1类自反应物质和固体退敏爆炸品；第4.2类引火性物质；第5.2类物质；第6.1类中具有包装类Ⅰ的蒸气吸入有毒的物质；第6.2类物质；第7类物质。

二、各类危险货物简介

1. 第1类 爆炸品

1) 定义和基本概念

爆炸品（explosives）系指在外界作用下（如受热、撞击等），能发生剧烈的化学反应，瞬时产生大量的气体和热量，使周围压力急剧上升，引发爆炸的物质和物品（也包括仅产生热、光、音响或烟雾等一种或几种作用的烟火物品）。基本概念包括：

(1)爆炸性物质(explosive substances)：能通过本身的化学反应产生气体，其温度、压力和速度对周围环境造成破坏的固体或液体物质(或几种物质的混合物)，包括甚至不放出气体的烟花。

(2)烟火物质：一种物质或物质混合物，其设计目的是通过非爆炸性持续放热化学反应产生热、光、声、气或烟、这些的组合。

(3)爆炸性物品(explosive articles)：含有一种或多种爆炸性物质的物品。

(4)整体爆炸(mass explosion)：一经引发，几乎在瞬间影响到整个货载的爆炸。

(5)减敏的(phlegmatized)：将一种物质(或减敏剂)加入爆炸物中，以增加搬运和运输过程中的安全性。减敏剂使爆炸物不敏感或降低爆炸物对热、振动、撞击、打击或摩擦的敏感度。典型的减敏剂包括但不限于蜡、纸、水、聚合物(如氯氟聚合物)、酒精和油等(如凡士林油和石蜡)。

《国际危规》禁止运输过度敏感或易发生自发反应的爆炸性物质。

2)第1类爆炸品危险性分类(hazard divisions)

第1类　爆炸品按危险性可细分为6个小类。

第1.1类　具有整体爆炸危险的物质或物品(substances and articles which have a mass explosion hazard)。如爆破炸药、爆破雷管、黑火药、火箭发动机(UN 0280)、带有炸药的火箭(UN 0180、UN 0181)、烟火(UN 0333)等。

第1.2类　具有抛射危险(projection hazard)，但无整体爆炸危险的物质或物品。如带有雷管的助爆器(UN 0268)、带有炸药的火箭(UN 0182)、火箭发动机(UN 0281)、带有惰性弹头的火箭(UN 0502)、练习用手榴弹或枪榴弹(UN 0372)、烟火(UN 0334)等。

第1.3类　具有燃烧危险和较小爆炸(blast hazard)或较小抛射危险(projection hazard)，或兼有两种危险，但无整体爆炸危险的物质和物品。本类包括产生相当大的辐射热(radiant heat)，或相继燃烧，产生较小爆炸或抛射作用或兼有两种作用的物质和物品。如非起爆导火索(UN 0101)、带有惰性弹头的火箭(UN 0183)、火箭发动机(UN 0186)、练习用手榴弹或枪榴弹(UN 0318)、烟火(UN 0335)等。

第1.4类　无重大危险的物质或物品。此类货物万一被点燃或引爆，其危险仅限于包装件内部，而对包装件外部无重大危险。外部火焰必须实际上不会引起包件中全部货物在瞬间爆炸。如练习用手榴弹或枪榴弹(UN 0452)、抛绳用火箭(UN 0453)、烟火(UN 0336、UN 0337)等。

若其包装或设计可使由于意外作用而引起的任何危险局限在包件内部，所有爆炸或抛射作用限制在不妨碍在靠近包装处进行灭火或其他应急措施的范围内，则该类物质和物品划分为配装类S，如点火器(UN 0454)。

第1.5类　具有整体爆炸危险但极不敏感的物质。包括具有整体爆炸危险但在正常运输条件下引爆或从燃烧转为爆炸可能性极小的极不敏感的物质(very insensitive substances)。当船上大量运载时，则其由燃烧转变为爆炸的可能性大为增加，因此，第1.1类和1.5类的爆炸性物质的积载要求是一致的。如B型或E型爆破炸药(UN 0331、UN 0332)、未列明的极不敏感的爆炸性物品(UN 0482)等。

第1.6类　无整体爆炸危险的极不敏感的物品。指仅含有由极不敏感的物质组成的物品，该物品因意外起爆或传播的可能性可以忽略。其危险仅限于单个物品的爆炸。例如极不敏感的爆炸性物品(UN 0486)。

3)爆炸品的特性

化学爆炸性是爆炸品的主要特性。它们的化学性质活泼,对机械力、电、热、磁场很敏感。受到摩擦、撞击、震动或遇明火、高热、静电感应或与氧化剂、还原剂如硫、磷、金属粉末等接触都有发生燃烧、爆炸的危险。此外,这类物品中多数不但本身具有毒性,而且在爆炸形成的气浪中含有毒性(如一氧化碳)和窒息性(如二氧化碳、氮气)气体。

4)衡量爆炸品危险性的指标

(1)爆发点:将爆炸品加热规定时间(5 s)能发生爆炸时的最低温度,用于反映其受热发生爆炸的敏感程度。在 5 s 延滞期下,爆发点低于 350 ℃ 是确认爆炸品的参考标准。

(2)爆轰速度:爆炸品爆炸时其爆轰波沿爆炸品内部传播的速度。以每秒传播的距离(m/s)来表示。爆轰速度大于 3000 m/s 是确认爆炸品的参考标准。

(3)冲击感度(撞击感度):用于表示爆炸品在机械冲击的外力作用下对冲击能量的敏感程度。常采用立式落锤试验仪来测试。即取 0.05 g 试样,以 10 kg 落锤从 25 cm 高度处落下撞击爆炸品,进行 50~100 次测试,记录试样发生爆炸的百分比。该项爆炸的百分比大于 2% 是确认爆炸品的参考标准。当爆炸品混入坚硬物质(如金属屑、碎玻璃、沙石等)时,其冲击感度会增加;混入惰性物质(石蜡、硬脂酸、机油等)时,其冲击感度会降低。

(4)威力和猛度:这两个参数用来衡量爆炸品对周围环境的破坏程度。威力是指爆炸品爆炸时对周围介质的破坏能力。这种能力取决于爆热的大小,同时还与爆炸后的气体生成物的性质有关。猛度是指爆炸品爆炸后对周围介质破坏的猛烈程度,其大小取决于爆轰压力,以及压力作用的时间。

2. 第 2 类　气体

1)定义

气体(gases)是指在 50 ℃ 时蒸气压力大于 300 kPa 或在 20 ℃ 和 101.3 kPa 的标准压力下完全呈气态,经压缩或降温加压后,贮存于耐压容器或特制的高绝热耐压容器或装有特殊溶剂的耐压容器中的物质。包括以下 5 种:

压缩气体(compressed gas):在压力下包装载运,临界温度低于或等于 −50 ℃ 的气体。

液化气体(liquefied gas):在压力下包装载运,温度高于 −50 ℃ 时部分呈气态,包括临界温度在 −50~65 ℃ 之间的高压液化气体和临界温度大于 65 ℃ 的低压液化气体。

冷冻液化气体(refrigerated liquefied gas):包装载运时因低温而部分处于液态的气体。

溶解气体(dissolved gas):在压力下包装载运,溶解在液相溶剂中的气体。

吸附气体(adsorbed gas):以包装形式运输吸附到固体多孔材料上的气体,其内容器压力在 20 ℃ 时不超过标准大气压(101.3 kPa),在 50 ℃ 时其蒸气压力不超过 300 kPa。

2)气体的类型细分

这类气体按化学性质可细分为 3 个小类。

第 2.1 类　易燃气体(flammable gases)。该气体在温度 20 ℃、标准气压 101.3 kPa 时,与空气混合物中所占体积为 13% 或更低时可点燃;或该气体在温度 20 ℃、标准气压 101.3 kPa 时,不管最低燃烧极限是多少,与空气混合气体的燃烧范围至少有 12 个百分点。此类气体泄漏时,遇明火、高温或光照,会发生燃烧或爆炸,如氢气、甲烷、乙炔、含易燃气体的打火机等。

第 2.2 类 非易燃、无毒气体(non-flammable, non-toxic gases)。包括窒息性气体、氧化性气体(能提供氧气,比空气更容易导致其他材料燃烧)和未列入其他类别中的气体。此类气体泄漏时,遇明火不会燃烧,无腐蚀性,吸入人体内无毒、无刺激,但多数在高浓度时有窒息作用。此类还包括比固态和液态的氧化剂具有更强氧化作用的助燃气体,在运输中还必须遵守第 5 类氧化剂的各项要求和规定。如氧气、压缩空气、氮气、二氧化碳等。

第 2.3 类 有毒气体(toxic gases)。此类气体泄漏时,对人类具有毒性或者腐蚀性强到危害健康,其半数致死浓度 $LC_{50} \leqslant 5000 \ mL/m^3$ (ppm)。如氯气、氨、硫化氢、光气等。

3)危险性

这类物质的主要危险表现在两方面:

(1)容器发生破裂或爆炸。诱发原因可能包括受热、撞击、耐压容器本身遭腐蚀或材料疲劳使容器的耐压强度下降等。

(2)因某种原因发生气体泄漏,如容器的阀门因猛烈撞击而受损。泄漏的气体若轻于空气(如氢气),则会积留于封闭货舱的顶部。若重于空气(如二氧化碳),则会积存在货舱的底部。如任其蓄积,可能会引起火灾、爆炸、中毒、窒息等事故。

除非采取防止在正常运输条件下发生危险的分解或聚合的措施,否则不得接受运输化学性质不稳定的气体。

3. **第 3 类 易燃液体**

1)定义

第 3 类易燃液体(flammable liquids)包括:易燃液体和液体退敏爆炸品。

易燃液体指闭杯试验闪点为 60 ℃(相当于开杯试验 65.6 ℃)或以下的液体、混合液体、含有溶解固体或悬浮溶液(如油漆、清漆等)。还包括交付运输时温度等于或高于闪点温度的液体(简称"高温运输液体"),以及在加温条件下运输的或交付运输的,在温度等于或低于最高运输温度时会放出易燃蒸气的液体(简称"加温运输液体")。

液体退敏爆炸品(liquid desensitized explosives)是指溶于或悬浮于水或其他液体物质,形成均质的液体混合物以抑制其爆炸特性的爆炸性物质,例如:硝化甘油酒精溶液,含硝化甘油大于 1% 但不大于 5%,应划为第 3 类,UN 3064,但必须符合包装导则 P300 的所有要求;如不符合包装导则 P300 的所有要求,应划为第 1 类,UN 0144。

2)易燃液体包装类的确定

易燃液体根据其闪点、沸点和黏度选定包装。按照闪点和沸点,其包装类按下列标准确定:

包装类 Ⅰ:初沸点 $\leqslant$ 35 ℃,如二硫化碳、乙醚、乙醛等。

包装类 Ⅱ:初沸点 > 35 ℃,且闭杯闪点 < 23 ℃ c.c.,如汽油、乙醇、苯、丙酮、硝化甘油、酒精溶液等。

包装类 Ⅲ:初沸点 > 35 ℃,且 23 ℃ c.c $\leqslant$ 闭杯闪点 $\leqslant$ 60 ℃ c.c.,如松节油、酒精饮料(满足按体积含量超过 24%,但不超过 70%,容积大于 250 L)等。

3)易燃液体危险性

(1)挥发性

液体货物的挥发是液体表面的液体分子离开液体表面气化成为气态分子的过程。衡量其挥发性强弱的指标主要有饱和蒸气压和沸点。蒸气压越大、沸点越低,液体的挥发性越强。液体的挥发不仅使液货的数量减少，品质降低，更会因为液货的蒸气形成燃烧、爆炸和人员中毒或窒息的危险性。如果液货在封闭的舱室内挥发造成蒸气聚集，则这些危险性会显著增加。

(2) 易燃性

易燃液体燃烧是一种蒸发燃烧，挥发出的蒸气遇明火极易燃烧。其易燃危险性可用闪点、沸点等衡量。可燃液体的闪点和沸点越低，越容易燃烧。

(3) 爆炸性

易燃液体的蒸气与空气混合，浓度在一定范围时一旦接触火种就可燃烧和爆炸。其燃爆性质可用爆炸极限表示。

(4) 毒性

大多数易燃液体及其蒸气都有不同程度的毒性或麻醉性。

4. 第 4 类　易燃固体、易自燃物质和遇水放出易燃气体的物质

除上述第 1 类、第 2.1 类和第 3 类外，其余多数易燃物质都归入这一类。这类物质可细分为 3 个小类。

1) 第 4.1 类　易燃固体、自反应物质、固体退敏爆炸品和聚合物质

(1) 易燃固体(flammable solids)

易燃固体系指易于燃烧的固体和经摩擦可能起火的固体。粉末状、颗粒状或糊状物质，如果按照联合国《试验和标准手册》第Ⅲ部分的试验方法，一个或多个试验的燃烧时间低于 45 s 或燃烧率高于 2.2 mm/s，就须被划分为第 4.1 类易燃固体。金属粉末或金属合金如果可被点燃且反应在 10 s 以内蔓延到样品的全部长度时，则该物质也须被划分到第 4.1 类。

其燃烧危险性不仅来自火的蔓延，还可能产生有毒的燃烧产物。金属粉末尤其危险，一旦着火难以扑灭，因为常用的灭火剂，如二氧化碳或水，会增加其危险性。

(2) 自反应物质(self-reactive substances)

自反应物质是热不稳定物质，即使没有氧(空气)参与也易产生强烈的放热分解。其分解可因加热、与催化性杂质接触、摩擦或撞击产生。该物质的分解(特别是没有着火的情况下)，可能产生有毒气体或蒸气。一些自反应物质可能会爆炸分解(尤其是在封闭条件下)。某些特性可以通过加入一些退敏物质或使用合适的包装进行改变。

如果自反应物质的自行加速分解温度(self-accelerating decomposition temperature, SADT，系指物质在用于运输的包装内可能发生自行加速分解的最低温度)低于或等于 55 ℃，则在运输过程中须对其进行温度控制。《国际危规》第 2.4 节列出了已确定的包装自反应物质清单，部分自反应物质还列出了控制温度(control temperature)和应急温度(emergency temperature)数值，前者为物质能在整个运输期间内安全运输的最高温度，后者为必须采取如抛弃等应急措施的温度。例如 UN 3236 氯化锌-2,5-二乙氧基-4-(苯磺酰)重氮，其控制温度为 40 ℃，应急温度为 45 ℃。凡是标明控制温度和应急温度的物质均须在温度控制条件下运输，以确保货物周围的环境温度不会超过该控制温度。

自反应物质按其危险程度，可划分为从 A 到 G 共 7 种类型。对于 A 类物质，即使包装通过检验，也不允许在此种包装中运输。对于 G 类物质，则不必遵循第 4.1 类中自反应物质的规定。B 至 F 类的分类与单个包装中允许的最大数量直接相关。

(3) 固体退敏爆炸品(solid desensitized explosives)

它是指用水或酒精润湿或稀释的爆炸性物质与其他物质形成的均匀的固体混合物,可以抑制爆炸性物质的爆炸性能。其中一些物质在干燥状态下被归类为爆炸物。如果提及用水或其他液体润湿的物质,则只有在规定的润湿条件下,才允许将其作为 4.1 类物质运输。《国际危规》第 2.4 章列出了危险货物清单中固体退敏爆炸品的条目,例如 UN 1310、UN 1320、UN1321、UN 1322、UN 1336 等等。

(4)聚合物质(polymerizing substances)

它是指在没有稳定措施的情况下,运输中容易发生形成较大分子或形成聚合物的放热反应的物质。被认为是 4.1 类聚合物质包括：

①它们装载于包装、IBC 或可移动罐柜中运输时(交付运输时有或无化学稳定性剂),其自行加速聚合温度(self-accelerating polymerization temperature,SAPT)为 75 ℃或更低；

②它们表现出超过 300 J/g 的反应热；

③它们不符合第 1 至 8 类的任何其他标准。符合聚合物质标准的混合物应归类为 4.1 类。

当聚合物质的自行加速聚合温度(SAPT)在运输包装或中型散装容器(IBC)内不超过 50 ℃,或在可移动罐柜内不超过 45 ℃时,须在温度控制条件下运输。

要求在温度控制条件下运输物质,其控制温度和应急温度由其自行加速分解温度(SADT)或自行加速聚合温度(SAPT)确定,其关系如表 6-8 所示。

表 6-8 控制温度、应急温度与 SADT/SAPT 的关系

容器类别	SADT/SAPT	控制温度	应急温度
单一包装和中型散装容器(IBC)	≤20 ℃	比 SADT/SAPT 低 20 ℃	比 SADT/SAPT 低 10 ℃
	>20 ℃,≤35 ℃	比 SADT/SAPT 低 15 ℃	比 SADT/SAPT 低 10 ℃
	35 ℃以上	比 SADT/SAPT 低 10 ℃	比 SADT/SAPT 低 5 ℃
可移动罐柜	≤50 ℃	比 SADT/SAPT 低 10 ℃	比 SADT/SAPT 低 5 ℃

2)第 4.2 类 易自燃物质(substances liable to spontaneous combustion)

主要为自燃点低,在一般运输条件下,易自行发热或与空气接触升温而易于起火燃烧的液体或固体。这类物质主要有引火物质和自热物质两种。

引火物质(pyrophoric substances)是指即使量很少,与空气接触后 5 min 之内即可着火的物质,包括混合物和溶液(液体或固体)。这些物质是最容易自燃的。

自热物质(self-heating substances)是指除引火物质以外,在不供能量的情况下与空气接触易于自行发热的物质。这些物质只有在数量大(若干千克)、时间长(若干小时或若干天)的情况下才会着火。物质的自热是该物质与空气中的氧逐渐发生反应产生热的过程。其主要危险是：如果积热不散,热产生的速度超过热损耗的速度,物质的温度便会上升,在经过一段时间的诱导期后,可能导致自燃和燃烧。如黄磷(即白磷)、鱼粉(未经抗氧剂处理)、铁屑、油浸棉麻纸制品等。

引火物质须使用第Ⅰ类包装。自热物质可根据自燃危险性测试数据选用Ⅱ类或Ⅲ类包装。其中在 140 ℃情况下使用 25 mm 的立方体样品的试验中得到自热物质肯定结果的,须将其划到Ⅱ类包装。

3)第 4.3 类 遇水放出易燃气体的物质(substances which, in contact with water, emit flammable gases)

此类物质通过与水反应,易自燃或放出大量的易燃气体的液体或固体物质。如碳化钙(电石)、磷化氢、钠、钾等。

环境温度下与水剧烈反应的物质,表现出产生自燃气体的趋势,或很容易与水反应,产生易燃气体的速率等于或大于 10 L/(kg·min),须选用 I 类包装。对于环境温度下很容易与水反应的物质,产生易燃气体的速率等于或大于 20 L/(kg·min),须选用 II 类包装。在大气温度下缓慢与水反应,产生易燃气体的最大速率等于或大于 1 L/(kg·h),选用包装类 III。

属于第 4 类的绝大多数是固体,只有 4.2 类和 4.3 类中有少量的液体货物。这些物质在运输条件下很容易燃烧,或可能导致或促成火灾。除具有易燃的共性外,此类中许多物品还具有腐蚀性、毒害性和爆炸性等。

5. 第 5 类 氧化剂和有机过氧化物

这类物品可细分为 2 个小类。

1) 第 5.1 类 氧化物质(oxidizing substances)

系指其本身不一定可燃,但通常因释放出氧气能引起或促使其他材料燃烧的物质。包括氧化性固体和氧化性液体。如硝酸钠、高锰酸钾、过氧化氢、次氯酸钙(漂白粉)等。

第 5.1 类物质的主要特性包括:

(1)此类物质在一定环境下直接或间接地放出氧气,增加与其接触的可燃物质发生火灾的危险性和剧烈程度。

(2)此类物质会增加其接触的可燃物质发生火灾的风险和强度。与诸如糖、面粉、食油、矿物油等物质的混合物都易于点燃,有时因摩擦或碰撞而着火。混合物能剧烈燃烧并导致爆炸。

(3)大多数氧化物质和液体酸类接触会发生剧烈反应,释放有毒气体。

2) 第 5.2 类 有机过氧化物(organic peroxides)

系指含有过氧基(—O—O—)结构,可被认为是过氧化氢的衍生物的有机物质,其中一个或两个氢原子被有机原子团取代。有机过氧化物是遇热不稳定的物质,对热极为敏感,它可发热并自行加速分解。

第 5.2 类物质的主要特性包括:

(1)有机过氧化物在常温或高温下易于放热分解。受热、接触杂质(例如酸类、重金属化合物、胺类)、摩擦或碰撞能引发分解。分解速率随温度并随过氧化物组成的不同而变化。分解能放出有害的或易燃的气体或蒸气。

(2)对某些有机过氧化物须控制其运输温度。有些有机过氧化物可能发生爆炸性分解,尤其是在封闭情况下。这种特性可用添加稀释剂或使用适当的包装来缓和。许多过氧化物会猛烈燃烧。

(3)有些过氧化物,即使经短暂接触,也会对眼角膜造成严重损害,或者对皮肤有腐蚀性。

这类物质比第 5.1 类物质具有更大的危险性。《国际危规》第 2.5 节列出了已确定的包装有机过氧化物一览表,其中许多物质在表中列有控制温度和危急温度的要求,例如 UN 3111 过氧(化)异丁酸叔丁酯,其控制温度为 15 ℃,应急温度为 20 ℃。这类中的多数物质还具有毒性和腐蚀性。

有机过氧化物根据其显示出来的危险程度,可划分为 A 到 G 七种类型。对于 A 类有机过氧化物,尽管其包装通过了检验,也不允许在此包装中运输;至于 G 型,可不遵循第 5.2 类有机过氧化物的规定。B 型到 F 型的分类与每一包装所允许的最大量直接相关。

为了确保运输安全,有机过氧化物在许多情况下可以用有机液体或固体、无机固体或水来退敏。万一泄漏或失火,有机过氧化物不会浓缩到危险程度。

6. 第 6 类 有毒物质和感染性物质

这类物品可细分为 2 个小类。

1) 第 6.1 类 有毒物质(toxic substances)

有毒物质系指凡吞咽、吸入或与皮肤接触易于伤害或严重伤害人体健康甚至造成死亡的物质。归入这一小类的均为常温、常压下呈液态或固态的物质。如氰化钠、苯胺、四乙基铅(四乙铅)、砷及其化合物等。

这类物质的毒性主要用半数致死量(median lethal dose)LD_{50}或半数致死浓度LC_{50}来度量。前者又分经口吞咽和皮肤接触两种,口吞咽毒性LD_{50}指在 14 d 内,使刚成熟的大白鼠通过口服毒物而半数死亡所施用的物质剂量(mg/kg);皮肤接触毒性LD_{50}指在白兔裸露皮肤上连续接触 24 h,于 14 d 内使实验动物半数死亡所用毒物的剂量(mg/kg)。后者是指使雄性或雌性刚成熟的天竺鼠连续吸入 1 h 后于 14 d 内半数死亡所施用的蒸气、烟雾或粉尘的浓度(mg/L)。显然,物质的LD_{50}或LC_{50}越小,其毒性越大。

根据运输中毒害危险程度,有毒物质和制品的包装被划分为三个类别(包装类),经口吞咽、皮肤接触和吸入粉尘、烟雾的毒性分类标准如表 6-9 所示。

表 6-9 经口吞咽、皮肤接触和吸入粉尘、烟雾的毒性分类标准

包装类	经口吞咽毒性LD_{50}/(mg/kg)	皮肤接触毒性LD_{50}/(mg/kg)	粉尘、烟雾的吸入毒性LC_{50}/(mg/L)	危险性
I	≤ 5.0	≤ 50	≤ 0.2	剧毒
II	>5.0 且 ≤ 50	>50 且 ≤ 200	>0.2 且 ≤ 2	中等毒性
III *	>50 且 ≤ 300	>200 且 ≤ 1000	>2 且 ≤ 4	较低毒性

*:尽管催泪气体毒性数据与包装类 III 的数值相对应,它们仍应当被分类为包装类 II。

有毒物质的特性如下:

(1) 有毒物质毒性危险视其与人体的接触状况而定,即与货物一定距离内不留心者吸入蒸气的危险,或身体与物质接触的直接危险。

(2) 几乎所有有毒物质遇火或受热分解时都会释放毒性的气体。

(3) 规定为"稳定的"物质不得在未经稳定的状况下运输。

2) 第 6.2 类 感染性物质(infectious substances)

感染性物质是指已知或有理由认为含有病原体的物质。病原体是指会使动物或人感染疾病的微生物(包括细菌、病毒、立克次氏体、寄生虫、真菌)和其他媒介,如病毒蛋白。该类物质包括含有感染性物质的生物制剂、医学标本,如排泄物、分泌物、血液、细胞组织和体液等,但不包括以基因改变的微生物和生物体(《国际危规》中被归类于第 9 类)。

感染性物质划分为 A 类和 B 类。A 类是指当接触该物质时,可造成健康的人或动物的永久性致残、生命危险或致命疾病。符合这些标准,能引起人体或人体和动物疾病的感染性物质须指定为 UN 2814。只能引起动物疾病的感染性物质须指定为 UN 2900。不符合 A

类标准的感染性物质划分为 B 类。B 类感染性物质须指定为 UN 3373。

运输这类物质,毒物主要经呼吸道或皮肤侵入人畜体内,而经消化道侵入的较少。因此,应当采取正确的防护措施,杜绝这些可能的中毒途径,以确保运输安全。

7. 第 7 类　放射性物质

放射性物质(radioactive material)指能自原子核内部自行放出人感觉器官不能察觉的射线的物质。《国际危规》规定放射性物质系指该批托运货物的放射性活度和比活度都超过规定数值的任何含有放射性核素的物质。

《国际危规》建立了安全标准,目的是保护人员、财产和环境在放射性物质运输过程中免受辐射作用。防护方式主要包括:放射性内装物的盛装要求、外部辐射级别的控制、临界状态的防止和热损坏的防止。

1) 射线的种类、性质及其危害性

射线分为 α 射线、β 射线、γ 射线和中子流等。放射性物质,有些只能放出一种射线,有些能同时放出几种射线。如镭的同位素,在其核衰变中能同时放出 α、β 和 γ 三种射线。

这类物质的危险在于辐射污染。对人体的危害有外照(辐)射和内照(辐)射两种。外照射是指放射性物质的射线,对人体组织细胞杀伤或破坏的一种辐射危害。内照射是指放射性物质进入人体,造成体内射线源及其周围的人体器官直接损伤或破坏的一种辐射危害。不同放射性射线的辐射危害存在着明显的差别。

(1) α 射线(α Rays)

α 射线是带正电的粒子流,具有很强的电离作用,但穿透能力很弱,射程(粒子在物质中的穿行距离)很短,在空气中约为 0.027 m,仅用一层衣服、纸张等即能将其完全屏蔽。一旦进入人体,α 射线源及周围的人体器官因电离作用会受到严重损伤。因此,α 射线的内照射危害大,但不存在外照射危害。

(2) β 射线(β Rays)

β 射线是带负电的粒子流,电离作用比 α 射线弱(约为其千分之一),但其穿透能力比 α 射线强,在空气中射程约为几米。因此,这类射线对人体外照射危害较 α 射线大。但其射线很容易被有机玻璃、塑料、薄铝片等屏蔽。

(3) γ 射线(γ Rays)

γ 射线是一种波长很短的电磁波,即光子流,不带电。它以光速运动,能量大,穿透能力很强,约为 α 射线的 1 万倍,为 β 射线的 50~100 倍,不易被其他物质吸收。要完全阻挡或吸收 γ 射线是非常困难的。因此,这类射线对人体的主要危害是外照射。

(4) 中子流(neutron current)

中子流不带电,穿透能力很强。一般认为,中子流对人体造成损伤的有效性是 γ 射线的 2.5~10 倍。因此,这类射线对人体的危害比 γ 射线要大。屏蔽它需要使用相对密度比较小的物质(如水、石蜡、水泥等)。

对放射性物质外辐射的防护是采用屏蔽、控制接近的时间和距离。运输中要确保其包装完整无损,近距离作业人员必须穿戴防护用品,如铅手套、铅围裙、防护目镜等,有关人员应尽量减少受强照射伤害的时间并增大与辐射源的距离(如选配货位远离生活居住处所)。这是因为放射线的强度与距放射源距离的平方成反比。内辐射的防护是防止放射源由消化道、呼吸和皮肤三个途径进入体内。

2)放射性的度量指标和相关术语

(1)放射性活度(radioactivity strength)

放射性活度又称作放射性强度,指每秒内某放射性物质发生核衰变的数目或射出的相应粒子的数目,单位是 Bq(贝可)。

(2)放射性比活度(specific activity)

放射性比活度又称作放射性比度,指单位质量(或体积)的放射性物质的放射性活度,单位是 Bq/g(贝可/克)。

(3)剂量当量(dose equivalent)

剂量当量指生物体受射线照射,每千克体重所吸收的相当能量,用以衡量生物体受射线危害的程度,单位是 Sv(希)。国际公认的人体每年最大允许剂量当量为 0.005 Sv。

(4)辐射水平(radiation level)

辐射水平指单位时间所受的剂量当量,单位是 Sv/h(希/小时)。

(5)运输指数(transport index,TI)

运输指数系在运输第 7 类物质时用来规定对辐射暴露进行控制的数值。确定在距离包件、集合包件或货物集装箱或无包装的低比活度(LSA)放射性物质 LSA-Ⅰ、表面污染物体(SCO)SCO-Ⅰ 或 SCO-Ⅲ 的外表面 1 m 处的最大辐射水平(mSv/h),所确定的值乘以 100 即为运输指数。对于罐柜、货物集装箱和无包装的 LSA-Ⅰ、SCO-Ⅰ 和 SCO-Ⅲ,还应按以上方法确定的数值再乘以表 6-10 中的相应系数。

表 6-10 罐柜、货物集装箱和无包装的 LSA-Ⅰ、SCO-Ⅰ 和 SCO-Ⅲ 的系数

装载单元尺寸(取装载单元的最大横截面积)	系数
装载单元尺寸≤1m²	1
1m²＜装载单元尺寸≤5m²	2
5m²＜装载单元尺寸≤20m²	3
20m²＜装载单元尺寸	10

确定每个集合包件、货物集装箱或运输工具的运输指数须取其含有的全部包件的运输指数之和或直接测量其辐射水平。非刚性集合包件,其运输指数须以所含有的全部包件的运输指数总和确定。

(6)临界安全指数(criticality safety index,CSI)

对于第 7 类物质的运输而言,临界安全指数是指用于控制含有裂变物质的包件、集合包装或集装箱总量的数值。

用于运输裂变物质的包件须在正常运输或事故条件下能保持亚临界状态。在运输防护安全评价应计算并限制临界安全指数总量。每个集合包件或货物集装箱的临界安全指数须以所含有的全部包件的临界安全指数之和确定。

(7)污染(contamination)

污染系指表面存在放射性物质,其 β 和 γ 及低毒 α 辐射源的辐射量超过 0.4 Bq/cm²,或所有其他 α 辐射源的辐射量超过 0.04 Bq/cm²。非固定污染系指在正常运输条件下能从表面清除的污染。非固定污染以外的污染为固定污染。

(8)易裂变核素和易裂变材料

易裂变核素(fissile nuclide)系指铀-233、铀-235、钚-239 和钚-241。易裂变材料(fissile material)系指含有任何易裂变核素的材料。

(9)低比活度和低弥散放射性物质

低比活度(low specific activity,LSA)放射性物质系指其本身的比活度有限的放射性物质,或预估的平均比活度低于限值的放射性物质。在确定平均比活度时,不应考虑 LSA 物质周围的外屏蔽材料。LSA 物质分为 LSA-Ⅰ、LSA-Ⅱ和 LSA-Ⅲ三类。

低弥散放射性物质(low dispersible radioactive material)系指具有有限的弥散性且不是粉末状的固体放射性物质或装在密封容器内的固体放射性物质。

(10)表面污染体(surface contaminated object,SCO)

表面污染体(SCO)系指本身并无放射性但其表面分布有放射性物质的固体。SCO 物质分为 SCO-Ⅰ和 SCO-Ⅲ两类。

8. 第 8 类 腐蚀品(corrosive substances)

腐蚀品指化学性质非常活泼,与人畜或其他物品接触,在短时间内能造成明显破坏现象的固体或液体物质和物品。其大多由酸性、碱性和对皮肤、眼睛、黏膜等会造成严重灼伤的物质或物品组成。如硝酸、硫酸、冰醋酸、氢氧化钠。不同的腐蚀品,腐蚀物的含量不同,被腐蚀材料不同,其腐蚀作用会有明显的差别。因此,针对不同腐蚀品的特性,采取截然不同的防护措施非常重要。

腐蚀性物质和物品中不少还具有易燃、氧化、毒害等一种或多种危险性质。

腐蚀性物质根据表 6-11 所示的标准确定其包装类。

表 6-11 腐蚀品的包装类划分

包装类	暴露时间(T_e)	观察期(T_v)	影响	腐蚀性
Ⅰ	$T_e \leqslant 3$ min	$T_v \leqslant 60$ min	完好皮肤全厚度损毁	严重
Ⅱ	3 min$< T_e \leqslant 1$ h	$T_v \leqslant 14$ d	完好皮肤全厚度损毁	中等
Ⅲ	1 h$< T_e \leqslant 4$ h	$T_v \leqslant 14$ d	完好皮肤全厚度损毁,或在 55 ℃的测试温度下,对钢或铝表面年腐蚀率超过 6.25 mm	较低

9. 第 9 类 杂类危险物质和物品(miscellaneous dangerous substances and articles)

第 9 类杂类危险物质和物品是指在运输过程中存在其他类别(另外 8 大类)未涵盖的危险性的物质和物品。现指定为第 9 类的物质和物品包括:

1)根据已经表明或可以表明该物质或物品具有的危险特性须适用于经修订的 SOLAS 74 公约第Ⅶ章 A 部分规定,但未列入其他类别的物质和物品。

2)不适用于 SOLAS 74 公约第Ⅶ章 A 部分规定,但适用于 MARPOL 73/78 公约附则Ⅲ的物质,即海洋污染物。

第 9 类杂类危险物质和物品具体分为以下几种:

1)以微细粉尘吸入可危害健康的物质:现已列入的包括联合国编号为 2212 和 2590 的石棉类物质。

2)会放出易燃气体的物质:现已列入的包括联合国编号为 2211 和 3314 的释放易燃蒸气的物质。

3) 锂电池组:现已列入的包括联合国编号为 3090、3091、3480、3481 和 3536 等的锂金属电池组和锂离子电池组,包括装在设备中的和同设备包装在一起的。

4) 电容器:现已列入的包括联合国编号为 3499 和 3508 的储能容量大于 0.3 W·h 的双电层电容器和不对称电容器等。

5) 救生设备:现已列入的包括联合国编号为 2990、3072 和 3268 等自动膨胀式、器材中带有危险品的和电动安全装置的救生设备。

6) 一旦发生火灾可形成二噁英的物质和物品:现已列入的包括联合国编号为 2315、3432、2151、3152 等物质和物品。如变压器、冷凝器和含有这些物品的设备。

7) 在高温下运输或提交运输的物质,包括:UN 3257 高温液体,N.O.S.,温度在 100 ℃ 或以上,闪点以下(包括熔融金属、熔融盐等);UN 3258 240 ℃ 或以上的高温固体,N.O.S.。

8) 危害环境物质,包括:UN 3077 固体环境危险物质,N.O.S;UN 3082 液体环境危险物质,N.O.S。这些条目适用于对水生环境有危险的物质和混合物,但不符合第 9 类中的任何其他类别或其他物质的分类标准,也不符合前述 8 类中的任何其他危险类别的标准。

9) 转基因微生物(GMMOs)和转基因生物体(GMOs),包括:联合国编号为 3245 的转基因微生物或转基因生物体。

10) 硝酸氨基化肥。

11) 运输过程中存在危险但不能满足其他类别定义的其他物质和物品。

【思考与应用 6-2】

1. 包装危险货物分哪几类?
2. 什么是控制温度和应急温度?哪些类型的危险货物具有控制温度和应急温度的要求?
3. 一种危险货物符合 MARPOL73/78 公约附则Ⅲ作为环境有害物质的标准,但不符合包装危险货物的其他分类标准,该货物按《国际危规》属于什么货物?归为第几类?

第三节 危险货物的包装及标志

危险货物因其具有某种危险,而需要采用符合要求的包装,并且附贴合格的危险货物标志。危险货物的包装能够对内装货物起到一定的防护作用并且便于运输,保障运输各环节的安全,减小事故风险。运输包装危险货物,还应显示能表明危险货物危险特性的图案、文字说明、底色和危险货物类别号等组成的标记和标志,以在运输、储存各环节便于相关人员识别危险性,并采取正确的防护措施。

一、危险货物的包装

危险货物的包装(packagings)有常规包装、中型散装容器、大宗包装、散装容器(包括集装箱,不包括中型散装容器)、可移动罐柜、公路罐车等多种形式。《国际危规》"第 4 部分 包装和罐柜规定"和"第 6 部分 包装、中型散装容器、大宗包装、可移动罐柜、多单元气体容器和公路罐车的构造和试验"对危险货物包装的使用、构造和试验提出了明确要求。危险货物一览表的第 5 栏标示了适用于相应条目危险货物的包装类,第 8 栏为每一种物品或物质标明了须采用的包装导则。第 9 栏标明了适用于特定物质或物品的特殊包装规定。

1. 危险货物包装的使用要求

《国际危规》对危险货物包装的使用提出了明确要求,例如:包装的强度、结构和密封性须足以承受运输过程中的外力、温度、湿度变化,外表清洁,无残留物、污染或渗漏。包装应与危险货物性质相容,不相容的危险货物不应装在同一外包装或大宗包装内。盛装产生危险性气体或蒸汽危险货物的包件应装设气密封口。用于第1类货物、第4.1类中的自反应物质和第5.2类有机过氧化物的包装,须至少满足中度危险类别(包装类Ⅱ)的要求。曾盛装过危险货物的空包装,除经清洗或处理外,均须按对该危险货物的要求加以识别、标记、加贴标志和标牌,并按装有原装危险货物的要求来处理。

2. 危险货物包装的种类

1) 按照包装的封口要求分

有效封口(effectively closed):不透液体的封口。

气密封口(hermetically sealed):不透蒸气的封口。

牢固封口(securely closed):所装的干燥物质在正常操作中不致漏出的封口,这是对任何封口的最低要求。

2) 按包装形式分

(1) 单一包装(single packaging):直接将货物盛装在包装容器中,其最大净重不超过400 kg,最大容积不超过450 L的包装。如:钢桶、塑料桶等。

(2) 复合包装(composite packaging):由内、外层包装容器组成的结构整体,如钢塑复合桶6HA1,其最大净重不超过400 kg,最大容积不超过250 L。

(3) 组合包装(combination packaging):将一个或多个内包装装于一个外包装内,装载液体的内包装须封口朝上,并按要求在包装上标注方向箭头。

(4) 大(宗)包装(large packaging):适合于机械装卸,净重超过400 kg或容积超过450 L,但容积不大于3.0 m^{3}的包装。

(5) 集合包装(overpark):为了方便运输过程中的装卸和存放,将一个或多个包件装在一起形成一个单元所用的包装物。

(6) 中型散装容器(intermediate bulk container,IBC):刚性和柔性的可移动包装;其容积对装载第7类物质和包装类Ⅱ和Ⅲ的固体和液体等不应大于3000 L(3.0 m^3),使用柔性、刚性塑料等装运包装类Ⅰ固体的不应大于1500 L(1.5 m^3)。使用金属等装运包装类Ⅰ固体的不应大于3000 L(3.0 m^3)。

(7) 散装容器(bulk container):用于运输散装固体物质的容器(包括任何内衬或涂层),其中的固体货物与容器直接接触。在DGL的第13栏中,以字母"BK"标明。散装容器的强度足以供重复使用,便于用一种或多种运输方式运输,容积不小于1 m^3。例如:货运集装箱、海上散装容器、吊货箱、散货箱、交换车体箱、槽形集装箱、滚动式集装箱、车辆装载舱等。不包括包件、中型散装容器、大宗包装、可移动罐柜。

(8) 罐柜(tank):载货容量不小于450 L的可移动罐柜(包括罐式集装箱)、公路或铁路罐车等。

(9) 多单元气体容器(multiple-element gas containers,MEGCs):用一个总管进行内部连接并组装在一个框架内的各种钢瓶、管状容器和钢瓶组的组合体。包括气体运输所需的附属设备和构件。

3) 按适用范围和用途分

危险货物包装按适用范围可分为通用包装和特殊包装(又称"专用包装")。按用途分,还包括救助包装。通用包装适用于第 3、4、5、6.1 类中的大部分货物和第 1、8 类中的部分货物。第 1、2、5.2、6.2、7 类和第 4.1 类的自反应物质等,由于其各自特殊危险性质,须采用特殊包装(special packing)。

救助包装(salvage packaging)系指为了回收或处理,在其中盛放损坏、破损、渗漏或不符规定的危险货物包件,或溢漏或渗漏出危险货物的特殊包装。救助包装和救助压力容器须额外标有"SALVAGE"字样。

3. 危险货物包装导则(Packing Instructions)

《国际危规》第 4.1.3 节和第 4.1.4 节分别给出了"包装导则的一般规定"和"包装导则一览表",并在危险货物一览表的第 8 至 11 栏中标明了适用的相应编码。根据适用的包装类型,包装导则分为三个部分:

1) 针对除中型散装容器和大宗包装以外的包装,包装导则由包括字母"P"的字母数字编码表示;

2) 针对中型散装容器,包装导则由包括"IBC"的字母数字编码表示;

3) 针对大宗包装,包装导则由包括"LP"的字母数字编码表示。

通常情况下,如果适用,包装导则要求遵守《国际危规》中对危险货物包装的一般规定和相关特殊规定。对于个别物质或制品,包装导则中则给出了特殊包装规定,这些特殊规定由字母和数字编码表示:"PP"适用于除中型散装容器和大宗包装以外的包装;"B"适用于中型散装容器;"L"适用于大宗包装。

危险货物一览表第 8 栏为每一种物品或物质标明了必须采用的包装导则。第 9 栏标明了适用于特定物质或物品的特殊包装规定(special packing provisions)。

4. 危险货物的通用包装

1) 通用包装的包装类

危险货物的包装,除第 1 类、第 2 类、第 5.2 类、第 6.2 类、第 7 类和第 4.1 类自反应物质以外的其他所有物质,按其所呈现的危险性程度分为三个包装类:

包装类 Ⅰ——能盛装具有高度危险性的物质;

包装类 Ⅱ——能盛装具有中度危险性的物质;

包装类 Ⅲ——能盛装具有低度危险性的物质。

包装可以降级用于盛装危险程度较小的物质,即 Ⅰ 类包装也可以盛装要求包装类 Ⅱ 和包装类 Ⅲ 的货物,Ⅱ 类包装也可以盛装要求包装类 Ⅲ 的货物。

《国际危规》危险货物一览表第 5 栏列出了相应危险货物的包装类要求(须特殊包装的除外)。显然,根据危险货物一览表所列的包装等级也能判断出该危险货物的危险程度。

2) 包装类型代码

通用包装的类型可用 2~4 位代码和拉丁字母表示。其代码的组成及含义:

(1) 第一部分是一位阿拉伯数字,表示包装形式。

通用包装形式有 5 种,分别是:1——圆桶;2——(保留);3——罐;4——箱;5——袋;

6——复合包装。

(2)第二部分由一个或两个拉丁字母组成,表示包装材料。

通用包装通常用下列几种材料:A——钢(各种类型和表面处理);B——铝;C——天然木材;D——胶合板;F——再生木;G——纤维板;H——塑料材料(还包括橡胶等聚合物材料);L——纺织品;M——纸,多层的;N——金属(不包括钢和铝);P——玻璃、陶瓷和粗陶瓷。

复合包装材料代码由两个拉丁字母组成,第一个字母表示内容器的材料,第二个表示外包装的材料。

(3)第三部分(如果需要)由一个阿拉伯数字表示包装所属类型内的包装类别。一般是指相同材料的同一包装形式,因其结构不同而形成若干类型的危险货物包装。

对于桶(罐)类包装,用"1"和"2"分别表示不可拆装桶(罐)顶的(闭口的)和可拆装桶(罐)顶的(开口的)的包装;对于天然木箱,用"1"和"2"分别表示普通的和箱壁防撒漏的;对于塑料箱,用"1"和"2"分别表示膨胀的和硬质的;对应编织塑料袋、塑料薄膜袋和纺织品袋,则用"1""2"和"3"分别表示无内衬或涂层的、防撒漏的和防水的;纸袋则用"1"和"2"分别表示多层的和防水的。对于复合包装,则数字表示外包装的结构形式。

《国际危规》第 6.1.2.7 小节以列表的形式指出了标明根据包装种类、构造所用材料和类别而确定的包装类型的代码。例如:

1A1——不可拆装桶顶的钢质圆桶;

1A2——可拆装桶顶的钢质圆桶;

1B1——不可拆装桶顶的铝质圆桶;

1D——胶合板圆桶;

4C2——箱壁防撒漏的天然木箱;

5H3——防水的编织塑料袋;

6HA1——在钢桶内塑料容器复合包装;

6HA2——在钢条箱或钢箱内塑料容器复合包装。

对组合包装,仅使用其外包装的代码。在包装代码后可加上字母"T""V"或"W"。字母"T"表示救助包装,"V"表示符合规定的特殊包装。"W"表示该包装虽属于代码所指示的类型,但因其制造规范不同而被视为等效包装。例如:1A2T 表示可拆装桶(开口)的钢圆桶救助容器。

如图 6-1 所示,闭口桶(drum, non-removable head)是指桶顶或桶身设有孔径不大于 7 cm 的注入口或透气口的桶;开口桶(drum, removable head)指注入口或选孔径大于 7 cm 或桶的一端可拆卸的桶。

3)包装的检验

为了确保安全运输,每一容器在首次投入使用前都须按照规定的程序进行试验。在再生或修理之后再次投入运输之前,也须按规定的程序进行试验。经试验合格,取得检验合格证明,并在包装表面标注统一的检验合格标志后方能使用。

根据《国际危规》的规定,常用包装的性能试验项目包括跌落试验、渗漏试验、液压试验、堆码试验等。例如,对铁桶包装进行的跌落试验规定的试验标准是:Ⅰ类包装的跌落高度 1.8 m,Ⅱ类包装是 1.2 m,Ⅲ类包装是 0.8 m。试验时,试验样品所装入的液体和固体分别

(a) (b)

图 6-1 钢质圆桶的开口类型

(a)不可拆装桶顶(闭口)的钢质圆桶(1A1);(b)可拆装桶顶(开口)钢质圆桶(1A2)

不得低于其最大容量的 98% 和 95%。

我国《船舶载运危险货物安全监督管理规定》要求,拟交付船舶载运的危险货物包装,其性能应当符合相关法规、技术规范以及国际公约规定,并依法取得相应的检验合格证明。载运危险货物的船用集装箱、船用可移动罐柜等货物运输组件和船用刚性中型散装容器,应当经国家海事管理机构认可的船舶检验机构检验合格,方可用于船舶运输。

《中华人民共和国进出口商品检验法》规定,为出口危险货物生产包装容器的企业,必须申请商检机构进行包装容器的性能鉴定,出具出境货物运输包装性能检验结果单。生产出口危险货物的企业,必须申请商检机构进行包装容器的使用鉴定,出具出境危险货物运输包装使用鉴定结果单。

目前我国对出境危险货物的包装实施检验的机构主要是海关部门和中国船级社(CCS),其中 CCS 一般对适用 IBC 导则和 LP 导则下的刚性包装及适用 T 导则的包装进行检验。

4)包装检验合格标记

经过试验合格的包装类型,都应在包装的明显部位标注清晰持久的包装试验合格标记,表明已成功地通过了相应标准规定的试验。图 6-2 所示为联合国规定的危险货物包装标记示例(详见《国际危规》第一册)。图 6-3 所示为符合我国出入境检验检疫行业标准《出口危险货物包装检验规程 第 1 部分:总则》(SN/T 0370.1—2021)的危险货物包装标记示例。

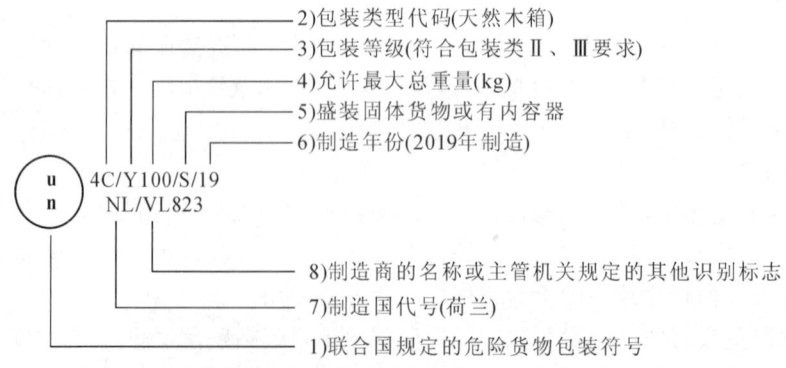

图 6-2 符合联合国规定的危险货物包装标记示例

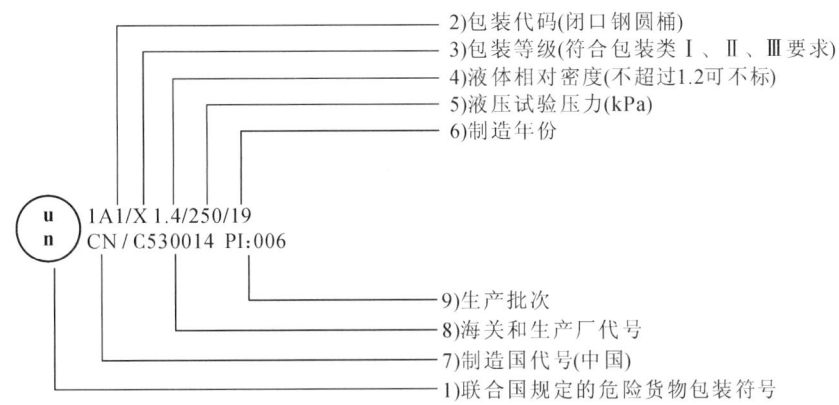

图 6-3 符合我国外贸出口要求的危险货物包装标记示例

标记含义说明如下：

(1) ⓤⓝ 为联合国包装符号，仅用于证明包装符合《国际危规》或《规章范本》的相关要求。符合我国国家标准的包装标记用符号 Ⓖ Ⓑ 。

(2) 包装(类型)代码，"4C"表示天然木箱；"1A1"表示不可拆装桶顶的钢质圆桶。

(3) 包装等级代码，用 X、Y 和 Z 表示，其中 X 表示符合Ⅰ、Ⅱ、Ⅲ类包装要求，Y 表示符合Ⅱ、Ⅲ类包装要求，Z 表示符合Ⅲ类包装要求。

(4) 对于内装固体物质或带内包装的包装，该位置显示本包装允许的最大总重量(kg)，"100"表示最大总重量为 100 kg。对于液体包装，对应位置显示相对密度(保留 1 位小数)，表示该拟装液体物质的包装在无内包装时已按该相对密度对设计类型进行了试验，例如"1.4"表示试验的相对密度为 1.4。如果相对密度不超过 1.2，可免除显示此项。

(5) S 表示只适用于内装固体的包装或具有内包装的组合包装(内包装可装液体)；对于拟装液体的包装(组合包装除外)，此处显示包装所能承受的液压试验压力(kPa)，四舍五入到最近的 10 kPa，例如"250"表示试验压力为 250 kPa。

(6) 包装的制造年份(年份的最后两个数字)。如"19"表示 2019 年制造。1H 和 3H 型包装须适当标出包装的制造月份；

(7) 制造国代号。此处"NL"表示荷兰制造，中国制造用"CN"。

(8) "VL823"为制造厂或主管机关规定的其他识别标志。符合《出口危险货物包装检验规程 第 1 部分：总则》(SN/T 0370.1—2021)要求时该标记显示海关代号和制造商代号，例如"C53"表示深圳海关，"0014"为制造商代号。

(9) "PI:006"表示生产批次。

5. 危险货物的特殊(专用)包装

第 1 类、第 2 类、第 5.2 类、第 6.2 类、第 7 类和第 4.1 类中的自反应物质，因各自的特殊性质需要使用特殊(专用)包装。

1) 第 1 类危险货物的特殊包装

第 1 类的部分爆炸品,因对防火、防震、防磁等有特殊要求,需要选用《国际危规》危险货物一览表(第 8 栏和第 9 栏和 4.1.4 节包装导则)规定的或主管部门批准的包装材料、类型和规格的专用包装。其包装的设计和结构须对爆炸品具有保护作用,能防止爆炸品溢漏和不会因可预见的温度、湿度、压力等的改变而增加爆炸品的燃烧和爆炸的危险性,并能满足正常运输状态下安全装卸和堆码要求。

除非明细表中有特别规定,第 1 类爆炸品中其余的物质和物品的包装(包括中型散装容器和大宗包装)均应满足上述通用包装的包装类 II 的要求。禁止使用易于产生并积累足够静电的塑料包装,以防放电时导致包装内的爆炸性物质或物品爆炸、着火或发生反应。装有液态爆炸品包装的密封装置须确保有双重防渗漏保护。

2) 第 2 类危险货物的特殊包装

第 2 类危险货物均需采用耐压容器的专用包装。本类货物的包装及其试验标准应符合压力容器的有关要求。压力容器的结构和密封性须能够在正常运输条件下防止由于振动及温度、湿度或压力的变化(如因纬度不同所致)而引起的任何内装物的渗漏。

3) 有机过氧化物(第 5.2 类)和第 4.1 类自反应物质的特殊包装

盛装有机过氧化物的容器须为"有效封口"。包件中有气体产生时可安装通气孔。

有机过氧化物和自反应物质的包装须满足包装类 II 的实验要求。《国际危规》包装自反应物质清单和包装的有机过氧化物一览表分别列出了已列入的自反应物质和有机过氧化物的包装方法,其包装方法代码 OP1~OP8 是指包装导则 P520 中的包装方法。

4) A 类感染性物质(第 6.2 类 UN 2814 和 UN 2900)的特殊包装

感染性物质的包件须足以使其以良好的状态抵达目的港,而且在运输过程中不会对人和动物构成任何危害。须将逐项列出内装物的清单封装于辅助包装和外包装之间。

5) 第 7 类危险货物的特殊包装

第 7 类危险货物的包装,不仅要能防护内装货物,而且要能起到将辐射减弱到允许强度并促进散热等作用。这类货物的包装设计及试验必须符合国际原子能机构(IAEA)有关文件的专门规定。

放射性物质的包件类型分为:例外包件、1 型工业包件(IP-1 型包件)、2 型工业包件(IP-2 型包件)、3 型工业包件(IP-3 型包件)、A 型包件、B(U)型包件、B(M)型包件和 C 型包件。

包件外表面上,以及在集合包件、货物运输组件、罐柜、中型散装容器内表面和外表面上的非固定污染须尽量降低,并规定了正常运输条件下各类射线表面非固定污染的最大限制。

除独家使用和特殊安排下的包件或集合包装外,任何包件或集合包装外部表面任一点上的最大辐射水平须不超过 2 mSv/h。按独家使用运输的包件或集合包装外部表面上任一点上的最大辐射水平不超过 10 mSv/h。对于第 7 类物质的运输而言,"独家使用"(exclusive use,或称"专门使用")系指由一个发货人独自使用的一个运输工具或一个大的货物集装箱,有关起始、中途和最终的装卸作业全部按照发货人或收货人的指示进行。

放射品包件、集合包件和货运集装箱按货物的运输指数(TI)和表面任何一点最大辐射水平($\max RL$)分为表 6-12 所示的 3 个类别。级别号越大,危险程度越大。

表 6-12 放射品包件、集合包件和货运集装箱的类别

条件			
运输指数	外表面任何一点的最大辐射水平	类别	备注
$TI \approx 0$	$\leqslant 0.005$ mSv/h	Ⅰ类-白色	
$0 < TI \leqslant 1$	$0.005 \text{mSv/h} < \max RL \leqslant 0.5 \text{mSv/h}$	Ⅱ类-黄色	
$1 < TI \leqslant 10$	$0.5 \text{mSv/h} < \max RL \leqslant 2 \text{mSv/h}$	Ⅲ类-黄色	
$TI > 10$	$2 \text{mSv/h} < \max RL \leqslant 10 \text{mSv/h}$	Ⅲ类-黄色	须按照"独家使用"运输

二、危险货物的标记和标志

《中华人民共和国海商法》规定：托运人托运危险货物，应当依照有关海上危险货物运输的规定，妥善包装，作出危险品标志和标签，并将其正式名称和性质以及应当采取的预防危害措施书面通知承运人。

《国际危规》规定：除非该货物具有适当的标记、标志、标牌、运输单证的说明和证明，任何人不得将危险货物交付运输。其目的是保证该物质、材料或物品在运输中被迅速识别。

危险货物的标记和标志由危险货物的标记、图案标志和标牌组成。《国际危规》规定：危险货物所有标志和标牌均须满足经至少 3 个月的海水浸泡后，既不脱落又清晰可辨。

1. 包件（包括中型散装容器）的标记（marking of packages including IBCs）

标记是指按《国际危规》要求标注在包装危险货物外面的简短文字或符号。除《国际危规》另有规定外，每个装有危险货物的包件都应标有危险货物的正确运输名称、冠以字母"UN"的联合国编号。联合国编号和字母"UN"的高度至少为 12 mm。对于 1.4 类、配装类 S 的货物，应标示出类别和配装类，或标明"1.4 S"字样。

救助包装（包括大型救助包装和救助压力容器）应当另外标明"SALVAGE"字样（字样高度至少 12 mm）。容量超过 450 L 的中型散装容器和大宗包装须在相对的两侧做标记（图案标记的尺寸一般不小于 100 mm×100 m）。

除以上标记之外，还包括下列标记：

1) 第 7 类的特殊标记

放射品包件外表须标出发货人、收货人或两者的识别标记。每一超过 50 kg 的包件都须在其包装外表面标出其所允许的最大总重量。按要求标明包件的设计类型，例如"IP-1型"（TYPE IP-1）、"IP-2 型"（TYPE IP-2）或"B(M)型"（TYPE B(M)）等字样。

B(U)型、B(M)型或 C 型包件的设计结构上，还应在其最外层以凹凸印、压印或其他耐火、防水的方法醒目地标示出图 6-4 所示的三叶形符号标记。

2) 海洋污染物的特殊标记

海洋污染物包件，须耐久地标有图 6-5 所示的环境有害物质（海洋污染物）标记，但含有净重 5 L 或以下液体内装物、净重 5 kg 或以下固体内装物的内包装的单一包装和组合包装除外。

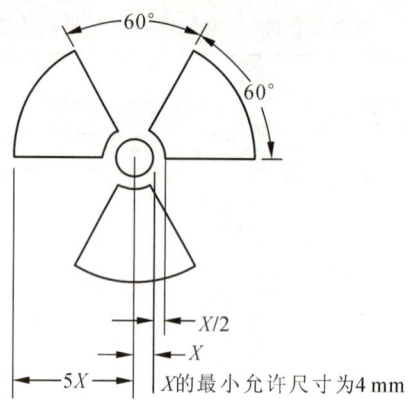

图 6-4 三叶形符号标记

图 6-5 海洋污染物标记

3）方向箭头标记

在含有液态危险货物内包装的组合包装、装有通气孔的单一包装及拟装运冷冻液化气体的冷冻容器外须张贴如图 6-6 所示的方向箭头标记。指标箭头应张贴在包件外相对的两个竖直面上，两个黑色或红色的箭头笔直地指着正确的方向。

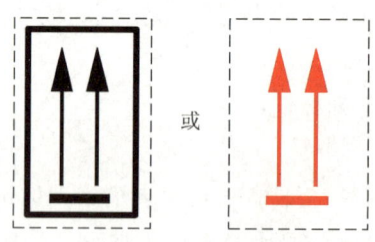

图 6-6 方向箭头标记

4）限量标记

仅含有限量内危险货物而没有其他危险货物的货物运输包件或组件不必张贴该危险货物类别的标志或标牌（包括免除正确运输名称和联合国编号），只需在其外部张贴满足《国际危规》要求的限量危险货物标记。

限量内危险货物包件或组件的标记如图 6-7(a)所示。该标记顶部、底部和边缘线为黑色，中间区域为白色或与背景形成鲜明反差的适当颜色。满足《危险物品航空运输技术规则》第 3 和第 4 部分规定的限量危险货物包件应显示如图 6-7(b)所示的标记。

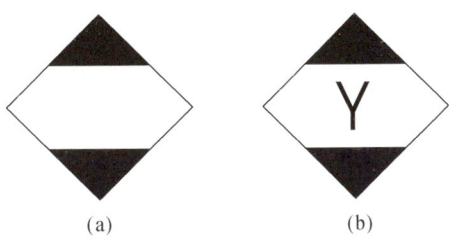

图 6-7　限量危险货物包件(组件)标记

5)可免除量标记

仅含有可免除量危险货物而没有其他危险货物的货物运输包件或组件可不再张贴该危险货物类别的标志或标牌,只需在其外部张贴满足《国际危规》要求的可免除量危险货物标记。

可免除量危险货物包件标记如图 6-8 所示。标记的颜色为黑色或红色,底色为白色或与箭头对比鲜明的其他颜色。包件内含有的危险货物的主危险性须显示于标记中。如果有关发货人或收货人的名称未在其他处显示,则须包括在标记之中。

＊此位置显示类别或已指定的小类

＊＊发货人或收货人的名称如果未在包件的其他处显示须显示于此位置

图 6-8　可免除量危险货物包件标记

6)锂电池标记

如果物品中含有一个或多个锂电池,锂金属电池的总锂含量不超过 2 g,锂离子电池的额定功率不超过 100 W·h,则应在包装或未包装物品上贴上如图 6-9 所示的锂电池标记。

＊标联合国编号位置

＊＊电话号码额外信息位置(IMDG 41-22 修正案已取消)

图 6-9　锂电池标记

2. 包件(包括中型散装容器)的标志(labelling of packages including IBCs)

标志(labelling)又称标签,这里是指以《国际危规》中规定的色彩、图案和符号绘制成的尺寸通常不小于 100 mm ×100 mm 的菱形标志图 6-10,用以醒目明了地标示包装危险货物的性质。对于列入 1.4 S 类的货物,或在危险货物一览表中确定为低度危险性的货物等可免除此类标志。

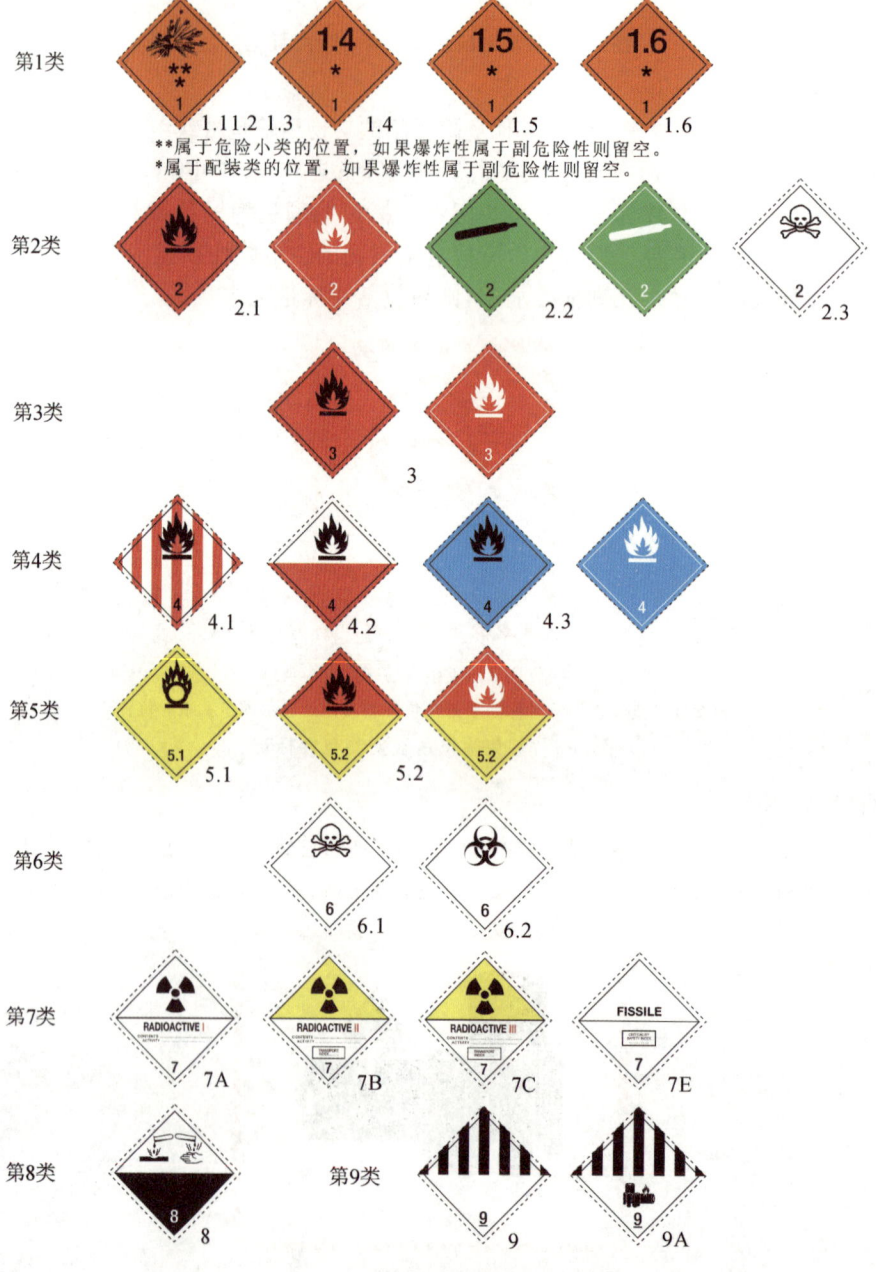

图 6-10 《国际危规》危险货物标志

具有副危险性的货物,除在包件上带有表明其主要危险性的图案标志外,还应同时带有表明副危险特性的图案标志。对于第一类爆炸品,在副危险性图案标志中不标注分类号或配装类号,其他八类副危险性图案标志同主危险性图案标志。

各类物质的菱形标志在其底角处标明其分类,其中第 1 类爆炸品在标志内标注了分类、小类和配装类。第 5 类标志在底角处标明了分类和小类。

放射品的标志在菱形标志的上半部为三叶形图案,Ⅰ类放射品菱形标志上半部底色为白色,显示 RADIOACTIVE(放射性)、CONTENTS(内装物)及其数值和 ACTIVITY(活度)及其数值;Ⅱ类和Ⅲ类放射品菱形标志上半部底色为黄色,下半部除显示上述内容外,还在下部的方框内标示 TRANSPORT INDEX 及其数值。Ⅰ、Ⅱ、Ⅲ类放射品标志紧跟 RADIOACTIVE 后分别显示一条、两条和三条垂直的红色短杠,以标示其等级。

裂变物质在标志的上半部用黑体标出:FISSILE(裂变性)。在标志的下半部的一个黑框内标出:criticality safety index(临界安全指数)及其数值。

图案标志应贴在包件表面靠近正确运输名称标记的地方,不会被包件任何部分和配件、其他任何标记和标志覆盖或挡住,副危险性标志须紧挨着主危险性标志贴。

包件上可视情况显示在搬运和储存时起警告作用的附加标记和符号,如表示须保持包件干燥的雨伞符号。

如果物品中含有一个或多个锂电池,锂金属电池的总锂含量超过 2 g,锂离子电池的额定功率超过 100 W·h,则应在包装或未包装物品上贴上图 6-10 所示的 9 A 锂电池标签。

3. 货物运输组件的标牌(placarding)

标牌是指放大的图案标志(不小于 250 mm×250 mm)。适用于如集装箱、货车、可移动罐柜等较大的运输单元。

装有危险货物或危险货物残留物的货物运输组件须按下列方式清楚地显示标牌:

1)集装箱、半挂车或可移动罐柜:在其每侧和每端。

2)铁路罐车:至少在每侧。

3)盛装一种以上危险货物或其残留物的多隔间罐柜:在相关分隔间的位置,沿每侧标记。

4)其他任何货物运输组件:至少在组件背面和两侧。

4. 货物运输组件的标记

内装危险货物的运输组件须按要求标记内装物的正确运输名称和联合国编号。货物运输组件上显示联合国编号的图例如图 6-11 所示。

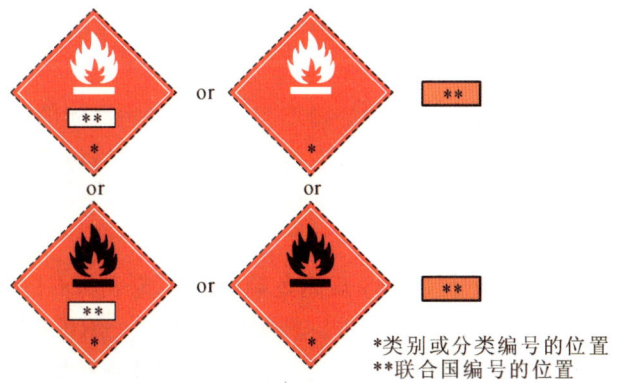

*类别或分类编号的位置
**联合国编号的位置

图 6-11　货物运输组件上显示联合国编号的图例

货物运输组件内的物质,如果液态物质运输或交付运输时温度等于或超过 100 ℃,或固态物质运输或交付运输时的温度等于或超过 240 ℃,须在组件的每一侧和每一端面上粘贴如图 6-12 所示的加温标记。三角形标记边长须不小于 250 mm 且为红色。

图 6-12　货物运输组件上的加温标记

熏蒸货物运输组件须粘贴图 6-13 所示的警示标记,该标记须粘贴在打开或进入货物运输组件的人员易于看见的每个入口处。此标志须一直附着在货物运输组件上,直到熏蒸货物运输组件进行了清除有害熏蒸气体的通风操作和熏蒸货物或材料已被卸载。该标记须为长方形,最小尺寸须为 400 mm(宽)×300 mm(高),最小外边线宽度须为 2 mm。标记为白底黑字,字体高度不少于 25 mm。

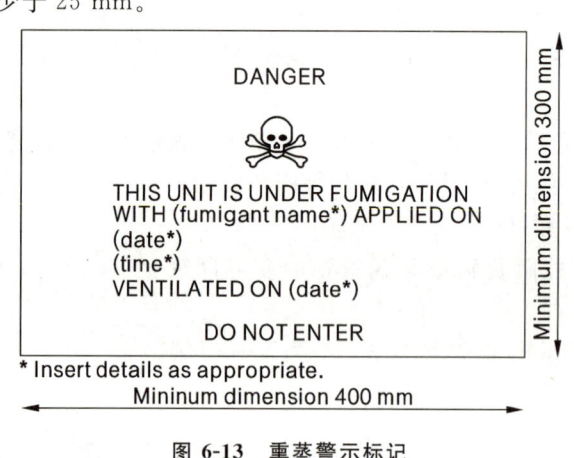

图 6-13　熏蒸警示标记

第四节　危险货物的积载和隔离

合理选择危险货物的装载舱位,正确处理不相容危险货物之间的隔离,对保证危险货物的运输安全,特别在其发生包装破损后采取有效的防护和应急措施非常重要。

一、危险货物的积载

危险货物的积载要求,对应于 IMDG 规则危险货物一览表(DGL)的第 16a 栏,应满足 IMDG 规则 7.1 节和 7.2~7.7 节的规定。例如 UN 1295 TRICHLOROSILANE,其在 DGL 的 16a 栏所列积载类为 D,积载代码(stowage code)为 SW2,操作代码(handling code)为 H1。积载类 D 表示其在货船上的积载要求为仅限舱面积载,分别查 7.1.5 和 7.1.6 节可知,积载代码 SW2 表示远离生活区(clear of living quarters),操作代码 H1 表示尽可能保持干燥(keep as dry as reasonably practicable)。

1. 危险货物的积载类

危险货物的积载类(stowage categories)表明危险货物能否在船上装运,在舱面还是在舱内积载,对于爆炸品还涉及是否应在封闭式运输组件内积载。

1)第 1 类危险货物的积载类

第 1 类危险货物(限量包装的第 1.4 S 类除外)需按照表 6-13 所列的五个积载类之一进行积载。

表 6-13 第 1 类危险货物(限量包装的第 1.4S 类除外)的积载类

积载类 01	货船(不超过 12 名旅客)	在舱面封闭式货物运输组件内或舱内
	客船	在舱面封闭式货物运输组件内或舱内
积载类 02	货船(不超过 12 名旅客)	在舱面封闭式货物运输组件内或舱内
	客船	在舱面封闭式货物运输组件内或在舱内封闭式货物运输组件内满足《国际危规》7.1.4.4.5 小节的规定
积载类 03	货船(不超过 12 名旅客)	在舱面封闭式货物运输组件内或舱内
	客船	禁止装运除非满足《国际危规》7.1.4.4.5 小节的规定
积载类 04	货船(不超过 12 名旅客)	在舱面封闭式货物运输组件内或在舱内封闭式货物运输组件内
	客船	禁止装运除非满足《国际危规》7.1.4.4.5 小节的规定
积载类 05	货船(不超过 12 名旅客)	仅在舱面封闭式货物运输组件内
	客船	禁止装运除非满足《国际危规》7.1.4.4.5 小节的规定

2)第 2~9 类危险货物(非爆炸品)的积载类

危险货物,除第一类爆炸品外,依据其在船上的积载位置分为 A、B、C、D 和 E 五个积载类,如表 6-14 所列。其中,舱面积载系指在露天甲板上积载,舱内积载系指不在露天甲板上的任何积载。

表 6-14 第 2~9 类货物(非爆炸品)的积载类

积载类	A	B	C	D	E
货船①	舱面或舱内	舱面或舱内	只限舱面	只限舱面	舱面或舱内
客货船②	舱面或舱内	只限舱面	只限舱面	禁止装运	禁止装运

注:①货船或载客限额不超过 25 人或船舶总长每 3 m 不超过 1 人的客船(以数额大者为准);②载客数超过限额的其他客船。

2. 危险货物积载的一般要求

1)易燃易爆危险货物应尽可能保持阴凉,远离一切潜在火源、热源、电源等处所。

2)远离生活区、工作场所、厨房、食品库等。

3)有强烈化学反应性质的货物(如爆炸品、氧化剂、腐蚀品),应清除舱内不相容的残留货物,严格满足与不相容货物之间的隔离要求。

4)海洋污染物如果允许舱面或舱内积载,最好选择舱内积载。如果仅限舱面积载,须选择在有良好防护的甲板或露天甲板遮蔽区域内积载。

5)遇水放出危险气体的货物应选配于水密和通风良好的干燥货舱,且应与易散发水分货物分舱配装。

6)根据货物的性质和积载类选择在舱面还是舱内积载。所有5.2类货物其积载类为D,仅限于货船舱面积载,DGL中对其指定了通用条目(UN 3101～3120),并提供了副危险性和相关运输信息的备注。通常应远离热源、避免阳光直射。有控制温度和应急温度的货物应满足温度控制要求。舱面危险货物的堆装应避开消防栓、测量管及其相关通道。

通常满足下列条件之一者可在舱面积载:

1)需要经常或特别接近地查看。

2)能形成爆炸性混合气体、能产生剧毒蒸气或对船舶有严重腐蚀作用。

远离生活区系指包件或货物运输组件须距居住舱、进气口、机器处所和其他封闭工作区域至少3 m处积载。

潜在火源系指但不限于开放火源、机器排气装置、厨房通风口、电插座和包括货物运输组件制冷或加热设备在内的电气设备,经认可的安全型电气设备除外。

远离热源系指包件或货物运输组件须距离表面温度可能超过55 ℃的受热的船舶结构(例如蒸汽管、加热盘、加热燃料、货物罐柜的顶部或侧壁和机器处所的舱壁等)至少2.4 m处积载。未装入货物运输组件并直接在舱面积载的包件须进行遮蔽,以避免阳光直射。

3.第1类危险货物的积载

1)除非主管机关另有批准,货船载运第1类危险货物(限量包装的第1.4S类除外)须仅在舱面积载。

2)第1类危险货物须不能积载在离潜在火源水平距离6 m以内。

3)除第1.4类之外的第1类危险货物须与生活区、救生设备和公共通道区域的水平距离不少于12 m,须不能积载在距船舷1/8船宽的等效距离或2.4 m以内(取较小者)。

4)第1.4类配装类S的爆炸品可以在客船上运输,不受数量限制。除下列情况之外,其他第1类爆炸品不得在客船上运输:

(1)对于配装类C、D和E的货物和配装类G的物品,如果每船爆炸性物质总净重不超过10 kg,并且以在舱面或舱内积载的封闭货物运输组件运输;

(2)对于配装类B的物品,如果每船爆炸性物质总净重不超过10 kg,并且仅以在舱面积载的封闭货物运输组件运输。

4.第7类放射性物质的积载

1)对包装或未包装的运输低比活度(LSA)放射性物质或表面污染物体(SCO)(IP1,IP2,IP3型),在海船上的单个货物处所内的总活度不得超过表6-15所示的限值。

表6-15 工业包装或未包装的LSA放射性物质和SCO的运输活度限值

物质特性	海船限制
LSA-Ⅰ	无限制
LSA-Ⅱ和LSA-Ⅲ的不易燃固体	无限制

续表 6-15

物质特性	海船限制
LSA-Ⅱ和LSA-Ⅲ的易燃固体、所有液体和气体	$100A_2$*
SCO	$100A_2$*

*：A_1系指在《国际危规》第 2.7.2.2.1 段列出或在第 2.7.2.2.2 段推算出的特殊形式放射性物质的活度值，该活度值用于确定本规则规定的活度限制。A_2系指除特殊形式放射性物质以外的，在《国际危规》第 2.7.2.2.1 段列出或在第 2.7.2.2.2 段推算出的放射性物质的活度值，该活度值用于确定规则规定的活度限制。

2）平均表面热通量不超过 15 W/m^2 且紧靠周边的货物不是袋装的包件或集合包件可以与包装的一般货物一起运输或贮存而无特殊的积载要求。

3）集装箱的装载以及包件、集合包件和集装箱的堆积须做如下控制：

（1）除专门使用情况外，装在同一运输工具上的包件、集合包件和集装箱须予以限制，使该运输工具上的运输指数总和不超过表 6-16 所列值，对 LSA-I 物质的运输指数总和没有限制。

表 6-16 非专门使用条件下集装箱和运输工具的运输指数(TI)限值

集装箱或运输工具的类型		单个集装箱或同一运输工具运输指数总和限值
小型集装箱		50
大型集装箱		50
车辆		50
内陆水道船舶（驳船）		50
海船[a]	舱室或特定区域	包件、集合包件、小型集装箱	50
		大型集装箱（封闭集装箱）	200
	整船	包件、集合包件、小型集装箱	200
		大型集装箱（封闭集装箱）	无限值

注：[a] 辐射水平符合"独家使用"规定的车辆上的包件或集合包件可以用船舶运输，条件是在船上的任何时间都不得将包件或集合包件从车辆上移出。

（2）如果某一托运货物是在独家使用条件下运输，对单个运输工具上的运输指数总和须无限值。

（3）在常规运输条件下，运输工具外部表面任何一点的辐射水平不得超过 2 mSv/h，并且离运输工具外部表面 2 m 处的辐射水平不得超过 0.1 mSv/h。

（4）在一个集装箱内和运输工具上的临界安全指数（CSI）的总和不得超过表 6-17 所列值。

表 6-17 内有易裂变物质的集装箱和运输工具的临界安全指数（CSI）限值

集装箱或运输工具的类型	单个集装箱或同一运输工具运输指数总和限值	
	非独家使用	独家使用
小型集装箱	50	—
大型集装箱	50	100

续表 6-17

集装箱或运输工具的类型			单个集装箱或同一运输工具运输指数总和限值	
			非独家使用	独家使用
车辆			50	100
内陆水道船舶(驳船)			50	100
海船[a]	舱室或特定区域	包件、集合包件、小型集装箱	50	100
		大型集装箱(封闭集装箱)	50	100
	整船	包件、集合包件、小型集装箱	200[b]	200[c]
		大型集装箱(封闭集装箱)	无限值[b]	无限值[c]

注:[a] 装在车辆上运输的包件或集合包件可以用船舶进行运输,条件是装载于船舶上的任何时候都不得把其从车辆中移出。在此种情况下,适用"独家使用"条目。

[b] 托运货物的作业和积载,须使得任何一个组中的 CSI 总和不超过 50,而且每个组的作业和积载都要使得各组之间彼此间隔至少 6 m。

[c] 托运货物的作业和积载,须使得任何一个组中的 CSI 总和不超过 100,而且每个组的作业和积载都要使得各组之间彼此间隔至少 6 m。各组间的空间可装载其他货物。

4)运输指数大于 10 的任何包件或集合包件或者临界安全指数大于 50 的任何托运货物须仅在独家使用条件下运输。

5)放射性物质须与船员和乘客充分隔离。须用下列量值计算隔离距离和辐射剂量:

(1)船员经常占用的工作区域,剂量为每年 5 mSv;

(2)旅客经常进入的区域,极限剂量为每年 1 mSv,并考虑暴露于其他所有相关来源和受控应用的预计剂量。

6)对于生活区和经常有人占用的处所,按表 6-18 所示隔离表隔离。

表 6-18　第 7 类放射性物质人员隔离表

运输指数总和(TI)	放射性物质与旅客和船员的隔离距离			
	杂货船[1]		渡船等[2]	近海补给船[3]
	零担货(m)	集装箱(TEUs)[4]		
10 以内	6	1	积载与离生活区和经常有人的工作地点较远的船首和船尾	积载于船尾或平台中部
大于 10 但不超 20	8	1	同上	同上
大于 20 但不超 50	13	2	同上	不适用
大于 50 但不超过 100	18	3	同上	不适用
大于 100 但不超过 200	26	4	同上	不适用
大于 200 但不超过 400	36	6	同上	不适用

注:[1] 最小长度为 150 m 的杂货、零担货或滚装集装箱船。

[2] 最小长度为 100 m 的渡船、海峡渡船、沿海航行或岛间航行船舶。

[3] 最小长度为 50 m 的近海补给船(实际装运的最大运输指数总和为 20)。

[4] TEU 指"20 英尺相等单位"(相当于一只 6 m 长度的标准集装箱)。

以上仅述及《国际危规》对第 7 类放射性物质积载的部分要求,实际载运时应遵照危险货物一览表第 16a 栏的信息,具体要求见《国际危规》第 7 部分。

5. 控制温度危险货物的积载

如果某种物质(如自反应物质、聚合物质、有机过氧化物)以包装形式运输,其温度超过其特定值时,就可能会导致具有爆炸性的自加速分解或聚合反应。为了防止这种分解或聚合,须在温度控制条件下运输。货物运输单元在使用之前,应对其制冷系统进行彻底检查和测试,以确保所有部件正常工作。

控制温度的方法按其能力由小到大依次有:

1)隔热:条件是物质的初始温度足够低于控制温度;

2)带有致冷系统的隔热:条件是载有足量的非易燃致冷剂,并能在致冷剂用完后保持一段恒定的冷却效果;

3)单一机械制冷:条件是该装置是隔热的,且运输物质的闪点低于应急温度加 5 ℃ 之和,在冷却舱室使用防爆电器配件,以避免点燃可能产生的易燃蒸气;

4)机械制冷和带有致冷系统的隔热系统的组合:要求两个系统相互独立;

5)双套机械制冷系统:除电源装置外两套系统应是相互独立的;每个单独的系统都能足以保持住控制温度值;对于闪点低于应急温度加 5 ℃ 之和的物质,在致冷剂间使用防爆电器配件。

选择温度控制方法须考虑的因素包括:拟运输物质的控制温度、控制温度与预测环境温度的差值、货物运输组件的隔热能力以及航程的长短。

某些特定物质温度控制的规定是基于假定在运输过程中,每 24 h 的相对较短的时段内货物周围的温度不超过 55 ℃ 设定的。环境温度过高可能需要采取额外的防控措施。一些通常不需进行温度控制的物质装船运输,如果其环境条件可能超出 55 ℃,就可能需要控制温度和采取适当的安全措施。

如果在封闭的货物运输组件中装载了多个含有自反应物质、有机过氧化物和聚合物质的包装,则物质的总量、包装的类型和数量以及堆放安排不得造成爆炸危险。

有温度控制要求的危险货物,应积载于有利于温度控制、便于检查和采取应急措施的位置。积载完成后,按照《国际危规》第 7.3.7 节的规定监测温度,必要时采取抛弃货物或用水冲集装箱等必要的应急行动。如果在航行途中超过了控制温度,须启动报警程序,修复冷却设施或增加冷却能力(例如增加液体或固体冷却剂)。如果不能恢复足够的冷却能力,须启动应急程序。

6. 稳定的危险货物积载

如果"稳定的"("stabilized")一词被作为物质正确运输名称的一部分,该物质应按照积载类 D 和积载代码 SW1(protected from sources of heat)积载。

二、危险货物的隔离

隔离(segregation)是将两个或多个不相容的物质或物品分开的过程,载运多种危险货物时,需要考虑对互不相容的危险货物进行正确隔离,以便有效地防止因泄漏等引发危险反应,并在发生火灾等事故后易于采取应急措施,最大限度地减小危害范围和损失。

1. 包装危险货物的一般隔离要求

1)除第1类爆炸品之间以外的危险货物基本隔离要求(等级)

除第1类爆炸品之间外,《国际危规》将不同类型船上不相容包装危险货物之间(包括非爆炸品之间以及爆炸品与非爆炸品之间)的隔离分为四种基本隔离要求,即:

(1)隔离1:远离(away from);

(2)隔离2:隔离(separated from);

(3)隔离3:用一个整个舱室或货舱隔离(separated by a complete compartment or hold from);

(4)隔离4:用一个介于中间的整个舱室或货舱隔离(separated longitudinally by an intervening complete compartment or hold from)。

当危险货物之间存在上述四种隔离要求的任何一种时,不允许包装在同一外包装内,也不允许在同一货物运输组件内运输(除非《国际危规》第7.2.6节和7.3.4节中另有规定)。

2)隔离表

除爆炸品之间外,包装危险货物之间的一般隔离要求如表6-19所示。确定两种或两种以上危险货物之间的隔离要求时,应参考隔离表和危险货物一览表第16b栏的规定,当两者的规定相冲突时,则以危险货物一览表第16b栏的规定为优先。同时,在确定隔离要求时还应当以危险货物主、副(如果存在)标志的隔离要求中较高者为准。

表6-19 除爆炸品之间以外的包装危险货物之间的隔离表

类别	1.1 1.2 1.5	1.3 1.6	1.4	2.1	2.2	2.3	3	4.1	4.2	4.3	5.1	5.2	6.1	6.2	7	8	9
爆炸品1.1、1.2、1.5	*	*	*	4	2	2	4	4	4	4	4	4	2	4	2	4	×
爆炸品1.3、1.6	*	*	*	4	2	2	4	3	3	4	4	4	2	4	2	2	×
爆炸品1.4	*	*	*	2	1	1	2	2	2	2	2	2	×	4	2	2	×
易燃气体2.1	4	4	2	×	×	×	2	1	2	×	2	2	×	4	2	1	×
非易燃无毒气体2.2	2	2	1	×	×	×	1	×	1	×	×	1	×	2	1	×	×
有毒气体S 2.3	2	2	1	×	×	×	2	×	2	×	×	2	×	2	1	×	×
易燃液体3	4	4	2	2	1	2	×	×	2	1	2	2	×	3	2	×	×
易燃固体(包括自反应物质和固体退敏爆炸品)4.1	4	3	2	1	×	×	×	×	1	×	1	2	×	3	2	1	×
易自燃物质4.2	4	3	2	2	1	2	2	1	×	1	2	2	1	3	2	1	×
遇水放出易燃气体的物质4.3	4	4	2	×	×	×	1	×	1	×	2	2	×	2	2	1	×
氧化性物质(剂)5.1	4	4	2	2	×	2	2	1	2	2	×	2	1	3	1	2	×

续表 6-19

类别	1.1 1.2 1.5	1.3 1.6	1.4	2.1	2.2	2.3	3	4.1	4.2	4.3	5.1	5.2	6.1	6.2	7	8	9
有机过氧化物 5.2	4	4	2	2	1	2	2	2	2	2	2	×	1	3	2	2	×
有毒物质 6.1	2	2	×	×	×	×	×	×	1	×	1	1	×	1	×	×	×
感染性物质 6.2	4	4	4	4	×	2	3	3	3	3	3	3	1	×	3	×	×
放射性物质 7	2	2	2	2	2	×	1	2	2	2	2	1	2	×	3	×	2	×
腐蚀品 8	4	2	2	1	×	×	×	1	1	1	2	2	×	3	2	×	×
杂类危险物质和物品 9	×	×	×	×	×	×	×	×	×	×	×	×	×	×	×	×	×

注:1—"远离";2—"隔离";3—"用一个整个舱室或货舱隔离";4—"用介于中间的整个舱室或货舱隔离"。×—应查阅危险货物一览表确定是否有特殊隔离规定。*—爆炸品之间的隔离要求,见《国际危规》第 7 章第 7.2.7.1 小节第 1 类物质或物品间的隔离规定。

3) 隔离类及隔离代码

《国际危规》中对不同类危险货物总体隔离要求在第 7.2.4 节隔离表中列出。此外,对某些危险货物有特殊的隔离要求,这些要求列在 DGL 第 16b 栏中。为了进行隔离,《国际危规》将具有某些相似化学性质的危险品按隔离类(segregation group)进行分组,在第 7.2.5.2 小节列出隔离类代码(segregation group code, SGG),例如 SGG 1 为"酸类",特殊隔离要求适用于被划归为相应隔离类的所有货物。隔离的特殊要求列在第 7.2.8 节的隔离代码(segregation code, SG)中,并通过危险货物清单第 16b 栏中的隔离类代码和隔离代码进行识别。例如某危险货物在第 7.2.8 节中的隔离代码为 SG35,要求为与 SGG1"酸"隔离。

危险货物间隔离的具体要求应在考虑一般隔离要求和第 16b 栏中特殊隔离要求的基础上使用隔离表,确定每种物质的特殊隔离规定,并使用最严格的要求。

危险货物的隔离应查阅《国际危规》DGL 第 16b 栏,并满足《国际危规》7.2~7.7 节的要求。例如 UN 1295 TRICHLOROSILANE,该条目在 DGL 第 16b 栏中的信息包括 SGG1、SG5、SG8、SG13、SG25、SG26、SG36、SG49 和 SG72。SGG1 为隔离类代码,该组为酸(acids);其后的 SG5、SG8、…为隔离代码,其中 SG5 表示与第 3 类危险货物隔离,其他代码含义可查阅《国际危规》第 7.2.8 节。

2. 包装危险货物的具体隔离方法

针对上述基本隔离要求,不同类型船舶的具体隔离要求不同。这里以杂货船为例,介绍常规形式积载的不同危险货物包件之间以及危险货物包件与货物运输组件(包括集装箱)之间的隔离方法。

1) 常规形式积载的危险货物包件的隔离

(1) 隔离 1:远离。如图 6-14(a)所示,可在同一舱室、同一货舱内或舱面上积载。无论在同一舱室内还是舱面上积载,要求保持不少于 3 m 的水平距离。

(2) 隔离 2:隔离。如图 6-14(b)所示,舱内积载时,如中间甲板是防火防液的,垂向可在不同舱室内积载,否则要求在不同货舱内积载。就舱面积载而言,这种隔离应不小于 6 m 的水平距离。

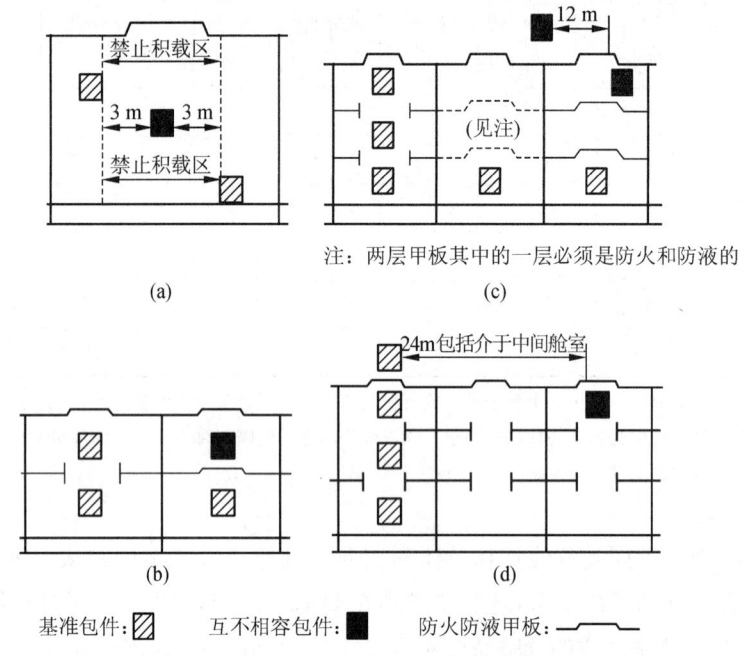

注:垂直实线表示货物处所(舱室或货舱)之间的防火、防液横向舱壁

图 6-14 杂货船四种隔离等级图示

(3)隔离 3:用一整个舱室或货舱隔离,这种隔离意为垂向的或水平的分隔。如图 6-14(c)所示,如果中间甲板不是防火防液的,只能用一介于中间的整个舱室或货舱作纵向隔离。就舱面积载而言,这种隔离即不少于 12 m 的水平距离。如果一包件在舱面积载,而另一包件在最上层舱室积载,也要保持不少于 12 m 的水平距离。

(4)隔离 4:用一介于中间的整个舱室或货舱作纵向隔离。如图 6-14(d),单独的垂向隔离不符合这一要求。在舱内积载的包件与在"舱面"积载的另一包件之间的距离包括纵向的一整个舱室在内必须保持不少于 24 m。就舱面积载而言,这种隔离应不少于 24 m 的纵向距离。

2)常规形式积载的危险货物与货物运输组件中所装危险货物的隔离

(1)常规形式积载的危险货物与开敞式货物运输组件中所装危险货物之间的隔离须按照常规形式积载的危险货物包件的隔离要求进行隔离。

(2)常规形式积载的危险货物与封闭式货物运输组件中所装危险货物之间的隔离,除下列情况外,须按照常规形式积载的危险货物包件的隔离要求进行隔离:

①要求"远离"时,包件与封闭式货物运输组件之间无隔离要求;

②要求"隔离"时,包件与封闭式货物运输组件之间按照"远离"要求积载。

3)危险货物包件与食品(foodstuffs)间的隔离

(1)按常规方法积载的具有第 2.3、6.1、6.2、7(UN2908、UN2909、UN2910 和 UN2911 除外)、8 类主副危险的危险货物和危险货物一览表第 16b 栏隔离代码 SG29 或 SG50 的危险货物须与以常规方法积载的食品"隔离"。

(2) 如果食品或上述危险货物其中一个是在封闭货物组件中运输的,那么危险货物须与食品"远离"。如果食品和上述危险货物都是在不同的封闭货物运输组件中运输的,则不须进行隔离。

(3) 以常规方法积载的第6.2类危险货物须与以常规方法积载的食品"用一个整个舱室或货舱隔离"。如果食品或危险货物其中一个是在封闭货物组件中运输的,那么危险货物须与食品"隔离"。

3. 第1类爆炸品之间的隔离要求

1) 配装类和分类代码

第1类爆炸品之间按配装类(compatibility group)进行隔离。第1类货物中如果在一起能安全地积载或运输而不会明显地增加事故率或提高事故后果等级,可视其为"可配装的"。根据这一标准,第1类被分成表6-20所列13个配装类,分别用字母A~L(不包括I)、N和S表示,其配装类组合如表6-21所示。

表6-20 配装类和分类代码

要分类的物质和物品种类	配装类	分类代码
起爆物质	A	1.1A
含有起爆物质,但不具备两种或两种以上有效保护装置的物品。有些物品,诸如爆炸性炸药,为爆炸和起爆物品装配的炸药,帽型的,即使不含有起爆物质,也属于该类物质	B	1.1B;1.2B;1.4B
推进性的爆炸性物质或其他爆燃性爆炸物质或含有该种爆炸物质的物品	C	1.1C;1.2C;1.3C;1.4C
能够引爆的次级爆炸物质,或黑火药或含有能够引爆的爆炸物质的物品,在每种情况下,没有点火装置和推进剂时,或含有起爆物质并具备两种或两种以上的保护装置的物品	D	1.1D;1.2D;1.4D;1.5D
含有能够引爆的次级爆炸性物质,不带有点火装置但带有推进剂(含有易燃液体或凝胶体或自燃液体的物品除外)的物品	E	1.1E;1.2E;1.4E
含有能够引爆的次级爆炸性物质的物品,自带点火装置和推进剂(含有易燃液体或凝胶体或自燃液体的物品除外)或不带推进剂	F	1.1F;1.2F;1.3F;1.4F
烟火物质,或含有烟火物质的物品,或同时含有爆炸性物质和照明物质的物品,燃烧的、产生烟雾和催泪的物质(水激活物品或含有白磷、磷化物、发火物质、易燃液体或凝胶体或自燃液体的物品除外)	G	1.1G;1.2G;1.3G;1.4G
同时含有白磷和爆炸性物质的物品	H	1.2H;1.3H
同时含有爆炸性物质和易燃液体或凝胶体的物品	J	1.1J;1.2J;1.3J
同时含有爆炸性物质和有毒化学制剂的物品	K	1.2K;1.3K

续表 6-20

要分类的物质和物品种类	配装类	分类代码
含有爆炸性物质并具有特殊危险性(例如由于水激活或含有易自燃液体、磷化物或发火物质)并且需要彼此隔离的物品(见 7.2.7.1.4,注释 2)	L	1.1L;1.2L;1.3L
仅含有极不敏感的物质	N	1.6N
物质或物品的包装或设计能确保发生事故时,所产生的危险性影响能够限制在包件内,除非包件在遇火时已经受损,在这种情况下,所遇的爆炸或抛射影响都应限制在与包件邻近的地方不致阻止或妨碍救火或采取其他应急反应措施	S	1.4S

表 6-21 爆炸品分类、危险分类与配装类组合表

危险小类	配装类												∑A～S
	A	B	C	D	E	F	G	H	J	K	L	N	S	
1.1	1.1A	1.1B	1.1C	1.1D	1.1E	1.1F	1.1G		1.1J		1.1L			9
1.2		1.2B	1.2C	1.2D	1.2E	1.2F	1.2G	1.2H	1.2J	1.2K	1.2L			10
1.3			1.3C			1.3F	1.3G	1.3H	1.3J	1.3K	1.3L			7
1.4		1.4B	1.4C	1.4D	1.4E	1.4F	1.4G						1.4S	7
1.5				1.5D										1
1.6												1.6N		1
∑1.1～1.6	1	3	4	4	3	4	4	2	3	2	3	1	1	35

2)第 1 类爆炸品之间的隔离

(1)不同配装类的第 1 类爆炸品之间的隔离要求如表 6-22 所示。表中"×"表示所指的第 1 类货物可以积载在同一舱室、货舱或封闭货物运输组件中。其他情况下,须在单独的舱室、货舱或封闭货物运输组件中积载。

(2)当需要不同积载方式的货物根据表 6-22 所示的隔离要求允许装载于同一舱室、货舱或封闭货物运输组件内,相应的积载方法须符合整个货载中最严格的一个。

(3)当不同小类的货物在同一舱室、货舱或封闭货物运输组件混合积载时,须按 1.1(危险最大)、1.5、1.2、1.3、1.6 和 1.4(危险最小)的顺序将整个货载视为最危险的小类,并符合最严格的积载要求。

其中 A、L 类不能与所有其他类同一舱室配装;S 类不能与 A、L 类同一舱室配装;C、D、E、G 类之间可以同一舱室配装;N 类可与 C、D、E 类同一舱室配装。当不同配装类货物在舱面装运时,除按上述舱内隔离要求允许混合积载外,均至少应隔开 6 m 积载。

表 6-22 第 1 类爆炸品之间的隔离要求

配装类	A	B	C	D	E	F	G	H	J	K	L	N	S
A	×												
B		×											×

续表 6-22

配装类	A	B	C	D	E	F	G	H	J	K	L	N	S
C				×	×	×		×				×	×
D			×		×	×		×				×	×
E			×	×		×		×				×	×
F													×
G			×	×	×			×					×
H							×						×
J										×			×
K											×		×
L										×			×
N			×	×	×								×
S		×	×	×	×	×	×	×	×	×		×	

4. 危险货物隔离流程图

在使用《国际危规》确定不同包装危险货物的隔离要求时,可参考图 6-15 所示的流程。

实例 1:应用《国际危规》确定一个装有 300 kg 赛璐珞,碎屑(UN2002)的圆桶与一个装有 200 L 表溴醇(UN2558)的圆桶的隔离。

按照以下步骤确定隔离要求:

1)根据危险货物一览表,UN2002 为第 4.2 类、包装类Ⅲ,UN2558 为第 6.1 类、包装类Ⅰ、第 3 类副危险。

2)两种危险货物均未免除《国际危规》3.4、3.5、7.2.6.3 或 7.2.6.4 的规定。

3)这些物质在危险货物一览表第 16b 栏中都没有特殊隔离要求。

4)在《国际危规》7.2.4 节隔离表中,第 4.2 类和第 6.1 类交叉位置数字为隔离1,第 4.2 类与第 3 类交叉位置数字为隔离2。隔离2要求更严格,因此两种物质应相互"隔离"。

实例 2:应用《国际危规》确定一个装有 50 kg 高氯酸钾(UN1489)的圆桶与一个装有 50 kg 氰化镍(UN1653)的圆桶的隔离。

按照以下步骤确定隔离要求:

1)根据危险货物一览表,UN1489 为第 5.1 类、包装类Ⅱ,UN1653 为第 6.1 类、包装类Ⅱ。

2)两种危险货物均未免除《国际危规》3.4、3.5、7.2.6.3 或 7.2.6.4 的规定。

3) 对于 UN1489,危险货物清单第 16b 栏列显示"SG38"(与除过硫酸铵(UN1444)以外的铵化合物"隔离")和"SG49"(与氰化物"隔离")。

4) 对于 UN1653,危险货物一览表第 16b 栏显示"SG35"(与酸"隔离")。

5)在隔离表中,第 5.1 类和第 6.1 类交叉位置数字为隔离1。

6)根据《国际危规》第 3.1.4 节中的隔离类,UN1489 在第 13 组(SGG13)高氯酸盐;UN1653 列在第 6 组(SGG6)氰化物和第 7 类(SGG7)重金属及其盐类(包括其有机金属化

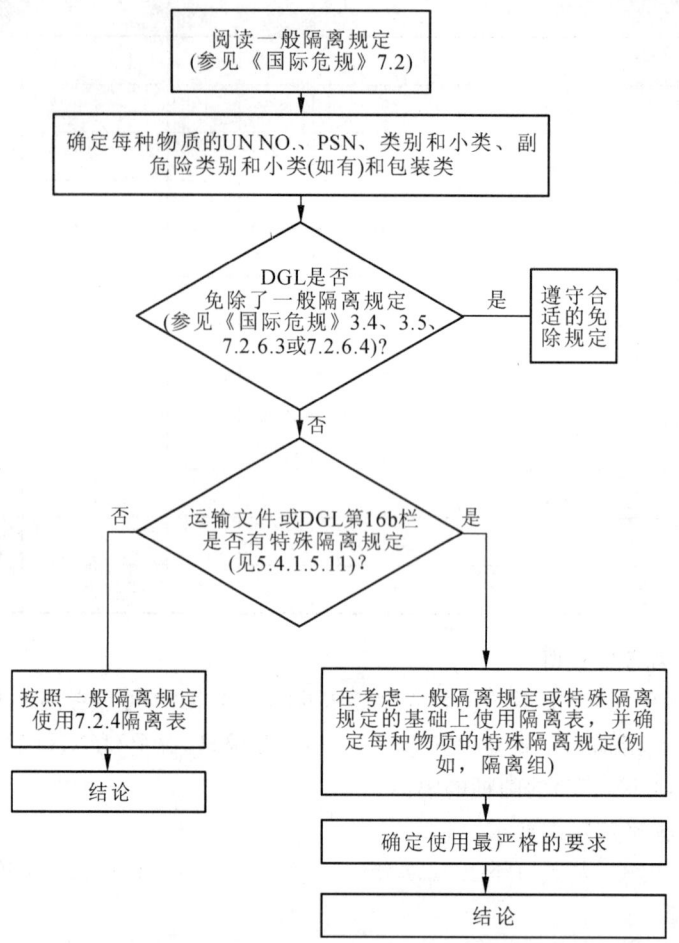

图 6-15 包装危险货物隔离流程图

合物)。

7) 从以上可知,UN1489 要求与氰化物"隔离",而 UN1653 列在第 6 组(SGG6)氰化物,虽然两种物质在隔离表中为"隔离 1",但第 16b 栏的特殊要求优先,因此应相互"隔离"。

【思考与应用 6-4】

1. 爆炸品的积载类分哪几种？各类的积载要求是什么？
2. 第 2～9 类危险货物(非爆炸品)的积载类分为哪几种？各类的积载要求是什么？
3. 危险货物积载的一般要求有哪些？
4. 除第 1 类爆炸品之间以外的危险货物基本隔离要求有哪几种？
5. 针对常规形式积载的危险货物包件,在杂货船上各等级隔离要求的具体含义是什么？
6. 杂货船上包装危险货物与食品之间如何隔离？
7. 应用《国际危规》确定 10 kg 限量运输的黏合剂(UN1133、包装类Ⅲ)与 40 kg 硝酸铍(UN2464)在同一个集装箱里的隔离要求。
8. 应用《国际危规》确定一个装有丙酮(UN1090)的箱和一个装有 20 千克乙基二氯硅烷(UN1183)的箱的隔离要求。

第五节　危险货物运输全过程的注意事项

危险货物的海上运输,需要经历多个环节。只有谨慎地处理好运输全过程中每一个环节,严格遵守有关的法规、规则的各项规定和各种危险货物运输的特殊要求,才能确保危险货物运输的安全。反之,运输中只要有一个环节稍有不慎,就可能酿成灾难性的事故,危及生命和财产安全,有时还会造成水域污染。

一、受载前准备

1. 配备并熟悉有关危险货物运输的公约、规则和法律法规文件

配备并熟悉《国际危规》,熟悉国际、国内和挂靠港国家或当地危险货物运输法规,例如《船舶载运危险货物安全监督管理规定》等的要求。这类文件应使用适用的最新版本。还应熟悉船公司安全管理文件体系中有关危险货物运输安全管理和应急处置方面的文件。

2. 获取并审查危险货物单证、查取危险货物相关资料

认真审查装货清单,获取完备的危险货物单证,查阅货物资料,掌握所运危险货物的特性。包装危险货物部分单证的式样见附录3。

3. 按规定提前向管理部门申报手续

SOALS 74 公约第Ⅶ章 A 部分包装危险货物运输规定了危险货物运输单证的有关要求。《国际危规》第5部分托运程序对危险货物交付运输时须具有适当的标记、标志、标牌、运输单证提出了明确要求。规定:由托运人准备的运输单证应包括或附有经签署的证明文件,以表明交运的包装货物的填装、包装、标记、标签或标牌等符合规定要求,并处于合适运输的状态;在托运货物的单证上应注明所托运物质、材料或物品的正确运输名称和联合国编号。载运包装危险货物的船舶应具有一份特别清单、舱单或积载图,标明所有危险货物的类别并表明其在船上位置。

我国《船舶载运危险货物安全监督管理规定》对危险货物申报和报告作了具体规定。要求船舶载运危险货物进出港口,应当在进出港口 24 h 前(航程不足 24 h 的,在驶离上一港口前),向海事管理机构办理船舶载运危险货物申报手续。

危险货物托运人或货物所有人(或其代理人)须履行危险货物安全适运申报。需提供的危险货物单证主要有:《出境货物运输包装性能检验结果单》《出境危险货物运输包装使用鉴定结果单》《危险货物安全适运声明书》《包装危险货物技术说明书》《放射性货物剂量检查证明书》(托运放射性货物时)《限量/可免除量危险货物证明》《集装箱装箱证明书》(危险货物集装箱装箱现场检查员签署)等。危险货物中添加抑制剂或者稳定剂的,应当提交抑制剂或者稳定剂添加证明书,包括抑制剂或稳定剂的名称、数量、温度要求、有效期及超过有效期时应采取的措施信息。载运《国际危规》危险货物一览表中未列明的货物,应当提交具有相应资质的评估机构出具的危险货物运输条件鉴定材料。

危险货物承运人(或其代理人)须履行船舶载运危险货物申报。需提供的危险货物单证主要包括:《船舶载运危险货物申报单》;国际航行船舶提交符合证明,国内航行《海上船舶危险货物适装证书》或《国内航行海船安全与环保证书》(对于 2020 年 8 月 1 日以后完成换证

检验的船舶);列明实际装载情况的清单、舱单或积载图等。

4.检查承运船舶的技术条件

承运不同类别危险货物对船舶的技术条件有不同的要求。通常规定,除承运船舶持有有效的各种证书文件外,在承运危险货物前,必须事先向船检部门申请对船舶结构、装置及设备进行检验,取得相应的适装证书或符合证明后,方可承运。承运危险货物船舶的验船内容包括:装运舱室的结构、舱室的防火防水条件、通风设备及其状况、船舶消防与救生设备、船舶电气与通信设备、船舶装卸设备等等。承运前应对船舶的相关结构和设备进行检查。

5.按《国际危规》要求进行积载与隔离

按《国际危规》要求对危险货物进行正确的积载与隔离。所选货位还应考虑能后装先卸,有利于货物衬垫和系固。避免载有烈性危险货物的舱室中途加载其他货物。

船舶载运危险货物应当符合有关危险货物积载、隔离和运输的安全技术规范,并符合相应的适装证书或者证明文件的要求。船舶不得受载、承运不符合包装、积载和隔离安全技术规范的危险货物。

船用集装箱拟拼装运输有隔离要求的两种或者两种以上危险货物,应当符合《国际危规》的规定。危险货物托运人应当事先向海事管理机构报告。

6.装货前的其他准备

根据待装危险货物的《船舶载运危险货物应急措施》和《危险货物事故医疗急救指南》资料,备妥合适的消防器材和相应的急救药品。备妥衬垫材料和系固用具。保持烟雾报警和救生消防设备处于良好适用状态。保持装载货舱清洁、干燥、管系及污水沟(井)畅通,水密性能良好等。

二、危险货物装载

1.做好相关安全防护工作

1)按港口规定悬挂或显示规定的信号,甲板上设立醒目的"严禁烟火"警告牌;严禁与作业无关的船舶傍靠船舷;应备妥相应的消防设备;夜间作业配备足够的照明设备;装卸爆炸品、有机过氧化物、一级毒品和放射性物品时,装卸机具应按额定负荷降低25%使用。

2)船舶装卸易燃、易爆危险货物期间,要督促进入现场人员不得携带火种、穿有铁钉的鞋或化纤工作服,不得在现场使用非防爆型照明、通风和机械设备,不得在甲板上进行能产生火花的检修或船体保养工作,禁止加油、加水;装卸爆炸品(第1.4S类除外)时,不得检修和使用雷达。

3)遇有雷鸣、闪电、雨雪或附近发生火警时,应立即停止作业;遇危险货物撒漏、落水或其他事故时应迅速上报,按要求采取妥善措施。

2.对危险货物进行检查

1)认真检查危险货物包装是否完好,标志是否清晰、正确;凡包装有破损、渗漏、严重变形、玷污等影响安全质量的应坚决拒装。

2)向船上装载货物运输组件,装载前,须对装运危险货物的货物运输组件进行外观检查,确定是否有损坏、泄漏或内容物撒漏的迹象。如果发现货物运输组件有损坏、泄漏或撒漏,在有效修复或移除损坏包件之前,该货物运输组件不得装船。

3. 严格按配载计划进行装货操作

1) 严格按配载图上标注的货位及其备注上的隔离、衬垫、隔票、系固等要求进行装货操作。

2) 如需更改配载计划,则须经本船船长或大副同意。

3) 装货结束后,做好系固及全面检查工作。

4) 装载完成时应备齐危险货物单证,如危险货物舱单、危险货物实际积载图等危险货物的单证,以备检查。

三、途中保管

载有危险货物的船舶,不论航行、锚泊或等待卸货期间,均要对危险货物进行有效的管理。

1) 谨慎驾驶,避免碰撞

船舶在航行中应谨慎驾驶,保持正规瞭望,严格执行避碰规则,避免碰撞事故发生。

2) 恶劣天气时采取适当措施

在大风浪中航行时,应采取适当措施,减缓船舶摇摆,以防货物在舱内移动而挤压、撞击造成事故,对载运易燃易爆危险货物的船舶,航行中应避开雷区,以免遭雷击引起爆炸危险。

3) 货物检查与管理

船舶在航行或锚泊期间,应对危险货物进行有效检查和管理,监测有温度控制要求货物的温度,温度控制设备应正常工作,查看货物是否移位、自燃、泄漏及其他危险变化。

4) 合理通风

定时测定舱内温度、湿度并进行合理通风,防止潮湿、舱内温度过高及舱内危险气体积聚。

5) 进入危险货物装载处所安全

在进入可能引发中毒或窒息事故的货舱前,应对货舱进行通风换气并检测确认安全时方可下舱,否则应使用自给式呼吸器且甲板上有专人值守。

6) 安全巡逻

坚持消防值班巡逻并且每班观察烟火探测器,以及时发现隐患。

7) 采取降温措施

船舶装载易燃易爆和有温度控制要求的货物,除满足温度控制要求外,在高温地区航行时,若舱温过高应采取洒水降温等措施,以防意外。

8) 禁止检修或船体保养

船上所有易燃易爆气体可及区域,不得进行任何能产生火花的检修或船体保养工作。

四、危险货物卸货

1) 卸货前,船方应向装卸、理货等有关方详细介绍危险货物的货位、状态、特性、卸货注意事项等。对可能存在危险气体的货舱进行彻底通风。

2) 按前述装货过程中的"做好相关安全防护工作"要求执行。

3) 督促装卸工人严格按有关操作规程作业,严防撞击、滑跌、坠落、翻滚,严禁挖井或拖关等不安全作业。

4) 卸货完毕后,应及时整理货舱。谨慎处理危险货物的残留物和垫舱物料。危险货物的残留物或含有这类残留物的洗舱水必须按国家和港口的规定处理,不得随意排放或倾倒。

五、运输熏蒸货物运输单元的注意事项

船舶运输熏蒸货物运输单元应遵守《国际危规》"5.5.2 适用熏蒸货物运输单元(UN 3359)的特殊规定",并参照 IMO《经修订的关于船上安全使用杀虫剂进行货物运输单元熏蒸的建议案》(海安会 MSC.1/Circ.1361/Rev.1 通函)的相关要求。除了前述熏蒸警示标志外,还应满足关于单证、培训、经熏蒸的货物运输单元的操作和运输要求和其他补充规定。

在装载经过熏蒸的货物运输单元之前,须通知船长;熏蒸货物运输单元作为第 9 类危险货物(UN 3359)运输,被归类到积载类 B,但在甲板上积载更合适;积载应避开生活区域并应距离通风口至少 6 m;如果在甲板下积载,货物处所应配备机械通风和探测相应蒸气的设备,换气次数不少于 2 次/h,至少一名高级船员和一名船员接受适当的培训,并指定为受训船长代表;运输熏蒸货物的货物运输单元须当气体扩散至最小时才能关闭;货物运输单元一旦装船,则不得对其内容物施用熏蒸剂;船长应在船舶到港前不少于 24 h 通知港口国当局正在进行载运途中熏蒸。

第七章　普通杂货与特殊杂货运输

杂货(general cargo)是指种类繁杂、性质各异、包装形式不一、批量较小货物的统称,该类货物通常采用杂货船和集装箱船运输两种运输方式。本章介绍非集装箱形式的杂货运输。

第一节　普通杂货的分类和配装要求

杂货有多种分类方法,如按货物的形态、包装、运量、装卸港、货物性质和装运要求等方法进行分类。按照货物性质和装运要求不同,可将杂货分为件杂货、散杂货物、货物(运输)单元以及其他种类货物。

一、杂货的分类及舱位选择

1. 件杂货

件杂货是指以各种包装形式运输的货物。根据货物在运输、装卸和储存过程中是否存在特殊危险性,将件杂货分为包装危险货物和一般件杂货。件杂货的配装应使货物本身的特性、包装类型等与货舱条件相适应,从而保证船舶安全和货物的运输质量。

1) 包装液体货(liquid cargo in package)

包装液体货多以桶装形式运输。如桶装的酒类、动植物油、蜂蜜、肠衣、化工产品、酱菜等。该类货物的包装有大(小)铁桶、木桶、塑料桶、鼓形桶等,单件重量不一,在运输中易发生渗漏,若垛形系固不牢及堆垛不紧凑会发生倒塌和移动。

桶装液体货要求积载处所底面平整、稳固。包装坚固的大桶应配装在中部货舱底部打底;包装不太坚固的桶装货物,宜配置在二层舱舱口四周底部,避开舱口位置,同时在舱底铺垫帆布,以防因渗漏而污染其他底舱货物;当数量较少时,宜装于舱的后部,经货主同意,可舱面积载。

2) 气味货(smelly cargo)

气体货是指能散发某种异味的货物。有的是货物自身具有强烈的气味;有的是因含其他成分而有特殊异味。如烟叶、辣椒干、棕榈粉、樟脑、化妆品、香料,各种皮类、丝绸等。

在配装时,如果同时有多票气味货,且气味货之间气味相近或性质不互抵时,应尽量集中配装于容积较小的首、尾货舱,以减小对其他货物的影响。装于上甲板的气味货应尽量远离船员居住处所,并尽量将货物置下风侧。

3) 扬尘污染货(dusty and dirty cargo)

扬尘污染货是指能散扬粉尘并使其他货物受到污染的货物,通常使用纸袋、塑料袋等软包装。如水泥、石墨、炭黑、立德粉、颜料等。

扬尘污染货应尽量先装后卸,整票集中配装于首、尾部底舱或其他货物下面,装后清扫货舱并适当铺垫,然后再装载其上面的货物。如果需配装在二层舱时,宜配于二层舱底部其他货物下面或与其他货物扎位装载,同时,在货物底部及底舱货物上面予以铺垫,以防污染底部货物。

4) 易碎货物(fragile cargo)

易碎货物是指受挤压、撞击而易于破碎的货物,如玻璃及其制品、陶瓷制品、各种瓶装或罐装货物等,通常为箱装。

易碎货物应配装在基础平稳、不受挤压、易于装卸的舱位,如二层舱或底舱舱口下方或其他货物上面,尽量后装先卸。

5) 食品类货物(food stuffs)

食品类货物是指各种食品、谷物及饲料,如糖果、奶粉、花生、瓜子、茶叶、调味品、罐头、粮食、药品等。由于本类货物多为供人食用的食品及原料,因而无论是舱位的卫生条件还是与其他货物的相容关系都应予以充分考虑。

食品类货物要求配装舱位清洁、干燥、无异味、无虫害、无污染、远离热源、通风良好。

6) 清洁货物(clean or fine cargo)

清洁货物是指不允许混入杂质或被沾染的货物。本类货物一般不会对其他货物造成危害,但应防止被其他货物如滑石粉、焦宝石、纸浆、镁砂、生丝等所沾染或掺混。

清洁货物应配装于清洁、干燥处所,防止混入杂质及被其他货物所污染。

7) 贵重货物(valuable cargo)

贵重货物是指价格昂贵或具有特殊使用价值的货物,如精密仪器、高价商品、历史文物、展品等。在装运中,主要应注意防盗问题。

贵重货物舱位主要应考虑便于保管及防盗,尽可能配装于专用的贵重货舱;如无专用舱室,可配置于货舱一角,并用其他货物围堵;数量较少的极贵重物品应由船上专人保管。

8) 普通货物(normal general cargo)

普通货物是指件杂货中除上述货类以外的其他货物,它们在运输中通常无特殊要求。

2. 散杂货物

散杂货物指散件货物或运量较小的干散货物,包括散装木材、裸装钢材、固体散货等。

设有深舱的杂货船也可载运散装形式的液体货物,但目前液体散货一般要求由液体散货船装运,例如散装植物油根据 IBC 规则属于 Y 类物质,须由化学品船运输。

1) 散装木材(timber)

散装木材是指散装运输的原木、锯材(成材)及制材(木材制品)。木材具有尺寸大,积载因数大,易吸湿或散湿、可燃等特点,运输中应注意该类货物对船舶营运及安全的影响。不满足木材甲板货装运要求的船舶装运木材时一般应配装在舱内。

2) 裸装钢材类货物

裸装钢材类货物是指各种类型的无包装成件金属类货物,按形状可分为板材、型钢、管材类、铸锭类、丝卷类等钢材货物。

金属类货物具有积载因数小、长型材长度大,易锈蚀、易变形和易移动等特点,装运时应注意该类货物对船舶稳性和强度的影响,并进行良好的积载和系固,确保货物质量和运输安全。

裸装钢材类货物一般配装于底舱作打底货。长度较大的金属线材、型材、管材和板材应配装于舱口大、舱形规则的中部货舱,以便装卸和堆码作业。

3)散装固体货(bulk cargo)

区别于专用散货船整船装运散货,船上非整船(即仅部分货舱或部分舱位)装运的不加包装的块状、颗粒状、粉末状的货物,如矿石、粮谷、化肥、水泥等,这些货物也属于杂货范畴。这类货物的主要特点是无包装且多数具有散发水分和易污染其他货物的特性。装运前应根据货物的要求做好货舱的准备工作,用麻袋或其他等效材料铺盖舱内污水井,以防污水井盖的漏水孔被货物堵塞或货物落入污水井内。

杂货船一般适宜在满载时装载积载因数为 $1.39 \ m^3/t$ 至 $1.67 \ m^3/t$ 的货物。当装载高密度固体散货时,须特别注意货物重量的分布,以免产生过度应力。

固体散杂货数量较大时,宜整票集中配装于容积较大的中部底舱作为打底货,以利装卸和货物底脚清理。如因港序限制需配装于二层舱时,其底舱货物的上面应予铺盖,以防开启底层舱盖时舱内的残留散货污染底舱的上层货物;货物装舱后应按要求平舱;多票散货不宜同配一舱,以免混票而影响货物质量。此类货物不能使用小块、易破碎的材料做衬隔。

3. 货物(运输)单元

见本章第四节。

4. 其他货物

除了上述三类货物外,还有其他一些特殊杂货,如冷藏货物、活动物、重大件等,它们对船舶装运条件均存在特殊要求。冷藏货物运装于冷藏船货舱或冷藏集装箱内。活牲畜货物应配置于上甲板和通风良好的处所,远离船员生活工作区。重大件货物应选配于舱口尺度较大和备有重吊(使用船上装卸设备时)的大舱舱口下方和上甲板,配于二层舱时必须注意其高度。危险货物尽可能安排其最后装、最先卸,积载位置应远离机舱和其他热源,满足《国际危规》和其他相关法律法规的要求。

二、杂货舱位选择应考虑的其他因素

在选择杂货的配装舱位时,除考虑不同类别杂货的装运要求外,还应考虑货物的轻重、污染程度、包装、装卸工艺等相关因素,具体如下:

1. 货物轻重不同时,上轻下重

为了避免重货对轻货的压损,尽量将积载因数较大的轻货配装在积载因数较小重货的上面。另外,从便利装卸及保证船舶稳性的角度,重货也应配装于货舱下方。单件重而大的货应选配于舱口位下方。

各舱货物重量分布应注意满足总纵强度要求,载货体积接近舱容时,各货舱应轻、重货物合理搭配。

2. 货物污染程度不同时,上清下污

为防止扬尘污染货对清洁货物的污染,尽量将扬尘污染货和清洁货物配装于不同货舱或舱室。如果配装于同一舱室,应将扬尘污染货物配装于清洁货物的下面,并在装载清洁货物前对货舱相应部位予以清扫和装好的扬尘污染货物上面铺盖帆布。后卸港货、桶装液体货、重污货应选配于靠舱后壁。怕潮货应避开舱内易产生汗水部位(如露天甲板下、水线附近等)。

3. 货物包装强度不同时,下重强、上轻弱

重货、包装强度大的货、耐压的货在下面,轻货、包装强度弱的货、不耐压的货在上面。按包装形式由上而下一般顺序为:易碎货、纸箱货、袋装货或木箱货(视包装强弱决定两者上下关系)、捆装货、大桶或耐压的裸装货。应注意货件高度的倍数与舱高的吻合程度。对于有堆高限制的货物,货堆层数不应超过其限制层数,如表 7-1 所示。

表 7-1 几类包装货物的限高

包装	限高(层)	包装	限高(层)
大桶装 200～300 kg	5	纸袋装(水泥)	13
大桶装 300～400 kg	4	坛装	3～4
大桶装 400～500 kg	3	捆装(蚕茧)	4
大桶装 600 kg 以上	2	捆装(烟叶)	5～6
亮格箱	5～7	纸板箱装(烟叶)	15

4. 货物的批量不同时,数量多的配大舱、少的配小舱

货物的批量不同时,大批量货物优先考虑底舱或大且便于装卸的舱位配置,小批量货物配小舱、二层舱或大批量货物的上方。

5. 货物包装形式不同时,大、硬配船中,小、软配首尾

在货物的配装时,应选择与货物的包装形式和规格相适应的舱位。从充分利用舱容,保证货堆的整齐、稳固及便于堆垛等方面考虑,小包件货物、软包装货物宜配装于首、尾部舱位,而体积大而硬的包装(如大木桶、铁桶)货物宜配装于中部货舱。

三、正确处理货物的忌装与隔离要求

性质不相容(或称"互抵")、存在相互隔离(segregation)要求的货物称为忌装货。忌装货混装后,轻则会影响货物的质量,重则会使货物丧失其使用价值甚至造成严重事故。因此,货物配积载时,须对忌装货进行隔离。

1. 不相邻

性质相抵的货物之间不相邻或不直接接触配置,常用的方法是在两者之间配置与两者均无隔离要求的其他货物。如小五金(遇热包装外易渗防锈油)与丝绸、棉布等捆包装货物应满足不相邻的隔离要求。

2. 不同室

性质相抵的货物之间应该满足的最低配装要求是不能装载在同一舱室,它们可分别装在同一货舱的二层舱和底舱。如食品类货物与轻微气味货之间、相互间发生一般性化学反应的货物之间,一般应满足不同室的隔离要求。

3. 不同舱

性质相抵的货物之间应该满足的最低配装要求是必须分装于不同的货舱。即使分装于同一货舱的二层舱和底舱也不满足此项要求。如潮湿货和怕潮货应满足不同舱的隔离要求。

4. 不邻舱

指至少间隔一个货舱或舱室配装。如散装有毒危险货与散装食品之间应要求满足不相邻舱的隔离要求。

正确处理货物的忌装,必须明确各种常见货物的忌装要求和混装后果,并在货物装卸的实际工作中严格地贯彻执行。附录 2-3 列出了部分杂货的混装后果和忌装要求。

四、普通杂货的堆码、衬垫与隔票

1. 杂货的堆码(stowage)

正确的货物堆码是保护货物完好,保证船舶、货物安全,充分利用舱容的重要措施之一。货物在船上的堆装、堆码方法,因货物性质、包装的不同而有不同的要求,但总的来说,都必须遵循堆装整齐、稳固,防止挤压、倒塌,避免混票和便于通风(如需要)等原则。

1)袋装货物堆码

袋装货物(bagged cargoes)包括袋装谷物、大米、食糖以及袋装矿粉、矿砂、水泥、各种化肥等。它们多采用布袋、麻袋、纸袋、塑料袋、编织袋等包装。袋装货件较为松软,便于有效地利用舱容,故一般多选配在形状不规则的首尾货舱,以便留出中部货舱供对舱室形状有特殊要求的货物装载。根据袋装货物的性质和对货堆稳固性的要求,其堆装方法有以下几种。

垂直堆码(bag on bag stow):又称重叠堆码,袋口朝一个方向直上直下的堆码。为保证垛堆的稳固,一般每码 6～7 层后掉转袋口方向一次,如图 7-1(a)所示。其特点是操作方便、利于通风,适合于长途运输和要求通风良好的货物或较重的货物(可以提高重心)。

压缝堆码(half bag stow):上层袋子压在下层袋子接缝处的堆码,如图 7-1(b)所示。其特点是垛形紧密、稳固、节省舱容,但不利于通风,适合于短途运输和通风要求不高的袋装货物。

纵横压缝堆码:上层袋子横向压在下层袋子纵向接缝处的堆码,如图 7-1(c)所示。此种垛形最为稳固,但不便操作,通常用于堆码垛顶和垛端,以防倒塌。

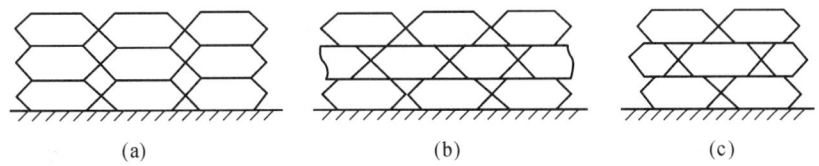

图 7-1 袋装货的堆码方式

袋装货物扎位装载时须注意垛头稳固,整舱平铺装载时要求充分利用舱容,紧密堆放;而对须通风的袋装谷物则要求做到堆码整齐,按规定留出通风道。袋装货物堆装时应注意防止袋货破损,严禁装卸工人使用手钩,破损的货袋应及时修复或更新;整舱装载袋装货时,舱底应铺垫木板和帆布,铺垫方法应先中部后四周压叠铺垫,并准备一定数量空袋,以便卸货后收集撒落在货舱内的地脚货;对怕潮的货物应注意衬垫,以防汗湿。

2)箱装货物堆码

木箱(wooden case)较坚实耐压。大箱宜配装于中部大舱,如需装于二层舱时要考虑其高度,避免造成过多的亏舱;小箱(box)可配装于各个货舱,亦可作为充分利用舱容的填充货。木箱的堆高一般不受限制,若需要在其上面堆装重货时,应在货堆表面铺木板衬垫,以分散压力;大小相同的箱子应"砌墙式"(brick fashion)堆码,并注意紧密稳固;在货舱底部的不规则部位应使衬垫平整后再堆码木箱货。

木格箱(skeleton case or crate)不耐压。新鲜蔬菜类货物装于冷藏舱,航线短时可配于二层舱口位。纸板箱(carton)不耐压。可配装于各舱室的上层,多数堆装在其他货物的上层。

箱装货物一般可采用垂直码垛,如其上需加载其他货物,应在上层箱货表面铺垫木板。包装脆弱、重量轻的箱装货,宜采用压缝码垛,以使垛形牢固,当堆码到一定高度时,且应视其具体情况铺垫一层木板,以使下层货箱受力均匀,避免压损。堆装大型木箱时,应衬垫方木和撑木并进行必要的绑扎。

3)桶装货物堆码

桶装(drum)从材料而言有金属桶、木桶、三夹板桶、塑料桶等,从形状而言有圆形桶和鼓形桶。圆形桶一般应直立堆码,桶口向上,紧密交错,整齐排列;一般铁桶货每堆码一层铺垫一层木板,以求受力均匀,堆垛稳固;鼓形桶的强度为中间弱,两头强,桶口在腰部,其设在腰部的桶口向上,一般应按图 7-2 所示的形式堆放,其底层和靠近舱壁处的空隙部位用木楔塞紧,以防滚动和坍塌。大型桶装货堆码应注意堆高限制(表 7-1),装载时货件与舱底之间、每层货物之间应铺一层木板,货堆高度不能超过限高;若配于二层舱,大桶货在舱的四周一般只能堆 1~2 层高,其上配以其他小件货或轻货,以利装卸和充分利用舱容。

图 7-2 鼓形桶装货物的堆码

4)捆装货物堆码

捆装货物有多种形式,包括:

(1)捆包(bale)货物:分为人工捆包和机械捆包,其体积和重量各异,不怕挤压,可配装于各个舱室,更适宜配装于首尾舱。

(2)捆卷(roll)和捆筒(coil)货物:金属类捆卷、捆筒货耐压(砂钢除外),可作打底货;非金属类捆卷、捆筒货不耐压,不能作打底货。捆卷和捆筒货均易滚动,为保证运输安全,数量较少时,其滚动方向应沿船首、尾方向堆放,并前后固定塞紧。当数量较多时,也可横向铺满舱底直达两舷,铺平并在两舷衬垫木板后上压其他货物。舱内部分装载捆卷、捆筒货物也可采取立放堆垛形式。这类货物宜配装于舱形较规则的中部大舱。捆卷、捆筒货物的堆码如图 7-3 所示。

(3)捆扎(bundle)货物:金属类捆扎货耐压,可作打底货;非金属类捆扎货多数不耐压,一般不能作打底货;长件金属类捆扎货宜配装于舱口尺度大、舱形规则的中部舱室,而且要顺着船舶首尾方向堆放,以防止船舶横摇时损伤船体。为防止各种金属管材受损变形,要求其堆码平整、紧密。捆扎货物的堆码如图 7-4 所示。

图 7-3　捆卷、捆筒货物的堆码

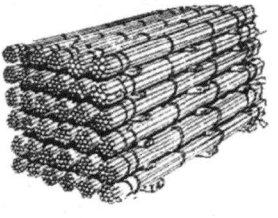

图 7-4　捆扎货物的堆码

5) 裸装(unpacked)货物堆码

(1) 各种钢材的堆码：钢轨、槽钢、金属块状货物等金属裸装货物一般在底舱平铺堆码，应尽量堆至两舷，不留滑动空间。长形钢材也适于作打底货，在舱内应顺着首尾方向堆放。采用纵横交错堆码时，应在两舷加以衬垫以防钢材两端撞击船体。要求堆码平整和紧密，以利在其上堆放其他货物。钢管等管类货物的堆码如图 7-5 所示。

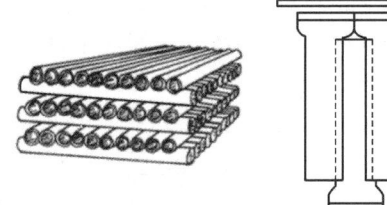

图 7-5　钢管等管类货物的堆码

(2) 大型机械和车辆的堆码：注意货件的最大尺寸和总重量，注意保护货件突出部分不受损伤，超允许负荷时合理衬垫。堆码要求平整、稳固，并按要求系固。大型机械和车辆的堆码如图 7-6 所示。

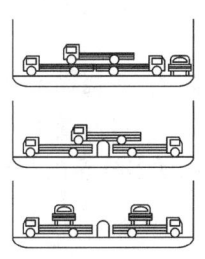
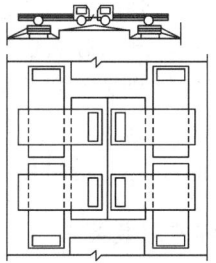

图 7-6　大型机械和车辆的堆码

2. 货物衬垫（dunnage）

衬垫的作用是防止货物受到水湿、撒漏、污染等损伤，并防止移动和损坏船体。

1) 防止货物水湿的衬垫

装载袋装、捆包类等怕湿货物，应根据货种、航区温度变化及航行时间长短等情况，在舱底、舱壁、舷侧等处加以适当衬垫。

在底舱舱底，视具体情况铺垫1~2层具有一定厚度的木板并在接近污水沟处应留出空当。对袋装大米底板一般以双层衬垫（double dunnage）叠铺成交叉十字形。当污水井在舱后部时，则应下纵上横；当污水井设在两舷时，应上纵下横，以便顺舱壁、舷壁淌下的汗水及船底污水能畅通流入污水井。靠近舱壁、舷壁处的衬垫，主要是防止货物汗湿，一般可用帆布、木条等进行隔衬。为防止舱顶汗水滴湿货物，可在货物顶部铺以帆布或塑料防水布呈鱼鳞状依次铺盖。

2) 防止货物撒落、掺混和污染的衬垫

当装载矿砂、矿石等散货及包装扬尘污染货时，应在与其他怕湿、怕污染货毗邻处用帆布、塑料布等隔衬；在二层舱装载污染货时，应在污染货物底部和底舱货物顶部铺盖塑料布或帆布，以防货物撒落而污染底舱货物。当二层舱装载散货时，其底部不可放置衬垫物（卸货时易被抓斗、铲车等损坏而失去作用）。为防止撒落污染，可在底舱货物顶部严密遮盖。对于具有腐蚀性货物，也可根据需要在其底部衬垫其渗漏后防止渗透的材料或吸收材料。

3) 防止货物压损、垛堆倒塌和货物移动的衬垫

当装运包装不太坚固的货物或当堆码较高时，为防止下层货物压损、垛堆倒塌或货物移动，可视具体需要每装一层或几层铺设一层垫板，以保持货件受力均匀。

在甲板、舱底装载箱或桶类货物，舱内装载重大件货物或装载块状钢铁货物时，为防止货物移动、滑动，可用木楔、垫木等垫料予以垫紧或用撑木支撑固定，或在舱底铺设垫料以增加货物与舱底之间的摩擦力。

装载重大件货物，为扩大受力面积，保证局部强度，需在底部衬垫方木、型钢、钢板或木板等，减小甲板负荷量，使其实际负荷不超过许用负荷的要求。

4) 防止货物撞击、振动的衬垫

对船舶航行中应防振动、撞击的货物，需根据货物的具体情况在适当部位垫以木屑、刨花、草席、泡沫塑料等缓冲的材料，但需要兼顾货物稳固性要求。对于这类货物，例如危险货物，更多地通过在外包装内设置内衬材料起到防护的作用。

3. 货物隔票（separation）

隔票的目的是防止不同到港、不同货主、不同关单号而包装外形大小相同或相似的货物产生混票，导致错卸和货差。隔票方法包括：

1) 自然隔票：用包装材料明显不同的货物进行隔票，或选择不同的舱位。
2) 用合适的材料隔票：用帆布、草席、绳索、绳网等材料放置于需隔票的货物上。
3) 用特殊标记隔票：钢材、木材等可用油漆、颜料、标志笔等在需隔票的货物上做标记。

五、不同装、卸港货物的配装要求

杂货船每航次一般都要停靠多个中途港进行货物装卸，货物在装配时，应保证中途港货物顺利装卸及在中途港货物装卸后的船舶性能。

1. 保证各中途港的货物顺利卸载

1)二层舱防堵舱容和防堵货物体积

在底舱装有先卸港货物时,二层舱的后卸港货物需要避开二层甲板舱口位,并与舱口盖之间留有一定间距,以便在卸底舱货物时能够打开舱口盖。二层甲板舱口四周 1 m 以外可供配装后卸货物的二层舱最大货舱容积称为防堵舱容(图 7-7),而在相应舱位内实际配置的后卸港货物的体积为防堵货物体积。显然,欲使底舱卸货时舱盖能安全开启,防堵货物的体积应不大于货舱防堵舱容。

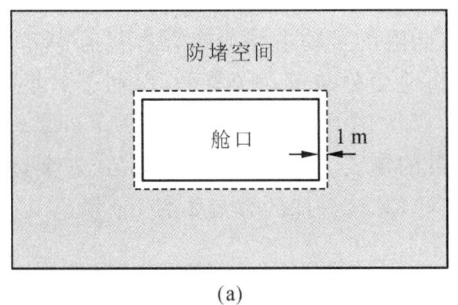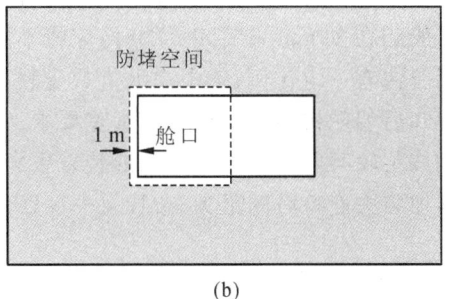

图 7-7 防堵舱容示意

(a)舱口全开;(b)舱口半开

2)正确处理不同装卸港货物的堆装

当货物批量小,或存在多个装卸港或泊位并且先卸货为重货时,既要防止后卸货堵住先卸货,又要满足重不压轻的要求,可采取前后扎位装载方案或选择不同舱室。扎位是指货物在水平方向前后或左右积载的方式,它区别于上下平铺方案。前后扎位一般要求先卸货配装于货舱的前半部分或中部舱口附近,后卸货配装于货舱的后半部分或前后部。为防止先卸货卸载后后卸货倒塌,后卸货堆码时货堆可有一定的倾斜,呈梯形状。货物扎位堆码时,同一装卸港的货物其重量应左右对称分布。不同货物的批量较大时避免左右扎位积载,防止船舶在装卸过程中和中途港装卸后产生横倾。如图 7-8 所示,先卸港 A 和后卸港 B 的货物分别在底舱和二层舱的积载方案。其中底舱(侧视图)货物 B2 的上层 A1、A2 为先卸港货,B1 为后卸货,它们为前后扎位关系;B2 和 B3 为上下平铺。二层舱(俯视图)舱口位 A1 与两侧的 B1 之间为左右扎位,它们均位于二层舱中部,与二层舱前后部的 B2 均为前后扎位关系。注意底舱因舱高较大,不能深扎位和直立扎位。

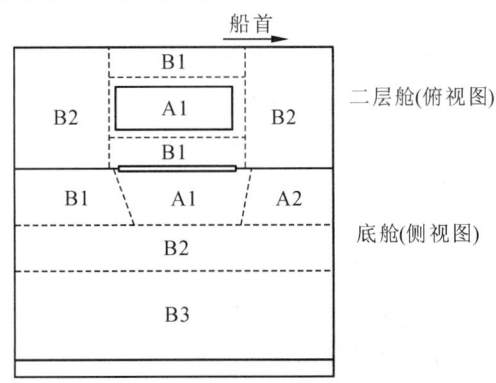

图 7-8 杂货平铺和扎位堆码方式

2. 选港货和转船货

选港货(optional cargo)是指为货物指定若干可供选择的卸货港,在船舶到达第一个选卸港前48 h才通知其具体卸货港。选港货应配置在所规定的各选卸港都能顺利卸出的舱位。一般数量不大,可安排在二层舱舱口四周或底舱上部舱口下方附近。

转船货(transshipment cargo)指途经第三国港口以水运转水运的货物。转船货的批量一般都不大,应尽量集中配置,以便于在转船港集中卸载和保管。

3. 保证各中途港卸载或加载后船舶性能符合要求

当船舶在多个港口装卸货物时,应将不同装卸港的货物适当分布在各货舱中并且货物在二层舱占有一定比例;若中途港货数量较大,应适当分装于几个货舱,以利于满足顺利装卸和装卸后船舶的稳性、强度、吃水差要求。

例如某轮某航次计划在青岛港装载去鹿特丹的罐头,去汉堡的棉纺织品、五金,然后在上海港加装去鹿特丹的罐头、杂货及去汉堡的茶叶,其较合理的方案如图7-9所示。

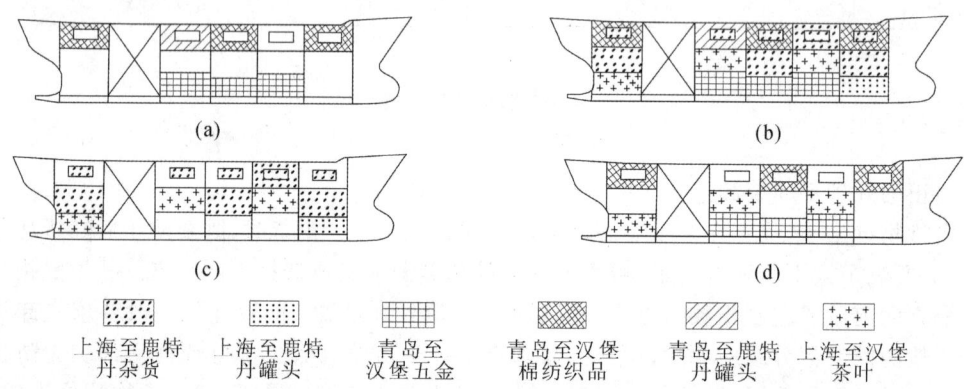

图7-9 不同装、卸港货舱位分布

(a)青岛港装载情况;(b)离上海港时的半载情况;(c)上海港装载情况;(d)离鹿特丹港时的装载情况

六、保证船舶快速装卸

1. 便于装卸和安全操作的货位安排

1)单件重量较大的货物,除具有搬运、堆码机械且方便操作者外,一般不宜配于货舱深处。

2)超长件如需下舱,应配置在具有大舱口的货舱内。

3)重大件货物应考虑装卸港起货能力及本船重吊起货能力及位置。

4)舱内最上一层货物应在甲板下具有足够的空间高度,以便工人直立操作。

5)杂货船部分装运的固体散货常采用抓斗卸船,为便于抓卸,减少人工操作,应尽量将散货配装在中区货舱。

6)小批量货物应尽量集中扎位装载,不宜整舱平铺。

7)底舱舱口位四周的货堆不宜太高,以便装卸机械作业。

8)同一舱室内不宜配置两种不同的散货。

2. 缩短船舶在港停泊时间

船舶在港停泊时间分为生产性停泊时间和非生产性停泊时间,而生产性停泊时间又由装卸作业时间和不能与装卸同时进行的辅助作业时间所组成。从货物配积载的角度,主要是缩短船舶的生产性停泊时间。为此,在选配各舱货载时,应考虑有利于平衡舱时,即尽量缩短船舶的重点舱(long hatch)与非重点舱之间的时间差距,尽量将装卸效率较高的货物配置于重点舱。所谓重点舱是指船舶各货舱中所需装卸时间最长的货舱。

合理选择货位和正确堆装货物,在货舱高度较大的舱位配装批量较大的货物时,应尽可能平铺,以扩大作业场地且便于工人堆垛,既能加速作业,又有利于安全操作。即使在扎位装载时,也应尽量扩大作业范围。例如图 7-10 所示的二层舱需装载 4 种货物,显然(a)(b)两种配装方案中,(a)方案更有利于快速装卸。

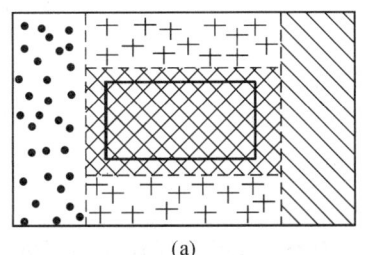 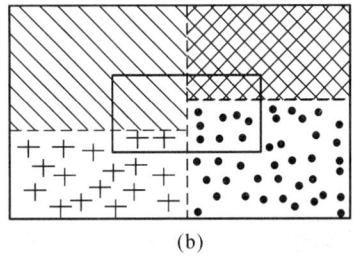

(a)　　　　　　　　　　　　(b)

图 7-10　不同货物配置方案的作业面区别

需要在专业化码头作业的货物,应尽量集中配装,以免船舶多次移泊。外舷装卸的货物,尽可能配装在同一货舱,以减少浮吊移动次数及调换吊杆的里外档作业次数。可以使用相同属具装卸的货物,应尽量一次装舱,以减少调换属具的时间。

【思考与应用 7-1】

1. 件杂货、散杂货有何区别?
2. 简述件杂货的分类及特性。
3. 散杂货主要有哪些?专用散货船利用整船直接在船舱内装运无包装的矿石、煤炭或谷物等,是否属于杂货范畴?
4. 杂货的舱位选择应注意哪些要求?
5. 什么是杂货的忌装货物?忌装杂货间的隔离要求有哪几种?
6. 袋装货物的堆码方式有哪几种?各有何特点?
7. 货物衬垫的目的和方法有哪些?
8. 货物隔票的目的和方法有哪些?
9. 为何货物批量较大时,不同货物不宜左右扎位堆装?

第二节　杂货船配积载图的编制

船舶在装货前,应根据装货清单所列航次货运任务,考虑货物的种类、装卸港、特性和装运要求等,结合船舶的技术性能、港口、航线等情况制定货物在船上的配置计划,习惯上将该配置计划称为配载图(stowage plan, cargo plan)。该项工作一般由船舶的大副具体负责完成,船长负责指导和审核。有些港口,杂货配载方案的编制工作可能由港方完成,但船方仍然负有货物合理积载,保证船舶安全、货物运输安全和货物运输质量的责任。

编制船舶配载图是一项细致、复杂而又直接影响船舶安全、货物运输质量及船舶营运经济效益的工作,需要充分发挥船舶载货能力;满足稳性、吃水差、强度等要求;考虑港口、航线条件;同时还要根据货物的特性和积载要求,满足货物的积载、系固、隔离、衬垫、隔票和货物运输管理等各方面的要求,以保证货物运输质量。

编制船舶配载图的一般步骤包括:核定航次货运任务与船舶载货能力是否相适应;确定航次货重在各货舱、各层舱的分配控制数;确定货物的舱位和货位;对初配方案进行全面核查;核查和调整船舶的稳性、纵向受力和吃水差;绘制正式配载图。

实际装货过程中,由于各种原因往往需要对配载方案进行必要的局部调整。例如,装货清单提供的货物尺码与实际尺码不符,以致不能按原计划装舱;计划装卸的货物因未能及时运到船边,需更改货物装卸的舱位或装舱顺序;由于各舱装货进度不同,需进行局部调整以平衡舱时;船舶为乘潮出港,需提前结束装货而将少量货物退关;衬垫、系固方案的变更等。如果货物实际装载与装货前编制的配载图存在差异,应先征得船方同意,在完成货物装货后,理货人员应根据实际装载情况编制货物积载图,它是船方进行货物运输、保管和卸货工作的参考资料,也是装、卸港办理涉及危险货物的申报手续,卸货港安排泊位和指导卸货作业的文件。

不同类型船舶,其舱室布置、性能特点、载运货物种类、积载方式和到港数量等不同,编制船舶配载图的方法和配积载文件的形式也存在差异,本节仅介绍编制杂货船配载图的一般步骤。

一、编制配载图的准备工作

在编制配载图前,应首先进行调查研究,分析船舶、货物、航线及港口等资料情况。

1. 熟悉船舶情况

需掌握与积载有关的船舶情况和资料包括以下内容:

1)船的主要技术数据

船舶主要技术数据包括船舶尺度,空船排水量及其重心位置,船舶常数,各载重线对应的满载排水量、载重量、航速及续航力等。

2)货舱及装卸设备资料

货舱及装卸设备资料包括:各货舱和舱口位置、尺度、容积、重心;各层甲板许用负荷量;各二层舱防堵配装容积;各货舱吊杆配置、安全负荷及舷外跨距;货舱内各种设备(支柱、地令、轴隧、污水井、电缆、测水管、通风设备、消防设备等)的配备及布置情况等。

3)液舱柜及油水消耗资料

液舱柜及油水消耗资料包括:各燃油舱、柴油舱、滑油舱、淡水舱及压载舱位置、容积、重心;船舶航行或停泊每天燃料、淡水消耗定额;造水机的造水能力。

4)船舶性能核算用图表

船舶进行稳性、强度、吃水、吃水差核算时应具备下列资料:不同纵倾条件下的船舶静水力参数资料;极限重心高度或初稳性高度曲线图(或数据表);形状稳性力臂资料;自由液面修正资料;进水角和受风面积资料;横摇周期与初稳性关系曲线;典型装载状态的稳性总结和计算资料;许用静水弯矩和静水剪力资料;船舶吃水的垂线位置修正资料;吃水差比尺或图表;船舶适用的稳性衡准要求等。

另外,尚需注意本船配载计划的历史数据,分析在营运实践中总结出的有关数据和经验,如本船适度稳性、吃水差大小和相应的各货舱、各层舱实际配货比例等。

2. 熟悉航线和港口情况

1) 本航次所经海区和季节期及相应区域航程,以确定所允许使用的载重线。

2) 航线及港口水深条件,有无浅水区限制船舶吃水,如有限制,需确定浅水区距始发港的距离及该水域水密度,并据此确定装货港允许的最大总载重量数据。

3) 船舶所经海区的风浪、气温等变化情况,以便据此合理确定货位及采取必要的防范措施。船舶航经大风浪区域时,应评估甲板积载的风险,慎重安排甲板货的数量、货种和货位,并应事先做好系固等防范措施;若航经海区气温变化较大,则应在货物通风、衬垫等方面预先采取措施。

4) 港口装卸条件及规定,如港口装卸工具、起重设备能力,可同时作业的装卸设备台数、每天作业班次、节假日规定、危险品作业规定等,以便配装时作出妥善安排。

3. 熟悉航次货载情况

船舶每个航次所装运的货物是以装货清单(loading list)形式通知船方的。装货清单的内容包括:装货单号、目的港、货名、包装形式、件数、毛重和估计体积等。对于有特殊装载要求的货物、危险货物、重大件货物等均在备注栏内附加说明。

在编制配载图之前,船方应首先从装货清单中了解本航次货载的基本情况。不清楚之处可通过代理或港方了解,有时对某些特殊货物还应到现场考察和核对货物尺寸、包装、形状等。对危险货物,应认真查阅《国际危规》及适用的相关法规,从而了解货物性质、装运要求及防范措施。

二、杂货的配装顺序

在进行货物配载图编制时,应根根不同类型、特性和装卸港货物的配装要求,按一定的顺序操作。

1. 按货物特性宜先特殊后一般

特殊货物应优先选定舱室和货位。如危险货、易碎货、气味货、污染货、散装货等,要首先按其特殊要求选定适宜的舱位,以便优先满足其特殊要求,然后再视具体情况合理安排一般的无特殊要求的货物,否则可能会出现许多矛盾,致使特殊货物找不到合适的舱位。例如:冷藏货物应配置于冷藏舱,贵重货应配置于贵重舱(如有),危险货应远离机舱、驾驶台及船员住处,重大件货物应配置于重吊所能及的大舱内或上甲板,怕热货不宜配置于热源附近或温度较高的舱室等。

2. 按到达港序宜先末港后初港

为便于按到达港序顺利卸货,避免翻舱倒载,一般宜先配最后到达港的货物,最后配最先到达港的货物。

3. 按舱别宜先下后上,先大后小

杂货船底舱高度一般可达 8~10 m,相对于二层舱,底舱容量大,配货数量大和层次多,货物的配置相对困难。因此，一般宜先配底舱，后配二层舱，这与按货物到达港序配货原则是一致的。

4. 按数量宜先大量后零担

杂货船的装货清单中，总有一些数量较大的货物，一般应先安排批量较大货物的舱位和货位。否则，若先把一些批量较小的零担货物分散配于各舱，那么，最后整票的大批量货物会因找不到合适集中的舱位而被分散拆并配装于多个舱室，从而给装卸货和运输管理工作带来不便。

三、编制配载图的步骤

1. 航次货运任务核算

1) 计算本船航次净载重量，查取船舶货舱总容积。
2) 审核装货清单上所列货物的重量、体积、件数、尺码以及它们的总和是否正确。
3) 比较装货清单中货物总重量和包括亏舱的总体积与船舶航次净载重量和货舱总容积。若货物总重量、总体积分别小于或等于航次净载重量和货舱总容积，则表明货物在重量和体积上满足船舶载货能力的要求，可以全部装运。若航次货载较少或轻货较多，造成船舶较大亏载或亏舱，则应争取追加或调换部分货载，以充分利用船舶载货能力。
4) 核对船舶条件是否满足货物的特殊要求。

有时，即使船舶的净载重量和货舱总容积分别大于货物总重量和总体积，但由于航次货载中互抵性货物过多、危险货物品种过多或有特殊装卸要求的货物过多，而船舶条件无法全部满足，也需要调换或退掉部分货载。这种情况一般要在编制配载方案时才能确定。

2. 确定航次货重在各货舱、各层舱的分配控制数

为减小货物配舱时的盲目性，应先根据船舶稳性、强度和吃水差的要求确定航次货载在各货舱及各层舱重量分配的控制范围。船舶纵向各货舱货物重量的分布一般按照舱容比例分配，以保证总纵强度不受损伤。货物在垂向上，二层舱和底舱货物重量比例按照保证稳性的经验方法确定。

3. 拟定初配方案

拟定初配方案即编制配载草图，初步落实全部货载的具体舱位、货位和积载系固方案。如前所述，在货物配舱时应同时考虑货物性质、轻重、包装、装运要求、船舶到港顺序、装卸作业条件等因素，根据货舱设备条件，合理安排。

1) 货物归类

对装货清单中的货物，按到港和特性对所运货物予以归类。

2) 大体确定各港货物的舱位

根据各目的港货物数量及港序，大体确定各港货物的舱位。

3) 安排特殊货物的货位和积载方案

在对货物归类的基础上，首先安排特殊货物的舱位，如危险货物、贵重品、扬尘污染货、气味货等均应根据其特性和装运要求安排合理的舱位，同时应注意它们之间的合理搭配和适当隔离。不同港口的特殊货，也应遵循先末港后初港的原则配装，以确保卸货港序。

4) 安排普通杂货的货位和积载方案

一般情况下，船舶每个航次的货载中，特殊货物所占比例不会太大，大部分为普通杂货。安排好特殊货物的位置和积载方案后，可按港序先将批量大的货物确定好舱位，然后根据所剩舱容及与各舱分配货重的差值选择适当货物逐舱配置。在此期间，还应考虑货物包装、装卸操作、普通货物与特殊货物间的适应关系等方面要求。此外，船舶在满载条件下，应在首、尾货舱留出一定的机动货载，以便在完货时根据实际观测吃水对吃水差进行调整。所留调整量视船舶大小而异，对于万吨级货船一般应留 $100\sim200$ t 为宜。

4. 对初配方案进行全面核查

配载草图完成后，应进行全面检查，以确保配积载方案正确无误。如有不当，应进行必要的调整。核查项目主要包括：

1）对照装货清单，核查所有货物是否全部配舱，有无漏配或重配现象，各票货物配装重量（或数量）和体积是否与装货清单一致。

2）各舱、各层舱所配货物重量是否与分配重量控制范围相符。

3）各舱所配货物所占舱容，即保证货物所占舱容不大于货舱容积。

4）中途港货物能否顺利卸出，是否存在被堵现象。

5）各货舱所配货物舱位是否适当，货物间在性质上是否互抵，是否满足隔离要求。危险货物的包装、积载和隔离等是否满足《国际危规》和其他相关法规的要求。

6）各层甲板局部强度是否满足要求，在舱内或甲板装载重货时需对载货部位的局部强度予以校核。

7）对于需要系固的货物单元，其货位是否有利于满足系固要求。

8）核查是否便于货物装卸操作，满足安全、快速装卸作业的要求。

5. 核算船舶稳性、强度和吃水差

经对初配方案检查无误或进行必要修改后，应对船舶的稳性、强度和吃水进行核算，应满足相关衡准和安全营运的要求，否则应予调整。

6. 绘制正式配积载图

对初配方案进行了核查、核算、调整，认为符合各项要求以后，可绘制正式配载图。由大副签字后作为货物装船的依据。同样，货物装载结束后，理货人员应根据实际装载情况绘制货物积载图。

货物配载图和积载图合称为货物配积载图，其图示内容和方法是相同的。为了能清楚地表示出货物的配积载位置，一般在底舱的货位以侧视图标示，二层舱的货位则以俯视图标示。有的船舶则可能同时以侧视图和俯视图标示各层舱室和甲板的货物位置。如图 7-11 所示，在积载图上船体和舱室的实体结构用实线标示，不同货物之间应以虚线分隔。在视图方向上能直接看到货物之间的位置关系时，用水平线或竖直线标示，而不能直接看到其位置关系时用斜线标示。配积载图的绘制应清晰、整洁、简明、易懂。配积载图上应写明船名、航次、始发港、各中途港、终点港及离始发港的吃水等。在配积载图上，各票货物对应位置应标明货物名称、关单号、卸货港（存在多个卸货港时）、重量、件数及包装形式。每票货物在图上所占的面积应与其体积大致相对应。

图 7-11(a)：A 货在二层舱前部的左舷，B 货在二层舱前部的右舷，C 货在二层舱的中部，D 货在二层舱后部的上层，E 货在二层舱后部的下层。

图 7-11(b)：A 货在底舱的下层，B 货在底舱上层的前半舱，C 货在底舱上层的后半舱。

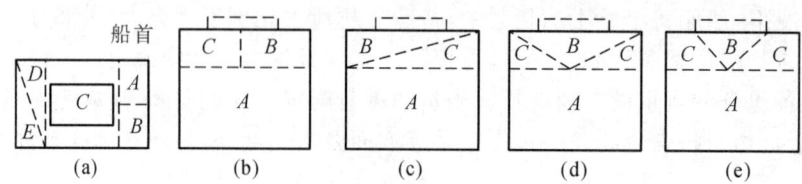

图 7-11 积载中货物积载位置的表示方法

图 7-11(c)：A 货在底舱的下层，B 货在底舱上层的左舷，C 货在底舱上层的右舷。

图 7-11(d)：A 货在底舱的下层，B 货在底舱上层的中部，C 货在底舱上层的两舷。

图 7-11(e)：A 货在底舱的下层，B 货在底舱上层的舱口位，C 货在底舱上层的舱口位四周。

某杂货船"Q"轮某航次配载图的编制过程和配积载图示例见附录 4。图中左上部位是到港货物及其在各舱分布重量统计；右上部位是各货舱及各层舱货物分布重量统计。在积载图下方的备注栏内应扼要注明装载时应注意的问题，如吊杆安全负荷量、衬垫、隔票、通风、防堵、系固及其他应当注意的事项。"Q"轮的部分资料见附录 5。

【思考与应用 7-2】

1. 编制杂货船配载图应做好哪些准备工作？
2. 编制杂货船配载图的方法和步骤有哪些？
3. 杂货船配载图如何表示？
4. 某船 No.1 和 No.2 货舱的货物积载方案如图 7-12 所示。

(1) 试对该两舱货物的积载方案进行说明；

(2) 根据货物情况和港序判断积载方案是否存在问题；

(3) No.1 舱底舱的袋装大米积载时应注意什么？

图中：港口名称及到港顺序依次为：曼谷（曼）、卡拉奇（卡）、迪拜（迪）和达曼（达）。

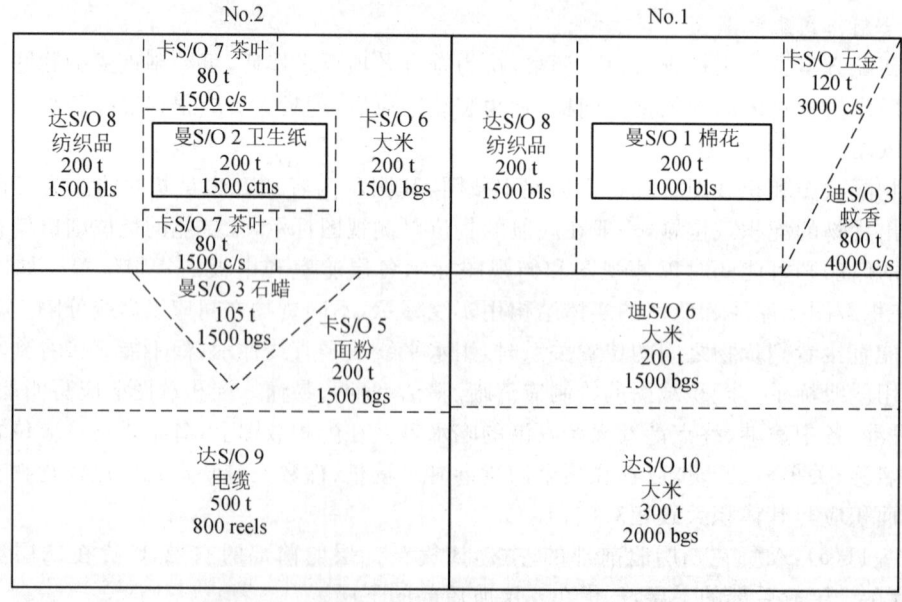

图 7-12 某船 No.1 和 No.2 货舱的货物积载方案

第三节 杂货的安全装运

海上货物运输过程受到多种因素影响,在运输过程中如何保障货物质量完好和数量完整尤为重要。保证货物运输安全和运输质量要懂得分析海上货运事故的种类和原因以及注重海上货运过程中的管理要点等内容。

一、装货前的准备工作

《中华人民共和国海商法》规定:承运人在船舶开航前和开航当时,应当谨慎处理,使船舶处于适航状态,妥善配备船员、装备船舶和配备供应品,并使货舱、冷藏舱、冷气舱和其他载货处所适于并能安全收受、载运和保管货物。即船舶必须做到船舶适航、货舱适货,凡由于货舱不适货或因管理货物不当而引起的货损,船方必须承担全部责任。因此,船舶在装货前,必须做好货舱各项准备工作,做好货舱设备(例如舱口盖、通风设备、舱底水系统等)、装卸设备的检查和准备工作,保证安全设备处于良好状态,以防止货物受损。

船舶装货前,应根据不同货物对货舱要求,进行清洁、干燥、除味、除虫害等工作,并保证水密和相关设备完好。

1)清洁

一般船舶卸货后,装载下一航次货物前,均需对货舱进行清扫和冲洗,要求舱内各部位应无残留的有害杂质、油脂或污秽物。有特殊要求时必须用淡水冲洗干净。液体舱内应无杂质、铁锈、渣滓或其他残留物。

2)干燥

舱内各部位应无积水、漏水、汗水、漏油及潮湿现象。一般通过开舱通风或使用通风设备干燥,有特殊要求时用人工擦拭、烘烤以加速干燥。

3)无异味

舱内应无油气、腥臭和其他影响货物质量的异味。除味可根据拟装货的要求进行清扫和洗刷,残留的异味可用茶叶等加热熏舱,或用化学方法处理。液体舱一般可用热水洗刷,擦干后通风,有特殊要求时可用烧碱水、蒸汽蒸舱清除。

4)无虫害

对装运粮食、食品或其他易受虫害影响的货物,要求货舱内应无虫害和鼠害,必要时通过熏舱消灭虫害。装货后也可放置防虫药物。

5)货舱水密和舱内设备完好

货舱的舷壁和舱口设备应水密,舱内各护板、人孔盖、污水沟和污水井盖板、管系必须完好。通风设备、消防设备、进出货舱的入口护栏和爬梯等必须处于良好的技术状态。每次装货前,应仔细检查,发现问题及时处理。

6)其他准备工作

如果使用船上装卸设备,装卸货前必须对装卸设备进行检查维护,并做好设备启用准备工作。打开货舱舱盖,天黑前应安放好货舱照明灯,确保工作场所安全。

货物的系固、衬垫和隔票物料如果由船方准备,也应提前做好相关物料的选择和准备工作。装运冷藏货、粮食及液体货时,货舱还须通过相关检验部门的检验,取得验舱合格证书后,方可装货。

二、装卸期间的值班和监管要求

要求制定正确合理的装卸计划,做好装卸货期间船员的值班安排。船舶值班人员应做好装卸货期间的监督管理工作。

1. 装货期间的值班管理工作

船员看舱理货对保证货物质量有重要的意义,货物在舱内的堆码、衬垫、隔票、系固、平舱等直接影响航行期间的船、货安全和货物运输质量。

1)监督拟装船货物的质量,主要包括观察包装外表有无损坏、标志是否污损。货物一旦装上船就意味着船方接受货物并开始对货物的质量负责,如有破损、水湿、污损等应报告大副或视情况拒装、退换或批注,或进行其他处理并做好现场记录。

2)掌握装货进度和情况,包括各舱、各类货物的装舱数量、进度情况,装载吃水和吃水差的变化,压载水排放情况等,使用船上装卸设备时应注意设备的工作情况,发现异常时应及时处理。

3)督促装卸工人按要求进行装货作业

(1)督促装卸工人按操作规程和积载图的要求进行装舱、积载和系固作业。装载情况如有变化应征得大副同意,并记录货物的实际装载位置和隔票情况。遇到装卸工人不按积载图装货或违反操作规程时,应当立即纠正或立即报告值班驾驶员。

(2)监督和督促装卸人员按有关规定进行作业。包括:正确操作装卸设备;监督货物正确堆码、衬垫及隔票;按要求进行妥善的货物绑扎系固;散装货物应做好平舱工作;注意操作安全,防止损毁货舱设备,如果因作业人员操作不当造成货舱设备和结构损坏,应立即采集相关证据,由大副拟定设备损坏报告并要求工头签字。

(3)督促理货人员正确理货、检残,分清原残、工残,做好现场记录及签认。需船员自己理货计数时(一般是对特殊货物采取重点理货),看舱人员在每票货物装完后应和港口理货人员核对装船数字。双方数字如不符或与装货单数字不符时,应由大副处理,必要时进行重理。

4)装载危险货物、重大件货物及贵重货物时,大副应到场监装或指导,以保证装载质量和防止货物被窃。大副应随时掌握全船的装货进度、质量和货损情况,必要时调整货载,及时签发收货单和做好批注工作。

5)注意天气变化。如天气变坏,应及时做好关舱准备,保证货物不受损失。

6)在港口装卸工人休息或暂时停工期间,应及时切断起货机和不用的照明电源,以确保货舱安全。装货结束,大副应会同有关人员检查货舱,当确认一切正常后及时封舱,将装卸设备落下,并固定和关闭电源。

2. 卸货期间的值班管理工作

1)卸货开始前的准备工作和卸货过程中的监督检查工作与装货期间相同。

2)卸货时应特别注意防止发生混票和混卸,当货物卸到分票处时,值班驾驶员应亲自到现场掌握情况。

3)卸货过程中如发现货物残损时应分清是原残还是工残,看舱人员应及时通知值班驾驶员和大副到现场查看，查清货损原因。由于装卸工人操作不当所造成的事故，应与装卸公司和现场理货人员共同做好现场记录。

4）卸货结束时，大副应会同有关人员检查有无漏卸货物。

5）卸货结束后或航行期间，应及时清理货舱和整理好衬垫物料，及早按照下一航次（或批次）货物要求做好货舱清洁和准备工作。

三、货物运输途中的管理

船舶在航行中，由于外界气象状况的不断变化，势必影响舱内所载货物。为了保证货运质量，对货物做好一切必要的管理工作，是承运人的责任和义务。

1. 运输途中货物管理

运输途中货物的管理工作主要包括四个方面：

1）经常检查货物的状况。如货物是否有移位、压损、受潮等情况，定时测量舱内温度、湿度，查看怕热、怕潮等货物的情况。

2）测量舱内污水。经常和定时测量污水沟、污水井的污水积存量并及时排出，防止污水造成舱内货物水湿。舱内污水突然增多时，应查明原因，采取相应措施。

3）做好特殊货物的管理工作。如危险货物的防火、防爆及防其他重大事故，贵重货物的防窃，保持冷藏货物的温度恒定等。

4）做好恶劣天气的防范工作。注意气象变化，恶劣天气来临前，认真检查货物状况，做好防范工作，如货物系固的加固、通风设备的关闭紧固、舱盖的密固。

5）做好货舱的通风工作。根据舱内外的温湿度变化采取正确的通风方法，防止产生汗水；维持冷藏货物的通风换气要求；测定并排除舱内的有害气体。

2. 货舱通风

1）货舱通风的作用或目的

对于怕潮、自热、有呼吸作用或易产生有害气体等货物，通常需要在货物运输管理环节进行正确的货舱通风，货舱通风可以起到以下几方面的作用：

（1）降低货舱内露点，防止舱壁或货物表面产生"汗水"；或在舱内存在水汽、"汗水"时通风干燥舱壁和货物表面，防止发生货损。

（2）降低货舱内的温度，防止货物自燃，引起火灾。

（3）对于有呼吸活动的冷藏货物（如水果、蔬菜等），按货物要求通风以供给新鲜空气，防止腐烂变质。

（4）排除货物散发出来的危险性气体或其他有害气体。

另外，在洗舱后也需要通过货舱通风使货舱干燥，为装货做好准备。

2）货舱通风方法

根据货舱通风设备和环境条件，有自然通风、机械通风和干燥通风等几种货舱通风方法。

（1）自然通风

自然通风是利用自然风力进行通风，又有自然排气和对流循环两种方式。

①自然排气通风

如图 7-13(a)将通风筒的筒口全部转向下风方向,当天气和海况良好,甲板不上浪时,还可以把货舱盖全部或部分打开,依靠空气的自然上升,使舱内暖湿空气自然上升排出舱外。这是一种缓慢、谨慎的通风方式。

② 对流循环通风

如图 7-13(b)将迎风浪一侧通风筒口转向下风、另一侧的通风筒口转向上风,利用风压差进行通风。与自然排气通风相比,这是一种旺盛通风方式,但受外界环境影响较明显。

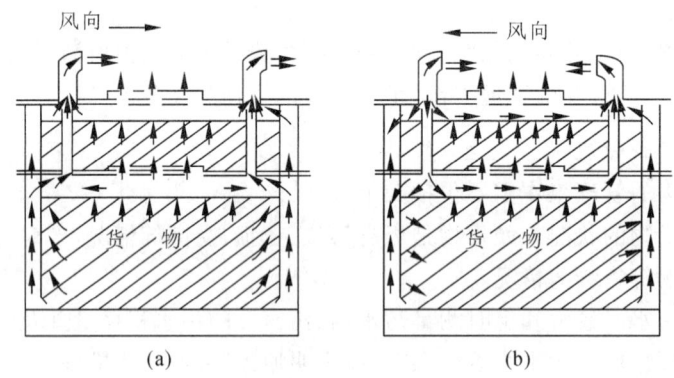

图 7-13 自然通风
(a)自然排气通风;(b)对流循环通风

(2) 机械通风

机械通风是利用安装在货舱通风设备的进气和(或)排气口的鼓风机进行强力通风的一种动力通风方法。机械通风装置根据鼓风机安装位置和数量可分为机械进气自然排气、自然进气机械排气以及机械进气和排气三种形式。

采用机械通风可通过调节阀控制挡风板的开度以控制通风量,当需要断绝通风时,除了关闭鼓风机外,还应将调节阀置于关闭位置。

(3) 干燥通风

干燥通风是在机械通风的基础上,增加了送入干燥空气的功能。干燥通风装置一般由空气干燥机、货舱通风系统、露点分析仪三部分组成。

① 空气干燥机:外界空气通过该装置时,脱去空气中的水分,由调节器控制并根据需要分配给某个或几个货舱使用。

② 货舱通风系统:与机械通风管道系统一样,由进气和排气两组通风管组成。当外界空气适宜于通风时,可将调节器放在"通风"的位置上,如图 7-14(a)所示。当外界空气不适于通风时,可将调节器放在"再循环"的位置上,如图 7-14(b)所示。并把干燥空气接口打开,使干燥空气与货舱循环的气流相混合,一起送入货舱。但须注意,货舱加送了干燥空气,应将排气管口的调节器适当打开一些,使货舱增压的气流适当排出。

③ 露点分析仪:它由布置在监测位置的许多温、湿度传感器件及自动分析记录或显示器件组成。它可以自动指示各货舱的露点温度及外界空气的露点温度和空气温度。

3. 防止舱内产生"汗水"的通风方法

1) 舱内空气露点与产生"汗水"的关系

空气达到饱和状态时的温度称为露点(dew point)。露点的高低与空气中的水蒸气含量有关,水蒸气含量越高,即空气越潮湿,露点温度越高;反之,则露点温度越低。

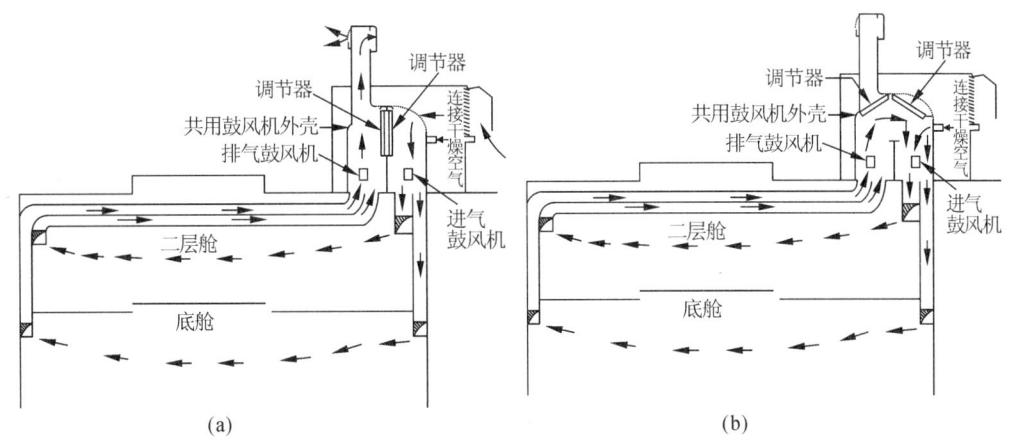

图 7-14 干燥通风装置示意

(a)"通风"工位气流示意图；(b)"再循环"工位气流示意图

由于舱室环境下存在丰富的凝结核，如果甲板、舱壁或货表的温度低于船舱内空气露点，舱内空气中的多余的水蒸气就会在这些部位凝结成水珠，常称之为"汗水"；如果舱内空气温度低于空气露点，也会在舱内产生水雾。

防止产生"汗水"的措施就是使舱内空气露点低于舱内温度。在一定的环境温度下，通过通风，将舱外干燥、露点低的空气送入舱内，即通过降低舱内空气露点，可以有效防止"汗水"的产生。

2）露点的测定

除了上述介绍的露点分析仪外，船上还常利用干湿球温度计的温度值，通过露点温度查算表（表 7-2）查取露点温度。

在湿球温度计下部的感温头上包裹的纱布处于潮湿状态，露置在空气中蒸发水分并被吸收热量，空气露点越低，水分蒸发速度越快，湿球温度越低，与干球温度计测量的温度差越大，利用这一原理可以根据湿球温度和干湿球温度差从露点温度查算表中查出露点温度。

表 7-2 露点温度查算表

湿球温度/°C	露点温度/°C																						
	干、湿球温度差值/°C																						
	0.0	0.5	1.0	1.5	2.0	2.5	3.0	3.5	4.0	4.5	5.0	5.5	6.0	6.5	7.0	7.5	8.0	8.5	9.0	9.5	10.0	10.5	11.0
1	1	0	-1	-1	-2	-3	-4	-5	-6	-7	-9	-10	-12	-13	-15	-18	-20	-24	-29	-39			
2	2	1	1	0	-1	-2	-3	-4	-5	-6	-7	-8	-9	-11	-12	-14	-17	-19	-22	-27	-34		
3	3	3	2	2	1	0	-1	-2		-5	-6	-7	-9	-10	-12	-13	-15	-18	-21	-24	-30	-40	
4	4	4	3	3	2	2	1	0	-1	-2	-3	-4	-5	-7	-8	-9	-11	-12	-14	-16	-19	22	-26
5	5	5	4	4	3	3	2	1	1	0	-1	-2	-3	-4	-5	-6	-7	-8	-9	-11	-13	-15	-17
6	6	6	6	5	5	4	3	3	2	2	1	1	0	-1	-2	-3	-4	-6	-7	-8	-10	-12	-13
7	7	7	7	6	6	5	4	3	3	2	2	1	0	-1	-2	-3	-4	5	-6	-7	-8	10	-11
8	8	8	8	7	7	6	6	5	4	4	3	3	2	1	1	0	-1	-2	-3	4	5	-6	-7

续表 7-2

湿球温度/℃	露点温度/℃																							
	干、湿球温度差值/℃																							
	0.0	0.5	1.0	1.5	2.0	2.5	3.0	3.5	4.0	4.5	5.0	5.5	6.0	6.5	7.0	7.5	8.0	8.5	9.0	9.5	10.0	10.5	11.0
9	9	9	8	8	7	7	6	6	5	5	4	3	3	2	1	1	0	-1	-2	-3	-4	-5	-6
10	10	10	9	9	8	8	7	7	6	6	5	5	4	4	3	2	2	1	0	-1	-1	-2	-3
11	11	11	10	10	9	9	9	8	8	7	7	6	6	5	4	4	3	3	2	1	0	0	-1
12	12	12	11	11	11	10	10	9	9	8	8	7	7	6	6	5	5	4	4	3	2	2	1
13	13	13	12	12	11	11	10	10	10	9	9	8	8	7	7	6	6	5	5	4	4	3	
14	14	14	14	13	13	12	12	11	11	10	10	9	9	8	8	7	7	6	6	5	5		
15	15	15	14	14	14	13	13	12	12	11	11	10	10	10	9	9	8	8	7	7	6		
16	16	16	15	15	15	14	14	13	13	12	12	11	11	11	10	10	9	9	8	8			
17	17	17	16	16	16	15	15	14	14	13	13	12	12	12	11	11	10	10	10				
18	18	18	18	17	17	17	16	16	15	15	14	14	13	13	13	12	12	11	11				
19	19	19	19	18	18	17	17	17	16	16	15	15	15	14	14	14	13	13	13				
20	20	20	20	19	19	19	18	18	18	17	17	16	16	16	15	15	15	14	14				
21	21	21	21	20	20	20	19	19	19	18	18	18	17	17	17	16	16	16	15				
22	22	22	22	21	21	21	21	20	20	20	19	19	19	19	18	18	18	17	17				
23	23	23	23	22	22	22	22	21	21	21	20	20	20	20	19	19	19	18	18				
24	24	24	24	23	23	23	22	22	22	22	21	21	21	21	20	20	20	20	19				
25	25	25	25	24	24	24	24	23	23	23	23	22	22	22	22	21	21	21	21				
26	26	26	26	26	25	25	25	25	24	24	24	24	23	23	23	23	22	22	22				
27	27	27	27	27	26	26	26	26	25	25	25	25	24	24	24	24	23	23					
28	28	28	28	27	27	27	27	27	26	26	26	26	25	25	25	25	24	24					
29	29	29	29	28	28	28	28	28	27	27	27	27	26	26	26	26	25						
30	30	30	30	30	29	29	29	29	29	28	28	28	28	27	27	27	27	27					

3)防止舱内产生"汗水"的通风原则

(1)当舱内露点高于外界露点时,但低于外界温度时可进行旺盛的通风。自然通风时可采取对流循环,机械通风时风口全开,对于干燥通风装置,可将调节器放在"通风"的位置上。

(2)舱内露点高于外界露点和气温时,进行缓慢通风。自然通风时可采取自然排气;机械通风时将进气调节阀关小,排气则靠自然排气,以免使大量冷空气进入舱内产生雾气;对于干燥通风装置,可在通风的同时追加干燥空气。

(3)当舱内露点低于外界的露点时,应断绝通风。当设有干燥通风装置时,可进行"再循环"通风,即将调节器放在"再循环"的位置上,并追加干燥空气。

4. 与航线有关的通风注意事项

如果船舶航线所经海域温、湿度变化较大,需要注意根据具体情况采取适当的通风措施。

如果船舶由暖湿地区装货航行至干冷地区,则航行期间船体温度下降,可能使甲板、舱壁等部位的温度低于舱内露点,在这些部位出现"汗水"。良好天气条件下,如果外界空气露点低于舱内空气露点,一般可以通风。但由于外界空气的温度也可能低于舱内露点,如果通风过于旺盛,冷空气进入可能导致舱内空气温度迅速下降至低于露点以下而出现水雾。因此,应根据上述通风原则采取合适的通风方法,一般宜缓慢通风。

如果船舶由干冷地区装货航行至暖湿地区,航行期间外界温度、湿度和船体的温度一般均会上升。如果舱内货物不散湿,舱内的露点和货物温度均相对较低,一般应断绝通风,否则可能导致在货表结露。但如果舱内货物散湿,则应根据上述通风原则判断是否通风和具体通风方法。

5. 满足其他特殊要求的通风方法

1) 保证呼吸作用的换气通风

凡是有生命活动的货物,如谷物、水果、蔬菜、鸡蛋等,它们不断地进行呼吸,从空气中吸入氧气,呼出二氧化碳并散发出微量的热和水分,从而消耗舱内空气中的氧气,增加二氧化碳,造成该类货物呼吸不足,妨碍正常生命活动而导致货物腐败变质。

对于温度在冰点以上的冷却食品,需要根据不同货物的通风换气要求进行通风,一般选择温度相对较低的夜间进行。要适当掌握通风时间,过短不起作用,过长又会对舱内的温、湿度及货物质量产生不利的影响。

通风换气以 24 h 换气次数 n 来表示。不同货物的换气次数要求不同,一般果菜类 2～4 次,冷却鱼肉类 1～2 次。当贮运已经冷冻的食品时,因温度很低,微生物活动已受到很大抑制,不需通风换气。

2) 降低舱内温度,防止货物自燃的通风

当运输棉花、黄麻、煤炭、鱼粉、椰子等货物时,由于货物不断氧化放出热量,如果货物通风不良会使热量积聚,直至引起自燃。对装有这类货物的货舱进行通风,虽然可以驱散热量,但也能促进其氧化作用或助其自燃,所以对装载这类货物的货舱通风应特别慎重。

例如装棉花时,除做好各项防火措施外,可根据不同情况,采取下述两种通风方法:当确认货舱内没有任何自燃起火的异状时,可以进行连续通风,以排除舱内热量和防止"汗湿";当货舱有异状(舱温过高、通风筒冒白烟、烧焦气味冒出、烟雾报警等)或途中因天气恶劣,通风筒已长期关闭时,应立即断绝通风或继续关闭通风筒,并封闭货舱,不宜采取旺盛的通风方法。实践证明,棉花"汗湿"的损失比因自燃而引起火灾的损失小得多,所以当舱内出现异常情况时宁愿封闭货舱以防止自燃也不进行通风。

在运输煤炭时,一般在开航后先采取表面通风 4～5 d,然后每隔 1 d 进行表面通风 6 h 即可。这样做既可排除煤炭散发出的可燃气体,又可避免供给货舱空气过多而助长其氧化和自燃。当煤温接近 45 ℃时,应断绝通风,封闭所有通往货舱的开口,并采取其他降温或消防措施。

鱼粉的含水量和抗氧化处理不同均会影响其易自燃的程度,因此,应根据货物资料和运输要求,采取不同的通风方式,包括:良好通风、不须通风和不须特别通风等。运输鱼粉最忌长时间的微弱通风,因为该通风方式会源源不断地提供氧气使鱼粉氧化而又不能有效地消除热量。当鱼粉的温度超过55 ℃并继续上升时,应限制货舱通风,必要时封舱并采取相应措施。

3) 排除有害或危险性气体的通风

有些危险性气体和微粒粉末性货物,在空气中混合到一定的比例时,遇到火源会引起爆炸和火灾。因此,必须对可能产生危险性气体的货舱进行旺盛通风,及时排除危险性气体。有些货物会产生有毒气体,或在熏舱消毒后舱内残存有毒气体,此时也必须进行旺盛通风,以排除有毒气体。需注意某些有害气体的相对密度较大,往往停滞在舱底和污水沟内,如果没有排除干净,可能会造成严重后果。所以,通风后还必须进行检验(用仪器、试纸或动物等检验),待确认无毒害气体后才可进行舱内作业。

四、海上货运质量事故及其原因

海上货运质量事故包括货损事故、货差事故、人员伤亡和延迟交货等。

货损事故是指海上运输过程中所产生的货物包装损坏、变形或松脱,货物外形残损、霉烂变质等。

货差事故是指由于错装错卸、漏装漏卸、计数不准等造成的交付货物的数量、品名、标志等与运单记载不符或运单与货物脱离(如有单无货或有货无单)等。

人员伤亡事故是指在货物运输管理环节出现的人员伤亡事故,例如货物爆炸、失火、中毒、窒息或货物倒塌、移位等原因而造成的人身伤亡事故。

迟延交货是指未按合同约定且不合理地延期交付货物。虽然没有造成货损和货差,但可能影响货物的价格、以货物作为原材料的生产厂家的正常生产或导致货主的第三方纠纷和经济损失。

杂货运输中,产生货运事故的主要原因有以下几个方面:

1. 货物积载、系固不当

货物积载不当可能产生货运事故,具体原因主要包括:货物的舱位或货位不当;货物在舱内堆码不当;货物搭配不当;衬垫和隔票不当;货物系固方法或材料选择不当。

2. 货舱及其设备不满足装运货物的要求

1) 货舱清洁、干燥和除味等状况未满足所装货物的要求。

2) 货舱水密性能差。货舱舱口盖漏水、闭锁装置不善、舱底人孔盖不水密或船体结构出现裂缝、损坏等,造成货舱进水,引起货损。

3) 货舱通风设备、舱底水系统或其他相关设备不完善。

3. 装卸过程中值班船员和装卸工人工作疏忽或失职

1) 值班船员看舱松懈,疏于监装、监卸、监督理货计数,造成原损货物进舱、货物堆装不符合配载计划要求、货物数量短缺或贵重货物失窃等。

2) 装卸工人操作不当、违章作业、野蛮操作、使用工属具不当、货物堆装质量不符合要求等引起货损。

3) 装卸设备和工属具不符合所装货物的要求或其技术状态不良造成货损。

4) 遇有雨雪天气未及时停止作业和关舱、夜间作业照明不符合要求造成货损等。

5) 对货物单元未按要求在装货时进行有效系固。

4. 运输途中货物保管不当

如货舱通风不当；对污水沟（井）内污水不及时测量和排除，造成货物湿损；开航后和航行期间未对货物系固进行检查，大风浪来临前防范措施不充分或不当；或对特殊货物如冷藏货、危险货的检查、管理不符合要求等。

5. 不可抗力等原因

由于遇到恶劣天气使船体结构受损、船舶延期抵达，货舱进水造成货损或使货物移位受损，或因货舱长时间无法通风使货物受损等属于不可抗力原因造成货损。不可抗力原因造成的损失，承运人只要能提出充分的证据，并采取了力所能及的措施，可以免除赔偿责任。

6. 货物本身的原因

货物因自身的特性或潜在缺陷而在运输途中发生变质、损坏等，当承运人能举证确属此类情形时，承运人对此不负赔偿责任。尽管如此，船方应避免装载存在潜在缺陷，特别是存在潜在危险性的货物。对于所载货物，仍然要妥善保管，避免和减少损失。

【思考与应用 7-3】

1. 航行途中对货物进行保管的内容包括哪几方面？防止舱内产生汗水的货舱通风的原则有哪些？
2. 某轮在货舱内测得干球温度和湿球温度分别为 10 ℃和 9 ℃，货舱外测得干球温度和湿球温度分别为 18 ℃和 10 ℃。试根据表 7-3 和防止产生汗水的通风原则确定此时能否通风？该如何通风？

第四节　货物单元积载与系固

一、货物单元及相关概念

1. 货物单元与货物运输单元

货物单元（cargo unit）系指车辆（公路车辆、滚装拖车）、铁路车辆、集装箱、平台、托盘、可移动罐柜、包装单元、成组货物、其他货物运输单元（如卷钢、重件货等）。船舶装卸设备或非永久固定船上的其他部件，也应被视为货物单元。货物运输单元（cargo transport unit）是《国际危规》中定义的名词，又称"货物运输组件"，包括公路货车、铁路货车、集装箱、公路罐车、铁路罐车、可移动罐柜、多单元气体容器（MEGC）。

2. 货物类型与适用船型

货物类型与适用船型、货物之间的关系如表 7-3 所示。

表 7-3　货物类型与适用船型、货物之间的关系

货物类型	货物实例	适用船型
标准货	集装箱（具有经批准的集装箱系固设备）	专用集装箱船、多用途货船（适用时）
半标准货	车辆（公路车辆、滚装拖车）、铁路车辆	滚装船
非标准货	集装箱（无专用系固设备）、钢卷、重件货、木材（货舱内）等	干货船、多用途货船、滚装船、装载货物单元的散装货船和客船、近海供应船等

二、CSS 规则和《货物系固手册》简介

1991 年 11 月，IMO 第十七届大会 A.714(17)号决议通过了《货物积载和系固安全操作规则》(code of safe practice for cargo stowage and securing，简称 CSS 规则)，其目的是提供一个国际标准，以促进货物的安全积载和系固。此后，IMO 对 CSS 规则进行了多次修订，现行为包含了截至 2020 年修正案在内的所有修正案的 2021 年版本。

1974 年 SOLAS 公约提出了对 CSS 规则和《货物系固手册》(cargo securing manual，CSM)强制性要求。承运除散装固体和液体货物以外的所有货物、货物单元和货物运输单元，应提供 CSS 规则所要求的货物资料。在离泊前和整个航程中，应按主管机关认可的 CSM 进行装载、积载和系固。CSM 的编制标准应至少等效于 IMO 制定的相关指南。

1. CSS 规则的主要内容

CSS 规则的内容包括前言、7 章正文、14 个附则和 5 个附录。

正文第 1 至第 7 章内容依次为：总则、货物安全积载与系固的原则、标准化积载与系固系统、半标准化积载与系固系统、非标准化积载与系固系统、恶劣天气下可采取的措施、货物发生移动时可采取的措施。

1) 总则

CSS 规则第 1 章主要说明了规则适用范围、定义、货物变形和移动现象、评判货物移动危险性的标准等。CSS 规则适用于船舶装载的除固体散货、液体散货和甲板木材以外的所有货物，特别是实践已证明在积载与系固方面会造成困难的货物。

货物系固设备所受到的力可分解为横向、纵向和垂向力，其中纵向力和横向力是主要的；横向力或由横向力、纵向力和垂向力形成的合力，通常随其积载位置的高度和纵向位置与船舶在海上的摇荡运动中心的距离增加而增加。船舶操纵(航向和航速)不当会使船舶与货物受力增加。应合理配置货物使船舶初稳性高度保持在既能保证船舶安全又可减小货物受力的适当范围内。

影响货物移动危险性的因素包括：货物的尺寸和物理特性；货物船上的位置及其积载方式；船舶对特定货物的适应性；系固布置对特定货物的适用性；预期的季节性天气和海况；预期航程中的船舶运动状态；船舶的稳性；航行的地理区域和航行持续时间。确定合理的积载与系固方法时应考虑这些因素，船长只有在确信可以安全运输的前提下，方可接受货物装载。

装运货物前，船方应向托运人索取全部必需的货物信息，以确保：所装运的不同货物彼此相容或得到适当隔离；货物适合该船运输；该船适合装运该货物；货物在航程中预期的海况下可以在船上安全积载和系固。

2) 货物安全积载与系固的一般原则

(1) 货物应适于运输。集装箱、公路车辆、铁路挂车中的货物应适当填装与系固，以免造成对船舶、船员和海洋环境的危害。

(2) 船长制定和监督货物积载与系固方案应特别谨慎，防止货物的移动、倾覆、晃动、倒塌等；应保证船舶稳性在可接受范围内，并尽量减小过大加速度的不利影响；货物积载还应确保船舶的结构强度不会受到不利影响。

(3) 货物系固方案应使货物系固设备之间均衡受力。否则，应相应地加强系固。如果不

能根据良好航海经验和知识评估系固方案,则应采用可接受的计算方法验证。

(4) 货物系固设备应具有满足其使用寿命内正常磨损的足够的剩余强度。

(5) 使用防滑材料增大货物与甲板间、货物之间的摩擦。

(6) 加强货物装载监督和检查,以防止不当积载与系固;航行中应定期检查并确保货物系固的有效性,但应确保进入封闭处的安全。

(7) 在装载任何货物、货物运输单元或车辆之前,船长应确保:载货部位清洁、干燥及无油和油脂;货物、货物运输单元或车辆适合运输,并能有效地加以固定;船上已备有所需要的系固设备并且性能良好;货物运输单元及车辆内或其上的货物已妥为装填及固定。

(8) 道路车辆应提供由装货人签发的车内货物装载和固定的声明,说明道路车辆上的货物已妥善装载和固定,适合海上运输,同时考虑到 IMO/ILO/UN ECE 关于货物运输单元装载的指南。规则给出了此类声明的一个格式范例。如果有理由怀疑装载危险货物的集装箱或车辆不符合 SOLAS 公约或《国际危规》的相关规定,或未能提供集装箱装箱证书/车辆装载声明,则不应接受该货物装运。

3) 标准货物的积载与系固

拟在标准化积载和固定系统中运输货物的船舶(如集装箱、铁路货车、船载驳船等),其设计及装备须使货物能在预定航程中安全地积载和系固在船上;须经主管当局接受的船级社批准;须备有为安全积载及系固特定货物的足够资料,以供船长使用。

4) 半标准货物的积载与系固

拟用于运输如道路车辆、系统化载货拖车和汽车等某些特定货物的滚装船,应根据滚装船上运输道路车辆系固指南[第 A.581(14)号决议],为船舶提供彼此间隔足够近的系固点。拟用于海上运输的道路车辆、拖车应提供安全积载与系固车辆及其货物的装置。

船长在确认车辆上具有满足要求的系固点并外观适合滚装船装运后,方可接受该货物的装载。在特殊情况下,船长可以在考虑车辆状况和航次的预期特点后,接受车辆装运。

5) 非标准货物的积载与系固

CSS 规则第 5 章列出了已证明具有潜在危险性的 12 种非标准货物,包括:非集装箱船装运的集装箱、可移动罐柜(portable tanks)、可移动容器(portable receptacles)、滚动(轮载)货物[wheel-based cargoes (rolling) cargoes]、笨重件货物(heavy cargo items)、卷钢(coiled sheet steel)、重金属制品(heavy metal products)、锚链(anchor chains)、散装金属废料(metal scrap in bulk)、挠性中型散装容器(flexible intermediate bulk containers, FIBCs)、舱内原木(under-deck stowage of logs)和成组货物(unit loads)。但给出的货物清单不应被视为详尽无遗。

6) 恶劣气象条件下可以采取的行动

规则第 6 章就如何避免恶劣天气条件导致的过度加速引起的应力提供一些建议。避免过度加速的措施包括:改变航向或(和)速度;滞航;及早避开天气及海况恶劣的区域;根据当时船舶稳性状况,打入或排出压载水,以改善船舶稳性。

船长尽可能仔细地制订航线计划,随时查阅最新的天气信息,以避开天气和海况恶劣的海区。

7) 货物移位时可以采取的措施

可考虑采取以下措施:改变航向以减少加速度;降低速度以减少加速度和振动;监测船舶的水密完整性;重新积载或重新系固货物,如可能增设摩擦材料以增加摩擦力;绕航以寻求掩护水域或改善天气和海况条件。

只有确保船舶具有足够的稳性时才应考虑进行注入或排出压载水作业。

8) CSS 规则的附则

现行 CSS 规则共有 14 个附则。其中：附则 1 至附则 12 依次为规则第 5 章所列具有潜在危险性的 12 种典型非标准货物的积载和系固建议；附则 13 为非标准货物系固有效性的评估方法，推荐使用经验法（rule of thumb method）和力及力矩平衡计算法（balance calculation methods）对系固效果进行评判，其中力及力矩平衡计算法包括改进的算法（advanced calculation method）和替代性算法（alternative method）；附则 14 为甲板集装箱系固安全工作条件指南。

2.《货物系固手册》

1)《货物系固手册》的编制要求

1974 年 SOLAS 公约第Ⅵ/5 条和第Ⅶ/5 条对《货物系固手册》(CSM)的要求已于 1998 年 1 月 1 日实施。除仅运载液体或干散货的船舶外，所有船舶必须配备且须经主管机关或经主管机关授权的船级社审批的 CSM，它是 CSS 规则适用范围内船舶必备法定文件。

IMO 海事安全委员会(MSC)于 1996 年 5 月第 66 届会议审议通过了《货物安全手册编写指南》，2020 年 11 月 MSC 通过第二修订版的《经修订的货物系固手册编制指南》(MSC.1/Circ.1353/Rev.2 和 CSS 规则修正案(MSC.1/Circ.1623)。

另外，中国船级社先后发布了 2015 版和 2022 版《货物系固手册编制指南》。2022 版指南纳入了 MSC.1/Circ.1353/Rev.2《修订指南》、MSC.1/Circ.1623 CSS 规则修正案、MSC.1/Circ.1624《木材甲板货运输船安全实用规则(2011 TDC Code)修订案》和 Resolution MSC.479(102)《经修订的滚装船运输道路车辆系固装置指南》的内容。

2)《货物系固手册》的主要内容

《货物系固手册》应根据具体船舶的情况由船东负责编制并经主管机关批准。其主要内容有：

(1)船舶参数和说明。该内容一般在正文前，列出船名、船籍港、船东、船级信息、船舶尺度等；说明手册的编制依据和使用说明。

(2)总则。包括相关术语的定义和手册的总体使用要求。

(3)系固设备及其布置。包括本船固定式系固设备的布置、固定式系固设备技术参数及设备清单、移动式系固设备的技术参数及设备清单；本船船体结构所能承受的最大系固负荷；本船系固设备的有关证明文件及设备检查与维护计划的具体规定等。

(4)非标准货与半标准货的堆装与系固。包括使用与安全须知、货物系固基本原则、货物系固设备使用指南、对作用在货物单元上的力的估算、推荐的货物单元系固方案有效性评估方法及实例、系固方案核算表格等。

(5) IMO 推荐的 12 种非标准货物安全积载与系固的操作方法。

(6)系固设备记录。包括船舶系固设备检查、保养和维护记录、船舶系固设备更新记录及统计记录。

需要注意的是，《货物系固手册》不排除海员的良好船艺，也不能代替积载与系固的经验做法。船长在整个航次中应对船舶、船员、货物的安全及防污染负责，只有在确信货物能够被安全运输时，才能承运该货物。船长在操纵船舶，特别是在恶劣气象和海况下操纵船舶时,应充分考虑到货物的类型、积载位置和系固设备等因素的影响。

三、货物系固设备的强度

衡量系固设备强度的指标有破断强度、最大系固载荷和计算强度。

1. 破断强度(breaking strength, BS)

系固设备的破断强度是指设备在拉伸试验中使其达到破断状态时的拉力(kN),制造厂家至少应提供该设备的标准破断强度资料。

2. 最大系固载荷(maximum securing load, MSL)

最大系固载荷系指船上系固设备的许用负荷,就像起重设备的安全工作负荷一样。用作系固的安全工作负荷(safe working load, SWL)可替代 MSL,但应确保其等于或大于 MSL。

最大系固载荷等于设备的破断强度与相应破断系数的乘积,即

$$MSL = \delta \cdot BS \tag{7-1}$$

各种设备及材料的相应系数如表 7-4 所示,木材(顺纹)的 MSL 取 0.3 kN/cm^2。当多个设备串联使用时(如钢丝绳连接卸扣再连接甲板眼环),MSL 取其中最小者。

表 7-4 由破断强度确定 MSL 的系数

系固装置	MSL
卸扣、环、甲板孔、低碳钢花篮螺丝	50%破断强度
纤维绳	33%破断强度
编织绑带	50%破断强度
钢丝绳(一次性使用)	80%破断强度
钢丝绳(可重复使用)	30%破断强度
钢带(一次性使用)	70%破断强度
链	50%破断强度

3. 计算强度(calculated strength, CS)

当采用平衡计算方法时,考虑到各装置之间的受力的不均匀以及由于装配不当引起的强度降低等原因,应取适当安全因子来折减最大系固负荷,经折减后的系索强度取值称为系固设备的计算强度(CS)。装置的 CS 值应在 MSL 的基础上考虑安全系数(SF)而确定,即:

$$CS = \frac{MSL}{SF} \tag{7-2}$$

按下述优化方法进行受力评估计算时,取 $SF=1.5$;按替代方法计算时,取 $SF=1.35$。

四、货物单元的积载与系固的基本要求

1. 做好货物单元积载与系固的准备工作

1)船舶应配备适合本船的 CSM,船长和相关船员应熟悉 CSM 的内容。

2)熟悉船舶情况,包括船舶的稳性、耐波性等航海性能;载货部位的结构强度。

3)船上应配备和布置适合运输相应货物单元的系固设备,并加以良好的维护。船舶用

于货物单元的便携式系固设备常由钢丝绳、钢链、花篮螺丝、卸扣等组成。钢链系固操作方便,但不易收紧;钢丝绳则较易收紧,但强度较低,延展性较大。相关船员应熟悉固定和便携式系固设备的类型、布置、数量、强度、使用方法和相关要求,并对设备进行检查维护。

4)索取和熟悉货物资料。了解货物的特性、重量、形状、尺度、重心位置、系固点布置和强度等。

5)了解航线情况,包括航程、航行季节预期的可能天气、海况等。

6)参考CSM拟定积载、衬垫和系固方案。载货部位应强度足够、尽量选择加速度小的位置;对载货部位的局部强度、货物单元的受力和系固强度进行评估。

7)对积载舱位、系固设备及衬垫材料等进行全面检查和准备,应清洁干燥、无油污。清点、检查和准备好适配的系固设备和衬垫材料。

8)如要在甲板板、舱壁板上焊接系固设备,必须同扶强材、横梁、纵骨或肋板重合,且有合适的焊接面积来承载。

2. 采用合适的系固工艺和方法

1)系索松紧要适宜

对货物的系固既要求做到紧固,不使其松动或折断,同时又要易于解开,万一发生危险时能立即松绑。应以一定的间隔时间(遇大风浪时应缩短间隔时间)对系索进行检查,发现系索松懈时应及时收紧。

2)采用合适的系固角度,提高系固效果

系索的系固角度是表明系索相对于船上货物单元受力方向的参数。系索与水平面(甲板平面)的夹角称为垂直系固角 α,与船舶中站面的夹角称为水平系固角 β。

为防止货件水平移动的系固,其系固角应尽量小(应不大于45°)。为防止货件倒塌的系固,其系固角可适当大些(一般不大于60°)。应尽可能使各道系索受力均衡。

3)不对船体结构构成损伤

载荷的作用方向不应与船体结构和系固设备允许的受力面成一定角度,如图7-15所示。

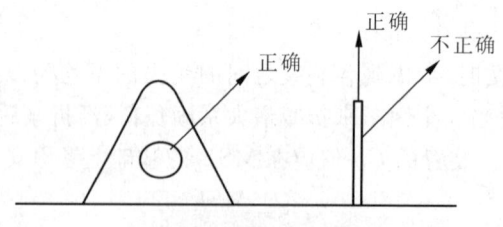

图 7-15 载荷的作用方向

4)采用正确的系固工艺

应正确使用货物系固设备,并应适合货物的数量、包装方式和物理特性。对货件的系固应尽量左右、前后对称布置。当货件上无系索固定点需在同一侧固定时,每道系索应先绕货件一周后再在两侧固定。不能一索系多道。每个生根的地令上不能超过三根系索,且方向不能相同。对于车辆等带轮的货物,其刹车装置应制紧,轮子应被挡住,用钢链或钢丝相当的材料制成的捆扎带固定,防止移动;装在舱内的重大件货物,除用系索固定外,一般还在垂向和水平方向用方木支撑,以防移位。

5) 保证货件不受损伤

为避免货件在系索接触处出现压损或磨损,系索应在货件的规定部位进行系固。必要时须在系固部位加以衬垫。对于怕水湿的货物,除合理选择货位外,在系固前应先铺盖油布,在易腐蚀部位应涂以防护油脂。

五、非标准货物系固有效性评估方法

IMO对于非标准货物的系固推荐了三种系固效果评估方法,分别为经验法、基于力和力矩平衡的优化计算方法和替代方法。

1. 经验法(rule-of-thumb method)

经验法又称"粗算法",其标准是:货物单元任一侧(左舷和右舷)的系固设备的 MSL 之和应大于或等于该货物单元的重量 W。即:

$$\sum MSL_i = W \tag{7-3}$$

若设 $MSL_1 = MSL_2 \cdots = MSL$,则一侧的系索道数 N_y 为:

$$N_y = \frac{W}{MSL} \tag{7-4}$$

本方法实际上是将横向加速度取为 $1.0g(9.81 \text{ m/s}^2)$,适用于所有尺度的船舶,不管其积载位置、稳性和积载条件、季节和运营区域。另外,本方法不考虑系固角度的不利作用和同类系固点间的不均匀性,也未考虑摩擦的有利作用。

该方法要求系固设备与甲板间的横向夹角不应大于60°,使用适当的材料以产生足够的摩擦是十分重要的。横向夹角大于60°的系固设备可用于防止货物翻转,但在使用经验法(粗算法)时不能计入。

2. 优化计算方法(advanced calculation method)

优化计算方法又称"改进计算方法"或"精算法"。装于船上的货物单元所受的外力主要由船舶运动加速度引起的惯性力、在甲板积载时所受风压力和波溅力组成,其中惯性力是主要外力。

按船用坐标系可将货物单元所受的外力分解为纵向力、横向力和垂向力,就堆装与系固货物而言,纵向与横向的力是主要的,是导致货件水平移动和倾覆的主动力。对货件进行系固的目的在于阻止货件的水平移动(包括横向和纵向移动)和倾覆(主要是横向倾覆)。

1) 货件受力平衡条件

当货件在CSS规则设定的恶劣海况下产生的移动力(或倾覆力矩)小于系固后阻止其移动的约束力(或力矩)时,货件将不会产生水平移动和倾覆,即:

当 $F_y \leqslant [F_y]$ 时,货件不会产生横向移动;

当 $F_x \leqslant [F_x]$ 时,货件不会产生纵向移动;

当 $M_y \leqslant [M_y]$ 时,货件不会产生横向倾覆。

其中,F_y、F_x 为货件在横向和纵向的移动外力(kN);M_y 为货件横向外力倾覆外力矩(kN·m);$[F_x]$、$[F_y]$ 为阻止货件移动的横向和纵向约束力(kN);$[M_y]$ 为阻止货件横向倾覆的约束力矩(kN·m)。

同时满足以上条件时,对多数货件而言,认为系固方案满足要求。

2) 货件移动外力(力矩)的计算

$$F_y = m \cdot a_y + F_{wy} + F_{sy} \\ F_x = m \cdot a_x + F_{wx} + F_{sx} \\ M_y = F_y \cdot l_F \} \quad (7\text{-}5)$$

式中：m——货件的质量(t)；

a_y、a_x、a_z——货件所载位置的横向、纵向和垂向加速度(m/s)；

F_{wy}、F_{wx}——上甲板货件横向和纵向所受的风力(kN)；

F_{sy}、F_{sx}——上甲板货件横向和纵向所受的波溅力(kN)；

l_F——横向外力倾覆力臂(m)。

上述外力和外力作用力矩分别按照下述(1)至(4)的方法求取。

(1) 货件加速度的确定

求惯性力时，需要求载货部位的加速度，按下述方法求取。

图 7-16 的基本加速度对应船舶营运状态为：无限航区航行；全年航行；船长 L_{BP}(垂线间长)等于 100 m；服务航速 15 kn；B/GM 等于 13（B 为船宽，GM 为初稳性高度）。

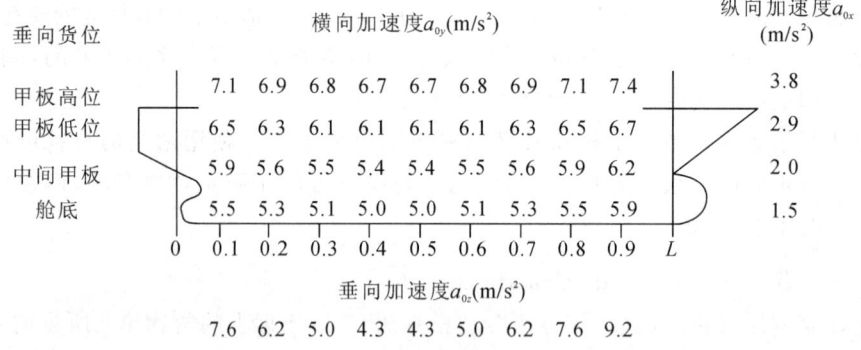

图 7-16 基本加速度值

IMO 2021 版 CSS 规则新增对于在限制航区内的营运可考虑加速度的折减系数，考虑到季节、在预定航行期间影响浪高的天气预报的准确性和航行时间。航行的持续时间不应超过 72 h 或主管机关所接受的持续时间，图 7-16 中的基本加速度参数可乘以下列折减系数：

$$f_R = 1 - (H_s - 13)^2 / 240 \quad (7\text{-}6)$$

式中：H_s——根据海浪统计，该地区 20 年最大预期有义波高(m)；或营运限制所依据的最大预测有义波高(m)；或对于不超过 72 h 的航行，根据天气预报预测的最大有义波高(m)。

船上货物单元的加速度在基本加速度的基础上，根据实际核算船型的参数和航行状态进行修正，从而得到实际加速度。

$$a_y = a_{0y} K_1 K_2 \\ a_x = a_{0x} K_1 \\ a_z = a_{0z} K_1 \} \quad (7\text{-}7)$$

式中：a_y、a_x、a_z——货件在装载位置的横向、纵向和垂向加速度(m/s²)；

a_{0y}、a_{0x}、a_{0z}——货件在装载位置的横向、纵向和垂向基本加速度(m/s^2),按图 7-16 取值;

K_1——船长(垂线间长)L_{BP}及航速 v 修正系数,K_1 的值可根据表 7-5 查取或按式(7-8)计算,该公式不适用于 L_{BP} 小于 50 m 或超过 300 m 的船舶;

$$K_1 = \frac{0.345v}{\sqrt{L_{BP}}} + \frac{58.62 L_{BP} - 1034.5}{L_{BP}^2} \tag{7-8}$$

K_2——船宽与初稳性高度比 B/GM 的修正系数,当 $B/GM<13$ 时,横向加速度值应乘以按表 7-6 取值的系数 K_2。

表 7-5 船长 L_{BP} 及航速 v 修正系数 K_1

航速/kn	K_1										
	船长/m										
	50	60	70	80	90	100	120	140	160	180	200
9	1.2	1.09	1	0.92	0.85	0.79	0.7	0.63	0.57	0.53	0.49
12	1.34	1.22	1.12	1.03	0.96	0.9	0.79	0.72	0.65	0.6	0.56
15	1.49	1.36	1.24	1.15	1.07	1	0.89	0.8	0.73	0.68	0.63
18	1.64	1.49	1.37	1.27	1.18	1.1	0.98	0.89	0.82	0.76	0.71
21	1.78	1.62	1.49	1.38	1.29	1.21	1.08	0.98	0.9	0.83	0.78
24	1.93	1.76	1.62	1.5	1.4	1.31	1.17	1.07	0.98	0.91	0.85

表 7-6 修正系数 K_2

B/GM	7	8	9	10	11	12
甲板高位	1.56	1.40	1.27	1.19	1.11	1.05
甲板低位	1.42	1.30	1.21	1.14	1.09	1.04
中间甲板	1.26	1.19	1.14	1.09	1.06	1.03
底舱	1.15	1.12	1.09	1.06	1.04	1.02

从表 7-5 或式(7-8)可知,船速 v 越大,船长 L_{BP} 越小,系数 K_1 越大,对于特定船舶,适当降速可以减小加速度。

表 7-6 中的甲板高位是指积载在水线以上大约三分之二船宽处。如果货物非常大,超过表列数值水平,则应使用原始数学模型求取加速度(见 2021 版 CSS 规则附录 3)。

当船舶横摇角大于等于 30°时,横摇加速度可能比 CSS 规则设定的要大,应采取有效措施予以避免。当船舶高速顶浪航行产生猛烈的波浪拍击时,其纵向和垂向加速度将超过上述取值,应予以减速。当船舶顺浪和偏顺浪航行时,即使稳性不明显低于要求值,但可能产生大幅度的横摇而使横向加速度超过上述取值,应考虑适当改变航向。

船上距离船舶摇摆运动中心越远的位置加速度越大,因而纵向上越靠近船首尾、横向上越靠近两舷、垂向上越高的位置加速度越大,所受外力越大,应尽可能选择加速度小的部位积载货物单元;船舶横摇加速度随 GM 值增大而增大,应通过合理积载保持适度的稳性值。船舶在航行中操纵不当使所受外力增加,因而应选择适当航向和航速,降低摇荡摆幅。

(2)上甲板货件所受风压力

$$F_{wx}=P_w \cdot A_{wx} \brace F_{wy}=P_w \cdot A_{wy}} \qquad (7\text{-}9)$$

式中：P_w——估计风压强，取 $P_w=1.0\ \mathrm{kN/m^2}$；

A_{wx}、A_{wy}——上甲板货件的纵向和横向受风面积($\mathrm{m^2}$)。

风力作用点取受风面积中心。

(3)上甲板货件所受波溅力

$$F_{sx}=P_s \cdot A_{sx} \brace F_{sy}=P_s \cdot A_{sy}} \qquad (7\text{-}10)$$

式中：P_s——估计波溅压强，取 $P_s=1.0\ \mathrm{kN/m^2}$；

A_{sx}、A_{sy}——上甲板货件横向、纵向受波溅面积($\mathrm{m^2}$)，指高出上甲板或上甲板舱盖 2.0 m 以内货件受波溅面积。

波溅力中心取受波溅面积中心。上述值系指采取保护措施后的残余波溅力。船舶在恶劣海况下航行时，实际的波溅力远大于上述计算值。

(4)作用于货件上的倾覆外力矩

$$M_y = F_y \cdot l_F \qquad (7\text{-}11)$$

式中：l_F——同式(7-5)，取横向合外力 F_y 的作用线至倾覆轴的距离，如图 7-17 所示。

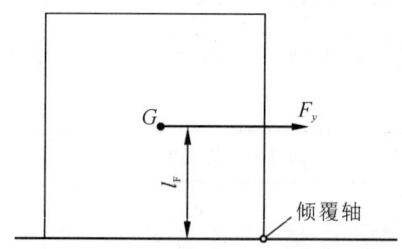

图 7-17 横向倾覆力矩

当风、浪的作用中心明显偏离重心位置时，可分别按惯性力、风压力和波溅力求横向倾覆力矩。

3)货件约束力和力矩的估算

货物单元的约束力和力矩如图 7-18 所示。

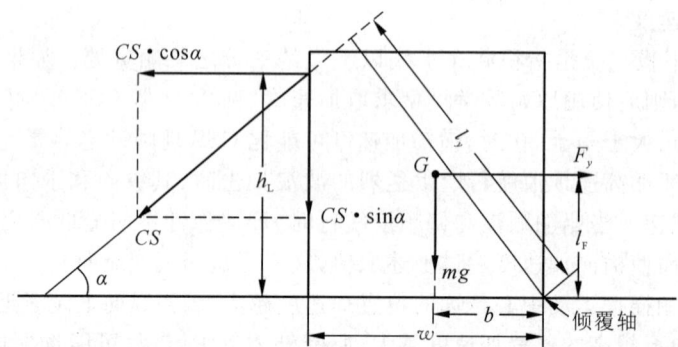

b—货件重心至横倾支点间的横向距离(稳定力臂)；l_y—横向系索的约束力臂；
w—货物单元的横向宽度；h_L—系固点高度

图 7-18 货物单元的约束力和力矩

(1) 系索的计算强度 CS

系索的计算强度 CS 按式(7-2)求取,按优化计算方法评估时,安全系数取 1.5。

(2) 货物单元的水平约束力

水平约束力是防止货物单元水平移动的力,包括横向约束力 $[F_y]$ 和纵向约束力 $[F_x]$。按其构成包括系索提供的水平分力、系索垂向分力增加的摩擦力以及货物单元本身重力产生的摩擦力。

①单根系索的约束力

如图 7-19 所示,就第 i 根系索而言,其提供的约束力为:

$$[F_i] = CS_i \cdot \cos\alpha_i + \mu \cdot CS_i \cdot \sin\alpha_i = CS_i(\cos\alpha_i + \mu \cdot \sin\alpha_i) = CS_i \cdot f_i \quad (7\text{-}12)$$

式中:CS_i——第 i 根横向系索的计算强度(kN);

μ——摩擦系数;

α_i——第 i 根横向系索的垂向系固角(°);

f_i——第 i 根系索水平约束力系数,为摩擦系数和垂向系固角的函数,可按表 7-7 查取。

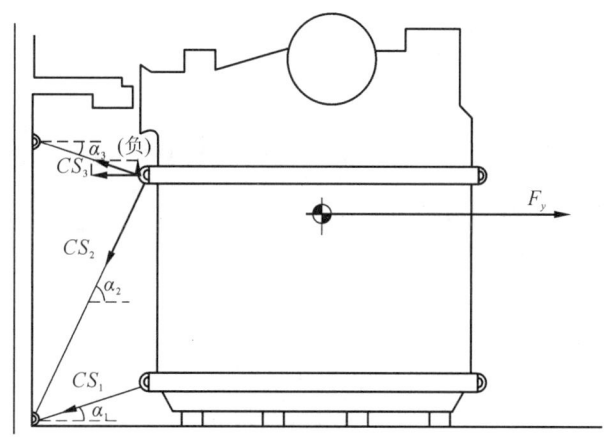

图 7-19 横向力的平衡

表 7-7 系索水平约束力系数 f

μ	f												
	α_i												
	−30°	−20°	−10°	0°	10°	20°	30°	40°	50°	60°	70°	80°	90°
0.30	0.72	0.84	0.93	1.00	1.04	1.04	1.02	0.96	0.87	0.76	0.62	0.47	0.30
0.10	0.82	0.91	0.97	1.00	1.00	0.97	0.92	0.83	0.72	0.59	0.44	0.27	0.10
0.00	0.87	0.94	0.98	1.00	0.98	0.94	0.87	0.77	0.64	0.50	0.34	0.17	0.00

②水平横向约束力

设货物单元某侧使用了 n_y 根横向系索,考虑纵横向系索的作用和货物本身的重力所产生的摩擦力,有:

$$[F_y] = \mu \cdot mg + \sum_{i=1}^{n_y} CS_i \cdot f_{yi} \quad (7\text{-}13)$$

式中:n_y——货物单元左侧或右侧纳入计算的系固设备的数量;

μ——摩擦系数,按表 7-8 取值;

CS_i——第 i 根横向系索的计算强度(kN);

f_{yi}——第 i 根横向系索的横向水平约束力系数,按表 7-7 求取。

m——货物质量(t);

g——重力加速度,取 9.81 m/s²。

表 7-8 摩擦系数 μ

接触材料	摩擦系数 μ	接触材料	摩擦系数 μ
潮湿或干燥的木材-木材	0.4	干燥的钢-钢	0.1
钢-木材或钢-橡胶	0.3	潮湿的钢-钢	0.0

当系固设备的垂向系固角大于 60°时,该系固设备在防止货物单元滑动方面的有效性将降低,在平衡计算中应忽略该系固设备。

水平系固角不应大于 30°,否则该系固设备不应纳入横向滑动平衡计算。

③水平纵向约束力

正常情况下横向系固装置提供的纵向分力足以防止纵向滑动。如果有疑问,则平衡计算应满足下式:

$$[F_x] = \mu(mg - f_z \cdot F_z) + \sum_{j=1}^{n_x} CS_j \cdot f_{xj} \qquad (7-14)$$

式中:F_z——由外力假设而得到的垂向力(kN),取 $F_z = m \cdot a_z$;

n_x——货物单元前侧或后侧使用的系索数量;

CS_j——第 j 根纵向系索的计算强度(kN),按式(7-2)取值,系数 $SF=1.5$;

f_{xj}——第 j 根纵向系索的约束力系数,按表 7-7 求取;

f_z——垂向力的修正系数,取决于摩擦力,按表 7-9 取值。

表 7-9 垂向力的修正系数 f_z

μ	0.0	0.1	0.2	0.3	0.4	0.6
f_z	0.2	0.5	0.7	0.8	0.9	0.9

(3)横向约束力矩

$$[M_y] = b \cdot mg + \sum_{i=1}^{n_y} CS_i \cdot l_{yi}$$

(7-15)

式中:b——货件重心至横倾支点间的横向距离(稳定力臂)(m),对于矩形货件,可取货宽的一半;

n_y——某侧横向系索的数量;

l_{yi}——第 i 根横向系索的约束力臂(m),$l_{yi} = h_L \cos\alpha_i + w\sin\alpha_i$。

横向力矩的平衡如图 7-20 所示。

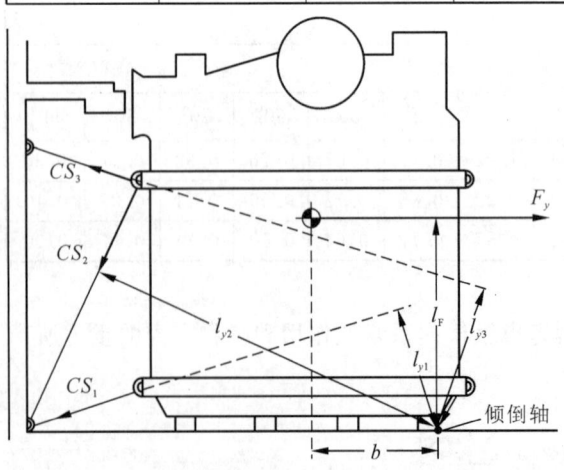

图 7-20 横向力矩的平衡

例 7-1 某船船长(垂线间长)$L=120$ m,船宽 $B=20$ m,初稳性高度 $GM=1.4$ m,船速 $v=15$ kn。货物重量 $m=62$ t,重心高度为 1.8 m,尺寸($l\times w\times h$)为 6 m×4 m×4 m,积载在低位甲板 $0.7L$ 处。系固材料采用钢丝绳(一次性),破断强度为 125 kN,$MSL=100$ kN;卸扣、松紧螺丝、甲板环的破断强度为 180 kN,$MSL=90$ kN,装在垫货材上,$\mu=0.3$。货物系固布置示意如图 7-21 所示,试进行系固效果评估。

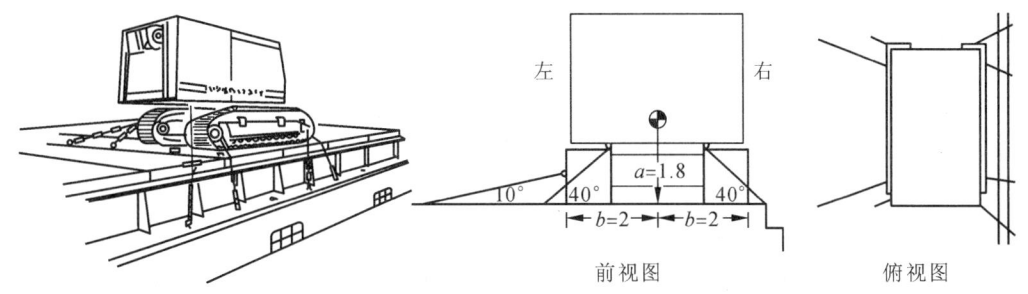

图 7-21 货物系固布置示意

解:(1)$CS=MSL/SF=90$ kN$/1.5=60$ kN

(2)求系固装置参数,见表 7-10

表 7-10 系固装置参数

舷侧	n	CS/kN	α	f
右舷	4	60	40°	0.96
左舷	2	60	40°	0.96
左舷	2	60	10°	1.04

(3)求外力和力矩

$F_x = ma_x + F_{wx} + F_{sx} = ma_x + P_w \cdot S_{wx} + P_s \cdot S_{sx} = K_1 ma_{0x} + 1\times w \cdot h + 1\times w\times 2$

$= 2.9\times 0.89\times 62$ kN$+4\times 4$ kN$+4\times 2$ kN

$= 184$ kN

$F_y = ma_y + F_{wy} + F_{sy}$

$= K_1 K_2 ma_{0y} + 1\times l \cdot h + 1\times l\times 2$

$= 6.3\times 0.89\times 62$ kN$+6\times 4$ kN$+6\times 2$ kN$= 384$ kN

$F_z = ma_z = K_1 ma_{0z} = 6.2\times 0.89\times 62$ kN$= 342$ kN

$M_y = F_y \cdot l_F = 384$ kN $\times 1.8$ m$= 691$ kN·m

(4)求约束力和力矩

右舷布置:$[F_{ys}] = \mu \cdot mg + \sum CS_i \cdot f_{yi}$

$= 0.3\times 62\times 9.81$ kN$+4\times 60\times 0.96$ kN$= 412$ kN

左舷布置:$[F_{yp}] = \mu \cdot mg + \sum CS_i \cdot f_{yi}$

$= 0.3\times 62\times 9.81$ kN$+2\times 60\times 0.96$ kN$+2\times 60\times 1.04$ kN

$= 422$ kN

货物自身约束力矩:$[M_{yc}] = mg \cdot b = 2\times 62\times 9.81$ kN·m$= 1216$ kN·m

(5)力和力矩的平衡

右舷布置:$F_y = 384$ kN$<[F_{ys}] = 412$ kN,满足。

左舷布置:$F_y = 384$ kN$<[F_{yp}] = 422$ kN,满足。

$M_y<[M_{yc}]$,即使不系固也不会倾覆。

CCS《货物系固手册编制指南》推荐了专用计算表,以便于进行系固效果评估计算。

3. 力系的平衡-替代算法(alternative method)

上述基于力系平衡的优化计算方法通常提供确定系固装置合理性的足够精度。但替代算法给出了同时考虑垂直系固角 α 和水平系固角 β (图 7-22)的更为精确的计算方法。水平系固角 β 是指系索在甲板平面投影线与正横方向的夹角,垂直系固角 α 和水平系固角 β 均取 0 到 90°(锐角)。

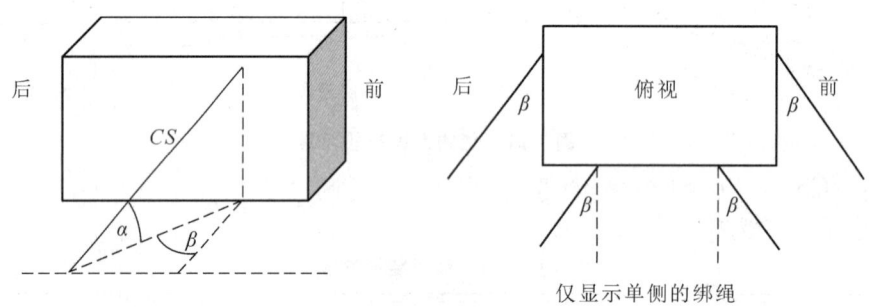

图 7-22 垂直和水平系固角 α 和 β

1)计算强度 CS

采用替代算法,在按照式(7-2)计算 CS 时,安全系数 SF 取 1.35。

2)单根系索提供的约束力

同时考虑第 i 根系索提供的水平横向约束力 $[F_{yi}]$ 和水平纵向约束力 $[F_{xj}]$。

$$[F_{yi}] = CS_i \cdot \cos\alpha_i\cos\beta_i + CS_i \cdot \mu \cdot \sin\alpha_i = CS_i(\cos\alpha_i\cos\beta_i + \mu \cdot \sin\alpha_i) = CS_i \cdot f_{yi} \quad (7\text{-}16)$$

式中:CS_i——第 i 根系索的计算强度(kN),取 $MSL/1.35$;

α_i、β_i——第 i 根系索的垂直系固角和水平系固角(°);

f_{yi}——第 i 根系索的横向约束力系数,当垂直系固角大于 60°时取 0。

$$[F_{xj}] = CS_j \cdot \cos\alpha_j\sin\beta_j + CS_j \cdot \mu \cdot \sin\alpha_j = CS_j(\cos\alpha_j\sin\beta_j + \mu \cdot \sin\alpha_j) = CS_j \cdot f_{xj} \quad (7\text{-}17)$$

式中:CS_j——第 j 根系索的计算强度(kN),取 $MSL/1.35$;

α_j、β_j——第 j 根系索的垂直系固角和水平系固角(°);

f_{xj}——第 j 根系索的纵向约束力系数,当垂直系固角大于 60°时取 0。

其中

$$f_{yi} = \cos\alpha_i\cos\beta_i + \mu \cdot \sin\alpha_i \quad (7\text{-}18)$$

$$f_{xj} = \cos\alpha_j\sin\beta_j + \mu \cdot \sin\alpha_j \quad (7\text{-}19)$$

CSS 规则以列表方式提供了作为 α、β 和 μ 函数的 f_{yi} 值和 f_{xj} 值,系根据式(7-18)和式(7-19)计算的结果。

3)水平约束力

货物单元某侧多根系索和货物重力所产生的摩擦力所提供的水平约束力为:

$$[F_y] = \mu \cdot mg + \sum CS_i \cdot f_{yi} \quad (7\text{-}20)$$

$$[F_x] = \mu(mg - f_z \cdot F_z) + \sum CS_i \cdot f_{xi} \tag{7-21}$$

4)横向倾覆约束力矩

$$[M_y] = mg \cdot b + 0.9 \sum CS_i \cdot l_{yi} \tag{7-22}$$

CSS 规则规定,当系索的垂向系固角小于 45°并且水平系固角大于 45°,在计算货件的横向倾覆时不用考虑两者的影响。

例 7-2 有一货物单元质量为 68 t,堆放在木材上($\mu=0.3$),位于中间甲板 $0.7L$ 处, $L=160$ m, $B=24$ m, $v=18$ kn, $GM=1.5$ m。货物单元的尺度:高为 2.4 m,宽为 1.8 m。系固装置是由 8 根绑绳组成,俯视图如图 7-23 所示。试评估系固效果。

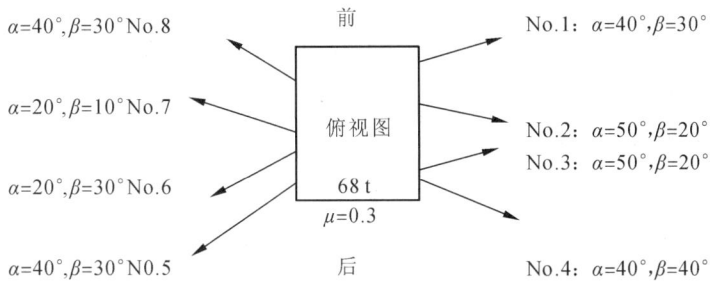

图 7-23 系索布置俯视图

1)外力计算:

$F_x = ma_x + F_{wx} + F_{sx} = 68 \times 2.0 \times 0.82$ kN$+0+0=112$ kN;

$F_y = ma_y + F_{wy} + F_{sy} = 68 \times 5.6 \times 0.82 \times 1.0$ kN$+0+0=312$ kN;

$F_z = ma_z = 68 \times 6.2 \times 0.82$ kN$=346$ kN;

$f_z = 0.8$;

$f_z \cdot F_z = 276.8$ kN。

2)力的平衡计算:

系索的约束力计算见表 7-11。

表 7-11 系索的约束力计算

No.	MSL/kN	CS/kN	α	β	f_y	$CS \times f_y$	f_x	$CS \times f_x$
1	108	80	40°右舷	30°前	0.86	68.8 右舷	0.58	46.4 前
2	90	67	50°右舷	20°后	0.83	55.6 右舷	0.45	30.2 后
3	90	67	50°右舷	20°前	0.83	55.6 右舷	0.45	30.2 前
4	108	80	40°右舷	40°后	0.78	62.4 右舷	0.69	55.2 后
5	108	80	40°左舷	30°后	0.86	68.8 左舷	0.58	46.4 后
6	90	67	20°左舷	30°后	0.92	61.6 左舷	0.57	38.2 后
7	90	67	20°左舷	10°前	1.03	69.0 左舷	0.27	18.1 前
8	108	80	40°左舷	30°前	0.86	68.8 左舷	0.58	46.4 前

(1)横向力的平衡(右舷布置)No.1~4:

$$[F_{ys}] = \mu \cdot mg + \sum CS_i \cdot f_{yi}$$

$$= 0.3 \times 68 \times 9.81 \text{ kN} + 68.8 \text{ kN} + 55.6 \text{ kN} + 55.6 \text{ kN} + 62.4 \text{ kN}$$
$$= 443 \text{ kN} > F_y = 312 \text{ kN}, 满足。$$

(2)横向力的平衡(左舷布置)No.5~8：

$$[F_{yp}] = \mu \cdot mg + \sum CS_i \cdot f_{yi}$$
$$= 0.3 \times 68 \times 9.81 \text{ kN} + 68.8 \text{ kN} + 61.6 \text{ kN} + 69.0 \text{ kN} + 68.8 \text{ kN}$$
$$= 468 \text{ kN} > F_y$$
$$= 312 \text{ kN}, 满足。$$

(3)纵向力的平衡(船首布置)No.1,3,7和8：

$$[F_{xf}] = \mu(mg - f_z \cdot F_z) + \sum CS_i \cdot f_{xi}$$
$$= 0.3(68 \times 9.81 - 276.8) \text{ kN} + 46.4 \text{ kN} + 30.2 \text{ kN} + 18.0 \text{ kN} + 46.4 \text{ kN}$$
$$= 258 \text{ kN} > F_x = 112 \text{ kN}, 满足。$$

(4)纵向力的平衡(船尾布置)No.2,4,5和6：

$$[F_{xa}] = \mu(mg - f_z \cdot F_z) + \sum CS_i \cdot f_{xi}$$
$$= 0.3 \times (68 \times 9.81 - 276.8) \text{ kN} + 30.2 \text{ kN} + 55.2 \text{ kN} + 46.4 \text{ kN} + 38.2 \text{ kN}$$
$$= 287 \text{ kN} > F_x = 112 \text{ kN}, 满足。$$

3)横向倾覆

除非提供了专门资料,该货物单元的垂直重心可以假定在高度的一半处,横向重心在宽度的一半处。如果绑绳的连接类似图7-20所示,作为测量 l_y 的替代,从倾覆轴至 CS 的力臂长度,可取货物单元的宽度 w。

横向外力矩：$F_y \cdot l_F = 312 \times 2.4/2 = 374 \text{ kN} \cdot \text{m}$

横向约束力矩：$[M_y] = b \cdot mg + 0.9 \cdot (CS_1 \cdot l_{y1} + CS_2 \cdot l_{y2} + CS_3 \cdot l_{y3} + CS_4 \cdot l_{y4})$
$$= 1.8/2 \times 68 \times 9.81 + 0.9 \times 1.8 \times (80 + 67 + 67 + 80)$$
$$= 1076 \text{ kN} \cdot \text{m}$$

$F_y \cdot l_F < [M_y]$,满足。

4.适用于重货和/或巨大货物的高阶规定

1)纵向倾覆

对于纵向高大货物的系固,平衡计算还应考虑纵向倾覆并满足纵向倾覆外力矩 $M_x \leqslant$ 纵向约束力矩 $[M_x]$,即：

$$F_x \cdot l_F \leqslant b \cdot (mg - f_z F_z) + \sum CS_j \cdot l_{xj} \tag{7-23}$$

式中：l_F——纵向外力倾覆力臂(m)；
b——货物重力稳定力臂(m)；
l_{xj}——系索系固力约束力臂(m)。

系数 f_z 与 b/l_F 的适用关系,如表7-12所示。

表7-12 系数 f_z 与 b/l_F 的适用关系

b/l_F	0.1	0.2	0.3	0.4	0.6	1.0	2.0	3.0
f_z	0.50	0.70	0.80	0.85	0.90	0.94	0.98	1.00

当风、浪的作用中心明显偏离重心位置时,可分别按惯性力、风压力和波溅力求纵向倾

覆力矩。

2)巨大货物物体的转动惯性

上述基于力和力矩平衡的方法对于物体的空间尺寸约在 6 m 以下的货物单元,能提供较充分的准确度。但更大的物体由于其旋转惯性,会伴随船舶纵摇或横摇运动的加速产生显著的附加倾覆力矩。

(1)横向倾覆平衡

对于宽度为 w(沿船舶横向尺寸)和高度为 h 的货物,当 $(w^2+h^2)>50 \text{ m}^2$,应在横向倾覆平衡的倾覆力矩 $F_y \cdot l_y$ 基础上增加由于货物的旋转惯性造成的附加倾覆力矩 $k \cdot J$。如果没有此类信息,可使用以下数据:

对于物品质量均匀分布:

$$J = m \cdot \left(\frac{w^2+h^2}{12}\right) \tag{7-24}$$

对于物品质量集中在外围:

$$J = m \cdot \frac{(w+h)^2}{12} \tag{7-25}$$

横向翻转角加速度:

$$k = \frac{36 \cdot GM}{B^2} \tag{7-26}$$

(2)纵向倾覆平衡

对于长度为 l(沿船舶纵向尺寸)和高度为 h 的货物,当 $(w^2+h^2)>50 \text{ m}^2$,应在纵向倾覆平衡的普通倾覆力矩 $F_y \cdot l_y$ 基础上增加由于货物的旋转惯性造成的附加倾覆力矩 $k \cdot J$。如果没有此类信息,可使用以下数据:

对于物品质量均匀分布:

$$J = m \cdot \left(\frac{l^2+h^2}{12}\right) \tag{7-27}$$

对于物品质量集中在外围:

$$J = m \cdot \frac{(l+h)^2}{12} \tag{7-28}$$

纵向翻转角加速度:

$$k = \frac{25 \cdot GM}{B^2} \tag{7-29}$$

六、典型非标准货物的安全堆装与系固

CSS 规则附则中给出了 12 种非标准货物的积载与系固方案,在装载这些货物时,应按要求进行积载和系固。具体内容见 CSS 规则附则 1～附则 12。

【思考与应用 7-4】

1.CSS 规则的主要内容有哪些?

2.哪些船舶需要配备《货物系固手册》?其编制依据是什么?其主要内容有哪些?

3.在船舶甲板上积载的货物单元所受的外力有哪些?货物所受惯性力与其在船上积载位置有何关系?

4. 货物系固的主要目的是什么？判断货物系固是否达到要求的标准是什么？

5. CSS 规则中评估货物系固效果的方法有哪几种？各种方法有何特点？

6. 某船装载一箱形货物运输单元，该船船长 160 m，船宽 25 m，航速 15 节，初稳性高度 1.80 m。货物装载于距船尾 0.75 倍船长（L_{BP}）处的上甲板低位，在上甲板低位货物单元总重量 110 t，货物长、宽、高分别为 12 m、3.2 m 和 4 m。其中一根系索的示意图如图 7-24 所示，系固角 α 为 35°，系固点高度 h_L 为 3.5 m，最大系固负荷 MSL 为 60 t。货物与甲板间摩擦系数取 0.3。

(1) 按照 CSS 规则的经验方法，每一侧横向应至少系几根最大系固负荷 MLS 为 60 t 的系索？

(2) 按照 CSS 规则中改进的计算方法，系索的计算强度是多少？

(3) 按照 CSS 规则中改进的计算方法，求如图 7-24 所示的单根系索所提供的约束力。

(4) 如果货物每侧系 2 根图 7-24 所示的系索，求防止货物横向移动总的约束力。

(5) 如果货物每侧系 2 根图 7-24 中所示的系索，求防止货物横向倾覆总的约束力矩。

(6) 求货物的横向风压力和横向波溅力。

(7) 求货物横向惯性力。

(8) 试求货物的横向移动力和横向倾覆力矩，并判断能否防止货物横向移动和横向倾覆。

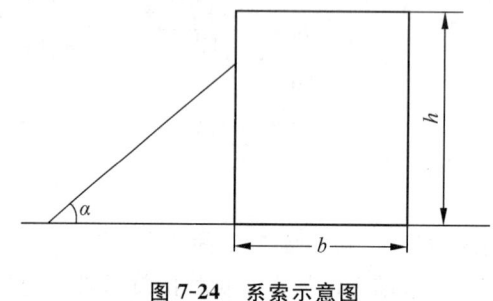

图 7-24 系索示意图

第五节 重大件货物运输

一、重大件货物及其特点

1. 重大件货物

重大件货物（awkward cargo，heavy and oversized cargo）是指所运输的货件在重量或尺寸、形状方面超过常规货物，需要在装卸、积载和系固等方面予以特殊安排的件装货物。如大型设备、机车车辆、小型游艇等。

重大件货物的具体重量和尺寸根据运输方式、运输工具或港口作业条件等而有所不同，目前国际上没有统一规定。我国《国内水路货物运输规则》（交通部令 2000 年第 9 号）和《港口货物作业规则》（交通部令 2000 年第 10 号）中将沿海运输重量超过 5 t、长度超过 12 m，长江、黑龙江干线运输重量超过 3 t、长度超过 10 m 的货物作为笨重、长大货物的标准，旨在明确国内水路货物运输有关当事人的权利义务，而非技术性标准。这两个文件现已废止（交通运输部令 2016 年第 57 号）。

2. 重大件货物的装运特点

1) 单件货物重量、体积或占据空间大，对装卸设备的起重能力、舱口的尺度、装载部位的空间尺度和局部强度要求较高，需要预先根据货物和船舶资料予以确认。

2)重心高、形状不规则、局部存在脆弱性,可能需要特殊的装卸工艺、衬垫和固定措施。例如龙门吊、集装箱码头装卸桥等一般采取滚动方式装卸,并需要专门设计衬垫和刚性系固方案。由于重量大、重心高,受风面积大,需要注意对船舶稳性、货物转动惯性等影响,注意对驾驶台瞭望的影响。海洋平台、沉井等可能采用半潜驳浮装浮卸,或采用浮拖方式运输。

3)采用船吊装卸时,对船舶稳性存在一定影响,应事先核算吊装、吊卸过程中以及装卸后的船舶稳性、横倾角等。必要时,先加注压载水增大船舶稳性。

4)航行期间因受天气、海况、船舶性能、货物重量形状等因素的影响,船舶的摇荡运动可能导致系固失效,需要加强检查。

二、装运前的准备工作

1)承运重大件货物前,应详细了解所运重大件货物的有关资料,如单件重量、尺度、重心位置、基座面积、衬垫要求、货件形状、装卸方式、起吊位置、系固点及其强度、货物特性、包装和其他特殊装运要求等。

2)应熟悉和掌握本船承运重大件货物的能力,如船体结构强度、舱口尺寸、载货部位的尺度、船舶的系固设备、衬垫材料、船舶(或码头)重型装卸设备等资料;如果利用码头装卸设备,应确认装货港和卸货港的码头装卸设备均满足要求。

3)了解运输航线情况,包括航程、航行时间、相应季节的海区天气海况情况等。

4)要仔细检查拟装部位船体的装载条件,拟用系固设备和船舶重型装卸设备(当使用船上装卸设备时)及其属具,使其处于良好的技术状态。

5)核算船舶装载重大件货物部位的局部强度;制定系固方案,并评估系固有效性;核算船舶装卸过程中(使用船吊时)以及装卸后的稳性和横倾角。必要时通过注入压载水增大船舶稳性,但禁止通过向相反一舷形成横倾的方式抵消横倾角。

三、制定装载方案

1. 正确选择舱位和货位

重大件货物的装载位置,应从保证货物和船舶的安全及便于作业和使用船舶重型装卸设备等方面考虑,根据货件的具体情况,重大件货物可以配置于舱内或上甲板。当配置于舱内时,应选择舱口尺度较大且有重型起货设备(不用船上设备者除外)的中部货舱,舱口和舱内空间尺度应满足要求。当配置于上甲板时,应选择重型装卸设备的工作幅度能达到的部位,其堆装位置应不妨碍甲板部的正常工作,不影响驾驶台的瞭望视线,且应尽量避免装配于舱盖上;怕水的重大件货物应配置在不易上浪的部位;重大件货物装载时都应注意左右均衡。货物的装载位置应有利于系固。

2. 校核拟装部位是否满足局部强度条件

核查载货部位的局部强度,在适当时可考虑使用木材或其他适当材料衬垫,增加受载面积,减小单位面积载荷,并增加摩擦力。设载荷(含衬垫材料)的重量为 W,根据拟装部位的单位面积允许负荷量 P_a,计算出必需的最小衬垫面积 A_{min},从而确定衬垫方案。

$$A_{min} = 9.81 \frac{W}{P_a} \qquad (7\text{-}30)$$

在确定衬垫面积时,应考虑一定的富余量。当装运单件重量大而体积较小的重大件时,应该使货物装于至少跨两个加强肋骨的部位,必要时,还应在装载部位甲板的下方加设临时支撑(柱),以确保安全。此外,在装卸重大件货物时,应尽量使船舶保持平吃水,使货件能同时着落或起离甲板,避免甲板局部位置瞬时超负荷。

3. 核算船舶的稳性和横倾角

当用船上重型起货设备装卸重大件货物时,将使船舶的 GM 发生变化,并使船舶产生横倾。过小 GM 和过大的横倾角均将危及船舶和货物的安全。

吊卸重大件货物时船舶初稳性高度 GM 和由此产生的横倾角 θ_h 的计算方法参见第三章第二节"五、悬挂载荷对初稳性高度的影响"。

与吊卸时不同,吊装重大件货物时,货件的重量由船外加到了船上。用船吊吊起重物后船舶的排水量增加了重物的重量 P,该重物相当于加载于货物的悬挂点位置(吊杆顶部)。吊装时船舶最不利的初稳性高度值是货件处于悬挂状态时而可能产生的最大横倾角发生在货件被提起时的位置。

(1) 初稳性高度 GM 的计算

$$GM = G_0 M + \frac{P(KG_0 - K_b)}{\Delta + P} \tag{7-31}$$

式中:Δ——吊装重物前的排水量(t);

$G_0 M$——起吊前船舶的初稳性高度(m);

KG_0——起吊前船舶的重心高度(m);

K_b——船吊的顶点距基线高度(m)。

(2) 船舶横倾角 θ_h 的计算

$$\tan \theta_h = \frac{P \cdot Y + P_b \cdot Y_b}{(\Delta + P) \cdot GM} \tag{7-32}$$

式中:Y——起吊时货件重心距船舶中线面的横向距离(m),即 $Y = B/2 + l$;

GM——起吊时船舶的初稳性高度(m)。

为确保船舶的安全,装卸重大件货物时船舶的横倾角不能过大。一般,不允许超过 12°。

4. 制定重大件货物的系固方案

重大件货物装载后的系固是确保运输安全的重要措施,必须按《货物系固手册》的要求认真制定货物系固方案并严格执行。

【思考与应用 7-5】

1. 某船型深 $D = 15$ m,在港内装货,当时排水量 $\Delta = 15900$ t,$KM = 9.0$ m,$KG = 8.0$ m,无自由液面。计划利用船上重吊吊装重大件货物,重量 $P = 100$ t,拟装载位置重心距基线高度 $K_P = 13$ m,横向位于船舶首尾线处。货物自码头吊起时吊杆顶点距上甲板高度 $h = 10$ m,吊杆自重 $P_b = 10$ t,舷外跨量 $b = 4$ m,船舶宽度 $B = 18$ m。求:

(1) 船舶吊起重大件前的初稳性高度 GM_0;

(2) 船舶吊起重大件时的初稳性高度 GM_1;

(3) 吊起重大件时,船舶的横倾角 θ_h;

(4) 重大件货物装载至拟装位置后船舶的初稳性高度 GM_2。

第六节 木材货物运输

木材是重要的生产原材料,因而也是常运货种之一。我国是木材进口大国,近年来每年进口量接近1亿立方米(2019年和2020年分别为9694万立方米和9374万立方米)。海上运输是木材进出口贸易的主要运输方式。

一、木材货物及其特性

木材是所有各种木质材料的统称,包括圆木和锯木,但不包括木浆和类似货物。木材主要特性包括:

1)木材与其他材料相比,具有多孔性、各向异性、湿胀干缩性、燃烧性和生物降解性等独特性质,被广泛应用于建筑、家具、包装、铁路等领域。

2)木材按形状及加工程度分为原木、成材和木材制品。湿材、新伐材及某些树种木材具有一定的气味。

3)船运木材品种较多,木材积载因数较大,其中原木运输量最多。形体长大,一般长度为6~8 m,无论在舱内积载还是甲板积载,均会影响货位选择。不同类型木材甲板货密度和积载因数的参考值见表7-13。

4)木材极易吸收水分和散发水分,内部含有大量水分,忌潮湿的货物应与其分舱装载;同时木材吸水或积冰导致甲板木材重量增加,影响船舶稳性,两舷木材吸水量不一致时还会产生横倾角;在甲板上积载木材,还会造成船舶受风面积增加,重心升高,稳性降低,而且如果绑扎系固不当,又易移动,影响船舶航行安全。

5)木材一般在露天储存,内部及表面常有许多虫类、微生物等。木材表层的腐败可产生有毒气体氰化氢(HCN)和易燃的沼气(CH_4),对船舶安全和人员健康带来不利影响。干燥的木材易燃烧。木材和衍生物的呼吸作用,会使封闭的货舱内缺氧。

根据木材在船上的装载位置,可将其分为装于舱内的木材和装于甲板的木材。

表7-13 不同类型木材甲板货密度和积载因数的参考值

木材货类型		密度/(t/m³)	体积因数 (m³舱容/m³货物)	积载因数/(m³/t)
锯木	端部平整的锯木包装件	0.5~0.8	1.4~1.7	1.8~3.4
	端部不平的锯木包装件	0.5~0.8	1.6~1.9	2.0~3.8
	端部平整的刨木包装件	0.5	1.2~1.4	2.4~2.8
圆木	针叶圆木,新材(有树皮)	0.9~1.1	1.5~2.0	1.4~2.2
	阔叶圆木,新材(有树皮)	0.9~1.5	2.0~2.5	1.3~2.8
	圆木,干材(有树皮)	0.65	1.5~2.0	2.3~3.1
	去皮针叶圆木,新材	0.85~1.2	1.5~2.0	1.2~2.4
	去皮阔叶圆木,新材	0.9~1.0	1.5~2.5	1.5~2.8
	去皮圆木,干材	0.6~0.75	1.2~2.0	1.6~3.3

二、舱内装载木材

CSS规则附则11规定了"甲板下原木的安全堆装与系固"的相关要求。

1.装货前的准备

应检查货物处所和有关设备使货舱适货;舱底污水井、舱底水吸口滤网等应予以检查、清理和防护,以防止树皮、木屑堵塞,保证舱底水系统畅通;检查压载管系以防止水进入货舱;设计用于保护货舱舷侧的护板、管道防护装置等,应处于正确位置。

2.堆装作业期间的注意事项

1)注意作业安全,防止被吊货物的摆动威胁作业人员安全或损毁船舶结构和设备。

2)堆装在甲板下的原木数量和垂直重心将决定可以在甲板上安全堆装货物的数量。大而重的原木应优先装入货舱内,原木在舱内应堆装密实、紧凑和稳定,填满两舷、不留空当。

3)原木应纵向堆装至处所的整个长度区域(图7-25)。如果纵向长度间有空当,可在空当处横向填满空隙。原木的粗端应首尾交替放置,以达到较平的堆装。

4)当原木高度接近舱口时,应减少每吊原木的尺寸,以装满舱内和舱口的余下空间。最后盖好舱口盖,以便在甲板装载木材。

图7-25 舱内木材的积载

3.装货后的检查

应对船舶进行彻底检查,应对污水进行测深,核实船舶的水密完整性。

4.在航行途中的检查

1)航行中应对船舶的倾斜角和摇摆周期进行定期检查。

2)楔子、纱头、锤子和活动泵等,应存放在易于得到之处。

3)定时测量污水井和各液舱液位,液位异常时应查明原因并及时排水。

4)不能贸然进入货舱内,必须进入围蔽的货物处所时应采取以下安全措施:

(1) 保证以自然或机械方式对处所进行彻底通风。
(2) 检查处所不同高度上的空气含氧量，确认有无缺氧情况。
(3) 如怀疑处所通风不足，则要求进入该处所的人带上独立的呼吸装置，并遵循进入封闭处所的操作程序。

三、木材甲板货的装运

木材甲板货是指在船舶的干舷甲板或上层建筑甲板的露天部分装载的木材货物。

1.《2011年木材甲板货运输船舶安全操作规则》

木材甲板货物对船舶的受风面积、稳性、甲板强度、储备浮力、货物系固要求等均存在特殊影响，因此，对木材甲板货的装载、积载和系固，船舶稳性、甲板强度、系固设备等均有特殊要求。为确保木材甲板货的装载、积载和系固尽可能在整个航程中防止对船舶和船上人员造成损害或危险并防止货物落水灭失，IMO 于 2011 年 11 月 30 日以 A.1048(27)决议通过了《2011年木材甲板货运输船舶安全操作规则》(code of safe practice for ships carrying timber deck cargoes,2011,以下简称"TDC 规则")，目前的版本包含 2020 年 12 月 IMO 海安会 Msc.1/Cire.1624 发布的 TDC 规则修正案。该规则适用于船长 24 m 及以上的载运木材甲板货的所有船舶。

TDC 规则主要提供木材甲板货安全载运的建议案，包括安全运输实践、安全系固和堆装的方法、系固系统的设计原则，船舶货物系固手册包含的程序和须知的制定指南以及安全系固和堆装的检查清单样本。该规则在 IMO 层面是非强制性文件，但新加坡和我国香港地区主管机关明确该规则对悬挂其船旗的船舶强制实施，中国船级社则将 TDC 规则作为审批木材甲板货的货物系固手册的依据，因此我国实际上强制实施了该规则。

2. 装载前的准备工作

1) 托运人应在船舶装载前，按航运惯例提供货物资料；船长应研究货物资料，并采取船舶《货物系固手册》规定的货物妥善积载、系固和安全运输所需的预防措施。货物资料主要包括：预定作为甲板货的货物总量；货物典型尺寸；货捆数量；货物密度；货物积载因数；包装货物扭转强度、包装件罩盖类型、是否为防滑型和相关摩擦系数。

2) 甲板货物装载期间，船长应确保所有液舱均保持在自由液面最大限度减少的状况。压载水舱应尽可能注满或排空，应避免装卸作业期间有压载水移动。

3) 在露天甲板的任何区域装载木材甲板货前：

(1) 舱口盖和该区域以下处所的其他开口都应牢固关闭并用压条封住；
(2) 有效保护空气管和通风筒，应检查止回阀或类似装置以确定其防水有效性；
(3) 移除甲板上可能妨碍货物积载的物体，并在适于堆放处安全系固；
(4) 如设有增大摩擦的装置，应核查其状况；
(5) 清除载货区域的积冰和积雪；
(6) 对系固设备进行装货前检查，所有甲板绑索、立柱等应就位；
(7) 应详查甲板上的所有测深管，并尽实际可能做好安排以保留其通道。

4) 应按船舶《装载手册》制定一份装载前计划，并计算和核查积载高度，单位面积重量，所需压载水量和离港、到港时的排水量、吃水、吃水差和稳性。

3. 船舶载重线和稳性要求

1)木材甲板货特殊载重线的使用

(1)木材载重线系指为符合载重线公约所规定条件的船舶所勘定的,在货物符合 TDC 规则的积载和系固条件时使用的特殊载重线。木材载重线应符合载重线公约附则Ⅰ"载重线核定规则"第Ⅳ章"船舶核定木材干舷的特殊要求"的特殊要求。勘定并使用木材载重线的船舶在按船舶《货物系固手册》(CSM)的规定积载和系固木材时,应遵守载重线公约、TDC 规则和船舶载重线证书的相关要求。

(2)装载木材甲板货时,船舶必须具备装载木材甲板货的综合稳性资料,包括使用资料的相应指导。

(3)当船舶未装载木材甲板货或木材甲板货的装载不符合规定时,不应使用木材载重线和装载木材甲板货的综合稳性资料。

2)国际航行载运木材甲板货的船舶稳性要求

(1)破损稳性要求

木材甲板货运输船舶必须符合破损稳性要求以及 2008 年 IS 规则的适用部分,尤其是木材甲板货要求。由于 GM 值过大会引起大的加速度,GM 不宜超过船宽的 3%。计算稳性曲线时可计及木材甲板货的浮力,并假定木材甲板货的渗透率达到 25%。

根据 2008 年 IS 规则的要求,载运木材甲板货的货船应符合稳性总体衡准关于复原力臂曲线特性的衡准与强风和横摇衡准的要求,除非主管机关认可适用下列替代方法。

(2)替代稳性衡准

对于载运木材甲板货物的船舶,如果货物纵向延伸于上层建筑物之间(如船舶后端无限制性上层建筑,则木材甲板货物应至少延伸到最后舱口的后端),横向延伸至在适当计入圆形舷缘的余量后的整个船宽,圆形舷缘不超过船宽的 4%,并(或)固定住支撑立柱,使立柱在大横倾角时仍能牢固地被固定住,则:

①复原力臂曲线(GZ 曲线)所围的面积,当倾侧达到横倾角 40°或浸水角(取小者)时,应不小于 0.08 m·rad。

②复原力臂(GZ)的最大值至少应为 0.25 m。

③在航行中的任何时间,初稳性高度 GM_0 不应小于 0.1 m,并考虑到甲板货物吸水和(或)暴露表面积冰情况。

④计算船舶抵抗横风和横摇的组合影响的能力时,在定常风作用下的横倾角应不大于 16°,但可不考虑甲板边缘浸水角 80%的附加衡准。

装载木材甲板货的船舶在计算稳性时,应计及木材甲板货因吸水或结冰引起的重量增加、途中油水消耗的影响以及自由液面的影响。

(3)木材甲板货吸水造成的质量变化计算

木材甲板货的质量变化率应按下式计算:

$$\delta P\% = T_p \cdot \delta P_d\% \tag{7-33}$$

式中:T_p——计划航行时间(d);

$\delta P_d\%$——木材质量的日变化率,与航线和木材类型有关,按 TDC 规则附录 C 取值。

在 $\delta P \leqslant 2\%$ 的情况下,船舶稳性计算中不用考虑木材甲板货的吸水率;在 $\delta P \geqslant 10\%$ 的情况下,须考虑木材甲板货的吸水率。

(4)结冰标准

用于稳性计算的结冰装载工况如图 7-26 所示,结冰重量 $w(\text{kg/m}^2)$ 可按下式计算:

$$w = 30 \times \frac{2.3 \times (15.2L - 351.8)}{l_{\text{FB}}} \cdot f_{tl} \cdot \frac{l_{\text{bow}}}{0.16L} \tag{7-34}$$

式中: f_{tl} ——木材绑扎因数,取 1.2;

L ——船舶长度(m);

l_{FB} ——干舷高度(mm);

l_{bow} ——船首外飘区域的长度(m),取舷侧干舷甲板下 0.5 m 处水线上最大宽度处纵向位置至该水线船首最前端的距离。

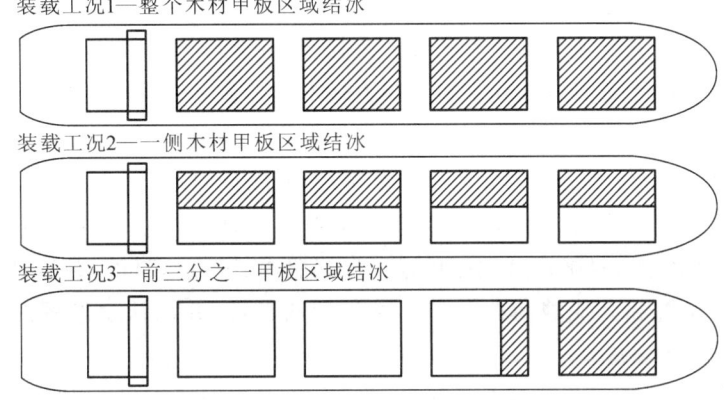

图 7-26 用于稳性计算的结冰装载工况

3)国内航行木材甲板货海船稳性要求

(1)计算复原力臂曲线时,可计入木材甲板货外形容积入水部分 75% 的浮力。

(2)运木船所核算的各种装载情况经自由液面修正后的初稳性高度均应不小于 0.1 m。

(3)复原力臂曲线最大值应不小于 0.25 m。

(4)运木船载运一般货物时,应满足干货船的稳性要求。

(5)运木船到港及航行中途,均应假定由于木材吸水而增加 10% 的木材甲板货的重量。

(6)运木船进行结冰计算时,木材外表面的结冰重量应按实际重量增加木材甲板货重量计。如无实际结冰资料,可按结冰计算一般规定重量的 3 倍计算。

4.载运木材甲板货船舶的载货量和稳性核算过程

载运木材甲板货时,货物数量一般按照木材的体积计算,但木材甲板货的载货数量,受限于船舶载重线、甲板和舱口盖允许载荷、船舶稳性、舱容和甲板载货空间驾驶台视线要求等约束。船舶的载货量和稳性核算一般要遵循以下步骤:

1)根据船舶航次允许使用的载重线确定船舶总载重量,并结合船上备品、压载等计算航次净载重量。

2)了解货物的积载因数或密度资料,结合船舶舱容、甲板空间、最大积载高度限制、允许负荷等资料,初步确定货物的最大重量和最大体积。包括舱内货物的体积、重量;甲板木材的体积、重量等。

3)装载木材前观测船舶吃水、测量舷外水密度和船上油水重量,求取船舶排水量和船舶常数。

4)舱内尽可能装载重量大、密度高的木材货物。木材应大小头交替放置,尽可能平顺、密实装载,避免圆木间相互交叉。只有舱内尽可能多装货物,才能降低重心,在满足稳性要求的前提下多装甲板木材。

5)舱内装满货物后按要求封舱,再次进行水尺计重,求出舱内货物重量。根据舱内货物体积和所求货物重量,计算货物密度或积载因数。

6)根据实际计算的货物密度,甲板允许载货空间,甲板和舱口盖允许载荷和船舶稳性衡准要求,进一步确认甲板允许载货量。其中稳性应根据航线情况考虑甲板木材吸水、结冰和航程中稳性最不利的载况。

7)按甲板木材装载要求进行甲板木材的装载,包括竖起立柱、布置好系固设备和利用整个甲板载货空间尽可能密实地装载木材。在甲板木材装载至货堆高度约四分之三处时在两舷对应立柱间设置倒钩钢丝绑索。在木材装载的最后阶段应注意观察在两舷侧装载木材时船舶的横倾情况,发现稳性不足应立即停止装货,并消除横倾角。

8)完成甲板木材装载后,按要求进行系固的同时,再次进行水尺计重,计算甲板木材的实际重量,并结合船舶资料确定其重心位置。根据舱内、甲板木材的重量(计及甲板木材吸水和结冰)、重心位置和其他载荷的分布计算船舶的稳性,并确认全航程的稳性满足衡准要求。

从上述步骤可知,木材货物装载期间,至少要进行3次水尺计重过程。第1次测出船舶常数;第2次计算舱内货物木材重量和密度,确认甲板木材允许数量;第3次测出甲板木材的重量,并据以确定货物总重量、总体积和校核船舶稳性。同时舱内货物装载质量和重量很大程度上决定了甲板木材的允许数量。

5. 木材甲板货的装载

1)安全运输木材甲板货的基本原则,是使货堆尽实际可能密实、紧凑和稳定,其目的是:

(1)防止因货堆中的移动造成绑索松弛;

(2)在货堆内产生约束效应;

(3)最大限度降低货堆的渗透率。此外,这样做还有利于降低货物重心。

2)甲板上的装载应纵向从头到尾连续装,以最大程度利用甲板空间,且有利于原木的系固。尽可能将较长的原木紧贴舷边立柱装载,尽量跨三根或以上立柱。

3)甲板上的露天开口,如在其上堆货则应将其牢固关闭并用压条封住。通风筒和空气管应予有效保护。

4)甲板货的积载应留出往来于指定脱险路线和船舶操作的重要处所(机器处所和船员住处等)的通道以及安全设备、消防设备和测深管的通道。甲板货不得以任何方式干扰船舶的航行和必要工作。

5)装货时,应注意避免形成空当或敞开处。空当如已形成,应用散装木材填塞或用具有规定强度的H形架遮挡以防货物移动。

6)最上层木材应尽可能平整,为有利于木材的加固绑扎,船中部位的木材可适当高于两舷侧木材高度,并呈平滑弧形状态。应避免任何纵向的横截面出现两舷高中间低的装载状态。

7)勘绘并使用木材载重线的船舶,应满足载重线公约适用的相关要求和操作:

(1)冬季航行于冬季季节区域的木材船,木材货物在露天甲板上的堆装高度不得超过该船最大宽度的1/3。

(2)木材甲板货的积载范围应满足:纵向上,分布在上层建筑和首楼之间的全部可用长度内并尽可能靠近端壁;如果在后端无上层建筑作限制,则木材应至少延伸到最后一个货舱的后端。横向上,木材甲板货应尽可能分布到船边,对栏杆舷墙支撑、立柱、引航员进出通道等应适当留有余地,因而在船边形成的任何间隙平均值应不超过船宽的4%。

6. 木材甲板货的系固

1)基本要求

(1)木材甲板货可用一种或多种系固方式,包括:不同类型绑扎装置,底层遮挡与绑扎装置相结合,用立柱等按货物全高对其遮挡并可用绑扎装置补充,摩擦系固以及其他加强系固的实用方法。

(2)在木材甲板货的系固中用得最多的绑扎设备是链条绑索、钢丝绑索和编网绑索。开口钩在绑索松弛时可能松开,不得用于木材甲板货的系固装置。网式绑索不得与链条或钢丝绑索结合起来使用。

(3)所有绑扎设备在使用前应按《货物系固手册》的须知进行外观检查。

(4)所有绑索及其部件均应满足:具有不小于 133 kN 的断裂强度;在受到初始应力后,在 80% 断裂强度下的伸长率不超过 5%;在破断强度的 40% 时,无永久性变形。

(5)每一系索应配备张紧装置或系统,该装置或系统所产生的载荷不得小于:水平部分 27 kN;垂直部分 16 kN。

(6)在张紧和初步系固后,张紧装置或系统的螺杆的剩余螺纹长度应不少于一半或剩余张紧能力不少于一半,以供以后使用。每一绑索都应设有能调整绑索长度的装置或设备。

(7)根据所运木材特征而需用的立柱,应具有足够强度;立柱的强度应不超过舷墙的强度,立柱的间距应适合所运木材的长度和特征,由至少两个立柱支撑,且不得超过 3 m。

(8)对在甲板上连续堆放的货堆,绑索的间距应使每段货堆各端的两根绑索尽实际可能靠近木材甲板货的端部。圆木甲板货应由立柱支撑,在其整个长度由间距不超过 1.5 m 的独立绑索。

(9)如果将钢丝绳夹用作钢丝绑索的接头,应遵守下列条件,以免强度大幅降低:①所用绳夹的数量和尺寸应与钢丝绳的直径成比例,数量不得少于三个,其间距不小于150 mm;②绳夹的鞍形部分应装在活动载荷段,U 形螺栓应装在静载或缩短端段;③绳夹应先上紧至明显卡进钢丝绳,接着在绑索受力后再次上紧。

(10)给夹具、绳夹、卸扣和松紧螺旋扣的螺纹润滑,可提高其夹持能力和防止腐蚀。

2)系固方法

(1)在两舷立柱间使用拱背钢丝

为了使原木在甲板上的堆装更牢固,可使用拱背钢丝,如图 7-27 所示。在货堆高度约四分之三处,拱背钢丝应穿过在此高度固定于立柱的眼板以能横向拉伸,分别与左、右舷立柱连接。拱背钢丝铺放时不要拉得太紧，否则在其上再堆放其他原木时就会变紧，在各立柱上向舷内产生拉力。

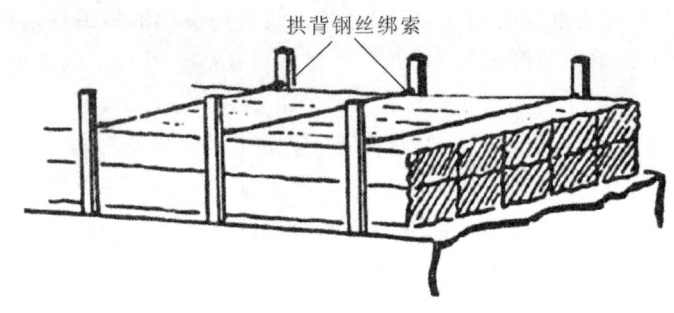

图 7-27　拱背钢丝绑索

(2) 顶部覆盖式和连续波形(波形钢丝)绑扎

除立柱和拱背钢丝绑索外，还可使用连续波形(波形钢丝)和顶部覆盖式绑扎布置，如图 7-28 所示。

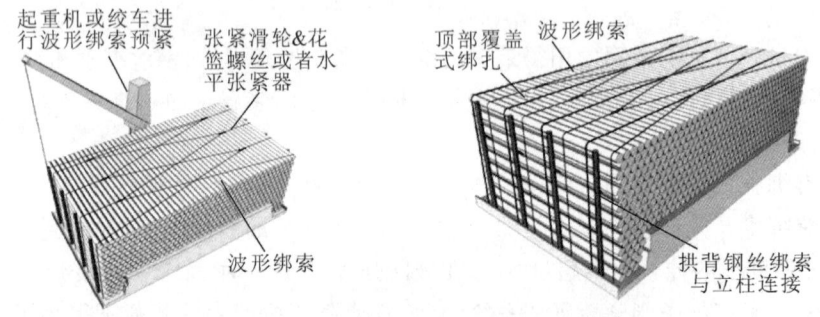

图 7-28　连续波形和顶部覆盖式绑扎布置

(3) 链条/钢丝组合覆盖式绑扎

如未设置波形钢丝，则应增设链条或链条/钢丝组合覆盖式绑扎，如图 7-29 所示。

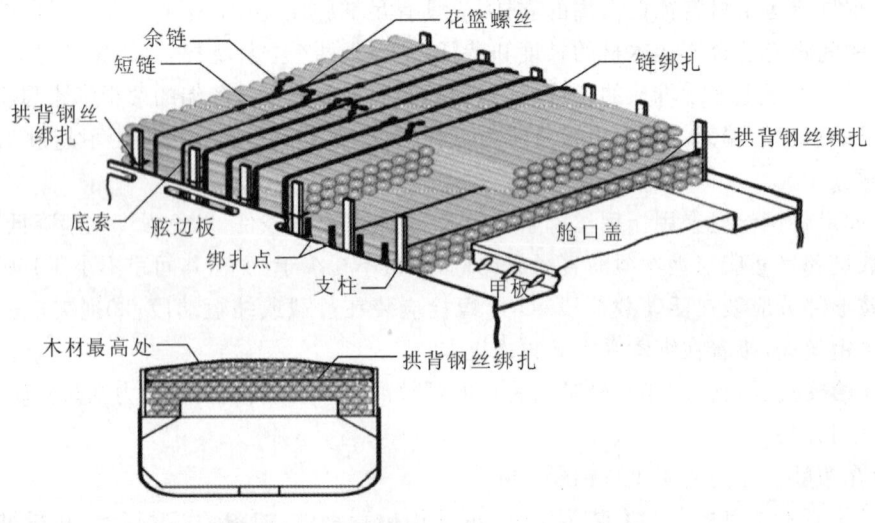

图 7-29　链条/钢丝组合覆盖式绑扎布置

图 7-30 所示为甲板木材货物及其顶部系固实船照片。

图 7-30　甲板木材货物及其顶部系固实船照片

四、航行中应注意的事项

(1)开航前应使船舶处于无横倾状态,并满足稳性衡准的各项要求。

(2)所用绑索的必要预张力应在整个航程中予以保持。开航后,应尽快全面认真检查和张紧所有绑索,并在航行期间进一步定期检查绑索,如发现松弛应及时张紧,并应将对系索的所有检查和调整记入航海日志。

(3)航行中应尽量避开潜在的恶劣天气和海况,当无法避开时,应采取减速、改变航向等措施,以最大限度地减少货物和系索的受力。

(4)甲板木材货受上浪影响树皮脱落,极易堵塞甲板排水孔,应及时疏通。否则,不仅会在甲板上形成自由液面,还会增加甲板木材吸水和结冰,长时间受一舷侧上浪影响还可能导致船舶左右舷重量不对称增加,发生横倾,严重影响船舶稳性和航行安全。

(5)当航行中船舶产生横倾时,应查明其原因。如果是货物移位、船舶进水或船舶稳性不足所引起的横倾,则应根据具体情况采取正确的补救措施。

(6)如果由于某种原因使木材甲板货落海或被抛弃入海,船长应尽一切办法将对航行有直接危险的信息通知附近的船舶及有关主管当局。

【思考与应用 7-6】

1.国际航行船舶在舱内装载木材和甲板装载木材应分别满足 IMO 的什么规则?
2.舱内堆装木材需要注意哪些事项?为何舱内木材的堆装质量将影响甲板木材的装载量?
3.舱内堆装木材和甲板堆装木材在航行中应分别注意哪些事项?
4.试说明载运木材甲板货船舶的载货量和稳性核算过程。

第七节 冷藏货物运输

冷藏货物(reefer cargo)是指要求在一定的低温条件下运输的货物。这类货物包括由动物性食品如鱼、肉、禽、蛋等和植物性食品如水果、蔬菜组成的易腐货物,以及少量有温度控制要求的危险货物。易腐货物在一定冷藏条件下运输,可以使微生物的活动能力和呼吸作用减弱甚至停止,从而使其在运输期间不致变质、过熟或腐烂。

一、易腐货物的保藏条件

易腐货物的保藏条件包括温度、湿度、通风和环境卫生,其中最主要的是温度。

1. 温度

就限制微生物角度考虑,冷藏温度越低越好。但过低温度会破坏蔬菜、水果类货物的组织结构,使其色、香、味发生变化,解冻后会迅速腐烂。对不同食品应分别采用"冷却""冷冻"和"速冻"等不同冷处理方法。

冷却是指将食品温度降到尚不致使其细胞膜结冰的程度,通常在 0~5 ℃之间。鲜蛋、乳品、水果、蔬菜等常采用冷却运输。

冷冻是指将食品温度降到 0 ℃以下的程度。冻肉、冻鸡、冻鱼、冰蛋等均常采用冷冻运输。速冻是指在很短的时间内使食品冻结。速冻过程中所形成的冰晶比较均匀和细小,不致造成细胞膜的破裂,因而能保持食品原有的鲜味和营养价值。

2. 湿度

舱内湿度对食品质量影响很大。湿度过小的危害是:增加食品干耗,破坏食品的维生素和其他营养物质,破坏水果、蔬菜的正常呼吸,削弱其抗病能力。湿度过大,对于冷却运输的食品而言,有利于微生物的迅速繁殖。

3. 通风

对于冰点以上如蔬菜、水果类的冷却食品,贮运中因呼吸作用会在舱内不断挥发出水分、二氧化碳等气体,为保持舱内适宜的相对湿度和二氧化碳含量,需要采用通风设备对货舱进行循环通风和换气通风。高温季节蔬菜、水果类食品宜选气温较低的夜间通风较理想。此外,还应控制每天的通风时间和昼夜通风换气次数。

对于冷冻条件下贮运的食品,因温度很低,微生物活动已受抑制,不必通风换气。

4. 环境卫生

卫生条件差的运输环境会影响食品外观,使其表面附上大量微生物。即使其他的保藏条件都满足要求,这类食品解冻后也更易于腐败。因此,冷藏舱、装卸用具、装卸人员的工作服等都要求遵守严格的卫生标准。

二、易腐货物的承运要求

承运易腐货物时,要对货物质量、包装、热状态进行检查。若货物质量不符合标准、包装不适宜或有破损、货物温度过低或过高时,船方应拒绝承运。船方还应检查易腐货物的容许运送期限是否小于运到期限,小于时货物质量在运输途中就难以得到保证,所以也应拒绝承运。承运肉类和油脂类货物时,应要求托运人提交由出入境检验检疫机构出具的货物检疫证明。

承运冻肉时,要检查其肉体是否坚硬,色泽鲜艳,割开部位是否呈玫瑰色,油脂部位是否呈白色或淡黄色(牛肉则应呈暗红色)。长距离运输的冻肉承运温度为 $-18\sim-20$ ℃,短距离的承运温度为 -12 ℃左右,但出库时温度应尽可能低于上述承运温度。

承运冻鱼时,要检查其鱼体是否完全坚硬,鱼鳞是否明亮或稍微暗淡,眼睛是否凸出或稍微凹陷,鱼鳃是否鲜红。冻鱼肌肉深处的温度应不高于 -18 ℃。

承运水果时,要检查其色泽是否鲜艳,无过熟现象。因水果有呼吸作用,其包装应留有缝隙或洞眼,以利通风和换气。

承运蔬菜时,应检查其质量,凡干缩、腐烂、压损、泥污、出芽以及有霉斑的均不得承运。承运鲜蛋时,要检查其外表是否新鲜、清洁,是否有蛋壳破损、腐臭味和沾污现象。

三、易腐冷藏货物的装运

冷藏货物运输船在承运冷藏货物前应具备"冷藏设备入级证书",并应核实在船舶承运期间该证书是否处于其有效期内。冷藏货物托运人应向船方出具有关货物冷藏温度、湿度、装载及其他方面的书面要求。

1. 冷藏货物装船前准备

冷藏货物装船前的准备工作包括:冷藏舱清洁、除味和舱内设备检查,接受冷藏舱检验以及对冷藏舱进行预冷。

要做好冷藏舱的清洁工作,以保持舱内清洁、干燥、无残留货物、无异味,应对货舱进行清洗和干燥。舱内有异味时,需要进行脱臭消毒。常用的脱臭方法是用臭氧发生器在舱内产生臭氧,用粗茶熏蒸,或用醋酸水喷洒等。

装货前应认真检查冷藏舱内的隔热材料是否完好,查看舱内排水孔、管道等是否有漏水现象,对舱内制冷装置和通风设备应进行试运行。

当确认冷藏舱状态满足所运货物各项要求时,可以请求商检局对冷藏舱进行检验,以获取冷藏舱检验合格证书。

装货前,对货舱及舱内衬垫应按货主要求温度进行预冷。预冷温度一般宜采用大体上与所运货物要求的冷藏温度稍低的温度($2\sim3$ ℃)。预冷常在装货开始前 48 h 开始,到距装货前 24 h 将舱温降到装卸人员能接受的温度。

2. 冷藏货物装载

装货过程中为避免结霜,应停止制冷装置运行。高温季节货物装卸应选在气温较低的早晚并快速装载。应避免雨天作业。装货时应仔细检查来货质量,如发现货物有渗血、疲软、变色、发霉或包装滴水等应拒装或予以批注。

货物在舱内应排列整齐,货物与舱壁、货物与舱顶等之间均需留出适当的空隙供冷风流通,货物之间也应留出通风道。应处理好冷藏货物的忌装问题,伊斯兰国家的港口不允许将牛羊肉与猪肉混装。装毕封舱后应立即启动制冷装置直至达到货主要求的冷藏温度。

3. 冷藏货物途中保管

对冷藏货物的途中保管工作主要是控制舱内温度、二氧化碳含量和湿度，按要求记好冷藏舱日志。

保持冷藏舱内的冷藏温度达到货主指示的温度值，并使其温度的波动范围不超过允许范围是冷藏货物途中保管工作中最重要的环节。为保持冷藏舱内各处温度均匀，应注意适当进行舱内空气的循环流通，但要避免发生从冷却器中吹出的冷气不流经货物而从货舱空位返回到冷却器中的所谓"短路"现象。

对于冷却条件下运输的水果、蔬菜等货物，因其呼吸作用，使其在封闭的舱内氧气含量减小，二氧化碳含量增加。实践证明：常温下适当减少空气中的含氧量和增加二氧化碳含量可以抑制其呼吸，使水果、蔬菜等的成熟期延长，但若空气中含氧量过少而二氧化碳含量过大，则会使这类货物处于缺氧呼吸（即发酵作用，是利用其机体内的营养物质分子中的氧来呼吸）而导致其腐烂变质。所以，这类货物运输途中应当根据舱内二氧化碳测示仪或由实践经验来控制每天的舱内换气次数。几种冷却货物海运中适宜的二氧化碳含量见表7-14。

表7-14 几种冷却货物海运中适宜的二氧化碳含量

品名	梨	青香蕉	柑橘	苹果	柿子	西红柿
二氧化碳含量(%)	0.2~2	1.6	2~3	8~10	5~10	5~10

保持舱内适宜的相对湿度对冷却条件下运输的水果、蔬菜等货物特别重要。湿度过高，货物容易滋生细菌，过低又会使货物中的水分损失过多而影响货物品质。

4. 冷藏货物卸载

船舶到港前，要备妥冷藏设备入级证书、装货港的冷藏舱检验证书、冷藏舱温度记录等相关文件，以备卸货港检查。

许多港口对冷藏货物在卸货前先要求进行检疫，检疫合格后才准许卸货。

为尽量缩短货物在空气中的暴露时间，与装货相同，要求卸货作业也应选择相对较低气温时段进行连续且快速的操作。

【思考与应用 7-7】
1. 易腐货物的保藏条件有哪些？
2. 冷藏货物在航行途中包装应注意什么？

第八节 滚装货物运输

滚装货物是指可依靠自身动力，可随船或不随船装载的临时移动装置，通过水平移动方式装上船或卸下船的一种货物单元。如轿车、客车、卡车、牵引车、半挂车等。滚装货物的海上运输一般利用滚装船(roll on/roll off ship)完成。在滚装船上载运的滚装货物一般为半标准货物。滚装货物运输是以水平滚动方式装卸货物的一种运输方式。本节主要介绍滚装货物运输的特点及其积载、系固要求。

一、滚装船的积载与装运特点

1. 滚装船的稳性

滚装船一般有多层甲板,船舶满载时货物的重心较高,稳性偏小,即使较小的货物移位也可能会严重威胁船舶稳性,但同时又要防止因稳性过大而产生剧烈横摇。

为降低船舶重心高度,一方面,船舶下层设计了大容量的压载水舱;另一方面,对于PCTC船,通常在主甲板及其以下舱位布置重量较大的货车车道,以上舱位则安排装载重量较轻的车辆。滚装船还常采用大容量的倾斜平衡装置系统(减摇装置),以保持船舶在各种工况下具有良好的浮态和航行性能。

非客运滚装船的稳性衡准指标及其要求与普通货船相同。载客超过12人的滚装客船需要在满足对普通货船稳性衡准要求的前提下,还需要同时满足对客船的特殊稳性衡准要求。

2. 滚装货物运输的主要风险

船舶水线以上船体的受风面积较大。有的船舶可能还在露天甲板上装载数层集装箱,在各种不同装载情况下,船舶的稳性变化大。恶劣天气海况导致船舶稳性下降,并可能导致船舶严重横摇。

为方便车辆装卸,车辆甲板纵通,无水密横舱壁。这类载车甲板舱设计,一旦海水涌入舱内或发生火灾将很快蔓延,所以,滚装船在抗沉性和防火性方面较弱。

滚装船所载机动车辆油箱内都存有一定量的易燃汽油或柴油,其挥发容易在货物空间聚集可燃气体。若未能采取及时通风措施将极易引发火灾或爆炸事故。货物移位时相互碰擦容易导致油箱破裂,碰擦火花引起燃烧或爆炸。

货物积载与系固在滚装船上尤为重要,挪威船级社(DNV)的研究表明,在滚装船发生的各类事故中,43%是因舱内滚装货物系固不当导致货物移位而引发的。货物间相互靠近,货物(拖车、汽车等)系固的松动和移位会引起连锁反应,导致严重的货物移位,引起船舶倾斜甚至倾覆。特别是滚装客船或岛间车辆滚装货船,因一般载运营运中的车辆,车辆类型、规格差异大,车辆内可能还载运有货物。一方面车辆封闭车厢内的货物装载状况船员无法检查,且车厢内的货物堆装和系固又常常是由不熟悉海上恶劣运输环境的作业人员完成。另一方面,滚装船承运的车辆形式多样,从2 t以下的小轿车到50 t左右的拖车,特殊情况下还有重量可达数百吨的特种车辆。部分车辆上缺少足够的系固点,其在船上的装载常难以找到合适的系固位置以及制定合理的系固方案。

二、滚装货物的积载与系固

1. 滚装货物的配装要求

1)船舶载运滚装货物,应遵守IMO CSS规则、《经修订的滚装船运输道路车辆用系固装置指南》[MSC.479(102)]和《海上滚装船舶安全监督管理规定》(交通运输部令2019年第23号)等要求,并按照本船的《货物系固手册》的要求进行积载与系固。载运滚装危险货物的船舶,还应遵守《国际危规》和《船舶载运危险货物安全监督管理规定》(交通运输部令2018年第11号)等相关规定。

2)装载前应对船舶首门、内门、舷门和尾门进行详细检查;对系固设备进行全面检查;检查车辆处所,应保证通风、消防等设备完好,车辆积载位置清洁、干燥、无油脂。

3)配装前,船方应根据托运人提供的车辆详细资料,如车辆的种类、型号、外形尺寸(长、宽、高)、空车重量、载重量或载客量、总重量、轮轴的纵向距离、轮胎的横向距离及车载货物类型、积载情况等,确保车辆适合本船运输,本船适合装运该批车辆;在预定航线上可预见海况的条件下,车辆能在船上安全积载、系固和运输。

4)制定好车辆在船上的积载方案。车辆配装时应遵循"先重大,后轻小"的原则,即先考虑重型、大型车辆,后考虑轻型、小型车辆。重、大型车辆优先选配在下层甲板,轻、小型车辆尽可能选配在主层甲板,有利于控制船舶重心高度,保证船舶稳性;重、大型车辆优先选配在船舶纵向和横向的中间位置,轻、小型车辆选配在船舶纵向和横向的两端和两侧,有利于减小车辆受到的船舶运动产生的惯性力,保证系固安全。

5)车辆在滚装船甲板上的布置应根据车辆甲板的位置、方向而定,但一般以纵向为主。配装位置应便于车辆进出,这主要取决于车辆的方向、升降平台或坡道的位置、倾斜跳板的位置和方向等。

6)车辆之间、车辆与船舶结构或舱壁之间应留有足够的通道,方便船上工作人员进行系固、检查和进出。

7)车辆的配置应保证不得超过活动斜坡道、升降平台和车辆甲板的许用负荷。

2. 滚装货物的积载

1)道路车辆的积载应根据航行区域、主要气象状况和船舶特点,采取措施防止车辆悬挂自由移动而尽可能保持底盘静止。例如将车辆紧紧系固至甲板从而压紧弹簧,在系固车辆之前先顶起底盘或释放压缩空气悬挂系统的气压。

2)考虑到压缩空气悬挂系统可能漏气的情况,如航程超过 24 h,每辆装有空气悬挂系统的车辆应释放气压。如切实可行,在较短的航程中也应释放气压。如果未释放气压,应将车辆顶起以防止在航程中系统漏气而导致绑索松弛。

3)如果在车辆上使用千斤顶,千斤顶顶起点处的底盘应进行加强,并应清楚标识顶起点。

4)应特别考虑在可能经受额外受力的位置积载的道路车辆的系固。如果车辆横向积载,应注意这种积载可能产生的作用力。

5)应对车轮进行垫阻以提供不利条件下额外防止车辆移动的安全保障。

6)使用柴油发动机的车辆在整个航程中不应挂挡(应脱开离合器)。

7)设计用于运输可能对其稳定性产生不利影响的负载(例如挂载货物)的车辆,应在其设计中集成一种抵消悬挂系统影响的措施。

8)应根据下列要求布置积载:

(1)每辆车或车辆组每个元件的刹车应启用并锁住。

(2)由于设计性质,半拖车不应在海上运输期间通过支腿支撑,除非支腿特别为此设计并标注。

3. 滚装货物的系固

1)船舶甲板上的系固点

为便于车辆通行,车辆甲板上设计有埋入式十字槽底座作为系固点(图 7-31),配合绳式、链式、带式等便携式系固设备(图 7-32)。到系固点的纵向距离一般应不超过 2.5 m。船舶前、后部系固点的间距可能比船中部小些;系固点横向间距应不小于 2.8 m 但不大于 3 m。每个系固点的最大系固载荷(MSL)应不小于 100 kN。如果系固点设计承受一根以上绑索(y 根绑索),MSL 应不小于 $y \times 100$ kN。

2)公路车辆最小系固点数量及其强度

道路车辆上的系固点应设计成将道路车辆系固在船上,且应具备仅供一根绑索穿过的索孔。道路车辆每一侧系固点数量相同,不少于 2 个但不多于 6 个,并用颜色清晰地标识。道路车辆系固点的最少数量和最小强度应符合表 7-15 的要求。

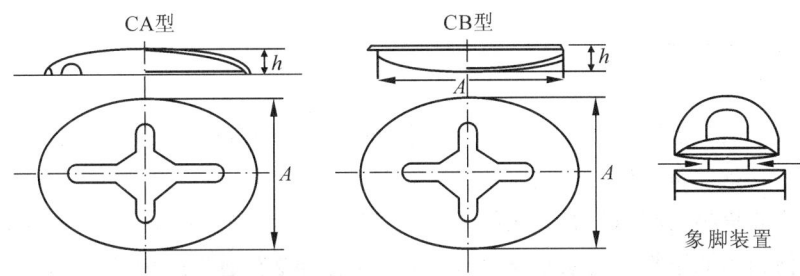

图 7-31 滚装船甲板上的固定系固设备

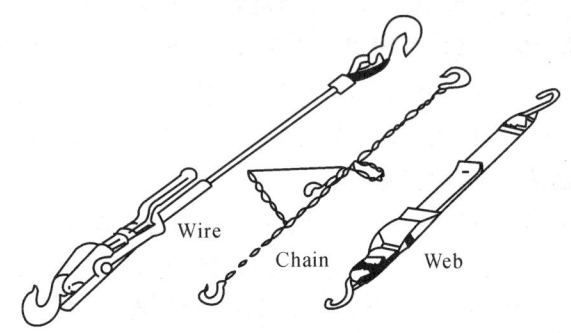

图 7-32 滚装船的便携式系固设备

表 7-15 公路车辆系固点的最少数量和最小强度

车辆总质量 GVM/t	每侧最少的系固点数量	每一系固点无永久变形的最小强度/t
$3.5 \leqslant GVM \leqslant 20$	2	$GVM \times 10 \times 1.2/n$ (n 为道路车辆每一侧系固点的总数)
$20 < GVM \leqslant 30$	3	
$30 < GVM \leqslant 40$	4	

3)系索和系固操作

(1)系索的最大系固负荷(MSL)一般不应小于 100 kN,由具有适当伸长特性的材料制成。可取 CSS 规则附则 13 计算要求的系索数量和 MSL。

(2)系索应连接至系固点,车辆上的任何一个系固点的索孔只能连接一根系索,在绑索松弛情况下不会从系固点的索孔脱离。应在航行期间定期检查系索并在必要时系紧。

(3)《货物系固手册》载明该船固定和活动系固设备及其强度的清单,系固作业操作方法、要求、注意事项等,推荐的滚装货物系固方案、系固有效性评估计算表格等。

(4)系固作业前应当确保滚装货物的装载处所是干燥、清洁且没有油脂;应当检查滚装货物上是否有合适而明显的系固点标识或可用于系固的足够强度的其他等效装置;应当核查载于车辆上的货物和设备已被适当地系固于堆装平台上。

(5)系索连接至车辆系固点的水平及垂直平面的夹角最好在30°~60°之间。

(6)考虑到船舶特性和计划航次的气象状况,船长应决定每个航次使用的系固点和系索的数量。如果对道路车辆系固点数量及其强度是否符合规定存有疑虑,船长应自行决定将车辆装载上船,并考虑到车辆的状况、计划航次的预期气象状况和海况以及所有其他情况。船舶航行中,应当以一定时间间隔对滚装货物的系索进行检查,必要时,进行收紧。

4.危险品滚装货物

1)总体要求

滚装船载运滚装危险货物应满足按照《国际危规》《船舶载运危险货物安全监督管理规定》的规定,应具备齐备的证书和危险货物运输单证,按要求进行申报、积载与隔离。

危险品滚装货物的状态符合装运要求,不得有损坏、渗漏或撒漏;航行期间通往装有危险品滚装货物的车辆甲板的门必须牢固关闭,入口处须设有通告或标牌,未经许可的人员不得进入;滚装货物、机器和船员居住处所之间通道也须牢固关闭;滚装客船载运危险货物时,除按规定限额的随车押运人员和滚装车辆的司机外,不得载运旅客;含易燃气体或闭杯闪点低于23 ℃的易燃液体的滚装货物仅限于舱面积载,距离任何潜在点火源至少3 m,如果积载于封闭式的滚装货物处所或特种处所,其设计、构造、设备和通风换气次数等应满足相关要求,且货物运输组件中装备的机械操作制冷或加热装置航行期间不允许启动。

2)滚装船上危险品滚装货物之间的隔离

《国际危规》对滚装船上危险品滚装货物之间的隔离要求应先依据包装危险货物的隔离表查取其隔离等级,再由隔离等级查表确定其具体的隔离要求,见表7-16。

表7-16 滚装船上货物运输组件的隔离等级表

隔离要求		水 平					
		封闭式与封闭式		封闭式与开敞式		开敞式与开敞式	
		舱面	舱内	舱面	舱内	舱面	舱内
"远离"1	首尾向	无限制	无限制	无限制	无限制	距离不小于3 m	
	横向	无限制	无限制	无限制	无限制		
"隔离"2	首尾向	距离不小于6 m	距离不小于6 m或隔一层舱壁	距离不小于6 m	距离不小于6 m或隔一层舱壁	距离不小于6 m	距离不小于12 m或隔一层舱壁
	横向	距离不小于3m	距离不小于3 m或隔一层舱壁	距离不小于3 m	距离不小于6 m或隔一层舱壁	距离不小于6 m	距离不小于12 m或隔一层舱壁

续表 7-16

隔离要求		水平					
		封闭式与封闭式		封闭式与开敞式		开敞式与开敞式	
		舱面	舱内	舱面	舱内	舱面	舱内
"用一整个舱室或货舱隔离"3	首尾向	距离不小于 12 m	距离不小于 24 m 并隔一层甲板	距离不小于 24 m	距离不小于 24 m 并隔一层甲板	距离不小于 36 m	隔两层甲板或两层舱壁
	横向	距离不小于 12 m	距离不小于 24 m 并隔一层甲板	距离不小于 24 m	距离不小于 24 m 并隔一层甲板	禁止	禁止
"用一介于中间的整个舱室货舱作纵向隔离"4	首尾向	距离不小于 36 m	隔两层舱壁或距离不小于 36m 并隔两层甲板	距离不小于 36 m	隔两层舱壁或距离不小于 48 m	距离不小于 46 m	禁止
	横向	禁止					

注：所有舱壁和甲板均须是防火防液的。

在《国际危规》第 1 册第 7 部分中列有在滚装船上货物运输组件的详细隔离图示。

5. 滚装船的货物装卸

1) 严格执行相关法规、规定

严格执行相关法规、规定。例如按《海上滚装船舶安全监督管理规定》的规定掌握车辆的相关信息，指定专人落实各项安全检查，填写车辆安全装载记录等。

2) 保证船舶适度的稳性

滚装船稳性变化幅度大，易受损失。对于尾开门的船型，卸货首先从尾部开始。在卸货开始阶段，容易形成首倾引起稳性恶化。因此，在装、卸货时应注意及时打入压载水调整浮态和稳性。

3) 保持船舶的左右平衡和避免过大纵倾

装载时一般不允许车辆在舱内调头，装卸货物过程中应满足船舶对浮态的控制要求，一般保持船舶的横倾在±3°以内，最大不超过 4°～5°。纵倾一般控制在±1.5°以内，最大不超过 2°。过大横倾角可能导致跳板损坏。装货结束时，应消除船舶横倾角。对一些大件、重件货等特殊货物，要考虑对舱容、局部强度、总纵强度、吃水差和稳性的影响。

4) 快速装卸

(1) 滚装船装卸货过程中，应防止车辆进、出入通道被堵，有多个港口装卸时更应注意防止先卸港货物被堵，同时应综合考虑满足船舶稳性、强度和浮态方面的控制要求。值班船员要按照拟定的配载计划和装卸顺序要求执行。

(2) 在装车货时，应根据车货物的规格、尺寸、重量合理安排舱位，有利于最大限度地充分利用舱容，先上的车货应为后上的车货留出足够的空间，防止舱内及舱与舱之间的车货在卸货时发生堵塞情况。

(3)滚装船的卸货次序:先卸主甲板上货物,等主甲板货物卸完舱内通道位置敞开后,再放下活动斜坡道(或升降平台),通过斜坡道卸上层甲板货物,随后再开启活动斜坡道(或升降平台),卸主甲板之下的底舱货物。装货次序与卸货次序相反,依次为:主甲板之下的底舱货物,然后装上层甲板,最后装主甲板。

(4)滚装船的《装载手册》中通常提供有推荐的各层甲板车辆进出路线与顺序表,可供在实际滚装货物装卸中参考。

(5)应由专人负责指挥车辆有序进出和停泊在指定车位,发动机熄火、刹紧刹车,司乘人员离开车辆按规定路线到客舱休息;及时对车辆按要求进行系固。

三、航行期间滚装货物的管理

《海上滚装船舶安全监督管理规定》规定明确了滚装船舶的检验要求,开行前检查,航行期间巡视,恶劣天气,装车处所、装货处所通风和标示,乘客安全和应急须知,载运危险货物,船员要求等。其中航行管理的部分要求如下:

1)滚装船舶开航前,应当按照滚装船舶艏部、艉部及舷侧水密门安全操作程序和有关要求,对乘客、货物、车辆情况及滚装船舶的安全设备、水密门等情况进行全面检查,并如实记录。

2)司机在船舶航行期间不得留在车内,也不得在装货处所和装车处所随意走动、停留。

3)滚装船舶在航行中应当加强巡检。发现安全隐患的,应当及时采取有效措施予以消除;不能及时消除的,应当向滚装船舶经营人、管理人报告。必要时,还应当向海事管理机构报告。

4)滚装船舶在航行中遭遇恶劣天气和海况时,应当谨慎操纵和作业,加强巡查,加固货物、车辆,防止货物、车辆位移或者碰撞,并及时向滚装船舶经营人、管理人报告。必要时,还应当向海事管理机构报告。

5)滚装船舶应当对装车处所、装货处所进行有效通风,并根据相关技术规范确定闭式滚装处所和特种处所每小时换气次数。

【思考与应用7-8】
1.滚装货物运输的主要风险有哪些?
2.滚装货物的积载要求有哪些?
3.滚装货物的系固有哪些要求?
4.某滚装船某航次所装载的车辆中,分别装载有第5.1类氧化物质和第8类腐蚀品,这些物品均装载在封闭式运输组件内,如何确定其积载和隔离要求?

第八章　集装箱货物海上运输

集装箱(freight container)是一种具有 1 m³(35.32 ft³)及以上的容积,具有足够强度,便于装卸操作和不同运输形式间转移,能够反复周转使用的标准化运输设备。集装箱货物运输是指把大小不一、包装多样、换装不便的货物装入标准化集装箱,并将集装箱作为货物单元进行货物运输,实现从一地的门(door,DR)、货运站(container freight station,CFS)或堆场(container yard,CY)到另一门、货运站或堆场的一种现代化运输方式。它为实现货物运输和装卸的机械化、自动化、智能化创造了条件,适用于水路、公路、铁路、航空运输及国际多式联运等。目前杂货的运输方式已大部分集装箱化,2023 年全球完成集装箱货运量 1.738 亿 TEU。得益于制造业大国的地位,我国的集装箱运输规模巨大,全球集装箱吞吐量十大港口我国占了 7 个,其中上海港集装箱吞吐量已连续 14 年位居全球第一。

第一节　集装箱的分类、标记

一、集装箱的分类

集装箱按尺寸可分为 10 ft、20 ft、30 ft、40 ft 和 45 ft 等 ISO 系列 1 集装箱和 43 ft、48 ft、53 ft 等其他尺寸的集装箱。

集装箱按制造材料分为钢制集装箱、铝合金集装箱、玻璃钢制集装箱和不锈钢集装箱等。其中通常条件下使用的主要是钢制集装箱。

集装箱按结构形式分主要有内柱式与外柱式集装箱、折叠式和固定式集装箱。

集装箱按用途总体上可分为一般货物集装箱和特殊货物集装箱。一般货物集装箱包括所有无特殊要求的,或除特殊货物集装箱以外的各类集装箱。根据箱的结构或装卸箱内货物作业方式还可进一步细分。特殊货物集装箱用于装运对温度敏感的液体、气体和固体散货以及特种货物(比如汽车或牲畜等),此类集装箱也可按其物理特性,如温度和试验压力等不同进一步细分。

《集装箱 代码、识别和标记》(ISO 6346:2022)中,对不同类型的集装箱给出了集装箱箱型代码。以下按集装箱的用途简单介绍集装箱的分类。

1. 一般货物集装箱(general cargo container)

一般货物集装箱是指除空运和特殊货物集装箱之外的所有其他类型货物集装箱的总称,包括通用集装箱和专用集装箱。

1)通用集装箱(general purpose container)

通用集装箱又称杂货集装箱,代码为 G0,属风雨密性全封闭式集装箱,具有刚性的箱顶、侧壁、端壁和箱底,至少在其一端设有箱门开口,用于运输各类杂货。最常用的为一端开门,数量约占集装箱总数量的85%左右,如图8-1所示。为了货物装卸箱的方便,也有在两端开门或侧开门的。

两端开门的双门集装箱(double door container)也被称为隧道集装箱(tunnel container),结构与标准集装箱相同,如图8-2所示。20 ft 和 40 ft 是常见的尺寸。

图 8-1　杂货集装箱

图 8-2　双门集装箱

2)专用集装箱(specific-purpose container)

专用集装箱系结构上有一定特点的一般货物集装箱的统称,这种特殊结构或者是为了不使用端部箱门便可以达到装卸箱内货物的目的,或者是为类似通风孔等其他特殊用途而设计。

(1)封闭式通风集装箱(ventilated container)

这类专用集装箱是全封闭式并具有防风雨性能,至少在一端设有箱门开口和通风装置,可自然通风也可机械通风,如图8-3所示。其用于装载不需冷藏而需通风的水果、蔬菜、兽皮等货物。类型代号为V0(设有自然通风孔)和V2(具有机械式通风装置)。

图 8-3　封闭式通风集装箱

(2)敞顶集装箱(open-top container)

这类专用集装箱无刚性顶,但带有柔性和可移动的或可拆卸的箱顶,例如用帆布、塑料或加强塑料等构成可移动式的活动箱顶结构,类型代号为U0。此类箱的防水性较差,可用于装载超高货物,或需要从箱顶部吊入箱内的重大件货物。

(3)平台式集装箱(platform)

这类专用集装箱仅有底板而无上部结构,但其长、宽、强度要求及装卸与拴固的要求均与ISO标准集装箱一致,类型代号为P0。该集装箱装卸作业方便,有时可在舱面上将多个平台箱组合在一起,适于装运重大件、裸装货物等,如图 8-4 所示。

图 8-4　平台式集装箱

(4)台架式集装箱(flat rack container)

台架式集装箱是一种没有箱顶和侧壁,甚至有的连端壁也去掉而只有底板和四个角柱的非水密集装箱,如图 8-5 所示。根据上部结构不同其又分为带固定式端壁(代码为 P1 和 P2)、有折叠的端构架(代码为 P3 和 P4)和带有完整的顶部结构(代码为 P5)等几种形式。它适合于装载尺寸超过标准箱尺度的货物,如机械设备、钢材、木材等。

图 8-5　台架式集装箱

2.特种货物集装箱(specific cargo container)

1)保温集装箱(thermal container)

保温集装箱是设有带隔热层的壁板、箱门、底板和顶板,用以延缓箱体内、外热的交换的集装箱的总称。其又分为冷藏集装箱(refrigerated container or reefer container)、加热集装箱(heated container)、制冷/加热集装箱和隔热集装箱(insulated container,不带制冷/加热机组)等。保温集装箱箱体各面具有隔热层结构和疏水及箱内气流通道布置,应具有气密和隔热保温性能,可减少箱内、外的热量交换,还应增强箱顶的隔热,以补偿太阳的辐射。

《系列 1 集装箱 技术要求和试验方法 第 2 部分:保温集装箱》(GB/T 5338.2—2023)对保温集装箱的最大漏热率和运行温度提出了要求,其中冷藏集装要求在箱外温度+50 ℃时,舱内能维持−30 ℃;加热集装箱要求箱外温度−30 ℃时,箱内能维持+30 ℃。

冷藏集装箱(图 8-6)配有制冷机组,适用于装载肉类、水果、蔬菜、药品等货物。主要有两种:一种是箱内设有隔热结构并装有冷冻机的内藏式冷藏集装箱,装船后只要供给船电即可制冷;另一种箱内只有隔热结构,装船后由船舶冷藏装置通过导管供应冷气,称为外置式冷藏集装箱。

目前船舶运输的冷藏集装箱以内藏式居多。冷藏集装箱的造价和营运费用较高,运输过程中应注意冷冻装置的技术状态及箱内货物的温度控制要求。

加热集装箱备有加热装置,用于防止货物冻结或在装运需要保温的货物时使用。

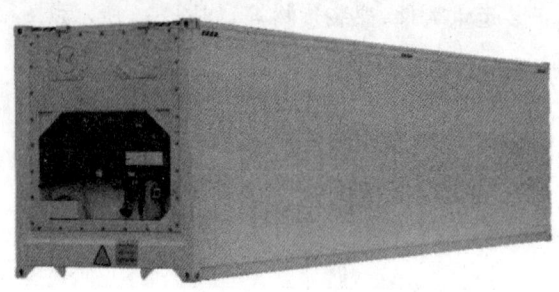

图 8-6 冷藏集装箱

2) 干散货集装箱(dry bulk container)

该型集装箱用于装运干散货,具有方便装满和卸空无包装的干散货的能力。除了箱门外,箱顶设有带水密盖子的 2~3 个装货口,端壁下部设有卸货口。适合于装运大豆、面粉、水泥、矿砂等固体散货。

该类集装箱有无压式(利用货物重力装/卸箱内货物)、压力式(在一定重力或加压的条件下装满或卸空集装箱)、箱式(box type)和漏斗式(hopper type)等形式。

3) 罐式集装箱(tank container)

罐式集装箱(图 8-6)主要由罐体和箱体框架构成,罐体为圆柱或椭圆柱,箱体框架为箱型,符合《系列 1 集装箱 技术要求与试验 第 3 部分:液体、气体及加压干散货用罐式集装箱》(ISO 1496—3:1995)的具体规定。用于装运各种酒类、油类、化学品等液体货物。由于所装货物的性质不同,其结构和设备也不相同。通常罐顶部设有装货孔,罐底设有排货孔。

图 8-7 罐式集装箱

4) 以货物种类命名的集装箱(named-cargo types)

这种类型的集装箱符合 ISO 对集装箱的要求,是专门或主要为了运输某种货物而制造的集装箱,如汽车集装箱、动物集装箱等。

动物集装箱专为装运牲畜等动物而设计,其结构便于对动物的喂养、清洁等管理工作。其堆码强度只允许一层,且上面不宜装载其他集装箱。

汽车集装箱专为运输汽车而设计,内设车辆系固点或车辆固定设施。

二、集装箱的部位名称和结构

1. 集装箱的部位名称

以通用集装箱为例,集装箱的部位,设有门的一端称为门端或后端(door / rear end),与之相对的一端称为盲端或前端(blind / front end),门端的顶部为门楣(door header)、下部为后门槛(rear sill),另外箱体还包括顶部(top)、底部(bottom)和侧部(side)。

2. 集装箱的结构

集装箱一般由箱体板材和构件组成,包括角柱(corner post)、角件(corner fiting)、上端梁(top end rail)、下端梁(bottom end rail)、顶侧梁(top side rail)、下侧梁(bottom side rail),横跨集装箱连接两侧侧梁的顶梁(roof cross members)和底梁(under cross members)等构件构成框架,再加端门、侧门(如有)、侧壁板(side wall)、顶板(roof)和底板(floor)等板材。箱门设有门锁杆(door locking bar)、操作把手(door locking handle)、箱门搭扣件、门封胶条等。集装箱门的设计应使由任一箱门进入箱内的行为能够通过检查附着在箱上箱封的状态而被察觉。通用集装箱的部位和结构如图 8-8 所示。

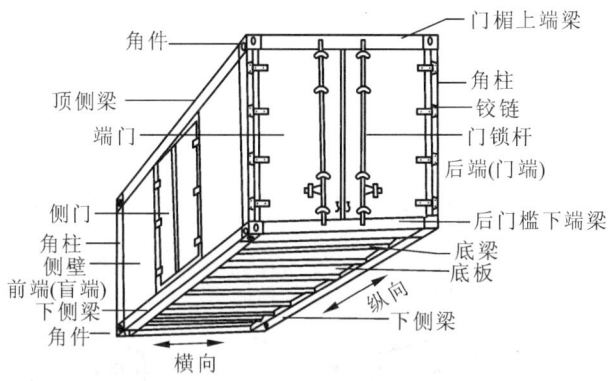

图 8-8 通用集装箱的部位和结构

三、国际标准集装箱

国际标准集装箱(ISO container,简称标准集装箱)是指按国际标准化组织(ISO)104 技术委员会(ISO/TC 104)制定的标准设计和制造的集装箱。《系列 1 集装箱 分类、尺寸和额定质量》(ISO 668:2020)规定的系列 1 集装箱的外形尺寸和额定质量见表 8-1,我国国家标准《系列 1 集装箱分类、尺寸和额定质量》(GB/T 1413—2023)等同采用 ISO 668:2020,CCS《集装箱检验规范》(2021)规定的集装箱尺寸与表 8-1 相同。

表 8-1 ISO 668:2020 系列 1 集装箱的外形尺寸和额定质量

集装箱公称长度	长度		宽度		高度		额定质量	
	mm	ft/in	mm	ft/in	mm	ft/in	kg	lb
1EEE	13716	45/0	2438	8/0	2896	9/6	30480	67200
1EE	13716	45/0	2438	8/0	2591	8/6	30480	67200
1AAA	12192	40/0	2438	8/0	2896	9/6	30480	67200
1AA	12192	40/0	2438	8/0	2591	8/6	30480	67200
1A	12192	40/0	2438	8/0	2438	8/0	30480	67200
1AX	12192	40/0	2438	8/0	<2438	<8/0	30480	67200
1BBB	9125	29/11.25	2438	8/0	2896	9/6	30480	67200

续表 8-1

集装箱公称长度	长度		宽度		高度		额定质量	
	mm	ft/in	mm	ft/in	mm	ft/in	kg	lb
1BB	9125	29/11.25	2438	8/0	2591	8/6	30480	67200
1B	9125	29/11.25	2438	8/0	2438	8/0	30480	67200
1BX	9125	29/11.25	2438	8/0	<2438	<8/0	30480	67200
1CCC	6058	19/10.50	2438	8/0	2896	9/6	30480	67200
1CC	6058	19/10.50	2438	8/0	2591	8/6	30480	52920
1C	6058	19/10.50	2438	8/0	2438	8/0	30480	52920
1CX	6058	19/10.50	2438	8/0	<2438	<8/0	30480	52920
1D	2991	9/9.75	2438	8/0	2438	8/6	10160	22400
1DX	2991	9/9.75	2438	8/0	<2438	<8/0	10160	22400

所有集装箱均应安装顶角件和底角件,根据《系列 1 集装箱角件技术要求》(ISO 1161:2016)的规定,45ft 集装箱除了在两端设置 8 个角件(顶角件和底角件各 4 个)外,还应在 40 ft 位置设 8 个中间角件,如图 8-9 所示。

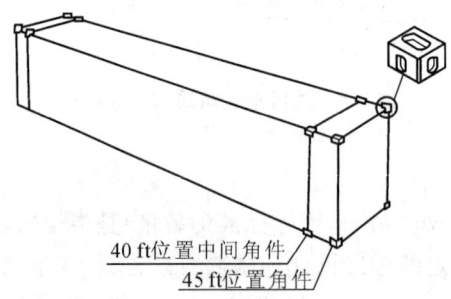

图 8-9　45ft 集装箱的角件和中间角件

目前运输中使用最多的是 40 ft 集装箱(1AAA 和 1AA)和 20 ft 集装箱(1CC)。从集装箱的长度数据可知,2 个 20 ft 集装箱长度之和比 1 个 40 ft 集装箱长度少 76 mm,以便在 2 个 20 ft 集装箱上面堆装 40 ft 集装箱。除了表 8-1 所列标准集装箱外,运输中还有 43 ft、48 ft 和 53 ft 等几种特殊长度的集装箱。CCS《钢质海船入级规范》(2023 版)列出的常用货运集装箱的外部尺寸和额定质量见表 8-2。20 ft 集装箱与 40 ft 集装箱和其他常用标准集装箱的额定质量相同,相对而言 20 ft 集装箱多用于装载较重货物。

表 8-2　CCS《钢质海船入级规范》(2023 版)所列常用货运集装箱的外部尺寸、额定质量[①]

公称长度	集装箱型号	长度/mm	宽度/mm	高度/mm	箱角件孔中心距(纵向)/mm	箱角件孔中心距(横向)/mm	额定质量/kg
ISO668 20 ft	1CC	6058	2438	2591	5853	2259	30480 (24000)[②]
	1C			2438			
	1CX			<2438			

续表 8-2

公称长度	集装箱型号	长度/mm	宽度/mm	高度/mm	箱角件孔中心距（纵向）/mm	箱角件孔中心距（横向）/mm	额定质量/kg
ISO668 40 ft	1AAA	12192	2438	2896	11985	2259	30480
	1AA			2591			
	1A			2438			
	1AX			<2438			
ISO668 45 ft	1EEE	13716	2438	2896	11985	2259	30480
	1EE	13716	2438	2591	13509		
43ft		13103	2438	2591	11985	2259	30480
48ft		14630	2591	2908	11985/14422	2259	30480
53ft		16154	2591	2908	11985/15947	2259	30480

注：①本表中标准集装箱的数据根据 ISO 668:2013 确定；
②根据 ISO 668:1995/Amd 1:2005 以前版本制造的 20ft 集装箱额定质量为 24000 kg。

四、集装箱的信息系统和标记

为便于集装箱在国际运输中的识别、管理和交接，并提示正确作业，需要将相关识别和提示信息作为标记标打在集装箱上。国际标准化组织制定了相关国际标准，现行版是 2022 年 4 月的第 4 版《集装箱 代码、识别和标记》(ISO 6346:2022)。我国依据 ISO 6346 制定了《集装箱 代码、识别和标记》(GB/T 1836)。该标准规定了集装箱识别系统和识别标记、尺寸、箱型代码及其相关标记、作业标记以及标记的标打方法。

集装箱标记分为必备标记(mandatory marks)和可选标记(optional marks)。按标记的功能又分识别标记(identification marks)和作业标记(operational marks)两种，其中识别标记包括供目视判读所必需的识别标记和供自动设备识别(AEI)及电子数据交换(EDI)用的可选择性标记。

标记的字体尺寸除总重和自重字体高度不小于 50 mm(2 in)外，其余都不应小于 100 mm(4 in)。所有字体的宽度和笔画粗细应匀称，其颜色应与箱体颜色有明显差别。标记的位置如图 8-10 和图 8-11 所示，标记的实例如图 8-12 所示。

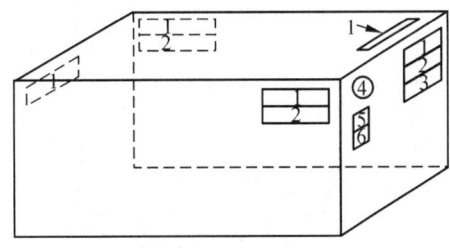

1—集装箱箱号位置；2—尺寸和箱型代码位置；3—额定质量和自重标记位置；
4—被授权的组织标记位置；5—CSC 安全合格标记位置；6—CCC 安全合格标记位置

图 8-10 集装箱标记涂刷位置

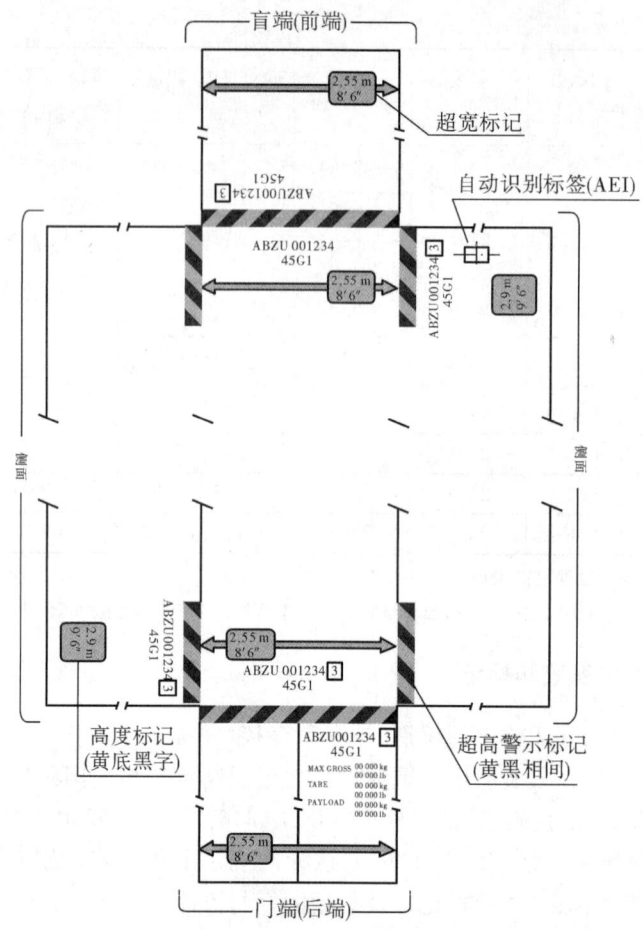

图 8-11 集装箱标记位置示意图

①对于超高集装箱,用黑、黄两色斑马线在靠近顶角件至少 300 mm 长度区域内标示;

②有限堆码能力和(或)有限横向刚性能力的集装箱应在前端(盲端)和箱顶的任一端标打尺寸和箱型代码,其他集装箱在箱顶和箱前端(盲端)标打尺寸和箱型代码;

③安装 AEI(自动识别设备)是可选择性的;

④"NET"标示符是可选择性标示符。

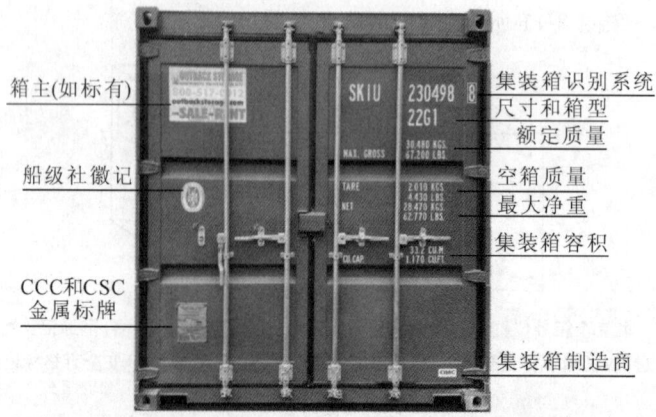

图 8-12 集装箱门端(后端)标记、标牌实例

1. 集装箱必备标记

集装箱识别码、集装箱尺寸和箱型标记均为集装箱的必备识别标记（mandatory identification marks）。

1）集装箱识别系统和识别标记

集装箱的识别系统（identification system）由箱主代码（owner code）、设备识别码（equipment category identifier）、序号（serial number）和校验码（check digit）组成，实践中习惯称其为集装箱箱号（container number）。

集装箱必须标示其识别系统的标记，其位置如图 8-10 的位置 1，可横排或竖排显示。箱主代码和设备识别码应紧连在一起，与序号之间至少也有 1 个字符的间隔，序号与校验码之间也应有一个字符的间隔，校验码应设在方框之内。例如集装箱箱号 CICU 230665 5，其含义如下：

CIC	U	230665	5
箱主代码	设备识别码	序号	校验码

（1）箱主代码：由三位大写字母组成，由集装箱箱主向国际集装箱局（BIC）注册的专有代码，又称为"BIC 码"，可在 BIC 官网查询（网址：https://www.bic-code.org/bic-codes/）。例如"CSN"代表中远海运集装箱运输有限公司（COSCO）；"CIC"代表中国国际海运集装箱（集团）股份有限公司（中集集团，CIMC）。

（2）设备识别码：紧跟箱主代码后面的一位大写字母。其中"U"代表所有集装箱；"J"表示集装箱所配置的挂装设备；"Z"表示集装箱拖挂车和底盘挂车。

（3）序号：由 6 位数字组成，不足六位的数字前以"0"补足。

（4）校验码：在集装箱的数据记录或计算机处理时用于验证箱主代号和序号记录是否正确的一位数字。由集装箱识别系统的前 4 位字母和 6 位数字经运算得到。

2）尺寸和箱型代码（size and type codes）

具备从箱顶起吊搬运和堆码作业等条件的集装箱均须按照要求在箱体上标示尺寸和箱型代码，以便识别。尺寸和箱型代码共由 4 位代码组成，前两位表示集装箱外形尺寸，后两位表示集装箱类型，两者应作为整体，不能拆分。其位置如图 8-10 所示位置 2，位于集装箱识别标记之后。

尺寸代码（size codes）为由数字或拉丁字母组成的 2 位字符。第 1 位字符表示集装箱的长度，用 1、2、3、4 和 5 分别表示 ISO 标准箱长 10 ft、20 ft、30 ft、40 ft 和 45 ft；对于不同长度的非标准箱则用大写拉丁字母表示，见表 8-3。第 2 位字符表示集装箱的宽度和高度，分别将数字 0、2、4、5 分配给宽度 8ft（2438 mm）高度分别为 8 ft、8 ft 6 in、9 ft 和 9 ft 6 in 的集装箱。另外将数字 6、7、8 和 9 分配给表 8-4 所示其他不同高度的集装箱。宽度大于 8ft 的超宽箱用大写拉丁字母表示。集装箱宽度示意如图 8-13 所示。

表 8-3　ISO 6346:2022 规定的集装箱长度代码(第 1 位代码)

箱长*		代码	箱长		代码
mm	ft/in		mm	ft	
2991	10	1	7450	—	D
6058	20	2	7820	—	E
9125	30	3	8100	—	F
12192	40	4	12500	41	G
13716	45	5	13106	43	H
未指定		6	13600	—	K
未指定		7	未指定		L
未指定		8	14630	48	M
未指定		9	14935	49	N
7150		A	16154	53	P
7315	24	B	未指定		R
7430	24/6	C			

注：* 英制尺寸是指公称长度，例如，一个 20 英尺的集装箱实际上是 19 英尺 $10^{1/2}$ 英寸。

表 8-4　ISO 6346:2022 规定的集装箱宽度和高度代码(第 2 位代码)

箱高/h		箱宽/b			
		角件宽度＝2438 mm(8 ft)		角件宽度＞2438 mm(8 ft)	
		$b=2438$ mm (8 ft)	2438 mm(8 ft)＜b≤2500 mm	b≤2500 mm	b＞2500 mm
mm	ft/in				
2438	8	0			
2591	8/6	2	R	C	L
2742	9	4	S	D	M
2896	9/6	5	T	E	N
＞2896	＞9/6	6	U	F	P
2438＞h＞1219	8＞h＞4	7			
1295	4/3	8			
≤1219	≤4	9			

箱型代码(type codes)用 2 位字符表示集装箱的箱型及其特征。第 1 位字符为 1 个拉丁字母，表示箱型；第 2 位字符为 1 个数字或字母，表示该型集装箱的特征。ISO 6346:2022 对每一类型集装箱指定了代码(code)，又根据其细分程度指定了组代码(type group code)和细代码(detailed type code)。以无通风设备的通用集装箱为例，其组代码和细代码见表 8-5。各类集装箱的代码和组代码见表 8-6。在新出厂集装箱上必须标注细代码，对某些特性尚未规定或不明确的集装箱，可选用组代码，另外作为交换数据，如果不需要表示具体特征，也可使用组代码。

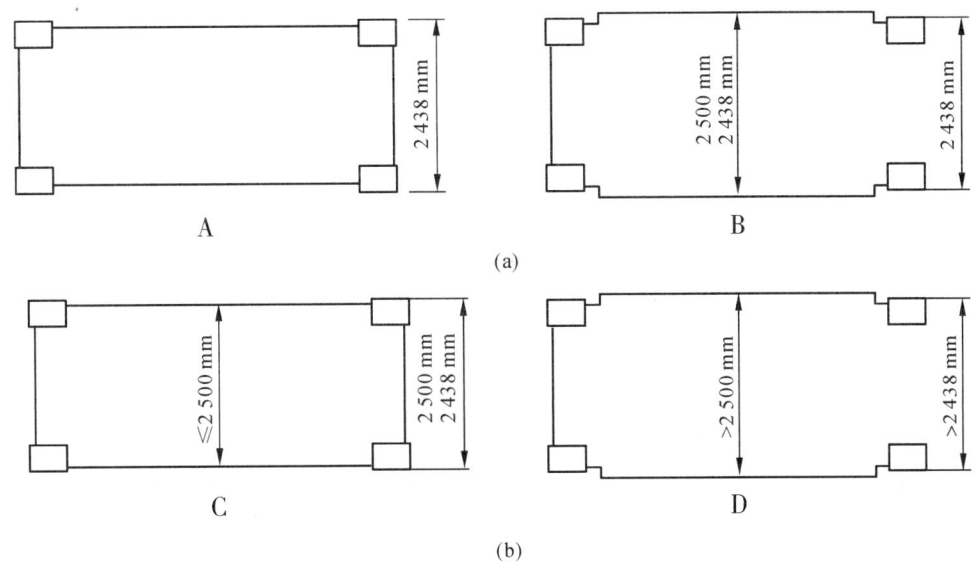

图 8-13　集装箱宽度示意图

(a)集装箱角件处宽度等于 2438 mm(8ft)；(b)集装箱角件处宽度大于 2438 mm(8ft)

表 8-5　ISO 6346:2022 规定的集装箱组代码和细代码示例

代码	箱型	组代码	集装箱特性	细代码 a	细代码 b
G	无通风设备的通用集装箱	GP	一端或两端开门	G0	GA
			货物上部空间设有透气孔	G1	GB
			一端或两端开门，加上一侧或两侧全部敞开	G2	GD
			一端或两端开门，加上一侧或两侧部分敞开	G3	GG
			备用	G4	GJ
			备用	G5	GM
			备用	G6	GV
			备用	G7	GW
			备用	G8	GX
			具有装散货的能力	G9	GY

a 适用于 ISO 1496 系列中定义的设计和试验完全达到堆码和刚性强度标准的集装箱；
b 包括设计和堆码和/或刚性试验小于上述标准的集装箱，但不包括被认可用于单门打开模式，或其他临时性降低强度的集装箱。

表 8-6　ISO 6346:2022 规定的部分集装箱代码和组代码示例

代码	箱型	组代码	细代码 a
G	无通风设备的通用集装箱	GP	G0～G9(G4～G8 备用)
V	带通风设备的通用集装箱	VH	V0～V9(V1、V3、V5～V7 备用)

续表 8-6

代码	箱型		组代码	细代码 a
B	散装集装箱	无压箱	BU	B0~B9(B2 备用)
S	以货物命名的集装箱		SN	S0~S9(S3、S5~S7 备用)
R	保温集装箱	冷藏箱	RE	R0
		冷藏/加热	RT	R1
		自备动力	RS	R2、R3、R4(备用)
		集成机械	RI	R5、R6(备用)
		加热	RH	R7、R8、R9(备用)
H	保温集装箱	可拆卸设备制冷和/或加热	HR	H0~H4(H3、H4 备用)
		隔热集装箱	HI	H5、H6、H7(备用)
		共晶	HE	H8、H9(备用)
W	可折叠集装箱	在基座上折叠	WR	W0
		在侧部折叠	WS	W1(W2~W9 未指定)
U	敞顶集装箱		UT	U0~U9(U5、U7、U8 备用)
P	平台箱	平台,无完整上部结构	PL	P0
		有固定角柱	PF	P1、P2(备用)
		可折叠	PC	P3
K	压力罐式集装箱(液体、气体)		KL	K0~K9(K9 备用)
N	压力和无压罐式(干货)	漏斗型	NH	
		无压卸载	NN	N3~N6(N6 备用)
		压力式卸载	NP	N7~N9

3) 集装箱必备作业标记(mandatory operational mark)

(1) 额定质量(maximum operating gross mass or rating)和空箱质量(tare mass)

集装箱额定质量即最大总质量,是作业时允许的最大质量,也是试验时的最低质量。空箱质量系指包括固定附属装置在内的空集装箱的质量。在集装箱上应以千克(kg)和磅(lb)为单位标示最大集装箱额定质量和空箱质量。标打在集装箱上的"最大总质量"应与《1972 年国际集装箱安全公约》(CSC)安全合格标牌上"最大营运总质量"数据完全一致。示例:

```
MAX  GROSS     30480  kg
               67200  lb
TARE            2010  kg
                4430  lb
```

(2) 空陆水联运集装箱标记(air/surface container)

空陆水联运集装箱标记如图 8-14 所示,此类集装箱设计了适合空运的系固和装卸装置。因其设计强度较低,存在堆码层数限制,海上运输时禁止这类箱在甲板上堆装,在舱内堆码时箱上最多允许堆装一层箱。在陆地上堆码时,箱上最多允许堆装两层箱。标记应位于端壁、侧壁和箱顶的左上角(如适用)。

(3)登箱顶触电警示标记(sign warning of overhead electrical danger)

登箱顶触电警示标记如图 8-15 所示,一般标于罐式集装箱上,位于邻近登箱顶的扶梯处,以警告登箱顶者有触电的危险。

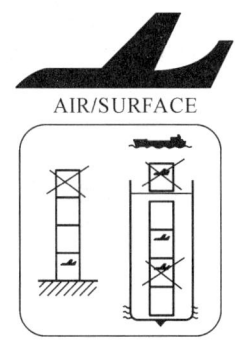
图 8-14　空陆水联运集装箱标记

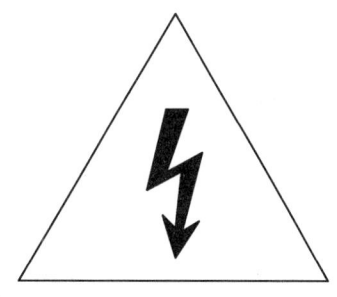
图 8-15　登箱顶触电警示标记

(4)集装箱高度标记(height mark)

箱高超过 2.6 m(8 ft 6 in)的集装箱,应在箱体两侧标示如图 8-16 所示的高度标记。另外还应在箱体每端和每侧角件间的上端梁和上侧梁至少 300 mm 长度的区域内,标示黑、黄两色的斑马线(图 8-11)。

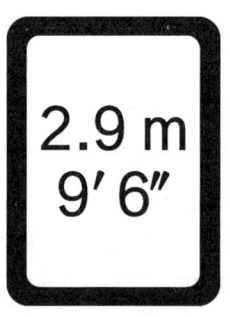

图 8-16　集装箱高度标记

(5)超宽标记(overall width mark)

宽度超过 2438 mm(8 ft)的集装箱,应标示如图 8-17 所示的超宽标记。标记底色为黄色,双箭头跨整个集装箱宽度,标示位置如图 8-11 所示。

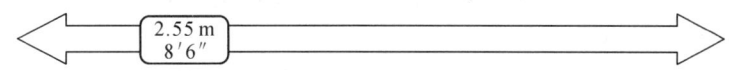

图 8-17　集装箱超宽标记

2.集装箱可选标记

1)可选识别标记

集装箱供自动识别设备(AEI)的标记是可选择性的。集装箱电子标签包括集装箱电子身份标签和集装箱电子货运标签。身份标签中一部分空间用来存储强制的、永久的信息,剩余的内存空间作为备用。货运标签能按规定格式存入发货人所需的全部货物和物流信息,标签应能支持数据写入、修改和删除,并应加密保护。CCS《集装箱检验规范》规定每个集装箱应至少安装2个身份标签,标签不应突出于集装箱角平面,并规定了标签的响应波段、工作寿命、储存能力、有效读取角度、安装位置、存储内容及其格式等。

随着信息技术的发展和物流效率的提高,自动识别设备的应用更加广泛。一些集装箱还配有具备卫星定位和通信功能的监控设备或电子锁,能自动识别集装箱、追踪其位置、监控集装箱内货物状态和防止未经授权的开箱。

2)可选作业标记

净载质量(maximum mass of payload or net mass)即集装箱最大允许有效载荷,标注在空箱质量之后。净载质量等于集装箱额定质量减空箱质量。净载质量标记为可选作业标记(optional operational mark),但对于装运第2类非冷冻液化气体危险货物的罐式集装箱及装运非冷冻气体的多单元气体容器(MEGCs)则为必备标记。

另外,实践中在集装箱净载质量之后常以 m^3 和 ft^3 为单位标示集装箱的容积(cubic capacity)。

3. 其他相关永久性徽记、标记及牌照

1)集装箱检验机构徽记和钢印

集装箱检验机构一般为经主管机关授权的船级社。船级社的徽记通常标于集装箱易于检查的门端(后端)面(图8-12中位置4)。还应在集装箱的本体上标打永久性钢印。

2)CSC 和 CCC 牌照

满足《1972年国际集装箱安全公约》(CSC)的集装箱,应在显见且不易损坏处标打金属材料制成的"CSC Safety Approval"(CSC安全合格)金属牌照,货运集装箱的装载应不超过CSC安全合格标牌上注明的最大总重量;对于满足《1972年集装箱关务公约》(CCC)要求的集装箱以及国际标准集装箱应附有海关加封运输批准牌照,显示"APPROVED FOR TRANSPORT UNDER CUSTOMS SEAL"(经批准作为海关加封货物运输)和 CCC 批准号等内容。CCC牌照便于集装箱进出各国国境时,不必开箱检查箱内货物,以加速集装箱的流通。CSC安全合格牌照、CCC牌照应相对集中设置或与免疫牌以及箱主和制造厂铭牌等组合为一块标牌,其通常应安装在集装箱易于检查的门端(后端)面(图8-10中位置5、6)。

3)免疫牌

凡国际集装箱所用的裸露木材按照有关规定经过了免疫处理,则应设置免疫牌。

4)国际铁路联盟(UIC)标记

国际铁路联盟(UIC)标记(图8-18)用于国际铁路运输的ISO标准集装箱,"ic"表示国际铁路联盟。标记方框下部的数字表示各铁路机构代码(33是中华人民共和国铁路的代码)。

5)安全标志

安全标志包括禁止标志(例如严禁烟火、严禁叉举等)、警示标志、指令标志、提示标志和相应的文字辅助标志等,常用图案配合文字表示。

图 8-18 国际铁路联盟(UIC)标记

另外,其他标记、标牌还包括制造厂铭牌、箱主铭牌(例如集装箱租赁公司)等。

4.专用和特殊集装箱标记

专用和特殊集装箱应设有符合规定的相关信息标志、铭牌、标贴等标记。

符合《国际危规》规定的无压干散货集装箱,应标识散装容器设计类型的"BK1"或"BK2"编码。

保温集装箱的加热和/或制冷装置应装设附有其技术性能(包括电气设备参数如三相电源频率、满负荷电流和总启动电流)的铭牌,并在其上标出今后的检查日期。若设有自动通风控制装置,应在进气口附近标示。使用人工手动操作的集装箱加热和/或制冷装置的开关、控制器等处,应标明控制器名称及"ON""OFF"标识。

罐式集装箱应在显见处标打其首次和再次压力试验时间、试验压力、允许工作压力、内部容积(20 ℃的水)等主要技术数据。用于装运危险货物的罐式集装箱(可移动罐柜)的标志、铭牌、标贴等应符合《国际危规》和主管当局所制定的相关规定。每一个装运危险货物的罐式集装箱及装运非冷冻气体的多单元气体容器(MEGCs)都需在易于检查的明显地方(其通常安装在集装箱的后端)以永久的方式贴有一块耐腐蚀的金属 IMDG 铭牌。

五、集装箱验证重量

集装箱船的稳性、强度、载重量和集装箱的额定质量、系固强度等校核均以准确的集装箱质量为前提。集装箱总质量申报不准、瞒报等容易导致意外事故。为了提高海运的安全性,SOLAS 公约第Ⅵ/2 条 2015 年修正案规定集装箱托运人在交付船舶运输前必须在装货单截止日期前向承运人和港口码头经营人提供集装箱验证重(质)量(verified gross mass,VGM),否则该货运集装箱不予装船,该规定自 2016 年 7 月 1 日实施。

按规定,托运人须采取整体称重法或累加计算法对其重量进行验证,将 VGM 记录在货运单据上,并提交给码头运营人和船长或其代表。

(1)整体称重法:集装箱装箱完毕后,采用已校验和认证的计重设备对载货集装箱进行整体称重。

(2)累加计算法:对集装箱的所有货物和组件进行称重,并与集装箱箱门所列的集装箱皮重进行累加。该方法不适用于废钢、碎屑、谷粒等散装货物。

【思考与应用 8-1】
1. 集装箱常用的分类方法有哪些？其中按用途分有哪些种类？
2. ISO 系列 1 标准集装箱按尺度分哪几种？其长、宽、高尺度和最大总质量有何特点？
3. 除了 ISO 系列 1 标准集装箱外，常用的还有哪几种尺度的集装箱？
4. 集装箱的标记包括哪几种？集装箱的识别系统包含哪些内容？集装箱如何标记识别系统的信息？
5. 简述集装箱的尺寸和箱型代码的构成。
6. 集装箱的必备作业标记包括哪些？
7. 什么是集装箱 CSC 和 CCC 牌照？
8. 什么是集装箱验证重量（VGM）？

第二节　集装箱船的结构与装运特点

一、集装箱船的结构特点

广义上，集装箱船是指以大型集装运输设备及其载荷组成的货物单元为装运对象的船舶，包括全集装箱船、滚装船、载驳船等。本节所述集装箱船是指在货舱内和甲板上专门载运集装箱货物的吊装式全集装箱船（lift on / off container ship），船舶利用码头上的专用集装箱装卸桥进行集装箱装卸。集装箱船的结构特点如下：

1. 平直甲板，舱口与货舱同宽

国际标准集装箱的强度设计要求能堆码 8 层满载箱，因此集装箱船货舱不必进行多层甲板分隔来减小下层箱的负荷量。集装箱船舱口与货舱同宽，达到船宽的 70%～90%，舱内装载的集装箱均能以垂直方式被吊进或吊出，便于快速装卸。但这种大舱口设计使得集装箱船总纵强度和抗扭转强度较差。

2. 采用双层船体结构，设有大容量压载水舱

为弥补大货舱开口设计对船体结构强度的不利影响，集装箱船整个货舱和机舱区域船体通常采用双层壳舷侧结构（double hull），并在双层壳舷侧的顶部设置抗扭箱结构；从防撞舱壁尽可能延伸到尾尖舱舱壁设双层底；货舱横舱壁也采用双层的箱型结构，货舱长度一般为 2 个 40 ft 集装箱箱位（4 个 20 ft 箱位）；大型集装箱船货舱两侧的连续甲板一般包括露天的上甲板和二甲板两层，上甲板作为强力甲板对总纵强度尤为重要；二甲板兼作连通船首和机舱的通道。这种设计可增强船舶的总纵强度、横向强度和扭转强度，也为船舶提供了大容量压载舱室，压载能力约占船舶夏季总载重量的 30%～40%，以适应船舶空载或舱面装载大量集装箱时调整船舶稳性和浮态的需要。

3. 舱内设有箱格导轨和底座，舱面设有集装箱系固设备

为防止集装箱移位，全集装箱运输一般在舱内设有永久性箱格导轨结构和集装箱固定底座。甲板通常设有整套系固设备，如扭锁、桥锁、锥板、绑扎装置等。装载于舱面的集装箱

目前通常是靠人工方法进行系固,新型超大型集装箱船多在舱面设置一定高度的箱格导轨或绑扎桥,以减少舱面集装箱系固的作业量。

舱面箱位纵向上与舱内对应,2 个 20 ft 集装箱箱位为 1 组,可以安排 1 个 40 ft 集装箱,在 2 个 40 ft 行位之间,舱内可布置横舱壁,舱面作为集装箱系固和检查的工作通道。

4. 采用中后机型或双岛设计

集装箱船由于方形系数小,为便于容纳机舱,除部分中小型集装箱船可能采用尾机型外,中大型集装箱船多采用中后机型,机舱后部设有部分集装箱位。

大型和超大型集装箱船采用驾驶桥楼与机舱分离、驾驶桥楼前移的设计,有助于减小船舶的纵向弯曲力矩,并兼顾推进系统布置和减小驾驶台盲区的要求。为了节能减排和降低成本,除了采用新型燃料外,现代干线集装箱船超大型化趋势明显,设计航速一般在 22 节左右,而不追求过高的航速。

二、集装箱的箱位表示法

编制集装箱船的配载计划需要根据船舶、货物情况结合集装箱在码头堆场的位置,落实集装箱在船上的积载位置,因此需要对船上和码头上的具体箱位进行编码。

1. 集装箱船箱位表示方法

在全集装箱船上每一个 20 ft 和 40 ft 集装箱箱位都对应有一个用 6 个阿拉伯数字表示的箱位号。如图 8-19 所示,它以行、列、层三维空间来表示集装箱在船上的位置。前 2 位数字表示集装箱的行号,中间 2 位数字表示集装箱的列号,最后 2 位数字表示集装箱的层号。

1) 行号(BAY No.)的表示方法

"行"是指集装箱箱位在船舶纵向(首尾方向)的排列次序号,规定由船首向船尾顺次排列。20 ft 箱行号用 01、03、05、07 等奇数表示。40 ft 箱行号用介于两个 20 ft 箱行号中间的偶数表示,例如 01、03 两个 20 ft 箱行号对应的 40 ft 箱行号是 02,05、07 两个 20 ft 箱行号对应的 40 ft 箱行号是 06,依此类推。箱位纵向布置时,每 2 个 20 ft 行箱位为一组,间距为 76 mm,可作为 1 个 40 ft 行箱位,但 2 个 40 ft 行箱位间有大舱舱壁隔开,因此 40 ft 箱行号间隔一个偶数排列,例如布置有 02、06 行位时无 04 行位,布置有 04、08 行位时则无 06 行位,舱面每两个 40 ft 行位之间可作为横向工作通道。

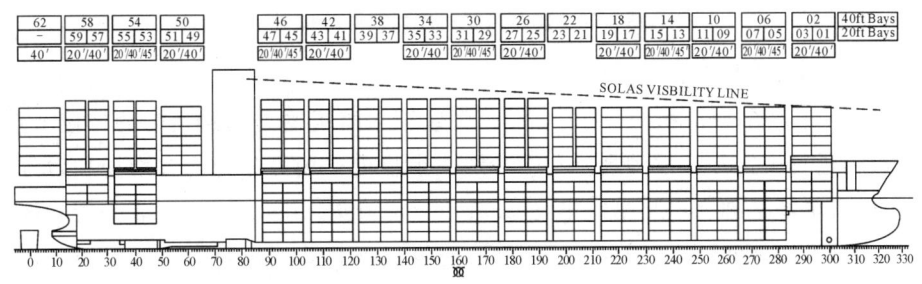

图 8-19　某 4250 TEU 集装箱船箱位行号排列

2) 列号(Row No.)的表示方法

"列"是指集装箱箱位在船舶横向(左右方向)的排列次序号,有两种表示方法。集装箱船箱位的列号从中线向左右两舷依次排列,右舷为奇数,依次为 01、03、05、07 等;左舷为偶数,依次为 02、04、06、08 等;当船舶纵中线位置安排一列时,该列号为 00。

3)层号(Tier No.)的表示方法

"层"是指集装箱箱位在船舶垂向(上下方向)的排列次序号,有三种表示方法。舱内和舱面分开编号,舱内从舱底最低一层算起用 0 或 1 开头的两位偶数,即 02、04、06、08、10 等;甲板上从甲板底层算起,层号数字前加"8",即 82、84、86、88、90 等。当由于船体线型变化,某些部位最下层箱位高于其他部位箱位时,按照高度相同层号相同的原则编排层号。

例如图 8-20 所示的箱位 A,在船上的箱位号为 090306,其行号为 09,为 20 ft 集装箱位,位于自船首向后第 5 行;列号为 03,位于右舷第 2 列;层号为 06,位于舱内第 3 层。另一集装箱 B 的箱位号为 100686,该箱在船上的行号 10,为 40 ft 集装箱,占 09 和 11 两个 20 ft 的行位,因此在"Bay 11"行位图的对应箱位用符号"+"表示该箱位被 40 ft 集装箱占用(也常用符号"×"表示);列号为 06,位于左舷第 3 列;层号为 86,位于舱面第 3 层。

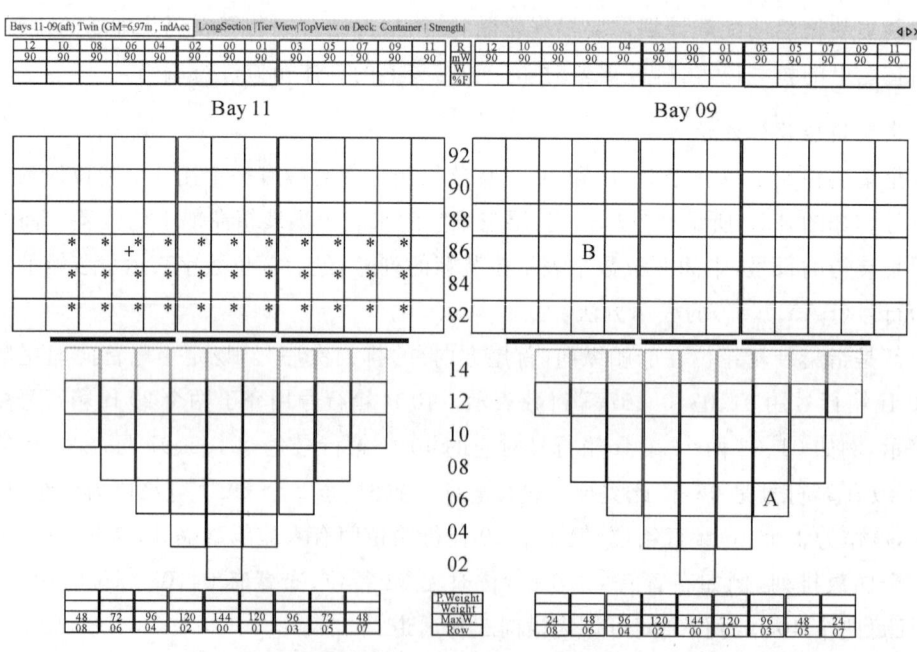

图 8-20 集装箱船箱位列和层的排列

2. 集装箱码头堆场及箱位编码

集装箱码头堆场(container yard,CY)是集装箱水路运输与陆路运输的连接节点,是进口箱、出口箱进行交接和存放的场所和缓冲区。集装箱堆场可分为前方堆场和后方堆场两个部分。前方堆场又称为集装箱编排场(container marshalling yard),通常布置在码头前沿与集装箱后方堆场之间,是用于分类排列和临时堆放即将装船出口箱和卸船的进口箱的场地。后方堆场(即堆场)紧靠前方堆场,是进行集装箱交接、保管和安全检查的场所。

堆场一般被划分成多个箱区(block),通常分为进口箱区、出口箱区、中转箱区等,根据集装箱类型又可划分为危险货物箱、冷藏箱、40 ft箱、空箱等,箱区之间要留出装卸机械和运输车辆通道。集装箱在堆场堆放时,一般在堆放场地上按照集装箱的箱型、尺寸预先用白线或黄线划出标准区域,并用一组代码来表示堆场内的位置,即"场箱位"。具体箱位一般包含箱区、行位(bay,或称"贝位")、列位(row)、层位(tier)等信息。底部一个箱位向上堆积多层组成的整体称为堆栈(stack)或垛。当集装箱装船时,可按照船舶的配载图上的堆场箱位信息找到这些待装箱的箱位号,然后按序进行装船。堆场箱位的具体编码可根据各堆场的布置和规模采用合适的方法,常采用纯数字或字母与数字混用进行编码,例如可用A10243表示A1箱区02贝位第4列第3层,40 ft集装箱。铁路水路联运集装箱码头堆场示意如图8-21所示。

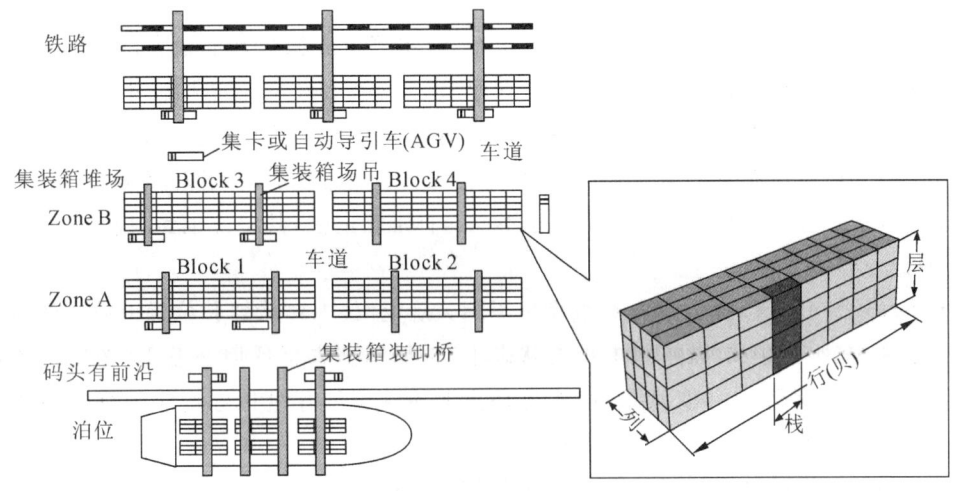

图8-21 铁路水路联运集装箱码头堆场示意

随着港口集装箱进出口的流转,集装箱在堆场的位置是动态变化的,并需要在管理系统中不断更新相关信息。出口箱在前方堆场堆码需要考虑装船顺序,要求提高作业的效率,减少翻箱操作。一般要求先装箱在堆栈的上层,否则就需要进行翻箱操作。为加快装载速率,部分港口常会在装船前按照船舶配积载图执行预翻箱操作。

三、集装箱船的载箱能力

集装箱船的载货能力同样包括载货的重量能力、容量能力和特殊载货能力三方面。其特殊性在于其载货容量能力和特殊载货能力是通过集装箱船箱位容量和特殊箱位容量等指标体现的。

1. 集装箱船的箱容量指标

表征集装箱船装箱容量大小的指标包括:

1) 20 ft箱容量

20 ft箱容量指集装箱船所能承运20 ft箱的最大箱位数。许多集装箱船上都设计有一些仅适合装载40 ft集装箱的箱位,不能装载20 ft的集装箱,这些箱位不能计入20 ft箱的最大容量。

2) 40 ft 箱容量(FEU)

40 ft 箱容量指集装箱船所能承运 40 ft 箱的最大箱位数。集装箱船每个货舱长度难以都设计成安排 40 ft 箱位所需长度的整数倍,或者为提高集装箱船的舱位利用率,船舶舱形变化较大部位设计长度较短的 20 ft 箱位,这些箱位不能计入 40 ft 箱容量。

3) 标准箱容量(20 ft 换算箱容量,TEU)

集装箱船的标准箱容量系指船舶所能承运 20 ft 和 40 ft 集装箱的最大换算箱容量,又称标准箱容量。即指 20 ft 集装箱的最大容量加上船上仅能装 40 ft 集装箱的箱位乘以 2,换算成 20 ft 集装箱的箱位数量。集装箱船的标准箱容量是表征集装箱船大小规模和载箱能力的重要指标。

4) 特殊箱容量

船舶承运如危险货箱、冷藏箱、非标准箱、平台箱等特殊箱数量的最大限额。由于危险货物集装箱受特殊的防护(如消防、通风)、管理、相互隔离和装载位置限制,相关规范对载运危险货物集装箱的船舶和货物处所有特殊的适用要求。冷藏箱需要船舶提供电源,也就是说船舶需要为冷藏箱布置电源插座,冷藏箱的箱位一般安排在舱面,并尽量避开船首和两舷最外侧的箱位。非标准箱和平台箱等由于不能与标准箱混装,其箱位也受限制。

5) 巴拿马运河箱容量

SOLAS 公约 V/22 条对船舶视线做出了相关规定,其中对从驾驶位置上所见的海面视域的要求为:在所有吃水、纵倾和甲板货状态下,自船首前方至任何一舷 10°范围内均不应有超过两倍船长或 500 m(取其小者)的遮挡。上述各箱位容量指标均应为满足该规定的数据。

巴拿马运河当局每年发布对通过运河的船舶特殊要求(vessel requirements)的通告,其中对船舶驾驶台盲区(blind distance)的限制有专门的计算方法。满足巴拿马运河盲区限制时,船舶前部上层有更多箱位不能装载集装箱,其允许的船舶箱位容量即为巴拿马运河箱位容量。

2. 载货重量能力

集装箱船的载货重量能力,即船舶的航次净载重量 NDW 可按下式计算:

$$NDW = DW_m - \sum G - C - B \tag{8-1}$$

式中:C——船舶常数(t),包括船舶所有非固定系固设备的重量;

$\sum G$——核算状态下船舶油水和其他储备品重量(t);

B——核算状态下船舶压载水的总重量(t)。

集装箱船在甲板装载集装箱时,为了满足稳性、浮态等方面的要求,一般需要压载,并且航行途中可能还需要根据航行消耗导致稳性、浮态的变化情况调整压载。因此压载水总重量 B 和储备品重量 $\sum G$ 应取整个航程中两者之和 $(B + \sum G)$ 最大时的数据进行核算。

四、集装箱船的稳性特点

现代集装箱船均在舱面上布置了较大比例的集装箱,往往在舱面布置的箱位数量达到全船的 50% 以上。例如某 4250 TEU 集装箱船,该船舱面和舱内布置箱位数分别为 2664 TEU 和 1586 TEU,分别占总箱位数的 62.7% 和 37.3%;根据该船装载手册提供的满箱位装载工况,按照舱面、舱内平均箱重分别为 4.3 t 和 15 t 核算,集装箱总重 35245 t,其中舱面和舱内箱重分别为 11455 t 和 23790 t,分别占集装箱总重的 32.5% 和 67.5%,舱面最高一层(92 层)的重心高度达到 38.5 m,船舶出港和到港装载状态(包含压载)下重心距基线高度分别为 14.14m 和 14.49m,船舶重心明显高于同等尺度的一般货船,并且水线以上受风面积大。为了满足集装箱船稳性要求,并兼顾强度和吃水差,一般须在压载舱进行压载。该轮满箱位装载工况下出港和到港时的压载量分别为 8238.9 t 和 8834.9 t,初稳性高度分别为 1.09 m 和 0.52 m。

表 8-7 反映了标准箱位容量分别为 4250 TEU、8533 TEU 和 10036 TEU 三艘集装箱船装载手册提供的基于夏季满载吃水和船舶满箱位状态下船舶舱面、舱内箱位分布及其压载和稳性情况。从表 8-7 中可知,对于 10036 TEU 集装箱船,满箱位装载工况舱面和舱内箱位数分别占总箱位数的 52.4% 和 47.6%,舱面和舱内集装箱重量分别达到集装箱总重量的 48.9% 和 51.1%。经压载并修正自由液面的初稳性高度为 1.32 m。航行途中燃油消耗至 50% 时,初稳性高度降低至 1.17 m。燃油消耗至 40% 时调整压载量至 16573.5 t,此时初稳性高度 1.19 m,到港时初稳性高度为 0.86 m。

表 8-7 集装箱满箱位装载状态舱面舱内集装箱分布及压载和稳性数据

船舶总箱位容量/TEU	舱面/舱内标准箱/TEU	舱面/舱内标准箱占比(%)	舱面/舱内集装箱重量/t	舱面/舱内集装箱重量占比(%)	出港/到港压载量/t	出港/到港 GM/m
4250	2664/1586	62.7/37.3	11455/23790	32.5/67.5	8238.9/8834.9	1.09/0.52
8533	4659/3874	54.6/45.4	25218.5/54236	31.7/68.3	8433.0/14005.9	2.25/2.2
10036	5263/4773	52.4/47.6	45604/47730	48.9/51.1	15040.6/16573.5	1.32/0.86

为了尽量降低重心高度,在航次订舱时一般应合理安排轻、重箱在船舶航次货运任务中的合适比例,并在船舶配积载时合理安排轻、重箱在船上的垂向分布,尽量在舱内多安排重箱。在此基础上,根据稳性核算情况,须在装卸货前预先安排必要的压载,以保证在船舶装卸货和航行期间的稳性满足要求。

超大型集装箱船与一般集装箱船相比,长宽比小于后者,宽吃水比大于后者,船舶初稳性高度相对较大,因此超大型集装箱船在配积载时,箱位的垂向位置在港序与轻重箱之间存在矛盾时,不一定严格遵照下重上轻的原则。另外集装箱船的稳性也不宜过大,稳性过大可能导致横摇周期过短,加速度过大,增加舱面上集装箱系固设备的受力,不利于甲板集装箱安全。

【思考与应用 8-2】
1. 集装箱船上如何表示集装箱的箱位?
2. 表征集装箱船装箱容量大小的指标有哪些?

3. 集装箱船载货重量能力有何特点？

4. 集装箱船的稳性有何特点？

第三节　集装箱船配积载文件的编制

集装箱船配载是指根据预定装载出口的集装箱清单，按船舶的运输要求和码头的作业要求而制定的集装箱在船上的具体装载计划，并编制船舶配载文件，以保证运输安全、货运质量，并指导船舶装船作业。由于集装箱物流的特点，这一过程需要船公司、码头装卸公司和船上人员的直接参与和配合，并经历航次订舱、预配、初配和审核的过程。要求根据集装箱船的特点和码头堆场情况，提高装卸效率，充分利用船舶载货能力，满足船舶稳性、强度、浮态和盲区要求，并满足集装箱系固及其货物运输的特殊要求。集装箱装船完成后，应根据实际积载情况编制集装箱的实配积载文件。

一、集装箱船配积载文件

集装箱船的配积载图包括全船行箱位总图和每行一张的行箱位图。

1. 行箱位总图

集装箱船行箱位总图是将集装箱船上每一行箱位的箱位分布横剖面图自船首到船尾按顺序排列而成的总剖面图。从该图上可以总览全船的箱位分布情况，了解全船各集装箱箱位集装箱的重量、卸货港和特殊箱的分布情况。行箱位总图通常有以下两种标注方式。

1) 在总图上代表每一箱位的小方格内标注以吨为单位的集装箱重量数据，并涂以代表集装箱不同卸港的颜色。在 20 ft 集装箱的行箱位总图上，方格内标以"＋"或"×"表示该箱位已被 40 ft 箱所占用（图 8-22）。对特殊集装箱箱位，可以用字母配合特殊颜色表示，如图 8-23 所示的特殊箱位总图上红色和字母"I"表示危险货物集装箱，字母"H"表示高度大于 2.6 m 的超高箱，深蓝色和字母"R"表示冷藏箱。

2) 由于上述标注方式中代表不同卸箱港的颜色无法用单色打印机或复印机制作，也无法使用传真机传输，因此也有用三张行箱位总图分别显示重量、卸货港和特殊箱的分布，分别称之为重量图（或数字图）、字母图和特殊箱位图。在重量图上每一装箱箱位的方格内，标注以吨为单位的集装箱重量数据；在字母图上每一装箱箱位的方格内，标注代表某一卸箱港港名的一个字母（例如以"S"代表 Shanghai）；特殊集装箱则在特殊箱位图上用特殊符号标注。

2. 行箱位图

集装箱船行箱位图是船舶某一行箱位的横剖面图。它是对集装箱船行箱位总图上某一行箱位横剖面图的放大和细化，在该图上可以标注和查取相应行的每一箱位所配装具体集装箱的详细数据。行箱位图每行位一张，可显示该行位具体每一装箱箱位装载集装箱的重量、装卸港、集装箱箱号、箱位、箱的尺寸和类型以及集装箱备注等信息。

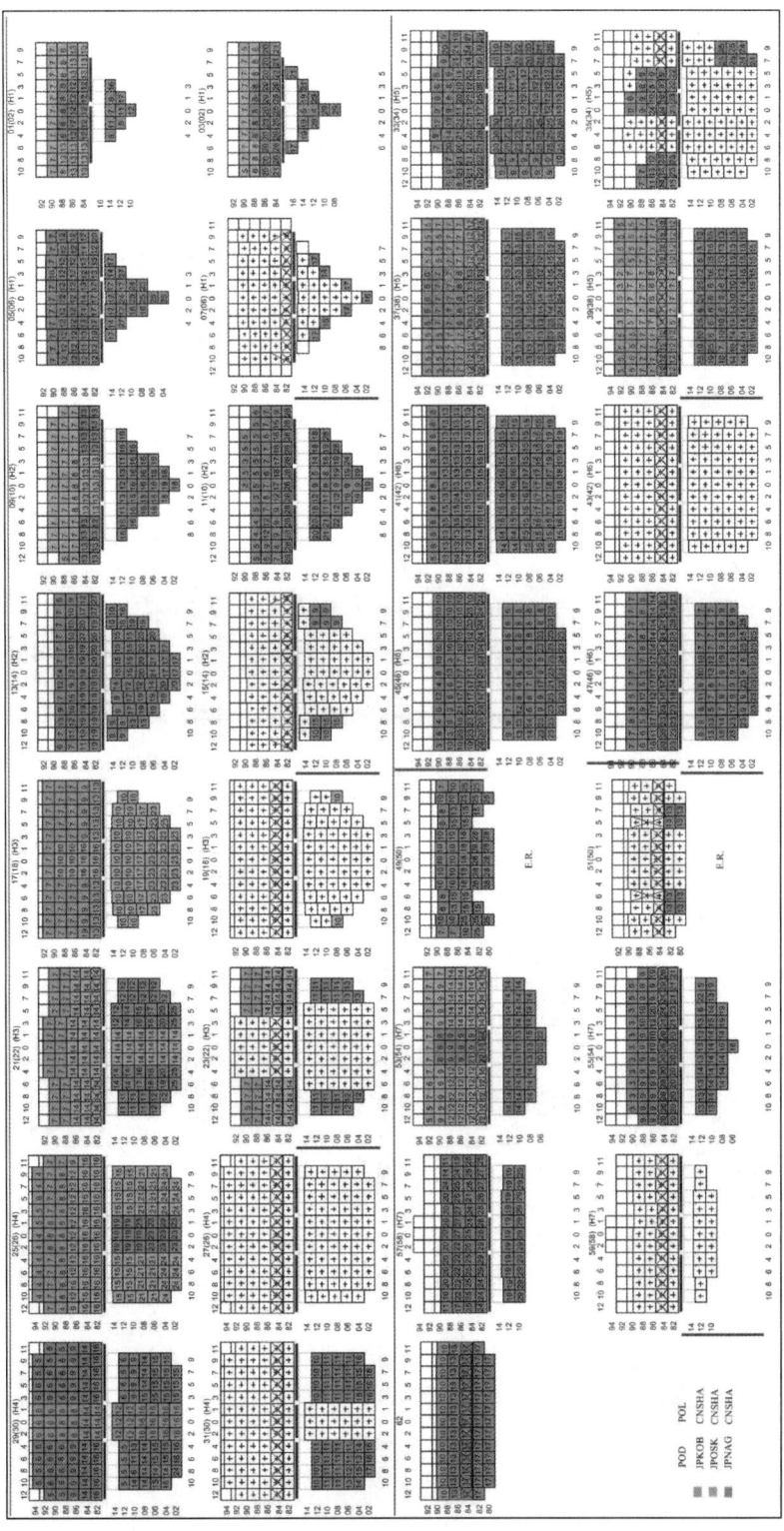

图8-22 某4250TEU集装箱船箱行箱位总图

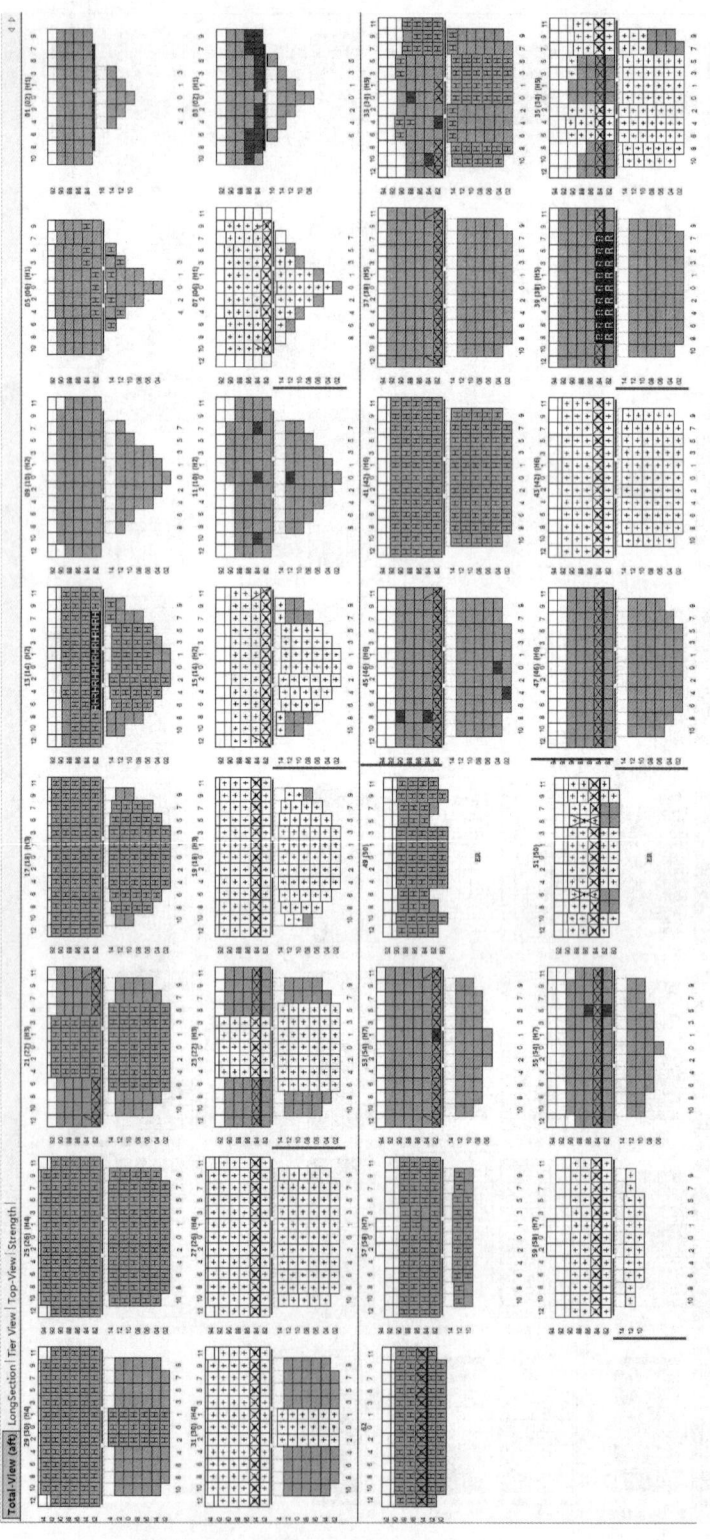

图8-23 某4250 TEU集装箱船舶行箱位总图(特殊箱位图)

图 8-24 为某 4250 TEU 集装箱船配积载软件显示的 Bay 21 行的行箱位图,图中左上角显示了该行的行号,右侧竖向数据为层号;上部表栏中第一行和下部表栏第 4 行数据为舱面箱位列号,表栏中其他行数据包括该行对应列最大允许堆积负荷,实际堆积负荷和系固设备受力达到允许值的百分比(%)。图中每一小方格代表该行的一个箱位,方格内数据从上至下依次为集装箱重量、卸货港和装货港。在软件界面上,集装箱更为详细的具体信息,一般通过点击相应箱位,在行箱位图右侧的数据框内输入或读取。为了显示 40 ft 集装箱的配置位置情况,行箱位图还可显示 40 ft 行箱位图,或同时显示 40 ft 行箱位对应的相邻 2 个 20 ft 行箱位图(图 8-25)。

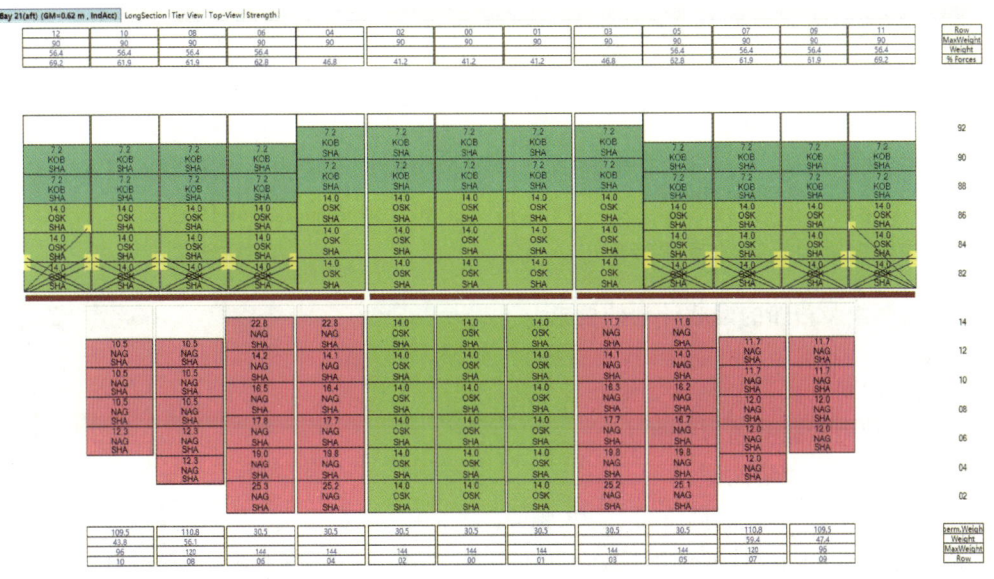

图 8-24 某 4250 TEU 集装箱船 Bay 21 行的行箱位图

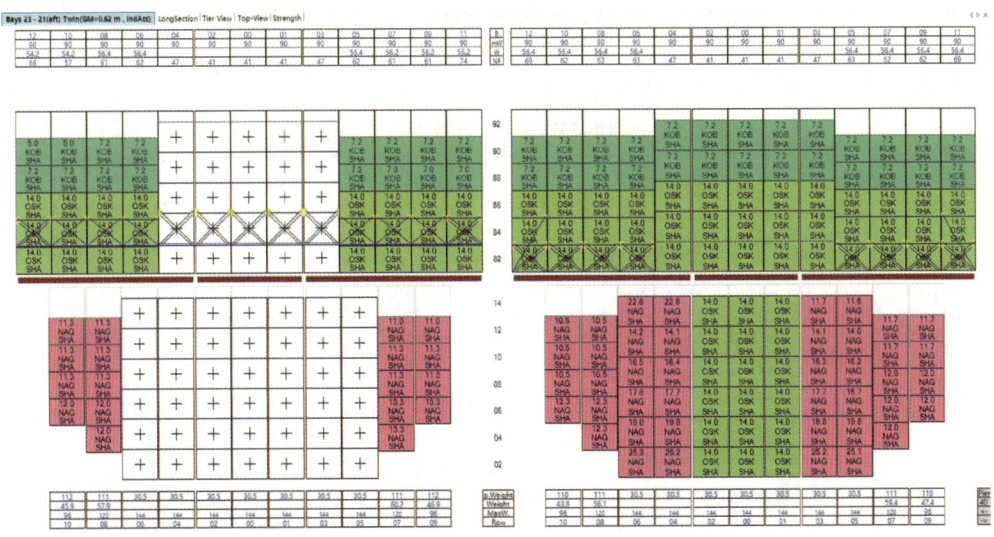

图 8-25 某 4250 TEU 集装箱船 21/23 行的行位图

行箱位图中,可按图 8-26 显示更为详细的信息。

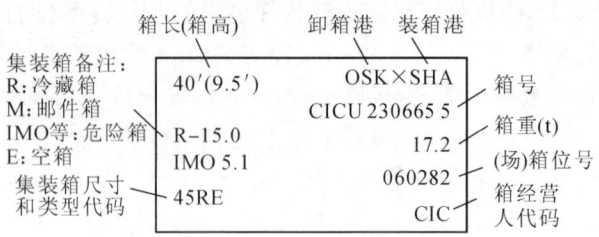

图 8-26 集装箱船行箱位图中具体箱位的信息

3. 集装箱装船统计表

集装箱装船统计表汇总了按不同卸货港罗列的 20 ft、40 ft 集装箱数量、装载状态、特殊箱数量等。

4. 稳性、吃水差计算表

集装箱船稳性、吃水差计算表的格式基本同杂货船。一般先由配积载人员录入船上每个箱位的集装箱重量,各舱燃油、淡水、压载水重量和其他备品重量等信息后,再由装载计算机计算,并根据需要输出和打印结果。

二、编制集装箱船的配载计划的要求

1. 充分利用集装箱船的载货能力

1) 充分利用船舶的箱容量能力

(1) 轻、重箱合理搭配

由于集装箱船的稳性、载重量(或吃水)、盲区范围、堆积负荷、系固设备受力等均受限,实际载箱量难以达到设计箱位容量。在安排船舶货运任务时,做到轻、重箱合理搭配是充分利用集装箱船舱容量能力的关键。例如某 10036 TEU 集装箱船,其装载手册中按照夏季吃水配载的典型装载工况如表 8-8 所示。当船舶装载均一重量的集装箱时,均未能达到设计的标准箱位数,集装箱均重越重,载箱量越少。只有轻、重箱合理搭配,且总体垂向上按照下重上轻的原则,方能最大限度地发挥船舶的载箱容量能力。

表 8-8 某 10036 TEU 集装箱船典型装载工况

载箱工况	舱面/舱内载箱量/TEU	总载箱量/TEU	压载量/t	DW/t	舱面/舱内箱重量/t	箱总重量/t	GM/GM_c/m	盲区/m
2.5 t 空箱	4946/4773	9719	26286.4	53527.6	12143/11932	24076	8.69/8.62	494.5
8 t 箱	4908/4773	9681	26286.4	106900.1	39264/38184	77448	2.37/0.99	473.0
10 t 箱	4737/4773	9510	18311.4	121093.8	47370/47730	95100	0.85/0.77	488.3
12 t 箱	3812/4773	8585	5480.5	121221.7	45744/57276	103020	0.92/0.77	439.5
14 t 箱	2969/4773	7742	0	121109.2	41566/66822	108388	1.22/0.9	292.0
16 t 箱	2008/4773	6781	0	121217.2	32128/76368	108496	2.74/0.89	193.9
20 t 箱	646/4773	5419	0	121101.2	12920/95460	108380	5.1/0.89	173.0
轻重箱混合工况	5263/4773	10036	15040.6	121095.8	45604/47730	93334	0.86/0.83	499.1

(2) 航次货运任务与船舶箱容量相一致

当箱源数量接近船舶换算（标准）箱容量时，应当注意确保订舱单上的 20 ft 箱数量和 40 ft 箱数量与船舶 20 ft 位箱容量和 40 ft 箱容量相适应。集装箱船有部分箱位分别仅能装载 20 ft 集装箱和 40 ft 集装箱，要利用这些箱位，船舶所承运的 20 ft 和 40 ft 集装箱最少数量分别不少于上述 20 ft 和 40 ft 集装箱容量，而且换算为 20 ft 的标准箱数量也不能超过集装箱船的换算箱容量。

(3) 合理利用船舶的特殊箱位容量

冷藏箱位一般安排在船舶舱面上 1~3 层，并尽量避开船首和两舷边位置，图 8-22 中带"*"的箱位为该行的冷藏箱位。当需由船舶供电制冷的冷藏集装箱的数量超过船舶额定冷藏集装箱容量时，其超出船舶供电容量的冷藏箱应改换成能自行发电制冷的冷藏箱，或者在船上配备一定数量的定时器，其作用是实现在一定时间间隔内自动交替向其连接的两个冷藏箱之一提供电源。

危险货物集装箱某些类型的危险品集装箱须在指定区域装载，在装载有特殊要求的危险箱时，应注意其箱位限制。

尽量减少特殊箱引起的箱位损失。在装箱港箱源充足的条件下，选配特殊箱箱位，应当尽量减少承运这类货箱引起的箱位损失数量。例如，在条件许可时，可以将原安排于舱内占用垂向两个箱位的超高集装箱，选配于舱面的顶层。

(4) 合理计划好中途港集装箱的装载

中途港卸箱后，一方面应尽量装载相应数量的集装箱，另一方面，应保持不同卸港集装箱卸箱通道独立，避免出现或减少捣箱（或称"翻箱"）操作。

2) 充分利用集装箱船的载货重量能力

(1) 合理安排适当比例的重箱，并按照下重上轻的原则安排垂向货位，有利于在尽可能少的压载条件下增加载货重量，因此也是充分利用集装箱船的载货重量能力的前提。

(2) 避免过多的压载。特别是集装箱重量总体偏重时，一般压载应以船舶稳性满足衡准要求为前提，避免过多压载而损失装载集装箱的重量，并避免船舶稳性过大。

2. 满足集装箱船稳性要求

1) 集装箱船的稳性衡准要求

(1) 国际航行集装箱船稳性衡准要求

2008 年 IS 规则 A 部分强制性稳性衡准的第二章总体衡准要求适用于国际航行的集装箱。按照 IS 规则计算集装箱船舶稳性时，每一载货集装箱的重心垂向位置应取在集装箱高度的 45% 处，空箱的重心取在集装箱高度的 50% 处。对于长度为 100 m 及以上的集装箱船，也可以适用 IS 规则 B 部分第 2.3 章的以下建议性稳性衡准替代 A 部分第 2.2 章关于复原力臂曲线特性的衡准要求：

①复原力臂曲线在横倾角 0°~30° 之间所围的面积应不小于 $0.009/C(\text{m}\cdot\text{rad})$（$C$ 为船体形状因数）；

②复原力臂曲线在横倾角 0°~40° 之间或 θ_f（进水角）中较小者之间所围的面积应不小于 $0.016/C(\text{m}\cdot\text{rad})$；

③复原力臂曲线在横倾角 30°~40° 或 θ_f（进水角）中较小者之间所围的面积应不小于 $0.006/C(\text{m}\cdot\text{rad})$；

④复原力臂曲线在 30°处的值应不小于 $0.033/C(\mathrm{m})$；
⑤最大复原力臂应不小于 $0.042/C(\mathrm{m})$；
⑥复原力臂曲线在横倾角 $0°\sim\theta_\mathrm{f}$（进水角）之间所围的面积不应小于 $0.029/C(\mathrm{m\cdot rad})$；
船体形状因数 C 按下式求取：

$$C=\frac{d\cdot D'}{B_\mathrm{m}}\sqrt{\frac{d}{KG_0}}\cdot\left(\frac{C_\mathrm{b}}{C_\mathrm{w}}\right)^2\cdot\sqrt{\frac{100}{L_\mathrm{BP}}} \tag{8-2}$$

式中：d——平均吃水(m)；
　　KG_0——经自由液面修正的船舶合重心距基线高度(m)；
　　C_b——方形系数；
　　C_w——水线面系数；
　　L_BP——船长(m)；
　　B_m——平均吃水一半水线处的船宽(m)；
　　D'——计及舱口围板内体积修正的船舶型深(m)，按式(8-3)求取。

$$D'=D+h\frac{2b-B_\mathrm{D}}{B_\mathrm{D}}\cdot\frac{2\sum l_\mathrm{H}}{L_\mathrm{BP}} \tag{8-3}$$

式中：D——船舶型深(m)；
　　B_D——船舶型宽(m)；
　　l_H——前后距船中各 $L_\mathrm{BP}/4$ 区域内每个舱口围板的长度(m)；
　　b——前后距船中各 $L_\mathrm{BP}/4$ 区域内每个舱口围板的宽度(m)；
　　h——前后距船中各 $L_\mathrm{BP}/4$ 区域内每个舱口围板的高度(m)。

上述建议性衡准是根据长度小于 200 m 的集装箱船的数据和经验制定的，因此将其应用于长度超过 200 m 的船舶时应特别谨慎。

(2)我国国内海上航行集装箱船的稳性衡准要求

我国《国内海船规则》对国内海上航行集装箱船的稳性，除要求其满足对普通船舶稳性的各项基本稳性衡准指标要求外，还提出了两项稳性的特殊衡准指标要求：

①经自由液面修正后初稳性高度 GM 应不小于 0.30 m；
②集装箱船在横风作用下从复原力臂曲线上求得的静倾角，应不大于 1/2 上层连续甲板边缘入水角，且不超过 12°。

《国内海船法定规则》对这类船舶的稳性计算提出了以下规定：
①计算集装箱船的稳性时，每只集装箱重心垂向位置应取在集装箱高度的 1/2 处。
②计算风压静倾角所使用的横风风压倾侧力臂取在计算稳性衡准数 K 时计算值的 1/2。在确定风压静倾角时，假定风压倾侧力臂不随船舶的横倾而变化。
③计算复原力臂曲线时，不计入甲板上集装箱浮力的影响。

2)保证集装箱船适宜稳性的措施

(1)合理安排轻重箱的垂向货位

根据船舶特点和实际情况控制舱内和舱面所装集装箱重量处于合适的比例范围。货舱内装箱的总重量一般应大于全船装箱总重量的 60%。在舱内或舱面垂向配置集装箱时应尽量做到下重上轻。

(2)合理利用压载水舱

为保证集装箱船达到合适的稳性,不论满载或空载均需进行压载,集装箱船满载状态下可用于调整稳性的可变压载量约占其压载能力的15%。需要特别注意的是,船舶轻载时稳性较大,往往容易忽视装货过程中随着舱面集装箱的增多稳性变差,应提前保证足够的压载量。不论船舶在港装卸期间,还是在海上航行,均需保证必要的压载,以保证船舶稳性。

(3) 注意波浪中航行时的稳性损失

船舶波浪中航行,船舶摇荡运动叠加波浪引起的外力矩和船舶复原力矩变化的耦合作用,可能对船舶稳性构成严重的不利影响。船舶驾驶人员应注意应用良好船艺,应注意及早预防,必要时采取改变航线、航速和航向的方法减小波浪对稳性的影响。

(4) 系固系统允许的最大初稳性高度

船舶初稳性高度越大,船舶横摇周期越短,加速度越大,系固设备的受力也越大。集装箱的系固系统的设计一般设定某一初稳性高度值,为防止系固设备的受力超过设计允许范围,集装箱船系固手册中一般均限定了船舶的最大初稳性高度。例如某4250 TEU集装箱船的系固系统设计分别按照允许最大初稳性高度为1.02 m和2.27 m限定了舱面集装箱的重量分布。该船舱面装载$20'\times 8'6''$集装箱,在不同允许初稳性高度时,其Bay 05行位甲板集装箱的位置和重量限制如图8-27所示。船舶营运期间的初稳性高度不应超过船舶最大初稳性高度的限制,注意集装箱的重量分布。特别是在进行船舶配载计划的审核时,应注意审核系固设备的受力不能超过允许范围。

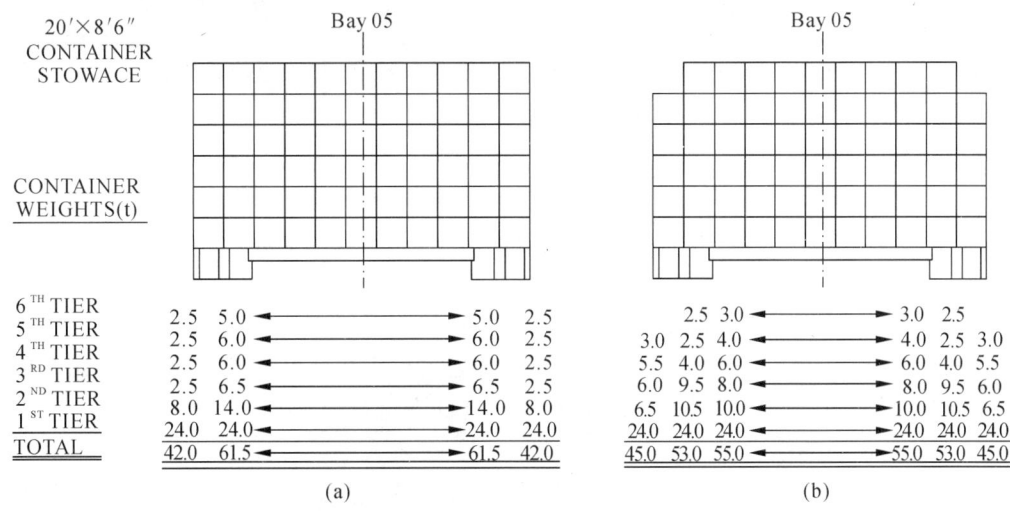

图 8-27 某 4250 TEU 集装箱船不同限定 GM 值下舱面集装箱重量分布

(a) 最大允许初稳性高度 $GM \leqslant 1.02$ m;(b) 最大允许初稳性高度 $GM \leqslant 2.27$ m

(5) 集装箱船适度稳性的经验值

保证集装箱船适度稳性的方法是控制舱内和舱面所装集装箱的重量处于合适的比例范围内。对于不同船舶和同船舶在不同排水量条件下,合适比例是不同的,可以通过计算或长期配积载实践的资料积累获得。例如,全集装箱船在满载状态下,舱内装箱的总重量通常取全船装箱总重量的60%或以上,经验表明,适度稳性范围一般为0.6~1.2 m,但超大型集装箱船则可能具有更大的稳性值。国内外有关文献推荐集装箱船满载时的初稳性高度与船宽之比值取0.04~0.05为宜。

3. 保证集装箱船的强度

1)保证船舶总纵强度

集装箱船舶的总纵强度包括总纵弯矩和扭矩合成应力的强度。大开口船舶应考虑其扭转强度,扭矩主要由船上载荷横向分布不均匀引起的货物扭矩和船舶在斜浪中航行而产生的水动力扭矩两部分组成。为保证船舶总纵强度,除了在造船上采用双层船体结构、抗扭箱结构外,编制船舶配载计划时还应采取以下保证船舶总纵强度的措施:

(1)船上集装箱箱重沿纵向各行位合理分布

集装箱船的方形系数较小,主要表现为首尾区域水线以下船体多采用中后机型或尾机型,机舱、油舱、淡水舱都集中在尾部,船首则集中了锚设备和首侧推器等,导致集装箱船的各种装载状态多处于中拱状态。为此,在编制配载计划时应注意合理安排各目的港集装箱的箱位,尽量在船中区域多装或多安排重量较大的集装箱,为避免产生过大的应力,同一卸港的集装箱较多时,不应过分集中,应纵向合理分布于不同区域。

(2)船上各行位或相邻行位的箱重横向对称分布

从避免横倾角的角度,要求船上载荷总体上左右舷对称,但为了避免产生过大的扭矩,则要求沿船舶纵向各部位的载荷横向对称分布,因此,应尽量做到各卸箱港集装箱在每一行位上的重量对船舶纵中剖面的力矩代数和接近于零,以满足船体扭转强度不受损伤以及船舶在每一离港状态下无初始横倾角的要求。

(3)合理压载

集装箱船压载,不仅应满足船舶适度的稳性和浮态要求,同时也应兼顾减小船舶所受的剪力、弯矩和扭矩。

(4)改变船舶与波浪的位置关系

船舶在波浪中航行,特别是在骑浪航行时,所产生的波浪弯矩、剪力和扭矩对船舶的总纵强度也会构成威胁,应综合稳性和强度等方面的要求,根据船舶特点和环境条件,应用良好船艺,保持适当的航速和航向。

集装箱船一般利用装载计算机对实际装载状态的弯矩、剪力和扭矩进行校核,并显示出静水中的受力和力矩占允许值的百分比。集装箱船的配积载结果应将船体受力限定在船舶海上允许范围内,并根据船况和预期海况留有一定的安全余量。

2)保证船舶局部强度

集装箱船的局部强度用堆积负荷表示,要求实际堆积负荷不超过允许堆积负荷(permissible stack load)。集装箱船的允许堆积负荷是指堆放集装箱的每一装箱底座上所能允许承受的最大负荷,即每一堆栈(指同行同列各层集装箱的集合)垂向各箱的总重量的允许值。某10036 TEU集装箱船的堆积负荷如表8-9所示。

表8-9 某10036 TEU集装箱船允许堆积负荷

位置	最大堆积层数	允许堆积负荷/(t/ stack)	
		20 ft	40 ft/45 ft
甲板	4~5	90	140(No.1 货舱舱盖)
	8	90	160(其他货舱舱盖)
	10		120(尾部系缆空间上方)
货舱	10	190	300

4.选择合适的集装箱箱位

编制集装箱船的配载计划时,合理安排各类集装箱的箱位,首先需要根据航次订舱数据熟悉航次集装箱装卸港口及其数量、各港装卸数量、平均箱重、特殊集装箱对积载和隔离的要求等;在预配阶段总体上划定各卸港集装箱在船上的装箱区域;在初配阶段按特殊箱先配,普通箱后配,后到港箱先配,先到港箱后配的原则,逐一为每一待装集装箱选定合理的具体箱位。集装箱装载位置涉及的载箱能力、稳性、强度和浮态方面的要求已在前述内容涉及,在此基础上,下面主要从其他方面介绍集装箱箱位选择的一般要求。

1)普通集装箱的箱位选配原则

(1)垂向箱位选配

①注意轻重箱合理配载。集装箱垂向货位应注意除前述满足稳性、局部强度等要求外,同时还应兼顾集装箱本身的强度等情况,一般重箱、强结构箱应配于下层,轻箱、弱结构箱应配于上层。舱面应尽量选配新箱、强结构箱,舱内上层多配旧箱、弱结构箱。

②注意箱内货物特性的要求。箱内装载易出"汗水"或有温度控制要求货物的集装箱时,宜尽量选配于温度较稳定的舱内。如要求或不得已配于舱面,则应尽量避免选配于温差变化较大的上甲板顶层箱位。

(2)纵向箱位选配

①如前所述,集装箱船在满载和空载情况下一般均呈中拱状态,为此,宜在船中部位的货舱和甲板上适当配装一些重量较大的集装箱。另外,各箱位集装箱重量的分布还应综合考虑各港集装箱装卸量,尽量在整个航次中均保持箱重沿船长合理分布。

②为了提高集装箱船装卸效率,同行箱位应尽可能配置全部 20 ft 或者全部 40 ft 的集装箱;同一个卸港集装箱较多,需要配置多个行箱位时,在纵向上每配置 2 个行箱位应至少间隔 2 个行箱位(安排其他卸港的集装箱),以便安排多个桥吊同时作业。

③保证驾驶员具有良好的瞭望视线,满足 SOLAS 公约 V/22 条和其他地方规定,在配载时除了满足船首区域上层载箱量限制外,还应注意吃水和吃水差对盲区的影响。

(3)横向箱位选配

横向箱位选配应保证船舶无初始横倾及船体扭转强度符合要求。

对于舱面无箱格导轨的集装箱船,在舱面外侧堆码或两列箱横向之间空档较大(特别是超过 2 列)时,即受风压影响的集装箱箱位,应选配轻箱(特别是上层箱位),并尽可能选 20 ft 集装箱,这样,在同样系固条件下,能增加此类箱位集装箱的系固可靠性。

普通集装箱在甲板上装载时,应该将集装箱的箱门朝船尾方向,减少风浪对集装箱的箱门的冲击,防止箱门变形及箱内进水。

(4)注意不同尺度集装箱混装

①2 只 20 ft 集装箱上面一般可以积载 40 ft 集装箱。由于 40 ft 集装箱纵梁中部未设系固角件,40 ft 集装箱位箱之上纵向不得选配两个 20 ft 箱,否则 20 ft 集装箱位于 40 ft 中部的角件无法固定,也可能会造成被 40 ft 箱顶梁等结构受损;如果在纵向 2 只高度不同的集装箱上面装载 40 ft 集装箱,需要在高度较小的集装箱角件上方增设高度补偿器。45 ft 标准箱一般在 40 ft 位置设有中间角件,可以积载在 40 ft 箱上面,这种情况也适用于设有中间角件的 43 ft、48 ft 和 53 ft 的非标准集装箱。目前也有集装箱船在舱面上设计有一定数量的载 45 ft 标准箱或 48 ft 非标准集装箱箱位。

②由于船体线型变化，在甲板上或舱内的某些位置只能装载 20 ft 集装箱，图 8-28 所示的该船 03 行的舱面两侧和舱面最上层仅能装载 20 ft 集装箱，原因是在 01 行无对应箱位；同时，船舶往往也设计了仅装 40 ft 集装箱的箱位，箱格导轨结构按 40 ft 箱设置，结构上无 20 ft 箱底座，这些位置仅能装载 40 ft 集装箱。例如图 8-29 所示的集装箱船尾部舱面仅装 40 ft 箱。

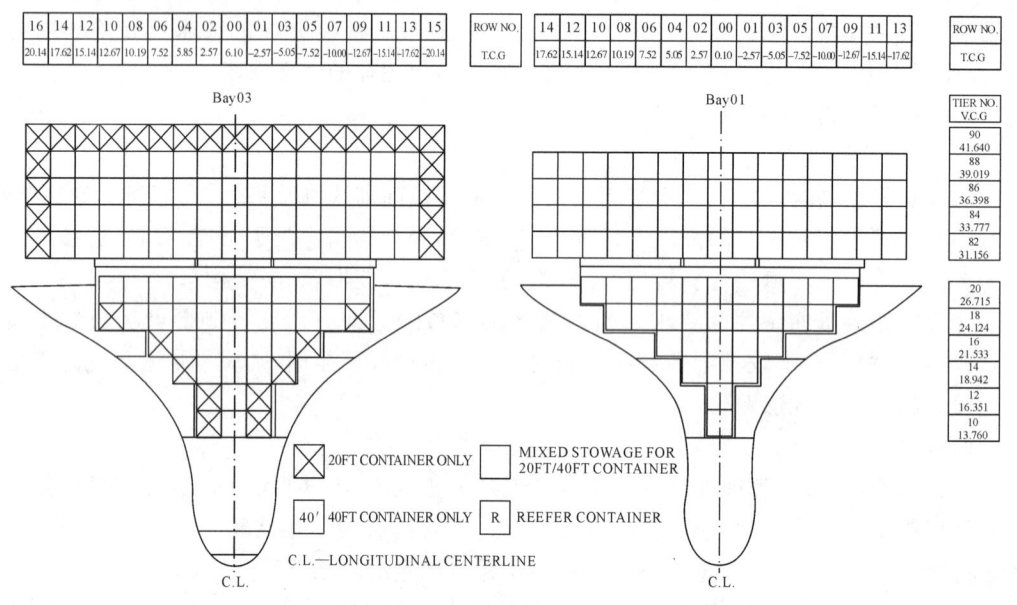

图 8-28　某 10036 TEU 集装箱船 01、03 行箱位图

(5) 满足集装箱的系固要求

对于特定的集装箱船，装载于船上的集装箱，其系固设备的受力与集装箱的重量、装载位置、船舶的稳性、船速等因素有关。在选择集装箱箱位时，还应结合集装箱重量、船舶特点，考虑减小系固设备受力，满足系固要求。

2) 特殊箱的箱位选配原则

(1) 危险货物集装箱的箱位选配

集装箱船载运危险货物集装箱的种类和数量是受限制的，其在船舶危险货物适装证书或符合证明文件中已经列明，应确认属于本船允许装运的危险货物，并根据危险货物的资料和《国际危规》了解其装运要求。

在选配危险货集装箱的箱位时，首先要掌握危险货物的分类及副危险，在《国际危规》DGL 16a 栏中查取关于其积载和操作的要求，包括积载类、积载代码和操作代码及其所对应的要求。按危险货物的积载类确定集装箱是要求载于舱面还是舱内，当其积载类可载于舱面或舱内时，则可结合集装箱箱位选择的一般要求，并充分考虑舱内和舱面积载的特点。

舱面承运危险货集装箱的特点：运输中便于检查；通风条件良好，箱内易燃、有毒等有害气体逸出时易于扩散；若装载腐蚀性货品的集装箱有渗漏时，危害较小而且处置方便；遇危急情况时有利于打开箱门采取抛货措施。舱内承运危险货集装箱的特点：遮蔽条件好，不受海浪冲击；环境温度较低而且相对稳定；航行途中遇火灾时，可施放 CO_2 扑救。

装有易散发易燃气体的集装箱应优先配于通风条件较好的舱面。舱面积载易燃气体和闭杯闪点低于 23 ℃ 的易燃液体的集装箱须距任何潜在火源（如易产生火星的冷藏箱）的水平和垂直投影距离至少 2.4 m。需要控制温度的非安全型集装箱不能与装运易燃气体和闭杯闪点低于 23 ℃ 的易燃液体的集装箱一起在舱内积载。

开敞式集装箱船货舱内或其垂向上仅装载 DGL 中的积载类允许舱内积载的危险货物集装箱。

装有海洋污染物的集装箱，应尽可能配于舱内；若只限于舱面装载时，则应优先选配于舱面防护或遮蔽条件良好的处所。

装载有机过氧化物的集装箱应选配于舱面，这类货物万一发生火灾，施放 CO_2 来灭火效果极差，装于舱面有利于检查和采取应急措施。装有"如有可能卷入火灾，应将货物移开或抛弃"这类消防建议货物的集装箱，应尽可能选装于舱面，远离居住处所和驾驶，且其箱门应在易于被打开的位置，以便于遇危险时用人力将包件从集装箱中取出并加以投弃。

除了满足 DGL 16a 栏中积载类的要求外，还应根据该栏中的积载代码和操作代码信息分别查取《国际危规》第 7.1.5 和 7.1.6 节对应的具体积载和操作要求。

(2) 冷藏集装箱的箱位选配

冷藏箱多数在其箱位附近需要设置外接电源插座和监控设备插座，船舶供装此类箱的箱位和数量是确定的，在空白行箱位图上一般需标明清楚，通常位于舱面箱位的底部 1~3 层，避开易受上浪影响的船首尾和舷侧，也有集装箱船在舱内设置了可装载冷藏箱的箱位，具体冷藏箱位信息需查阅船舶资料。在甲板上此类箱位的船舷外侧应当选配几层通用集装箱作遮挡，同时将冷藏集装箱的风机朝船尾方向，以防冲上甲板的海浪对冷藏箱制冷设备造成冲击。

(3) 超高集装箱的箱位选配

集装箱船货舱的有效高度一般按 8.5 ft 或 9.5 ft 箱高的整数倍再加一定余量设计。因此，舱内选配超高集装箱时，应当校核相应堆垛箱体总高度是否小于货舱的有效高度，若超过时，则应相应减少其装箱层数。软顶超高箱防水性较差，应尽选配于舱内。这类箱如果箱内货物堆装高度超过集装箱角件的高度，则无论选配于舱内或舱面，其箱顶部都不宜堆装任何其他集装箱而必须选配于最上一层。

(4) 超长集装箱的箱位选配

对于舱内设置固定箱格导轨的集装箱船，因舱内每箱格通常设有横向构件，无法装载超过箱格长度的超长箱。因此，20 ft 的超长箱可以选配于舱内 40 ft 的箱位，但 40 ft 的超长箱通常只能配于舱面。

(5) 超宽集装箱的箱位选配

超宽集装箱可以选配于舱面。能否装于舱内，取决于货舱的箱格结构和入口导槽的形状和尺寸。一般对于中部超宽，两端 50 cm 范围内不超宽的集装箱，可以选配于舱内；对于货舱箱格结构之间设有纵向构件的集装箱船，则舱内不能装载此类箱。无论舱内或舱面，当超宽箱的超宽尺度小于该行与相邻列位之间的空隙时，则该超宽箱不占相邻箱位；反之，箱内超宽货物将伸至相邻箱格中，相邻箱位必须留出空位，应注意选配适当位置，减少因此造成的箱位损失。

(6) 通风集装箱的箱位选配

为便于箱内货物的自然通风和监控，通常通风集装箱应选配于避开海浪影响的舱面，对于装载兽皮的通风集装箱，为避免箱内温度过高货物腐败变质，应避免选配于受阳光直射的甲板最上一层。

(7) 动物集装箱的箱位选配

此类箱不耐压，其上通常不得堆装其他货箱，应选配于通风良好的舱面。为减少风浪影响，周围需以其他货箱做遮蔽，也可以将饲料箱选配于动物箱的两侧。此外，所选的箱位还应满足供水方便，周围留有便于在航行中清扫和喂料的通道，而且满足最后装最先卸和不妨碍其他集装箱作业的要求。

5. 危险货物集装箱的隔离

1) 危险货物集装箱之间的隔离

不同类别的危险货物集装箱之间，需要满足《国际危规》的隔离要求。确定危险货物集装箱隔离要求的方法是：

(1) 根据箱内所装危险货物的正确运输名称或联合国编号，查《国际危规》DGL 确定其所属危险货类别号、积载类和特殊积载要求(16a 栏)、隔离类(16b 栏)，同时由类别号查《国际危规》7.2.4 节中包装危险货物隔离表，确定其隔离等级(满足 16b 栏特殊要求和隔离表要求的较高者)，同时注意满足 16a 栏的积载要求(包括确定其在舱内和舱面积载)。

(2) 根据隔离等级和积载位置查阅《国际危规》7.4.3 节的危险货物集装箱的隔离表确定不同危险货物集装箱之间的具体隔离要求。

《国际危规》第 7.4.3 节分别列出了"具有封闭货舱的集装箱船上集装箱的隔离表"(表 8-10)和"开敞式集装箱船上集装箱的隔离表"。表 8-10 中"封闭式"是指封闭式集装箱，意为采用永久性的结构将内装货物全部封装在内的集装箱，它不包括具有纤维质周边或顶部的集装箱；"开敞式"是指开敞式集装箱，意为非封闭式集装箱；"一个箱位"是指前后不小于 6 m，左右不小于 2.4 m 的空间；所有舱壁和甲板均须是防火防液的。

表 8-10 具有封闭货舱的集装箱船上集装箱的隔离表

隔离要求	垂直				水平					
	封闭式与封闭式	封闭式与开敞式	开敞式与开敞式		封闭式与封闭式		封闭式与开敞式		开敞式与开敞式	
					舱面	舱内	舱面	舱内	舱面	舱内
"远离"1	允许一个装在另一个上面	允许开敞式的装在封闭式的上面，否则按开敞式与开敞式的要求处理	除非以一层甲板隔离，否则禁止装在同一垂直线上	首尾向	无限制	无限制	无限制	无限制	一个箱位	一个箱位或一个舱壁
				横向	无限制	无限制	无限制	无限制	一个箱位	一个箱位
"隔离"2	除非以一层甲板隔离，否则禁止装在同一垂直线上①	按开敞式与开敞式的要求处理		首尾向	一个箱位	一个箱位或一个舱壁	一个箱位	一个箱位或一个舱壁	一个箱位	一个舱壁
				横向	一个箱位	一个箱位	一个箱位	两个箱位	两个箱位	一个舱壁
"用一整个舱室或货舱隔离"3				首尾向	一个箱位②	一个舱壁	一个箱位②	一个舱壁	两个箱位②	一个舱壁
				横向	两个箱位②	一个舱壁	两个箱位②	一个舱壁	三个箱位②	两个舱壁

续表 8-10

隔离要求	垂直			水平					
	封闭式与封闭式	封闭式与开敞式	开敞式与开敞式	封闭式与封闭式		封闭式与开敞式		开敞式与开敞式	
				舱面	舱内	舱面	舱内	舱面	舱内
"用一介于中间的整个舱室或货舱作纵向隔离"4③ 首尾向	禁止			最小水平距离 24 m②	一个舱壁且最小水平距离 24 m	最小水平距离 24 m②	两个舱壁	最小水平距离 24 m②	两舱壁
横向				禁止	禁止	禁止	禁止	禁止	禁止

注:①开敞式集装箱船上要求为"禁止装在同一垂直线上";

②开敞式集装箱船,另增加"且不在同一货舱里或货舱上方"的要求;

③集装箱距离中间舱壁不少于 6 m。

2)危险货物集装箱与包装危险货物的隔离

集装箱是《国际危规》定义的货物运输组件形式之一,因此,危险货物集装箱与包装危险货物的隔离应满足《国际危规》7.6.3.3 小节关于常规形式积载的危险货物与货物运输组件中所装危险货物的隔离要求。具体隔离要求如下:

(1)包装危险货物与开敞式危险货物集装箱之间的隔离,应遵照包装危险货物之间的隔离要求执行。

(2)包装危险货物与封闭式危险货物集装箱之间的隔离除下列情况外,仍遵照包装危险货物之间的隔离表要求执行:

①要求"远离"时,包装危险货物与封闭式危险货物集装箱之间无隔离要求;

②要求"隔离"时,包装危险货物与封闭式危险货物集装箱之间按包装危险货物隔离表中的"远离"要求执行。

6. 满足集装箱快速装卸要求

集装箱船多以班轮形式营运,中途常有一个以上挂靠港,港口常常多线作业,装卸同时进行,港口作业机械效率很高,船舶在港停泊时间短。因此,合理选配箱位满足集装箱装卸顺序和快速装卸要求,对确保船舶安全准班,减少不必要的港口费用支出具有重要意义。

1)避免或尽量减少中途港发生捣箱现象

编制集装箱船预配载计划时,要对船舶在整个航线的挂港顺序和各挂港的箱源情况进行综合考虑。应当避免后卸港集装箱压住先卸港箱或堵住先卸港箱卸箱通道的现象出现。应当注意的是,有些航线上同船运输的相同卸箱港集装箱,因港内有多个卸箱泊位或采用不同的卸箱方式(如一部分特定箱采用码头卸箱,而另一部分箱采用锚地驳卸),如不留意也会出现捣箱现象。

为避免或尽量减少中途港发生捣箱现象,应当注意集装箱船的舱盖形式和一些港口的特殊规定对不同卸港集装箱箱位选配的影响。集装箱船有多种舱盖形式,应当根据不同舱盖形式正确确定舱内和舱面不同卸港集装箱的合理箱位,以保持不同卸港的集装箱卸箱通道独立,避免发生捣箱现象。图 8-27 所示为某 4250 TEU 集装箱船 21/23 行的行(箱)位图。该舱舱盖形式是在纵向一个 40 ft 行位上，横向设计三块可被独立吊至岸上的箱型舱盖。这三块舱盖将一个舱横向分为三个装卸通道独立区域，其中左侧舱盖占 04、06、08、10、12 五列，挡住舱内 04、06、08、10 列的卸箱通道；中间舱盖占 02、00、01 三列，挡住舱内 02、00、01 列的卸箱通道；右舷舱盖占 03、05、07、09、11 五列，挡住舱内 03、05、07、09 列的卸箱通道。为了避免出现大批量捣箱现象，相应舱盖的舱内，不应装载比该片舱盖上面先卸的集装箱，该航次装货港上海（CNSHA），卸箱港依次顺序为神户（JPKOB）、大阪（JPOSK）和名古屋（JPNAG），按该图的配装方案未出现捣箱现象。

为了避免捣箱，如果在某一行上下层装载不同卸港的集装箱，后卸港的集装箱应在上层，但为了保持船舶稳性和集装箱系固要求，较轻的箱应装载于上层，如果两者矛盾，则在满足船舶稳性和集装箱系固要求的前提下尽量优先满足港序要求。但在配载时，应统筹不同卸港和不同重量集装箱的行位分布，尽量避免或减少这类情况出现。

对于无舱盖的敞口集装箱船，船舶中部多个舱设计成无舱盖形式，并将舱内箱格导轨延伸到舱面。它不但可以省去舱面集装箱的系固作业，而且为避免出现捣箱现象提供了有利的条件。

2）便于码头装卸设备快速装卸作业

集装箱船的装卸作业采用岸上高效的集装箱装卸桥。大型集装箱船有时采用多达 5 台以上装卸桥同时并排作业。但由于装卸桥的结构原因，两台装卸桥不允许紧靠在一起作业，必须至少间隔一个 40 ft 行箱位的距离。因此，在集装箱箱位选配时，应当考虑这一因素，以满足快速装卸要求。

当船舶在港作业量较大时，应当根据集装箱泊位的装卸桥作业台数，均衡分配船上各台装卸桥作业区域的集装箱作业量（主要以自然箱数计算），以缩短船舶装卸作业时间。当船舶在港作业量很少时，若条件许可，其箱位应尽量选配于舱面，以减少关舱作业量。20 ft 箱和 40 ft 箱在每一行位的舱内和舱面上应当尽量保持各自对船舶纵中剖面的力矩接近于零，以免装卸中为减少船舶横倾角而需多次调整装卸桥自动吊具尺度和装卸桥大车沿岸移动及其对位时间。

当船舶停靠的泊位装卸作业可同时进行时，船上同一泊位卸载箱和装载箱的箱位应选配于相近位置，以减少装卸桥吊具空返次数和装卸桥大车沿岸移动及对位时间。对于靠泊具备一次起吊一层两个或两层 20 ft 箱吊具的某些港口的集装箱船，20 ft 集装箱的箱位应当成对选配，以发挥此类装卸机械的作业效率。对于一些需要特殊吊具操作的特殊集装箱（如超高箱或平台箱），其箱位应选配于相近位置，以减少在集装箱自动吊具上安装附属吊具的次数。

三、集装箱船配积载文件的编制过程

集装箱船配积载通常需要经历下列几个过程：

1. 编制集装箱船航次订舱单

航次订舱单（booking list）是船公司货（箱）运部门或其代理根据货主的托运申请为待定船舶的具体航次分配待运集装箱的清单。该清单通常按不同卸港、不同重量和不同箱型列出，对特殊箱有必要的备注。在编制订舱单时往往许多货物还未完成装箱，因此清单上还无法提供集装箱箱号和其他一些细节内容。

2. 集装箱船配载图的编制过程

集装箱船因其特殊的积载方式和物流特点,配积载图编制方法与其他货船有较大区别。集装箱船在港停泊时间短,配载计划编制的工作量大,船舶性能指标核算的要求高,装卸公司在船舶装箱前通常需要在堆场上对集装箱堆码位置和顺序进行调整以适应集装箱的装船顺序。因此,编制集装箱船配载计划,通常需要借助计算机,在船公司或其代理、装卸公司以及集装箱船船长和大副共同参与下,依靠传真、计算机网络等现代化通信手段进行文件传送,并经历预配、初配和审核的过程才能完成。

1)预配过程

集装箱船配载计划的航次预配工作一般由船公司配积载部门、船舶代理或集装箱船大副承担。其任务是将"航次订舱单"上所列的每一集装箱,按照集装箱箱位选配的基本原则,满足装卸顺序和快速装卸等要求,在集装箱船的行箱位总图上做一大致安排,并绘制船舶预配积载图。该图所确定的航次装载方案通常需在计算机上经集装箱船装载计算系统的粗略核算,以保证船舶各项性能指标符合要求。由于"航次订舱单"上往往无法提供集装箱的一些细节资料,因此集装箱船舶预配积载图有时仅仅是在行箱位总图上确定每一卸港的集装箱在船上的装载区,该图绘制后需及时送交集装箱装卸公司进行初配。

2)初配过程

为保证航次装船集装箱在码头堆场上的堆码顺序与"集装箱预配载计划"确定的集装箱装船顺序相吻合,集装箱装卸公司在收到"集装箱预配载计划"后,将着手编制集装箱船的初配载计划。该项工作通常由装卸公司集装箱配载部门承担。

在编制初配载计划时,航次计划装船的集装箱货物,有些已装箱正在中转运输途中,或者堆存于指定泊位或远离指定泊位的集装箱堆场上,但有些还未完成装箱作业。集装箱装卸公司掌握着航次装船集装箱的动态,负责这些货箱在码头的聚集并安排其在堆场上的箱位。为保证集装箱装船过程有序而快速,在装船前装卸公司通常需要将装船集装箱按装船顺序安排于码头特定的堆场上,并编制集装箱装船顺序表。

装卸公司的集装箱配载员根据装船集装箱在堆场上的堆码状况,在既能满足"集装箱预配载计划"的总体要求,又能减少码头堆场集装箱作业的条件下,借助集装箱船计算机配积载软件系统,在集装箱船的行箱位总图和行箱位图上按规定格式填入详细的集装箱数据。在集装箱初配载计划中的行箱位图上,除标注有集装箱的卸港、箱重、箱号和备注以外,通常还标注有集装箱在码头堆场上的箱位编号,以方便集装箱的装船作业。

3)审核过程

集装箱船的船长和大副需了解航线状况、本船航次油水的配置与消耗、船舶的装载特性、途中各挂靠港的作业特点等细节内容,并对船舶和集装箱的运输安全负责。因此,由集装箱装卸公司编制的集装箱船初配载计划必须在集装箱装船作业开始前送交集装箱船,由船长和大副做全面审核。

船长和大副对集装箱船初配载计划需要按照集装箱箱位选配的基本原则以及满足装卸顺序及快速装卸要求,将初配文件导入船舶装载计算机,利用集装箱装载计算系统进行船舶各项性能指标的全面核算。若对初配载计划有任何修改意见,船方应通过代理或直接与装卸公司协商解决。由于在装箱前供审核初配载计划的时间通常较短,装卸公司往往以初配载计划为依据编制集装箱装船顺序表并下发至装卸公司有关的各部门。同时,装卸公司通常已经将集装箱堆场上该船待装箱的堆码顺序按照装船顺序表进行了预翻箱作业,已经保持与所编制的集装箱装船顺序表相吻合。因此，在确保船舶、集装箱及其货物安全的前提下，船长和大副应尽量减少对集装箱初配载计划的修改，或者选择对集装箱堆场作业影响较小的修改方案，以免造成集装箱堆场作业顺序混乱，影响作业效率。

船长和大副对集装箱船初配载计划审核通过后，常常根据航线条件和船上货物系固手册中推荐的集装箱系固方案，在积载计划的行箱位总图和行箱位图上使用特定符号绘制集装箱系固方案图，供装卸公司在装箱同时按要求进行系固操作。

只有经船长和大副核准并签字后，初配载计划才能作为指导船舶装箱作业的正式积载计划。它与初配载计划的形式和内容基本上相同。

3. 编制集装箱船实配积载文件

集装箱船配载计划在装箱过程中会因某些原因做一些修改。集装箱船现场理货员对每一装船集装箱箱号、所配箱位等均做有记录。船舶装箱完毕后，由船舶理货员依据现场记录负责绘制集装箱船实配积载图，集装箱船大副负责进行实际装载条件下船舶稳性、船体受力状况、吃水和吃水差的核算。该项工作可以通过对船舶的配载计划文件按实际装载情况在装载计算机上进行修改，并将计算结果打印来完成。实配积载文件内容通常包括：

1）全船行箱位总图（封面图）；
2）集装箱船各行箱位图；
3）集装箱装船统计表；
4）船舶的船舶稳性、船体受力状况、吃水、吃水差核算结果。

集装箱船实配积载文件中全船行箱位总图和各行箱位图与积载计划中的形式和内容基本相同，只是在实配积载文件的行箱位图中删除了集装箱在堆场的箱位编号。实配积载文件中行箱位总图和各行箱位图应当由船舶代理通过某种通信手段送交船舶各有关的挂靠港。它是港口有关部门编制船舶卸船或中途加载计划的主要依据。集装箱装船统计表统计实船装载的不同装港和卸港、不同状态货箱（重箱、冷藏箱、危险货箱和空箱）、不同尺度货箱（20 ft、40 ft 箱等）的数量和重量，以及各卸港和航次装船集装箱的合计数量和重量。

四、满足集装箱的系固要求

集装箱在船上所受的力包括：由于船舶的横摇、纵摇和垂荡运动所产生的集装箱惯性力以及集装箱的总重量、风力、系固力和波浪的冲击力。集装箱船在海上航行，在这些力的作用下，若集装箱堆装或系固不当会导致集装箱移位、倒塌，可能伴随发生系固件破损、集装箱损坏或坠海。为保证集装箱的海运安全，国际上各船级社均在颁布的船舶入级或建造规范中提出了具体的集装箱在船上的系固要求。以下基于中国船级社相关要求介绍全集装箱船的集装箱系固。

全集装箱船舱内设有箱格导轨，能阻止集装箱移动，部分甲板位置也设有箱格导轨，可以不用固定件固定。集装箱甲板上没有箱格导轨的部分，则必须对集装箱进行固定。为提高绑扎效率，部分大型集装箱船设置了绑扎桥，可将固定系固点布置在绑扎桥上。集装箱固定方法、形式及固定件的采用需要根据不同的堆装位和装载形式按船舶系固手册的要求进行。

1. 集装箱的系固允许负荷

对集装箱无论采用何种系固方式，作用在集装箱上的力均应不超过集装箱的许用负荷。

ISO 系列 1 标准集装箱的许用负荷如图 8-29 所示。

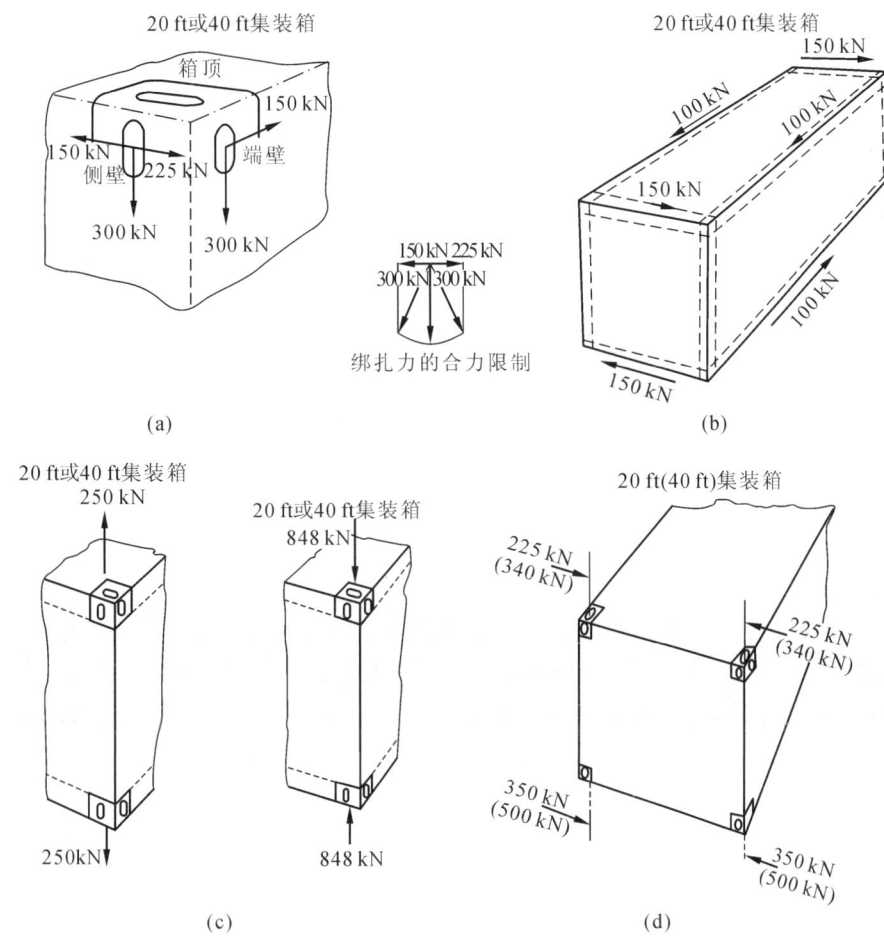

图 8-29 20 ft 或 40 ft 集装箱的许用负荷
(a)角件上的绑扎力；(b)扭变力；(c)角件上的垂直拉力和压力；(d)横向水平压力和拉力

1)作用于角件上的绑扎力

端壁或侧壁上的水平分力应不超过 150 kN 或 225 kN,衡准值取决于水平分力的作用方向；端壁或侧壁上的垂直分力应不超过 300 kN。角件上水平分力和垂直分力的合力应不超过 300 kN。

2)端壁或侧壁上的扭变力(racking forces)

端壁上的横向扭变力应不超过 150 kN,侧壁上的纵向扭变力应不超过 100 kN。

3)作用于角件上的垂向拉力和压力

顶角件上的垂向拉力应不超过 250 kN,底角件上的垂向拉力应不超过 250 kN;集装箱角柱上的压力应不超过 848 kN。

4)作用于角件上的横向水平压力和拉力

20 ft 集装箱顶角件上的水平压力(拉力)应不超过 225 kN,40 ft 集装箱顶角件上的水平压力(拉力)应不超过 340 kN,20 ft 集装箱底角件上的水平压力(拉力)应不超过 350 kN,40 ft 集装箱底角件上的水平压力(拉力)应不超过 500 kN。

当支撑在中间堆层时,20 ft 集装箱的总水平压力(拉力)应不超过 575 kN,40 ft 集装箱的总水平压力(拉力)应不超过 840 kN。

5)对于 45 ft 集装箱,作用于角件上的垂向压力

在 45 ft 位置堆装,并在 45 ft 位置支撑,集装箱角柱上的压力应不超过 942 kN;在 40 ft 位置堆装,并在 40 ft 位置支撑,集装箱底角件上的压力应不超过 404 kN。45 ft 集装箱其余许用负荷同 40 ft 集装箱。

对于特殊尺寸(如 43 ft、48 ft、53 ft)集装箱,需要提交测试试验数据。

2.集装箱堆装与系固要求

集装箱的堆装与系固应同时满足集装箱系固设备的强度条件和集装箱本身的强度条件。

1)露天甲板上集装箱堆装与系固

(1)集装箱的堆装

露天甲板上设置可供人员作业的安全通道,并设有供安装和检查系固设备用的足够通道。

对于甲板上和舱口盖上的集装箱,一般应纵向排列。不应使集装箱伸出船边,对伸出舱口围板或其他舱面结构物的集装箱须提供适当的支撑。当将集装箱堆装在舱口盖上时,应装设能防止舱口盖滑动的制动器或其他等效装置。

(2)集装箱系固

甲板上集装箱应使用扭锁和(或)绑扎装置进行系固。为提高绑扎效率,可将固定系固点布置在绑扎桥上。也可以采用箱格导轨装置。甲板上集装箱与甲板或舱盖之间用底座扭锁固定,使用时与甲板或舱盖上的燕尾底座配套使用。甲板上集装箱与上部集装箱之间用扭锁进行连接,以防集装箱发生倾覆与滑移,如图 8-30 所示。扭锁有手动扭锁(manual twistlock)、半自动扭锁(semi automatic twistlock,SAT)和全自动扭锁(fully automatic twistlock,FAT)。手动扭锁使用时,将扭锁放置于突出式底座或下部集装箱的角件孔内,并确认其处于非锁紧状态;上部集装置于扭锁上后,用手或操纵杆扳动扭锁柄(operating rod)使其处于锁紧状态;卸货时,将扭锁柄扳回原位,扭锁即处于松开状态;吊离上层集装箱后,将扭锁取下,即可吊离下层集装箱。同一船上,禁止使用不同锁紧方向的扭锁。

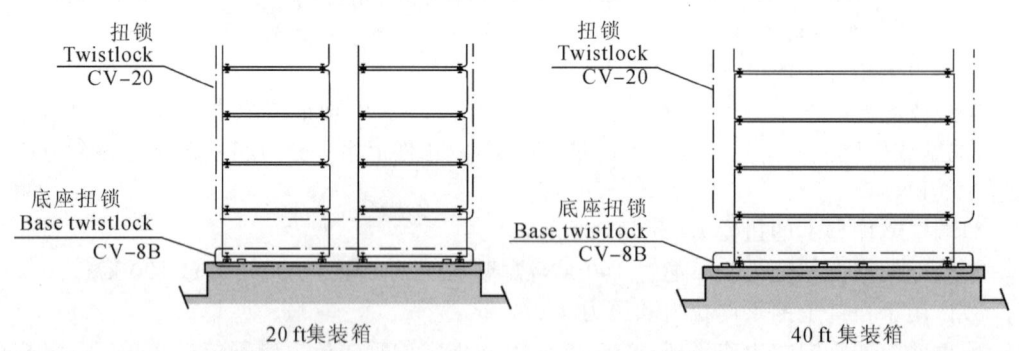

图 8-30 舱面集装箱扭锁的使用位置(某 8530 TEU 集装箱船绑扎系统图例)

半自动扭锁装箱时,常在码头上将锁连接于集装箱底部角件内,当集装箱装到船上箱位时,扭锁能自动扭转锁住。此扭锁解锁时,只需使用专用工具将扭锁上一拉杆拔出即可。这种扭锁具有无须装卸工人爬到集装箱上将其安装和取下的过程,最大限度地实现减少工人上高作业的风险,还大大缩短了船舶在港的停港时间。

半自动扭锁使用时,在码头上当起重机将集装箱吊起至人手臂举起的高度时,由装卸工

人将处于非锁紧状态的半自动扭锁从下而上插入集装箱角件孔内;吊上船并对准突出式底座或另一集装箱角件孔时放下,该锁在压力作用下自动转动锁锥将箱与底座或箱与箱连接锁紧;卸箱时,由装卸工人借助扭锁操作杆(operating rod)将锁销(locking pin)拉出或将钢索拉柄拉出并卡在卡口上解锁,再由集装箱起重机将其吊至码头上,由人工将其卸下。

全自动扭锁可自动闭锁和自动解锁。其在船舶晃动时能避免集装箱栓固解除,在吊具连接集装箱垂直提升时,能自动打开锥体解锁。

甲板上相邻两列最上层集装箱的顶部用桥锁(bridge fitting)进行横向锁紧连接,以分散主系固系统的负荷。

甲板上集装箱堆高不同,根据系固手册可能需要用绑扎杆、花篮螺丝、地令等绑扎装在甲板和舱盖上的集装箱。由于拉杆的延伸率低,需注意适当调节其拉力,要防止因拉力超限而造成箱体或固箱装置损坏。

绑扎装置使用示意图如图 8-31 所示,由绑扎杆(lashing bar)和松紧螺杆(turn buckle)组成。使用时,将绑扎杆的一头插入集装箱的角件内,另一头通过松紧螺杆连接在船舶甲板的地令上,通过调节松紧螺杆即能使绑扎杆拉紧。

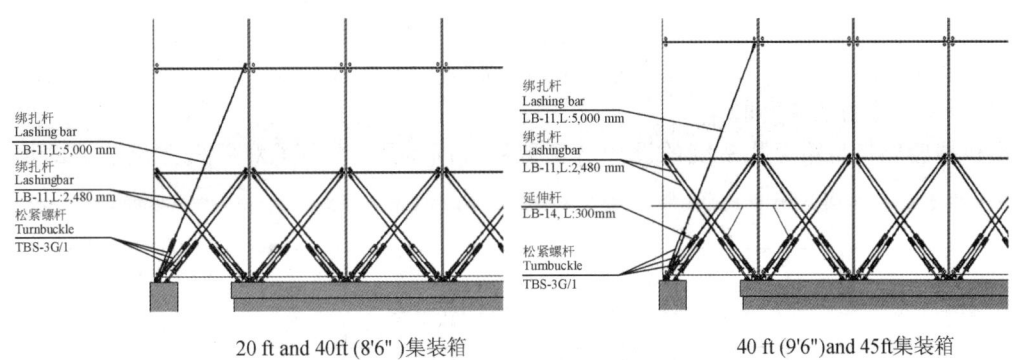

图 8-31　绑扎装置使用示意图(某 8530TEU 集装箱船绑扎系统图例)

使用绑扎装置时,通常情况下应使用内绑扎形式进行系固,特殊情况下可使用外绑扎形式,如图 8-32 所示。

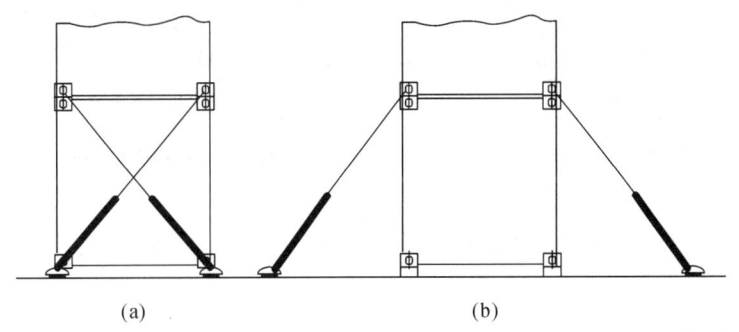

图 8-32　内绑扎与外绑扎
(a)内绑扎;(b)外绑扎

2)集装箱在舱内的堆装系固

舱内无箱格导轨装置时,对集装箱可仅用锁紧装置或用锁紧装置、撑柱、单压撑柱或绑扎装置的组合,参考露天甲板上集装箱系固方法进行系固。

舱内装于箱格导轨中的集装箱,若设计的导轨长度与所装集装箱长度相吻合,则无须设置任何系固索具。当舱内供装载 40 ft 箱的箱格导轨内装载 20 ft 箱时,则应当在 40 ft 箱的导轨中间底部使用锥板,两层箱之间使用定位锥来系固 20 ft 集装箱。

4.《集装箱系固手册》

集装箱船上的绑扎系统均遵循其认可船级社的规范,结合船舶的结构性能来设计。在集装箱船营运时,船舶应根据绑扎系统的具体要求编制《集装箱系固手册》,并经认可的船级社或主管机关批准。集装箱船驾驶人员必须认真了解《集装箱系固手册》具体要求,并按照手册绑扎要求来进行集装箱的绑扎工作。

1)《集装箱系固手册》的内容

船舶在运动中所受力的计算是根据集装箱积载的负荷、层次、位置、设定的初稳性高度和所使用的绑扎设备的安全负荷等来进行的,通过计算得出应该使用的绑扎设备的数量,最后才确定该船舶的绑扎系统。《集装箱系固手册》内容包括以下三个方面。

(1)集装箱绑扎图

集装箱绑扎图提供了集装箱在各箱位上具体的绑扎方法及各种不同类型索具使用的位置。船舶在集装箱绑扎时,必须严格按照绑扎图要求进行,值班驾驶员在开航前应仔细检查。图 8-33 所示为某 4250 TEU 集装箱船 Bay 58 和 Bay 54 装载 $40'\times9'6''$ 集装箱的绑扎图。

(2)集装箱的堆装要求

根据船舶集装箱绑扎系统的设计,《集装箱系固手册》给出了对甲板上集装箱的堆装要求。

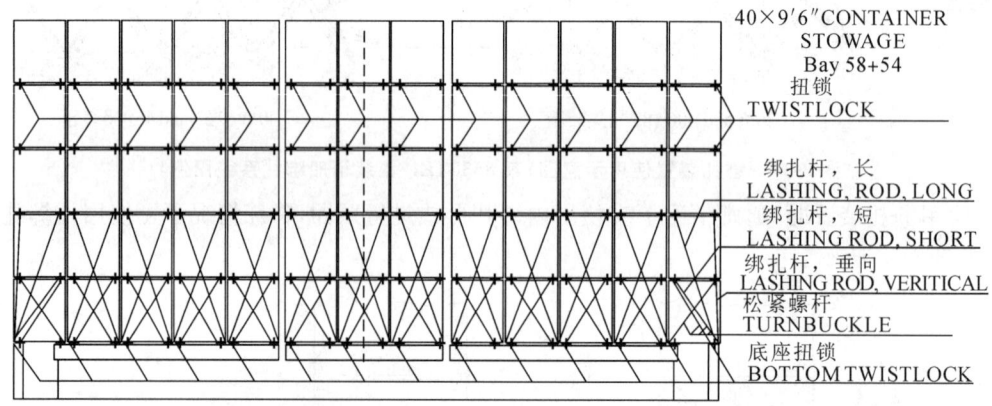

图 8-33 某 4250TEU 集装箱船集装箱绑扎图(Bay 58+Bay54)

(3)绑扎设备的规格和数量

在集装箱绑扎资料中,还提供了所使用的每种绑扎设备的尺寸和安全负荷,以及每种绑扎设备按船舶箱位计算所需要的总数量。

2)初稳性高度设定值

集装箱绑扎系统初稳性高度的设定值是一个很重要的技术数据,船厂根据这一设定数据来计算集装箱上所受的力,从而确定绑扎的方式、绑扎设备的数量和设备的安全负荷要求值。除前述 4250 TEU 集装箱船外,某 8530 TEU 和 10036 TEU 集装箱船的系固系统设计允许最大初稳性高度分别 2.20 m 和 2.50 m。对初稳性高度设定值小的船舶,更应加以特别注意。因为一旦船舶实际初稳性高度值大于设定值时,集装箱的受力将增加,可能超过绑扎设备安全负荷的允许值。遇此情况，可通过计算来确定是否需要调整装载方案、增加绑扎设备或调整船舶的初稳性高度。

【思考与应用 8-3】
1. 集装箱船配积载文件包括哪些？
2. 集装箱船行箱位总图有哪几种？从行箱位总图上能了解哪些信息？
3. 从集装箱船的行箱位图能了解哪些信息？
4. 如何充分利用集装箱船的载货能力？
5. 国际航行和国内航行集装箱船的稳性衡准要求有哪些？
6. 保证集装箱船适宜稳性的措施有哪些？
7. 集装箱船的受力特点有哪些？如何满足集装箱船的强度要求？
8. 普通集装箱的箱位选配应注意哪些要求？
9. 危险货物集装箱的箱位选择一般应注意哪些要求？
10. 如何确定不同危险货物集装箱之间的隔离要求？
11. 为满足快速装卸要求，集装箱配积载应注意哪些事项？
12. 在编制集装箱配载文件时如何兼顾集装箱快速装卸的要求？
13. 简述集装箱船配载文件的编制过程。
14. 集装箱系固设备有哪些？
15.《集装箱系固手册》的主要内容有哪些？
16. 某集装箱船 01 行行箱位图及集装箱装载情况如图 8-34 所示，查船舶资料得该行重心纵向坐标(LCG)为 109.30 m，该行各列集装箱横向坐标(TCG_i)和各层集装箱垂向坐标(VCG_i)如图中标注所示，该行各箱位所装集装箱的重量如行位图所示。试求：

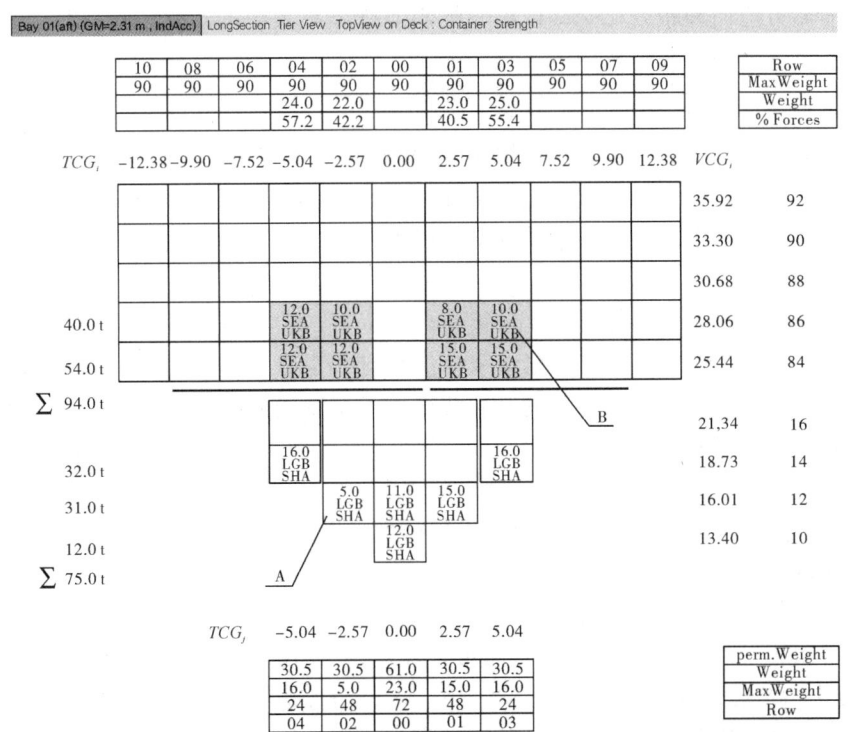

图 8-34 某集装箱船 01 行行箱位图及集装箱装载情况

(1)该行位舱面集装箱的合重心垂向坐标和横向坐标。
(2)该行位舱内集装箱的合重心垂向坐标和横向坐标。
(3)该行位全部集装箱的合重心垂向坐标和横向坐标。
(4)该行舱面、舱内所装集装箱的装货港和卸货港。
(5)图中集装箱"A"和"B"在船上的箱位和所装集装箱长度规格。
(6)该行舱面03列的允许堆积负荷和实际堆积负荷。

第四节 集装箱安全装运要求

集装箱船在运输过程中,要靠泊许多港口和装卸集装箱,在装卸的过程中如果配载不当,或使用不恰当的装卸工具,或违反操作规程都会对集装箱船、集装箱、工作人员的安全造成危害。

一、集装箱的装载及运输过程中的注意事项

1.装卸前的注意事项

装箱前船方应按照已制定的集装箱系固方案,整理和安排好数量充足且技术状态良好时系固设备。检查货舱污水井及其排水系统、货舱通风系统、货舱箱格导轨、货舱舱盖、甲板上系固用地令、全船压载水系统等是否处于适用状态。检查冷藏箱电源是否安全、正常,装载危险品箱的箱位是否符合要求等。如有问题,应尽力在装箱前予以修复。调整船舶纵倾状态,避免过大尾倾。

卸箱前船方应向卸箱方(工头)详细介绍船上待卸集装箱的系固情况,以方便装卸工人按卸箱顺序迅速解除集装箱系固索具。

2.监装中的注意事项

严格监督集装箱的装船过程是维护船方利益,确保集装箱船货运质量的重要一环。现场值班监装人员应注意选择适宜的观察位置,并随身携带对讲机和配载图。装箱中如遇各类问题应随时随地与大副保持联系并及时予以处理。应当特别重视做好在夜间、风雨中等视线不良时的监装工作。

1)严格执行计划积载图确定的集装箱装载箱位

计划积载图中确定的每一集装箱装载箱位都有一定考虑,未经船舶大副和装卸公司同意,不得随意修改。否则,可能会造成船舶某行位所配集装箱重量对船舶纵中剖面力矩左右不等,先卸港箱被后卸港箱堵住等后果。应当督促促货员对每一装船集装箱的箱号进行严格核对并作正确记录,以防止发生错装漏装的现象。

监装中,应当要求装船的每一非冷藏箱端门保持向船尾方向堆码,以避免上浪海水对集装箱水密性较差的一端的直接冲击。

2)检查集装箱箱门铅封的封志是否完好

除空箱和非封闭结构的集装箱外,卸箱时若发现箱门的铅封封志缺少、因疏忽未被完全锁住、受撞击遭受破坏或已被人为剪断等情况,除非船方能举证说明,否则将对箱内货物短缺或与提单记载不符负有难以推卸的责任。因此,现场值班船员应当对装船的每一集装箱箱门的铅封封志进行严格检查。

3) 检查集装箱箱体外表状况是否良好

认真观察箱体外表,若发现箱体破损、严重锈蚀,局部或整体严重变形等现象,在区分原残(装船以前已存在的残损)还是工残(装船过程中造成残损)的基础上,应在现场记录单(container inspection record)上用准确的文字记载或图形标注(必要时配以现场照片),并及时送交工头或理货员签认,以免除船方对该箱破损或变形的任何责任。否则,在卸箱中若港方发现集装箱破损(此时被认作"原残")时,往往要求船方在卸箱港提供的箱体破损记录上签字,从而可能最终承担对收货人或保险人的赔偿责任。

4) 检查箱体外是否有液体渗漏或气体外泄

装箱前,箱内货物可能因堆码或系固不当,在船舶摇荡运动时,受到猛烈冲击和震动,或遇温度剧烈变化等原因造成货物包装破损,引起液体货物渗漏或气体货外泄现象。此时,应当从该箱舱单上了解所装货物的名称、性质等。如确认箱内所装货物属危险货,则应坚决拒装,并严格按《国际危规》和当地有关法规采取正确的应急措施,妥善处理泄漏物。

5) 对冷藏、危险货物等特殊箱的装船严格把关

冷藏集装箱装载时,为防止航行中上浪海水侵蚀冷藏箱的机械和电器部分,应要求将冷藏箱制冷机组一端朝船尾方向,而且该端应留有人员能接近的通道,并尽量避免冷藏箱堆装超过两层,以方便有关人员的检查和修理。冷藏箱装船后,应由大管轮和电机员负责尽快按冷藏箱舱单(reefer cargo manifest)上的标注检查其设定的冷藏温度并对制冷机械试机运行,若存在故障,则应采取及时修理、临时换箱或退关的方法解决。若对冷藏箱有任何疑问,大副应在冷藏箱设备交接单上签名的同时加以批注。

危险货物集装箱装载时,除检查其箱体外表状况是否良好外,还应特别核查其箱外两端和两侧是否均粘贴了符合《国际危规》要求的危险货物主、副标牌或海洋污染物标记。若缺少时,应及时补上。无关的各种标记、标志或标牌均应去除。此外,承运危险货物集装箱必须附有表明符合《国际集装箱安全公约》要求的 CSC 安全合格金属铭牌。船上应备有托运人提供的"集装箱装箱证明书"(container packing certification),以表明箱内所装货物符合《国际危规》各项要求。装运过危险货物的集装箱在未彻底清洗或消除危害之前,应仍按原所装危险货物的要求运输。

6) 做好集装箱的系固工作

船舶值班人员应严格按计划积载图上所列集装箱系固方案监督执行。对于舱面不设或部分设置箱格导轨的集装箱船舶,做好舱面集装箱的系固工作对确保集装箱的运输安全尤其重要。如因系固过失造成集装箱灭失,则属于船方管货过失而应承担责任。

集装箱绑扎安全的关键是扭锁。目前,船上使用的扭锁有左锁和右锁两种类型。如一艘船上同时有两种扭锁的话,有可能造成部分集装箱扭锁没锁上,航行中发生集装箱移位,禁止使用不同锁紧方向的扭锁。开航前应确认每一个扭锁的位置,并且要加强对自动和半自动扭锁的维护保养。因为如有几个自动和半自动扭锁工作不正常,则会导致集装箱移位或装卸时损坏。在使用长绑扎杆时,应注意长绑扎杆重量较大,放置和移送时方向性难以控制,使用不当易造成人员伤亡事故,故须告知装卸工人船上作业安全注意事项,在集装箱顶上工作时必须佩戴防护装置,在解除绑扎锁具时,必须注意周围人员和环境。另在危险区域必须设置防护装置,以防止装卸工人跌落货舱。

3. 集装箱船监装监卸中的共同注意事项

1) 装卸过程中,应当均衡各作业线的作业进度,保证满足船体的强度条件。应注意及时调整压载水,以保证装卸货过程中船舶稳性要求,并防止船舶装卸中出现较大的横倾(应小于3°)和纵倾,以免集装箱被箱格导轨卡住而无法装卸。

2) 应当监督装卸工人正确进行集装箱的装卸操作。严禁在地面或其他集装箱上拖曳集装箱,不能用滚轮或撬棒移动集装箱,集装箱不能在摇摆状态时着地或者拖曳起吊,不能利用摇动作用力将集装箱放置在吊索正下方以外的位置。

3) 在装卸操作时,严禁野蛮装卸和震动冲击箱内货物,特别要保证装有危险品和易碎品等特殊货物集装箱的安全。

4) 堆装集装箱的舱内或舱面,不能放置任何可能损伤集装箱的障碍物或突出物,也不能有积水,这是因为除罐式集装箱等少数箱外,集装箱不具有水密性,而仅具有风雨密性。

5) 集装箱装卸中如因装卸工人操作不当造成如货舱、箱格导轨、舱盖等船体或设备的任何损坏,船方应及时出具现场事故报告并要求港方(工头)签认。

4. 运输途中的注意事项

集装箱船航线设计,应尽量避开大风浪出现频率较高的海域。航行途中,应当对船上装载的集装箱进行有效监管。遇到大风浪警报时,应当注意检查和增设集装箱的系固设备。

舱面集装箱系固索具发生松动或断裂时,应当及时采取当时条件所具备的补救措施,以避免集装箱被甩入海中。对装载货物有温度控制要求的集装箱,航行中须监控其温度并保持温控设备正常工作。对集装箱箱内货物产生的任何异常现象,应当尽快查明原因,采取尽量不殃及其他集装箱的处置措施,并注意记录事故发生的时间、环境、气象、温度及观测到的其他各种现象和变化过程及船方的处理措施。

对于装运鱼粉,未稳定的(UN 1374);鱼粉,稳定的(UN 2219)和磷虾粉(UN 3497)的集装箱,要求:1) 货物装箱后,箱门和其他开口处须密封,以防止空气进入;2) 航行期间,每天凌晨须读取舱内温度并作记录;3) 如果舱内温度急剧升高,并且继续增高,应急时可能需要施用充足的水,但须考虑由此带来的影响船舶稳性的危险;4) 货物须远离热源积载。

当认为必须进入集装箱内部才能查明事故原因或采取确保船、货安全的措施时,经船公司同意后可以打开集装箱箱门。但应考虑其所装货物的性质以及渗漏可能产生毒性或易燃气体,或箱内可能产生富氧气体或缺乏氧气的可能性。如这种可能性存在时,进入集装箱内部时应格外小心。

二、集装箱船货损货差事故的原因

与普通货船运输相比,集装箱船运输中的货损、货差事故率明显较低。主要原因是:集装箱运输能够实现"门到门"的直达运输,运输途中货物操作次数减少;集装箱本身坚固耐压,箱体高度远低于货舱舱高,箱内货物多采用货板装载方式,使箱内底层货物承受的压力大大减小;集装箱货物多数都被箱体严密封闭,箱门被妥善铅封,其防盗性大为增强。但尽管如此,国内外集装箱运输的货运事故还是时有发生。据统计,船运集装箱货损事故90%以上发生在舱面。集装箱运输各环节中产生货运事故的主要原因可归纳为:

1) 货物装箱不当,如性质不相容货物混装,货物未按要求进行衬垫,装载方法和固定方法不当等。

2）集装箱在船上积载不当，如甲板上装箱过多、过高，结构弱的箱子装在舱底或甲板的最下层，20 ft 箱子装在 40 ft 箱子上面，以及重箱压轻箱等。

3）装卸操作不当，如装卸工人技术不熟练，操作不当而发生货箱撞坏、跌落等。

4）集装箱在运输途中因箱内产生汗水造成货损。受外界温、湿度变化的影响，导致箱内货物受湿造成货损。

5）货箱固定绑扎不当，如绑扎不牢或漏绑扎而使货物移位或掉入海中等。

6）恶劣天气造成的货损，如大风浪船舶剧烈摇晃、海水上甲板等使货箱掉入海中或进水。

7）货物短少或盗损（shortage or pilferage），如集装箱锁封（seal）损坏或不符，箱内物品被盗等。

8）箱内货物本身或其包装存在缺陷，如货物含水量过高、货物包装强度不足等。

9）集装箱不适货或货箱本身存在缺陷，如怕潮货选用敞顶（软顶）式集装箱装运，造成货物受潮变质；冷藏集装箱装运冷藏货物时，因未打开箱底排水口，致使冷藏货物因箱内污水积存造成货损；箱顶有破孔，箱体连接处变形、裂缝等。

10）其他偶然事故，如将箱顶带积雪的集装箱装入舱内，船舶航行途中因积雪融化，但又未及时排出舱外，造成该舱下层集装箱因融化的水进入箱体使货物水湿受损等。

为了避免集装箱货损、货差事故，必须合理积载集装箱，保证适度稳性；严格按照配积载图装箱和卸箱；充分注意装卸前及监装中的注意事项和运输途中的注意事项；按照系固手册要求进行绑扎，并经常检查，必要时采取加固措施。

【思考与应用 8-4】

1．集装箱船装卸集装箱前应注意哪些事项？
2．集装箱船监装中应注意哪些事项？
3．集装箱船监装监卸中应共同注意哪些事项？
4．集装箱船航行途中应注意哪些事项？
5．集装箱海上运输货损货差事故的原因主要有哪些？

第九章 散装谷物运输

谷物(grain)系指包括小麦(wheat)、玉蜀黍(苞米，maize)、燕麦(oats)、稞麦(rye)、大麦(barley)、大米(rice)、豆类(pulses)、种子(seeds)以及由其加工的与谷物在自然状态下具有类似特征的制品。

谷物是海运大宗货物之一，货流稳定，谷物运输少量采用袋装或集装箱运输，多数以散装形式采用专用散货船运输，且多在专用码头装卸。与包装运输相比，谷物散装具有运输运量大，装卸效率高，节省装卸和包装费用等优点。

第一节 散装谷物及其装运概述

一、散装谷物相关法规

1974 年 SOLAS 公约第Ⅵ章 货物和油燃料的运输(Carriage of cargoes and oil fuels)共分 A、B、C 三部分，其中 C 部分 谷物运输(Part C-Carriage of grain)。其规定装运谷物的货船应符合《国际散装谷物安全运输规则》(International Code for the Safe Carriage of Grain in Bulk，IBGC，简称《国际谷物规则》)的要求，该规则是 SOLAS 公约下的强制性规则，要求具有一份按该规则要求的批准文件，没有这种批准文件的船舶不应装载谷物。

《国际谷物规则》适用于从事散装谷物运输的任何尺度的船舶。该规则包括 A、B 两部分。其中 A 部分(特殊要求)规定了适用范围、定义、关于船舶稳性和谷物装载的资料、稳性要求、散装谷物的装载和各种谷物防移止移装置的要求等方面的内容；B 部分(假定倾侧力矩的计算和一般假定)主要规定了计算船舶稳性时假定的谷物下沉和倾侧模型。

我国《国际航行海船法定检验技术规则》和《国内航行海船法定检验技术规则》分别对国际航行船舶和国内航行海船运输散装谷物做出了规定。其中对国际航行海船的要求与《国际谷物规则》一致。

二、海运散装谷物的特性

1. 呼吸、发热和霉变等特性

谷物主要由淀粉、糖分、蛋白质、脂肪、水分、纤维素和矿物质等成分组成。谷物种子靠呼吸作用维持生命，谷物微弱呼吸能提高其抗病能力，但旺盛呼吸将在舱内产生大量的水、二氧化碳和热量。由于谷物的导热能力差，会使谷堆内部温度不断升高。较高的温度和含水量又为谷物的旺盛呼吸创造了条件。

谷物是微生物的良好营养基质，其本身、杂质和虫害等均带有大量的微生物。微生物一般以含水量超过安全值，温度 25～35 ℃时生长最快。旺盛呼吸也将使货舱内环境恶化，为舱内微生物和害虫的繁殖、生长提供条件，可导致谷物发芽、霉烂和腐烂变质等，影响谷物运输的质量。

可见，谷物的发热和霉变与谷物的呼吸密切相关，其呼吸强度受其本身的水分、温度、舱内空气中的含氧量以及籽粒状态等因素影响，其中水分是最重要的因素。干燥谷物呼吸作用极为微弱，当水分超过安全水分限量时，呼吸强度会骤然增强。在温度0～50 ℃范围内，呼吸强度随温度上升而增强，谷物呼吸作用最适宜的温度为20～40 ℃。空气中氧含量充足，新粮、瘪粒、破碎粒、表面粗糙的籽粒等呼吸作用较强。为抑制谷物呼吸作用，在装船前应严格控制其含水量。当谷物含水量超过国家规定数值限定或运输合同限定标准时船方应拒绝装运。

谷物的呼吸作用还会导致船舱缺氧，因此除非采取安全措施，否则不应进入装运谷物的货舱。

谷物的安全水分含量与谷物的种类有关，根据北英保赔协会（North P&I Club）的资料，谷物装载时的平均含水量应在10%～16%之间。例如，玉米不应超过14%，大豆不应超过13%。平均含水量在10%或以下的谷物货物在航行中发霉的风险较低。平均含水量在12%至14%之间的谷物在航行中存在发霉的风险，如果平均含水量超过14%，风险会显著增加。另外，谷物霉变还受温度和储运时间的影响，温度越高，运输时间越长，允许安全水分含量越低。表9-1为大豆平均含水量、装货时的温度和避免发霉的安全储运天数的关系。谷物运输时，货主应提供质量保证书，标明谷物温度和含水量及其安全限量。

表9-1 大豆平均含水量、装货时温度与避免发霉的安全储运天数的关系

平均含水量(%)	安全储运天数/d		
	装货时的温度/℃		
	16	21	27
12	240	125	70
14	75	45	20
16	35	20	10

2.吸湿和散湿性

谷物具有吸收水分和散发水分的特性。当谷物比较干燥而外界空气湿度较大时，谷物会吸收水分使其含水量增加；当外界空气湿度较小时，谷物自身会向周围散发水分。因此船舶在航行中应正确通风，以防外界高温和潮湿空气进入舱内。

3.吸附性

谷物极易吸附异味和有害气体。当异味和有害气体被谷物吸收后，散发很慢，甚至不能散发，以致影响谷物的质量。为防止谷物因感染异味，装货前应做好货舱的清扫、通风、除味等准备工作。

4.易遭受虫害和鼠害

谷物很容易感染米象、谷象等虫害，也常遭鼠害、蟑螂等困扰。遭受虫害或鼠害的谷物，重量损失、品质降低，而且鼠、虫的分泌物等还会污染谷物。为防止虫害和鼠害、蟑螂等，谷物装舱后需要用专门的药物进行熏蒸、消杀。

5.下沉性

谷物的下沉性是指装于船舱内的散装谷物,受船舶摇摆、振动、挤压等作用,谷物颗粒间的空隙逐渐缩小引起谷物表面下沉的特性。谷物表面下沉,一方面导致舱内谷物重心下降,另一方面会使满载货舱出现空当(void),形成可自由流动的谷物表面(俗称"自由谷面")。谷物的下沉性与其颗粒大小、形状,积载因数、表面状态、含水量以及所采用的装货设备等因素有关。

6.散落性

散落性是指散装谷物在船舶摇摆、振动、颠簸等外力和自身重力作用下,能自动松散流动的特性。谷物的散落性与其颗粒大小、形状、表面状态、含水量、杂质含量等因素有关,其大小用静止角(angle of repose)表示。静止角 α 是指散装货物由空中缓缓自然散落至平面所形成的锥体斜面与水平面的夹角(图9-1),又称为自然倾斜角、休止角或摩擦角等。静止角越小,散装货物越易流动,散落性越大。

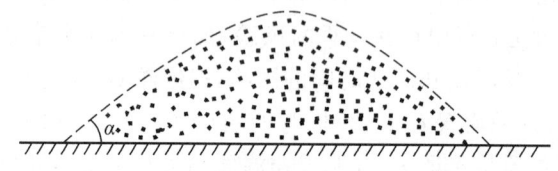

图 9-1 散装谷物的静止角

由于船舶在航行中的摇摆和垂荡运动,货舱内的散装谷物静止角会明显减小,约为原静止角的一半。有实验表明,静止角为 25° 的谷物,在船舶摇荡中开始移动的角度为 14.4°。谷物越干燥,其静止角往往越小。

三、谷物下沉性和散落性的影响

上述谷物的海运特性中,下沉性和散落性是散装谷物特有的,其他特性则是在包装和散装状态下均具有的。谷物的下沉性和散落性直接影响到船舶的稳性。

如图9-2所示,船舶航行中,舱内谷物因受船舶摇摆和震动的影响,谷面自舱顶下沉至 ab 位置,货舱出现空当,各舱谷物的下沉将使船舶的合重心 G_0 下降至 G_0',如果谷物不发生横向移动,则谷物下沉将增加船舶稳性。但谷物下沉导致舱内出现松动空间,船舶在风浪中航行做摇摆运动时,由于谷物的散落性,可能产生向摇摆幅度大的一侧的累积移动,舱内谷面由 ab 移动至 cd,谷面移动 α 角度。此时,舱内上层三角形 bed 舱位的谷物移至四边形 $ecfa$ 舱位,相应谷物的重心由 g_0 移至 g_1 处,从而产生谷物移动倾侧力矩。相对于船体该移动包含横向移动和垂向移动,因而也包含谷物的横向移动倾侧力矩和垂向移动倾侧力矩两方面。谷物移动倾侧力矩等于谷物移动倾侧体积矩乘以谷物的密度(或除以谷物的积载因数)。

部分装载舱因谷物的松动空间较大,可能产生比满载舱更加显著的移动。

对于装载散装谷物的整船而言,当船舶航行中各货舱内的谷面均出现上述移动,谷物移动倾侧力矩应为全船各舱的总和。同时,谷物重心的移动也将使船舶的合重心发生相应的垂向和横向移动。船舶合重心将从 G_0' 位置移至 G_1' 位置,因而谷物移动倾侧力矩也表现为船舶合重心发生横向和垂向移动所产生的横向移动力矩和垂向移动力矩,其作用结果使船舶产生横倾角 θ,称之为谷物移动引起的横倾角。

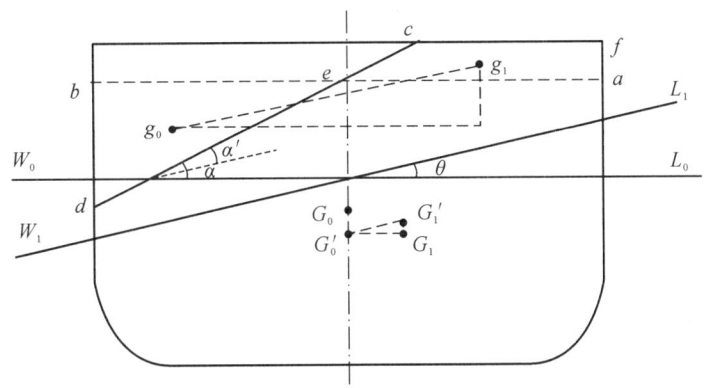

图 9-2　散装谷物船舶某一初始呈满舱状态货舱的横剖面图

可见,谷物下沉性形成松动空间,散落性则引起谷物移动,其形成的横倾力矩对船舶稳性产生了额外的不利影响。由于 IS 规则的第 2 章总体稳性衡准要求是基于船上所有固体载荷重心位置不变为条件的,仅以自由液面修正的方式考虑了液体载荷的移动。因此,IS 规则第 3.4 节要求,散装谷物运输船舶的完整稳性应符合《国际谷物规则》的特殊要求。

四、散装谷物专用船舶的结构特点

为适应散装谷物的运输要求,散装谷物专用船舶设计采用适于散装谷物海运特性的货舱结构形式。如图 9-3 所示,散装谷物船一般具有以下结构特点:

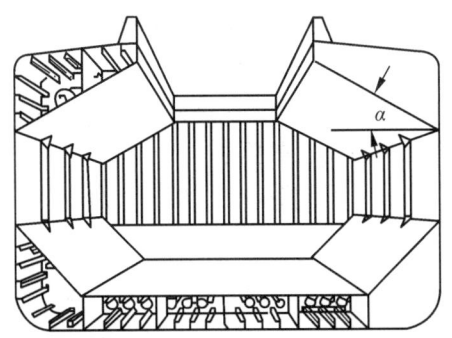

图 9-3　专用散装谷物船货舱的横剖面图

1. 单层甲板、双层底

每一货舱内的散装谷物均为单一品种,多数谷物具有较强的承受挤压的能力,从便于装卸和减小舱内谷物倾侧力矩等因素考虑,专运散装谷物船均采用单层甲板形式。此外,为提高船舶的抗沉性和改善船舶空载状态的航海性能,散装谷物专运船均设有双层底。

2. 舱口围板高,舱口端梁处设有添注孔

较高的舱口围板可以起到添注的作用,即当初始状态为满载舱室的谷物下沉后它能保持自由谷面仍处于较小的舱口围之内,从而起到减小谷物倾侧力矩的作用。另外,舱口端梁处谷物添注孔(grain feeding hole)的设计(图 9-4)也可让满载舱室的谷物装至舱口端梁高度时,通过添注孔继续添加至舱口端部,以便最大限度地填满货舱,减小端部空当,从而大大减小这部分的谷物移动倾侧力矩。《国际谷物规则》对舱口端梁处设置添注孔的货舱,规定了添注孔的直径、面积和间距。A轮各舱添注孔的设置情况资料见附录1.12。

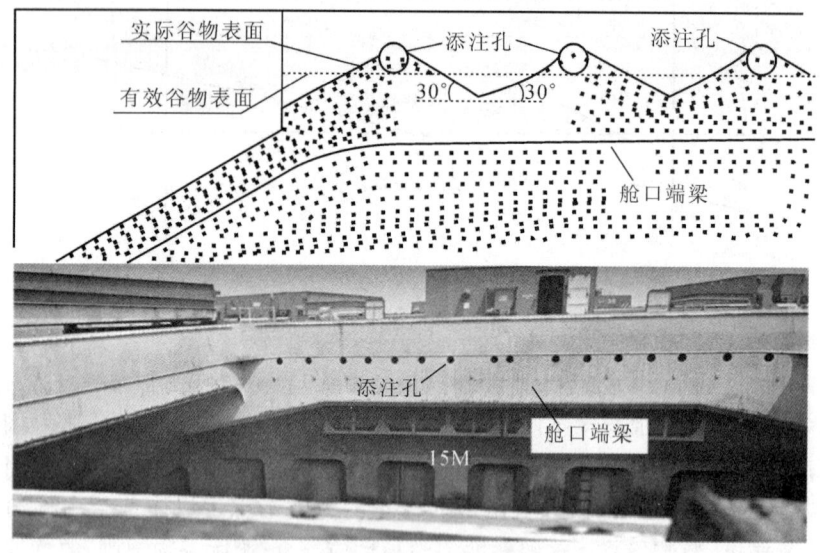

图9-4 舱口端梁处设置的添注孔

3. 设置顶边水舱和底边水舱

顶边和底边水舱的倾斜面与水平面的夹角一般设计成大于常运谷物的静止角(至少为30°)。顶边水舱倾斜面的设置能在船舶装货或航行中使谷物能自动充满舱内两侧顶边舱的倾斜面,以减小谷物移动的倾侧力矩并可减少平舱工作量。底边水舱倾斜面的设置能在卸货时起到自动集货于舱底的中部,减少清舱工作量及提高卸货速度。顶边水舱和底边水舱在船舶空载时通常作为压载水舱使用,以便使船舶适应散装谷物货流流向单一而经常空载或兼运其他散货时对船舶稳性和适航性的要求。

散装谷物专运船大大地改善了船舶装载谷物后的稳性状况,在其正常装载时船舶稳性通常均能满足要求。

五、散装谷物的装舱方式

散装谷物在货舱内采用何种装载方式,直接关系到舱内谷物移动及对船舶稳性的影响,《国际谷物规则》对此都有严格的定义。

1. 经平舱的满载舱(filled compartment after trimming)

经平舱的满载舱指经充分平舱后,使甲板下方和舱口盖下方的所有空间装满至可能的最大限度的任何货舱。经平舱的满载舱谷物的倾侧力矩最小,因而对船舶稳性影响也最小。

2. 未经平舱的满载舱(filled compartment without trimming)

未经平舱的满载舱指在舱口范围内装至可能的最大程度,但在舱口范围以外可处于其自然休止角位置。专用舱在舱的两端可免于平舱;非专用舱甲板下其他空当处可免于平舱,在计算空当深度时,考虑甲板上经添注孔开口谷物可自由流入舱内形成自然流入状货堆的影响。

未经平舱的满载舱谷物移动对稳性的不利影响要明显大于经平舱的满载舱。在航次货源和稳性核算许可的条件下,采用这种装载方案,可以节约平舱费用。

3. 部分装载舱(partly filled compartment)

部分装载舱又称松动舱(slack compartment),指经合理平舱,将谷物自由表面整平,但未达到上述两种满载舱状态的任何货舱。

部分装载舱谷物移动对稳性的不利影响随货舱结构形状及谷物装舱深度而变化,多数情况下要远远超过上述两种满载舱。

4. 共同(通)装载舱(compartment loaded in combination)

共同(通)装载舱指多用途船或一般干货船装载散装谷物时,在底层货舱舱盖不关闭的情况下,将底层货舱及其上面的甲板间舱作为一个舱进行装载的货舱。当在共同(通)装载舱内谷物装载超过底层货舱舱盖高度时,采用此方案与将底层货舱舱盖关闭方案比较,谷物移动对稳性的不利影响较后者要减小许多。

六、散装谷物的安全装运

散装谷物在海上运输过程中,应特别注意下列几个方面。

1. 确认谷物的适运性

船长应向货主索取货物的资料,并确认货物适于运输。有下列情形船方应予拒装:
1) 谷物处于自热状态;
2) 谷物含水量超过规定安全限量;
3) 谷物已被仓库害虫感染;
4) 进行过驱虫的毒气未消解的;
5) 作种子用的谷物,经检疫发现有杂草种的。

2. 确保货舱适货

全面检查货舱设备并使之处于适用状态。疏通舱内污水井(沟),保持其畅通。对货舱污水泵和通风设备作全面检查和试运行,保证其状况良好。彻底清洁货舱,保证货舱处于清洁(无残留物、无铁锈、无油漆皮等)、干燥、无异味、无虫害、无鼠害、无有害物质(如美国港口当局规定,如舱内有未能识别的物质,则以有毒物质论处)、无渗漏的状况。若舱内存在虫害,则需在装货前对空舱进行熏蒸。当全船每一货舱均满足上述适货条件时,方可向装货港有关部门申请验舱。只有当验舱合格,并取得验舱合格证书后,才允许开始装货。

装货前,还应备妥各类垫舱物料和采取止移措施(必要时)所需的各种用具。

3. 编制配载计划并校核船舶稳性

编制散装谷物船配载计划与编制杂货船配载计划的步骤和方法基本相同。散装谷物船在积载图中标注与杂货船的区别在于:在谷物装载处所除需标明货物的名称(或其等级)、重量、积载因数外,对于满载舱,需要标注其平舱形式;对于部分装载舱,需要标注其谷物装舱深度;对于多层甲板船,需要标注是否采取共同装载方式;对于设置防移装置的货舱,需要详细标注所设置的防移装置形式,设置部位和装置的具体尺度等内容。

作为编制散装谷物船配载计划的重要组成部分,应按装货港规定的表格形式填写散装谷物稳性计算表。尽管不同的港口提供的表格形式差别较大,但其计算原理和填写内容都大致相同，即选择船舶在航行途中对稳性最不利的装载状况，采用船舶适用的散装谷物船运规则，进行船舶完整稳性衡准指标的核算。当船舶稳性不满足要求时，可以采用将未经平舱的满载舱改为经平舱的满载舱和进行有利于稳性的压载（未满载时）改善稳性。若仍然不满足要求时，可采取在舱内设置防移装置或采取止移措施（必须在稳性计算表中详细标注）等补救方法。采用补救方法费时费力，因此，通常仅在稳性衡准指标不满足要求且已无其他补救措施的条件下才被采用。

4. 装货过程

严格按积载计划装货。监装中，应特别注意装船谷物的质量（主要是含水量）并督促做好舱内衬垫，以保证散装谷物与舱底、舱壁和舱顶完全隔离并保持舱内易产生"汗水"部位与污水井（沟）之间的通道畅通。如遇雨雪等天气，应及时停装并关闭货舱。各舱即将装货结束时，应按要求进行平舱并采取止移措施（必要时）。全船即将装货结束时，应注意调整船舶吃水差，消除船舶横倾角。装货完毕后，可以利用水尺计量方法计算全船实装的谷物重量，以供参考。同时应实测每个部分装载舱内空当高度并对积载方案（包括稳性计算表）进行复核，绘制实际积载图。开航前，应按贸易合同的规定进行货舱熏蒸。

5. 途中保管

船舶在航行途中，应定时测定舱内污水井（沟）内水位，及时排除污水。应注意经常检查舱内防移装置（当设置时）的状况。应尽量避免在货舱邻近的液舱内进行燃油加热。应视具体情况决定是否要进行货舱通风。但必须认识到，对于导热性很差的散装谷物的通风仅仅局限于谷物的上层，企图将货堆内部谷物呼吸产生的水分和热量全部排出舱外是不可能的。因此，保证谷物的低含水量对保证谷物运输质量显得更为重要。

风浪大时，应注意封闭通风设备，检查货舱的封固情况，防止舱内谷物水湿。

6. 卸货过程

卸货前，货主通常委托有关机构人员上船检查各舱内谷物的状况。只有在确认未发现待卸谷物存在水湿、霉变、虫害、污染等情况时，才准许卸货。因此，在船舶航行途中及抵港前，应注意检查舱内上层谷物的状况，以便发现问题后及时采取应急补救措施。

散装谷物的卸货常采用吸粮机或抓斗。因卸货速度较快，船舶吃水和吃水差都会发生较大的变化，值班船员应经常检查前后缆绳的松紧情况，督促装卸人员均衡卸载，防止船舶出现过大的横倾。

7. 散装谷物熏蒸

SOLAS公约第Ⅵ/3条（氧气分析和气体探测设备）规定：在运输可能释放有害或易燃气体或可能在货物处所中造成氧气耗竭的散装货物时，应提供用以测量空气中有毒或易燃气体浓度或氧气浓度的仪表及其详细的使用说明书。这种仪表应使主管机关满意。主管机关应采取措施，保证船员受到使用这种仪表的培训。SOLAS公约第Ⅵ/4条（船上杀虫剂）规定：在船舶上使用杀虫剂时，应采取适当的预防措施，特别是用于熏蒸。

船舶在运输中对货物进行熏蒸，应遵守船上制定的熏蒸程序。制定熏蒸程序可参照IMO经海上安全委员会MSC.1/Circ.1396号通函修正的《适用于货舱熏蒸的船上安全使用杀虫剂的建议案》。

1）熏蒸方法

对谷物进行熏蒸是载运散装谷物类货物的一种常用做法，目的是通过投放熏蒸剂杀灭货物中的害虫，保证交货质量。在对货舱内谷物熏蒸前，专业熏蒸人员应和接受过相关培训的船员一起检查全船，确定船舶是否适合熏蒸。货舱必须做到完全气密，以防熏蒸剂泄漏到船上的生活区、机舱及其他工作区域。熏蒸作业必须由专业的熏蒸人员进行，有的会在装货前在货舱的周围预先放置一些塑料管，以便装完货后熏蒸剂沿着这些管子进行投放，让药剂慢慢挥发，由下而上对货物进行熏蒸。也有的在装完货后，由熏蒸工人直接将药剂放入货物表面。放好药剂后，船员即刻关闭货舱。

2）随航熏蒸

散装谷物的熏蒸一般选择船舶在港停留期间进行，使用的熏蒸剂为具有快速挥发性的溴甲烷，船员会被临时安置于岸上住宿，船上会留有专门的技术人员和部分船员进行看船，以确保无意外发生。随着造船技术的提高，货舱密闭性越来越好，同时考虑到节约成本，在运输途中熏蒸已经成为目前常用的做法，这种做法称为随航熏蒸。随航熏蒸一般使用磷化铝，药剂挥发会产生剧毒气体磷化氢，对船员安全造成一定的威胁。同时随航熏蒸期间货舱不能进行通风，对货物也有潜在风险。

谷物熏蒸是一个高风险的操作，船方应有具体详尽的熏蒸程序，与熏蒸人员配合，按计划逐步实施，按规定程序认真检查，以保证人员和货物的安全。

【思考与应用 9-1】
1. 适用于散装谷物运输的相关法规有哪些？
2. 海运散装谷物的特性有哪些？谷物的散落性用什么指标衡量？
3. 散装谷物的下沉型和散落性如何影响船舶稳性？
4. 专用散装谷物船的结构有何特点？
5. 散装谷物的装舱方式有哪几种？各有什么特点？
6. 散装谷物船的熏舱方法和注意事项有哪些？

第二节 散装谷物船舶的稳性要求及核算

为防止散装谷物船航行中因谷物移动而发生倾覆事故，IMO及各主要航运国家均对散装谷物船的稳性做出相应规定。

一、船舶稳性和谷物装载的资料

《国际谷物规则》要求散装谷物船舶除提供一般船舶所需的稳性资料外，还应提供经主管机关或其授权代表验收的以下资料：

（1）每个谷物装载舱的体积、体积中心高度和假定倾侧体积矩随舱深变化的曲线或数据表；

（2）符合散装谷物船舶稳性要求，随不同排水量和重心高度变化的最大许用倾侧力矩曲线或数据表；

（3）临时装置的详细尺寸，以及（如适用）为满足散装谷物装载稳性特殊要求的必要措施；

(4) 概括规则各项要求的装载说明书和作为船长指南的装载实例。

(5) 出港和到港时的典型装载情况,以及必要时介于二者之间的最差的营运情况(建议提供有代表性的三种积载因数,即 $1.25 \text{ m}^3/\text{t}$、$1.50 \text{ m}^3/\text{t}$ 和 $1.75 \text{ m}^3/\text{t}$ 的装载情况)。

二、散装谷物船舶的特殊稳性衡准要求

1. 国际航行散装谷物船舶稳性衡准

IMO《国际谷物规则》对国际航行散装谷物船舶稳性提出了衡准要求。我国现行《国际航行海船法定检验技术规则》对于国际航行散装谷物船舶的完整稳性规定与国际规则一致。

1) 散装谷物船舶的稳性要求

(1) 对有批准文件的散装谷物船舶的稳性要求

《国际谷物规则》规定,任何装运散装谷物的船舶在整个航程中的完整稳性特征,当按照该规则 B 部分所述方法计及由于谷物假定移动产生的倾侧力矩后,经自由液面修正后的稳性指标至少应能满足下列标准:

① 初稳性高度 GM 应不小于 0.30 m;

② 由于谷物假定移动所引起的船舶横倾角 θ_h 应不大于 $12°$,但对 1994 年 1 月 1 日后建造的船舶尚应考虑甲板边缘浸水角,取两者中较小者;

③ 船舶剩余动稳性值 S(剩余静稳性面积,图 9-5)应不小于 $0.075 \text{ m} \cdot \text{rad}$。$S$ 为静稳性力臂 GZ 曲线、谷物移动倾侧力臂 λ_h 曲线和横倾角 θ_m 对应的右侧边界线(θ_m 取 $40°$ 和进水角 θ_f 中较小者)三者所包围的面积。

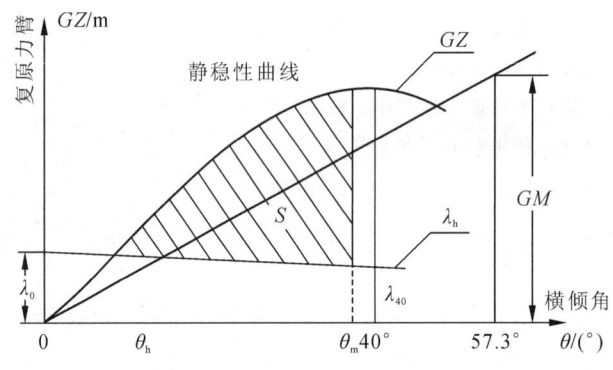

图 9-5 剩余动稳性值 S(剩余静稳性面积)

(2) 对不持有批准文件而装载部分散装谷物的船舶的营运稳性要求

对无主管当局批准文件的船舶,只有在符合下列条件后才允许装运散装谷物:

① 仅部分装载谷物,散装谷物总重量不超过该船总载重量的 1/3。

② 所有经平舱的满载舱应设置纵中隔壁,其范围延伸到这些舱的全长。且纵中隔壁向下延伸到甲板线以下至少等于该舱最大宽度的 1/8 或 2.4 m 的距离,取其较大者。

③ 所有经平舱的满载舱的舱口应关闭并将舱口盖固定。

④ 对部分装载舱内的散装谷物自由表面应平整,还应采取符合规则要求的压包,或者使用钢带、钢索、链条或钢丝网进行谷面固定的措施。

⑤ 整个航程中经自由液面修正后的初稳性高度 GM 应满足:

$$GM \geq \max\{0.30, GM_R\} \tag{9-1}$$

其中 GM_R 的计算公式为：

$$GM_R = \frac{LBV_d(0.25B - 0.645\sqrt{V_dB})}{0.0875 \times SF \times \Delta} \tag{9-2}$$

式中：L——所有满载舱的长度之和（m）；

　　B——船舶型宽（m）；

　　SF——散装谷物积载因数（m³/t）；

　　Δ——船舶排水量（t）；

　　V_d——按《国际谷物规则》计算的舱内谷物空当平均深度（m）。

2）谷物倾侧模型

《国际谷物规则》的上述稳性衡准指标是基于谷物假定下沉和移动倾侧模型提出的。

(1) 谷面假定下沉模型

部分装载舱谷面下沉忽略不计。

经平舱的满载舱内，在与水平面小于30°倾角的所有边界面下有一个与边界面平行的空当，空当平均深度 V_d 按下式计算：

$$V_d = V_{d1} + 0.75(d - 600) \tag{9-3}$$

式中：V_{d1}——标准空当深度（mm），根据从舱口端或舱口边到货舱边界的距离 l 按表 9-2 查取；

　　d——实际桁材深度（mm）。

在任何情况下，V_d 值不可假定为小于 100 mm。

在舱口内，设定存在一个自舱口盖最低部分和舱口围板的顶端中较低者起至谷面平均深度为 150 mm 的空当。

表 9-2 标准空当深度表

l/m	V_{d1}/mm	l/m	V_{d1}/mm
0.5	570	4.5	430
1.0	530	5.0	430
1.5	500	5.5	450
2.0	480	6.0	470
2.5	450	6.5	490
3.0	440	7.0	520
3.5	430	7.5	550
4.0	430	8.0	590

(2) 假定谷面倾侧模型

假定部分装载舱谷面与水平成25°倾角；经平舱的满载舱谷面与水平成15°倾角。对未经平舱的满载舱，在舱口范围内仍假定谷面与水平成15°倾角。对在货舱两端未经平舱的散装谷物专用舱，在舱口两端假定谷面与水平成25°倾角，在舱口两侧假定谷面与水平成15°倾角；对于未经平舱的非散装谷物专用舱，在舱口两端或两侧均需由其具体空当面积的计算结果来确定谷面的倾侧角度。

2. 国内海上航行散装谷物船舶稳性衡准要求

1)《国内海船法定规则(2011)》对国内航行的散装谷物船舶的稳性衡准指标与《国际谷物规则》的三项衡准指标完全相同。但其通过改变舱内谷物假定倾侧模型的方法，放宽了对国内航行船舶的稳性特殊衡准要求。国内航行船舶的谷物假定倾侧模型设定为：满载舱和部分装载舱均假定谷物横向移动后的谷面与水平面成12°倾角。船舶的谷物倾侧体积矩按下述方法求取：

(1)当船舶具备基于《国际谷物规则》谷物假定下沉和倾侧模型提供的谷物假定倾侧体积矩资料时，可按《国际谷物规则》所得到的倾侧体积矩分别乘以下列系数，作为国内航行时的假定倾侧体积矩：

①对未经平舱的满载舱和部分装载舱的倾侧体积矩乘以0.46；

②对经平舱后的满载舱的倾侧体积矩乘以0.8。

(2)当船舶缺乏《国际谷物规则》谷物假定倾侧体积矩资料时，国内航行船舶的倾侧体积矩取为：

①满载舱必须按要求进行平舱时，其倾侧体积矩可忽略不计。

②部分装载舱的假定倾侧体积矩可按下式计算：

$$M_{hi} = 0.0177\, l_i b_i^3 \tag{9-4}$$

式中：l_i——第 i 部分装载舱的长度(m)；

b_i——第 i 部分装载舱谷物表面的最大宽度(m)。

上式的推导过程：如图9-6所示，若设谷面倾侧12°，则部分装载舱内谷物横向移动的体积倾侧矩 $M_{hi} = \frac{1}{2}\left(\frac{b_i}{2} \cdot \frac{b_i}{2}\tan12°\right) \cdot l_i \times \frac{2}{3}b_i$，化简即得式(9-4)。

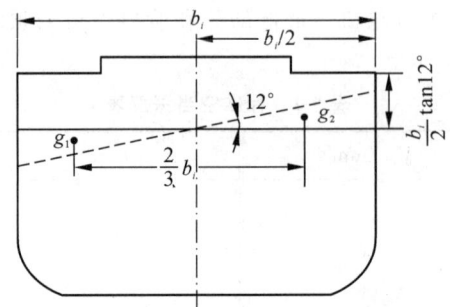

图9-6 我国规定部分装载舱谷物倾侧模型

2)《国内海船法定规则(2020)》的新要求

《国内海船法定规则(2020)》自2020年8月1日起实施，适用于生效之日或以后安放龙骨或处于类似建造阶段的船舶。该规则要求装载散装谷物的海船，应在国内航行海船安全与环保证书上标明已符合规则关于谷物装运的要求。对装载散装谷物的船舶的稳性要求为：

(1)装载散装谷物的船舶，应满足国内规则完整稳性对干货船的要求。

(2)任何装运散装谷物的船舶在整个航程中的完整稳性，应满足《国际航行海船法定检验技术规则》附则1中的相关要求，即应符合《国际谷物规则》的要求。

对部分卸载后存在多个部分装载舱的船舶，该规则要求其应符合下列条件：

(1)船舶应具有足够的纵强度，部分卸载后的装载情况应避免船体产生过大的应力；

(2) 船长应了解航程中可能遇到的天气情况。当有不良气象时,应及时采取措施或暂缓航行;

(3) 应尽可能减少部分装载舱,以减少倾侧力矩;

(4) 部分装载舱应进行平舱,并保持船舶正浮。

三、散装谷物船舶稳性衡准指标的核算

这里以《国际谷物规则》稳性衡准指标为例,介绍对散装谷物船舶稳性的核算方法。

1. 经自由液面修正后的初稳性高度 GM 的核算

初稳性高度 GM 的具体计算方法在第三章第二节已作详细介绍,此处不再赘述。但在 GM 的计算中,《国际谷物规则》关于货舱内散装谷物重心高度的确定方法规定如下:

1) 满载舱内谷物重心位置确定方法

(1) 经平舱的满载舱,谷物的重心取整个货舱的舱容中心。在某些情况下,如主管机关批准,经平舱的满载舱谷物重心可取谷物假定下沉影响后的体积中心,但在计算谷物假定移动倾侧力矩时,需要对计算的谷物假定横向移动倾侧力矩乘以 1.06 的系数,以补偿谷物表面垂向移动的有害影响。

(2) 未经平舱的满载舱,谷物的重心应取整个货舱的体积中心,而不计及存在的空当。

可见,谷物重心取舱容中心为《国际谷物规则》所要求的方法。对均质谷物而言,即便舱内下沉后又发生移动,其实际重心高度也不会超过舱容中心位置,其计算结果偏于安全,与取谷物下沉后体积中心的方法相比,计算也相对简便,所以被广泛采用。

2) 部分装载舱谷物重心位置确定方法

对于部分装载舱,谷物重心位置取舱内谷物初始装载体积的几何中心,不考虑谷物下沉的影响。其重心距基线的高度可以根据货舱内谷物的初始装舱深度,从舱容表中查取。

满载舱谷物重心位置取法一经选定,三项指标的前后计算应当保持一致。

《国际谷物规则》要求,散装谷物船经自由液面修正的初稳性高度须满足 $GM \geqslant 0.30$ m。

2. 由谷物假定移动引起船舶横倾角 θ_h 的核算

由谷物假定移动引起船舶横倾角 θ_h 可以按下述公式法或作图法求取。

1) 公式法

按《国际谷物规则》建立舱内谷物下沉和倾侧模型,若假设在谷物倾侧力矩作用下引起船舶横倾角 θ_h,则:

$$\theta_h = \arctan \frac{M'_u}{\Delta \cdot GM} \tag{9-5}$$

式中:GM——经自由液面修正后的初稳性高度(m);

M'_u——考虑了横向移动和垂向移动影响的船舶各货舱谷物移动倾侧力矩代数和($\times 9.81$ kN·m)。

M'_u 可按下式计算:

$$M'_u = \sum \frac{M'_{Vi}}{SF_i} = \sum \frac{C_{Vi} \cdot M_{Vi}}{SF_i} = \sum C_{Vi} \cdot \rho_i \cdot M_{Vi} \tag{9-6}$$

式中:M'_{Vi}——第 i 舱谷物移动倾侧体积矩(m^4);

M_{Vi}——第 i 舱谷物横向移动倾侧体积矩(m^4);

C_{Vi}——第 i 舱舱内谷物重心修正系数;

SF_i——第 i 舱舱内谷物的积载因数(m^3/t);

ρ_i——第 i 舱舱内谷物的密度(t/m^3)。

(1)确定 C_{Vi}

舱内谷物重心的移动可分为横向和垂向移动两部分,谷物倾侧总力矩的计算是在谷物横向倾侧力矩的基础上乘以大于或等于 1.0 修正系数 C_{Vi}。

按 IMO《国际谷物规则》规定:

①经平舱或未经平舱的满载舱,当谷物重心取在舱容中心处时,取 $C_{Vi}=1.00$。

②经平舱或未经平舱的满载舱,当谷物重心取在谷物假定下沉后的实际重心处时,取 $C_{Vi}=1.06$。这实际上是以谷物横向倾侧力矩的 6% 来修正谷物重心垂向上移的有害影响。

③部分装载舱取 $C_{Vi}=1.12$。同理,这是以谷物横向倾侧力矩的 12% 来修正舱内谷物重心垂向上移的有害影响。

(2)查取 M_{Vi}

谷物横向移动倾侧体积矩 M_{Vi} 在散装谷物船舶的稳性资料中查取。表 9-3 是 76000 DWT 散货船 A 轮的经平舱和未经平舱的满载舱谷物横向移动倾侧体积矩 M_{Vi} 和谷物移动倾侧体积矩 M'_{Vi} 数据表。当满载舱谷物重心取舱容中心时,系数 $C_{Vi}=1.00$,所以 $M'_{Vi}=M_{Vi}$。

表 9-4 以 A 轮 2# 货舱谷物倾侧体积矩为例,列出了该舱谷物移动倾侧体积矩随谷物装舱深度的变化。因部分装载舱系数 $C_{Vi}=1.12$,所以 $M'_{Vi}=M_{Vi}\times 1.12$。该轮共 7 个货舱,每个货舱均单独提供了相应列表。该轮 1#、3# 货舱谷物倾侧体积矩见附录 1.12-1 和 1.12-3。

表 9-3 A 轮满载舱谷物移动倾侧体积矩表

货舱		体积/m^3	重心纵向坐标/m	重心垂向坐标/m	谷物横向移动倾侧体积矩/m^4	谷物移动倾侧体积矩/m^4
经平舱的满载舱	CH1	10974.8	195.43	11.51	431.0	431.0
	CH2	13567.9	171.47	10.85	557.5	557.5
	CH3	13206.6	145.75	10.68	558.6	558.6
	CH4	13145.9	119.93	10.63	564.3	564.3
	CH5	13243.2	94.04	10.65	561.1	561.1
	CH6	13231.0	68.23	10.65	555.1	555.1
	CH7	12695.4	42.52	11.00	548.8	548.8
两端未经平舱的满载舱	CH1	10801.2	195.43	11.51	1433.5	1433.5
	CH2	13214.2	171.47	10.85	3078.7	3078.7
	CH3	12891.7	145.75	10.68	2905.3	2905.3
	CH4	12842.6	119.93	10.63	2832.1	2832.1
	CH5	12889.2	94.04	10.65	3087.6	3087.6
	CH6	12876.3	68.23	10.65	3113.1	3113.1
	CH7	12303.0	42.52	11.00	3343.6	3343.6

说明:未经平舱满载舱的体积和体积矩数据考虑了空当的影响。

表 9-4　A 轮 No.2 货舱谷物移动倾侧体积矩随装舱深度的变化（节选）

谷面高度/m	体积/m³	重心高度/m	谷物横向移动倾侧体积矩/m⁴	谷物移动倾侧体积矩/m⁴	谷面高度/m	体积/m³	重心高度/m	谷物横向移动倾侧体积矩/m⁴	谷物移动倾侧体积矩/m⁴
2.8	1786.3	3.23	16628.9	18624.4	13.0	10136.8	8.57	20067.5	22475.6
3.0	1928.2	3.34	17559.6	19666.7	13.2	10293.7	8.67	19363.1	21686.6
3.2	2072.1	3.44	18452.4	20666.7	13.4	10447.2	8.76	18665.8	20905.7
3.4	2225.2	3.56	19421.5	21752.1	13.6	10597.2	8.86	17982.3	20140.2
3.6	2383.4	3.67	20385.0	22831.2	13.8	10743.6	8.95	17312.8	19390.4
3.8	2543.7	3.78	21303.6	23860.1	14.0	10886.6	9.04	16638.9	18635.6
4.0	2706.0	3.90	22181.3	24843.0	14.2	11025.9	9.12	15966.7	17882.7
4.2	2870.4	4.01	23014.2	25775.9	14.4	11161.6	9.21	15280.7	17114.4
4.4	3035.7	4.12	23797.5	26653.2	14.6	11293.7	9.29	14610.5	16363.8
4.6	3200.9	4.24	24531.4	27475.2	14.8	11422.6	9.37	13956.5	15631.3
4.8	3366.2	4.35	25216.5	28242.4	15.0	11547.3	9.45	13304.0	14900.5
5.0	3531.5	4.45	25852.1	28954.4	15.2	11668.8	9.53	12655.4	14174.1
5.2	3696.8	4.56	26441.2	29614.2	15.4	11786.9	9.6	12000.3	13440.4
5.4	3862.1	4.67	26984.3	30222.4	15.6	11901.4	9.68	11363.3	12726.9
5.6	4027.4	4.78	27481.0	30779.5	15.8	12012.4	9.75	10744.4	12033.8
5.8	4192.7	4.88	27926.1	31277.3	16.0	12119.7	9.82	10125.7	11340.8
6.0	4358.0	4.99	28309.4	31706.5	16.2	12223.4	9.89	9503.8	10644.2

图 9-7 为根据 A 轮 No.1～No.7 货舱谷物移动倾侧体积矩随装舱深度变化的资料绘制的谷物移动倾侧体积矩变化曲线。由图可知在相同装舱深度下该轮 No.1 货舱谷物移动倾侧体积矩较小，其次为 No.7 货舱。该轮各货舱谷物移动倾侧体积矩峰值出现在谷物装舱深度为 5.0～10.0 m 的区间。

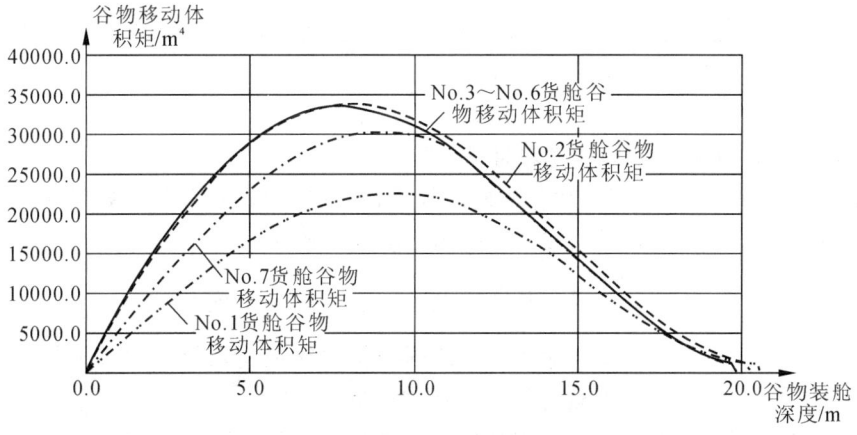

图 9-7　A 轮各舱谷物移动倾侧体积矩变化曲线

2)作图法确定 θ_h

使用作图法求取 θ_h 的步骤是：

(1)绘制核算装载状态下船舶的静稳性力臂曲线 $GZ = f(\theta)$

绘制方法和步骤参阅第三章。应当注意对 GZ 曲线进行自由液面的修正。

(2)绘制谷物移动倾侧力臂曲线 $\lambda_h = f(\theta)$

谷物移动倾侧力臂曲线 λ_h 是一条随横倾角 θ 增大而减小的下降直线。该直线上横倾角 θ 分别为 $0°$ 和 $40°$ 时对应的谷物移动倾侧力臂分别为 λ_0 和 λ_{40}，其计算公式是：

$$\lambda_0 = \frac{M'_u}{\Delta} \tag{9-7}$$

$$\lambda_{40} = 0.8\lambda_0 \tag{9-8}$$

如图 9-5 所示，在已绘制静稳性力臂曲线的坐标平面上确定 $(0°, \lambda_0)$ 和 $(40°, \lambda_{40})$ 两点，并作通过两点的直线，即谷物移动倾侧力臂 λ_h 曲线。

(3)确定谷物移动引起的船舶横倾角 θ_h

在 $GZ = f(\theta)$ 和 $\lambda = f(\theta)$ 两条曲线相交点处，读取其横坐标值，该值即为由作图法求得的在谷物移动倾侧力矩 M'_u 作用下引起的船舶横倾角 θ_h。

显然，公式法计算简单，但其计算结果常常偏大(因其使用正切曲线代替静稳性力臂曲线的初始段)。作图求取过程较繁琐，但计算结果精度相对较高。计算法与作图法求得的 θ_h 值不一致时，以作图法为准。

按《国际谷物规则》的要求，散装谷物船必须满足：$\theta_h \leqslant 12°$。

对于 1994 年 1 月 1 日后建造的船舶，若假设船舶在核算装载状态下甲板边缘浸水角为 θ_{im}，则必须满足：

$$\theta_h = \min\{12°, \theta_{im}\}$$

3. 剩余动稳性值 S 的核算

剩余动稳性值 S 是指由船舶静稳性力臂 GZ 曲线、谷物移动倾侧力臂 λ_h 曲线和右边界线所包围的面积值，其中 GZ 曲线和 λ_h 曲线如前所述，这里介绍右边界线的确定。

1)确定右边界线

右边界线是一条垂直于横坐标轴的直线，其横坐标值 θ_m 取最大剩余复原力臂所对应横倾角 $\theta'_{GZ\max}$(即船舶复原力臂 GZ 和谷物移动倾侧力臂 λ_h 之间纵坐标差值最大处所对应的横倾角)、船舶进水角 θ_f 和 $40°$ 三者中的最小者，即：

$$\theta_m = \min\{\theta'_{GZ\max}, \theta_f, 40°\} \tag{9-9}$$

2)计算剩余动稳性值 S(剩余静稳性面积)

在横坐标 $\theta_h \sim \theta_m$ 范围内将曲线作横向六等分，并分别量取各等分点处船舶剩余复原力臂值 y_i($y_i = GZ'_\theta = GZ_\theta - \lambda_\theta$)，随后按辛浦生第一法则公式计算 S。即：

$$S = \frac{1}{3} \cdot \frac{\theta_m - \theta_h}{6} \cdot (y_0 + 4y_1 + 2y_2 + 4y_3 + 2y_4 + 4y_5 + y_6) \cdot \frac{\pi}{180} \tag{9-10}$$

式中：y_0、y_1、y_2、$\cdots$、y_6 ——在横坐标 $\theta_h \sim \theta_m$ 范围内将曲线横向六等分的每一等分点处量取的船舶剩余复原力臂值(m)。

按《国际谷物规则》的要求，散装谷物船必须满足：$S \geqslant 0.075 \text{ m} \cdot \text{rad}$。

例 9-1 A 轮某航次自巴西的桑托斯港装载货物密度为 0.854 t/m^3 的小麦到达宁波舟

山港,船舶到港装载状态见例 3-1,货物总重量 72422.6 t,各舱的小麦装载情况见该船谷物配积载图(图 9-8),各满载舱谷物中心取其舱容中心处。已知:核算装载状态下船舶排水量为 86332.2 t,在该排水量下查得进水角 $\theta_f = 47°$,$KM = 13.60$ m。试按 IMO《国际谷物规则》的要求,核算该航次的稳性能否满足要求。

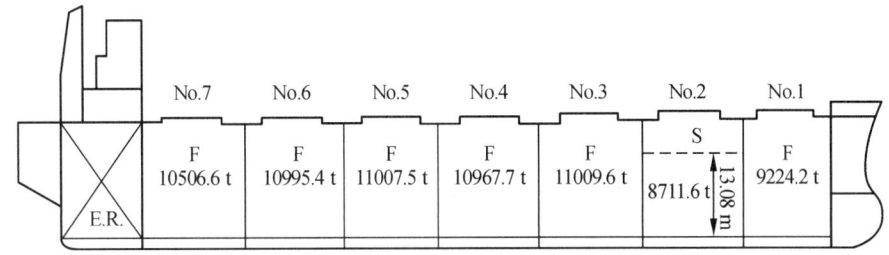

图 9-8　A 轮谷物配积载图

解:1)计算经自由液面修正后的初稳性高度 GM

计算方法见例 3-1,修正自由液面的初稳性高度 $GM = 2.72$ m,满足 $GM \geqslant 0.3$ m 的要求。

2)计算由于谷物假定移动所引起的船舶横倾角 θ_h

(1)列表计算谷物倾侧力矩 M'_u

按各舱谷物装载状况查阅 A 轮谷物移动倾侧体积矩资料(表 9-3 和表 9-4)。随后按式(9-6)并以列表形式计算各舱谷物移动倾侧力矩代数和 M'_u,见表 9-5。

表 9-5　各货舱谷物移动倾侧力矩计算

货舱	重量/t	装载率(%)	重心坐标			M_{Vi}/m^4	M'_{Vi}/m^4	$M'_u/$ (×9.81 kN·m)
			X/m	Y/m	Z/m			
CH1	9224.2	100	195.43	0.00	11.51	1433.5	1433.5	1224.2
CH2	8711.6	75.2	171.46	0.00	8.61	19779.7	22153.3	18918.9
CH3	11009.6	100	145.75	0.00	10.68	2905.3	2905.3	2481.1
CH4	10967.7	100	119.93	0.00	10.63	2832.1	2832.1	2418.6
CH5	11007.5	100	94.04	0.00	10.65	3087.6	3087.6	2636.8
CH6	10995.4	100	68.23	0.00	10.65	3113.1	3113.1	2658.6
CH7	10506.6	100	42.52	0.00	11.00	3343.6	3343.6	2855.4
合计	72422.6	—	116.66	0.00	10.57	36494.9	38868.5	33193.7

$$M'_u = \sum \frac{C_{Vi} M_{Vi}}{SF_i} = \sum C_{Vi} M_{Vi} \cdot \rho_i = 33193.7 \times 9.81 \text{ kN·m}$$

(2)计算谷物假定移动引起的横倾角

$$\theta_h = \arctan \frac{M'_u}{\Delta \cdot GM} = \arctan \frac{33193.7}{86332.2 \times 2.72} = 8°$$

计算结果表明:θ_h 值小于 12°,满足 IMO《国际谷物规则》的要求。

3)计算船舶剩余动稳性值 S

(1) 绘制船舶静稳性力臂曲线

按照第三章第三节介绍的静稳性曲线绘制方法绘制 GZ 曲线。其中 $KG_f = KG_0 + \delta GM_f = 10.885$ m,$GZ = KN - KG_f \cdot \sin\theta$。列表计算不同横倾角 θ 处经自由液面修正后的船舶复原力臂 GZ 值,绘制的 GZ 曲线如图 9-9 所示。

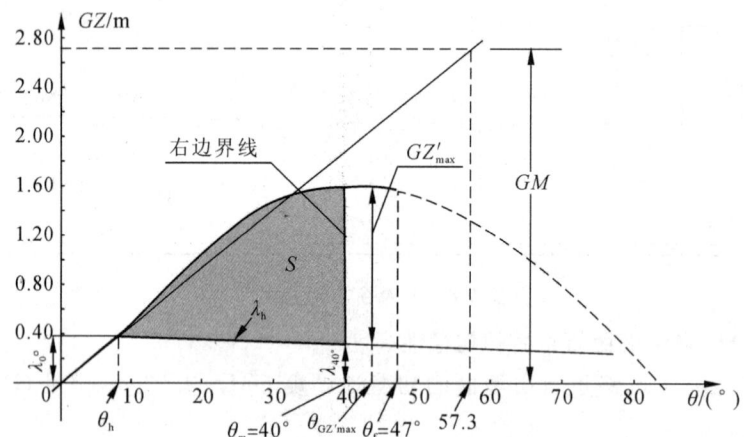

图 9-9　根据 A 轮装载状态绘制的 GZ 曲线和谷物移动倾侧力臂曲线

(2) 绘制谷物移动倾侧力臂曲线

分别计算 $\theta = 0°$ 及 $\theta = 40°$ 所对应的谷物移动倾侧力臂值 λ_0 和 λ_{40}:

$$\lambda_0 = \frac{M'_u}{\Delta} = \frac{33193.7}{86332.2}\text{m} = 0.384\text{m}$$

$$\lambda_{40} = 0.8\lambda_0 = 0.8 \times 0.384 \text{ m} = 0.308 \text{ m}$$

根据 λ_0 和 λ_{40} 的值,在与静稳性力臂 GZ 曲线的同一坐标平面上绘制谷物移动倾侧力臂 λ_h 曲线(图 9-9)。λ_h 曲线与 GZ 曲线的交点所对应横倾角即为通过作图法求得的谷物移动引起的横倾角 θ_h,得 $\theta_h = 8° < 12°$。

(3) 确定右边界线

船舶排水量 86332.2 t 对应的平均型吃水为 13.877 m,查 A 轮进水角资料,得 $\theta_f = 47°$,又从图 9-9 可知,最大剩余复原力臂对应横倾角 $\theta_{GZ'\max} > 40°$,所以右边界线的位置为 $\theta_m = 40°$。

(4) 计算剩余动稳性值

如图 9-10,沿谷物移动倾侧力臂 λ_h 曲线在 8° 到 40° 范围内将曲线 6 等分,其等分间距:

$$X = \frac{\theta_m - \theta_h}{6} = \frac{5.33° - 8°}{6} = 5.33°$$

分别量取各等分处船舶剩余复原力臂值:$y_0 = 0$ m,$y_1 = 0.31$ m,$y_2 = 0.63$ m,$y_3 = 0.90$ m,$y_4 = 1.12$ m,$y_5 = 1.25$ m,$y_6 = 1.30$ m。随后按辛浦生第一法则公式计算,得:

$$S = \frac{X}{3} \cdot (y_0 + 4y_1 + 2y_2 + 4y_3 + 2y_4 + 4y_5 + y_6) \cdot \frac{\pi}{180}$$

$$= \frac{5.33}{3}(0 + 4 \times 0.31 + 2 \times 0.63 + 4 \times 0.90 + 2 \times 1.12 + 4 \times 1.25 + 1.30) \times \frac{3.14}{180} \text{ m} \cdot \text{rad}$$

$$= 0.454 \text{ m} \cdot \text{rad}$$

$S > 0.075$ m·rad,满足要求。

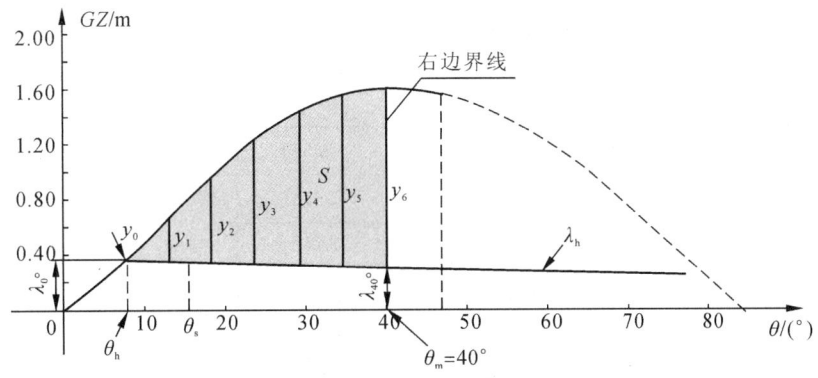

图 9-10 剩余动稳性值(面积 S)的计算

经计算,稳性衡准要求的三项指标分别为 $GM=2.72$ m,$\theta_h=8°$ 和 $S=0.454$ m·rad。所以,本航次该核算到港装载状态下船舶的三项稳性指标均满足 IMO《国际谷物规则》的要求。

四、散装谷物船舶稳性衡准指标的简化核算方法

由于按上述核算方法对散装谷物稳性的三项指标进行核算较为繁琐(尤其是剩余动稳性 S),根据船舶资料、稳性状况等条件可以选择下述简化核算方法。

1. 应用"散装谷物船许用倾侧力矩表"进行稳性核算

船舶的稳性计算资料中如果提供了由船舶设计或建造部门核算的"散装谷物船许用倾侧力矩表"资料,则可使用该资料进行散装谷物船舶稳性核算。表 9-6 为 A 轮节选的部分吃水和重心高度范围的"散装谷物船许用倾侧力矩表"。由船舶的平均型吃水 d_m(有的船舶资料为排水量 Δ)和经自由液面修正后的船舶重心高度 KG_f 为查表引数,可以从该表中查取许用倾侧力矩 M_a。许用倾侧力矩 M_a 是指不同排水量(或吃水)和重心距基线高度条件下同时满足散装谷物稳性三项衡准指标 $\theta_h \leq \min\{12°,$ 甲板边缘浸水角 $\theta_{im}\}$、$S \geq 0.075$ m·rad 和 $GM \geq 0.3$ m 的最大允许谷物移动倾侧力矩值,要求按照假定谷物移动模型计算的谷物移动倾侧力矩 M'_u 不超过许用倾侧力矩 M_a,即 $M'_u \leq M_a$。

表 9-6 A 轮许用倾侧力矩表(节选)   单位:×9.81 kN·m

平均型吃水 d_m/m	船舶合重心距基线高度 KG/m							
	10.0	10.2	10.4	10.6	10.8	11.0	11.2	11.4
12.5	63002.6	59596.4	56190.1	52784.1	49378.6	45973.0	42567.5	39161.9
12.6	63550.9	60114.7	56678.7	53242.8	49807.4	46372.0	42936.6	39501.2
12.7	64110.3	60644.4	57178.4	53712.7	50247.4	46782.2	43316.9	39851.5
12.8	64681.0	61185.1	57689.3	54193.7	50698.4	47203.2	43707.9	40212.8
12.9	65262.6	61736.9	58211.1	54685.8	51160.6	47635.0	44109.9	40584.7
13.0	65855.1	62299.7	58743.7	55188.6	51633.3	48078.2	44522.9	40967.7
13.1	66458.4	62872.8	59287.5	55702.1	52116.8	48531.5	44946.2	41360.9

续表 9-6

平均型吃水 d_m/m	船舶合重心距基线高度 KG/m							
	10.0	10.2	10.4	10.6	10.8	11.0	11.2	11.4
13.2	67072.5	63457.1	59841.7	56226.3	52611.1	48995.7	45380.5	41764.7
13.3	67697.6	64052.0	60407.0	56761.6	53116.1	49470.5	45825.0	42179.5
13.4	68333.1	64657.9	60982.6	57307.4	53631.7	49956.0	46280.1	42604.4
13.5	68979.4	65274.0	61569.1	57863.7	54157.8	50451.9	46746.0	43040.1
13.6	69636.0	65901.2	62165.7	58430.5	54694.4	50958.3	47221.9	43485.7
13.7	70303.0	66538.4	62773.1	59007.6	55241.3	51474.9	47708.6	43942.3
13.8	70980.1	67186.1	63391.0	59595.4	55798.8	52002.3	48205.7	44409.2
13.9	71672.0	67847.1	64022.3	60196.2	56369.4	52542.7	48715.8	44889.5
14.0	72379.4	68523.8	64669.2	60813.2	56956.3	53099.4	49242.4	45385.5
14.1	73103.9	69218.0	65333.1	61447.2	57560.1	53673.0	49786.0	45898.9
14.2	73845.9	69929.9	66014.0	62098.0	58181.3	54264.2	50347.2	46429.9
14.3	74606.3	70659.9	66714.1	62767.4	58820.3	54873.5	50926.7	46979.3
14.4	75384.9	71408.5	67432.0	63455.1	59478.0	55500.9	51524.2	47547.0
14.5	76183.0	72176.3	68169.6	64161.6	60154.8	56147.9	52141.3	48134.3
14.6	77003.7	72963.7	68925.5	64888.1	60851.5	56814.8	52777.9	48741.0

例 9-2 设 A 轮船舶排水量为 86332.2 t,对应船舶平均型吃水 d_m=13.877 m,船舶合重心距基线高度 KG=10.86 m,自由液面对初稳性的高度的修正量 δGM_f=0.025 m。根据例9-1的计算结果并应用 A 轮许用倾侧力矩 M_a 资料校核船舶稳性。

解: (1) 经自由液面修正后的船舶重心高度:
$$KG_f = KG + \delta GM_f = 10.86 \text{ m} + 0.025 \text{ m} = 10.885 \text{ m}$$

(2) 根据船舶平均型吃水 d_m=13.877 m 和 KG_f=10.885 m 查该船许用倾侧力矩表,由于船舶吃水 d_m 和重心高度 KG_f 均不在表列数据点上,需分别根据吃水 d_m 和重心高度 KG_f 进行两次内插。经内插得: M_a=54611.8×9.81 kN·m。

(3) 比较 M'_u 和 M_a: M'_u=33193.7×9.81 kN·m, M_a=54611.8×9.81 kN·m,有 $M'_u < M_a$。船舶稳性符合《国际谷物规则》的要求。

2. 以横倾角 40°时的剩余静稳性力臂 GZ'_{40} 的计算替代剩余动稳性 S 的计算

当船舶资料中无"散装谷物船许用倾侧力矩表"时,可以用横倾角 40°时剩余静稳性力臂 GZ'_{40} 的计算,替代三项稳性衡准指标中求取过程烦琐的剩余动稳性 S 的计算,然后校核。

1) 核算条件

能否采用剩余静稳性力臂法来替代剩余动稳性 S 的计算,应首先判断是否同时满足下列三项条件:

(1) 谷物假定移动引起的船舶横倾角 θ_h 不大于 12°;

(2) 经自由液面修正后的 GZ'-θ 曲线在 12°~40°范围内形状正常,无凹陷现象;

(3)右边界线的横向坐标 $\theta_r = 40°$。

若其中有一项不能满足,则不应采用此方法核算。

2)稳性衡准

$$GZ'_{40} = GZ_{40} - \lambda_{40} = KN_{40} - KG\sin 40° - 0.8 \times \sum \frac{M'_u}{\Delta} > 0.307 \text{ m}。$$

即只要满足横倾角 40°时剩余静稳性力臂 $GZ'_{40} > 0.307$ m,则满足剩余动稳性 $S \geqslant 0.075$ m·rad 的要求。

如图 9-11 所示,以横坐标轴从 12°到 40°为底边长 L,以最小允许值 GZ'_{40} 为高作一直角三角形,并设其面积 S' 恰好为 0.075 m·rad 。显然,当同时满足上述三项简化核算条件时,剩余动稳性 S 必定大于直角三角形面积 S',即图 9-11 中,若 $S' \geqslant 0.075$ m·rad,则必定满足 $S \geqslant 0.075$ m·rad 的要求。

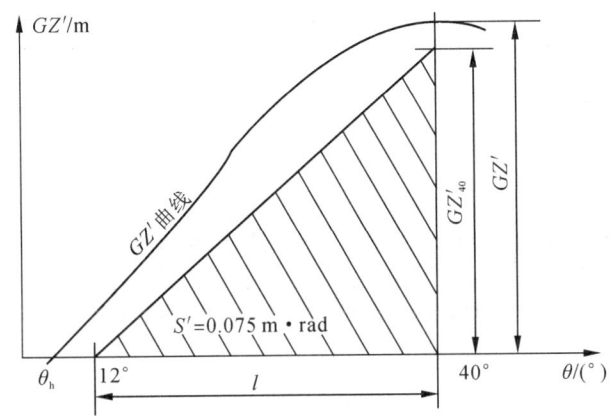

图 9-11 剩余动稳性力臂简化计算原理图

设 $S' = 0.075$ m·rad,则:

$$S' = \frac{1}{2} l \cdot GZ'_{40} = \frac{1}{2} \times (40 - 12) \times \frac{\pi}{180} GZ'_{40}$$

$$= 0.075 \text{ m·rad}$$

计算得:$GZ'_{40} = 0.307$ m。

【思考与应用 9-2】

1.《国际谷物规则》对散装谷物船舶的稳性和装载的资料要求有哪些?

2.《国际谷物规则》对国际航行散装谷物船舶稳性衡准指标要求有哪些?

3.《国际谷物规则》对国际航行散装谷物船舶稳性衡准指标是基于什么假定谷物下沉和倾侧模型的?

4.《国内航行海船法定检验技术规则》对 2020 年 8 月 1 日前、后安放龙骨或处于类似建造阶段的船舶载运散装谷物的稳性分别有何要求?

5.散装谷物船许用倾侧力矩的含义是什么? 如何查取?

6.采用横倾角 40°时剩余稳性力臂的计算来代替剩余动稳性 S 计算的前提条件是什么?

7.散装谷物的装载应注意满足哪些要求?

8.某船装载密度为 0.74 t/m³ 的散装谷物后排水量 $\Delta = 43500$ t,$KM = 11.58$ m,$KG = 8.80$ m,$KN_{40} = 7.53$ m,自由液面力矩为 4015×9.81 kN·m,该船全部满载舱谷物横向移动倾侧体积矩之和为 5721 m⁴(以舱容中心为谷物重心),部分装载舱谷物横向移动倾侧体积矩为 12950 m⁴,试求:

(1)剩余静稳性力臂 GZ'_{40}。为满足散装谷物船舶关于剩余动稳性的要求,该值必须满足什么要求?

(2)该装载状态下谷物假定移动引起的船舶静横倾角。

9.某轮某航次装载散装谷物,该船有 4 个货舱,其中 2#舱为部分装载舱(谷物重心取体积中心),其他舱为经平舱的满载舱(谷物重心取舱容中心),谷物的积载因数 $SF=1.5 \text{ m}^3/\text{t}$。出港时的装载排水量 Δ、垂向重量力矩 M_Z、各舱谷物横向移动体积矩 M_{V_i} 如表 9-7 所示,此时油、水舱自由液面力矩为 2500 t·m,该装载状态下横稳心距基线高 $KM=8.5 \text{ m}$,进水角为 $\theta_f=52°$,甲板边沿入水角 $\theta_{im}=25°$,该船基于基点法的形状稳性力臂 KN 见表 9-8。根据 2008 年 IS 规则对散装谷物船舶稳性的特殊衡准要求,解决下列问题:

(1)根据相关数据,计算并完成表 9-7 和表 9-8;

(2)核算 IS 规则对散装谷物船舶稳性的特殊衡准要求的各项指标,并判断船舶稳性是否满足相应要求。

表 9-7 船舶装载状态和谷物移动倾侧力矩计算表(阴影格内不填数据)

项 目	重量/t	重心距基线高/m	垂向重量力矩/(t·m)	谷物横向移动倾侧体积矩/m⁴	重心修正系数	谷物移动倾侧体积矩/m⁴	$SF/(\text{m}^3/\text{t})$	谷物移动倾侧力矩/(t·m)
空船	5500	7.5	41250					
1#货舱	3500	7.5	28000	420			1.5	
2#货舱	3500	7	24500	8100			1.5	
3#货舱	4000	7.5	32000	480			1.5	
4#货舱	4000	7.5	32000	480			1.5	
燃油舱	1000	0.75	750					
淡水舱	200	3	600					
杂项	200	9	1800					
合计	21400		151400					

表 9-8 船舶经自由液面修正的复原力臂 GZ 计算表

$\theta/(°)$	KN/m	$\sin\theta$	KG_f/m	$KG_f \cdot \sin\theta/\text{m}$	GZ/m
0	0	0			
5	0.8	0.09			
10	1.6	0.174			
12	1.95	0.21			
20	3.26	0.342			
30	4.86	0.5			
40	6.2	0.643			
50	6.9	0.766			
60	7.06	0.866			
70	6.73	0.94			

第三节 改善散装谷物船稳性的方法及措施

当计算结果表明,散装谷物船舶的稳性不能满足有关规则要求时,应采取一些必要的措施来调整和改善船舶的稳性,通常主要从以下几个方面进行考虑。

一、减小散装谷物假定倾侧力矩

减小散装谷物假定倾侧力矩,可使谷物移动引起的船舶横倾角减小,船舶剩余动稳性值增大,这是改善散装谷物船舶稳性的主要措施。散装谷物假定倾侧力矩按满载舱和部分装载舱两部分计算。对于满载舱,无论是否平舱,其假定倾侧力矩为一固定值,而对部分装载舱,其倾侧力矩随舱别及装载深度而变化,其值在全船谷物假定倾侧力矩中占有很大比例,尤其是在近半舱状态下。因此,要减小谷物假定倾侧力矩,首先应考虑减小部分装载舱的谷物假定倾侧力矩。

1. 减少部分装载舱数

当船舶满载且散装谷物的平均积载因数小于船舶的舱容系数时,或船舶未满载但存在航线上水深限制或有调整船舶纵强度或吃水差要求时,常常会出现多个部分装载舱的装载状态。为减小谷物假定倾侧力矩,应尽可能减少部分装载舱数。

2. 尽可能将宽度和长度较小的货舱用作部分装载舱

由于谷物假定倾侧力矩与谷面宽度的立方成正比,因此,如将部分装载舱安排于舱宽较小的货舱(如首部货舱),就会大大减小部分装载舱的谷物假定倾侧力矩。另外,在舱宽相同或相近时,部分装载舱则宜选择舱长较短的货舱,但同时应兼顾船舶受力、强度和吃水差的要求,防止顾此失彼。

3. 谷物装舱深度应避免处于该舱谷物假定倾侧力矩的峰值附近

各舱谷物假定倾侧力矩峰值所对应的装舱深度位于底边舱和顶边舱之间的舱宽最大处,因此实际装载谷物深度应尽可能远离此位置。如发现装载方案中出现某部分装载舱的谷物假定倾侧力矩恰处于峰值附近,可以考虑将某满载舱的部分谷物移入该部分装载舱。这样,该部分装载舱的谷面因避开峰值而减少的谷物假定倾侧力矩,可能会超过原满载舱因谷物移出后所增加的谷物假定倾侧力矩,从而使谷物移动总的倾侧力矩减少。

4. 视谷面装舱深度确定是否采用共通装载方式

对于多层甲板干货船,当装载后谷面超过该层舱舱口时,可采用共通装载方式。若谷面未超过该层舱舱口,但当舱内谷面倾侧25°且谷物有可能流入上层舱时,则应将舱盖关闭,改变共通装载方式为上下各层舱单独装载方式。

5. 将未经平舱的满载舱改为经平舱的满载舱

由表9-3可知,经平舱的满载的谷物移动体积矩明显小于未经平舱的满载舱的谷物移动体积矩。例如该轮3#货舱,经平舱的满载舱和未经平舱的满载舱的 M'_{V_i} 分别为 558.6 m^4 和 2905.3 m^4,可见即使是满载舱,平舱效果也很明显。

二、严格按散装谷物装载要求进行装载和平舱

散装谷物装载时,应按要求进行一切必要和合理的平舱工作,把所有的谷物自由表面整平并使谷物移动的影响减至最小。经平舱的满载舱,应对散装谷物加以平整,以便使甲板和舱口盖下方的所有空间装满到可能的最大程度;在任何未经平舱的满载舱中,应使散装谷物在舱口范围内装满到可能的最大程度,在舱口范围以外可处于其自然休止角位置;部分装载舱的所有谷物表面应整平。

三、改善装载方案,降低船舶重心,增大船舶的初稳性高度

在船舶未满载状态下,在底层压载舱注入适量的压载水,可有效降低船舶重心高度,改善船舶稳性。它表现在使静稳性力臂增大,从而增大剩余动稳性值,同时减小了由于谷物移动引起的船舶横倾角。

四、设置谷面防移装置及采取止移措施

如果采取前述改善稳性的措施后稳性仍不能满足规则对散装谷物船完整稳性的要求,作为补救措施,船舶可以在装运谷物的一个或几个舱内设置适当的谷面防移装置或采取某种止移措施,以达到减少舱内谷物移动的目的。

1. 适合于满载舱的谷面止移措施

1)设置纵向隔壁

《国际谷物规则》规定纵向隔壁必须为谷密且强度满足要求,在甲板间舱的纵向隔壁必须由下层甲板延伸到上层甲板,在货舱内的纵向隔壁必须从甲板或舱盖向下延伸至该处谷面下或舱口下的纵桁材之下至少 0.6 m,取大者。

2)设置托盘

除装载亚麻子和具有类似性质的其他种子的情况外,舱内设置托盘可以替代设置纵隔壁。如图 9-12 所示,托盘底部放置衬垫帆布或其他等效物,其上堆满袋装货物,托盘顶部应由舱口边桁材或围板及舱口端梁组成。对托盘深度 d 的要求是:当船舶型宽 $B \leqslant 9.1$ m 时,要求 $d \geqslant 1.2$ m;当 $B \geqslant 18.3$ m 时,要求 $d \geqslant 1.8$ m;当 B 介于 $9.1 \sim 18.3$ m 之间时,用内插法计算要求的 d 值。

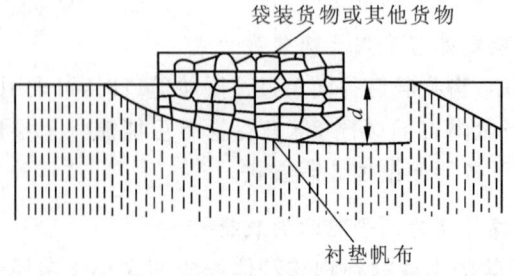

图 9-12 舱内设置托盘

3)设置散装谷物捆包

用散装谷物捆包代替袋装货物来填装托盘,其形式及长度与托盘相同,托盘内应有足够

抗拉强度的衬垫材料且顶部应有适当的固定装置,如图 9-13 所示。

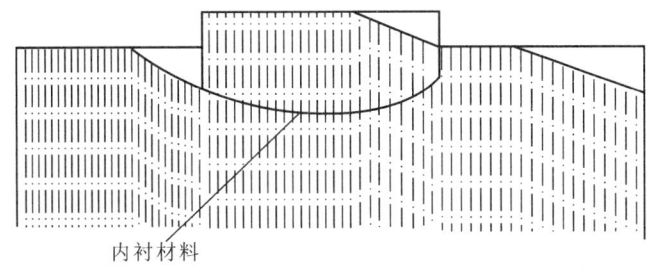

图 9-13 舱口设置散装谷物捆包

2.适合部分装载舱的谷面止移措施

1)设置纵隔壁

部分装载舱纵隔壁的设置,除受到舱顶和舱底限制外,要求谷面以上高度和谷面以下深度为该舱最大宽度的 1/8。

2)谷面上堆装货物

这种措施俗称"压包"。将自由谷面整平,在谷面上使用衬垫帆布或其他等效物,或设置一垫木平台,其上堆妥为装满且牢固缝口的袋装谷物或其他等效货物,且堆装高度不应小于谷物表面最大宽度的 1/16 或 1.2 m,取较大者,如图 9-14 所示。

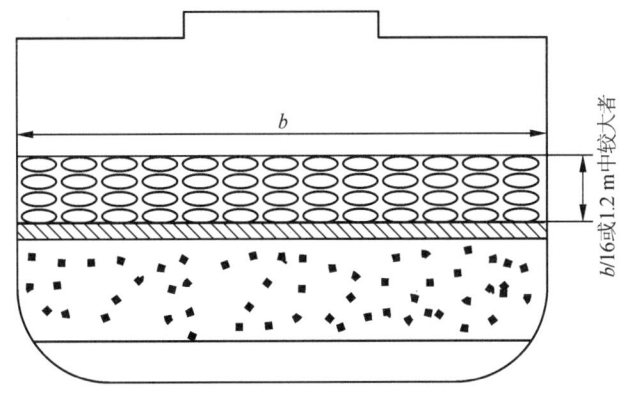

图 9-14 谷面上堆装货物

3)用钢带或用钢索(或链条)捆绑固定谷面

用钢带、钢索或链条等系索固定谷面时,应在完成装载前先将系索用卸扣经一定间距连接在谷物最终表面以下 0.45 m 的舱内两侧的船体结构上,用纵向间距不大于 2.4 m 的卸扣与绑索(钢带、钢索或链条)连接。谷物装完后应平舱,将谷面平整至顶部略呈拱形,并用粗制帆布或等效物覆盖(要求接头处至少应重叠 1.8 m),其上密排底层横向铺设和上层纵面铺设并钉成一体的两层垫木,随后将两舷系索用松紧螺旋扣紧固。航行中应经常检查系索,且必要时应予收紧。

4)用钢丝网紧固

用钢丝网固定谷面的方法与上述用系索固定谷面的方法基本相同,只是以两层增强钢丝网替代两层垫木。在粗帆布或其他覆盖物上面应放置两层增强钢丝网,底层网应横向放置,而上层网为纵向。钢丝网的长度应至少有 75 mm 的搭接。上层网盖在底层上的位置应使两层之间相交形成的方格约为 75 mm×75 mm。在舱室左舷和右舷的钢丝网的边缘,应用 150 mm×50 mm 的木板夹紧。最后用钢丝绳、双层钢带等捆索固定,其设置间隔应不超过 2.4 m,但邻近前后舱壁的第一根和最后一根距离舱壁应不大于 300 mm。

【思考与应用 9-3】
1. 如何减小散装谷物假定倾侧力矩?
2. 散装谷物的防移装置和止移措施有哪些?
3. 散粮船的装舱准备工作有哪些?装货中应特别注意哪些事项?
4. 改善和提高散装谷物船舶稳性的主要途径有哪些?

第十章　固体散装货物运输

固体散装货物系指除液体和气体外的,直接装入船舶装货处所而不需任何中间容器的,由成分大体一致的微粒、颗粒或较大块碎片组成的任何物质,简称固体散货,如:散装运输的矿石、煤炭、化肥、水泥、谷物、饲料等。

固体散装货物运输具有运输量大、货流比较稳定、到发港相对集中、货价和运价低廉,以及在多数情况下货种单一并采用专用船舶单向运输等特点。固体散装货物运输在世界海运业中占据重要地位,按载重吨计,散货船占世界海运总运力的43%。固体散货海上运输过程中的主要危险是货物分布不均引起的结构损坏、航行期间因货物流态化和动态分离而失去或减小稳性,以及货物的化学反应危险。

第一节　固体散货的分类及特性

一、相关法规

适用于固体散装货物(除谷物外)的国际法规包括 SOLAS 公约(第Ⅵ章、第Ⅶ章)、《国际海运固体散装货物规则》(The International Maritime Solid Bulk Cargoes Code,简称"IMSBC 规则")和《散货船安全装卸操作规则》(Code of Practice for the Safe Loading and Unloading of Bulk Carriers,简称"BLU 规则")。国内相关法规包括《海运固体散装货物安全监督管理规定》(经交通运输部令 2022 年第 25 号修改)、《水路运输易流态化固体散装货物安全管理规定》(交水发〔2011〕638 号),运输固体散装危险货物时,还应遵守《船舶载运危险货物安全监督管理规定》(交通运输部令 2018 年第 11 号)等有关规定。

1. SOLAS 公约对固体散货运输的要求

SOLAS 74 公约第Ⅵ/1-2 条"谷物以外固体散货运输要求规定":谷物以外的固体散装货物的运输应符合 IMSBC 规则的相关规定。

SOLAS 74 公约第Ⅵ章 B 部分"固体散货特殊规定"主要内容如下:

1)装运的可接受性

在装货之前,船长应掌握有关船舶稳性和标准装载条件下货物分布的全面信息。

2)散装货物的装卸和积载

(1)船舶应配备一份使用负责货物作业的高级船员所熟悉的语言编写的手册。该手册应至少包括下列内容:①符合要求的稳性资料;②加压载和减压载的速率和容量;③内底板上单位表面积的最大许用载荷;④每舱最大许用载荷;⑤有关船体结构强度的一般装卸须知,包括在装卸货物、压载作业及航行期间的最不利操作工况的任何限制;⑥任何特别的限制,例如主管机关或由其认可的组织所施加的最不利操作工况的限制(如适用);⑦在装卸货物及航行期间船体上的最大许用载荷和力矩(如要求强度计算)。

(2) 固体散装货物在装货或卸货之前,船长和负责装卸作业的码头代表应商定一项计划,该计划应确保在装卸货物期间不超过船上的许用应力和力矩。应包括装卸货物的次序、数量及速率,并考虑到装卸货物的速度、作业舱及轮回数和排出或注入压载的能力。该计划及其后的任何修改,应提交给港口国的有关当局。

(3) 船长和码头代表应确保装卸货物作业按照商定的计划进行。

(4) 在装卸货物期间,如果已经超出或即将超过对船舶的任一限制,则船长有权中止装卸作业并有责任将此通知批准这个计划的港口国有关当局。船长和码头代表应确保采取纠正措施。当卸货时,船长和码头代表应确保卸货方法不损坏船体结构。

(5) 船长应确保船上人员连续不断地监视货物装卸作业。如有可能,在装卸货物期间应定期校核吃水以确认提供的吨位数。每次测得的吃水和吨位数应记入货物日志。如发现与商定的计划有显著偏差,则应调整货物装卸或压载作业,或两者,以确保偏差被纠正。

SOLAS 74 公约第Ⅻ章(散货船附加安全措施)包含 14 条内容,主要包括:适用于散货船的破损稳性要求;结构强度;结构要求及其他要求;检验和维护保养;船舶资料;固体散货密度的申报;装载仪;货舱、压载舱和干燥处所进水报警装置;泵系的有效性;任何货舱空舱时的航行限制等相关规定。其中第 10 条规定,船长为 150 m 及以上的散货船装货之前,托运人除按公约第Ⅵ/2 条要求提交货物资料外,还应申报货物密度。除非散货船符合本章有关装运密度为 1780 kg/m³ 及以上的固体散货的所有相关要求,申报密度在 1250 kg/m³ 至 1780 kg/m³ 范围内的任何货物应由有资质的试验机构验证其密度。

2. IMSBC 规则对固体散货运输的要求

IMO 以 MSC.268(85)号决议通过的 IMSBC 规则作为 SOLAS 公约的强制性规则,于 2011 年 1 月 1 日正式生效,IMSBC 规则的修正案由 IMO 海上安全委员会(MSC)审议通过,该规则每 2 年修正一次。其第 06-21 修正案在 A 组(Group A)货物中除"流态化(liquefaction)"外,还包括了"动态分离(dynamic separation)"一词。目前最新的版本是 MSC 于 2023 年 6 月以 MSC.539(107)决议通过的第 7-23 修正案(Amendment 07-23),该修正案于 2024 年 1 月 1 日自愿执行,2025 年 1 月 1 日起强制实施。

IMSBC 规则的内容包括 1~13 节(Section1~13)和 5 个附录(Appendix1~5)。正文 1~13 节依次为:一般规定;装载、运输和卸载一般预防措施;人员和船舶的安全;托运货物可接受性的评估;平舱程序;测定静止角的方法;可流态化和动态分离货物;A 组货物的试验程序;具有化学危害的物质;散装固体废弃物的运输;保安规定;积载因数换算表;相关资料和建议案的引用。附录 1~5 依次为:固体散装货物明细表;实验室试验程序、相关器具和标准;固体散货的特性;索引;三种语言(英语、西班牙语和法语)的散装货物船运名(Bulk cargo shipping name,BCSN)。

根据货物在海运中呈现的特性,IMSBC 规则将海运固体散装货物分成 A、B、C 三组。

IMSBC 规则附录 1"固体散装货物明细表"中按照散装货物船运名(BCSN)、说明、危害、积载和隔离、货舱清洁度、天气预防措施、装载、预防措施、通风、载运、卸货、清扫、应急程序(对于 B 组货物)等项目列出了典型固体散货的运输要求,部分货物还以相应细目的附录的形式列出了该货物的特别预防措施。IMSBC 规则附录 1 还通过每 2 年的修正案不断地补充完善。对于 IMSBC 规则附录 1 明确列出的固体散装货物,除规则第 1~10 节和第 11.1.1 节的规定外,还应按照该货物明细表中的规定进行运输。船长应考虑是否在必要时就可能有效且适用于运输的要求咨询装卸港当局。但该表并不是详尽无遗,货物的特性仅供参考。因此在装货之前,必须从托运人那里获得关于待装运货物的物理和化学特性的最新有效信息。

散装货物船运名及其组别信息可以查询 IMSBC 规则附录 4"索引"。

3.《散货船安全装卸操作规则》对固体散货运输的要求

《散货船安全装卸操作规则》(BLU 规则)的目的是防止因装卸作业不当而导致运载固体散货的船舶发生事故或损失。IMO 大会于 1997 年 11 月以 A.862(20)号决议通过了该规则。BLU 规则为散货船船长、码头运营商和其他相关方提供安全处理、装载和卸载固体散货的指导,是 SOLAS 公约的建议性规则,也是 IMSBC 规则的重要补充。目前的版本是经 IMO 海上安全委员会第 MSC.238(82)号和 MSC.304(87)号决议修正的 2011 版。

BLU 规则包含正文 1~6 节(Section 1~6),分别为:定义;船舶和码头的适用性;到港前船舶和码头之间的程序;装卸货物前船舶和码头之间的程序;装货和压载处理;卸货和压载处理。另外还有 5 个附录,分别为:附录 1 港口和码头资料簿的建议内容;附录 2 装卸货计划;附录 3 散货船装卸船/岸安全检查项目表;附录 4 船/岸安全检查项目表填写指南;附录 5 货物资料格式。

MSC 于 2005 年 5 月第 80 届会议核准了《码头代表固体散装货物装卸手册》(BLU 手册),该手册作为 BLU 规则的补充,旨在为码头代表和其他参与固体散货装卸的人员提供更详细的指导。2010 年 6 月 MSC 第 87 届会议批准了 BLU 手册的修正案(MSC.1/Circ.1356)。

4.国内固体散货运输的相关规定和要求

1)《海运固体散装货物安全监督管理规定》

该规定适用于船舶在我国管辖海域内从事载运固体散装货物。要求船舶载运固体散装货物,应当符合有关积载、隔离和运输的安全技术规范,并符合相应适装证书或者证明文书的要求。载运固体散装货物的船舶,其船舶装载手册或者稳性计算书中应当列出所载货物安全适运的典型工况。拟交付船舶运输的固体散装货物如果未在 IMSBC 规则中列出,其托运人应当提交具有相应资质的检测机构出具的鉴定材料,明确货物的分组、分类、危险性、污染危害性和船舶载运技术条件后,方可交付船舶运输。

载运 B 组以外固体散装货物船舶进出港口,应当在进出港口 24 小时前向海事管理机构报告。航程不足 24 小时的,应当在驶离上一港口前报告。

对环境有害的固体散装货物,船舶卸货完毕后,货物残余物及其洗舱水应当由港口接收设施或者船舶污染物接收单位接收,禁止排放入水,并按照规定在垃圾记录簿中如实记载。

易流态化固体散装货物的托运人,应当按照 IMSBC 规则的规定,制定并实施货物取样、试验和控制水分含量的程序。拟交付船舶载运的易流态化固体散装货物,其托运人应当提交检测机构出具的含有货物适运水分极限、水分含量等技术指标的检测报告。适运水分极限的采样和检测应当在货物计划装船前 6 个月内完成;水分含量的采样和检测应当在货物计划装船前 7 天内完成。货物装船前或者装船期间因降水等情形可能引起货物水分含量升高或者其他特性变化,或船长有充分理由认为拟装载货物与其水分含量证明不相符,托运人应当重新对货物水分含量进行采样和检测。

2)《水路运输易流态化固体散装货物安全管理规定》

该规定适用于我国管辖范围内港口间运输船舶和到港船舶、港口以及其他有关单位从事易流态化固体散装货物运输、装卸、储存和检测等活动,包括装运限制、采样和测试、货物资料报告、港口作业、货物装载、航行途中管理和事故调查等与易流态化固体散货运输相关的规定。其附件还包括水路运输易流态化固体散装货物目录、易流态化固体散装货物适运性现场检测简易方法和散货船装卸船/岸安全检查项目表。

3)《船舶载运危险货物安全监督管理规定》

该规定适用于固体散货的部分规定包括:船舶载运 B 组固体散装货物,还应当符合《国际海运固体散装货物规则》的要求;船舶载运危险货物应当符合有关危险货物积载、隔离和运输的安全技术规范,并符合相应的适装证书或者证明文件的要求;载运危险货物的船舶在装货前,应当检查货物的运输资料和适运状况;发现有违反规定情形的不得装运;船舶 B 组固体散装货物离港前,应当将列有所载危险货物的装载位置清单、舱单或者详细配载图向海事管理机构报告。

另外,我国还制定了国家标准《固体散装货物海运安全技术要求》(GB 40558—2021)。

二、固体散货的分类

IMSBC 规则将海运固体散装货物分成以下 A、B、C 三组:

1. A 组:易流态化或动态分离货物

A 组(Group A)货物包括由于水分而有危险的货物,如果运输时的水分含量超过适运水分极限,可能会流态化(liquefaction)或动态分离(dynamic separation)。即 A 组货物包括"易流态化货物(cargoes which may liquefy)"和"易动态分离货物(cargoes which may undergo dynamic separation)"。

1)流态化和动态分离及其危害

根据 DNV 数据,2009 年至 2017 年,有 9 艘失事的 10000 DWT 以上船舶被怀疑为货物流态化造成的。这些船舶载运来自印度、印度尼西亚和马来西亚等国家的铁矿、铁精矿、镍矿、铝土矿等易流态化货物,失事时间也多与雨季有关。

根据 INTERCARGO 的统计,2013 年至 2022 年的 10 年间有 26 艘 10000 DWT 以上的散货船失事,导致 104 名船员丧生。货物液化仍然是造成生命损失的"罪魁祸首"。有 5 艘散货船(4 艘装载镍矿,1 艘装载铝土矿)因货物液化导致 70 名船员丧生(占总人数的 63.7%),占同期所有船只伤亡人数的 19.2%。

2015 年 1 月,载有 4.6 万吨铝土矿的散货船"BULK JUPITER"在越南东海岸沉没,船上 18 名船员丧生。根据当时的 IMSBC 规则,铝土矿属于 C 组货物。为此,IMO 成立了全球铝土矿工作组(GBWG)进行研究,根据研究结论,认为可能是一种"动态分离"的现象造成了这场悲剧。

动态分离是指由于振动和船舶运动,货物从下面压实,货物中的水分迁移到货物表面,在货物上方形成液体泥浆(水和细固体),导致自由表面效应,从而可能会显著影响船舶的稳性。固体散货因含水量过高而动态分离的过程和后果如图 10-1 所示。

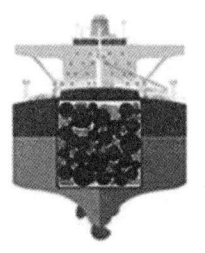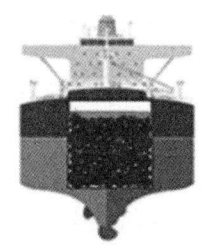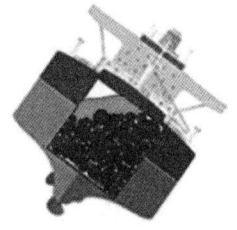

图 10-1　固体散货因含水量过高而动态分离的过程和后果

货物流态化是指货物含有一定比例的小颗粒物和一定量的水分,航行中因船舶震动、运动等使得货物颗粒之间的空间体积被压实而减小,导致空间中的水压增加,从而减少了货物颗粒之间的摩擦力,导致货物的剪切强度降低,使货物呈现可移动的状态,如图 10-2 所示。当货物由大颗粒或块状物组成,水通过颗粒之间的空间,且水压没有增加时,货物不会发生流态化。

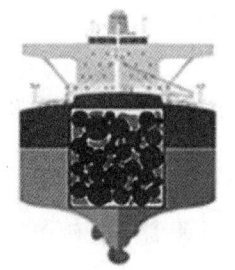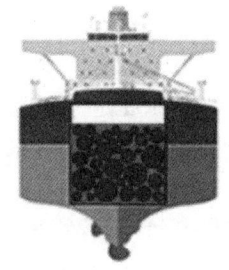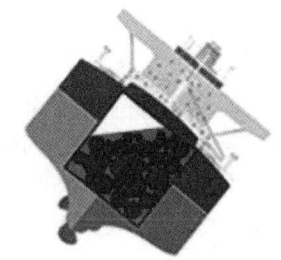

图 10-2　固体散货因含水量过高而流态化的过程和后果

这类货物在装载时看起来处于相对干燥的颗粒状态,但可能含有足够的水分。当含水量(moisture content,MC)超过适运水分极限(transportable moisture limit,TML)时,可能会发生液化引起的货物移位。一些货物易受水分迁移的影响,即使平均含水量低于 TML,也可能形成危险的湿底。货物表面看起来很干燥,但可能会发生未被发现的液化,导致货物移位。

2)A 组货物的测试

(1)流动水分点和适运水分极限的概念

对于 A 组货物,除非由专门建造的或装有专门设备的货船装运,其实际水分含量和适运水分极限是判断货物可运性的两项重要指标,均须按照 IMSBC 规则有关要求,根据主管当局认可的测试程序测定,并取得测试证书。

易流态化货物的易流态性以流动水分点(flow moisture point,FMP)来表征,流动水分点系指按规定的方法试验时,使物质的代表性样品产生流动状态的含水量百分比(按湿重计)。流动状态系指颗粒状物质内饱含液体时,由于震动、撞击或船舶摇摆等外部因素的影响,丧失其内部抗剪强度而呈现出如同液体一样的状态。

适运水分极限(TML)是固体散货适合海上运输的最大含水量。普通散装固体货船不得承运超过 TML 的货物。为保证安全,IMSBC 规则一般取流动水分点(FMP)的 90% 作为货物的适运水分极限,但对散货密度按干重计(大于 90 kg/m³ 的泥煤苔取 FMP 的 85%)。我国《水路运输易流态化固体散装货物安全管理规定》规定 TML 通常按 FMP 的

80%~90%确定。

(2)流动水分点和实际含水量的测定

货物的检测应当由托运人或其代理人在货物交付船舶运输前委托专业机构进行。我国规定,托运人或其代理人应当在货物交付船舶运输前,委托具有国家资质的检测机构对送检易流态化固体散装货物样品进行适运水分极限、颗粒分布、积载因数检测并出具易流态化固体散装货物检测报告。检测报告有效期6个月。货物的取样、制样、送检,应当由托运人委托由交通运输部批准的理货机构进行。

固体散装货物的适运水分极限(TML)的测定试验须在装货之日前6个月内进行。但如果货物成分或性质因某种原因发生了变化,应重新测定。

易流态化货物的实际含水量(MC)的测定采样时间和试验时间应尽可能与装货时间接近。除非对货物加以充分遮盖而使其含水量不发生变化,否则采样/试验与装货时间的间隔不得超过7天。如果在装货期间岸上堆场和驳船中的货物遭受了雨雪的侵袭,则在装货港遭受雨雪之后,需要重新检测其含水量。

IMSBC规则提出了6种通用的适运水分极限(TML)的试验方法:流盘试验、插入度试验、葡氏/樊氏试验、改良的铁精矿葡氏/樊氏试验、改良的煤炭葡氏/樊氏试验和改良的铝土矿葡氏/樊氏试验。IMSBC规则附录2详细规定了试验的程序和方法。试验方法各有优点,宜按当地常用操作方式进行试验或由有关当局选定试验方法。

①流盘试验(flow table test)

流盘试验可用于测试货样的含水量,测试货样在流盘振动力或周期力作用下的流动水分点(FMP),测试货样的适运水分极限。流盘试验一般适用于最大粒度为1 mm的精矿或其他颗粒物质。最大粒度达到7 mm时也可以使用。该方法不适用颗粒大于此限的物质,对于含黏土比例较高的同类物质,测试结果也不理想。如果货物不适于用流盘测试法,则采用的测试程序应由港口国主管机关批准。

流盘试验的过程一般包括试样采集和准备、含水量的测定和流动水分点的试验。试样分成A、B和C三个子样,A子样用于测量含水量,B和C子样分别用于流动水分点的预备试验和主试验。

含水量的测定是将子试样A在105℃的温度下干燥数小时后称重,根据收到试样和最终干燥试样质量变化确定含水量。若试样"收到时"的质量为m_1,干燥后的质量为m_2,则试样的含水量为:

$$MC = 100\% \times (m_1 - m_2)/m_1 \tag{10-1}$$

设m_3为试样刚达到流态后的精确质量,m_4为试样刚达到流态后的经干燥后的精确质量,m_5为试样刚达到流态前的精确质量,m_6为试样刚达到流态前的经干燥后的精确质量。则试样的流动水分点为:

$$FMP = \frac{1}{2} \cdot \left(\frac{m_3 - m_4}{m_3} + \frac{m_5 - m_6}{m_5} \right) \times 100\% \tag{10-2}$$

②插入度试验(penetration test)

插入度试验是使试验物质在圆缸中进行振动,根据其上标尺的插入深度确定流动水分点。插入度试验一般适用于精矿、类似精矿物质及最大颗粒尺寸为25 mm的煤。本试验由粗测流动水分点的预备试验和精测流动水分点的主试验构成。

③葡氏/樊氏试验(Proctor/Fagerberg test)

葡氏/樊氏试验可用于细粒和相对较粗粒精矿或最大颗粒为 5 mm 的类似物质的试验。该方法不得用于煤或其他多孔物质。在对最大颗粒为 5 mm 以上的较粗物质应用葡氏/樊氏测试法方法之前,应对本方法进行仔细研究和改进。按葡氏/樊氏测试法,适运水分极限(TML)的取值为临界水分限制,取为饱和含水量的 70%。

试验方法是取一定量的经干燥的试样加入适量的水,利用冲压试验测定 5～10 个不同含水量的试样(即进行 5～10 次不同试验),试样的含水量应从干燥调制到接近饱和。

试验完成后,按照 IMSBC 规则指定的方法计算出每一次冲压试验铁模内的空当比 e(空当体积与固体体积的比值)、净含水量 e_V(体积比)和含水量饱和度 S(体积比,净含水量 e_V 与空当比 e 的比值),以空当比为纵坐标、净含水量为横坐标参数绘制出一条冲压曲线,冲压曲线与饱和度为 70% 的曲线交点即为 TML。

④易流态化固体散装货物适运性现场检测简易方法

当船舶在实际营运过程中,并没有太多的检测设备时,一般可以采用以下几种易流态化货物含水量简易检验法:

a. 适用于吸水性弱的固体散货

(a)用坚固圆筒或类似的容器(容积为 0.5～1 L)装半罐样品,从离地面约 0.2 m 高处猛力摔在坚硬的地面上,重复做 25 次,每次间隔 1～2 s,如样品表面游离出水分或液化时,则需要重新检验。

(b)手抓一把样品,从 1.5 m 高处自由落到坚硬地面或甲板上,若样品崩散,则适运,若样品仍为一团,则不适运。

(c)手抓样品成团后即松开,样品散开,则适运;若样品抱团不散,需要重新检验。

b. 适用于吸水性强的固体散货

(a)用坚固圆筒或类似的容器(容积为 0.5～1 L)装半罐样品,从离地面约 0.2 m 高处猛力摔在坚硬的地面上,重复做 25 次,每次间隔 1～2 s,如样品表面游离出水分或液化时,则需要重新检验。

(b)将样品放入平底玻璃杯或小容器内,来回不停摇动 5 min,如有明显液体浮在表面,表明不适运。

(c)将脚踏在样品上,如出现松软现象,显流沙样流动,表明不适运。

(d)将样品放在平盘里,堆成圆锥状后,不断用平盘击桌面,如样品塌成饼状,表明不适运;如样品成碎块或裂开,则适运。

(e)将样品先充分揉捏均匀,然后在平板上用手掌慢慢搓滚成细条,用力应均匀,当样品条搓成直径正好为 3 mm 时,如产生横向裂缝并开始断裂,则适运。

2. B 组:具有化学危险的货物

由于其化学性质而在运输中可能产生危险的固体散装物质均在 B 组内。这组货物分两类,其中一类为已被列入《国际危规》的危险货物,这些物质包装运输时适用《国际危规》,散装运输时则应遵守 IMSBC 规则;另外一类为仅在散装运输时会造成危险的货物(materials hazardous only in bulk, MHB)。

1)已列入《国际危规》的危险货物

已列入《国际危规》危险货物,散装运输时仍按照《国际危规》中的类别分类。第 1 类爆炸品因其特殊的危险性,不允许散装运输;第2类气体和第3类易燃等液态货物散装运输时,是以液体散货的形式用油船、化学品船和液化气船运输的,不在固体散货之列。固体散装危险货物有以下几类：

第4.1类:易燃固体,系指易燃固体和受摩擦时可能造成起火的固体,如硫黄。本类物质具有易被火花和火焰等外部火源点燃、易于燃烧、受摩擦时易引起燃烧或助燃等特性。

第4.2类:易自燃物质,系指除发火材料以外易自燃物质,如干椰肉、种子饼、氧化铁、金属屑等。本类物质具有易自热、自燃的共同特性。

第4.3类:遇水放出易燃气体的物质,该类物质在与水发生反应时易产生自燃或释放出危险量的可燃气体,如废铝、锌渣、硅铁等。

第5.1类:氧化物质,系指其本身不一定可燃,但通过产生氧气可能造成或有助于其他物质燃烧的物质,如硝酸铝、硝酸钙、硝酸镁等。

第6.1类:有毒物质,系指如被吞咽、被吸入或与皮肤接触易造成死亡或严重损伤或危害人身健康的物质。

第7类:放射性物质,系指含有放射性核素的任何物质,只要托运货物的放射性强度和总量大于《国际危规》第2.7.7.2.1至2.7.7.2.6节所述的数值。

第8类:腐蚀性物品,系指能通过化学反应严重地伤害与之接触的生物组织,或能严重损坏甚至毁坏其他货物或运输工具的物质。

第9类:其他危险货物,系指在运输期间具有其他类别未包括的危险的物质和物品。如鱼粉(稳定的 UN 2216)、蓖麻籽(蓖麻粉、蓖麻油渣和蓖麻片不得散装运输)等。

需要注意的是,上述类别中的部分货物可能不允许散装运输,例如不得散装运输精细研磨的硫黄(硫花)、属于第4.2类的木炭(属于 MHB 的除外)等。

2)仅在散装运输时具有危险的货物

仅在散装运输时具有危险的货物(MHB)系指在散装运输时具有化学危险的、未被《国际危规》列为危险货物的固体散货。这类货物因在包装运输时其危险性不具备危险货物的条件而未列入《国际危规》,但在散装运输中易产生危险而应予以特别关注。散装运输期间能减少舱内含氧量的物质、易自热物质、潮湿时会产生危险的物质等均属于此类。例如煤、木炭、磷铁合金、硅铁、氟石、生石灰、草泥、石油焦炭、沥青球、煅烧的黄铁矿、锯屑、锯末、直接还原铁、磷铁、硅锰合金、钒矿、木片等。

MHB类物质在 IMSBC 规则附录1"各固体散装货物明细表"的"特征"列表中"类别"一栏为"不适用",在"MHB"一栏标注表10-1所示的符号,"组别"一栏为"B",如果同时具有A组的特性,也应标注。

表10-1　MHB货物化学危险性符号

化学危险性	符号引用
易燃固体	CB
自热固体	SH
遇湿放出可燃气体的固体	WF
遇湿放出有毒气体的固体	WT

续表 10-1

化学危险性	符号引用
有毒固体	TX
腐蚀性固体	CR
其他危险性	OH

例如，氧化铝水合物（ALUMINA HYDRATE）的"特征（characteristics）"如表 10-2 所示。

表 10-2　氧化铝水合物（ALUMINA HYDRATE）的特征信息

物理特性			
尺寸	静止角	密度/(kg/m^3)	积载因数/(m^3/t)
细粉	不适用	500～1500	0.67～2.00
危险性分类			
类别	副危险	MHB	组别
不适用	不适用	CR	A 和 B

此外，与 B 组固体散货有关的还有散装固体废弃物。散装固体废弃物系指按所含有或沾染上一种或多种成分而受到 IMSBC 规则中适用于第 4.1、4.2、4.3、5.1、6.1、8 或 9 类货物的规定约束的固体散货，且其不拟直接使用，而是运去倾倒、焚烧或以其他方法处置。值得注意的是含有放射性物质或受到放射性物质沾染的散装固体废物不属于此类，应适用有关放射性物质运输的规定。

3. C 组：既不易流态化又无化学危险的固体散货

此类物质通常称为普通固体散货。虽然它们当中有的与 A 组散货同名，但其块状较大或含水量较低而不易流态化；有的与 B 组散货同名，但已经某种化学处理或因某些物质含量较小而不具有特别危险性；某些物质虽自身尚具有一定毒性或腐蚀性，但较 B 组散货其危险性大为减小。包括水泥、滑石粉、石膏、黏土、硼砂、白云石、苜蓿粉、碳酸钡、重烧镁、盐、沙子、糖等。该类固体散货在运输过程中应考虑以下特性：

1）扬尘性

固体散货在装卸时极易扬尘，如水泥、滑石粉、铁矿砂、花生果等，应采取一定措施保证人员健康及船舶设备不因粉尘而受损。

2）下沉性和散落性

（1）非黏性固体散货

非黏性固体散货具有自动松散流动的特性，装舱后颗粒间空隙随航行中船舶振动、摇荡等而减小，由此引起散货表面下沉。对于非黏性（即自由流动）颗粒状固体散货，其散落性以静止角来表征。对于静止角小于或等于 30°的非黏性散货还须满足《国际谷物规则》的要求。

IMSBC 规则列出的干燥时不具有黏性的非黏性货物包括：硝酸铵、硝酸铵基化肥（A 组、B 组和无危害类）、硫酸铵、无水硼砂、硝酸钙化肥、蓖麻籽、磷酸二铵、磷酸一铵、氯化钾、钾碱、硝酸钾、硫酸钾、硝酸钠、硝酸钠和硝酸钾混合物、过磷酸盐和尿素。除另有说明外，未列出的货物宜作为黏性货物对待,不适合使用静止角。

非黏性固体散货装载完成前,应确定所装物质的静止角,以确定 IMSBC 规则有关平舱的适用规定。散落性大小是影响船舶安全的重要因素。对于静止角较小的固体散货,应采取严格平舱等措施预防货物在舱内的移动。

(2)静止角的测定

IMSBC 规则中推荐有倾箱法和船上测定法,前者适合于粒度大于 10 mm 的非黏性粒状物质,后者是作为无试验箱时测定静止角的替代方法或船用方法。

倾箱法测定的静止角是试验箱中的散装物质刚刚开始滑动时试验箱的顶面与水平面的夹角。试验时向试验箱内装填试验物质,驱动倾斜系统,在箱中物质刚刚开始散滑时停止并测量倾角,应取三次测量平均值。

船上测定法是将 10 L 将要测试的物质分成三份子样,将每份子样缓慢倒至一张置于平面上的粗质纸上,形成对称锥体,在锥形四周间隔约 90°的四个位置上测出角度。三份子样共均匀测定 12 个锥面角度,并取平均值作为该方法测定的货物静止角,此静止角加 3°则为倾箱试验测得的静止角。

3)怕杂质

某些耐火材料如重烧镁、矾土、耐火黏土、碳化硅等货物,在装运中应避免混入铁、煤、木屑、氧化镁、氧化钙等杂质,以防降低其熔点。黑钨矿不能混入锡、硫、磷、铜、铝等杂质,否则会影响其品质和用途。

4)忌水湿

水泥、化肥、糖、磷盐岩等货物,水湿后会结块变硬,使货物质量降低或失去使用价值。

5)毒性和窒息性

某些固体散货自身具有一定毒性,它们虽未列入具有化学危险的货物,但在装运时亦应引起重视,采取相应的预防措施。如铅矿呈粉末状,粉尘吸入或吞入会引起人体铅中毒。有些固体散货在运输中因氧化而使舱内缺氧,易造成人窒息中毒。

6)腐蚀性

化肥等固体散货对船体具有一定的腐蚀性,或在一定条件下具有较强腐蚀性。如在硫酸铵肥运输中,若货舱内产生"汗水",有对肋骨和边板等造成强烈腐蚀的危险;磷酸铵长时间运输会对船体造成损害,且潮湿时具有强烈的腐蚀性。

7)磨蚀性

固体散货均具有一定磨蚀性,对那些磨蚀性较强的货物,应选择合适的装卸工具,采用合理的装卸方法和防护措施以减小对船体的磨蚀。

8)与危险货物的隔离

某些固体散货虽然自身无害,但与某些危险货物接触却能增加危险或产生某种有害影响。如铅矿石应与酸类物质隔离,否则会产生剧毒气体。

需要注意的是,IMSBC 规则中列出的固体散货有的兼具 A 组和 B 组的危险性。例如煤炭、煅烧黄铁矿、萤石、金属硫化精矿、黄铁矿等既属 A 组货物,也属于 B 组货物,在运输时应兼顾这两种危险性的影响。此外,有的物质在不同的条件下其性质会发生变化,可属于不同的类别。也有些物质可能同时(或不同条件)具有 A 组和(或)C 组,或 B 组和(或)C 组货物的特性。

三、固体散装货物运输危险性

固体散货在运输中的危险性一般可归纳为：

1. 货物分布和装卸操作不当造成船舶结构损坏

固体散货船因配积载方案设计不合理使得货物重量在各舱的分配不当，导致船舶总纵强度或局部强度损坏。

货物装卸计划和实际操作步骤不合理，过分集中在船舶的某一部位装卸，可能造成船舶承受过大的剪力弯矩，船体剖面上因应力过大导致纵向变形或断裂，如图 10-3 所示。

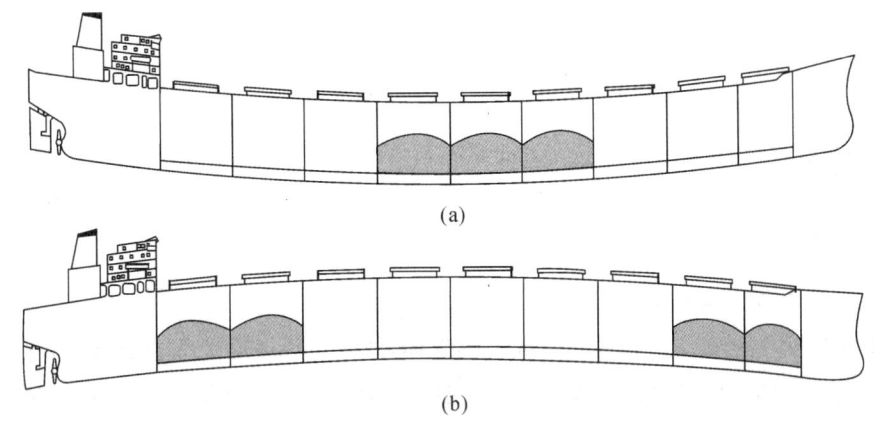

图 10-3 装卸货过程中货物纵向分布不合理
(a)货物集中于船中区域导致过大的中垂；(b)货物集中于首尾区域导致过大的中拱

装卸作业的操作不当，例如高密度货物从高处直接落入舱底、装卸设备操作不当触碰船体或舱内管线（如有）等，均可造成船体结构的损坏。

固体散货在货舱内装载不均，沿纵向或横向重量分配不当使承受该重量的结构超过允许负荷而导致变形或损坏。未平舱或平舱不当，舱内货物纵向分布不均在舱底局部形成过大负荷或在相邻货舱之间的横舱壁上形成压力差，可能导致舱底或舱壁的变形或损坏，如图 10-4(a)、(b)所示。舱内载荷横向分布不当会在结构中产生扭转载荷，如图 10-4(c)所示。

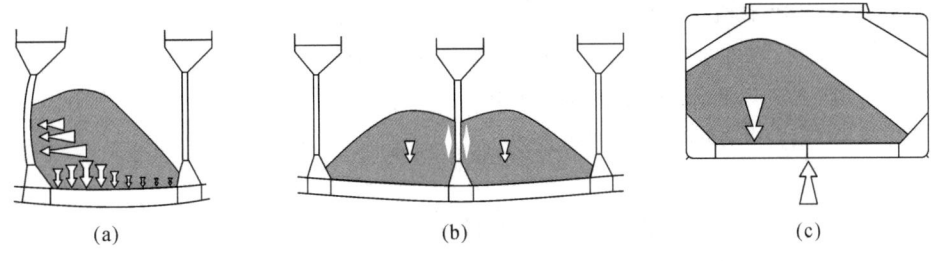

图 10-4 舱内货物分布不均或未平舱对船体结构受力的影响
(a)舱内载荷纵向分布不均；(b)相邻舱载荷纵向分布不均；(c)舱内载荷横向分布不均

2. 船舶在航行中稳性减小或丧失造成危险

船舶稳性减小甚至丧失的原因主要有以下两方面：

1) 未平舱或平舱不当使货物在恶劣天气中发生移位。一般来说，船舶无论装载何种固体散货,在航行中都具有移动的可能性。对于粒度较小的固体散货,其移动方式表现为货物表面的滑动;对于粒度较大或块状的固体散货,表现为货物的滚动或倾倒,如图 10-5 所示。

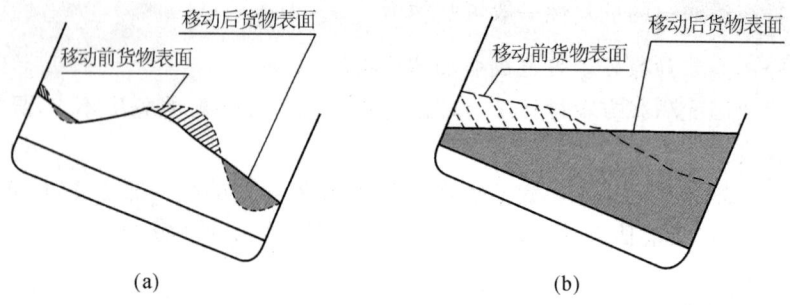

图 10-5　固体散货发生移位

(a)货物因未平舱或平舱不合理而移动；(b)因货物流态化而移动

2)船舶在航行中的振动和摇摆,使货物流态化或出现动态分离而滑向或流向货舱一舷。此种危险主要是含水量较高的 A 组货物所产生的,即使在不很恶劣的海况中航行,也存在丧失船舶稳性的危险性,应引起足够重视。

3. 固体散货的化学危险性

固体散货发生化学反应释放有毒或可燃气体,产生自燃或腐蚀等造成事故,此类危险主要发生在具有不同化学特性的 B 组货物中,但应当注意,不属于 B 组的其他类别货物在某些条件下也存在化学危险性。

4. 发生人身伤害的危险性

有些固体散货在运输中发生缓慢氧化,导致舱内缺氧,航行期间船上人员不应随意进入货舱。特殊情况需要进舱时,须按照进入封闭空间的操作程序执行。

【思考与应用 10-1】

1. 运输固体散货应遵守的法规文件主要有哪些？
2. IMSBC 规则将固体散货分为哪几组？
3. 何谓 A 组货物？该组货物在运输中具有什么特性和危险性？
4. 何谓 B 组货物？该组货物在运输中具有什么特性和危险性？
5. 何谓 C 组货物？该组货物在运输中应注意什么？
6. 固体散货在运输中的危险性包括哪几方面？

第二节　固体散货的装配

固体散货的装配应结合船舶、货物、航线和港口的实际情况,满足以下基本要求：(1)船舶的性能和结构安全要求,包括充分利用船舶载货能力、满足船体强度要求并改善船体受力状态、保证船舶稳性、保持船舶具有适当的浮态等；(2)货物的安全运输要求,保证货物质量及防范货运事故发生；(3)便于货物装卸及缩短在港停泊时间。

一、散货船装载工况和装载手册

1. 散货船协调附加标志

对于船长 150 m 及以上的散货船,CCS 的协调附加标志与相应设计装载工况如下:

1)满足以下条件的散货船,应授予以下之一的协调附加标志

BC-A 协调标志:设计装载货物密度为 1.0 t/m^3 及以上的干散货物,且最大吃水工况中有指定空舱组,装载工况中包括 BC-B 的要求。

BC-B 协调标志:设计装载货物密度为 1.0 t/m^3 及以上的干散货物,且所有舱装货,装载工况中包括 BC-C 的要求。

BC-C 协调标志:设计装载货物密度小于 1.0 t/m^3 干散货物。

2)协调标志后的其他附加标志

包括最大货物密度{Maximum cargo density x. y t/m^3}、无多港口装/卸货物{No MP}和允许空舱组{Holds a,b, … may be empty}等附加标志。

3)除经 CCS 同意授予的船级符号以及营运特性和附加标志之外,船舶完全符合《共同结构规范》,将被授予船级标志 CSR。

2. 设计装载工况(一般要求)

BC-C 协调标志应包含工况:最大吃水时的均匀装载工况,所有货舱货物密度相同,100%装满至舱口,所有压载舱为空舱。

BC-B 协调标志应包含工况:除 BC-C 协调标志应包含工况外,还应包含最大吃水时的均匀装载工况,货物密度为 3.0 t/m^3,所有压载舱为空舱。

BC-A 协调标志应包含工况:除 BC-C 和 BC-B 协调标志应包含工况外,还应包含最大吃水时,有指定的空舱组,所有装货舱中货物密度为 3.0 t/m^3,所有压载舱为空舱。该设计工况的指定空舱组应在协调附加标志后面注明允许空舱组附加标志。

对于上述 BC-A、BC-B,如船舶在该设计工况中货物密度小于 3.0 t/m^3,则货物密度用设计允许的最大货物密度。

《共同结构规范》规定最大装载工况吃水应取为夏季载重线型吃水。

3. 散货船装载手册的内容要求

除了一般船舶装载手册的内容外,IACS《共同结构规范》对散货船还要求:

1)散货船装载手册应说明以下内容:

(1)船舶设计所依据的装载工况,包括许用静水弯矩和许用静水剪力。装载手册应包括交换压载水步骤和进坞步骤。

(2)静水弯矩和静水剪力计算结果。

(3)结构(舱口盖、甲板、双层底等)的许用局部装载。

2)长度 150 m 及以上的 BC-A、BC-B 和 BC-C 船舶,装载手册还应说明:

(1)按照规定进水工况下货舱静水弯矩和静水剪力包络线结果和许用值。

(2)满载吃水时可能空舱的货舱或货舱组合。如满载吃水时不允许任何货舱空舱,应在装载手册中明确声明。

(3)每个货舱载货和其双层底内物品的最大允许载货量和最小要求载货量与货舱中部

吃水的函数关系。

（4）每两个相邻货舱载货和其双层底内物品的最大允许载货量和最小要求载货量与货舱平均吃水的函数关系。该平均吃水可取两个货舱中部吃水的平均值。

（5）甲板和舱口盖的最大许用载荷。如船舶未获批准在甲板和舱口盖载货，则应在装载手册中予以明确声明。

（6）压载水最大变化率，以及以能达到的压载变化率为基础的装载计划和建议。

4. 固体散货船装载仪

SOLAS 公约第Ⅻ章（散货船附加安全措施）第 11 条规定：无论何时建造的船长 150 m 及以上的散货船均应配备装载仪，该装载仪应能提供主船体梁的剪力和弯矩资料。

IMO 还针对散装固体货船装载仪的功能和使用通过了"船舶装载和稳性计算机程序指南"（MSC/Circular.854 通函）和"船上计算机使用和适用指南"（MSC/Circular.891 通函）。

装载仪应能迅捷地计算任何指定装载工况下稳性、强度、吃水及吃水差等指标，核实是否符合要求，并提供包括输入、输出数据的图表。

对于 BC-A、BC-B 和 BC-C 船舶的装载仪还应按适用情况确定：

1）每个货舱装货和其双层底内物品的重量与货舱中部吃水的函数关系。

2）每两个相邻货舱装货和其双层底内物品的重量与货舱平均吃水的函数关系。

3）货舱进水工况下，货舱的静水弯矩和剪力没有超过规定的许用值。

需要注意的是，装载仪的计算结果仅适用于其认可的船舶，经认可的装载仪不能取代经认可的装载手册。

二、固体散货船装配的一般要求

确定各货舱固体散货应分配的重量时主要应考虑船舶稳性、总纵强度和局部强度、吃水和吃水差等方面的要求。

1. 保持适度稳性

当运输高密度散货（积载因素小于 $0.56 \text{ m}^3/\text{t}$ 的固体散货）时，须尽可能装于底舱而不装于二层舱。稳性必须满足衡准要求，但同时应兼顾防止稳性过大造成船舶剧烈横摇，在分配各舱货物时应统筹考虑。若将具有潜在移动危险的散货配置于二层舱或货物未达到满舱状态，则须设置具有足够强度的防移板或防移箱。如果需要将高密度货物装载在二层舱或较高的货物处所内，应充分注意保证其下的甲板不得超负荷，船舶的稳性应满足要求。

对于专用散装固体货船，装运高密度固体散货时，船舶设计允许时通过隔舱装载可有效提高船舶重心，从而避免稳性过大。

2. 满足强度要求

由于固体散装货物的密度较大，不合理的重量分布或平舱不当可能会使承载货物的局部结构或整个船体的应力过大。特别是装载高密度固体散货时，更应注意货物重量的分布。

1）总纵强度

大型散货船的总纵强度校核一般通过装载计算机完成。通常是核算所校核剖面上实际承受的剪力和弯矩，并将其与相应剖面所允许承受的最大剪力和弯矩相比较，要求前者不大于后者。

散货船满载时,货物沿纵向的分布通常有各舱均匀(连续)装载(homogeneous hold loading condition)、隔舱装载(alternate hold loading condition)、块状装载(block hold loading condition)的隔舱装载等几种方案,如图10-6所示。

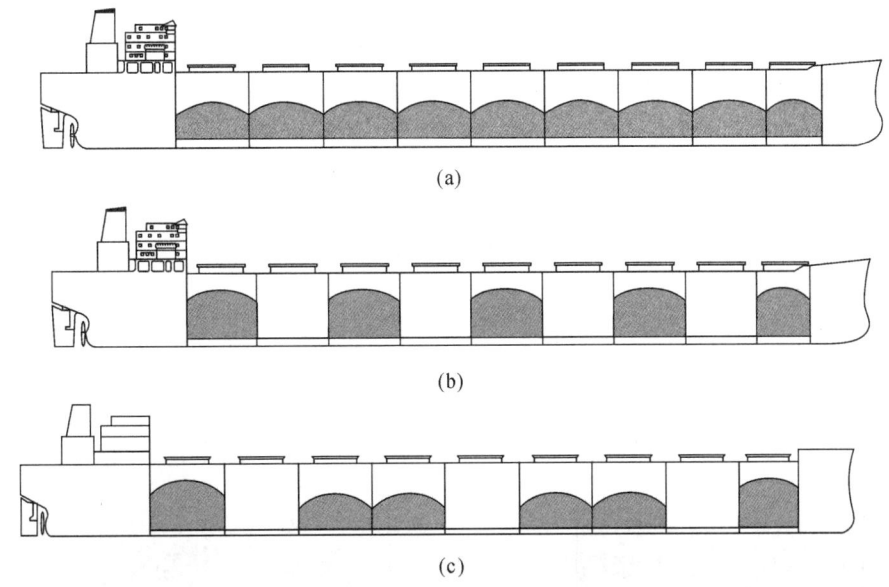

图 10-6　固体散货船满载装载方案
(a)各舱均匀装载;(b)隔舱装载;(c)块状装载的隔舱装载

大型散货船装重物,如铁矿石,为了提高船舶的重心,从而减轻船舶的横摇运动,常采用隔舱装载,将高密度货物装载在奇数货舱,其余货舱为空。当高密度货物隔舱装载时,每个货舱中装载的货物重量约为均匀装载的两倍,需要对局部结构进行特殊设计和加固。因此,未经船级社核准的船舶不得采用这种货物载荷分布。

2)局部强度

就单个货舱而言,舱内载荷过大将在双层底、横舱壁、舱口围板、舱口角部、货舱主肋骨框架及其支撑结构中引起更大的应力。为了提高安全性和灵活性,船舶除了应满足各舱底板的局部载荷限制(例如表 5-1 A 轮各货舱舱底板允许局部负荷)外,还应符合规范规定的满足局部强度要求的设计装载工况。包括:一般工况、附加工况(授予附加营运特性标志{No MP}时除外)、仅适用于 BC-A 的附加工况、仅适用于压载货舱的附加工况和仅适用于港内装/卸时的附加工况等。在此基础上,对船长 150 m 及以上的散货船每个货舱和相邻两货舱(含块状装载)的最大和最小载货量做出了规定。例如航行工况下具有多港工况的隔舱装载的船舶,其最大和最小载货量按下述方法确定:

载货舱不同吃水 T_i 时,最大允许载货量 $W_{\max}(T_i)$,应按下式得出:

$$W_{\max}(T_i)=M_{HD}+0.1M_H-1.025V_H(T_S-T_i)/h \tag{10-3}$$

式中: M_{HD} ——最大吃水时,有指定空舱的设计装载工况下,货舱的最大允许载货量(t);

　　　M_H ——最大吃水时,均匀装载工况下的货舱实际载货量(t);

　　　V_H ——货舱容积(m³),不包括舱口围板所包围的容积;

　　　T_S ——结构吃水(m),取最大吃水;

　　　h ——船舶中纵剖面处从内底板顶部到上甲板的垂直距离(m)。

在任何情况下，$W_{\max}(T_i)$ 应不大于 M_{HD}。结构吃水（scantling draft）是满足船舶强度要求并反映满载工况的吃水，且应不小于核定干舷对应的吃水。

载货舱不同吃水（T_i）时，最小要求载货量 $W_{\min}(T_i)$ 应按下式得出：

$$\left.\begin{array}{l} W_{\min}(T_i) = 0 \quad T_i \leqslant T_S \\ W_{\min}(T_i) = 1.025 V_H (T_i - 0.83 T_S)/h \quad 0.83 T_S < T_i \leqslant T_S \end{array}\right\} \quad (10\text{-}4)$$

对于最大吃水时可空的货舱，最小要求载货量按式（10-4）取值。不同吃水（T_i）时，最大允许载货量 $W_{\max}(T_i)$ 应按下式得出：

$$\left.\begin{array}{l} W_{\max}(T_i) = M_{Full} \quad 0.67 T_S \leqslant T_i \leqslant T_S \\ W_{\max}(T_i) = M_{Full} - 1.025 V_H (0.67 T_S - T_i)/h \quad T_i < 0.67 T_S \end{array}\right\} \quad (10\text{-}5)$$

式中：M_{Full}——以虚拟密度（载货量/货舱舱容，最小取 1.0 t/m³）装至舱口围顶部时的载货量（t）。

BC-A 船舶的载货舱和最大吃水时可空货舱的载货量曲线示例如图 10-7 所示。

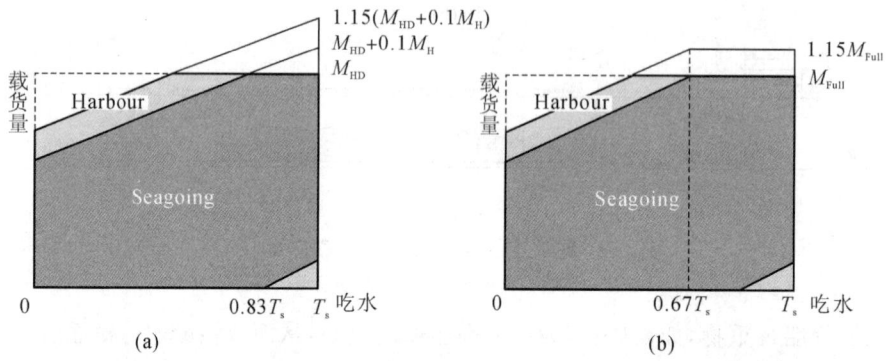

图 10-7 BC-A 船舶的载货舱和最大吃水时可空货舱的载货量曲线示例
(a) 载货舱；(b) 最大吃水时可空舱

散货船每个货舱的最大允许载货量和最小要求载货量与货舱中部吃水的函数关系以及每两个相邻货舱的最大允许载货量和最小要求载货量与货舱平均吃水的函数关系，以"货舱载货量曲线（hold mass curves）"或数据表的形式列入装载手册。以 76000 DWT 散货船 "A" 轮为例，其结构吃水对应的货舱最大装货重量见表 10-3，该轮不同吃水条件下 No.3 货舱最大和最小允许载货量曲线和不同吃水条件下 No.3、No.4 相邻两货舱最大和最小允许载货量曲线分别如图 10-8 和图 10-9 所示。图中为对应位置压载舱空舱的数据，如果相应位置的压载舱装载有压载水，则各舱允许载货量应扣除压载水重量。

表 10-3 "A"轮结构吃水对应的各货舱最大装货重量

货仓	均匀装载的最大货物重量/t	隔舱装载的最大货物重量/t	最大密度/(t/m³)
No.1	8979	16148	3.000
No.2	11100	0	0.990
No.3	10804	19432	3.000
No.4	10755	0	1.025
No.5	10834	19485	3.000
No.6	10824	0	0.990
No.7	10386	18679	3.000

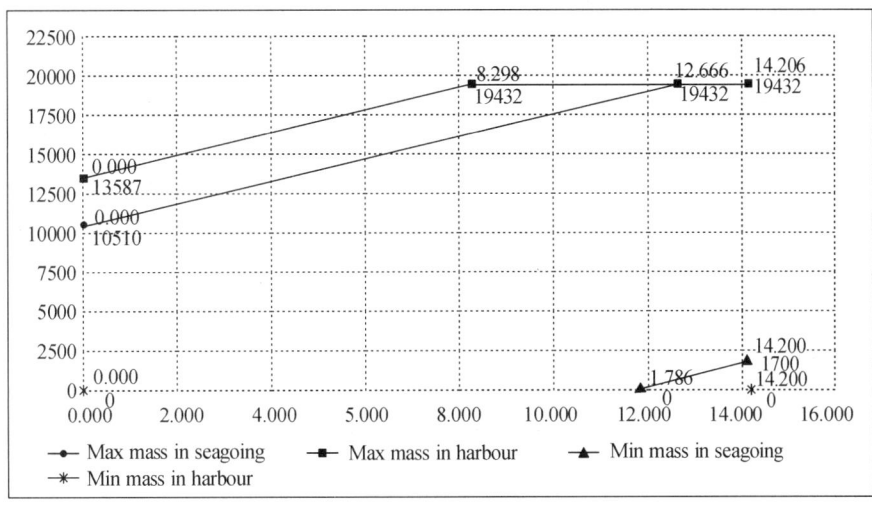

图 10-8 "A"轮 No.3 舱最大、最小装货量随吃水的变化曲线

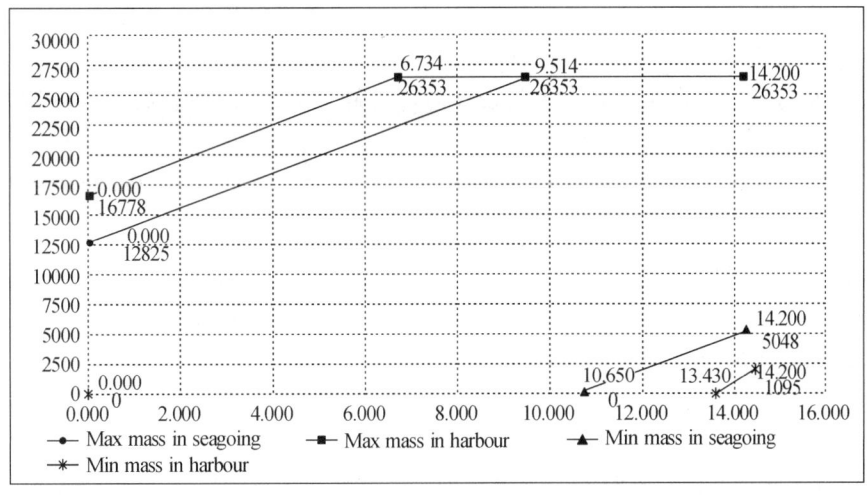

图 10-9 "A"轮 No.3、No.4 相邻两舱最大、最小装货量随吃水的变化曲线

3. 满足吃水差要求

各货舱货物的重量分布还应满足航行对吃水差的要求,同时应顾及航行中油水消耗引起吃水差变化。各货舱的货物重量分配可参考船舶装载手册中的典型装载工况,结合航次货载的具体情况予以确定。散货船压载航行时的压载能力应使船舶尾倾,但吃水差不超过 $0.015L$,螺旋桨浸深 I/D 应至少为 0.60。

需要注意的是,船舶在港装卸作业期间也应注意保持适当的吃水差,并保证船舶吃水不超过限制范围。如果压载水管系吸口在舱的后部,在装货期间排压载水时,各压载舱排水最后阶段应处于尾倾状态,以尽可能排尽舱内压载水。

三、固体散货配装的特殊要求

从货物的特殊性考虑,对于 A 组和 B 组固体散货,除满足一般固体散货的配装要求外,在舱位选择及货物相容性方面，IMSBC规则有特别规定。

1. 易流态化和动态分离货物（A组货物）

配装易流态化和动态分离货物时应充分考虑到此类物质的特性，意识到其流态化和形成液态泥浆状表面后对船舶稳性的影响，配装时应注意如下事项：

1）只有在实际含水量少于适运水分极限时，方可装载易流态化的精矿或其他货物。

2）水分含量超过适运水分极限的货物只能以专门建造的或装有专门设备的船舶运输。这类船舶装运含水量较高的易流态化货物时，注意核算船舶稳性是否符合安全要求。

3）不得将除罐状或类似包装的液体货以外的其他液货配装于A组散货的上面或附近，否则会增加货物流态化的危险。

4）易流态化货物因含有水分，一般不能与怕湿的包装货物同舱。

5）配装A组货物的货舱应保持货舱水密性。在航行期间，须采取适当措施，防止液体进入载有固体散装货物的处所。

6）注意易流态化货物对某些危险品的影响，有些危险品遇水会发生有害化学反应，如产生易燃气体、有毒气体等，应将此类危险品与易流态化货物予以有效隔离。

7）专门建造的货船设有永久性结构限界，其布置可将货物的移动限制在允许的范围内。这种船舶须携带其经主管当局批准的证明。

8）装有专门设备的货船须装有专门设计的可拆卸的分隔，以将货物的移动限制在允许的范围内。

2. 具有化学危险的固体散货（B组货物）

1）一般要求

（1）由于B组物质的潜在危险性，不相容的货物须进行隔离。隔离还须考虑到所确定的任何副危险。如果同一货舱中装有不同隔离等级的货物，则适用于任何不同等级的最严格的规定须适用于所有货物。

（2）其与易燃物质的隔离，须理解为不包括包装材料、天花板和垫舱材料，这些材料的数量应控制在最少。

（3）不相容货物不得同时装卸。装完一种此类货物后须关闭货物处所的舱盖，在开始装载其他货物之前须清除甲板上的残渣。在卸货时也须采取同样步骤。

（4）可能产生的毒气足以危害健康的物质，不得装载在使毒气能渗入起居处所或与起居处所相连的通风系统的处所。

（5）其腐蚀强度足以损害人体组织或船舶结构的物质，须在采取充分的预防和保护措施之后方可装船。

（6）为防止沾染，一切食品须按下列要求积载：与标明有毒的物质和放射性物质"隔离"，与感染性物质用一整个舱室或货舱"隔离"，与腐蚀性物质"远离"。

（7）卸下有毒或氧化物质后，须对装运这些物质的货物处所作沾染状况检查，然后才能用于装运其他物质。在用于装运其他货物之前，须对受到沾染的货舱进行严格清洗和检查。

（8）卸货后，须仔细检查船舶是否存有任何残留物；在船舶装运其他货物之前，须将残余物清除。

（9）对于运载在紧急情况下须打开舱盖的货物，货舱的舱盖须保持随时能够打开的状态。

2)特殊要求

(1)第 4.1、4.2 和 4.3 类物质

①这些类别的物质须尽量保持凉爽和干燥,须在"远离"一切热源和火源的处所积载。

②电器设备和电缆须处于良好状态,并有妥善的保护,避免短路和产生电火花。

③如果要求舱壁适合于隔离用途,则穿过甲板和舱壁的电缆及导管处须作密封处理,以防气体和蒸气通过。

④散发出的气体能与空气形成可爆混合物的货物,须在有机械通风的处所积载。应严格禁止在危险区内吸烟,并须显著标示"严禁吸烟"字样。

(2)第 5.1 类物质

①该类货物须尽量保持凉爽和干燥,而且除非另有明文规定,须在"远离"一切热源和火源的处所积载。同时还须与其他可燃物质"隔离"积载。

②在装载此类货物之前,须特别注意清洁拟装载此类货物的货舱。须尽量使用不燃的固定和防护材料,并尽量少用干燥垫舱木。

③须采取防护措施,防止氧化物质渗入其他货物处所或污水沟以及含有可燃物质的其他货物处所。

(3)第 7 类物质

用于装运低比度放射性物质(LSA-I)和表面受到放射沾染的物体(SCO-I)的该类物质须尽量保持干燥。货物处所不得用于装载其他货物,除非经过合格人员消除了放射性沾染,使任何表面上非固定沾染平均每 300 cm² 不超过下述水平:

①4 Bq/cm²:β 和 γ 放射源和低毒性的 α 放射源;天然铀;天然钍;铀-235 或铀-238;钍-232;含有钍-228 和钍-230 的矿石、物理或化学精矿;半衰期低于 10 天的放射性核素。

②0.4 Bq/cm²:所有其他 α 放射源。

(4)第 8 类物质或具有类似特性的物质

①该类物质须尽量保持干燥;在装货前须注意清洁货舱,特别要确保货舱干燥。

②须防止该类物质漏入其他货舱、污水沟、污水井及舱壁护板间的缝隙。

③卸货后须特别注意清洁货物处所,因为这类货物的残渣可能对船体结构具有极强的腐蚀性。须考虑用水管冲洗货舱后仔细进行干燥处理。

3)隔离要求

不同类别的 B 组散货之间、B 组散货与包装危险货物之间须满足一定的隔离要求。

(1)B 组散货与包装危险货物之间的隔离

①隔离种类

隔离 1——"远离":对不相容物质进行有效的分隔以使其发生事故时不会产生危险性反应,但是若最小水平分隔距离能达到 3 m,则可以装在同一货舱或甲板上,见图 10-10(a)。

隔离 2——"隔离":舱内积载时,应装于不同的货舱;如果中间甲板是水火密的,垂向隔离即在不同舱室积载,可视为等效隔离,见图 10-10(b)。

隔离 3——"用一舱室或货舱隔离":垂向或水平向隔离。如果甲板不是水火密的,则只能用一介于中间的舱室作纵向隔离,见图 10-10(c)。

隔离 4——"用一介于中间的整个舱室或货舱纵向隔离":仅垂向隔离不符合要求,见图 10-10(d)。

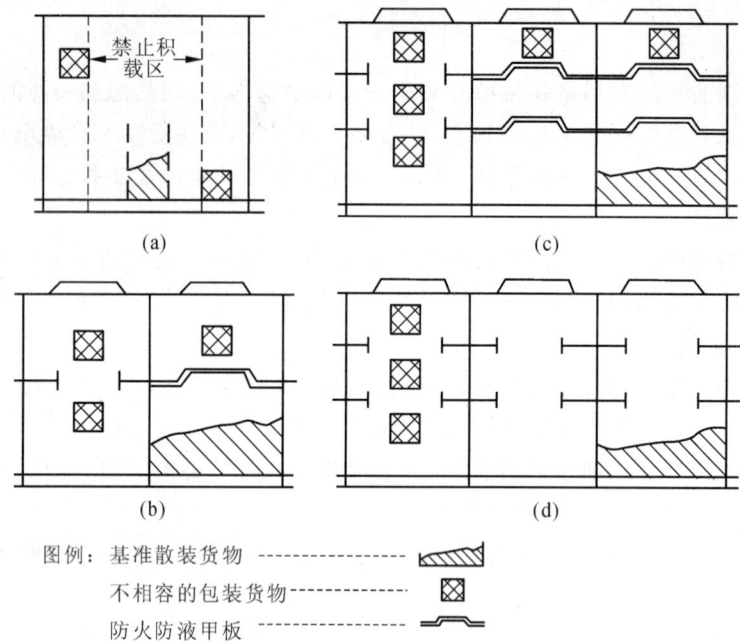

图 10-10 具有化学危险的散装货物与包装危险货物隔离示意

② 隔离表

B 组中的散装货物与包装危险货物须按表 10-4 的要求隔离。对于包装危险货物积载和隔离的附加要求，须参照《国际危规》中的危险货物一览表。

表 10-4 具有化学危险的散装物质与包装危险货物的隔离表

散装货物 （属危险品类）	类别	包装危险货物													
		1.1 1.2 1.5	1.3	1.4	2.1	2.2 2.3	3	4.1	4.2	4.3	5.1	5.2	6.1	6.2	7	8	9
易燃固体	4.1	4	3	2	2	2	2	×	1	×	1	×	3	2	1	×
易自燃物质	4.2	4	3	2	2	2	1	×	1	2	1	3	2	1	×
氧化物质（氧化剂）	5.1	4	4	2	2	×	2	1	2	2	×	2	1	3	1	2
毒性物质	6.1	2	2	2	×	2	×	2	1	1	1	1	×	1	×
放射性物质	7	2	2	2	2	2	2	2	2	2	1	2	×	3	2	×
腐蚀性物质	8	4	2	2	1	×	1	1	1	2	×	3	2	×
杂类危险物质和物品	9	×	×	×	×	×	×	×	×	×	×	×	×	×	×	×
仅在散装时有危险的物质	MHB	×	×	×	×	×	×	×	×	×	×	3	×	×	×

(2) B 组散货之间的隔离

① 隔离种类

隔离 2——"隔离"：在舱内积载时，装于不同的货舱中。如果中间甲板是防火和防液的,可接受在垂向不同的舱室积载为等效隔离,见图 10-11(a)。

隔离 3——"用一整舱室或货舱隔离":垂向的或水平的隔离。如果甲板不是防火和防液的,可以接受只用一纵向隔离,即用介于中间的整个舱室隔离,见图 10-11(b)。

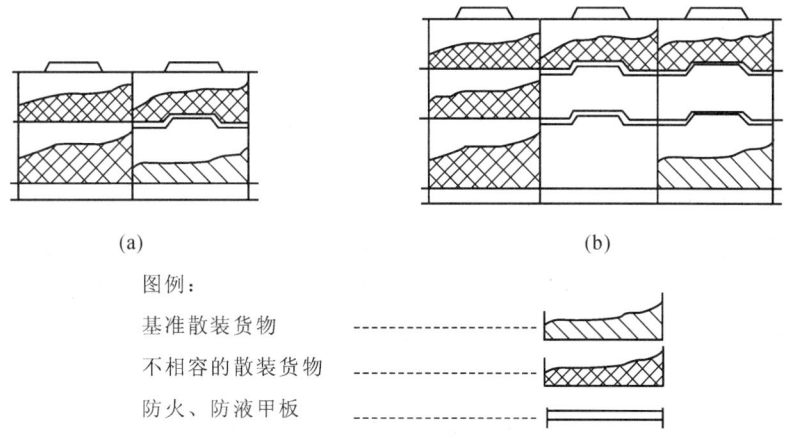

图例:
基准散装货物　————————
不相容的散装货物　————————
防火、防液甲板　————————

图 10-11　B 组散货之间的隔离示意

②隔离表

不同类别的具有化学危险的固体散货之间须按表 10-5 的要求隔离。

表 10-5　B 组散货之间的隔离表

固体散货	固体散货								
	类别	4.1	4.2	4.3	5.1	6.1	7	8	9	MHB
易燃固体	4.1	×								
易自燃物质	4.2	2	×							
遇水释放出易燃气体的物质	4.3	3	3	×						
氧化物质(氧化剂)	5.1	3	3	3	×					
毒性物质	6.1	×	×	×	2	×				
放射性物质	7	2	2	2	2	2	×			
腐蚀性物质	8	2	2	2	2	×	2	×		
杂类危险物质和物品	9	×	×	×	×	×	2	×	×	
仅在散装时有危险的物质	MHB	×	×	×	×	×	2	×	×	×

四、固体散货船的配积载和装卸作业计划编制

固体散货船的配载计划和装卸作业计划关系到船舶和作业人员的安全,也是船、岸双方需要密切配合的工作。配积载和装卸作业计划的编制除了应遵守 IMSBC 规则和相关管理规定外,还应特别注意遵守 BLU 规则的相关要求。

载运固体散装货物船舶和港口经营人应当在固体散装货物装卸作业前以书面形式确定

装卸计划,并按照装卸计划进行作业。发现货物装卸作业与装卸计划不符或者可能存在安全隐患的,船舶和港口经营人应当共同进行核实,并采取必要的安全措施。

1. 船舶航次载货量

确定船舶航次载货量应综合考虑船舶重量载货能力和容量载货能力,在货源充足的条件下,船舶具体航次最大货运量可根据式(10-6)计算。

$$\sum Q = \min\left[NDW, \frac{\sum V_{ch}}{SF}\right] \tag{10-6}$$

2. 确定各货舱货物的重量分配

确定固体散货在各货舱中分配的重量时应结合一般原则,并按前述方法考虑船舶稳性、总纵强度、局部强度和吃水差等方面的要求。装配有装载仪的船舶,应在装载仪上完成配载方案的制定,并满足船舶海上航行时上述各方面的要求。

3. 制定装/卸货计划

散装固体货船一般吨位都较大,靠泊在具有专用装/卸设备的码头进行作业,且装卸效率高,停泊时间短,在船舶装货过程中,还应兼顾船舶稳性、强度、吃水差和最大、最小吃水的限制等,因而在货物装/卸前应制定装/卸计划,以保证货物的顺利装卸。

装/卸计划也应借助装载仪完成,应从开始装卸到装卸完毕逐步制定。装卸设备每次移至另一货舱,即为一步。每步需要明确的内容包括:每个货舱装/卸货量、压载水排/注舱号及数量、每步结束时的最大剪力和弯矩、吃水差及首尾吃水等。

利用装载仪制定装货计划时,主要应考虑以下因素:

1)最大吃水和最小吃水限制

单从码头水域条件来说,船舶在泊期间的最大吃水 d_{max} 应受码头前沿水深的限制。船舶在装货过程中,应使船首吃水或尾吃水不超过泊位水深的限制,以确保船舶的正常浮态和船体不因触底而遭受损伤。船方应通过代理或直接向港口当局了解港口及泊位的有关情况,取得装货当时泊位水深的确切资料。

$$d_{max} = D + h_w - D_a \tag{10-7}$$

式中:D——码头前沿设计水深(m);

h_w——船舶靠泊期间的最低潮位(m);

D_a——船舶安全富余水深(m)。

此外,船舶最大吃水还应受船舶自身载重线和结构强度允许的最大吃水和纵倾限制。

有的装货港在船舶吃水较小时,会触及岸壁机械或装船机,因此,船舶在装货期间,尤其是装货开始前,必须注意调整船舶吃水,使之不小于装船机高度所允许的最小吃水。由图10-12可知,船舶最小吃水可用下式计算:

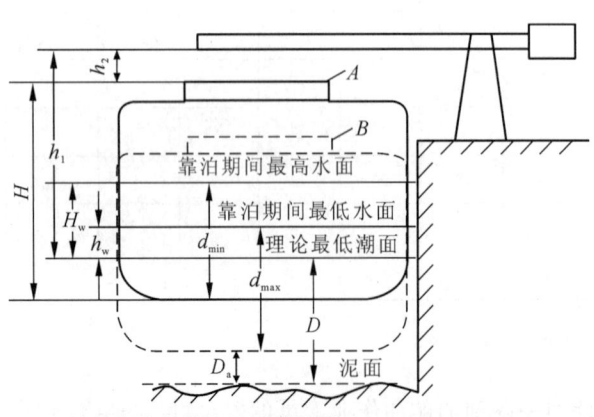

A:泊位允许船舶上浮最高位置
B:泊位允许船舶下降最低位置

图10-12 泊位水深和装船机高度示意

$$d_{\min}=H-h_1+h_2+H_{\mathrm{w}} \tag{10-8}$$

式中：H——船底至上甲板可能碰撞位置（舱口或甲板舱室等）顶端的垂直距离（m）；

h_1——泊位基准水面至装船机头下端的垂直距离（m）；

h_2——装船机下端和船舶碰撞位置间的安全距离（m）；

H_{w}——船舶靠泊装货期间的最高潮位（m）。

为了控制靠泊期间船舶吃水的变化，一般装、卸货时同时排出或注入压载水，以此保证船舶的最大、最小吃水满足要求，但压载水的排放应符合港口国的管理要求。

2）装货速度和压载水排放速度

装货速度是计算各舱装货时间及装货量的重要依据，船靠泊时所存压载水通常是在装货过程中排放，压载水排放速度直接影响到船舶吃水变化、装货时间与装载顺序等。在制定装货计划时，应注意装货效率及压载水排放速度可能出现的变化给船舶装载带来的影响。

3）船舶所允许的吃水差及强度状态

货物在装载过程中吃水差及强度状况变化较大，应防止船舶在停泊期间出现过大的吃水差及过大剪力和弯矩，同时应满足货舱局部强度的要求。通过合理确定货物装载顺序和压载水排放顺序，尽量减小船舶剪力和弯矩，减小装载结束前吃水差的调整量，是装载计划制定时应主要考虑的问题。一般散货船压载状态时处于中拱状态，装货时先装中部以减轻中拱，再首、中、尾轮换进行；散货船满载时多处于中垂状态，卸货时也应先卸中部以减轻中垂，再首、中、尾轮换进行，以保证受力和吃水差处于合适范围。

4）各舱装载轮数及装货量

各货舱安排几轮装完所配装的货物以及每轮各舱装货量的多少，受船舶结构强度、船舶允许吃水变化、码头装船机性能等方面的限制。从便利装载角度考虑，除最后留出吃水差调整舱外，各货舱尽可能一次装完；但从船舶装载吃水和强度的优化考虑，每舱需分数轮装载。对于岸上固定式装船机的泊位而言，每一轮都需移泊一次，装货轮数越多，移泊也就越频繁。因此，在确定各舱装载轮数及每轮次各舱装货量时，应利用装载仪模拟并统筹考虑不同轮数及装货量对船舶性能及装载各方面的影响，找到各舱较合理的装载轮数和轮次装货量。

5）同时作业的装船机数

岸上装船机同时开工的台数即同时作业的货舱数，对货物装载顺序的确定影响很大，制定装货计划时应充分考虑。若两台以上装船机同时作业，所装载的货舱应避免相邻；对于大多专业化码头，岸上装船机仅开一条作业线，确定货物装舱顺序的基本原则是先在船舶中部货舱开始装载，以减缓船舶中拱变形，然后首尾货舱交替装载，以使船舶在整个装载过程中不会产生较大的纵倾。一般每一货舱需要经历2~3轮才装满至计划装载量。

卸货计划的制定原则同装货计划类似，卸货结束时压载水应加到预定数量。

6）装卸货和压载水作业计划

固体散货船舶装卸货和压载作业是同时进行的，因此在制定好配载方案后，在实际装卸货时，需要借助装载仪制定货物装（卸）或（和）压载水排（注）计划，并核实每一步骤的稳性、强度、吃水、吃水差等均符合要求。表10-6为某散货船单头作业装货和排压载水计划；表10-7为该船双头作业卸货和注入压载水计划表。

表 10-6 单头作业时装货顺序表

装卸货计划版本号：			日期：		船舶：		航次：		
装卸货港口			货物：IRON ORE		估计货物积载因数：		压载系数： 排量:4000	港水密度 1.025	最大允许 吃水 17.88	在泊位最大水上 高度 N/A
驶向/来自港口			上次货物 IRONORE&COAL		装货设备/卸货 设备数量:1		装货/卸货速度 4500	最小允许吃水 9.42	最大航行/到港 吃水 17.88

| 重量 等级 合计： | | | | 9,756 FINES | 8 17,000 LUMP | 7 17,382 LUMP | 6 16,382 LUMP | 5 16,382 LUMP | 4 16,900 FINES | 3 15,382 LUMP | 2 15,766 LUMP | 1 13,050 FINES |

等级:FINES=44,706 吨；等级:LUMP=98,924 吨；合计:143,000 吨

序号	货物		压载操作	所需时间 /h	备注	计算值						计算值			观测值		
	舱号	重量				吃水		变形			纵倾	中部吃水	水上高度		吃水		
						前	后	BM	SF					前	后	中
1	4	10,000	GO 1 & 3 UWT'S	2.22	FINES	9.99	10.77	73	44		0.77	10.38				
2	1	7,000	GO UPPER FORE PEAK PO 2 HOLD	1.56	FINES	10.14	10.48	66	53		0.34	10.31				
3	9	8,000	GO SUWT'S PO AFT PACK	1.78	FINES	9.42	12.15	63	43		10.79	11.31				
4	4	6,900	PO 1 DB'S	11.53	FINES	10.12	12.50	80	45		2.38	11.65				
5	9	6,756	PO SDB'S	1.50	FINES	9.54	13.74	80	40		4.18	11.59				
6	1	6,050	PO LOWER PP GO 2 UWT'S	1.34	FINES	9.50	13.57	75	55		3.60	11.66				
7	7	10,000	GO 6 HOLD TO 50%	2.22	LUMP	8.04	14.58	-58	55		5.43	11.63				
8	5	10,000	PO 6 HOLD	2.22	LUMP	9.63	13.68	-67	49		4.00	12.41				
9	7	7,582	EDUCT 6 HOLD	1.64	LUMP	9.57	18.24	-64	47		5.67					

第十章 固体散装货物运输

续表 10-6

序号	货物 舱号	货物 重量	压载操作	所需时间 (h)	备注	计算值 吃水 前	计算值 吃水 后	变形 BM	变形 SF	水上高度	中部吃水	纵倾	观测值 吃水 前	观测值 吃水 后	观测值 吃水 中
10	3	10,000	PO 2&3 DB'S	2.22	LUMP	10.41	14.45	−49	38	12.53		4.24			
11	8	10,000	G0 4 UWT'S	2.22	LUMP	9.58	16.66	−50	45	13.12		7.08			
12	5	6,582	PO 4DB'S	1.42	LUMP	10.28	16.24	58	57	13.26		5.04			
13	2	6,000	EDUCT AS REQUIRED	1.33	LUMP	9.90	17.88	53	38	13.70		7.08			
14	2	8,000	EDUCT AS REQLyIRED	1.77	LUMP	12.57	16.68	−65	46	14.60		4.17			
15	6	9,000	EDUCT AS REQUIRED	2.00	LUMP	13.14	17.80	42	−21	15.47		4.66			
16	2	6,000	EDUCT AS REQUIRED	1.33	LUMP	15.04	16.08	33	−10	16.72		1.00			
17	6	7,382	EDUCT BALLAST LINES	1.44	LUMP	15.57	17.18	48	−30	16.74		2.29			
18	3	7,382	SHUT DOWN BALLAST	1.20	LUMP	16.25	17.54	44	−27	17.02		0.59			
19	8	1,000		0.22	LUMP	16.04	17.72	44	−30	17.33		0.74			
20	2	1,066		0.39	LUMP	17.51	17.58	46	−27	17.51		0.00			
合计			DRAUGHT SURVEY		SEAGOING CONDITION	17.51	17.51	62	−36		17.51	0.00			

当使用两部起货设备时注入号应为:1A,1B,2A,2B 等缩写:P1:泵入 G1:吸入 PO:泵出 GO:吸出 MI:空舱表格内所有空格应尽可能填上,表格外可选择性地填写

签名(码头):

签名(船方):

＊ 弯矩(BM)或剪力(SF)以在港内和航行中最大允许值的百分比来表示。装卸货计划中的每一步骤必须保证在每舱船体剪力,弯矩数值,装卸货操作应可暂停以允许压载或排载内的适当限度内。为了保持在限度内压载或排水

表 10-7 双头作业卸货顺序表

装卸计划	版本号	日期：	船舶					航次			
装卸货港口		货物	IRONORE	估计的货物积载因数		压载泵的排量	6,000	在泊位最大水上高度	17.35	最大允许吃水	1.025
驶向/来自港口		上次货物	IRONORE& COAL	装卸设备/卸货设备数量	2	港口水密度	1.250	最大航行/到港吃水	7.59	最小允许吃水	
吨位：						装货/卸货速度					

合计：	等级：	吨；	等级：	吨；	等级：	吨；	等级：	吨；
	9 14,756 FINES	8 16,910 LUMP	7 17,382 LUMP	6 16,382 LUMP	5 16,382 LUMP	4 16,900 FINES	3 15,382 LUMP	2 15,470 LUMP	1 13,050 FINES

注入序号	货物		压载操作	所需时间（小时）	备注	计算值					观测值		
	货舱号	吨位				吃水			变形		水上高度	吃水	纵倾
						前	后	中部吃水	BM	SF		前 后 中	
1A	2	15,470	GI 1&2 DB'S PI2 UWT'S	13.2	LUMP	13.82	16.29		−72	48			2.47
1B	6	16,512											
2A	5	10,000	GI4 DB'SP14 UWT'S	8.0	LUMP	13.44	14.54		71	56			1.10
2B	5	10,000											
3A	3	9,000	GI3 DB'S	7.2	LUMP	12.19	13.68	1.49	78				
3B	7	9,000											
4B	5	6,582	GI5 DB'S	5.5	LUMP 5&8 HOLDS MT	12.67	15.22		68	38			2.55
4B	3	6,910											
5A	3	6,582	PI 6 HOLD TO OSM ULLAGE	6.7	LUMP 3&7 HOLDS MT	11.05	13.94		−91	59			2.89
5B	7	8,582											

在泊位最大水上高度 60
最大航行/到港吃水 17

续表 10-7

序号	货物		压载操作	所需时间(小时)	备注	计算值							观测值		
	货舱号	吨位				吃水前	吃水后	BM	SF	水上高度	中部吃水	纵倾	吃水前	后	中
			DRAUGHT SURVEY & CHANGE GRADE TO FINES												
6A	1	6,000	PI 1 & 5 UWT'S	4.8	FINES	9.75	14.01	83	42			4.26			
6B	9	6,000													
7A	4	8,750	GI & PI LOWER FORE PEAK	7.0	FINES	9.38	10.64	80	52			1.26			
7B	9	8,750													
8A	1	7,050	PI UPPER FORE PEAK & 3 UWT'S	6.5	FINES	9.59	11.30	84	−82			3.71			
8B	4	7,144													
合计															
			SEA GOING CONDITION			7.59	11.30	84	−82			3.31			

INSTRUCTIONS:
1. Please empty No. 6 hold and leave as clean as possible. This will then be used for ballast during stagc4.
2. Grab and bulldozer blades must not be allowed to strike the ship's structure. Please instruct drives to take special care.
3. Please note there arc bilge and eductor mates in the after corners of each hold. Care required in these areas.
4. All damage to be reported. Holds to be surveyed on cargo completion.

签名(码头)：

签名(船方)：

未经事先许可不得违反本计划
当使用两部起货设备时注入号应为：1A,1B,2A,2B 等
缩写：PI：泵入 GI：吸入 f：吸入 PO：满出 GO：泵出 MI：空舱
表格内所有空格应尽量填写，表格外可选择性地填写。

*弯矩(BM)或剪力(SF)以在港内和航行中最大允许值的百分比来表示，装卸货计划中的弯矩和吨位的许可限度必须保持在每舱船体剪力、弯矩和吨位的适当数值，装卸货操作应在允许限度内。为了保持在限度内的适当数值，可以暂停以允许压载或排压载。

【思考与应用 10-2】
1. 固体散货船装配应满足的一般要求有哪些?
2. A 组货物装配应满足的特殊要求有哪些?
3. B 组货物装配应满足的特殊要求有哪些?
4. B 组货物与 B 组货物以及 B 组货物与包装危险货物之间的隔离要求有哪些?
5. 如何确定具体货舱装载货物的最大和最小重量?
6. 制定散货船装/卸货计划应遵守什么国际规则?主要考虑哪些因素?
7. 制定船舶装卸货计划时,如何确定船舶的最大、最小吃水?

第三节 固体散货的运输要求

由于固体散装货物自身的特性及运输保管要求不同,在装运过程中,为确保货物质量及人身、船舶和环境安全,应严格遵守有关国际规则及其他有关规定和要求,认真总结固体散装货物运输的经验,促进固体散货的安全运输。

一、装货准备

载运固体散装货物船舶在装货前,应当按照船舶装载手册或者船舶稳性资料,检查货物的运输资料和适运状况,发现不符合规定情形的不得装运。

1. 评定货物的安全适运性
1)识别和分类

列入 IMSBC 规则中的各种固体散货均被指定一个散装货物船运名(BCSN),并通过该 BCSN 在其运输单证上对其予以识别。如果该货物是危险货物,BCSN 须用联合国(UN)编号加以补充。废弃物的货物名称前须标有"废物"字样。

目前散货运输的典型货物列入 IMSBC 规则附录 1(固体散装货物明细表)和附录 4(索引)。

2)获取货物资料

托运人须安排货物的妥善取样和试验,并在装载前提前向船长或其代表提供货物的适当信息,以便能够采取必要的措施对货物进行妥善积载和安全运输。此种资料应在装船前以书面形式和适当的运输单证予以确认。货物信息须包括:

(1)该货物在 IMSBC 规则的散装货物船运名(BCSN)。此外,还可使用第二名称。
(2)货物组别(A 和 B,A、B 或 C)。
(3)该货物的危险货物类别,以字母 UN 开头的联合国编号(如适用)。
(4)交运货物的总量和积载因数。
(5)平舱的需要和平舱程序(必要时)。
(6)移动的可能性,包括静止角(如适用)。
(7)以证书形式提供的关于货物水分含量及精矿或其他易流态化货物的适运水分极限的附加信息。
(8)形成湿底的可能性。
(9)货物可能产生的有毒或易燃气体(如适用)。

(10)货物的易燃性、毒性、腐蚀性以及耗氧倾向(如适用)。

(11)货物自热的特性,以及平舱的需要(如适用)。

(12)与水接触释放出易燃气体的特性(如适用)。

(13)放射特性(如适用)。

(14)货物是否属于 MARPOL 附则 V 定义的海洋环境有害物质。

(15)国家主管当局要求的任何其他相关信息。

所提供的信息须随附一份声明。货物资料声明表的样本(英文)见表 10-8。如有要求,托运人须向船长或其代表提供适当的测试证书。

表 10-8 货物资料声明表的样本

Form for cargo information for solid bulk cargoes

ZQBCSN	
Shipper	Transport document number
Consignee	Carrier
Name/means of transport	Instructions or other matters
Port/place of departure	
Port/place of destination	
General description of the cargo (Type of material/particle size)	Gross mass (kg/tonnes)
Specifications of bulk cargo, if applicable Stowage factor Bulk density (as required by SOLAS regulation Ⅻ/10) Angle of repose, if applicable Trimming procedures Chemical properties if potential hazard * * e. g. class and UN No. and/or MHB hazard(s)	
Group of the cargo □ Group A and B □ Group A □ Group B □ Group C	Transportable moisture limit for group A and B and group A cargoes Moisture content at shipment for group A and B and group A cargoes
Classification relating to MARPOL Annex V □ harmful to the marine environment □ not harmful to the marine environment	Additional certificate(s) * □ Certificate of moisture content and transportable moisture limit □ Weathering certificate □ Exemption certificate □ Other (specify) * If required
Relevant special properties of the cargo (e. g. highly soluble in water)	

续表 10-8

DECLARATION	
I hereby declare that the consignment is fully and accurately described and that the given test results and other specifications are correct to the best of my knowledge and belief and can be considered as representative for the cargo to be loaded.	Name/status, company/organization of signatory Place and date Signature on behalf of shipper

如果一种未列入 IMSBC 规则附录 1 的固体货物拟交付散装运输，托运人须在装货前向装货港主管机关提供该货物特性的资料（包括临时性散装货物船运名），并由主管机关对安全运输的可能性进行评估。当估计货物会呈现出 A 或 B 组的危险性时，需寻求卸货港和船旗国主管机关的意见，由三个主管机关共商装运该货物的初步合适条件。当评估出拟运输的固体散装货物对运输没有特定危险时，应授权运输该货物，并将这一授权通知卸货港和船旗国主管当局。装货港主管当局应向船长提供一份证书，说明货物的特性以及运输和处理这批货物所需的条件。装货港主管当局还应在证书颁发后一年内向 IMO 提交申请，将这种固体散装货物纳入 IMSBC 规则附录 1。

当船舶装运精矿或其他货物时，托运人须向船长或其代表提供一份经签字的适运水分极限证书和一份经签字的水分含量证书或声明。该适运水分极限证书须包括或另附测定适运水分极限的试验结果。该水分含量声明须包括或附有托运人的声明，就其所知和看法，在将该声明提交船长时，货物的水分含量是当时货物的平均水分含量。

装运废氧化铁（UN 1376）、铝熔炼副产品（UN 3170）等应在装船前暴露在空气中风化一定时间，前者要求风化不少于 8 周，后者要求不少于 3 d。托运人应提供货物经风化的证书。如果具有化学危险的货物的明细表要求提交证书，该证书须包括或另附托运人声明，就其所知，船舶装货当时的货物化学性质即为证书中所列者。

船长应在取得货物资料的基础上，认真查阅有关规则和规定，结合船舶技术条件，做出是否承运的合理决策。

下面列举了几种典型的固体散货在装运前船方应获取的资料。

（1）易流态化货物：托运人应提供给船长所托运的易流态化货物如精矿粉或其他含水矿产品的平均含水量 MC、流动水分点 FMP、积载因数 SF、静止角、积水排放法、运输中存在的危险性及预防措施等。

（2）煤炭：所属种类（自热型煤或易产生甲烷气体的煤）、特性、岸上堆存时间、煤堆温度、湿度、开采季节等。

（3）种子饼：托运人应提供证明说明其实际含油量和含水量、杂质含量、出厂日期、货物在出厂后至装船前是否有两个月的氧化期以及榨油方法（机械压榨或溶剂萃取）等。

（4）鱼粉：实际含水量、脂肪含量、存放超过 6 个月鱼粉的抗氧化处理的详细情况、运输时剩余抗氧剂的浓度（应超过 100 mg/kg）、货物总重量、鱼粉出厂时的温度、生产日期等。如果托运人提供了其所在国家主管机关签发的证书说明其在散装运输时无自热性，则该种鱼粉应属于既不易流态化又无化学危险的货物。装货时，货物温度不得超过 35 ℃ 或高于环境温度 5 ℃，取高者。

（5）硅铁铝粉末、无涂层硅铝粉、废铝、硅铁等：潮湿或发热货物不得装运。托运人应出具证明,说明装运前已以运输时的粒度在遮盖下于露天中存放不少于3天。

(6)直接还原铁:直接还原铁是在低于铁的流动点的温度下对氧化铁进行直接还原(除氧)而产生的物质。与水和空气发生反应,产生氢气和热量,引起燃烧爆炸。装运时应由托运国家主管机关认可的有资格的人员向船长证明,所托运的直接还原铁当适于运输。装货前,直接还原铁应存放至少3d或经空气钝化技术处理,或用其他等效方法使该物质的化学活性至少降低至经存放后的水平;若其温度超过65 ℃或150℉不得装运。

2.货舱准备

在装货前应检查和准备货舱,检查舱口盖设备,应确保舱盖水密、坚固,防止雨水、海水进入货舱导致货损或储备浮力减少或使货物形成流态威胁船舶安全。保证货舱舱底水、消防、通风、监控等系统和设备处于良好的可用状态及货舱环境满足固体散货的要求,使货舱适货,必要时应取得验舱证明。

二、货物装卸

1.一般注意事项

1)认真填写散装固体货船装卸船/岸安全检查表,充分了解货物装卸操作一般要求。

2)对高密度固体散货,装舱时具有较大冲击力,应注意防止货舱设备受到损坏,在货物未全部铺满舱底前,禁止将货物从舱口高处直接落下。装货后应测定货舱的污水深度,以确定船体或舱内管线是否仍处于良好状态。

3)装卸时,应督促装卸工人及时调整装船机喷口位置,以尽可能保持船身正浮,即使存在短时横倾,也不应超过3°,以减少平舱工作量。

4)装卸时应严格按装卸计划表进行,并应密切注意船舶吃水,如实际装卸效率和压载水排放流量与计划值出入较大时,应及时调整。

5)防止散货粉尘对生活区、甲板机械及助航仪器的污染。在装卸期间,关闭或遮盖通风系统,将空调系统调为内部循环,遮蔽甲板机械的活动部件及外部助航仪器。

6)港方应根据货物配载、积载要求装载货物,根据货物静止角大小进行合理平舱。

7)装货结束前,排尽压载水,估算货物剩余量,以便安排装货结束前的准备工作。

8)大型散货船满载时,一般存在一定的中垂变形,在限定吃水情况下,使装货量减小,故在装货结束前应注意观测吃水,防止吃水超出限定值。

9)卸货开始时,若船舶富余水深较小,不宜立即用水泵加注压载水,可先利用海水压力自然注入,以防大量海底泥沙被吸入压载舱。

10)卸货后的压载数量,应根据具体航线条件确定,及早估算出卸货结束的时间,以便安排开航前的准备工作。

11)装货时做好货物的取样和样品封存,货物卸载前将货样交付收货人。

2.满足货物平舱要求

平舱是指在货舱内对部分货物或全部货物进行的平整作业。平舱可以减少货物移动的可能性,均衡舱底载荷,并最大限度减少空气进入货物以防止自热。平舱可利用装货喷管或滑槽、可移动机械或设备,也可由人工进行。平舱过程中应注意以下事项:

1)平舱的一般规定

(1)固体散装货物装舱完毕时应对货物进行合理平舱,港口经营人应当对装载和平舱情况进行检查并由船长认可和书面确认。

(2)货舱应尽量装满以防止货物移动,但不超过底舱或甲板的强度以及各舱装货量限制,货物需尽可能合理地散布到货舱边界。并考虑到公约所要求的隔舱装载限制。

(3)在考虑船舶特性和航线情况的前提下,当船长所获信息分析认为事关船舶稳性时,有权要求货物平舱平整。

2)黏性散货的平舱要求

对于平舱要求而言,固体散装货物可分为黏性和非黏性两类。所有潮湿的散货和某些干散货均为黏性散货,而且静止角不是黏性散货稳定性的可靠指标。在IMSBC规则附录1的"固体散装货物明细表"中未列出其静止角的货物均为黏性散货。

黏性散货的平舱应满足前述"平舱的一般规定"的要求。平舱的程度应由货物特性和以往的运输记录来确定。包括平舱作业在内的所有有关资料,应由货主在装货前以书面形式提交船长。

3)非黏性散货的平舱要求

(1)非黏性散货

包括列于IMSBC规则附录3第1段的货物,以及未列入该附录但显示出非黏性物质特性的任何其他货物。静止角是表示非黏性散货稳定性的一种特性并已列明在非黏性货物各明细表中。静止角的大小决定非黏性散货的平舱要求。

(2)静止角小于或等于30°的非黏性散货

因其具有和散装谷物一样的散落性,因此,应按谷物的运输要求执行。在确定自由流动的货物面对稳性的影响时,还应考虑货物的密度。

(3)静止角大于30°,小于等于35°的非黏性散货

货物表面的不平整程度即货物表面最高点与最低点间的垂直距离 δh 不超过 $B/10$ m(B 为船宽),且最大不超过1.5 m。装货中使用经主管当局认可的平舱设备。

(4)静止角大于35°的非黏性散货

货物表面的不平整程度即货物表面最高点与最低点间的垂直距离 δh 不超过 $B/10$ m,且最大不超过2.0 m。装货中使用经主管当局认可的平舱设备。

3. 有针对性地做好各种安全防范工作

某些固体散装货物如谷物、原木、黑色金属、金属硫矿、煤等易于氧化,会造成载货处所及其毗邻处所缺氧。进入这类封闭舱室前必须进行充分的通风,如有任何怀疑时,则要求进入其间的人员佩戴氧气呼吸器。

有些固体散装货物的粉尘被吸入或与皮肤较长时间接触会对人体产生有害影响。为了降低其危害,应减少人体在粉尘中的暴露时间,穿着防护服和涂抹防护膏,对身体的裸露部分应及时冲洗,对受到粉尘污染的外衣应及时清洗。

有些固体散装货物在潮湿时对人的皮肤、眼睛、黏膜或船体具有腐蚀性,应注意采取相应的防护措施。

某些固体散装货物存在粉尘爆炸的危险。这类粉尘与空气混合会形成可爆混合物,特别是在装卸或清扫货舱时应特别注意。应进行充分通风,用水冲洗代替清扫可使爆炸危险减至最小。

三、航行中货物管理

固体散货在运送过程中,应做好以下几方面的管理工作,以确保货物和船舶安全。

(1)定期测定舱内的温度和湿度,进行适当的通风,防止舱内产生"汗水"而影响货物质量,或因汗水使货物发生化学反应而对船舶构成威胁,或因货温过高危及货物正常运输和船舶安全。

(2)按时测定污水深度,及时排出舱内污水,防止水湿舱内货物。

(3)对某些易产生有害气体的货物,航行中应注意适时通风换气,以排出货舱内存在的有害气体。

(4)检查货物在舱内的状况,是否存在某些异常现象,如需要应采取相应的措施。

(5)注意下舱安全,防止人员伤亡。

四、几种常运固体散货的装运

在运输具体固体散货时,应向托运人索取货物的具体资料,并查阅 IMSBC 规则及其附录 1 中关于该货物的细目。这里仅例举金属硫化物精矿和含植物油种子饼的细目。

1. 金属硫化物精矿(METAL SULPHIDE CONCENTRATES)

1)特性和特征

精矿(mineral concentrates)是精炼矿石,通过清除大部分废料而富集有价值的成分。精矿通常颗粒较小,在非刚生产出的精矿中有时存在结块。此类中最常见的精矿有:锌精矿、铅精矿、铜精矿和金属硫化物精矿。金属硫化物精矿的特征如表 10-9 所示。

表 10-9 金属硫化物精矿的特征

物理特性			
尺寸	静止角	密度/(kg/m³)	积载因数/(m³/t)
各种大小	不适用	1790~3230	0.31~0.56
危险性分类			
类别	副危险	MHB	组别
不适用	不适用	SH 和/或 TX 和/或 CR	A 和 B

2)危险性

一些含硫化物的精矿易于氧化并有自热的趋势,同时造成环境缺氧并产生毒气。某些含硫化物的精矿可产生腐蚀问题。

3)积载和隔离

除非由主管机关作出决定,否则应按要求将其与第 4.2 类物质隔离,与食品和所有第 8 类物质"隔离"。

4)货舱清洁程度

按货物的危险性保持货舱清洁和干燥状态。

5)天气注意事项

参考货煤。

6) 装载

须对该货物进行平舱,以确保货物表面峰谷间的高度差不超过船舶宽度的 5%,货物从舱口四周边界至舱壁的坡度均匀,不留有会在航行期间坍塌的陡面,特别是对船长为 100 m 或以下的船舶。

由于该货物密度极高,内底可能会受力过大,除非货物在内底均匀铺开以使重量平均分布。在航行和装载期间,须时刻注意确保内底不因货物呈堆状而受力过大。

7) 预防措施

在对货物处所通风和测试空气含氧量之前,不得进入货物处所。须采取相应预防措施保护机器处所和起居处所不受货物粉尘的影响。货物处所的舱底污水井应采取保护措施不让货物进入。应充分考虑保护设备不受货物粉尘的影响。可能暴露于货物粉尘的人员应戴护目镜或其他等效的防尘护目用具和粉尘过滤面罩,必要时应穿防护服。

8) 通风

装运该货物的货舱不得在航行期间通风。

9) 载运

在航行期间,应定期检查货物表面的状态。如果观察到货物上方有游离水或货物处于流体状态,船长应采取适当行动防止货物移动和船舶倾覆,并考虑寻求紧急避难地。为测量氧气和该货物可能散发的有毒气体,应在船上配备每种气体或混合气体的探测器。探测器适合在没有氧气的环境中使用。在航行期间,应定期测量装载该货物的货舱中这些气体的浓度,测量结果应记录并保存在船上。

IMSBC 规则对该货物的卸货和清扫无特殊要求。

2. 含植物油种子饼 UN 1386(SEED CAKE, containing vegetable oil UN 1386)

ISMBC 规则中,含植物油种子饼 UN 1386 包括(a)和(b)两个细目,其中:(a)经机械压榨的种子,油含量大于 10% 或油和含水量合计大于 20%。仅经主管当局特别准许方可散装载运。(b)经溶剂萃取和压榨的种子,油含量不大于 10% 且当含水量高于 10% 时,油和含水量合计不大于 20%。这里以(a)为例简要介绍其运输要求。

1) 特征(表 10-10)

表 10-10 含植物油种子饼的特征

物理特性			
尺寸	静止角	密度/(kg/m³)	积载因数/(m³/t)
不适用	不适用	478~719	1.39~2.09
危险性分类			
类别	副危险	MHB	组别
4.2	不适用	—	B

2) 危险性

可能缓慢自热,如受潮或含有未氧化油的比例过高则可能自燃。易氧化,随后导致货物处所氧气减少,可能产生二氧化碳。

3) 积载和隔离

除满足 IMSBC 规则第 9.3 节（积载和隔离要求）的要求外，无特殊要求。

4）货舱清洁度

按货物的危害达到相应的清洁和干燥状态。

5）天气注意事项

该货物应尽可能地保持干燥。该货物不得在降水期间装卸。在该货物装卸期间，装载或待装载该货物的处所的所有未用舱口均应关闭。

6）装载

按 IMSBC 规则第 4 和 5 节的相关规定进行平舱。

7）预防措施

该货物应在其温度不高于 55 ℃ 或环境温度加 10 ℃（以低者为准）时，方可接受装载。装运前，该货物应适当老化；老化所需持续时间随油含量而变。主管当局在确信试验结果表明可以放宽规定时，可准许本细目所述种子饼按种子饼（b）的条件载运。主管当局准许放宽的证书应载明油含量和含水量。在航行期间，该货物的温度应在货物处所内按若干深度定期测量并作记录。如货物温度达到 55 ℃ 并继续升高，应停止货物的通风。如持续自热，应向货物处所注入二氧化碳或惰性气体。在做检测并确定氧含量已恢复到正常水平前，不准人员进入装有该货的货物处所。

8）通风

在航行期间，不得对载运该货的货物处所进行机械通风，以防货物自热（紧急情况下除外）。

9）载运

载运该货物的货物处所的舱口应为风雨密，以防进水。卸货和清扫无特殊要求。

10）应急程序

应携带的专用应急设备：自给式呼吸器。

火灾应急措施：关闭舱盖板；使用船舶的固定式灭火装置（如有）。

医疗急救：参见经修正的《危险货物事故医疗急救指南》（MFAG）。

【思考与应用 10-3】

1. 船长在承运固体散货时，应向托运人索取哪些货物资料？
2. 散货船在装货前应如何检查和准备货舱？
3. 货物装卸作业有哪些一般注意事项？
4. 固体散货装货时为何要平舱？如何满足固体散货的平舱要求？
5. 根据 IMSBC 规则，装载固体散货时有关人员和船舶的安全应注意哪些事项？

第十一章　散装液体货物运输

海运散装液体货物主要包括石油及其产品、种类繁多的散装液体化学品及散装液化气体及相似液体等货物。石油是目前世界上的重要能源原材料之一，随着经济、开采技术的发展，石油产量以及各国对能源需求量的增加，国际运输量快速增长。现代液体散装货船向专业化、大型化快速发展，逐渐成为专用运输船舶（油轮、化学品船、液化气船）。散装液体货物海上运输已成为我国海上货物运输的一个重要组成部分，石油也是我国重要的进口物资，目前我国石油进口规模世界第一，进口石油依赖程度已经超过 50%，散装液体化学品和液化气运输规模随国民经济和国际贸易的快速发展也与日俱增。

根据《STCW 公约马尼拉修正案》的要求，在液货船油船、化学品船和液化气船工作的船员，需要接受相关科目的特殊培训，并持有培训合格证书，才有资格到相关的船上任职、工作。本章重点介绍石油类货物的船舶安全运输的基本知识，也对散装化学品和散装液化气体的船舶安全运输进行简要介绍。

第一节　石油及其产品的特性

一、石油及其产品的种类

石油属于矿物油，是由各种烃类和非烃类化合物所组成的复杂混合物，按其主要组成成分可分为原油和成品油。

1. 原油（crude oil）

原油是直接从地下油井中开采出来的一种不溶于水比水轻的、具有特殊气味（一般为含硫化合物的臭味）的、深褐色的、黏稠的可燃性矿物油，是由多种烃类（烷烃、环烷烃、芳香烃）及非烃类化合物组成的复杂混合物。在常温常压下，原油中烷烃分子含碳原子 1~4 个的烃类呈气态，主要存在于天然气（甲烷）中；碳原子 5~25 个的烃类呈液态，如汽油、煤油，是原油的主要形态；碳原子 25 个以上的烃类呈固态，如石蜡等。

原油的物理性质因产地而异，相对密度为 0.8~0.95，粘度范围很宽，凝固点差别很大（−56 ℃~50 ℃），沸点范围为常温到 500 ℃以上，可溶于多种有机物溶剂，不溶于水等无机物，但可与水形成乳状液。

原油的化学成分组成元素主要是碳（83%~87%）、氢（11%~14%），其余为硫（0.06%~0.80%）、氮（0.02%~1.70%）、氧（0.8%~1.82%）及微量金属元素（镍、钒、铁等）。由碳氢化合物形成的烃类是原油的主要组成部分，约占 95%~99%，含硫、氧、氮的化合物对石油产品有害，在石油炼制加工中应尽量除去。

产地不同的原油，各种烃类的结构和所占比例相差很大，但主要属于烷烃、环烷烃、芳香烃三类。通常以烷烃为主(如石蜡含量较多)的原油称为石蜡基原油;以环烷烃、芳香烃为主的原油称为环烷基原油;介于二者之间的称中间基原油。

2. 成品油(石油产品,oil products)

原油经过脱盐、脱水,运往炼油厂,进行分馏和加工,才能得到各种石油产品,可以提炼出汽油、煤油、柴油、润滑油和其他化工产品等。

由于石油主要由不同沸点的烃类化合物混合而成,通过控制不同的温度可以得到不同的石油产品。分馏是指通过不断的加热和不断的冷凝,将石油分离成不同沸点的蒸馏产物的过程。炼油厂通常把产品分为"白油"和"黑油"两大类。一般来说,白油是轻质馏分,又称清油(clean oil);黑油(dirty oil)是重质馏分。在分馏塔内,轻质馏分的蒸气上升较高,在塔的上部冷凝成液体,通常称为蒸馏油(distillate fuel),其沸点较低,如汽油、煤油、轻柴油等;重质馏分的蒸气在较低的上升高度冷凝,通常称为蒸余油(residual fuel 或 residual oil),其沸点较高,如燃料油、渣油、沥青等。因此,可从分馏塔不同的高度得到不同沸点的馏分,主要产品依次为石油气($C1 \sim C4$)、汽油($C5 \sim C12$)、煤油($C9 \sim C16$)、柴油($C15 \sim C18$)、重油($C20$ 以上)。

1)汽油(petrol or gasoline)

汽油是石油产品中密度最小、最易挥发的油品,主要包括车用汽油、航空汽油和溶剂汽油。

车用汽油是一种不溶于水的、密度在 $0.65 \sim 0.80 \text{ g/cm}^3$ 之间的油状透明液体。汽油内有多种碳氢化合物,其中正庚烷与空气的混合物在高温和高压下自燃引起异常燃烧,常伴随响声,造成震爆现象。

辛烷值是衡量汽油在汽缸内抗爆震燃烧性能的数字指标,辛烷值越高抗爆性能越好。常用的辛烷值有研究法辛烷值和马达法辛烷值两种,两者的主要区别是测试条件不同(分别参见 GB/T 5487 和 GB/T 503),车用燃料研究法辛烷值范围在 $88 \sim 101$ 之间,马达法辛烷值范围在 $80 \sim 90$ 之间。根据我国《车用汽油》(GB 17930),车用汽油(V、VIA 和 VIB)按研究法辛烷值分为 89 号、92 号、95 号和 98 号 4 个牌号。汽油牌号越高,其辛烷值越高,表示抗爆性能越好。

2)煤油(kerosene)

煤油是一种无色透明液体,密度约为 0.80 g/cm^3,闪点在 40 ℃ 左右(作为航空燃料的煤油闪点为 38 ℃)。煤油在低温下燃烧性能较差,使用时比汽油安全。按用途其可分为灯用煤油、拖拉机用煤油、航空用煤油和重质煤油。煤油除了作为燃料外,还可作为机器洗涤剂以及医药工业和油漆工业的溶剂。目前大型客机均使用航空煤油作为燃料,航空煤油有 1♯、2♯、3♯ 三个等级,目前只有 3♯ 航空煤油使用最广泛。

3)柴油(diesel oil)

柴油主要作为柴油发动机的燃料,分为轻柴油和重柴油。

(1)轻柴油(light diesel oil):供各种柴油汽车、拖拉机、各种高速柴油机(1000 r/min 以上)等作燃料用,轻柴油的闪点在 60 ℃ 以上,相对密度在 $0.75 \sim 0.85$。凝点是指在规定的冷却条件下油品停止流动的最高温度。按凝点高低轻柴油分 10 号、0 号、−10 号、−20 号、−35 号、−50 号共 6 个牌号,分别表示其凝点不高于 10 ℃、0 ℃、−10 ℃、−20 ℃、−35 ℃、−50 ℃。牌号越高,凝点越低。

(2)重柴油(heavy diesel oil):供各种中速、低速柴油机(1000 r/min 以下)作燃料用,重柴油的闪点在 65 ℃以上,相对密度 0.85~0.9。按凝点高低重柴油分为 10 号、20 号、30 号三个牌号,分别表示其凝点不高于 10 ℃、20 ℃、30 ℃。牌号越高,凝点越高。一般来说柴油机转速越低,选用的重柴油凝点越高。

4)燃料油(fuel oil)

燃料油又称锅炉油,是原油蒸馏出汽油、煤油、柴油后在 350 ℃以上经精制除杂直接蒸馏得到的油品,其密度为 0.940~0.995 g/cm^3,主要供船舶、工业和工厂锅炉作燃料用。其特点是粘度大,含非烃化合物、胶质、沥青多。

粘度是衡量流体流动性的指标,指液体受外力作用移动时,分子间产生的内摩擦力大小的量度。燃料油按粘度的大小分为 20 号、60 号、100 号、200 号四个牌号。牌号越大,粘度越大。

5)润滑油(lubricating oil)

润滑油是提取了汽油、煤油、柴油后剩下的重质油,采取减压蒸馏法制成的液体油品,主要用于润滑机械设备的摩擦部位。润滑油在运输过程中严防混入水分和杂质,混入水分极易乳化而无法分离,使机械锈蚀、润滑性变坏;混入杂质会擦伤和磨损机械,失去润滑作用。

二、石油及其产品的特性

石油及其产品与运输和装卸有关的主要特性有:

1. 易燃性

石油及其产品容易燃烧的性能称为易燃性。它可以用闪点(flash point)、燃点(ignition point)、蒸气压和可燃范围等来衡量。表 11-1 为各种石油气的理论可燃范围表。

表 11-1 石油气的理论可燃范围表

名称	可燃极限(%)		名称	可燃极限(%)	
	上限	下限		上限	下限
甲烷	14.5	5.3	苯	8.0	1.5
乙烷	12.5	3.1	甲苯	9.5	1.3
丙烷	9.5	2.2	二甲苯	6.0	1.0
丁烷	8.5	1.9	原油	10.0	1.0
戊烷	8.8	1.4	汽油	7.6	1.4
己烷	7.5	1.2	煤油	6.0	1.2
乙炔	80.0	2.6	轻柴油	4.5	1.5

《油气化工码头设计防火规范》(JTS 158—2019)对液化天然气、液化烃、易燃和可燃液体的火灾危险性按表 11-2 进行分类。操作温度超过其闪点的乙类液体,应视为甲B类液体;操作温度超过其闪点的丙A类液体,应视为乙A类液体;操作温度超过其沸点的丙B类液体,应视为乙A类液体;操作温度超过其闪点的丙B类液体应视为乙B类液体;闪点小于 60 ℃但不低于 55 ℃的轻柴油,操作温度不大于 40 ℃时,可视为丙A类液体。

表 11-2　液化天然气、液化烃、易燃和可燃液体的火灾危险性分类

名称	类别		特征或液体闪点
液化天然气、液化烃	甲	A	—
易燃液体	甲	B	甲A类以外,闪点<28 ℃
	乙	A	28 ℃≤闪点<45 ℃
可燃液体	乙	B	45 ℃≤闪点<60 ℃
	丙	A	60 ℃≤闪点<120 ℃
		B	闪点>120 ℃

2.爆炸性

石油及其产品挥发出来的蒸气与空气混合达到一定浓度(体积百分比)范围时,遇明火就会燃烧,以致压力快速升高引起能量急剧释放的爆炸的性能称为爆炸性。

只要混合气体中的油气含量在其爆炸范围之内,遇明火就可能发生燃烧爆炸;油气过浓或过稀,即在爆炸范围之外,则不会发生爆炸。

为了防止混合气体发生爆炸造成严重的危害,油船运输中常利用惰性气体的充入来控制油品的爆炸极限和爆炸范围。试验证明,随着惰性气体的充入,含氧量降低,油品的爆炸下限提高,爆炸上限降低,从而使油舱和管系内的油气爆炸范围缩小,燃烧、爆炸的可能性也随之降低。混合气体燃爆范围示意如图 11-1 所示。

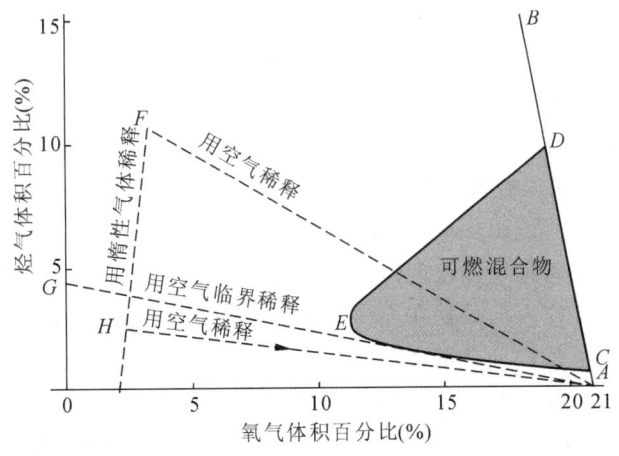

图 11-1　混合气体燃爆范围示意

图 11-1 还表示出液货舱除气作业过程中如何操作才能防止油气的燃爆危害,图中,用空气稀释位于虚线 AF 上任一浓度的混合气体时,都会通过燃爆区域 CDE,因而存在着燃爆的危险;而用空气稀释位于虚线 AG 以下任一浓度混合气体时,则不会通过燃爆区域 CDE,所以应先用惰性气体将虚线 AG 以上任一浓度的混合气体(如 F 点)稀释至虚线 AG 以下(如 H 点),然后再用空气稀释,直至满足除气的要求,保证操作安全。

图中 E 点对应的氧气含量为 11%,根据图示分析可知,只要混合气体中的氧气含量低于 11%,则即使遇到明火也不会燃烧、爆炸。液体散货运输过程中,为了保证安全,取 8% 作为舱内氧气含量的限制值。

3. 挥发性

石油的挥发性是指当石油液体温度低于其沸点时出现的汽化现象。在储运过程中，石油产品的挥发不但会引起数量减少，而且由于其挥发部分多为轻质馏分而使其质量降低，同时为燃烧、爆炸提供了石油气，而石油气的存在也会对环境安全和人类健康造成不良的影响。

石油的挥发性常以蒸气压为衡量指标，通常用饱和蒸气压和雷氏（雷德）蒸气压（reid vapour pressure, RVP）来衡量。

盛装于一个封闭容器中的液体，其中的分子由于布朗运动不断挥发出来扩散到液面上方的空间，而挥发出的分子又会不断地回到液体中，这一过程达到动态平衡时，液体蒸气所产生的压力称为饱和蒸气压。

雷氏蒸气压是指在密封的容器内装入 125 mL 油品，使液体和气体的体积比保持在 1∶4，容器内温度保持在 37.8 ℃（100 ℉）的条件下测得的蒸气压。

同一油品挥发的快慢主要取决于温度的高低，温度越高，挥发越快。此外，挥发性还与压力的大小、油品表面积的大小、油品上方气流的速度及油品自身的密度有关。当装运凝点高、粘度大的油品或遇高温天气时，需采取控制增温速度或在甲板上洒水（外界温度超过 28 ℃时）的措施，以减少油品的挥发。

4. 毒害性

石油及其产品中含有大量的碳氢化合物、少量的硫化氢以及某些油品中加入的四乙铅或乙基液等，对人体会有不同程度的毒害。当达到人体中毒极限，被人体所吸入或接触后，会导致人员中毒。石油中毒大部分是因吸进石油挥发出来的气体所致，小部分是由于皮肤接触后侵入人体内或吞咽进入人体所造成的。石油的毒害性与其挥发性有密切的关系，挥发性越大，毒害性也越大。

石油的毒害性通常采用有害气体最大容许浓度（maximum acceptable concentration, MAC）或浓度临界值（又称阈限值, threshold limit values, TLV）来控制。MAC 是指任何有代表性的采样中均不得超过的有害气体浓度。TLV 是指空气中一种有害物质的浓度，所代表的工作条件是几乎所有的工作人员长期在这样的暴露条件下工作，都不会有不良的健康影响。

浓度临界值有以下几种分类定义：

1) 时间加权平均阈限值（threshold limit value-time weighted average, $TLV\text{-}TWA$）：正常 8 h 工作日或 40 h 工作周的时间加权平均浓度，在此浓度下反复接触对几乎全部工人均不至于产生损害影响。无特殊说明时，某一物质的 TLV 值一般指 $TLV\text{-}TWA$。

2) 短期暴露水平阈限值（threshold limit value-short term exposure limit, $TLV\text{-}STEL$）：每次接触时间不得超过 15 min 的时间加权平均接触限值，每天接触不得超过 4 次，且前后两次接触至少要间隔 60 min。在此浓度下，工人能够短时间连续接触而不至于引起刺激作用、慢性或不能恢复的组织改变、麻醉的程度达到足以增加意外伤害的危险及自救能力减退或工作效率明显降低。

3) 最高阈限值（threshold limit value-ceiling, $TLV\text{-}C$）：瞬间也不得超过的最高浓度。

MAC 或 TLV 以空气中含有有害气体（体积比）的百万分率（ppm）为计量单位，其值越大，说明该油品的危险性越小。

5. 静电性

静电危险基本上有电荷分离、电荷积聚、静电放电三个阶段,又称为静电三要素。石油产生静电的原因很多,石油在管内流动与管壁摩擦,油液中掺入水分,从舱口灌注石油、冲击舱壁,用压缩气体扫线,洗舱作业时用水或水蒸气高速喷射舱壁等等,都会因摩擦产生静电荷。当静电荷积聚达到一定电量和电位时,会放电产生静电火花,给油气的燃烧、爆炸提供火源。

静电积聚的快慢与油品在管内的流动速度、油品温度、管线长短、管内压力等有关。流速越大、油品温度越高、管线越长、压力越大,则静电积聚越快。为了防止静电放电发生危险,主要从防止电荷分离、防止静电积聚和防止静电放电等方面采取措施。

6. 粘结性

原油及重油、重柴油等不透明的石油产品,在低温时粘结成糊状或块状的性能称为粘结性。粘结性一般用凝点(solidifying point)和粘度(viscosity)来表示。

当装卸高粘度的油品时,需采取加温的方法降低其粘度。但加温应适当,温度过高,不仅会加快油品的挥发,而且还能产生气阻,使流速降低。通常燃料油加温达 75 ℃时就要控制温升,最高不得超过 90 ℃。

7. 胀缩性

石油体积随温度的变化发生膨胀或收缩的性质称为石油的胀缩性。为防止液货舱内液货因膨胀溢出,在载运石油货物时,油舱内必须留出足够的空余舱容以允许在温度升高时货物体积的膨胀。在实际营运中,应根据货物种类、航行区域的气温和海水温度变化等具体情况计算并留出适当的空当(ullage)。

8. 腐蚀性

有些油品如汽油含有水溶性酸碱、有机酸、硫及硫化物等,可能对船体材料造成腐蚀。因此,船舶在装运这些油品后,应清洗油舱并进行有效的通风以减少腐蚀。

【思考与应用 11-1】
1. 石油产品有哪些种类?
2. 石油及其产品与运输和装卸有关的主要特性有哪些?

第二节 油船主要结构及设备特点

一、按载重量和营运特点分类

国际上先后建立了两套衡量油船大小的分类方法。1954 年壳牌公司创建了平均运费指数(average freight rate assessment, AFRA)系统,对油轮的大小规模按载重吨范围进行了分类(AFRA scale),并在 20 世纪 70 年代随着船舶的大型化而调整了分类。AFRA 是基于历史统计的规模分级,有其严格的范围界限,后来壳牌和其他一些主要石油公司放弃了 AFRA 系统,但该系统至今仍在使用。为应对市场演变,国际上又建立了灵活市场分级方法(flexible market scale),适应市场对不同航向船舶大小规模的要求。两种分级的载重量范围如表 11-3 所示。

其中阿芙拉型(Aframax)是平均运费指数(AFRA)最高船型,经济性最佳。阿芙拉型油轮由于船舶尺度适中,可服务于超大型原油船无法到达的港口,是中短途原油运输的最佳选择,主要用于黑海、北海、加勒比海、白令海冰区中国南海和东海等区域。

表 11-3 油轮按载重量(DW)大小分类

固定的 AFRA 分类 (fixed AFRA scale)		灵活市场分类 (flexible market scale)	
分类(class)	载重量 (DW)/t	分类(class)	载重量 (DW)/t
通用型油船 (general purpose tanker)	10000~24999	成品油船 (product tanker)	10000~60000
中航程油船 (medium range tanker)	25000~44999	巴拿马型 (Panamax)	60000~80000
远程 1 (long range 1,LR1)	45000~79999	阿芙拉型 (Aframax)	80000~120000
远程 2 (long range 2,LR2)	80000~159999	苏伊士运河型 (Suezmax)	120000~200000
超大型原油船 (very large crude carrier,VLCC)	160000~319999	超大型原油船 (VLCC)	200000~320000
超巨型原油船 (ultra large crude carrier,ULCC)	320000~549999	巨型原油船 (ULCC)	320000~550000

二、油船的结构特点

1. 单甲板、双层舷侧、双层底

油轮的结构应满足 MARPOL73/78 公约附则Ⅰ的要求。根据 MARPOL73/78 公约附则Ⅰ第 19 条,所有载重量为 600 吨及以上的油船的整个货舱长度范围内,均应用压载舱或非油舱保护,即要求采用双壳油轮(double hull tanker)。其中:

1)侧翼舱或处所的布置应确保液货舱位于侧壳板型线的内侧,不小于距离 $w=(0.5+DW/2000)$ m(DW 为载重量)或 2.0 m,取小者,但最小值为 $w=1.0$ m。

2)在任何横截面上,每个双底液舱或空间的深度应确保货舱底部与底壳板型线之间的距离 h(图 11-2)不小于 $h=B/15$ m(B 为船宽)或 2.0 m,取小者,但最小值为 $h=1.0$ m。

3)当 w 和 h 的值不同时,距离 w 应用于距基线 $1.5 h$ 以上的位置。

MARPOL73/78 公约附则Ⅰ第 21 条(关于防止油轮在运输重质油时造成石油污染的规定)规定:禁止在 2005 年 4 月 5 日之后载重量为 5000 t 及以上的单壳油轮和载重量为 600 t 及以上但小于 5000 t 的单壳油轮在 2008 年交付日期周年日之后运输重质油。

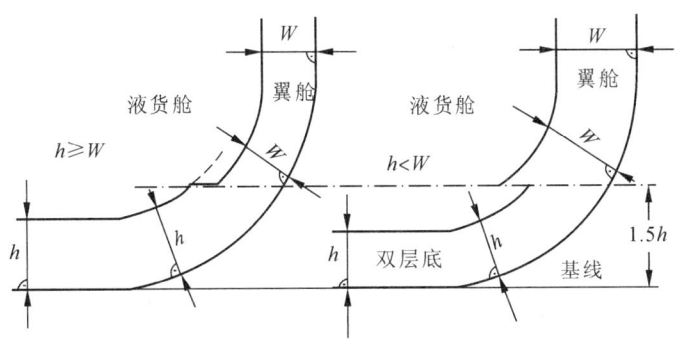

图 11-2　油船液货舱位置

2009年12月,我国交通运输部发布《关于发布提前淘汰国内航行单壳油轮实施方案的公告》,规定自2010年1月1日起,新造600载重吨及以上国内航行油轮应满足防污染双壳结构要求,并规定了现有600载重吨及以上的国内航行油轮满足防污染双壳结构要求的时间表。

典型双壳型油轮货舱结构示意如图11-3所示,这种结构可以较有效地防止或减少油船发生海事事故时对海洋的污染,但是它使船舶空船重量增加、船舶造价提高,对船舶的完整稳性和破舱稳性及船舶净载重量均产生了不利影响,而且双层底内积聚的油气也是一个危险的隐患。

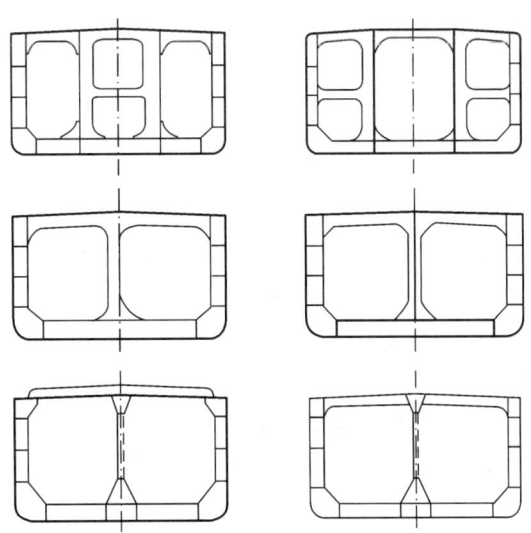

图 11-3　典型双壳型油轮货舱结构示意

2.设置专用压载舱

油船返航时多为空载,船舶尾倾较大,且处于较大的中拱状态。为了减少过大的中拱弯矩和船体的震动,并有利于获得最大的航速,油船空载航行时必须进行合理的压载。

油船压载时应选中部附近的舱室,不应单独在首部水舱装载压载水,否则将使船舶受力处于不利的状况。同时,考虑防污染的要求,大型油船按 MARPOL 73/78 公约的要求应设置较大的专用压载舱(segregated ballast tank,SBT)。

MARPOL 73/78 公约附则 Ⅰ 第 18 条规定:1982年6月1日以后交付的载重量不小于

20000 t 的原油船和载重量不小于 30000 t 的成品油船应设置专用压载舱;1982 年 6 月 1 日或以前交付的载重量不小于 40000 t 的原油船和载重量不小于 40000 t 的成品油船应设置专用压载舱。

MARPOL73/78 公约对油船专用压载舱压载能力的要求见第四章第一节。

除下列情况外,货油舱不得装载压载水:

1) 在天气情况非常恶劣的特殊航次,船长认为必须在货油舱中加装额外压载水以保证船舶安全。

2) 在特殊情况下,由于油船的具体营运性能的影响,使其必须加装超过正常情况下专用压载舱压载容量的压载水,但该操作应属于 MARPOL73/78 公约规定的例外范畴。

3. 设有隔离空舱

为了防止油气渗漏和防火防爆的需要,货油舱与机舱、干货舱、居住处所及载运闪点在 65 ℃ 以下的石油产品的货舱与燃油舱之间均应设置隔离空舱。隔离空舱、货油舱、污油水舱应位于机器处所之前。隔离空舱舱壁间应有不小于 760 mm 的距离,泵舱、压载舱可兼作隔离空舱。

4. 设置货物控制室

在控制室内可监视、控制和操作各类货油作业,操作惰性气体系统、货油泵、排油监控装置、监视货舱空当高度等。货控室内主要布置有货油控制台、货油泵控制台、惰气系统 IGS 控制台和排油监控控制台等。

三、油船主要设备系统

为了货油装卸及运载安全的需要,油船上均设置多种设备系统。

1. 货油装卸系统

货油装卸系统主要包括货油泵、货油管路、扫舱、货油监控等系统及其附属设备。货油泵设置在独立的泵舱内,货油管路分布在货油舱、泵间及上甲板,货油舱内管路阀门通过传动装置在甲板开关,设有货控室的船可在室内遥控操作。装油时利用码头上的泵或自流,卸油时利用船舶配备的货油泵。

扫舱系统主要用来抽吸货油舱底部的残油,此外还能用于卸货完成时清扫管线中的残油,抽除货油泵中的空气,排出泵舱中的舱底污水等。现代油船上多装配自动扫舱装置。

2. 货舱液位报警系统

为了防止液舱内的货油从透气系统上升至超过设计压头的高度,每个液货舱均应设置高位报警系统和溢出报警系统(高高位报警系统),能发出相应的声光报警指示。每个液货舱的高位报警液位设定为该舱容的 95%。溢出报警液位设定值应不超过 98.5%,通常设置为 98%。从报警设定至溢出之间的时间间隔不小于 1 min。溢出报警系统应独立于高位报警系统和货舱液位测量系统。报警系统应能在每次输送作业前对本系统的正常运行进行检查,或包含一个能监测报警电路和传感器状态的电子自检系统。

3. 透气系统

油船透气系统设置的主要目的是保证油舱气体安全地吸入或排出。装油时,随着液位的升高,舱内气体通过透气系统被排出,防止舱内压力过大而使油舱凸起变形;卸油时,随着舱内液位的下降而吸入气体,防止油舱内压力降低形成真空而造成油舱舱壁凹陷;航行中,各油舱通过透气系统与大气相通,避免因外界温度变化引起舱内气压升高或降低,达到舱内外压力的平衡。

透气系统主要由透气管路、透气桅管、呼吸阀、旁通阀、防火罩等构成。透气方式根据透气管路布置方式而定,通常有独立式、分组式和共管式三种。

4. 洗舱系统

洗舱是使用泵将一定压力的洗舱介质经由洗舱机喷射到油舱内壁,将舱壁及船体构件表面的脏污物质洗掉。洗舱方式包括水洗舱、清洗液洗舱及原油洗舱。洗舱系统主要包括洗舱泵、扫舱泵、洗舱加热器、洗舱机及附属管路等。

5. 惰性气体系统

该系统的主要作用是在油船装卸、除气、原油洗舱等作业时,提供惰气,防止油气燃烧、爆炸。油船上惰性气体的来源主要有三个,即:船舶主、辅锅炉燃烧排出的烟道废气(因其经济性,为多数大型油船所采用);通过燃烧燃料来获取惰气(含氧量很低,因成本高,主要用于对惰气纯度要求较高的 LNG 和 LPG 等船舶);辅锅炉或柴油机排气再经辅助燃烧器燃烧(联合式)。

SOLAS 74 公约规定,20000 载重吨及以上的油船应配备固定式惰性气体系统,并要求惰气系统在任何规定的气流速率条件下都应能提供含氧量不超过 5% 的惰气,在任何时候油舱内都应保持正压状态且舱内含氧量不得超过 8%。

SOLAS 74 公约规定,IGS 系统必须装配有固定氧气分析仪,且能够连续测定充入惰气中的氧气含量,当氧气含量超过 5% 时能发出警报。

此外,还有货油加温系统、甲板洒水系统和消防系统等。

【思考与应用 11-2】
1. 油船按载重量和营运特点如何分类?
2. 油船隔离空舱的作用是什么?
3. 简述油船专用压载舱的作用和设置要求。
4. 油船设有哪些设备系统?
5. 油船透气系统、液位报警系统、洗舱系统和惰性气体系统有何作用?

第三节 货油配装

货油配装的要求、方法与普通货船基本相同,但由于其所运货物的特殊性和油船本身的结构特点,在配装时与普通货船又有若干不同。

一、航次货运量的确定

若油船所装运石油产品的密度小于船舶设计时选用的货物密度,则会出现满舱不满载的状态；若油船所装运石油产品的密度大于船舶设计时选用的货物密度,则会出现满载不满舱的状态。考虑到石油及其产品的胀缩性,在货源充足的前提下,航次货运量可根据下式计算。

$$Q_m = \min\left\{NDW, \rho' \cdot \sum V_{o.t} \cdot \left(1 - \frac{f \cdot \delta t}{1 + f \cdot \delta t}\right)\right\} \tag{11-1}$$

式中：ρ'——航次预计最高油温对应的货油密度（g/cm³）；

$\sum V_{o.t}$——油船总舱容（m³）；

f——货油的体积温度系数（1/℃）；

δt——始发港油温与航程中预计可能达到的最高油温之间的差值（℃）。

结合油船营运的特点,在确定最大航次货运量时,还应考虑如下问题：

1）在计算航次总储备量 $\sum G$ 时,还需包括为完成油船的特殊技术作业所需的燃料和淡水的数量,如加温石油货物及清洗油舱等燃料、淡水的消耗。

2）确定航次货运量时应扣除油舱内残存的上航次油脚、残水或污油舱中的污油水 S。该项重量包含在船舶常数 C 中。

3）确定航次货运量时还应考虑船舶压载舱内压载水的残存数量。需要特别注意的是,如果装货速度较快,船舶很难有足够的时间排净压载水,船舶最后残存压载水数量将直接影响船舶最大载货量。

在货源不足时,应根据货源的实际情况确定航次货运量。

二、膨胀余量及空当高度的预留

应根据航线及港口的实际情况来确定各油舱的膨胀余量 δV 及全船的膨胀余量 $\sum \delta V$,膨胀余量 δV 与油舱容积之比（%）反映了油舱装满的程度。油舱的膨胀余量应力求合理,既要使货油不致因体积膨胀而溢出,又要避免空当过大,浪费运力。当船舶由温度低的港口装油驶往温度高的港口时,应留较大的空当；反之,考虑到气候的反常性或运输高粘度黑油时需要加温,也要留出足够空当。根据经验,通常情况下油船留出的膨胀余量应不小于总舱容的 2%,而运输需要加热的黑油（原油、重油、重柴油等）时膨胀余量应不小于总舱容的 3%。

在整个航程中货油温差 δt、体积温度系数 f 已知条件下,具有舱容为 $V_{o.t}$ 的油舱的膨胀余量及全船的膨胀余量通常由下式求得：

$$\left.\begin{aligned}\delta V &= V_{o.t} \cdot \frac{f \cdot \delta t}{1 + f \cdot \delta t} \\ \sum \delta V &= \sum V_{o.t} \cdot \frac{f \cdot \delta t}{1 + f \cdot \delta t}\end{aligned}\right\} \tag{11-2}$$

于是,可得到单一货油舱的最大装油体积为 $V_t = V_{o.t} - \delta V$,全船最大装油总体积为

$$\sum V_t = \sum V_{o.t} - \sum \delta V$$

实际工作中,每个油舱的膨胀余量均用空当高度（油面到测量孔上缘或主甲板下边缘的垂直距离）来表示。各装油货舱的空当高度与装油体积 V_t 的对应数值可通过查阅各舱的容量表得到,表 11-4 所示为某船某货舱的空当高度与舱容的关系表。

表 11-4　某船某货舱空当高度与舱容关系表

空当高度/m	装油体积/m³	空当高度/m	装油体积/m³	空当高度/m	装油体积/m³
…	…	1.050	15456.95	1.110	15398.63
1.000	15503.44	1.060	15447.55	1.120	15388.34
1.010	15494.21	1.070	15438.12	1.130	15378.07
1.020	15484.95	1.080	15428.68	1.140	15367.78
1.030	15475.64	1.090	15419.18	1.150	15357.51
1.040	15466.31	1.100	15408.91	…	…

三、装货油舱及其装货量的确定

根据航次货运量，正确选择具体航次需要装载货油的液货舱；计算各货舱可装货油的最大体积，向各舱分配货油，通常用体积表示；根据实际装油体积查取该舱油舱容量表，确定该舱对应的空当高度，填写在配载图中。

选择装货油舱及分配装货量时应考虑的主要因素包括稳性、吃水差、纵向强度和均衡装载等，一个合理的配载方案应保证船舶稳性、浮态及纵向强度满足相关规则、规范或公约的要求。

1. 稳性

1) 完整稳性

根据 2008 年 IS 规则的要求，2002 年 2 月 1 日及以后交付使用的 5000 载重吨及以上油船的完整稳性应符合 MARPOL 73/78 公约附则 I 的要求。油船完整稳性衡准与普通干散货船的主要区别是，油船在港内时，仅限于对船舶初稳性的要求；在航行中，除对天气衡准不作要求外，其他各项指标基本相同。

2) 破损稳性

MARPOL 73/78 公约附则 I 对 1979 年 12 月 31 日后交船的 150 GT 及以上油船的破损稳性的要求与第三章第八节所述化学品船残存能力要求基本一致。

3) 自由液面对油船稳性的影响

考虑到石油及其产品的胀缩性影响，所有装载油品的液货舱均应留出一定的空当，导致每个货舱均存在自由液面的不利影响，因此如果舱容有剩余，在满足强度的前提下，应留出空舱，这样既能减少自由液面对稳性的影响，又可以减轻货油对舱壁的冲击。选择空舱时既要考虑保证船舶纵向强度又要便于调整船舶吃水差。

双壳体油船的专用压载舱较多，装货时应尽量将压载水舱的压载水排净，消除自由液面，保证船舶稳性满足要求。

2. 船舶纵向浮态

大型油船满载离港时，一般要求平吃水。航行中，通过合理地使用油水，使船舶具有一定尾倾。装载单一油品时，在舱容富裕的情况下，可在首、尾各留出一个油舱不装满，用于调整吃水差；装载多种油品时，既可采用上述方法，也可通过安排不同油品的前后舱位来满足吃水差的要求。

3. 船体强度

油船为尾机型船舶,满载时常处于较大的中垂状态,空载时处于较大的中拱状态。因此,装载时应尽量减少中垂弯矩。当需留空舱时,空舱位置应选在靠近船中部。需留两个以上空舱时,选配空舱位置应适当隔开。现代油船多在船舶中部设置大型专用边压载舱使船舶的纵向受力均衡。

同时为了保证船舶在装卸过程中的纵向强度,应参照船上的装载手册,或参照以往的航次资料,或利用船上的装载仪进行模拟计算,制定出合理的装卸顺序表。

4. 船舶横向浮态

对大型油船,配装及装载时要注意防止船体横倾,应避免单边配装或装载。超大型油船因船宽较大,即使产生极小的横倾角,也会使船体一舷的吃水变化很多,使人员行走和工作不便,同时横倾角的存在也影响到船舶稳性。

四、配载图的绘制

油船的配载图用俯视图表示,每一装货的液舱内应填写空当高度、装货体积占舱容百分比、装货体积等,如图 11-4 所示。此外还应说明装货过程中应注意的事项,包括装载的货舱号、排放压载水的压载舱号、装舱顺序、使用哪条管线、开启哪些阀门、各货舱平舱前预留空当值、平舱步骤和顺序、船体所受剪力和弯矩的要求、紧急情况下的处理措施等内容。

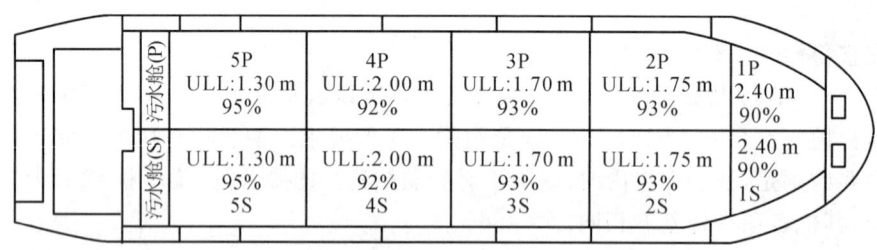

图 11-4 油船配载图

五、装卸顺序的确定

油轮在装载时,由于受到许多因素的影响,各舱不可能同时装卸,需要合理确定装卸顺序。

1. 确定装卸顺序时应考虑的主要因素

1) 保证油船的纵向强度不受损伤;
2) 保证适当的吃水及吃水差;
3) 防止不同油种的掺混,保证货油质量;
4) 尽可能同时使用所有主要的货油干管,加速装卸。

2. 合理的装卸顺序

装载顺序:油船装货前,即空载时常处于较大的中拱状态和较大的尾倾,若优先考虑总纵强度和吃水差,装货的大致顺序应是先中部货舱,以减轻中拱变形;其次装首部货舱,减小尾倾;最后各舱均衡装载。

在装载单一油品时，通常先由中部货舱开始，一切正常后，进行普装作业。当各个油舱尚有 1 m 左右空当时，停止普装作业，按要求逐舱进行平舱作业。

卸货顺序：油船卸货前，即满载时通常处于中垂状态，并有较小的尾倾。所以卸货顺序与装货顺序相同，即先卸中部货舱，以减轻中垂变形；其次卸首部货舱，以形成合适的较大的尾吃水差，利于卸货和清舱，又要避免未卸接近满舱的油舱溢油；最后各舱均衡卸货。

【思考与应用 11-3】
1. 如何确定航次货运量？
2. 如何确定货舱膨胀余量？
3. 选择装货油舱和确定舱内装货重量时须考虑哪些因素？

第四节　石油安全装运

石油的危险性决定了船舶在装运过程中，必须采取严密的防范措施才能将发生爆炸、火灾、中毒、污染环境等事故的可能性降至最低。

一、装油前的准备工作

做好装油前的准备工作，是顺利、安全进行装货作业的保证。

1. 船岸双方进行资料信息交换
1）岸方应向船方提供的资料

岸方应向船方提供的资料包括：货油参数及特性，油舱通风要求，岸方最大的装货速率，正常停泵所需要的时间，船岸连接处可承受的最大压力，输油软管、输油臂的数量及尺寸，输油软管或输油臂的活动范围，货油控制的联络信号（包括紧急停止供油信号等）。

2）船方应向岸方提供的资料

船方应向岸方提供的资料包括：上航次所装运的货油品种、洗舱方法、货油舱和货油管线的状态，船舶可承受的最大装货速率，船舶可承受的最大蒸汽压力，船舶能承受的最高货油温度，货油舱的通风方法，压载水的布置、数量、含油量及排放速率，污油水的质量、数量及处理方式，惰性气体的质量，计划配载图及装货顺序等。

3）船岸双方对所交换的信息进行确认

落实本航次的油种和数量，各油舱装载顺序，装载初始速率、最高速率及平舱作业时的速率，变速及停止装油的联系方式；确定通信和使用的信号，以受油方为主；避免或减少油气在甲板扩散的方法，应急停止作业程序等。

2. 编制装载计划

大副应根据航次货运任务编制油船装载计划，并标明装油步骤及注意事项，经船长审批后执行。装载计划主要包括：每一货舱预定装载的油种及数量、空当高度，使用的货油管系，接管数量及规格，初始装货速率、正常装货速率及平舱作业时要求的装货速率，主管的最高压力和正常压力,停止和应急程序,装油及压载水排放顺序,强度校核数据,防止静电的措施、防止货油渗漏的措施、保证货油质量的注意事项,浮态调整和系泊管理等。

编制油船装载计划时,应考虑到保证货油质量。为防止不同油品的掺混,保证货油质量,减少洗舱工作量,一定数量的油船多运输固定的单一油品。如果不同航次需要换装不同油品时,应根据原装油种和换装油种的不同理化特性,以及要求的洗舱等级对油舱进行充分洗舱,以保证货油质量。

当油船同时承运多种油品时,应严防不同油品的掺混。利用不同的货油干管,装卸不同的油品。如果船上只有单一干管,则装油管系的使用顺序一般是先装白油,后装黑油;卸货时,需要先对管路中的黑油清洗干净后,再按先白油后黑油的顺序进行卸货。

3. 根据需要尽量排净压载水及保持油舱及管系的清洁

油船在满载条件下,按排放顺序尽量排净压载水有利于增加货油的载货量,减少自由液面对稳性的影响。由重油改装轻油时,应通过清洗和通风使油舱及管系达到清洁状态,以保持新装货油的纯洁度。

4. 接好地线

装油前要先接地线,后连接输油管臂或输油软管。我国油码头一般要求油船靠泊后应在船岸间连接一根接合电缆给静电和电流提供电路,该接合电缆应装置一个封闭式的绝缘防爆开关并在装接地线前,将开关放在"断开"位置,装妥后再将开关放置于"连通"位置。但是国际上不提倡这种做法,而且为了防止船岸间电流流通,通常要求在岸上的输油管臂上安装一个绝缘法兰。该法兰是由绝缘垫片、衬套和垫圈组成的连接接头(图 11-5),用以防止电流在管线、输油管壁间的流动,保证安全。

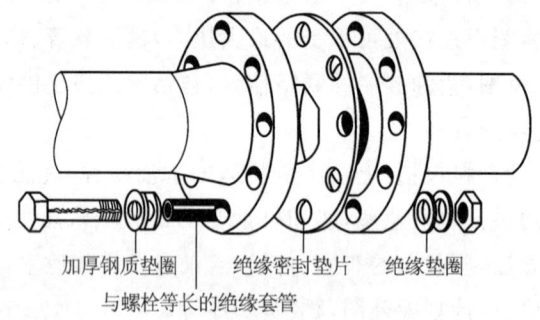

图 11-5 绝缘法兰示意

5. 连接输油臂/软管,放好盛油盘和盛油桶

1)输油臂使用及调节

现在多数的新建油船码头,均使用金属输油臂替代输油软管,应注意:

(1)使用前按操作规程的输油臂系统进行检查、测试,确保各部分功能正常;

(2)输油臂应与油船管路尽量成一直线;

(3)防止因装卸和潮汐等的影响,使输油臂超过其自由转动限制而造成过载移位;

(4)如果装有紧急脱开连接装置,应随时检查,防止发生意外而断开;

(5)拆装时应注意防止管内残油流出;

(6)船岸接管下方应放置好盛油盘和盛油桶,以收集拆管时滴漏的货油或接头处封闭不严而泄漏的货油。

2)输油软管的使用

(1)使用前应检查软管

目前部分码头可能仍使用装卸软管。船方有权拒绝使用有任何缺陷的输油软管。软管每年应进行一次压力试验,试验数据应标示在软管上。每次使用前应检查其是否有膨胀、磨损、压扁、泄漏或其他缺陷。

(2)软管连接、起吊和悬挂

连接软管时应谨慎操作。软管不应用力拖拉,不但要防止受到泊位与油船的扭转和挤压,而且应防止弯曲至小于厂家规定的挠曲半径。在软管与泊位或船舶其他结构部件有摩擦及接触的部位应加以防护,同时避免软管与热金属表面接触,如蒸汽管线等。输油软管应有足够的松弛性,以适应船舶的微小移动。

(3)软管调节

油船随潮汐和装卸货而升降时,应对软管进行相应的调整,避免软管和船舶总管连接处过分受力,发生意外情况。

6.防止溢油,备妥消防器材

在装货之前,应把船上所有的甲板排水孔用木塞或水泥堵紧,防止溢油时流出舷外。应关闭通海阀,并始终监视,杜绝货油从通海阀漏出。

装油前,应把消防器材(包括灭火器、锯末、驱油剂等)放在接管处,并在附近接妥两根消防皮龙。

7.接好应急拖缆(防火拖缆)

应急拖缆一般在油船外舷的首、尾部各带一根,一端系固在拖缆桩上,而带有连接眼环的另一端通过导缆器至舷外,且在眼环上系一根引缆回甲板上进行操作。总长约100 m,盘在甲板上的长度依各港口规定,通常为36.6 m(40码),以备火灾等应急情况使用。在货物作业期间,及时调整眼环距离水面距离,始终保持距水面1 m左右,在需要拖带时,要求1个人能在15 min内把应急拖缆的眼环与拖船的拖索连接好。

8.悬挂规定的号灯及号型

由于石油及其产品属于危险货物,油船在港期间,应按规定悬挂相应的号灯及号型,通常在白天悬挂"B"旗,夜间显示红灯。

9.会同商检人员进行验舱

大副应陪同商检人员进行验舱工作,验舱合格后由商检人员签发给船上干舱证书(dry certificate),其格式如表11-5所示。如发现舱内残存货油或水分,要签发OBQ(on board quantity)和货舱适货证书。

表 11-5　干舱证书格式

M/T：	Voyage Number：
船名：	航次：
Port：	Date：
港口：	日期：

DRY CERTIFICATE

(BEFORE LOADING)

干舱证书

(装货前)

The undersigned certifies that the vessels tanks have been inspected and found clean, dry and in good order to receive the designated cargo.

下面署名确认船舶货油舱已检验并发现清洁、干燥、适于接受所承载货物。

Tank No.

检验舱别：

The Terminal Representative：	Surveyor：
码头代表：	检验人：
C/O：	
船舶大副：	

OBQ 是指装油前留在船舱内及管路系统中可测量的残油物质,又称"底油"。它包括水、油、油水、油气混合物等。

通常 OBQ 数量仅包括货油舱底部自由流动的油、水以及残渣,而不考虑舱内壁附着的油泥、沉淀物及管路油泵内自由流动的油和水等。

10. 进行船/岸安全检查

船方应派人陪同港方主管人员按照"船/岸安全检查表"的内容对船舶情况进行检查、确认,并由双方主管人员签字。

OCIMF、ICS 与国际港口协会(IAPH)共同制定并修订的《国际油轮和码头安全指南(第 6 版)》(简称 ISGOTT6)于 2020 年正式出版。其中对船/岸安全检查表作了全面修订,新版"船/岸安全检查表"按船舶靠泊时间顺序分为四个部分:

1)抵港前检查(表 1A 船舶自检、表 1B 使用 IGS 船检查项目、表 2 码头自检);

2)系泊后检查(表 3 船舶自检、表 4 终端自检);

3)货物转输前(表 5A 油轮和码头合检项目,表 5B 散化船合检附加项目,表 5C 液化气船合检附加项目,表 6 货物转输前的协议合检项目,表 7A 转输前船舶自检项目,表 7B 原油洗舱附加自检项目,表 7C 洗舱和/或除气前自检项目);

4)转输期间和转输后重复检查(表 8 船舶自检,表 9 码头自检)。

二、油船装货作业

油船在装货过程中,通常应注意以下事项:

1. 掌握装油速度

装油全过程中应掌握"慢—快—慢"的装油速度。开始送油时速度要慢,检查输油管臂是否有油流入、管线连接处是否有泄漏、货油是否已进入拟装的货舱、泵间是否有货油泄漏、船边是否有油迹、透气系统是否处于正常状态等。当检查、确认一切情况正常时,通知岸方加速至双方商定的最大装货速度,为防止静电积聚过多,该速度应加以控制。装油结束前要放慢速度,通知岸方做好准备,及时停泵避免溢油。

2. 注意装油进度,正确换舱操作

装油过程中要经常测定各舱装油进度,避免货油溢出舱外。值班船员应严密监视各舱液位变化,通常每小时记录一次并计算装货速率,每 $1\sim2$ h 实测货舱液位和船舶所配备的固定液位测量系统与装载仪比较。

应按规定的装油顺序进行换舱操作,当进油的一舱接近满舱(距离空当高度约 1 m)时,应及时通舱,避免造成油管爆破事故。

3. 严格执行装载计划

装载计划的实施,依赖于船岸双方的协调。在此期间,双方应认真执行装载计划的装舱顺序及装货数量,保证船舶装载过程中各剖面的剪力和弯矩不超出允许的范围。船方应对实施情况给以有效监督。

进行装货作业的同时排放压载舱内的压载水,应尽量将压载水排空,以保证最大装货量。

4. 注意装油过程中船舶稳性的变化

船舶稳性报告书通常只提供了船舶到/离港的稳性状态。事实上,在装/卸货或货物内部转驳过程中,也可能存在船舶稳性不足的问题。货舱较宽的大型双壳油船在装、卸货油过程中会排放或打入压载水,压载水和货油产生的自由液面可能对稳性产生显著影响,特别是多个货油舱和压载水舱同时存在自由液面的情况下。因此应做好装货和排放压载水计划,避免同时出现多个自由液面影响。

5. 调整缆绳

随着船舶吃水的增加,缆绳会出现松弛现象,值班人员应及时调整系岸缆绳,避免船舶外移,拉断或拉裂输油管臂,造成油污事故。

6. 意外情况应停止作业

装油或卸油作业时,如遇风浪超过作业标准、雷暴、火灾、溢油、他船临靠等特殊情况,应立即停止作业,并将全部阀门关闭以防发生意外。必要时紧急离泊。

7. 平舱作业

在进行平舱作业前 10 min 至 0.5 h 左右,船方应通知岸方减速到双方约定的平舱速度,并确认岸方已经减速至平舱速度,关闭其他油舱阀门留待平舱。当装载即将达到规定的空当高度时,应谨慎、正确地操作阀门,通常是先打开下个预定进行平舱作业的油舱的阀门,然后再关闭平舱结束的货舱阀门。平舱时通常一次平一个货舱,最多可同时平两个货舱。平舱的顺序为先边舱,再中舱,为了便于调整吃水差,一般首部和尾部的中舱各留一个最后平舱。平舱时至少应备两个大空当的货舱常开,以防溢油。平舱时要注意观察已平完液货舱的空当是否有变化。

8. 扫线

当货油装载结束后,应进行拆管工作。在拆管之前,将进行吹扫输油管线内残油的作业。岸方借助于高压气体向船舶吹管线一般可分为两种情形,一是在装完货后,只是简单地把输油臂内货油吹向船舶货舱,便于拆管;另一种情形是装完货后,岸上需把货油管内的货油全部吹到船舶货舱内。因此在装货前大副一定要与装载负责人(loading master)确认完货后岸上是否吹管线,吹到船上的货油量,防止最后少装货或装不下,甚至导致货油溢出。

9. 拆除地线与输油管臂

装油结束后,应先切断地线的气密防爆开关,然后拆除管臂,最后拆除地线。拆管前应先排除管内的残油,以防残油泄漏到甲板上。可开启进气阀和排泄管路上的阀,利用岸上的压缩空气(或惰气)将管线内的残油吹入指定的油舱内。

10. 货油计量

装货结束后,码头计量人员会同船上工作人员一起测定油舱的空当高度、货油的密度和温度,并按照规定的程序计算货油装载量。货油装载量多使用油舱空当报告书(ullage report)来计算,表 11-6 为国际上常用的空当报告书。

表 11-6 空当报告书

ULLAGE REPORT									
AFTER LOADING / BEFORE DISCHARGING									
VESSEL'S NAME		M. T.			VOY. NO.				
CARGO GRADE:		BADIN C. O.			PORT:				
A.P.I./60°F:		44.5			DATE:				
TANK	OBS	CORR.	T.O.V.	FREE WATER		G.O.V.	TEMP	V.C.F.	G.S.V.	METRIC
	ULLAGE	ULLAGE		DIP	VOL.			TABLE	60°F	
NO.	MTRS	MTRS	BBLS	CMP	BBLS	BBLS	(°F)	6B	BLS	TONS
1C	14.00	14.174	3826.4	Nil	Nil	3826.4	87.8	0.9860	3772.8	481.1
1C	14.00	14.174	3826.4	Nil	Nil	3826.4	87.8	0.9860	3772.8	481.1
3C	15.00	15.176	1899.6	Nil	Nil	1899.6	87.8	0.9860	1873.0	238.9
4C	1.16	1.341	30342.9	Nil	Nil	30342.9	87.8	0.9860	9918.1	3815.2
1P	15.00	15.120	764.4	Nil	Nil	764.4	87−8	0.9860	753.7	96.1
1S	14.00	14.133	1840.3	Nil	Nil	1840.3	87.8	0.9860	1814.5	231.4
2P	1.16	1.310	23268.4	Nil	Nil	23268.4	93.2	0.9835	2884.4	2918.2
4P	13.00	13.177	3145.7	Nil	Nil	3145.7	87.8	0.9860	3101.7	395.5
4S	12.00	12.176	4336.5	Nil	Nil	4336.5	89.6	0.9853	4272.8	544.9
5P	1.15	1.189	5539.1	Nil	Nil	5539.1	87.8	0.9860	5461.6	696.5

续表 11-6

2S	1.14	1.290	23299.8	Nil	Nil	23299.8	87.8	0.9860	2973.6	2929.6
5S	1.19	1.229	5523.5	Nil	Nil	5523.5	91.4	0.9843	5436.8	693.3
	TOTAL		107612.9		0.0	107612.9	88.7	0.9856	106035.8	13521.7
	Draft（Meters）		T.O.V.		107612.9		Vessel's Experience Factor Applied Figures			
Fwd	6.50		Less Free Water	0.0			Vessel's Experience Factor			
Aft	9.30		G.O.V.		107612.9		G.S.V. @ 60°F			
Mid			G.S.V.		106035.8		Metric Tons			
Trim	2.80		Less OBQ		117.52		Long Tons			
			G.S.V. Barrels@60°F		105918.3		Bill of Lading Figures			
Ship/Shore Diff.			WCF Table-13		0.12752		Gross Barrels@ 60°F			
Barrels			WCF Table-11		0.12551		Metric Tons			
% of B/L			Metric Tons		13506.7		Long Tons			
Ship Great			Long Tons		13293.8		B.S.&W. Percent			
Remarks：										
CARGO SURVEYOR						CHIEF OFFICER				
Name in Block Letter						Name in Block Letter				

11. 油样选取及封存

油船装油时应以适当的方法选取货油样品加以封存。船舶在卸货港卸货前，要选取货油样品进行化验。经过化验后，如果收货人对货油质量没有异议，则开始卸货；如果收货人对货油质量提出异议，则可以开启装船时封存的油样再次进行化验，以判别船方是否在航行中尽到了责任。油样作为质量交接的依据，具有法律效力，所以油样选取和封存应有代表性并应由质量检验机关负责完成，且船方和货方必须共同参与。

1）油样选取方式

油样选取在装油港通常有两种方法：

(1) 在装油过程中，从油码头装油管道末端的小开关处取样。装油开始取一次，以后每隔 1～2 h 取一次。

(2) 从油舱中选取油样。一般油船至少要从 25% 的油舱内选取，其中首部和尾部各占 5%，中部占 15%。在卸货港通常采用第二种方法选取油样。

2）油样封存

已选取的油样经充分搅拌均匀后装入两只容器内，其中一份用船上的火漆密封后交给收货人，作为发货的质量凭证；另一份用发货人的火漆密封后由船方保存，作为船方收货的凭证。

三、油船卸货作业

油船在卸货作业过程中应注意的事项，除同装货过程相同的要求，在某些方面还存在差

异,主要体现在以下几方面:

1. 货油计量及油样分析

在货物卸载之前,应首先对货舱内货油进行油品取样分析以判明货物质量,并进行油量计算。在油量计算和油样分析结束前,不得进行卸货作业。

2. 安排货油扫舱作业

货油扫舱一般与卸油同时进行。通常先普卸至卸油的1/2阶段左右时开始进入扫舱作业。为了加快卸货速度及便于卸净货油,扫舱时油船应保证较大的尾倾和一定的横倾。

3. 进行扫线作业及检查舱底油脚

在扫舱卸油完毕后,利用扫舱泵将主管线、扫舱管线、与喷射泵相连管线中的货油一起扫至岸罐中。扫线完成后,利用顶水法或扫气法将输油管臂内的残油顶到岸上的油罐中去。

大副应会同岸方人员检查油舱是否卸空,签发干舱证书。卸货结束后,若货舱内有残余物(remaining on board,ROB),应按照 MARPOL 73/78 公约的要求将其记录在货物记录簿上。

ROB 指卸货后滞留在船上的、可测量的油状残留物,又称"残油"。它包括油泥渣、沉淀物、油、水以及附在舱底的油状残留物。

四、原油洗舱

原油洗舱(crude oil washing,COW)是指利用船上所载货油中的一部分原油作为洗舱介质,在卸货的同时通过洗舱机以较高的压力喷射到货油舱内表面,依靠原油本身的溶解作用,将附着在舱壁、舱底及各构件上的油渣清洗掉,并同货油一起卸到岸上。

根据 MARPOL 73/78 公约的规定:总载重量 20000 t 及以上的新建原油船和 40000 t 及以上的现有原油船应装有原油洗舱系统和备有《原油洗舱系统操作与设备手册》。

原油洗舱具有以下特点:减少残油量;消除油脚,增加载货量;防止海洋污染;减少进坞前海水洗舱时间和费用。同时,原油洗舱使卸油时间变长,船员劳动量增加(因为在卸货期间额外增加了原油洗舱作业)。

原油洗舱在惰化条件下与卸货同时进行,相比海水洗舱具有更大的危险性。

原油洗舱应由主管操作人员根据本船《原油洗舱系统操作和设备手册》结合本航次货载情况、港口卸货速率、预定洗舱数目及洗舱目的等编制"原油洗舱与卸货计划",交由船长或监督员审核签字后实施。原油洗舱主管操作人员一般由持有主管机关签发的"原油洗舱监督员资格证书"的大副或船长担任。其他参与原油洗舱的作业人员,至少应有 6 个月的油船工作经历,而且在船期间,应从事过原油洗舱作业或经过原油洗舱的训练,并熟悉船上《原油洗舱操作和设备手册》的相关内容。

五、油船安全防范

为了确保油船安全生产及防止油船对海洋环境的污染,在油船的装卸、运输及洗舱过程中应做好防火、防爆、防毒及防污染工作。

1. 燃爆及中毒防范

1)严禁烟火

禁止外来人员随身携带火种和易燃物品上船;在指定房间内吸烟;厨房不得使用明火;烟囱要定期捅灰,防止冒火。

2)防止金属摩擦或碰击发生火花

严禁使用钢丝绳;甲板和泵舱不得使用铁器工具;装卸油或压载水时,禁止在甲板上铲漆;洗舱时洗舱机不能碰击金属舱壁或构件;船上人员严禁穿带铁钉的鞋子。

3)防止电器火花

禁用明火,必须使用防爆式灯具,未经许可不得随意开启电器设备,在装卸、压载、除气作业时,不准进行无线电通信(可收不可发)及禁止电瓶充电。

4)防止静电放电

防止静电放电的措施是减少静电的产生、积聚和防止尖端放电。

(1)减少静电的产生和积聚的措施:装油前排尽舱内残水;防止油水混合;装卸前接好地线;控制装油速度;切忌采取灌装作业方式;禁止工作人员在装卸油现场穿着和更换尼龙化纤服装;装载挥发性油品时,不用压缩空气将管内残油吹入油舱内(扫线);洗舱时洗舱机接地良好。

(2)防止尖端放电的措施:装油结束后,应静置一段时间后再进行量油工作,且必须使用非导电及不吸油和水的量油工具;伸入油舱的金属构件必须与油舱绝缘;消除舱内漂浮的金属物体。

5)防止人员中毒和窒息

人员进入油舱或其他封闭场所前要进行彻底通风,并经仪器测定确认舱内氧气浓度足够(一般含氧量要在18%以上);下舱工作时,应穿戴防护手套、口罩、工作靴及工作服;进入未经排气的舱内工作,还必须戴好呼吸器、保险带和救生索具。

2. 防止水域污染

1)船舶造成海上油污的原因

(1)操作性排油

操作性排油包括向海上排放含油的压载水、含有大量污油的洗舱水和机舱含油污水。

(2)事故性溢油

造成事故性溢油的主要原因如下:

①船体的损坏

由于油船发生搁浅、触礁等海事事故,造成大量货油流入海中。

②装卸设施失效及作业操作失误

油船在装卸过程中,由于气候条件、设备及管系等的技术原因或工作疏忽而造成的跑、冒、滴、漏油事故,导致水域污染。具体原因可能是:

a.卸油中海底阀未关。

b.由于输油管系内的压力过高,导致输油软管爆裂或法兰头脱落造成跑油。

若装油刚开始就发生溢油,可能是受油方的进油阀门尚未开启;由于天气寒冷,输油软管中残油冻结;输油管受损或老化,经受不住压力;输油软管法兰头连接不善。若装载过程中发生溢油,可能是盘换舱失误。

c.另一舷装油管阀门盲板未关或未关紧造成跑油。

d.油舱或空气管溢油。这种情况常分为满舱溢油和未装满而由空气带出两种。

满舱溢油常见的原因有:供油量超过受油方的申请,造成溢油;受油方值班人员擅离职守;受油方量油不及时,造成满舱;装油中开错或关错阀门,导致满舱溢油;舱容计算错误或油舱中存油测量不准确,造成超量而溢油。舱未满溢油的原因有:泵压过大,造成气体来不及排出;因船体倾侧,导致量油不准确;空气管堵塞,造成透气不畅;油温太高,油料产生气泡;船员责任心不强,相互间没有良好的联系和沟通。

2) 防止船舶污染水域的措施

(1) 按公约及法规要求约束操作性排油

严格执行 MARPOL 73/78 公约及各国对有关油类和油性混合物的排放规定,包括对所有船舶机器处所操作性排油控制标准(公约附则Ⅰ第 15 条)和油船货物区域操作性排油控制标准(公约附则Ⅰ第 34 条)。

(2) 所有船舶机器处所处理含油污水的结构、设施和装置

MARPOL73/78 公约要求,设置残油(油泥)舱,从对接收按要求不能以其他方式处理的残油(residues)或油泥(sludge);对燃点和舱的位置和容量提出限制要求以提供燃油舱保护(oil fuel tank protection);要求配置标准排放接头(standard discharge connection)以使岸上接收设备的管路能与船上机舱舱底和油泥舱残余物的排放管路相连结;要求设置滤油设备(oil filtering equipment)及排油监控装置以保证排出物含油量不超过 1.5×10^{-5}(15 ppm①)和当排出物的含油量超过 1.5×10^{-5} 时能报警并自动停止排放。

(3) 油船处理含油污水的结构、设施和装置

油船处理含油污水的结构、设施和装置包括专用压载舱(SBT)、污油水舱(slop tank)、排油监控系统(oil discharge monitoring and control system)、油/水界面探测器(oil/water interface detector)和原油洗舱(COW)系统等,这些系统和设备均应满足 MARPOL73/78 公约的要求。

3) 防止操作性排油及事故性溢油

(1) 防止操作性排油措施

防止操作性排油措施主要包括使用专用压载舱和清洁压载舱(clean ballast tank,CBT)、采用(改进的)装于上部法(loading on top,LOT)和采用原油洗舱法。

(2) 防止事故性溢油

① 油船设置双层底和双层侧壁,在船体外板或船底损坏后,避免货油溢出。

② 设置专用压载舱保护位置(segregated ballast tank/protection location,SBT/PL)。它将专用压载舱合理地布置在船体易损坏的部位,当油船发生事故时,它能最大限度地起到保护油舱的作用,它同专用压载舱是一个整体,也是双层底的一种替代措施。

③ 正确进行装卸油、加油及驳油作业,防止货油的跑、冒、滴、漏。

④ 谨慎驾驶,避免碰撞或触礁等事故的发生。

【思考与应用 11-4】

1. 油船装油前应做好哪些准备工作?

---

① 百万分比(ppm)系指每百万分水中的含油量(体积)。

2. 油船防止船舶污染水域的措施有哪些?

第五节 油量计算

通过测量液货舱内液货的体积、温度、密度等数据计算液货在空气中的重量的工作称之为船舱静态计重。在石油的对外贸易中,船货双方为了分清货物交接的责任,规定有数量和质量的交接条款。船方要申请计量部门(我国目前对于进出口货物的计量归口海关部门负责)对装船的货油进行计量,船上人员应协助做好计量工作,掌握油量的计算方法,以便核对数量及划清责任归属。

油船在装油结束后,根据岸上油罐或船舱内的空当值,求出实际装油体积及货油在空气中的质量,船舶抵达目的港卸油作业前也要计算船上货油的质量。两次计量的结果均应记入运输文件,作为交接货物数量的依据。除数量交接外,还要选取并封存油样,作为货油品质交接的凭证。

一、货油计量中的相关术语

在进行货油数量计算时,为了保证计重的准确性及简化计算,世界各国均采用油量计算换算表。在各国的石油计量换算表中,常用到一些说明石油液体性质的基本术语。我国《进出口商品容器计重规程 第 1 部分:术语》(SN/T 2389.1—2021)和《进出口商品容器计重规程 第 13 部分:石油及其液态产品船舱静态计重》(SN/T 2389.13—2013)明确了相关术语的含义。主要术语有:

1. 密度(density)

在温度 t ℃时,石油单位体积的质量。我国用符号 ρ 表示,其单位为 g/cm^3、g/mL 或 kg/L。

2. 计量温度(temperature of measurement)

储液容器或管线内的货品在计量时的温度,常用 t 表示,单位用℃或℉。

3. 标准温度(standard temperature)

石油计量时规定的货油温度。中国、俄罗斯及东欧一些国家为 20 ℃,日本为 15 ℃;英美等国为 60℉(15.56 ℃)。

4. 视密度(observed density)

亦称观测密度,是指在观测当时液体温度(计量温度)t 下,玻璃密度计在液体中的读数。我国用符号 ρ_t 表示,单位与密度相同。视密度不能直接用于油量计算,但它是石油计重的原始数据。

5. 标准密度(standard density)

标准温度时的石油密度。我国使用石油 20 ℃时的密度为标准密度,用 ρ_{20} 表示,其单位与密度相同。可用视密度 ρ_t 和观测油温 t 作为引数,查取《石油计量表》获得标准密度,表 11-7 所示为其中"表 59B 产品标准密度表"的部分数据摘录。

表 11-7 石油产品标准密度表(摘录)

温度 $t/℃$	视密度 $\rho_t/(\text{g/cm}^3)$				
	0.7330	0.7370	0.7410	0.7450	0.7490
	20 ℃标准密度 $\rho_{20}/(\text{g/cm}^3)$				
39.5	0.7503	0.7543	0.7582	0.7622	0.7661
40.0	0.7508	0.7547	0.7587	0.7626	0.7665
40.5	0.7512	0.7552	0.7591	0.7631	0.7669
41.0	0.7517	0.7556	0.7596	0.7635	0.7673
41.5	0.7521	0.7561	0.7600	0.7639	0.7676
42.0	0.7526	0.7565	0.7604	0.7644	0.7680

6. 计重用密度(density in air)

液体在空气中的密度。它等于相应温度时液体密度减去空气浮力修正值。

7. 相对密度(relative gravity, RD)

液体在给定温度 t_1 时的密度与参比物质(或称标准物质,液体的参比物质一般用纯水)在特定温度 t_2 时的密度之比值,又称比重(specific gravity, S.G.),常用 $d_{t_2/t_1}^{t_1}$、$S.G_{t_1/t_2}$ 或 $R.D_{t_1/t_2}$ 表示。石油温度 t_1 取标准温度,参比物质纯水的温度 t_2 在中国、日本等国常取 4 ℃,英美等国常取 60 ℉,则此时的比重称为标准比重,例如 $d_{4℃}^{20℃}$、$S.G_{20℃/4℃}$、$S.G_{60℉/60℉}$、$R.D_{60℉/60℉}$ 等。

8. 密度温度系数(density-temperature coefficient)

在一定温度范围内,液体温度每变化 1 ℃,其密度的变化值,用符号 γ 表示。

$$\gamma = \frac{\rho_{t_1} - \rho_{t_2}}{t_2 - t_1}$$

式中:ρ_{t_1}——液体在温度 t_1 ℃时的密度,kg/m^3 或 g/cm^3;

ρ_{t_2}——液体在温度 t_2 ℃时的密度,kg/m^3 或 g/cm^3。

在一定温度范围内,密度与温度大致呈线性关系。通常将密度温度系数看作与温度无关的常数。上式中取 $t_1 = 20$ ℃,则为 20 ℃标准温度下的密度温度系数,可用 γ_{20} 表示。

γ_{20} 值也可用石油的标准密度为引数查石油密度温度系数表得到。表 11-8 为我国某类油品的密度温度系数表。

表 11-8 某类油品的密度温度系数表

$\rho_{20}/(\text{g/cm}^3)$	$\gamma_{20}/(\text{g/cm}^3)$	$\rho_{20}/(\text{g/cm}^3)$	$\gamma_{20}/(\text{g/cm}^3)$
0.7318~0.7380	0.00083	0.7912~0.7990	0.00074
0.7381~0.7443	0.00082	0.7991~0.8063	0.00073
0.7444~0.7509	0.00081	…	…
0.7510~0.7574	0.00080	0.9952~1.0131	0.00052

9. 标准体积(standard volume)

液体的标准体积是指标准温度时的体积。我国用 V_{20} 表示,单位为 m^3。

10. 体积温度(修正)系数(volume-temperature coefficient)

亦称膨胀系数,是指在一定温度范围内,液体温度每变化 1 ℃,其体积的相对变化值,符号 f 表示,单位为 1/℃或 1/℉。体积温度系数 f 可用下式计算:

$$f = \frac{V_{t_2} - V_{t_1}}{V_{t_1}(t_2 - t_1)}$$

式中:V_{t_1}——液体在温度 t_1℃时的体积(m³);

V_{t_2}——液体在温度 t_2℃时的体积(m³)。

上式中取 $t_1 = 20$ ℃,则为 20 ℃标准温度下的体积温度系数,可用 f_{20} 表示。

f_{20} 可用标准密度 ρ_{20} 作为引数查表得到。表 11-9 为我国某类油品的体积温度系数表。

表 11-9 某类油品的体积温度系数表

$\rho_{20}/(\text{g}/\text{cm}^3)$	$f_{20}/(1/℃)$	$\rho_{20}/(\text{g}/\text{cm}^3)$	$f_{20}/(1/℃)$
0.6000~0.6006	0.00179	0.8426~0.8466	0.00080
0.6007~0.6022	0.00178	0.8467~0.8509	0.00079
…	…	…	…
0.8385~0.8425	0.00081	0.8641~0.8688	0.00075

11. 体积修正系数(volume conversion factor, VCF)

指液体在标准温度时的体积与非标准温度时的体积之比。我国用 K_{20} 表示,可按下式计算:

$$K_{20} = \frac{V_{20}}{V_t} = 1 - f_{20} \cdot (t - 20) \tag{11-3}$$

K_{20} 可用货舱内的平均油温 t 和石油标准密度 ρ_{20} 查取石油体积修正系数表得到。表 11-10 为《石油计量表》(GB/T 1885—1998)中"表 60B 产品体积修正系数表"的部分数据。

表 11-10 石油产品体积修正系数表(部分)

温度 t/℃	20 ℃标准密度 $\rho_{20}/(\text{g}/\text{cm}^3)$				
	0.7500	0.7540	0.7580	0.7620	0.7660
	20 ℃体积修正系数 K_{20}				
38.0	0.9782	0.9784	0.9786	0.9788	0.9789
38.5	0.9776	0.9778	0.9780	0.9782	0.9784
39.0	0.9770	0.9772	0.9774	0.9776	0.9778
40.5	0.9752	0.9754	0.9756	0.9758	0.9760
41.0	0.9746	0.9748	0.9750	0.9752	0.9754

12. 空气浮力修正(air buoyancy correction value)

石油在计量时应计算石油在空气中的重量(又称"表观质量")。受空气浮力的影响,其在空气中的重量小于其在真空中的重量(质量)。可以用石油在真空中的重量换算到空气中的重量的空气浮力修正系数(air floatation correction coefficient)F_a 及空气浮力对石油密度修正值(air buoyancy correction value)β 两种方法来进行空气浮力修正。

1) 空气浮力修正值(air buoyancy correction value)β

同一温度下,液体在真空中的密度与其在空气中的密度之差值。对石油及其产品、化工品等,空气浮力对其密度的修正值与密度有关,密度介于 $0.3345 \sim 1.0010 \ \text{g/cm}^3$ 范围内时,空气浮力修正值取 $0.0011 \ \text{g/cm}^3$,即石油及其产品可按 $\beta = 0.0011 \ \text{g/cm}^3$ 取值。

2) 表观质量换算系数(weight converting factor,WCF)

石油的标准密度减去空气浮力修正值所得值又称"表观质量换算系数",即经空气浮力修正后的石油标准密度为:$WCF = \rho_{20} - \beta = \rho_{20} - 0.0011$。该值乘以石油标准体积即得表观质量。

3) 空气浮力修正系数 F_a

空气浮力修正系数 F_a 为小于 1.0 的数值,它可用下列公式计算:

$$F_a = \frac{\rho - \beta}{\rho} \tag{11-4}$$

式中:ρ——液体密度(kg/m^3 或 g/cm^3);

β——空气浮力修正值(kg/m^3 或 g/cm^3)。

F_a 值也可以标准密度 ρ_{20} 为引数查表 11-11 得到。石油在真空中的重量与 F_a 相乘,即得到石油在空气中的重量(表观质量)。

表 11-11 空气浮力修正系数 F_a

$\rho_{20}/(\text{g/cm}^3)$	F_a	$\rho_{20}/(\text{g/cm}^3)$	F_a
0.5000～0.5093	0.99770	0.6796～0.7195	0.99840
0.5094－0.5315	0.99780	0.7196－0.7645	0.99850
0.5316－0.5557	0.99790	0.7646－0.8157	0.99860
0.5558～0.5822	0.99800	0.8158～0.8741	0.99870
0.5823～0.6114	0.99810	0.8742～0.9416	0.99880
0.6115～0.6186	0.99820	0.9417～1.0205	0.99890
0.6187－0.6795	0.99830	1.0206～1.1000	0.99900

13. 总计量体积(total observed volume)

在计量温度下,所有油品、沉淀物和水以及游离水的总测量体积,用符号 V_{to} 表示。

14. 毛计量体积(gross observed volume)

在计量温度下,已扣除游离水的所有油品、沉淀物和水的总测量体积,用符号 V_{go} 表示。

15. 毛标准体积(gross standard volume)

标准温度下,已扣除游离水的所有油品、沉淀物和水的总测量体积,用符号 V_{gs} 表示。通过计量温度和标准密度所对应的体积修正系数修正毛计量体积可得毛标准体积。

16. 净标准体积(net standard volume)

在标准温度下,已扣除游离水及沉淀物和水的所有油品的总体积,用符号 V_{ns} 表示。从毛标准体积中扣除沉淀物和水可得到净标准体积。

17. 总计算体积(total calculated volume)

标准温度下的所有油品及沉淀物和水与计量温度下游离水的总体积,即毛标准体积与游离水体积之和,用符号 V_{tc} 表示。

18. 表观质量(weight,apparent mass in air)

有别于未进行空气浮力影响修正的真空中的质量,表观质量是油品在空气中称重所得的数值,也习惯称为商业质量或重量。在考虑空气浮力影响的修正时,也可以由油品的体积计算得到。表观质量分为毛表观质量(gross weight) M_g 和净表观质量(net weight) M_n,即与毛标准体积 V_{gs} 和净标准体积 V_{ns} 对应的表观质量。

19. 游离水(free water,FW)

又称"自由水",即在油品中独立分层并主要存在于油品下面的水。V_{fw} 表示游离水的扣除量,其中包括底部沉淀物。

20. 沉淀物和水(sediment and water,SW)

油品中的悬浮沉淀物、溶解水和悬浮水总称为沉淀物和水。其质量分数或体积分数、体积和质量分别用 $SW\%$、V_{sw} 和 m_{sw} 表示。

21. 沉淀物和水的修正系数(correction for SW,CSW)

为扣除油品中的沉淀物和水,将毛标准体积修正到净标准体积或将毛质量修正到净质量的修正系数。

22. 底油(on board quantity,OBQ)

油船装油前就存在的除游离水外的所有油、水和油泥渣等物质。

23. 残油(remaining on board,ROB)

油船卸油后残留的除游离水外的所有油、水和油泥渣等物质。

二、各国石油标准密度(比重)换算

由于各国标准油温的规定不同,对于质量相同的货油,其标准密度可按下述方法进行换算。

1. 我国石油在温度 t 的密度 ρ_t 与标准密度 ρ_{20} 间换算

$$\rho_t = \rho_{20} - \gamma_{20}(t-20) \tag{11-5}$$

式中:γ_{20}——标准温度时的石油密度温度系数。

2. 我国石油标准密度 ρ_{20} 与日本石油标准比重 $S.G_{15℃/4℃}$ 间换算

$$\rho_{20} = S.G_{15℃/4℃} - \alpha_{15}$$
$$S.G_{15℃/4℃} = \rho_{20} + 5\gamma_{20}$$

式中:α_{15}——日本等国标准比重时的石油比重(密度)温度修正系数。

3. 我国石油标准密度与英美等国石油标准比重换算

$$\rho_{20} = 0.99904 S.G_{60℉/60℉} - 8\beta_{60}$$
$$S.G_{60℉/60℉} = 1.00096(\rho_{20} + 4.44\gamma_{20})$$

式中:β_{60}——英美等国标准比重(密度)时的石油比重(密度)温度修正系数。

4. 日本等国的石油标准比重与英美等国的石油标准比重换算

$$S.G_{60℉/60℉} = 1.00096(S.G_{15℃/4℃} - 0.56\alpha_{15})$$

$$S.G_{15℃/4℃} = 0.99904(S.G_{60℉/60℉} + \beta_{60})$$

5. 英美等国的石油标准比重与 API 度换算

API 度(API Gravity)是美国石油协会(American Petroleum Institute, API)用来表示石油及其液态产品相对密度的一种量度。它与石油相对密度的关系为：

$$API_{60℉} = \frac{141.5}{S.G_{60℉/60℉}} - 131.5$$

$$S.G_{60℉/60℉} = \frac{141.5}{131.5 + API_{60℉}}$$

式中：$API_{60℉}$——石油或其液态产品在 60 ℉时的 API 度(°API)；

$S.G_{60℉/60℉}$——60 ℉时石油或其液态产品对 60 ℉时纯水的相对密度。

API 度是表征石油产品质量的一个重要指标,是决定石油价格的主要标准之一。API 度越大,石油相对密度越小,石油越轻,价格越高。

6. 石油桶与公吨换算

石油桶 BBL 为美制桶 US BARREL 的缩写,是石油常用的容积计量单位。国际通用的油品计量与交易,一般是以 60 ℉时石油体积为 0.159 m³ 作为一桶,即俗称的一桶原油。

桶和公吨(M/T)均是常见的原油计量单位,欧佩克组织和英美等西方国家常用桶,而中国及俄罗斯等国家常用公吨。石油桶与公吨间按 $1 \text{ M/T} = 6.29 \times \frac{1}{\rho}$ BBL 的关系换算。

三、油量计算

1. 我国油量计算方法

我国以油在空气中的重量计算油量。油船装油量计算的基本方法是：根据油舱内货油的空当高度求出其标准体积,然后与空气浮力修正后的货油标准密度相乘,或将货油质量与换算系数 F 相乘,具体步骤如下：

1) 查核船舶纵倾与横倾

在测量液位、温度前,应观测船舶吃水值、查看船舶倾斜仪,确定船舶纵倾、横倾值,或根据左右船舷船中吃水情况计算船舶横倾值。为了避免对液位或空当进行纵、横倾修正,减小测量误差,可在油量计量前适当调整船舶浮态,消除船舶横倾,并尽可能减小或消除纵倾。

2) 测量确定各油舱内的货油体积

(1) 测量液深或空当(空距)高度

油船装好货后,应逐一测量每个油舱的液位深度或空当高度。液深(空距)的测量应先于液温测量,计量人员应会同船方人员共同实施。在测量液位深度、液温之前液体至少稳定 0.5~1.0 h；进口液体商品在实施船舱计重后且超 8 h 仍未卸载货物的,在其卸载前应进行复测,并以复测结果为准。

在测量货油空当或液面高度时,船舶由于受天气、海况等影响产生摇摆而影响准确性,因此,应尽可能多测几次,取其平均值。货油舱空当或液面高度值的测量根据所配置的设备及测量位置的封闭程度有三种方式：开放式测量、限制式测量及封闭式测量,如图 11-6 所示。

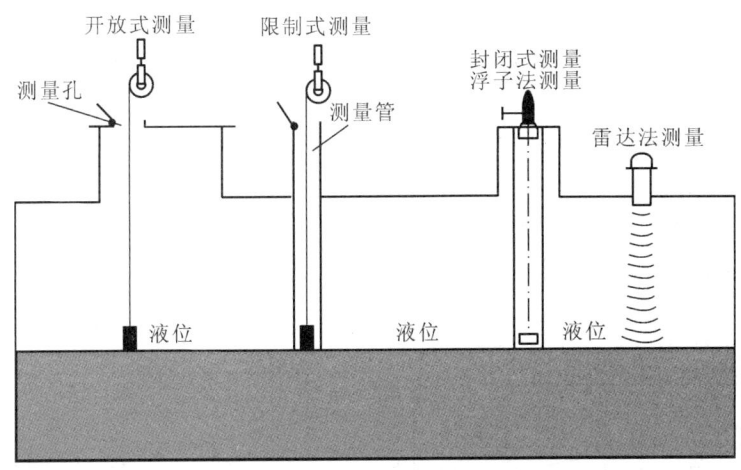

图 11-6 空当高度测量方式

安装了固定式惰性气体系统的液货船应装设封闭式的液位测量系统,以免液舱内惰性气体减压,确保安全。货油舱装设封闭式测量系统时,还应配备限制式测量装置,以便检查封闭式测量系统的有效性以及供采样用。

其中人工直接测量法属于开放式测量,便携式油水界面探测仪属于限制式测量,浮子法和雷达法属于封闭式测量。

①人工直接测量法:利用系有重锤的测深绳或米尺从测量孔测定液舱内油面的空当高度或液位深度。测量液深时应做到下尺稳、触底轻、读数准。对于轻质油液,当尺锤触及舱底的瞬间即可提尺;对于重质油液,应停留至少 5 s 后再提尺。这种方法操作繁琐,在船舶存在倾斜时测量误差较大,而且具有一定的危险性,应注意操作安全。

②便携式油水界面探测仪:目前主要有两种,即便携式 HERMETIC UTI 型和 MMC 型。这两种类型的探测仪均由测量钢卷尺、感测头、显示面板等组成。从油舱测量管进行测量,既可以测出液舱的空当高度,又可以探测油水的分界层面,同时还可以显示出不同液位上的温度。

③浮子法测量:浮子随货油在舱内液面的升降而升降,将电信号传到接收器,接收器将电信号再转换成空当高度并在显示器上显示出来。在进行原油洗舱时应注意避免破坏浮子设施。

④雷达法测量:将简易雷达安装在各舱的甲板上,该装置向货舱内发射雷达电磁波,经油面反射后被接收器接收。测出发出和收到的时间间隔即可转换成空当高度,并在显示面板上显示出来。

(2)液深或空当的纵横倾修正

①纵倾修正

当船舶处于纵倾状态下,而船舱测量管在纵向又未设在船舱舱长的中点,应对舱内液体液位测量深度 s 或测量空当 u 进行纵倾修正计算。如船方具备液货舱容积或液深(空距)的纵倾修正表,可据以修正。如果船舶无纵倾修正表,以空当修正为例(液深修正值正负相反),由图 11-7(a)可见,空当修正值等于值 δh:

$$\delta h = AC \cdot t/L_{BP} = (0.5L_h - l) \cdot t/L_{BP} \tag{11-6}$$

式中:δh——空当的纵倾修正值(m);

AC——舱顶测量点至舱长 L_h 中点的距离(m),测点相对舱长中点的位置位于船舶纵倾方向同一侧时取正值,反之取负值;

t——船舶吃水差,等于尾吃水减首吃水$(t=d_A-d_F)$(m);

L_h——计量舱的舱长(m);

l——测量点距后舱壁距离(m);

L_{BP}——船长(首尾垂线间的距离)(m)。

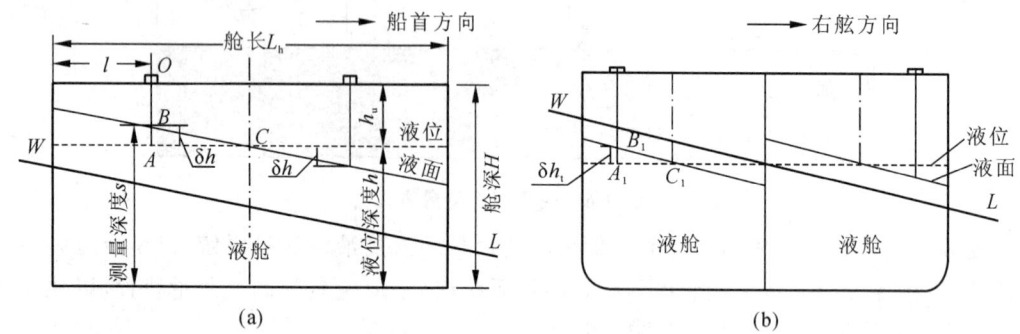

图 11-7 空当测量修正

② 横倾修正

测孔中心到舱中心的横向水平距离 A_1C_1 已知,由图 11-7(b)可见,液深或空当的修正量 δh_t 值为:

$$\delta h_t = A_1B_1 = A_1C_1 \cdot \tan\theta \tag{11-7}$$

式中:δh_t——空当的横倾修正值(m);

A_1C_1——舱顶测量点至舱宽中点的距离(m),测点相对舱宽中点的位置位于船舶横倾方向同一侧时取正值,反之取负值;

θ——船舶横倾角(°)。

船舶在进行油量计量前应调整船舶左右平衡,消除横倾角,特别是无横倾修正表时,船方应将船舶调整至无横倾状态。

液深、垫水油脚等深度的纵、横倾修正与空当修正数值相等的符号相反。根据修正后的空当高度或液位深度由各油舱容量表(capacity table for cargo oil tanks)查得各舱的总计量体积 V_{to}。

上述纵倾修正计算适用于当舱内液面已覆盖舱底,且未接触舱顶时的情况。如果液面触及舱顶板或未完全覆盖舱底板,舱内液体以楔形存在,上述纵倾修正不再适用,需按照舱顶或舱底楔形液体进行体积修正。可用专门的计算公式求取,也可由船舶楔形容积表查得。

(3)测量并计算各舱游离水体积 V_{fw}(如有)

利用便携式油水界面探测仪或量水膏实测各油舱的垫水深度,利用油舱容量表查算出垫水的体积并扣除。

(4)测定沉淀物和水的质量分数或体积分数

根据油品类别和贸易协议,按《石油产品水含量的测定 蒸馏法》(GB/T 260)或《原油水含量的测定 蒸馏法》(GB/T 8929)测定水的质量分数或体积分数,按《原油和燃料油中沉淀物测定法(抽提法)》(GB 6531)测定沉淀物的质量分数或体积分数,将二者相加作为沉淀物和水的质量分数或体积分数;也可按《原油中水和沉淀物的测定 离心法》(GB/T 6533)测出原油中沉淀物和水的质量分数或体积分数。若原油和某些石油产品中沉淀物和水的含量为 $SW\%$,则其修正值:$CSW=1-SW\%$。

3)测定货舱内的货油温度和货油密度

在测定各个货舱空当高度的同时,应测量货舱内的油温及货油密度。

(1)油温(计量温度)测定

①液货舱测温应逐舱在其测温口测量。一般产品测温点布置:液深小于 3 m,在液深中部测一点;液深 3~5 m,在液面以下 1 m 和舱底以上 1 m 处各取一点;液深 5 m 以上,在液面以下 1 m,舱底以上 1 m 及液深中部各测一点,如其中一点温度与平均温度相差大于 1 ℃,则应在各点的中间再各增加一个测温点,取其加权算数平均值。

②三层测量油温,计算其加权平均值,即:

$$t=(t_u+3t_m+t_l)/5 \tag{11-8}$$

式中:t_u——上层油温(℃);

t_m——中层油温(℃);

t_l——下层油温(℃)。

(2)密度测定

用密度计测量各舱货油的视密度 ρ_t,求出平均值,以便于查取标准密度。《原油和液体石油产品密度实验室测定法(密度计法)》(GB/T 1884)规定了测定液货密度的程序和方法。

4)计算航次装(或卸)油量

(1)石油计量船舱静态计重法可参考《进出口商品容器计重规程 第 13 部分:石油及其液态产品船舱静态计重》(SN/T 2389.13)。在油量计算中,将非标准温度下利用玻璃石油密度计测得的石油密度(视密度)换算为标准温度下的密度和体积修正系数的方法可参照《石油计量表》(GB/T 1885),该标准适用于原油、润滑油及其他液体石油产品。主要包括:

①原油、成品油及润滑油标准密度表;

②原油、成品油及润滑油体积修正系数表;

③20 ℃密度到 15 ℃密度换算表、15 ℃密度到 20 ℃密度换算表、15 ℃密度到桶/t 系数换算表、计量单位系数换算表。

(2)油量计算步骤

①查标准密度 ρ_{20}

根据所测得的各舱货油视密度和货油温度平均值,查取标准密度表得到标准密度 ρ_{20}。

②计算总计量体积 V_{to}

测量各货舱的空当高度并进行纵倾、横倾修正,利用修正后的空当高度查油舱容积表得到实际装油的总计量体积 V_{to}。

③计算毛计量体积 V_{go}

毛计量体积 V_{go} 等于总计量体积减去游离水体积 V_{fw},即 $V_{go}=V_{to}-V_{fw}$。

④计算毛标准体积 V_{gs}

毛标准体积等于毛计量体积 V_{go} 乘以体积修正系数 K_{20}(或液体温度修正系数 CTL)。用标准密度 ρ_{20} 和各货舱平均油温查石油体积修正系数表得到 K_{20},也可利用标准密度 ρ_{20} 查表得到石油体积温度系数 f_{20}，代入 $K_{20}=1-f_{20} \cdot (t-20)$ 求得 K_{20}。

⑤计算标准温度下的石油毛标准体积 V_{gs}：

$$V_{gs}=K_{20} \cdot V_{to} \tag{11-9}$$

⑥计算净标准体积 V_{ns}

石油的净标准体积 V_{ns} 等于毛标准体积 V_{gs} 乘以沉淀物和水修正值 CSW。

$$V_{ns}=V_{gs} \cdot CSW \tag{11-10}$$

相应地，沉淀物和水的体积为：$V_{sw}=V_{gs}-V_{ns}$。

⑦ 计算出货油表观质量 M

用毛标准体积 V_{gs} 或净标准体积 V_{ns} 乘以表观质量换算系数（WCF）可以分别计算出油品的毛表观质量 M_g 或净表观质量 M_n：

$$M_g=V_{gs} \cdot WCF=V_{gs} \cdot (\rho_{20}-\beta)=V_{gs} \cdot (\rho_{20}-0.0011) \tag{11-11}$$

$$M_n=V_{ns} \cdot WCF=V_{ns} \cdot (\rho_{20}-\beta)=V_{ns} \cdot (\rho_{20}-0.0011) \tag{11-12}$$

⑧ 计算底油或残油量

对于装载进出口石油液态产品的船舱，油船装油前应进行底油鉴定，卸油后进行干舱鉴定。当船舱底油（OBQ）或残油（ROB）为非流动状态时，直接用油液的深度查舱容表得到其体积。当船舱底油或残油为流动状态时，舱内液位因纵倾达不到前端或后端而形成楔形时，楔形体积可由船舱楔形容积表查得。

2. 日本的油量计算方法

日本采用日本油量计算表进行油量计算，计算步骤如下：

1）将货油测定比重换算成标准比重 $S.G_{15℃/4℃}$；

2）将油舱内的货油体积换算成 15 ℃时的体积 V_{15}；

3）根据下式可得货油在空气中的重量 M：

$$M=(S.G_{15℃/4℃}-0.0011) \cdot K_{15} \cdot V_t \tag{11-13}$$

式中：$S.G_{15℃/4℃}$——标准温度 15 ℃时的相对密度（标准比重）；

K_{15}——标准温度 15 ℃时的石油体积修正系数；

V_t——液体在温度 t ℃时的体积（m³）。

3. 英美等国的油量计算方法

英美等国是利用 ASTM-IP 的油量计算表进行油量计算，计算步骤如下：

1）将实测油温 t 时的比重换算成标准比重 $S.G_{60℉/60℉}$ 或标准温度 60℉时的 API 度；

2）根据标准比重将体积换算成 60℉时的标准体积 V_{60}（立方英尺、美国桶或美国加仑）；

3）根据下式计算得货油在空气中的重量：

$$M=V_{60} \cdot \omega_{60}=K_{60} \cdot V_t \cdot \omega_{60} \tag{11-14}$$

式中：ω_{60}——标准温度 60 ℉下经空气浮力修正后的货油密度，可通过查取 ASTM-IP 计量表得到。

【思考与应用 11-5】

1. 油量计算中常用的基本术语有哪些？
2. 简述油量计算的方法和步骤。

第六节 散装液体化学品装运

为了保证安全及促进散装液体化学品的海上运输，使其对船舶、船员及环境所造成的危险降至最低，IMO制定了相关规则和公约，为散装液体化学品的安全载运提供一个国际标准。主要包括：MARPOL 73/78 公约附则Ⅱ"防止散装有毒液体物质污染规则"；《国际散装运输危险化学品船舶构造与设备规则》，简称"IBC 规则"，适用于 1986 年 7 月 1 日或以后建造的散装化学品船；《散装运输危险化学品船舶构造与设备规则》，简称"BCH 规则"，适用于 1986 年 7 月 1 日前建造的散装化学品船。

此外，中国船级社(CCS)依据 IBC 规则制定了《散装运输危险化学品船舶构造与设备规范》。

一、散装液体化学品及其特性

散装液体化学品主要包括石油化工产品、煤焦油产品、碳水化合物的衍生物（糖蜜与酒精制品、动植物油）、强化学剂等。

1. 散装液体化学品特性及危险性

散装液体化学品具有多种物理、化学特性，其中可能具有一种或多种危险特性，如易燃性、毒害性、腐蚀性和化学反应性及对环境所带来的危害性。

1）易燃性

散装液体化学品通常都具有易燃性，可用闪点、燃点、自燃点、沸点（汽化点）及可燃范围、最小引燃能量等来衡量。

2）毒害性

散装液体化学品的毒害性会造成人员由于直接接触或吸入而产生的健康危害性，或货品溶于水中或混入空气中造成间接接触而产生的水污染或空气污染的危害性。直接接触毒害性可用半数致死量 LD_{50} 及半数致死浓度 LC_{50} 来衡量；间接接触毒害性可用紧急暴露限值 EEL（指一次临时性接触的允许浓度）、货品的水溶性、挥发性等来衡量。

对海洋污染危害性包括：生物积聚性造成危害，缺乏生物易降解性造成危害，对水中有机体的急性毒性作用，对水中有机体的慢性毒性作用，对人类健康具有长期的不利影响，引起货物漂浮或下沉的物理特性并因此对海洋生物造成不利影响。

3）腐蚀性

部分散装液体化学品具有很强的腐蚀性，不仅与人体皮肤接触会造成严重损伤，而且对货舱结构材料也有严重腐蚀作用。货舱结构通常采用不锈钢材料，不能使用黄铜、青铜或铝等材料。

4）化学反应性

散装液体化学品的化学反应性主要包括自身的分解、聚合、氧化、腐蚀反应并产生毒气和大量热量，与水发生反应，与空气发生反应，与其他化学品发生反应作用等。

5）粘度大，凝点高

部分货品装卸时需要加温降低粘度，保证货物顺利装卸，减少卸货后的残余量。但加温应适当，以防止加温过高产生气阻，导致流速降低。

6）热敏感性

有的化学品因受热会发生氧化、老化等反应而变质,如鱼油、糖浆、豆油等会因过热而变质。

7)忌杂质

液体散装化学品在使用过程中对纯净度有严格的要求,如果被杂质污染,则会导致货品丧失使用价值。

2. 散装液体化学品的分类

MARPOL 73/78 公约附则 II "防止散装有毒液体物质污染规则"中,根据散化品的毒性和操作排放对环境污染造成的影响将其分为 4 大类:

1)X 类

指排放入海后会对海洋资源或人类健康造成严重危害的有毒液体物质,因此有必要严禁此类物质排入海洋环境。

2)Y 类

指排放入海后会对海洋资源或人类健康造成严重危害或对舒适性或其他合法利用海洋造成损害的有毒液体物质,因此有必要对排入海洋环境的此类物质的质量加以限制。

3)Z 类

指排放入海后将会对海洋资源或人类健康造成较小的危害的物质,因此有必要对排入海洋环境的此类物质的质量加以限制。

4)OS 类

IBC 规则第 18 章污染类栏中列为 OS(other substances)的物质,指经评估后发现其并不属于 X 类、Y 类或 Z 类,将其排入海中后不会对海洋资源或人类健康造成危害、对舒适性或其他合法利用海洋造成损害,因此排放含有 OS 类物质的舱底污水、压载水其他残余物或混合物不受 MARPOL 73/78 公约附则 II 和 IBC 规则要求的约束。

二、散装液体化学品船及其类型

IBC 规则中,散装液体化学品船是指建造或改建成用于散装运输本规则第 17 章所列任何液体货物的货船(简称"散化船")。

为了防止船舶在事故中发生货物泄漏,保护污染海洋环境,IBC 规则对其适用的散装化学品船提出了液货舱位置和残存能力的要求。根据所运输散装液体化学品的危险程度不同,要求对货物处所进行不同程度的保护。即将液货舱布置在船内距船体外板不小于规定的最小距离处。假定的破损以及液货舱与船体外板之间的距离,均取决于所装货物的危险程度。假定的最大破损范围见表 3-19。

1. 船舶类型

根据船舶预防货物漏逸的保护程度,结合假定破损范围,IBC 规则将散装化学品船分为 1 型、2 型和 3 型三种船型。具体货物的船型要求列在 IBC 规则第 17 章最低要求一览表的"e"栏。IBC 规则第 21 章列出了该栏指定 1 型船、2 型船和 3 型船运输的化学品标准。

1)1 型船舶(ship type 1)

1 型船舶系指用于运输 IBC 规则第 17 章中对环境或安全有非常严重危险的货物的化学品船,需用最有效的预防措施消除此类货物漏逸。

1 型船舶的液货舱位置[图 11-8(a)]：距舷侧外板应不小于 $B/5$ 或 11.5 m,取小者(假定的横向舷侧最大破损范围)；距中心线的船底外板型线应不小于 $B/15$ 或 6 m,取小者(假定的船底垂向最大破损范围)，但其任何部位距船体外板都应不小于 760 mm。

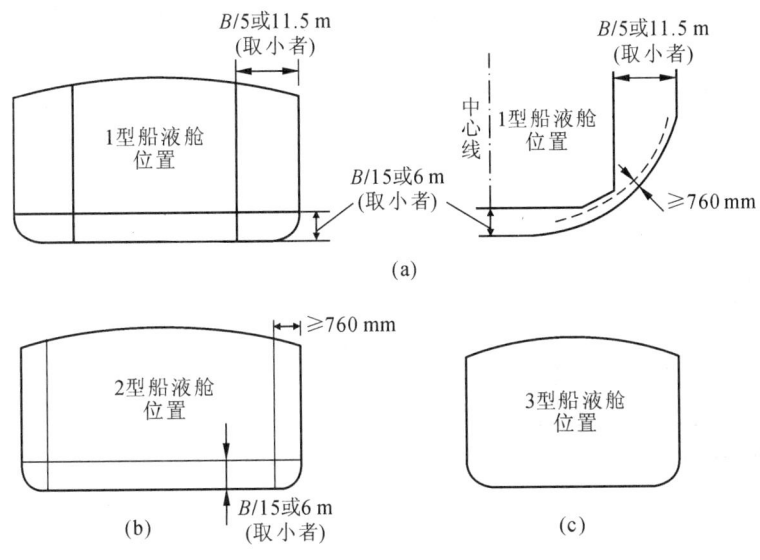

图 11-8　散装化学品船的船型
(a)1 型船；(2)2 型船；(3)3 型船

2) 2 型船舶(ship type 2)

2 型船舶系指用于运输 IBC 规则第 17 章中对环境或安全有相当严重危险的货物的化学品船,需用有效的预防措施消除此类货物漏逸。

2 型船舶的液货舱位置[图 11-8(b)]：距中心线的船底外板型线应不小于 $B/15$ 或 6 m,取小者(假定的船底垂向最大破损范围),但其任何部位距船体外板都应不小于 760 mm。

3) 3 型船舶(Ship Type 3)

3 型船舶系指用于运输 IBC 规则第 17 章中对环境或安全有足够严重危险的货物的化学品船,需用中等程度的围护以增加其在破损条件下的残存能力。

3 型船舶的液货舱位置没有特殊要求[图 11-8(c)]。

实际应用中,常结合边舱、中央舱和双层底的设计,使船舶同时满足 1、3 型或 2、3 型船舶的要求。例如,如图 11-9(a)所示的 1,3D 型船,这种船型约占散化船的 70%,其两侧的边舱可以装在要求 3 型船的货物,中央舱可以装在要求 1 型船的货物。当然满足 1 型船要求的舱位也可以装载要求 2 型和 3 型船的货物；满足 2 型船的舱位可以装载 3 型船的货物,但不能装载要求 1 型船的货物。

对化学品船残存能力要求见本书第三章。

对于 1986 年 7 月 1 日以前建造的散装化学品液货船,符合 BCH 规则的要求,则分为Ⅰ型、Ⅱ型和Ⅲ型三种船型。

2. 货物维护系统(液货舱舱型)

根据 IBC 规则的规定,散化船液货舱的种类从与船体结构的关系及舱顶设计表压力的不同分为两组。每种货品的舱型的安装和设计的要求见 IBC 规则第 17 章最低要求一览表

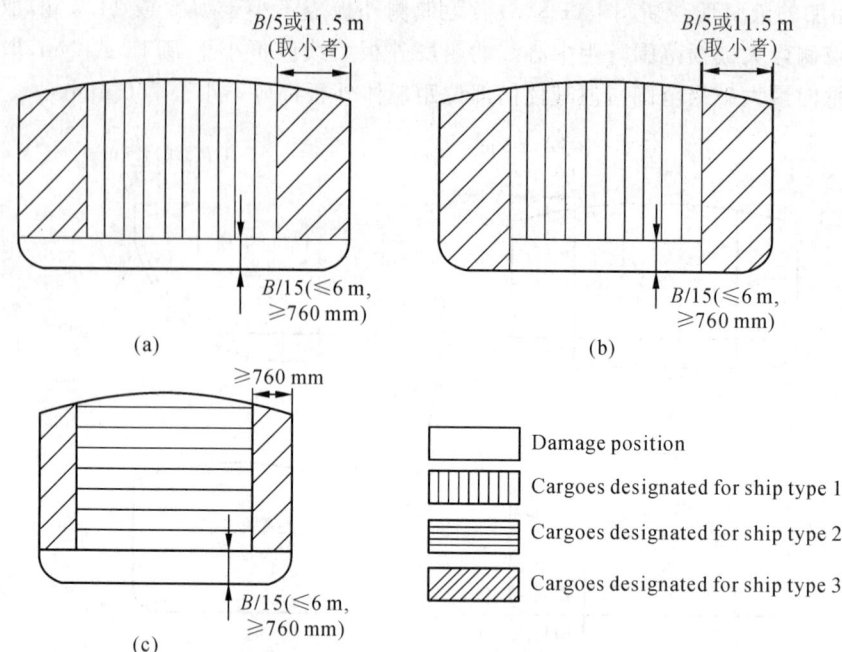

图 11-9 船型的组合应用示意图
(a)1,3D;(b)1,3S;(c)2,3D

中的"f"栏。

1)按液货舱与船体结构的关系划分

按与船体结构的关系,散化船液货舱分为独立液货舱和整体液货舱。

(1)独立液货舱(independent tank)

指不与船体结构相连接或不是船体结构的组成部分的货物围护容器。建造和安装独立液舱是为了尽可能将因相邻船体机构的应力或移动对液货舱所造成的应力消除或降至最小。独立液舱对船体结构的完整性来说不是必需的。

(2)整体液货舱(integral tank)

指构成船体结构的一部分的货物容器,且以相同方式与邻近的船体结构一起承受相同的载荷。它对船体结构的完整性是必需的。

2)按舱顶设计表压力划分

根据舱顶设计表压力大小,散化船液货舱分为重力液货舱和压力液货舱。

(1)重力液货舱(gravity tank)

指舱顶设计压力不大于 0.07 MPa 的液货舱。它既可以是独立液货舱,也可以是整体液货舱。对重力液货舱的建造和试验应按照认可的标准,且应考虑货物的载运温度和相对密度。

(2)压力液货舱(pressure tank)

指舱顶设计压力大于 0.07 MPa 的液货舱。它只能是独立液货舱,对其结构的设计应按照经认可的对压力容器的设计标准。

3. 化学品船液货舱材料和涂层

根据建造液货舱材料划分,散装液体化学品船货舱可分为普通钢带涂层货舱、不锈钢货舱、铝质液货舱和不锈钢复合钢板货舱等。货舱材料以及管线、泵、阀门等连接材料,需要考虑货物在压力、温度下的韧性、腐蚀以及化学反应等。在众多船舶类型里面,只有化学品船和 LNG 船有专门的不锈钢货舱。

普通钢货舱采用符合要求的一般强度或高强度船体结构钢。为了满足要求,需要对货舱内壁进行涂层工艺,防止舱内壁受损和与货物反应,以及使内壁光滑便于清洁等。常用的货舱涂层有硅酸锌涂层、环氧树脂、聚氨酯、酚醛树脂、聚四氟乙烯和橡胶衬里等。涂层与货物的相容性至关重要,特定类型涂层的货舱只能装载与之性质相容的货物。

不锈钢是耐腐蚀高合金钢的通称,其中镍和铬是主要的合金元素。如使用不锈钢替代普通钢,则不锈钢应为奥氏体不锈钢或双相不锈钢,并符合相关规范要求。船舱用奥氏体不锈钢一般有 304,304 L,316,316 L 或 316 Ti 等型号。不锈钢对各种化学品有广泛的相容性,除可用于运输腐蚀性强的硫酸、氢氧化钠货物外,还可用于运输对纯度、防锈蚀要求高的货物,如红酒和果汁等。化学品船采用不锈钢货舱,提高了其耐腐蚀性,简化并加快了货舱清洗工作,节约船舶洗舱和检查时间,减少船舶相关费用。

由于铝材钝化后也具有很好的防腐性能,有些化学品的液货舱也可用铝。

不锈钢复合钢板则是在接触货物一面采用不锈钢,另一面采用碳钢的复合板。这种材料需要考虑碳钢的腐蚀问题,当液货舱中既有船体结构钢又有不锈钢时,应采取特殊的防护措施,例如采用合适的敷层,以减少双金属的接触腐蚀;还可对不锈钢涂刷高性能油漆,以减少对船体结构钢的侵蚀。

4. 化学品船按适装的化学品品种分类

按所能装载化学品的品种分有:多用途散化船(船舶和货舱能在不同航次适装不同货品,就同一货舱而言,一般是一些装运条件相近的货品)、多品种共装船(同一航次可在同一船上不同货舱装载多个品种,需注意不相容货物的隔离)和专用散化船(专门针对运输某一种或某一类货品而设计建造的散化船)。

例如:质量百分比大于 60% 但不超过 70% 的过氧化氢溶液只能用专船载运,且该船不得载运其他货物,其液货舱及相关设备应采用纯铝(99.5%)或全不锈钢(304L、316、316L 或 316Ti)制造,并按认可的程序钝化。甲板上的管路不得用铝制造。所有非金属材料制造的围护系统应不能与过氧化氢起化学反应,也不能有助于过氧化氢的分解。

三、IBC 规则

1. IBC 规则及其适用

从 SOLAS 74 公约 1983 年修正案生效日期(1986 年 7 月 1 日)和 MARPOL 73/78 公约附则 Ⅱ(1987 年 4 月 6 日)实施日期起,IBC 规则成为这些公约强制性的要求。该规则的修正案,无论从安全角度还是海上污染角度,都必须分别根据 SOLAS 74 公约第 Ⅷ 条以及 MARPOL73/78 公约第 16 条规定的程序予以通过和生效。

IMO 海上安全委员会第 82 届会议和海洋环境第 56 届会议分别于 2006 年 12 月 8 日和 2007 年 7 月 13 日以 MSC.219(82)号和 MEPC.166(56)号决议通过了 IBC 规则的修正案,该修正案于 2009 年 1 月 1 日生效。

现行的 IBC 规则在 SOLAS 74 公约和 MARPOL 73/78 公约下均为强制性规定,适用于各种尺度(包括小于 500 总吨)从事散装运输危险化学品或有毒液体物质的船舶。

IBC 规则为海上散装运输该规则第 17 章所列危险化学品和有毒液体物质提供了一个安全运输的国际标准。IBC 规则考虑到有关货物性质,规定了这类船舶(不论吨位大小)的设计和建造标准以及船上应配备的设备,以便使其对船舶、船员及环境所造成的危险减至最小。

2. IBC 规则的主要内容

IBC 规则共 21 章,涵盖了船舶残存能力要求和液货舱位置的设计标准,船舶布置和货物围护系统,货物驳运要求,船舶构造、防护衬垫及涂层材料标准,货物温度控制和液货舱透气、除气要求,船舶设备配置及检查标准,人员保护和安全操作要求,适用的货物清单及运输注意事项,运输货物索引等内容。

其所列的液体是指在温度为 37.8 ℃时,其饱和蒸汽压力不超过 0.28 MPa 绝对压力的散装液体。具体货物名称列入该规则第 17 章(最低要求一览表)和第 18 章(不适用规则的货物清单),其中第 17 章中的散装液体化学品包括具有安全危害性的货物、具有污染危害性的货物及同时具有安全危害性和污染危害性的货物,MEPC. 318(74)决议(2019 年 5 月通过)和 MSC. 460(101)决议(2019 年 6 月通过)的 IBC 规则修正案(2021 年 1 月 1 日生效)共列入了 800 条货物;第 18 章中的散装液体化学品包括经审查并确定其安全性和污染危害性尚不足以列入规则适用范围的液体物质,目前共列入 32 种。

IBC 规则第 21 章给出了列入 IBC 规则第 17 章的标准。第 17 章最低要求一览表共包括 17 栏,其中 b、m 栏已删除,目前保留 15 栏。表 11-12 所列为 CCS《散装运输危险液体化学品船舶构造与设备规范(2022)》中包含的 IBC 规则中第 17 章最低要求一览表的部分条目,CCS 将 IBC 规则翻译为中文时增加了序号(No.)一栏,在具体条目的货物名称("a")栏中增加了其中文译文。

表 11-12 中栏目的注释如下:

1) No 栏:所列货物序号。

2) a 栏:货物名称。

3) b 栏:联合国编号(已删除)。

4) c 栏:污染类别。字母 X、Y 或 Z 是指按 MARPOL 73/78 公约附则 II 所确定的每一货物的污染类别。

5) d 栏:危害性。S 指本规则所包括的具有安全危害性的货物;P 指本规则所包括的具有污染危害性的货物;S/P 指本规则所包括的同时具有安全危害性和污染危害性的货物。

6) e 栏:船型。其中的数字 1、2、3 分别代表 1 型船、2 型船和 3 型船。

7) f 栏:舱型。1 代表独立液货舱;2 代表整体液货舱;G 代表重力液货舱;P 代表压力液货舱。

8) g 栏:液货舱透气。栏中,Cont 为控制式透气,Qpen 为开式透气。

9) h 栏:液货舱环境控制。其中:Inert 代表惰性法;Pad 代表用液体或气体作隔绝的方法;Dry 代表干燥法;Ven 代表自然或强力通风法;No 代表规则无特殊要求。

10) i 栏:电气设备。i' 代表温度等级;i'' 代表设备分类;i''' 代表闪点。其中:Yes 代表闪点超过 60 ℃;No 代表闪点不超过 60 ℃;NF 代表非易燃货物。

11) j 栏:测量。测量方式包括:O 代表开式测量;R 代表限制式测量;C 代表闭式测量。

表 11-12 IBC 规则第 17 章最低要求一览表（摘录）

No.	a	c	d	e	f	g	h	i'	i''	j	k	l	n	o
780	尿素/磷酸铵溶液 Urea/Ammonium phosphate solution	Y	S/P	2	2G	Cont	No		Yes	R	T	AC	No	15.12.3, 15.12.4, 15.19.6
781	尿素溶液 Urea solution	Z	S/P	3	2G	Open	No		Yes	O	No	AC	No	16.2.9
782	餐厨废油 (m) Used cooking oil (m)	X	S/P	2	2G	Open	No		Yes	O	No	ABC	No	15.19.6, 16.2.6, 16.2.9
783	餐厨废油（甘油三酯，C16~C18 和 C18 非饱和的）(m)(n) Used cooking oil (Triglycerides, C16~C18 and C18 unsaturated) (m) (n)	Y	S/P	2	2G	Open	No		Yes	O	No	ABC	No	15.19.6, 16.2.6, 16.2.7, 16.2.9
784	戊醛（所有异构体）Valeraldehyde (all isomers)	Y	S/P	3	2G	Cont	Inert	T3	IIB	R	F	ABC	No	15.4.6, 15.13, 15.19.6, 16.6.1, 16.6.2
785	植物酸油 (m) Vegetable acid oils (m)	Y	S/P	2	2G	Open	No	—	—	O	No	ABC	No	15.19.6, 16.2.6, 16.2.7, 16.2.9
786	植物脂肪酸馏出物 (m) Vegetable fatty acid distillates (m)	Y	P	2	2G	Open	No	—	—	O	No	ABC	No	15.19.6, 16.2.6, 16.2.7, 16.2.9
787	植物油混合物，含有少于 15% 的游离脂肪酸 Vegetable oil mixtures, containing less than 15% free fatty acid (m)	Y	S/P	2	2G	Open	No		Yes	O	No	ABC	No	15.19.6, 16.2.6, 16.2.7, 16.2.9
788	乙烯乙酸 Vinyl acetate	Y	S/P	3	2G	Cont	No	T2	IIA	C	FT	ABC	No	15.12, 15.13, 15.17, 15.19.6, 16.6.1, 16.6.2

12) k栏:蒸气探测。其中:F代表易燃蒸气;T代表有毒蒸气;No代表规则无特殊要求。

13) l栏:防火。其中:A代表抗乙醇泡沫;B代表普通泡沫,包括所有非抗乙醇泡沫,如氟化蛋白质和水膜泡沫(AFFF);C代表水雾;D代表化学干粉;No代表规则无特殊要求。

14) m栏:构造材料(已删除)。

15) n栏:应急设备。Yes的含义见规则第14.3.1款;No代表规则无特殊要求。

16) o栏:特殊要求及操作要求。当要求参照第15章(特殊要求)和/或16章(操作要求)时,这些要求应为任何其他栏内的附加要求。

第18章不适用规则的货物名单中大部分为OS物质,但也包含了部分Z类物质。载运列入该章的乙类物质时,可不受IBC规则的约束,但仍需满足MARPOL73/78公约附则Ⅱ的要求。

四、不相容货物的隔离

1. 货物的不相容性及隔离要求

货物不相容性(incompatibility of cargo)是指货物与另一种货物接触会发生危险的化学反应。两种货物发生化学反应时会产生危险性气体或者使温度升高。反之,货物与另一种货物接触不会发生危险化学反应的性质称为货物相容性(combustibility of cargo)。对于不相容的不同货物,在配载时需要采取隔离措施。隔离要求是:不能临舱装载,要求至少有两个屏障(舱壁)构成的一个空间相互隔离,该空间可以是一个隔离空舱、泵舱或介于其间的一个货舱(货舱可装载与两者均相容的货物),分处十字交叉舱壁对角两侧的隔离等同于通过两个屏障的隔离;有单独的泵和管系,这些管系不容许通过装有其他不相容的舱室;每一舱室须装有独立的透气系统。在处理不相容货物隔离时,通常采用美国海岸警卫队(USCG)的货物反应性资料。

2. 化学品相容性类

根据散装液体化学品的反应危险程度,美国海岸警卫队将其分为36个相容性类,并制定了相容性类号(compatibility group number),如表11-13所示,其中1~22为反应组,30~43为相容组(compatibility group),并编制了货物相容性表(表11-14)。经试验评定的货物均指定其相容类号,根据具体货物的相容类号,如果在相容性表中对应为"×",则两种货物不相容,如果对应为空格,则表示相容。从货物相容性表可知,反应组的货物相互间不相容的相对较多,其中有一部分是相容的;反应组与相容组的货物间,其中多数为相容的;相容组的货物相互间一般不会发生危险反应,为相容性货物。

表11-13 化学品的相容类

反应类		相容类	
1	非氧化性无机酸	30	烯烃
2	硫酸	31	链烯烃
3	硝酸	32	芳香烃
4	有机酸	33	其他烃类混合物

续表 11-13

	反应类		相容类
5	苛性碱	34	酯
6	氨	35	卤代乙烯
7	脂肪胺	36	卤代烃
8	醇胺	37	腈
9	芳香胺	38	二硫化碳
10	酰胺	39	硫醚,二硫化物
11	有机酸酐	40	乙二醇醚
12	异氰酸盐	41	醚
13	醋酸乙烯酯	42	硝基化合物
14	丙烯酸盐	43	其他水溶液
15	烯丙基类取代物		
16	烷撑氧化物		
17	表氯代醇		
18	酮		
19	醛		
20	醇,乙二醇		
21	酚,甲酚		
22	己内酰胺溶液		

表 11-14 货物相容性表

	1	2	3	4	5	6	7	8	9	10	11	12	13	14	15	16	17	18	19	20	21	22
1		×			×	×	×	×	×	×	×		×	×			×	×		A	E	
2	×		×	×	×	×	×	×	×	×	×	×	×	×	×	×	×	×	×	×	×	×
3		×																	×	×	×	
4		×			×	×	×	×	C			×				×	×			F		
5	×	×	×	×							×	×						×	×	×	×	×
6	×	×	×						×			×				×				×		
7	×	×	×								×	×	×			×				×	×	×
8	×	×	×								×	×	×	×		×		B	×			
9	×	×	×	C							×							×				
10	×	×	×			×						×									×	
11	×	×		×	×	×	×															

续表 11-14

	1	2	3	4	5	6	7	8	9	10	11	12	13	14	15	16	17	18	19	20	21	22
12	×	×	×	×	×	×	×	×	×	×					D					×		×
13	×	×	×			×	×	×														
14		×	×			×	×															
15		×		×	×						D											
16	×	×	×	×	×	×	×															
17	×	×	×	×	×	×	×															
18		×	×			×		B														
19	A	×	×		×	×	×		×													
20	E	×	×		F	×		×				×										
21		×		×		×				×												
22		×		×		×					×											
30		×	×																			
31																						
32		×																				
33		×																				
34		×	×																			
35			×																			×
36		G		H		I																
37		×																				
38						×	×															
39																						
40		×									×											
41		×	×																			
42					×	×	×	×														
43		×									×											

注:"×"为两者不相容,不能临舱装载;空格为两者相容,可以临舱装载。

以下为反应性有偏差的注解:

A:丙烯醛(19)、丁烯醛(19)和 2-乙基-3-丙基丙烯醛(19)与第 1 类非氧化性无机酸不相容;

B:异佛尔酮(18)和甲基异丁烯基酮(18)与第 8 类醇胺不相容;

C:丙烯酸(4)与第 9 类芳香胺不相容;

D:烯丙基醇(15)与第 12 类异腈酸酯不相容;

E:呋喃甲醇(20)与第 1 类非氧化性无机酸不相容;

F:呋喃甲醇(20)与第 4 类有机酸不相容;
G:二氯乙醚(36)与第 2 类硫酸不相容;
H:三氯乙烯(36)与第 5 类苛性碱不相容;
I:乙二胺(7)与二氯乙烯不相容。

五、散装液体化学品装运要求

1. 船上配有公约和规则要求的各种相关文书

1)运载 X、Y 或 Z 类物质的船舶应具备规定的适装条件,持有有效的满足 IBC 规则要求的"国际散装运输危险化学品适装证书"(COF)、《货物记录簿》(CRB)和《程序和布置手册》(P& A Manual)等必要文书。

2)《程序和布置手册》主要是为船舶的高级船员确定必须遵守的货物处理、液舱清洁、污水处理以及液舱压载和卸压的物理安排和所有操作程序。

3)《货物记录簿》应如实记录有毒货物装卸作业、转驳,液货舱的洗舱、压载、压载水及残余物的排放等作业情况,并按规定期限保存在船上备查。如果在卸完货后在港进行强制预洗,应有港方负责的人员签字。《货物记录簿》每份记项均须由负责有关操作的一名或多名高级船员签署,而每页均须由船长签署。

2. 获取货物完整的资料

1)承运前,托运人必须提供所托运货物的完整资料。对于需要散装的任何货物,应在运输文件上用 IBC 规则中所列的名称或暂定的名称予以标明。如果是混合物,则还应标明使货品产生危害的主要危险因素;若有可能,应有一份完整的分析,制造厂家或经主管机关认可的专家对此分析进行核证。

2)如果得不到安全运输货物所需的足够资料,则船方对该货物应予拒运。

3)船上应备有安全载运货物所必需的资料,以供有关人员查阅。如所载运货物的物理化学性质(包括反应性)的详细说明;发生溢出或泄漏事故时,需要采取的措施;对应各种货物的消防程序和灭火剂;货物输送、清除、压载、清洗液货舱和变更货物的程序;防止人员由于意外接触而造成伤害的防范措施;安全装卸特定货物所需特殊设备的有关资料;应急措施等。

3. 运输由添加剂保护的货物

1)IBC 规则第 17 章的"o"栏内列的某些货物,按其具有的化学性质,在某些温度暴露于空气或与催化剂接触的条件下,可能会发生聚合、分解、氧化或其他的化学变化。可通过在液体货物中加入少量化学添加剂(或抑制剂)或控制液货舱的环境来减缓这种趋向。

2)应确保货物在整个航行期间能受到保护以防止货物发生有害的化学变化。载运这种货物的船舶应备有制造厂提供的添加剂(或抑制剂)保护证书,并在航行期间将其保存在船上,该证书应注明:所用添加剂的名称和数量;添加剂是否依赖氧气;添加剂加入的日期及有效期;确保添加剂有效期的任何温度界限;航行期超过添加剂有效期时应采取的措施。当货物需要添加剂保护而托运人未能提供添加剂证书时应予拒装。

3)单体类货物的聚合反应会产生沉淀物,不仅造成货损,还会造成洗舱困难。一般应通过添加抑制剂并控制货温抑制聚合反应。其添加的抑制剂通常不会随货物蒸汽蒸发,货物蒸汽在透气系统管系内重新凝聚成的液体中不含抑制剂,透气设备应能防止由于化学聚合物增多而造成的阻塞,并定期检查。

4)以熔化状态载运的货物,其结晶或凝固可能会导致液货舱所装货物中的部分抑制剂消失而发生聚合,应确保货物在液货舱不会产生结晶或凝固。加热装置应确保液货舱内货物不会因过热而产生危险的聚合反应。若蒸气盘管温度可能导致货物过热,应采用间接的低温加热系统。

5)凡是能放出察觉不到的有毒蒸气的货物,除非在货物中放入了能察觉到的添加剂(一般为气味剂),否则一概予以拒运。

4. 在 37.8 ℃时其绝对蒸气压力超过 0.1013 MPa 的货物

IBC 规则规定,载运在 37.8 ℃时其绝对蒸气压力超过 0.1013 MPa 的货物(第 17 章表"o"栏内列出该条对应的编号"15.14"),除非将其货物系统设计能承受货物在 45 ℃时的蒸气压力,并在 COF 证书中标注和标明液货舱释放阀调整定的压力,否则应设置机械制冷系统,在液货舱的设计压力下,保持液体温度低于其沸点温度。

船舶应设有能在装载作业时将排出的气体输回岸上的管路接头。

5. 对液货舱进行环境控制

装货前,应对液货舱进行环境控制。其方法有:

1)惰化法:用不助燃也不与货物反应的气体或蒸气充入液货舱及其管系、液货舱周围空间,并维持这种状态。

2)隔绝法:将液体、气体或蒸气充入货物系统,使货物与空气隔绝。

3)干燥法:将无水气体或在大气压力下其露点为 -40 ℃甚至更低的蒸气充入液货舱及其管系。

4)通风法:进行强制通风或自然通风。

6. 各舱容量限制

各舱装货量不超出其最大允许载货量:1 型船舶的任一液舱所装货物数量不得超过 1250 m^3;2 型船舶的任一液舱所装货物数量不得超过 3000 m^3;在基准温度(系指货物蒸气压力与压力释放阀的设定压力值相当时的温度)下任何液货舱不应超过液货舱全容积的 98%。液货舱在环境温度下载运散装液体化学品,应考虑所装的货物所能达到的最高温度,以避免在航行期间液货舱被液体胀满。液货舱内的货物装载最大容积(V_L)应为:

$$V_L = 0.98 V \frac{\rho_R}{\rho_L} \tag{11-15}$$

式中:V——该液货舱的容积(m^3);

ρ_R——基准温度下货物的密度(g/cm^3);

ρ_L——装载温度下货物的密度(g/cm^3)。

7. 安全作业要求

1)装卸开始时应以低速进行(1 m/s 以下),待经检查确认作业正常后才能按正常流速进行装卸。为防止产生静电,装卸的正常流速应限制在 3 m/s 以下。

2)满足作业时的天气、海况限制要求。

3)装卸前准备好应急拖缆,置放危险标志,与其他船舶保持 30 m 以上的安全距离。

4)散化船在装卸散装液体危险化学品期间禁止进行以下作业:
(1)检修和使用雷达、无线电发射机等大功率无线电设备;
(2)从事可能产生火星的相关作业及明火作业;
(3)添加或提供油(水)作业;
(4)进行吊运物件及其他影响安全的作业;
(5)其他影响船舶靠离泊及船舶、装卸货安全的作业。
5)作业前船岸双方应逐项检查并填写"船/岸安全检查表"。

8. 作业人员安全防护

为保护从事装卸作业的船员,船上应有合适的保护安全设备,包括大围裙、有长袖的特别防护手套、适用的鞋袜、用抗化学性材料制成的连衣裤工作服和贴肉护目镜或面罩、自给式空气呼吸器、防爆灯具等。用于保护人体的衣服和设备应围罩人体全身皮肤,使全部人体受到保护。保护安全设备应放置在易于到达的专用储存柜内。进入作业现场的船员,应按照规定穿戴防护服和配置安全设备。

9. 满足 MARPOL 73/78 公约附则 Ⅱ 的卸货和排放要求

1)除非排放完全符合 MARPOL 73/78 公约附则 Ⅱ 适用的操作要求,应禁止将属于 X、Y 或 Z 类物质的残留物或临时评估为此类物质的残留物、压载水、洗舱水或含有此类物质的其他混合物排放到海洋中。排放应满足以下标准:

(1)该船舶正在航行途中,自航式船舶航速不少于 7 节,非自航式的船舶航速不少于 4 节;
(2)通过水下排放口在水线以下排放,但不超过水下排放出口的设计最大流量;
(3)排放是在距离最近的陆地不少于 12 海里、水深不少于 25 m 的地方进行的。

2)在按规定执行任何强制预洗(mandatory prewash)和排放程序之前,化学品船舱内液货应尽可能作为货物卸至岸上,以减少后续处理和洗舱造成污染。2007 年 1 月 1 日或以后建造的散化船,其泵送及管道布置,应确保卸货后每一液舱及其相关管道内所残留的 X、Y 或 Z 类物质的残余物不会超过 75 L。经认证可运载 X、Y 或 Z 类物质的船舶应设有水下排放口。

3)X 类残留物的排放

(1)载运 X 类物质的液舱卸货后,须在船舶离开卸货港前执行强制预洗。产生的残留物应排至岸上接收设施,直到测量分析表明,该设施的污水中的物质浓度达到或低于 0.1%。当达到要求的浓度水平时,剩余的储罐冲洗液应继续排放到接收设施,直到储罐排空。应在货物记录簿中适当记录这些操作,并由缔约国政府授权的检验人员背书。

(2)随后引入液舱的水(压载或洗舱水),均可按照规定的排放标准排放入海。

(3)当满足下列条件之一时可以免于强制预洗:

①后续装载同一物质或相容的另一物质,而该液舱在装载前不会被清洗或压载;
②预洗在另一个港口进行,前提是已书面确认该港口的接收设施可用且足以用于该目的;
③20 ℃下蒸汽压大于 5 kPa 的挥发性货物残留物可用经当局批准的通风程序从货舱中清除。

4) Y 和 Z 类残留物的排放

(1)卸货后液舱内 Y 类或 Z 类物质的残留物排放程序,应适用上述规定的排放标准。

(2)如 Y 或 Z 类物质的卸货程序未遵照船舶的《程序与布置手册》,则须在船舶离开卸货港前进行预洗,除非已采取经检验人员满意的替代措施,以将船舶上的货物残余物清除至规定的限量。预洗产生的污水应排放至卸货港的接收设施或具有适当接收设施的其他港口,前提是已书面确认该港口的接收设施可用且足以满足该目的。

(3)液货舱按规定程序卸货或预洗(如有要求)后,可以在必要时装入压载水,压载水的排放应满足排放标准,但如液舱已被清洗至压载水所含残留物浓度少于 1×10^{-6},则压载水排放入海无须考虑排放速率、船舶速度及排放口位置,但该船舶须距离最近的陆地不少于 12 海里,并且水深不少于 25 m。

对于 Y 类中的高粘度或凝固性物质,应适用以下规定:

(1)应采用规定的强制预洗程序;

(2)预洗过程中产生的污水应排放至接收设施,直到储罐排空;

(3)随后引入液舱的水(压载或洗舱水),可按照上述规定的排放标准排放入海。

5)船舶在南纬 60°S 以南的海域(南极区域),禁止向海洋排放有毒液体物质或含有此类物质的混合物。

6)散化船在港期间进行洗舱、污水排放、冲洗甲板、驱气等可能导致污染的操作,均需向主管机关提出申请,批准后方可作业。

六、散化船装货量的计算

根据《进出口商品容量计重规程 第 10 部分:液体化工品船舱静态计重》(SN/T 2389.10—2021),散装液体化学品的装载量计算与油船货油装载量的计算步骤基本相同,在船舶舱容表规定的计量基准位置,用液位测量器具和温度测量器具或者自动测量设备,分别测量船舱中液体化工品的液深(空距)以及液温,然后根据船舶舱容表计算求得液体化工品在测量温度下的总观测容积,经各项修正并扣除明水和沉淀物总量后,计算出该船舱内液体化工品的净容积。依据具备资质的实验室测定该液体化工品在标准温度时的密度,根据体积修正法或密度修正法计算出舱内液体化工品的重量。方法如下:

1. 体积修正法

实验室测得的标准密度 ρ_{20} 经空气浮力修正后,乘以液体化工品的标准体积 V_{20},计算出液体化工品在空气中的重量 W。

1)根据实测液舱空当高度并经纵、横倾修正查液舱容量表得实际计量温度 t ℃时的装货体积 V_t;

2)实测货物温度 t 和相应温度时的密度 ρ_t;

3)将实测温度时 t ℃的货物体积 V_t 和货物密度换算成标准温度下的体积 V_{20} 和密度 ρ_{20} 数值:

$$V_{20} = V_t \cdot [1 - f(t-20)] \qquad (11-16)$$

式中:V_{20}——液体化工品在标准温度 20 ℃时的体积,也称标准体积(m³);

V_t——液体化工品在实测温度 t ℃时的净体积,也称计量温度下的体积(m³);

f——液体化工品的体积温度(修正)系数($℃^{-1}$);

t——液体化工品的实测温度(℃)。

4)计算考虑空气浮力修正值 $β$ 的货物重量 W

$$W = V_{20}(\rho_{20} - \beta) \tag{11-17}$$

式中:W——液体化工品在空气中的重量(t);

ρ_{20}——液体化工品在标准温度 20 ℃时的密度(t/m³ 或 g/cm³);

$β$——空气浮力修正值(t/m³ 或 g/cm³),与密度有关,按表 11-15 取值。

表 11-15 空气浮力修正值

ρ_{20}	0~0.3344	0.3345~1.0010	1.0011~1.6676	1.6677~2.3341
$β$	0.0012	0.0011	0.0010	0.0009

2. 密度修正法

实验室测定的标准密度 ρ_{20} 换算成实测温度下的密度 ρ_t,经空气浮力修正后,乘以实测温度下的液体化工品的净容积 V_t,再按式(11-19)计算出液体化工品在空气中的重量 M。

$$\rho_t = \rho_{20} - \gamma(t - 20) \tag{11-18}$$

式中:ρ_t——液体化工品在实测温度 t ℃时的密度(t/m³ 或 g/cm³);

$γ$——液体化工品的密度温度修正系数[t/(m³·℃)或 g/(cm³·℃)],查 SN/T 2389.10—2021 表 A.1,其部分数据见表 11-16。

表 11-16 部分液体化工品的相关系数(摘自 SN/T 2389.10—2021)

英文名称	中文名称	密度温度系数 $γ$	体积温度系数 f	密度(15 ℃)
ACETALDEHYDE	乙醛	0.00132	0.00168	0.7846
ACETIC ACID	乙酸	0.00112	0.00107	1.0549
ACETIC ANHYDRIDE	乙(酸)酐	0.00120	0.00111	1.0871
ETHYL ACETATE	乙酸乙酯	0.00120	0.00132	0.9066
ACETONE	丙酮	0.00111	0.00139	0.7960
ACETONITRILE	乙腈	0.00107	0.00136	0.7875
……	……	……	……	……

$$M = V_t(\rho_t - \beta) \tag{11-19}$$

式(11-19)中符号同式(11-17)和式(11-18)。

【思考与应用 11-6】

1. 直接适用于散装液体化学品的国际公约、规则有哪些?
2. 散状液体化学品的特性有哪些?
3. MARPOL 73/78 公约将散装有毒液体物质分为哪几类?
4. 散装化学品船的船型如何划分?

第七节 散装液化气体装运

为确保海上运输散装液化气体的安全,将其对船舶、船员及环境所造成的危险降至最低程度，IMO 和散装液化气体运输国主管机关制定了相关公约和规则，主要有：

《国际散装运输液化气体船舶构造及设备规则》，简称"IGC 规则"，适用于 1998 年 7 月 1 日或以后建造的液化气体船舶。

《散装运输液化气体船舶构造及设备规则》，简称"GC 规则"，适用于 1998 年 7 月 1 日前建造的散装液化气船。

此外，中国船级社(CCS)依据 IGC 规则制定了《散装运输液化气体船舶构造及设备规范》(简称《液化气船规范》)。

一、IGC 规则

IMO 海上安全委员会第 79 届会议于 2004 年 12 月 10 日以 MSC.177(79)号决议通过了《国际散装运输液化气体船舶构造和设备规则》修正案，并于 2007 年 1 月 1 日生效。

现行的 IGC 规则在 SOLAS 公约下为强制性规定，适用于各种尺度(包括 500 总吨以下)从事散装运输本规则第 19 章所列的温度为 37.8 ℃时，其饱和蒸气压力超过 0.28 MPa 绝对压力的液化气体和本章所列的其他散装货物的船舶。

IGC 规则共 19 章，涵盖了船舶残存能力要求和液货舱位置的设计标准，船舶布置和货物围护系统，处理用受压容器及液体、蒸气和压力管路系统的设计要求，货物驳运要求，船舶构造材料标准，货物压力、温度控制及透气系统要求，船舶设备配置及检查标准，人员保护和安全操作要求，液货舱充装极限，用货物做燃料的要求及最低要求一览表等内容。

其中，第 19 章为最低要求一览表，列入了已经评定适用于 IGC 规则的货物的最低运输要求。截至 2020 年 11 月通过的 MSC.476(102)号决议修正案(2024 年 1 月 1 日生效)，共列出了 38 种液化气体。一览表共有 9 栏，其中 b 栏和 h 栏现已删除，部分货物的栏目见表 11-17。最低要求一览表中各栏的内容和解释如下：

1) a 栏：货物名称。被提供用于散装货物运输的运输文件中所使用货品名称。任何附加的名称可放在货品名称后的括号内。货品名称有时可能与以前颁发的 IGC 规则中所提供的名称不一致。

2) b 栏：联合国编号(已删除)。

3) c 栏：船型。1 代表 1G 型船舶(2.1.2.1)；2 代表 2G 型船舶(2.1.2.2)；3 代表 2PG 型船舶(2.1.2.3)；4 代表 3G 型船舶(2.1.2.4)

4) d 栏：是否要求独立 C 型液舱。

5) e 栏：液货舱内蒸气空间的控制，Inert 代表惰化(9.4)；Dry 代表干燥(17.7)。

6) f 栏：要求的蒸气探测。其中：F 代表易燃蒸气的探测；T 代表有毒蒸气的探测；F+T 代表易燃和有毒蒸气探测，A 代表窒息。

7) g 栏：测量。指所许可的测量类型。I 代表规则 13.2.2.1 和 13.2.2.2 中所述的间接型或封闭型；C 代表规则 13.2.2.1、13.2.2.2 和 13.2.2.3 中所述的间接型或封闭型；R 代表规则 13.2.2.1、13.2.2.2、13.2.2.3 和 13.2.2.4 中所述的间接型、封闭型或限制型。

8) h 栏：MFAG 表号，已删除。

9) i 栏：特殊要求。当引用第 14 章和/或第 17 章条款，这些条款中的要求应作为任何其他栏的附加要求。

CCS《散装运输危险液体化学品船舶构造与设备规范(2022)》在 IBC 规则的基础上还包

含了以下栏目：

1）CCS j 栏/CCS k 栏：相对密度 K。给出的数据表示货物液态或蒸气相对水或空气的可能最大相对密度参考值。未列出者表示货物资料附件中没有提供相对密度值。在所有情况下，应依制造厂提供的货物相对水或空气的密度资料为准。

2）CCS l 栏：沸点（℃）。给出的数据表示货物可能的最低沸点参考值，未列出者表示货物资料中沸点不确定。有些货物的沸点温度可能低于 －45 ℃。通常货物沸点低于 －45 ℃ 较少采用全压式货物围护系统，而更多采用半冷式或全冷式。在所有情况下，应依制造厂提供的货物沸点资料和载运要求为准。

3）CCS m 栏：临界温度（℃）。给出数值表示货物可能的最高临界温度参考值，没有给出者表示货物资料中临界温度不确定。有些货物的临界温度可能在 45 ℃ 以上。通常临界温度 45 ℃ 以上较多采用全压式货物围护系统。在所有情况下，应依制造厂提供的货物临界温度资料和载运要求为准。

4）CCS n 栏：电气设备。根据 IEC 60079 系列标准或 GB/T 3836 系列标准的有关规定，给出液化气体货品的电气防爆等级要求。

5）CCS n′栏：温度组别。T1～T6；—代表无要求。

6）CCS n″栏：防爆类别。ⅡA，ⅡB 或 ⅡC；—代表无要求。

表 11-17 IGC 规则第 19 章最低要求一览表栏目示例

a 货物名称	b	c 船型	d 要求 C 型 独立液货船	e 液货舱内 蒸气空间 的控制	f 蒸气探测	g 测量	h	i 特殊要求
乙醛 Acetaldehyde		2G/2PG	—	惰化	F＋T	C		14.4.2，14.3.3.1，17.4.1，17.6.1
氨，无水的 Ammonia,anhydrous		2G/2PG	—	—	T	C		14.4，17.2.1，17.12
丁二烯（所有异构体） Butadiene (all isomers)		2G/2PG	—	—	F＋T	R		14.4，17.2.2，17.4.2，17.4.3，17.6，17.8
丁烷（所有异构体） Butane(all isomers)		2G/2PG	—	—	F	R		
丁烷/丙烷混合物 Butane/propane mixtures		2G/2PG	—	—	F	R		
丁烯（所有异构体） Butylenes (all isomers)		2G/2PG	—	—	F	R		
二氧化碳（高纯度） Carbon Dioxide(high purity)		3G			A	R		17.21

二、液化气体

液化气体主要包括液化石油气、液化天然气和液化化学气。

1. 液化气体特性及危险性

1) 易燃易爆性

由于液化气体沸点低、挥发性大，一旦泄漏，其危险性比石油类物质更大。所以液化气必须在其可燃范围以外的状态下运输和装卸。

2) 毒害性

液化气体的蒸气与人的皮肤、眼睛接触或被人体吸入会引起中毒。

3) 腐蚀性

有的液化气本身具有腐蚀性，有的液化气能与容器、船体材料及其他物质发生反应产生不同程度的腐蚀性。腐蚀性不仅对人体有害，而且还会对船体机构产生损伤。

4) 化学反应性

包括货物自身的分解、聚合反应，货物与水的反应，货物与空气的反应，货物与货物之间的反应，货物与冷却介质之间的反应，以及货物与船体材料之间的反应。

5) 低温和压力危险性

低温运输液化气时，低温会对船体、设备造成脆性破坏，对人员则会有冻伤的可能，压力过大会对货舱、管系等货物围护系统和人员构成威胁。

2. 液化气分类

1) 按液化气的主要成分划分

按液化气的主要成分可分为：

(1) 液化石油气(LPG)：其主要成分为丙烷和丁烷。

(2) 液化天然气(LNG)：其主要成分为甲烷。

(3) 液化化学气(LCG)：其主要成分除了碳氢化合物外，还有无水氨、氯丙烯、乙烯、环氧乙烷、氯乙烯单体等。

2) 按液化气沸点和临界温度划分

液化气体能通过加压被液化的最高温度，超过该温度，无论加多高的压力也不能使气体液化。该温度称为该物质的临界温度。

根据液化气的沸点和临界温度可分为：

(1) 高沸点液化气体：指沸点不低于 $-10\ ℃$ 的物质。如丁二烯、丁烷、二氧化硫等。

(2) 中沸点液化气体：指沸点在 $-10\ ℃ \sim -55\ ℃$ 之间且临界温度在 $45\ ℃$ 以上的物质。如氨、丙烷等。

(3) 低沸点液化气体：指沸点低于 $-55\ ℃$ 或临界温度低于 $45\ ℃$ 的物质。如甲烷、乙烯、氮等。该类物质必须采用低温或低温加压方式贮运。

三、液化气船

液化气体船系指建造或改建成用于散装运输 IGC 规则第 19 章所列的温度为 $37.8\ ℃$ 时其蒸气压力超过 $0.28\ \text{MPa}$(绝对压力)的液化气体和其他货品的船舶(简称液化气船)。

1. 按货物的危险程度划分

为了在发生较小船体破损时,防止液货舱被戳穿或遭受破坏而发生货物泄露,确保液货舱处于保护位置且船舶能在假定浸水条件下残存,需要根据所运货物的危险程度,指定不同的船型,以对液货舱提供不同程度的保护。液化气船根据假定破损范围和所载运货物的危险程度分为以下三种:

1)1G 型船

1G 型船舶是用于载运本规则第 19 章所列要求采取最严格防漏保护措施的货品的气体运输船。IGC 规则中要求采取最严格的防漏保护措施。该船舶的结构要求能够经受最严重的破损。船舶的液货舱位置要求:舱壁横向上距离舷侧外板的距离不小于 $B/5$ 或 11.5 m,取小者;垂向上距离船底板的距离不小于 $B/15$ 或 2 m,取小者;但其任何部位与外板的距离都不得小于按下列方法确定的 d(在与船体外壳型线成直角的任何剖面处测量)。

(1) 如果 $V_c \leqslant 1000$ m³,$d=0.8$ m;

(2) 如果 1000 m³ $< V_c < 5000$ m³,$d=0.75+V_c \times 0.2/4000$ m;

(3) 如果 5000 m³ $\leqslant V_c < 30000$ m³,$d=0.8+V_c/25000$ m;

(4) 如果 $V_c \geqslant 30000$ m³,$d=2.0$ m。

V_c 相当于 20 ℃ 时单个液货舱的总设计容积的 100%,包括气室和附属物。

2)2G 型和 2PG 型船

2G 型船舶是用于载运本规则第 19 章所列要求采取相当严格防漏保护措施的货品的气体运输船。船舶的液货舱位置要求:在中心线上距船底板型线应不小于 $B/15$ 或 2 m,取小者;其任何部位都应不小于按上述方法确定的"d"。其中,2PG 型船舶是指船长不超过 150 m 的具有 C 型独立液舱的船舶。

3)3G 型船

3G 型船舶是用于载运本规则第 19 章中所列要求采取中等防漏保护措施的货品的气体运输船。船舶的液货舱位置要求:在中心线上距船底板型线应不小于 $B/15$ 或 2 m,取小者;其任何部位都应不小于 $d=0.8$ m。

1G 型船舶是用于载运具有最大综合危险性的货品的气体运输船。2G/2PG 以及 3G 型船舶所载运货品的危险程度则依次减小。相应的 1G 型船舶应能在最严重的破损标准下残存,并且其液货舱应位于舷内离船体外板具有最大的规定距离之处。船舶应能在规定的渗透率情况下经受住上述假定的破损。对于其假定浸水的范围,根据船型应符合下列标准:

(1) 对于 1G 型船舶,应假定在其船长范围内的任何部位均能经受破损;

(2) 船长大于 150 m 的 2G 型船舶,应假定在其船长范围内的任何部位均能经受破损;

(3) 船长等于或小于 150 m 的 2G 型船舶,应假定在其船长范围内的任何部位任一舱壁均能经受破损,但不包括邻接于尾机型机舱边界壁;

(4) 对于 2PG 型船舶,应假定在其船长范围内的任何部位均能经受破损,但不包括间距超过假定的最大破损范围的纵向破损范围的横向舱壁;

(5) 船长等于或大于 80 m 的 3G 型船舶,应假定在其船长范围内的任何部位均能经受破损,但不包括间距超过假定的最大破损范围的纵向破损范围的横向舱壁;

(6) 船长小于 80 m 的 3G 型船舶。应假定在其船长范围内的任何部位均能经受破损,但不包括间距大于假定的最大破损范围的纵向破损范围的横向舱壁和尾部机器处所的破损。

液化气船按上述规定的破损标准,经受假定的最大破损范围,在稳定平衡条件下残存能力应能满足本书第三章第八节所述的衡准要求。

2. 根据运输对象被液化的方式划分

根据货物液化的方式,液化气船可分为:

1) 压力式液化气船(亦称全加压式液化气船)

该型船主要用于运输液化石油气和氨,其液舱为圆柱形、球形或具有纵隔壁的双圆柱形及三圆柱形。

该型船的优点是液舱管系不需要绝热、船上不需要设置再液化装置且操作简便,缺点是船舶的空间利用率低、载货量较少、液舱的厚度随设计压力的增大而增加,所以船舶规模一般较小。

2) 低温式液化气船(亦称冷冻式液化气船、全冷式液化气船)

指装运在常压下将气体冷却至其沸点以下而液化的气体货物的船舶。该型船用于运输液化石油气时,其冷却温度为 $-55\ ℃$;用于运输乙烯时,其冷却温度为 $-104\ ℃$;用于运输液化天然气(只能采用常压低温方式运输)时的冷却温度为 $-162\ ℃$。目前世界上专门运输液化天然气的船舶根据货舱围护系统的不同共有三种形式:薄膜液舱型(membrane type)、球形液舱型(moss type)、SPB 棱形液舱型(self-supporting prismatic shape IMO Type B)。

该型船舶因液舱多为棱柱形或梯形而使船舶的空间利用率提高,由于低温使液货的密度增大而使船舶载货量增加,从而提高其经济性。但该型船因液货舱必须采用耐低温材料并要求采取相应的绝热措施,液舱周围需用惰性气体保护且需设置再液化装置。

3) 低温低压式液化气船(亦称半冷/半压式液化气船)

该型船是压力式和低温式两种液化方式的折中方案,它采用在一定的压力下使气体冷却液化的方法。一般设计压力为 $0.3\sim0.7\ \text{MPa}$,而冷却温度则随运输对象不同而异,较多的是在 $-10\ ℃$ 左右。由于设计压力减小,液舱舱壁厚度可以相应减小,对材料的耐高压和耐低温的要求也降低,从而使建造成本降低。其液舱形状有圆柱形、圆锥形、球形或双凸轮形。

四、液货舱围护系统

1. 独立液货舱

独立液货舱是自身支持的液货舱系统。该液货舱本身是独立的,它不构成船体结构的组成部分。液货舱本身并不直接固定于船体的结构上,而是在受热时可自由伸长滑行于支撑座上,并由支撑座将力传递至船体,对船体强度不起作用。

根据其设计蒸气压力的不同,可分为以下三种类型:

1) A 型独立液货舱(type A independent tank)

A 型独立液货舱系指按照公认标准,应用传统的船舶结构分析程序进行设计的液货舱。如果这种液货舱主要是由平面构成,则其设计蒸气压力 P_0 应小于 $0.07\ \text{MPa}$。如在大气压力下货物温度低于 $-10\ ℃$,则应按 IGC 规则要求设置完整的次屏壁。它通常为棱柱型重力液舱,货物在常压下以全冷冻方式运输。

2)B 型独立液货舱(type B independent tank)

B 型独立液货舱系指采用模型试验、精确分析手段和分析方法确定应力水平、疲劳寿命和裂纹扩展特性进行设计的液货舱。如果这类液货舱主要由平面构成(棱柱形液货舱),则其设计蒸气压力 P_0 应小于 0.07 MPa。如在大气压力下货物温度低于 -10 ℃,则应按 IGC 规则要求设置具有小泄漏保护系统的部分次屏壁。其形状为球形罐状,液舱可以是重力液舱也可以是压力液舱,其设计蒸气压力不大于 0.07 MPa 或大于 0.07 MPa,前者用于运输液化天然气,后者用于运输液化石油气。

3)C 型独立液货舱(type C independent tank)

C 型独立液货舱是球形或圆柱形压力液舱,主要用于半冷冻式或全加压式液化气船上。其设计基础基于经修改的包含断裂力学和裂纹扩展衡准的压力容器准则。须满足规定的最小设计压力以确保足够低的动应力,使得在液货舱使用寿命期间,初始表面裂纹不会扩展超过外壳厚度的一半。设计蒸气压力应不小于:

$$P_0 = 0.2 + A \cdot C \cdot \rho_r^{1.5} \tag{11-20}$$

式中:A——系数,$A = 0.00185(\sigma_m/\sigma_A)^2$,其中 σ_m 为设计主膜应力,σ_A 为许用动态膜应力,铁素体(珠光体)/马氏体和奥氏体钢 σ_A 取 55 N/mm²,铝合金(5083-O)σ_A 取 22 N/mm²;

C——液货舱的尺度特性,取液货舱高度、0.75 液货舱宽度和 0.45 液货舱长度三者中最大值;

ρ_r——设计温度下货物的相对密度。

2. 整体液货舱(integral tank)

整体液货舱为非自身支持的液舱,它构成船体结构的一部分,并且以相同方式与相邻船体结构一起受到同样载荷的影响。整体液货舱可用于载运沸点不低于 -10 ℃的货品,设计蒸气压力通常不应超过 0.025 MPa,如果船体构件尺寸适当加大时可增加,但不超过 0.07 MPa。

IGC 规则第 19 章要求的 1G 型船舶载运的货品不能载于整体液货舱。

3. 薄膜液货舱(membrane tank)

薄膜液货舱系指非自身支持的液货舱,在船体和液货舱之间设置一层通过绝热层支持的液密和气密薄膜层,液货舱依靠此隔热薄膜支撑。液舱结构直接固定在船体上,是船体结构的一部分,船体直接承受液舱及货物的重量。薄膜厚度一般不超过 10 mm。其设计蒸气压力通常不超过 0.025 MPa,如果船体尺寸有适当增加,并对支持的绝热层做了适当的考虑,则设计压力可增至 0.07 MPa。

薄膜围护系统的设计基础为使热膨胀和其他膨胀或收缩得到补偿,以免出现丧失薄膜密性的不当风险。如在大气压力下货物温度低于 -10 ℃,应按 IGC 规则的要求设置完整的次屏壁。

4. 半薄膜液货舱(semi-membrane tank)

半薄膜液货舱系指装载工况下非自身支持的液货舱,它由一层薄膜组成,该薄膜的大部分是由相邻船体结构通过绝热层所支持,但与上述受支持部分相连接的薄膜层圆形部分应设计成能承受热膨胀和其他膨胀或收缩。

该液舱在空载时为自身支持,在装载状态下为非自身支持。其设计蒸气压力通常不超过 0.025 MPa,如果船体尺寸有适当增加,并对支持的绝热层做了适当的考虑,则设计压力可增至 0.07 MPa。

除支持方式外,如半薄膜液货舱在各方面均能符合适用于 B 型独立液货舱的要求,经主管机关特别考虑,可同意设置部分的次屏壁。

五、液化气装运要求

1）液化气船应具备规定的适装条件,持有有效的满足 IGC 规则要求的"国际散装运输液化气体适装证书"。

2）为了保护从事装卸作业的船员,在考虑了货品的特性后,应对船员提供包括眼睛在内的合适的保护设备。

3）船舶承运前,托运人必须提供所托运货物的完整资料。

4）船上应备有可供所有有关方面使用的资料,这些资料能为安全装运货物提供必要的信息。其具体项目如下：

(1) 关于货物安全围护所必需的理化特性详细说明书；

(2) 发生溢漏事故时所采取的措施；

(3) 人员偶然与货物接触的防范措施；

(4) 灭火程序与灭火剂；

(5) 货物安全驳运、除气、压载、清洗货舱及更换货物的程序；

(6) 内层船体钢材的最低需用温度；

(7) 用于特殊货物安全操作所需要的特殊设备；

(8) 应急程序。

5）为了防止货物发生聚合反应,保证安全,装运需要进行抑制的货物时。船上应备有生产厂家提供的证书,证书中应说明所添加的抑制剂的相关情况。若托运人不能提供证书,则不得装运该类货物。

6）装货种类较多时,大副配载时要根据货物的理化性质,做好货物的配装位置和隔离工作。

7）作好装卸货的准备工作。货物总管附近准备好消防器材包括消防皮龙、灭火器等,准备好防污染器材,船岸双方共同确定上下船安全通道,LNG 船舶需要配备专门的登船梯,做好各项货物装置的检查和功能试验,如压力、温度、湿度、气体含量、阀门开关等,一定要在开始装卸前试验应急切断系统是否处于良好工作状态。液化气船舶装卸货前,要求做安全风险评估,对评估的风险源一定要采取措施消除后,满足装卸货要求后才能装卸货。装卸货前,船舶还需要申请商检验舱,验舱通过后才能进行装卸货。

8）做好货舱的准备工作。受载前,必须对货舱进行以下特殊作业：

(1) 干燥:为降低货舱内气体的湿度,防止预冷或装低温货物时结冰或生成水合物,船舶需要进行干燥作业。干燥作业是由船上惰气系统产生的干燥惰气或岸上购买的氮气钢瓶提供的干燥氮气,通过气相管路由货舱底部通入,由货舱顶部通过透气桅排出,测量货舱内的气体露点达到装货要求时,认为干燥作业完成。

(2) 惰化:用惰性气体替换货物系统中的空气或货物蒸气,降低含氧量。惰化后,一般要求货物系统中的含氧浓度不超过 2%。

(3)置换或驱气:装货前用待装货物的蒸气替换货物系统中的惰性气体或上航次装载货物的蒸气。

(4)预冷:在装载低温液货之前先将液货舱及管路系统慢慢冷却至装货温度。

9)船舶生活区面向货物区域的门、窗与空调通风入口应予关闭,中央空调改为内循环。烟囱上的火星熄灭器或金属网位于良好状态。

10)船岸双方应逐项检查并填写"船/岸安全检查表"。

11)船舶白天应悬挂"B"字旗,夜间显示红色环照灯,装卸作业时显示国际信号"RY"旗,甲板两舷醒目处放置告示牌。

12)当风速超过 15m/s、浪高超过装卸作业允许值时应停止装卸作业。装载时应注意各液货舱的允许充装极限,在任何情况下不得超过液舱容积的98%。

13)装卸货时应注意装卸速度,液化气船装卸货均需在总管处连接气相管路和液相管路,液相管路用于货物装卸,气相管路联通双方货罐,防止液舱产生超压或负压。

14)装卸作业一般应在白天进行,装卸期间应禁止一切明火作业包括做饭在厨房,吸烟在专门的吸烟室。装卸货期间不得同时进行船舶加油、加水作业及其他妨碍装卸货安全的船舶修理、保养作业,并注意附近水域的安全,不准它船并靠,液化气船停靠时,与其他船舶保持 30 m 以上的安全距离。

15)装卸臂或软管拆管前,必须进行扫线、驱气作业,把所有甲板管路、岸上管路和软管或装卸臂中的液货吹扫掉,确认接头处无液体,管内压力为 0 时,然后才能排空和拆管。

16)液化气船卸货后,货舱可能的作业有:

(1)暖舱作业。船舶货舱需要进行检验或进坞修理时,全冷式液化气船需要用压缩机和货物加热器对货物循环加热以达到相应的货舱温度。

(2)惰化作业。用惰气置换货舱内的货物蒸气的过程,一般以舱内含氧量2%为达到要求

(3)通风除气。用干燥空气置换货舱内的惰气的作业。一般通风使舱内的含氧量达到20%以上,露点温度适合为达到相应要求。

六、液化气船装货量计算

液化气船液舱装货量的计算与油船装油量的计算原理是相同的,不同的是,液化气在运输过程中,液舱内始终是液体和蒸气并存的,计量时不仅要计算舱内液体的重量,而且要计算出舱内货物蒸气的重量,因为后者也是货物的一部分。

液化气计量时,目前通用液体的标准温度为 15 ℃,气体的标准状态为 0 ℃和 1 个标准大气压。装货前,先算出舱内残留液货(如有)和货物蒸气的质量,装货后,分别测量货舱的液体温度和气体温度及压力,考虑各种修正,如纵倾横倾修正、标尺收缩和浮子下沉量修正、舱容收缩修正等,分别算出舱内液体和气体的质量并求和。考虑空气浮力类似油船修正可用浮力修正系数 F_a,部分 LPG 计量时也有用 15 ℃的密度直接减去 0.0011,修正后即可得出液化气在大气中的重量。装货后的总量 W_{LA} 减去装货前的总量 W_{LF} 就得出装货量 W_L;如果是卸货,卸货前总量 W_{DF} 减去卸货后总量 W_{DA},得到卸货量 W_D。即:

装货重量:
$$W_L = W_{LA} - W_{LF} \tag{11-21}$$

卸货重量：
$$W_D = W_{DF} - W_{DA} \tag{11-22}$$

我国《进出口商品容器计重规程第15部分：液化天然气船舱静态计重》(SN/T 2389.15)和《进出口商品容器计重规程 第4部分：液化石油气船舱静态计重》(SN/T 2389.4)分别规定了液化天然气和液化石油气的船舱静态计重方法。以液化天然气为例，装货前后或卸货前后的货物重量计算方法和步骤如下：

1. 测量相关数据

1）观测船舶吃水，计算船舶纵倾值和横倾值，也可使用船舶配备的设备直接读取。

2）由液位计测定舱内的空当高度或液位，每个舱的液位应连续读取5次取平均值。液位计有电容液位计、浮子液位计和雷达液位计三种。

3）测量液位后立即由仪表测定舱内液体和蒸气空间的平均温度。每一舱内液、气相温度应取各传感器读数的算术平均值（剔除气、液相交界处传感器数值）。

4）测量温度后，立即测量蒸气压力。直接读取各舱压力计的压力值。

5）进行取样和组分分析。

2. 计算实际液位高度

各舱液位计测量所得的测量液位高度数据，经以下各项修正，以测量液位高度与各项修正值的代数和作为实际液位高度。

1）纵、横修正：从船舶的纵、横倾修正值表中查取修正值。

2）液相密度修正：根据各舱液相平均温度 t_1 下的液相密度 ρ_{t1} 从密度修正值表查取对应液位修正值。若测量液相密度时的温度为 t_2℃，测得的液相密度 ρ_{t2}，则温度 t_1 的密度 ρ_{t1} 可按下式计算：

$$\rho_{t1} = \rho_{t2} + \gamma(t_2 - t_1) \tag{11-23}$$

式中：γ——液相密度温度系数，液化天然气一般取 1.4 kg/(m³·℃)；液化丙烷（丙烷质量分数＞60%）取 1.2 kg/(m³·℃)；液化丁烷（丁烷质量分数＞60%）取 1.1 kg/(m³·℃)。

该项修正仅在使用浮子式液位计测量时适用。

3）气体的温度修正：根据各液舱气体的平均温度从船舶资料中的温度修正值表查得对应的液位修正值进行修正。

使用浮子液位计测量时适用此项修正，使用雷达液位计测量时也可能需要此项修正。

3. 计算体积

1）查算热修正系数

热修正系数（thermal correction factor）是将船上货舱内任意温度下液化天然气的体积校正到参比温度下的体积的系数。根据各舱的液相平均温度和气相平均温度，从船舶资料中的热修正系数表中分别查得相应的液相和气相热修正系数。

根据船舶资料查得液舱从标定温度至货液测定温度时的体积热修正系数 K_1；根据船舶资料查得液舱从标定温度至蒸气测定温度时的体积热修正系数 K_2；从货物计量表中查得货液从测定温度至标准温度时的体积温度系数 f。

2）计算液相体积

根据各舱经上述校正的实际液位高度,从舱容表中查得各舱的液相观察体积 V_t,将其乘以热校正系数 K_1,得相应温度下的该舱的实际液相体积 V_{t_1}。

$$V_{t_1} = V_t \cdot K_1 \tag{11-24}$$

3)计算气相体积

从舱容表查得各舱的总体积 V,减去该舱的液相观察体积 V_t,得该舱的气相观察体积,再乘以热修正系数 K_2,即得该舱测定温度时的实际气相体积 V_{t_2}。

$$V_{t_2} = K_2 \cdot (V - V_t) \tag{11-25}$$

4.计算液相密度和气相密度

1)根据式(11-23)计算各舱液相平均温度 t_1 下的液相密度 ρ_{t_1}。

2)计算测定温度时蒸气空间的蒸气密度 ρ_{vt}(t/m^3):

$$\rho_{vt} = \frac{T_s}{T_v} \cdot \frac{P_v}{P_s} \cdot \frac{M_m}{I} \cdot \frac{1}{1000} \tag{11-26}$$

式中:T_s——标准温度,用绝对温标表示,即 $T_s = 288$ K;

T_v——蒸气空间的温度(K);

P_v——蒸气空间的绝对压力(kPa);

P_s——标准压力,即 $P_s = 101.3$ kPa;

M_m——混合蒸气的摩尔质量(kg/mol);

I——混合蒸气的摩尔体积(m^3/mol),即在标准温度 288 K 和标准压力 101.3 kPa 时的数值;因为蒸气的质量在液货质量中所占比例很小,所以一般没有必要精准确定蒸气的 M_m 值,可以取液体的摩尔质量。

5.计算重量

1)计算液相货物的质量 M:

$$M = \rho_{t1} \cdot V_{t1} \tag{11-27}$$

2)计算蒸气质量 m:

$$m = \rho_{vt} \cdot V_{t2} \tag{11-28}$$

3)计算货物总质量 M_T:

$$M_T = M + m \tag{11-29}$$

4)将货物质量换算成其在空气中的重量 Q:

$$Q = F \cdot MT \tag{11-30}$$

【思考与应用 11-7】

1.液化气运输应遵守什么国际规则?如何查取具体货物的运输要求信息?

2.液化气的特性和危险性有哪些?

3.液化气分哪几种?

4.液化气船按货物的危险程度划分哪几个类型?

5.简述液化气船液货舱围护系统的类型有哪几种?

6.简述液化气船舱计重的方法和步骤。

参 考 文 献

[1] 田佰军,崔刚,吴汉才,等.船舶结构与货运[M].大连:大连海事大学出版社,2018.

[2] 徐邦祯.船舶货运[M].大连:大连海事大学出版社,2011.

[3] 邱文昌.船舶货运[M].上海:上海交通大学出版社,2015.

[4] 中华人民共和国海事局.船舶与海上设施法定检验规则 国际航行海船法定检验技术规则[M].北京:人民交通出版社,2014.

[5] 中华人民共和国海事局.船舶与海上设施法定检验规则 国内航行海船法定检验技术规则(2020)[M].北京:人民交通出版社,2020.

[6] 中华人民共和国海事局.船舶与海上设施法定检验规则 集装箱法定检验技术规则(2017)[M].北京:人民交通出版社,2018.

[7] IMO. The international convention for the safety of life at sea(SOLAS),1974 as amended[M]. London:IMO,1974.

[8] IMO. International convention for the prevention of pollution from ships,1973/1978 as amended[M]. London:IMO,1978.

[9] IMO. The international code on intact stability[M]. London:IMO,2008.

[10] IMO. Interim guidelines on the second generation intact stability criteria[M]. London:IMO,2020.

[11] IMO. Revised guidance to the master for avoiding dangerous situations in adverse weather and sea conditions[M]. London:IMO,2007.

[12] IMO. Code of safe practice for ships carrying timber deck cargoes(TDC CODE)[M]. London:IMO,2011.

[13] IMO. The international maritime dangerous goods(IMDG)code[M]. London:IMO,2022.

[14] IMO. Code of safe practice for cargo stowage and securing(CSS CODE)[M]. London:IMO,2021.

[15] IMO. The international code for the safe carriage of grain in bulk(GRAIN CODE)[M]. London:IMO,1991.

[16] IMO. The international maritime solid bulk cargoes(IMSBC)code[M]. London:IMO,2022.

[17] IMO. BLU code including BLU manual[M]. London:IMO,2011.

[18] IMO. The international code for the construction and equipment of ships carrying dangerous chemicals in bulk(IBC CODE)[M]. London:IMO,2020.

[19] IMO. The international code for the construction and equipment of ships carrying liquefied gases in bulk(IGC CODE)[M]. London:IMO,2020.

[20] 中国船级社.钢质海船入级规范(2023)[M].北京:中国船级社,2023.

[21] 中国船级社.散装运输危险液体化学品船舶构造与设备规范(2022)[M].北京:中国船级社,2022.

[22] 中国船级社.散装运输液化气体船舶构造与设备规范(2022)[M].北京:中国船级社,2022.

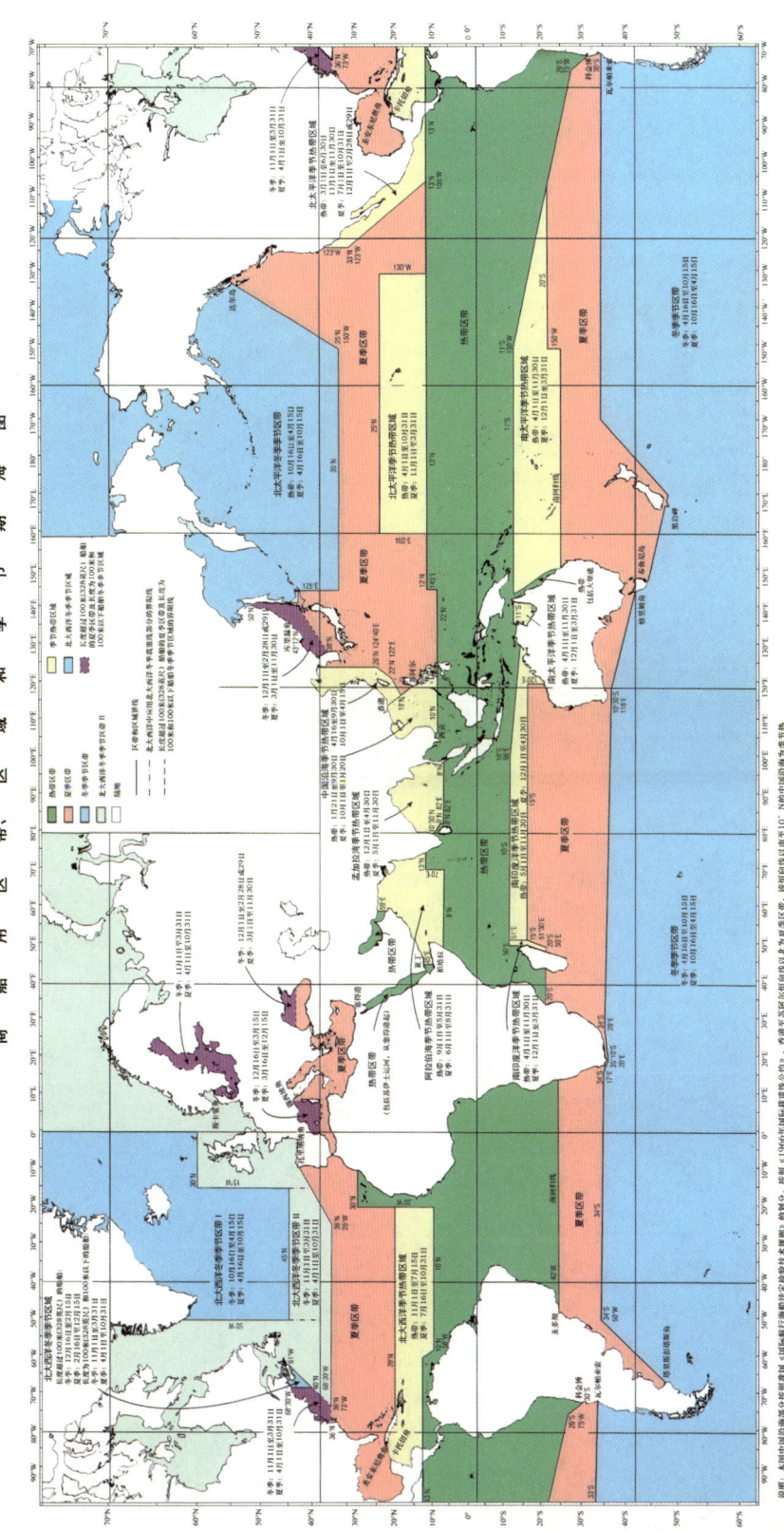